राजभाषा हिन्दी का इतिहास

संविधान सभा

भाषायी विमर्श

राजभाषा हिन्दी का इतिहास

संविधान सभा
भाषायी विमर्श

राकेश पाण्डेय

वाणी
प्रकाशन

प्रकाशन के उत्कृष्टतम 62 वर्ष

vaniprakashan.com

सजिल्द पहला संस्करण : 2025

वाणी प्रकाशन

4695, 21-ए, दरियागंज, नयी दिल्ली-110 002

फ़ोन : + 91 11 23273167, 23275710

शाखाएँ

अशोक राजपथ, पटना-800 004, बिहार

कॉफ़ी हाउस कैम्पस, महात्मा गांधी मार्ग, प्रयागराज-211 001, उत्तर प्रदेश

महात्मा गांधी अन्तरराष्ट्रीय हिन्दी विश्वविद्यालय, वर्धा-442 001, महाराष्ट्र

sales@vaniprakashan.in

vaniprakashan@gmail.com

Samvidhan Sabha Bhashayi Vimarsh

by Rakesh Pandey

ISBN : 978-93-6944-146-4

History

मूल्य : ₹ 1595

जी.एस. ऑफ़सेट, दिल्ली-110 095 में मुद्रित

वाणी प्रकाशन का लोगो मक़बूल फ़िदा हुसैन की कूची से

प्राक्कथन

स्वतंत्रता के पश्चात् हिन्दी भाषा के इतिहास में भारतीय संविधान सभा की 12 सितंबर से 14 सितंबर, 1949 की बहस एक महत्त्वपूर्ण घटना है। हिन्दी भाषा के लिए ये बहसें महत्त्वपूर्ण दस्तावेज है, क्योंकि इन तीन दिनों में हिन्दी भारत की राजभाषा के रूप में स्वीकृत की गई थी। जब देश आजाद हुआ तो राज-काज चलाने के लिए स्वभाषा की जरूरत महसूस की गई। हिन्दी को यह स्थान आसानी से प्राप्त नहीं हुआ, संविधान सभा में एक लंबे वाद-विवाद के बाद हिन्दी राजभाषा स्वीकृत की गई। संविधान सभा की प्रथम बैठक 9 दिसम्बर, 1946 को हुई और अन्तिम बैठक 26 नवम्बर, 1949 को हुई। सभा के लगभग तीन वर्ष के कार्यकाल में भाषा का मुद्दा बार-बार उठता रहा। अपने देश में मुगल शासक अकबर के समय से लेकर मैकॉले के काल तक फारसी राजभाषा थी, और मैकॉले काल से लेकर स्वतंत्रता प्राप्ति तक अंग्रेजी राजभाषा थी। यह सर्वविदित है कि आजादी से पहले लगभग सभी राष्ट्रनेता हिन्दी को राष्ट्रीय भाषा के रूप में अपनाने के लिए सहमत थे, लेकिन जब आजादी का समय निकट आया और भाषा का मुद्दा तूल पकड़ने लगा तो अनेक गैर हिन्दीभाषी नेता हिन्दी का समर्थन करने से पीछे हट गए। यही कारण था कि संविधान सभा में केवल हिन्दी के विषय पर ही विचार विमर्श नहीं हुआ, बल्कि 12 सितंबर 1949 को मसौदा पेश होने के बाद हिन्दी, अंग्रेजी, संस्कृत, बांग्ला, उर्दू और हिन्दुस्तानी के दावे पर भी मंथन किया गया। संविधान सभा में भाषा के मुददे पर लंबे वाद-विवाद में हिन्दी और अंग्रेजी को लेकर अधिक बहस देखने को मिलती है । हिन्दी के समर्थकों में भी दो गुट बन गए। एक पक्ष देवनागरी लिपि का समर्थक था, तो दूसरा गुट दो लिपियों(हिन्दी और उर्दू) वाली हिन्दुस्तानी भाषा का पक्षधर था। भारत के आजाद होने और विभाजन की त्रासदी का प्रभाव भाषा के मुददे पर भी पड़ा। भाषा को लेकर समन्वयवादी दृष्टिकोण रखने वाले नेताओं के साथ ही हिन्दी का एक कट्टर समर्थक वर्ग बन गया। वे लोग अंग्रेजी को हटा कर भारत की आधिकारिक भाषा हिन्दी के अतिरिक्त कुछ भी स्वीकार करने को तैयार नहीं थे, लेकिन अंग्रेजी को आजादी के बाद तत्काल हटाने में व्यावहारिक दिक्कतें थीं। इसलिए बाद में 15 वर्षों के लिए सभी ने अंग्रेजी को स्वीकार कर लिया। आजादी के समय हिन्दी लगभग 46 प्रतिशत जनसंख्या द्वारा बोले जाने के कारण अन्य भाषाओं के अनुपात में काफी बड़ी जनसंख्या द्वारा बोली जाने वाली भाषा थी। इन्हीं सब तथ्यों को ध्यान में रखते हुए संविधान निर्माताओं ने राजभाषा की समस्या का निदान करने के लिए सभा के भीतर और बाहर हिन्दी के पक्ष में निर्णय लिया। सर्वसम्मति बनाने के लिए हिन्दी के समर्थक और विरोधियों के मध्य में प्रसिद्ध 'मुंशी-आयंगर' फॉर्मूला तैयार किया गया और यही फॉर्मूला आम सहमति का आधार बना।

इस पुस्तक के माध्यम से संविधान निर्माण के समय हिन्दी के विरोधियों और समर्थकों के क्या तर्क थे ? उनका क्या उद्देश्य था ? उनकी क्या आशंकाएँ थीं ? क्या अपेक्षा थी ? और सम्भावनाएँ क्या थी ? यह सब आंकलन करने का मौका मिलेगा। हिन्दी की व्यापकता और उपादेयता को बढ़ाने के लिए सभा में निर्णय लिए गए, उसमें से कितने निर्णय अपनाए गए ? संविधान लागू होने के

15 साल बीत जाने के बाद भी अंग्रेजी क्यों भारत के सरकारी कामकाज में बनी हुई है? सच्चाई यह है कि स्वतंत्र भारत में भाषा के मुद्दे पर ये तल्ख बहसें आज भी जिन्दा हैं। राजभाषा के लिए तीन दिन हुई बहसों के अतिरिक्त इस पुस्तक में संविधान सभा में हुए भाषायी विमर्श को संकलित करने का प्रयास किया गया है। मैं यह दावा नहीं करता कि यह कार्य मैंने पूर्ण रूप से कर लिया है, सम्भव है कि मेरी सीमित दृष्टि और सीमित ज्ञान के कारण बहुत कुछ छूट गया हो। मैं सुधी पाठकों से आग्रह करूँगा कि उनकी दृष्टि में जो भी त्रुटि लगे वह नीचे दिए गए ई-मेल पर अवश्य साझा करें, ताकि अगले संस्करण में उसे जोड़ा अथवा संशोधित किया जा सके। अनजाने में हुई किसी भी त्रुटि के लिए क्षमाप्रार्थी हूँ। मैंने ग्रेनविल ऑस्टिन की पुस्तक 'द इण्डियन कांस्टीट्यूशन' और मेरी पुस्तक 'गांधी और हिन्दी' में दिए गए अनेक सन्दर्भों का प्रयोग किया है। इस पुस्तक में संविधान सभा में हुए वाद-विवाद को अनेक स्थानों पर बिना किसी छेड़छाड़ के भी प्रकाशित किया है ताकि पाठक मौलिक रूप से इस भाषायी विवाद को समझ सके।

इस पुस्तक की संकल्पना को साकार करने में लोकसभा में संदर्भ अधिकारी श्री कमल चौरसिया व संसद में वरिष्ठ अधिकारी श्री शिव कुमार बिलग्रामी का विशेष आभारी हूँ, जिनके सहयोग से ये बहसें प्राप्त हुईं। तत्कालीन लोकसभा अध्यक्ष श्रीमती सुमित्रा महाजन जी का भी आभारी हूं जिनकी अनुमति से इन बहसों को पुस्तक में प्रयोग करने की अनुमति प्राप्त हुई। इसके साथ ही सहयोग के लिए राजभाषा विशेषज्ञ डॉ. राकेश बी. दुबे का भी आभारी हूँ। पुस्तक के प्रकाशक श्री अरुण माहेश्वरी जी का भी आभारी रही हूँ कि उन्होंने इस पुस्तक को प्रकाशित करने में अपनी रुचि प्रकट की।

सभी को हार्दिक शुभकामनाएँ।

—डॉ. राकेश पांडेय

pravasisansar@gmail.com

अनुक्रम

संविधान निर्माण और भाषायी विमर्श

देश में ब्रिटिश शासन स्थापित होने के बाद अंग्रेजी सरकारी कामकाज की भाषा और उच्च शिक्षा की भाषा बन चुकी थी। देश के बड़े-बड़े लोग विलायत में पढ़ने जाते थे और आमजन के लिए शिक्षा सहजता से उपलब्ध नहीं थी। देश के संस्कार में अंग्रेजियत प्रवेश कर रही थी। एक तरफ अंग्रेज देश में शासन करने के लिए तरह-तरह से प्रयास कर रहे थे, कानून बना रहे थे। द इण्डियन काउंसिल एक्ट ऑफ 1861 के अनुसार राज्यों को उनके क्षेत्र में शांति और सुशासन के लिए कानून बनाने का अधिकार दे दिया गया। शासन में अनेक भारतीयों को शासन का सहभागी बना लिया गया, वे स्टेट काउंसिल के सदस्य बनाए गए थे। 1909 में ब्रिटिश शासन को सुधारों की आवश्यकता महसूस हुई और उन्होंने अंग्रेजी भाषा को पूरे भारत में एक रुप से लागू कर दिया, देश और प्रशासन की एक भाषा अंग्रेजी बन गई। लेकिन सच्चाई यह भी थी कि अंग्रेजों को जिन पर शासन करना था उनकी भाषा अंग्रेजी नहीं थी। इस विशाल देश में अनेक भाषाएँ और बोलियाँ थीं, अंग्रेजों के शासन के लिए यह एक सिरदर्द था। अनेक विदेशी विद्वानों ने भारतीय भाषाओं पर उस समय शोध व अनुसंधान किए ताकि अंग्रेजों के लिए भारत में शासन करना आसान हो सके। भारत में हिन्दी का विकास भी अनेक अंग्रेजी विद्वानों ने अपने शोधकार्यों के माध्यम से किया। उसका मूल कारण था कि भारत में भाषायी एकरूपता को स्थापित किया जा सके ताकि शासन, जनता से संवाद की स्थिति में सहज हो। देश में आजादी की लड़ाई लड़ रहे तमाम स्वतंत्रता सेनानी भी अपनी भाषा की अस्मिता को लेकर सचेत थे। गांधीजी सहित अनेक आंदोलनकारियों ने भारत की विविध भाषाओं के मध्य सेतु के रूप में अधिसंख्य जनसंख्या द्वारा बोली जाने वाली हिन्दी को राष्ट्रभाषा कहना आरंभ किया और कांग्रेस में प्रस्ताव भी पारित हुआ। आजादी के बाद संविधान सभा में हिन्दी देश की राजभाषा के रूप में स्थापित हुई परन्तु साथ में अंग्रेजी की सत्ता भी कायम है। हिन्दी की संवैधानिक यात्रा के कुछ महत्त्वपूर्ण पड़ाव हैं, जिन पर ठहरना और मुड़ कर देखना आवश्यक है। तभी हिन्दी और अन्य भाषाओं के बीच के सद्‌भाव को समझा जा सकता है जिसे हमारे पुरखों ने हमें सौंपा है।

संविधान सभा का लक्ष्य यह भी था कि पूरे देश में सर्वसम्मति से भाषा का मुद्दा सुलझ जाए और देश को एक राष्ट्रीय भाषा मिले। भारत में इतनी भाषायी विविधता है कि सभा के प्रत्येक सदस्य की अस्मिता उसकी भाषा के साथ जुड़ी हुई थी। इस भौगोलिक विविधता और सांस्कृतिक विभिन्नता के कारण भाषा के आधार पर प्रांतों का निर्धारण भी करना पड़ा। अंग्रेजों की लगभग 200 वर्षों की गुलामी के कारण सरकारी कामकाज में अँग्रेजी अपना स्थान बना चुकी थी लेकिन साथ ही बहुसंख्यक जनता हिन्दी अथवा उर्दू ही जानती थी। मुगलकाल के शासन में फारसी भाषा भी भारत के शासकीय कामकाज में प्रयोग की गई, जिसका प्रभाव बहुत लंबे समय तक रहा। आमजन द्वारा प्रयोग की जाने वाली भाषा के कारण 'हिन्दुस्तानी भाषा' जैसा शब्द अस्तित्व में आया और सबकी सुविधा को देखते हुए राष्ट्रपिता महात्मा गाँधी ने भी इसका समर्थन किया। कांग्रेस के अधिवेशनों में भी राष्ट्रभाषा का मुद्दा उठाया गया। भारतीय संविधान सभा में भी बार-बार राष्ट्रभाषा का मुद्दा

उभरता रहा। संविधान सभा के सम्मुख देश की प्रांतीय और संघीय संरचना में किस भाषा को पूरे देश की संपर्क भाषा के रूप में चुना जाए, यह प्रश्न था। किसी एक भाषा के चुनाव के बाद अन्य भाषाओं की क्या स्थिति रहेगी? ये भी बड़ा मुद्दा था। संविधान सभा की बहसों को पढ़ने के बाद एहसास होता है कि शुरुआती दौर में सभा के अधिकांश सदस्य हिन्दी या हिन्दुस्तानी के पक्ष में थे और लगभग अधिकतर विषयों पर सहमति भी बन गयी थी। बाद में यह वाद विवाद तल्ख हो गया और इसका एक कारण अंग्रेजी को सरकारी कामकाज की भाषा के रूप में कब तक स्वीकृत किया जाएगा, इस पर और साथ ही अन्तरराष्ट्रीय अंकों के विषय पर सहमति न बन पाना था। सरल व आमजन की हिन्दी और संस्कृतनिष्ठ हिन्दी का मुद्दा भी बहस का एक प्रमुख मुद्दा था। सेठ गोविन्द दास जैसे हिन्दी के प्रबल समर्थकों का संविधान सभा में एक समूह बन गया, जो लगातार हिन्दी को राष्ट्रीय भाषा घोषित किए जाने पर बल देते रहे, उनका मत था कि अंग्रेजी के स्थान पर हिन्दी को आधिकारिक कामकाज की भाषा बनाया जाए। गैर हिन्दी प्रदेश में भी हिन्दी दूसरी भाषा हो। संविधान सभा की बहसों में एक दूसरा गुट था जो हिन्दी को अधिक समृद्ध भाषा नहीं मानता था, उन सदस्यों का मानना था की हिन्दी संघ की आधिकारिक भाषा बनती है तो अन्य प्रादेशिक भाषाओं को भी राष्ट्रीय भाषा का दर्जा मिलना चाहिए। अंग्रेजी वास्तविक रूप में राष्ट्रीय भाषा के रूप में कार्य कर रही है इसलिए उसे धीरे-धीरे हटाया जाना चाहिए। दक्षिण भारत सहित अनेक प्रांतों में अंग्रेजी ही अन्तरप्रांतीय भाषा के रूप में कार्य करती है, ऐसे में हिन्दी को इन प्रांतों में व्यवहारिक रूप से स्वीकार करने में समय लगेगा। सभा के सभी सदस्यों ने इस विषय पर खुलकर चर्चा की। बहुत सारे सदस्यों की नाराजगी इस बात पर भी थी कि अंग्रेजी के प्रयोग की अवधि 15 वर्ष कर दी गयी थी और आगे बढ़ाने का अधिकार संसद को दे दिया गया था, उनका मानना था कि यदि यह प्रावधान न किया जाए तो सन् 1965 में अंग्रेजी स्वत: ही सरकारी कामकाज से हट जाएगी। संविधान सभा में सदस्यों का एक गुट यह मानता था कि देश की आजादी के तत्काल बाद हिन्दी राष्ट्रभाषा घोषित हो और अंग्रेजी पूरी तरह से हटा दी जाए। यही कारण था कि अंग्रेजी के साथ साथ यह द्वन्द्व प्रांतीय भाषाओं के साथ भी आरंभ हो गया। दक्षिण भारत के सदस्यों ने अपनी प्रांतीय भाषाओं के पक्ष में सुदृढ़ तर्क रखे। देश में तमिल, तेलगू, उड़िया आदि लोगों के जीवन का अंग उनकी भाषा है। ऐसे में संघ और प्रांतों की भाषा में हस्तक्षेप करना अनेक कठिनाइयाँ पैदा कर देता। शिक्षा और रोजगार की कठिनाइयों के साथ साथ यह कार्य स्वयं हिन्दी भाषियों के लिए भी आसान नहीं था, इसीलिए संविधान सभा में इन सभी पहलुओं पर चर्चा की गई। इस बात पर सभी ने बल दिया की हिन्दी को अपनी शब्द संपदा बढ़ानी चाहिए, उसे संस्कृत और अन्य भारतीय भाषाओं के शब्दों को ग्रहण करना चाहिए।

संविधान सभा में भाषा का मुद्दा इतना संवेदनशील था कि पहले दिन से लेकर बार-बार यह मुद्दा बहसों के बीच उठता रहा, इसका मूल कारण यह भी था कि देश की आजादी के आंदोलन में भी भाषा एक मुद्दा थी। कांग्रेस अपने अधिवेशन में यह घोषणा भी कर चुकी थी कि हिन्दी राष्ट्रभाषा होगी, हिन्दी को राष्ट्रभाषा कहकर संबोधित भी किया जाता था। इस वातावरण का प्रभाव संविधान सभा में भी था। महात्मा गाँधी ने हिन्दी के दक्षिण में प्रचार प्रसार हेतु दक्षिण भारत हिन्दी प्रचार सभा की स्थापना भी की थी। संविधान सभा में हिन्दी के कट्टर समर्थकों का मनोबल इसलिए भी ऊँचा था कि महात्मा गाँधी और पंडित नेहरू सहित अनेक बड़े नेताओं का समर्थन उनको प्राप्त था। सन् 1948 में सभा के सदस्य श्री आयंगर द्वारा हिन्दी साहित्य सम्मेलन प्रयाग के 36वें अधिवेशन

में सभापति के पद से दिए गए भाषण में उन्होंने कहा था कि एक समय था जब राष्ट्र भाषा के प्रश्न को एक समस्या माना गया था परन्तु आज यह प्रश्न सुलझ चुका है और आशा है कि शीघ्र ही हमारी संविधान सभा इस पर अपनी स्वीकृति प्रदान कर देगी। देश के दुर्भाग्य से राष्ट्रभाषा का प्रश्न अनेक प्रकार के विवादों में पड़कर पेचीदा बन गया था। वास्तव में किसी प्रकार के विवाद की आवश्यकता न थी, हमारी राष्ट्रभाषा पहले से ही बनी बनाई उपस्थित हैं। इसी प्रकार सन् 1944 में हिन्दी साहित्य सम्मेलन के 32वें अधिवेशन में संविधान सभा के सदस्य के एम मुंशी ने अपने भाषण में कहा था कि हिन्दी भारत का स्वभावसिद्ध व न्याययुक्त, अन्तरप्रांतीय माध्यम है। उसने यह स्थान राजनैतिक प्रचार या धार्मिक उत्साह के कारण प्राप्त नहीं किया है। ऐतिहासिक, सामाजिक व सांस्कृतिक शक्तियों ने, जोकि दीर्घ काल से क्रियाशील थीं, बहुत सी भाषाओं में से उसे यह उच्च स्थान प्रदान किया है। अत: हिन्दी को राष्ट्रभाषा बनाने की आवश्यकता नहीं है वह तो पहले से ही है। इस प्रकार हिन्दी देश की राष्ट्रभाषा बनेगी, यह एक आम सहमति सभी में दिखाई पड़ती थी। महात्मा गाँधी ने राष्ट्रभाषा के जो लक्षण बताए थे, उनके आधार पर उन्होंने कहा था कि मैं उसे हिन्दी भाषा कहता हूँ, जिसे उत्तर भारत में हिन्दू और मुसलमान बोलते हैं, देवनागरी या फारसी (उर्दू की) लिपि में लिखते हैं। महात्मा गाँधी जैसे बड़े नेताओं के हिन्दी समर्थन में आने के बाद संविधान सभा में हिन्दी का राष्ट्रभाषा बन जाना लगभग तय ही माना जा रहा था। संविधान सभा के सदस्यों की आपत्तियाँ विचार में रखते हुए हिन्दी राष्ट्रभाषा से राजभाषा बन गई। प्रसिद्ध नेहरू रिपोर्ट में भी इस बात का उल्लेख किया गया था कि हिन्दुस्तानी पूरे देश की भाषा होगी। रिपोर्ट में उल्लेख किया गया था कि संस्कृति भाषा पर निर्भर करती है इसलिए ऐसे में यह जरूरी हो जाता है कि देश का कार्य, व्यापार और कामकाज उस भाषा में किया जाए जिसे आम जनता समझती हो। पंडित नेहरू का अंग्रेजी के प्रति भी अन्य नेताओं की अपेक्षा अधिक यथार्थवादी दृष्टिकोण था। उन्होंने 1937 में लिखा था कि अंग्रेजी हमारे अतीत से जुड़ी रही है और सामूहिक विश्व में इसकी खास अहमियत है। इसलिए अन्ततः हमारे लिए यह एक महत्त्वपूर्ण भाषा बनी रहेगी। लेकिन जनता की नजर से देखें तो जाहिर है कि अंग्रेजी कभी भी रोजमर्रा की भाषा नहीं बन सकती। ग्रेनविल ऑस्टिन ने अपनी पुस्तक भारतीय संविधान में जो सन् 1941 में प्रकाशित है, जैड अहमद की पुस्तक 'नेशनल लैंग्वेजेज ऑफ इंडिया' का उल्लेख किया है, जिसमें लिखा है कि संवेदनशील लोग इस बात पर एकमत हैं कि हमें अपने विचार और अभिव्यक्ति के लिए एक ऐसा माध्यम गढ़ने की जरूरत है जो हमारे साझे प्रयासों और राष्ट्रीय जीवन के पुनर्वास और विकास की आकांक्षाओं को एक सूत्र में बांध सके'। इन तमाम वर्षों के दौरान अंग्रेजी भारत के स्वतंत्रता आंदोलन के दौरान उस के शीर्ष नेतृत्व की भाषा के रूप में प्रतिष्ठित रही। स्वतंत्रता के बाद भारत में भाषा के प्रश्न की बारीकियों पर कोई खास ध्यान नहीं दिया गया। इस दौरान अंग्रेजी की यथास्थिति पर भी कोई चर्चा सामने नहीं आयी और न ही क्षेत्रीय भाषाओं की हैसियत और संविधान सभा के समक्ष खड़े होने वाले मुद्दों, अदालत हो या संसद पर, स्वयं संविधान की भाषा को लेकर कोई खास शुरुआत हुई। चूँकि हिन्दुस्तानी राष्ट्रीय भाषा बनने की कवायद कभी मूर्त रूप नहीं ले पाई इसलिए इस बात पर कोई चर्चा नहीं हो सकी कि हिन्दुस्तानी को राष्ट्रीय भाषा घोषित करने से उत्तर से दक्षिण के आपसी सम्बन्धों पर क्या असर पड़ेगा? कांग्रेस के अनेक नेताओं ने हिन्दुस्तानी भाषा को अपनी भाषा ही स्वीकार कर लिया था। बाद में महात्मा गाँधी ने अनेक बार हिन्दुस्तानी के पक्ष में यह बात कही थी कि राष्ट्रीय भाषा हिन्दुस्तानी होनी चाहिए। महात्मा गाँधी ने स्पष्ट किया था कि हिन्दुस्तानी

का क्या मतलब है? भाषा संस्कृतनिष्ठ हिन्दी या फारसीनिष्ठ उर्दू ना हो कर, दोनों भाषाओं का सुन्दर मिश्रण होना चाहिए। उसमें क्षेत्रीय व अन्य भाषाओं के शब्दों को खुले मन से स्वीकार करना चाहिए। राजगोपालाचारी ने हिन्दुस्तानी के विस्तार के लिए ये सुझाव दिया था कि इसे देवनागरी के अलावा अन्य क्षेत्रीय लिपियों तथा फारसी जैसी उर्दू लिपि में भी लिखा जाना चाहिए। आजादी के आंदोलन में हिन्दुस्तानी भाषा को आंदोलन की भाषा भी बनाया ताकि हिन्दू और मुसलमानों के मध्य में आपसी दूरी न बने। देश की जनता में भाषा और धर्म का भाव भी प्रकट हो रहा था। हिन्दुओं की भाषा संस्कृत और हिन्दी मानी गई, इसी प्रकार मुसलमानों की भाषा अरबी, फारसी और उर्दू मानी गयी। इन दोनों धर्म के लोगों के धार्मिक और सामाजिक अनुष्ठान भी क्रमशः संस्कृत व हिन्दी और अरबी, फारसी और उर्दू भाषा में होते हैं। इससे समाज में धर्म के आधार पर भाषा का विभाजन भी हो गया, जिसका प्रभाव आज भी स्पष्ट दिखाई देता है। पाकिस्तान धर्म के आधार पर देश बना और उर्दू वहाँ की राजभाषा बनी। आजादी के बाद इस तथ्य का भारत में भी प्रभाव देखने को मिला। भारत में यह आवाज भी उठती रही कि उर्दू को मुसलमानों से जोड़ना गलत है, क्योंकि उर्दू के अनेक महान विद्वान हिन्दू हैं। इसी प्रकार हिन्दी के प्रख्यात कवि रहीम, रसखान और जायसी जैसे अनेक मुसलमान हुए हैं।

दक्षिण भारत में हिन्दुस्तानी को समर्थन नहीं मिला, 1937 में मद्रास के प्रधानमन्त्री राजगोपालाचारी तथा शिक्षा मन्त्री पी. सुब्बारायण ने हाई स्कूल में हिन्दुस्तानी को एक अनिवार्य विषय बना दिया, इसके विरोध में स्थानीय स्तर पर प्रतिक्रिया होने लगी और वहाँ पर हिन्दी के विरोध में और तमिल के समर्थन में नारे लगने लगे। हिन्दुस्तानी भाषा उत्तर भारतीयों की भाषा मानी जा रही थी, जिसे जवाहरलाल नेहरू, डॉ राजेंद्र प्रसाद और मौलाना आजाद जैसे नेताओं का तो समर्थन प्राप्त था। साथ ही गुजराती मूल के महात्मा गाँधी और सरदार पटेल भी हिन्दुस्तानी के पक्ष में खड़े थे। विरोध करने वाले लोगों के मन में एक भाव यह भी था कि हिन्दुस्तानी का समर्थन करने वाले लोगों की स्थानीय भाषा हिन्दुस्तानी होने के कारण वे लोग इसका समर्थन कर रहे हैं। देश की आजादी के बाद हिन्दुस्तानी शब्द धीरे-धीरे अस्वीकृत हो गया और हिन्दी सबको स्वीकार हो गई।

भारत जैसे बहुभाषी देश में भाषा का या राष्ट्रीय भाषा का निर्धारण करना कोई आसान काम नहीं था। अनेक भाषाओं के साथ-साथ उनकी बोलियाँ भी हैं। भाषा सर्वेक्षण का काम करते हुए डॉ. ग्रियर्सन को भी ये कठिनाई हुई थी कि कोई भाषा, स्वतंत्र भाषा है अथवा किसी भाषा की बोली है? क्षेत्रीय भाषा की भी अपनी संस्कृति और समाज होता है, उसका सामंजस्य बड़ी संख्या में बोली जानेवाली भाषा के समाज के साथ होना कभी-कभी कठिन हो जाता है। जिसके परिणामस्वरूप भाषा की अस्मिता के विवाद उत्पन्न होते हैं। संविधान सभा में भाषायी अस्मिता के विवाद देखने को मिलते हैं। किसी भूभाग की बोलियों और भाषाओं के आधार पर भौगोलिक सीमाएँ कैसे बन जाती हैं इसका सबसे बड़ा उदाहरण पंजाब व हरियाणा जैसे अनेक प्रांतों का भाषा के आधार पर गठन होना है। यूरोप में भी भाषायी भूगोल के आधार पर, अनेक देशों में छोटे-छोटे क्षेत्रों में बोली जाने वाली भाषा के आधार पर मानचित्र तैयार किए गए हैं। जर्मन एटलसों में जर्मन भाषी भौगोलिक विवरण भी प्रकाशित किए गए हैं, जिससे यह पता चल सके कि भाषायी परिवर्तन किन-किन क्षेत्रों में हुआ है। इन मानचित्रों की सहायता से ही बोलियों की सीमारेखा भी निश्चित की गई है। इस प्रकार की भाषायी चुनौतियाँ भारतीय समाज में भी हैं।

भाषा के मुददे की गम्भीरता को समझते हुए ही डॉक्टर राजेंद्र प्रसाद समय आगे बढ़ाते रहे

ताकि अन्य विषयों पर आसानी से निर्णय हो सके। सभा की पहली बैठक शुरू होते ही 10 दिसंबर 1946 को सभा के सदस्य धुलेकर ने भाषा का मुद्दा उठाया और इसके बाद 22 दिसंबर को गुप्त बैठक में यह स्पष्ट हो गया कि हिन्दी के कट्टर समर्थकों और दक्षिण भारत के सदस्यों के मध्य मतभेद कायम रहेगा।

उस दिन भाषा से सम्बन्धित दो संशोधन प्रस्ताव प्रस्तुत किए गए। एक प्रस्ताव हिन्दी के प्रबल समर्थक सेठ गोविंददास और दूसरा प्रस्ताव मद्रास के के. संथानम द्वारा प्रस्तुत किया गया। सेठ गोविंददास ने अपने प्रस्ताव में कहा था कि संविधान सभा की कार्यवाही हिन्दी में होनी चाहिए, जो लोग हिन्दी बोलने में असमर्थ हैं वे अपनी मातृभाषा अथवा अंग्रेजी का प्रयोग कर सकते हैं। उन्होंने रोष प्रकट करते हुए कहा कि यह खेदजनक है कि भारत की संविधान सभा अंग्रेजी को अपनी राष्ट्रीय भाषा बनाने का प्रयास कर रही है। उन्होंने दक्षिण भारत के सदस्यों को संबोधित करते हुए कहा कि मैं अपने मद्रास के भाइयों से कहना चाहता हूँ कि यदि महात्मा गाँधी के प्रयासों के बावजूद आप हिन्दुस्तानी नहीं समझ पा रहे हैं तो इसके लिए आप स्वयं दोषी हैं। ये बात हमारे सब्र से बाहर होती जा रही है कि चूँकि हमारे मद्रास के कुछ भाई हिन्दुस्तानी नहीं समझते इसलिए स्वतंत्र भारत के संविधान की रचना करने के लिए एकत्रित हुई संविधान सभा में अंग्रेजी का वर्चस्व बना रहे। सेठ गोविन्द दास के मत के विपरीत सभा के सदस्य संथानम ने प्रस्ताव प्रस्तुत करते हुए कहा कि समस्त प्रस्ताव और संशोधन केवल अंग्रेजी में ही रखें जाएं तथा सदन में यह बिना देखे कि कोई सदस्य हिन्दुस्तानी जानता है अथवा नहीं जानता, सारे प्रस्ताव केवल अंग्रेजी में ही विचार करने की अनुमति दी जाए। इसी प्रकार दूसरे सदस्य ए के अय्यर ने भी संथानम का समर्थन करते हुए कहा कि उन्हें सेठ गोविंददास के हिन्दुस्तानी में दिए गए भाषण का अंग्रेजी अनुवाद चाहिए। इस पर अध्यक्ष डॉक्टर राजेंद्र प्रसाद ने अय्यर का समर्थन करते हुए कहा कि उन्हें अंग्रेजी अनुवाद मिलना चाहिए क्योंकि अब वे इस उम्र में हिन्दुस्तानी नहीं सीख सकते हैं। के एम मुंशी ने कहा कि इसमें किसी को शंका नहीं होनी चाहिए कि राष्ट्रभाषा हिन्दुस्तानी ही है और सभा में उसे प्रमुखता दी जाएगी। हम मानते हैं कि अंग्रेजी को पूरी तरह समाप्त नहीं किया जा सकता, इसलिए भाषा से जुड़े इस नियम को बिना किसी संशोधन के पारित कर दिया गया है। इस प्रकार यह संविधान सभा में भाषायी विवाद की एक बानगी भर थी, जो कि संविधान सभा के आरंभ में ही दिखनी शुरू हो गई थी।

संविधान सभा में 16 अप्रैल,1947 को परामर्श समिति के सदस्यों ने इस प्रावधान को अपनी सहमति प्रदान कर दी कि दस्तावेजों को हिन्दुस्तानी (हिन्दी व उर्दू) और अंग्रेजी में तैयार किया जाए। इसके साथ ही कुछ सदस्यों ने मत व्यक्त किया कि हिन्दुस्तानी को देवनागरी लिपि की अपेक्षा रोमन लिपि में लिखा जाना चाहिए, क्योंकि दक्षिण भारत के लोग देवनागरी और उर्दू लिपि से परिचित नहीं हैं। इस विवाद को गम्भीर होता देख 22 अप्रैल,1947 को ये निर्णय लिया गया है कि इस मुद्दे पर बाद में विचार किया जाएगा। इसका मूल कारण यही था कि सदस्यों में आपसी मतभेद, मनभेद में न बदलें। संविधान सभा के चतुर्थ सत्र का आरंभ 14 जुलाई, 1947 को हुआ। उस समय देश आजाद होने की प्रक्रिया से गुजरना आरंभ हो गया था। सभी को पता था कि अगले माह 15 अगस्त, 1947 को देश आजाद होगा। ऐसे में हिन्दी के समर्थक सदस्य अपने भाषणों में अधिक उग्र थे। 15 जुलाई 1947 को बालकृष्ण शर्मा, पुरुषोत्तम दास टंडन, एच. वी. पाटसकर, डी. पी. खेतान, एच. जे. खांडेकर द्वारा संशोधन पेश किए गए। इनके साथ हिन्दी के पक्ष में आर. वी.

धुलेकर, गुप्तनाथ सिंह व एस. एल. सक्सेना द्वारा संशोधन पेश किया गया। इनका कहना था कि अब प्रांतीय विधायिकाओं में हिन्दुस्तानी की जगह 'हिन्दी' वैकल्पिक भाषा होगी। इसके साथ ही कार्य सूची के संशोधनों में ये मत भी प्रकट किया गया कि प्रांतीय विधायिकाओं में केवल हिन्दी अथवा प्रांतीय भाषा का प्रयोग भी किया जा सकेगा। इस प्रकार अंग्रेजी को प्रांतीय विधायिकाओं में प्रयोग से समाप्त करने की बात कही गई। कांग्रेस की बैठक में भी भाषा का मुद्दा गर्म रहा, कांग्रेस के नेता दो पक्षों में बंट गए। कांग्रेस की बैठक में 63 सदस्यों ने हिन्दी के पक्ष में मत डाला और हिन्दुस्तानी के पक्ष में केवल 32 मत पड़े। इस प्रकार आजादी की चौखट पर खड़े भारत में भाषायी मुददे पर अब तक जो लोग हिन्दुस्तानी की बात कर रहे थे, वे भी स्वतंत्र भारत में बंटवारे के बाद अपनी राष्ट्रभाषा हिन्दी चाहने लगे थे। यह मुद्दा इतना ज्वलंत था कि सरदार पटेल ने संविधान सभा में यह प्रस्ताव रखा कि प्रांतीय विधायिकाओं में भाषा के प्रश्न को अभी स्थगित रखा जाए। वे जानते थे कि इस वातावरण में भाषा के मुद्दे पर चर्चा करना उपयुक्त नहीं होगा। अभी इस घटना को एक सप्ताह भी नहीं बीता था कि फिर सेठ गोविंद दास एक प्रस्ताव लाये कि संसद की भाषा को 'हिन्दी' किया जाये न कि हिन्दुस्तानी। इसके साथ ही यह प्रस्ताव भी आ गया कि 'हिन्दी' राष्ट्रीय भाषा घोषित हो और इसके साथ 'देवनागरी लिपि' को राष्ट्रीय लिपि घोषित किया जाए। संसद में केवल हिन्दी प्रयोग की ही अनुमति होनी चाहिए। उन्होंने इसके साथ यह प्रस्ताव भी दिया कि हिन्दी के साथ पाँच अथवा दस वर्ष तक अंग्रेजी को जारी रखा जा सकता है। इस प्रकार संविधान सभा में भाषा का मुद्दा बार बार आता रहा और संविधान सभा आपसी मनमुटाव को टालने के लिए इन मुद्दों को बार बार आगे बढ़ाती रही। संविधान सभा में यह वातावरण देश के विभाजन को लेकर बना हुआ था। सभा के सदस्य के संथानम का मत था कि यदि देश का विभाजन ना हुआ होता तो निश्चित रूप से हिन्दुस्तानी भाषा ही राष्ट्रीय भाषा के रूप में प्रतिष्ठित होती लेकिन मुसलमानों के प्रति उभरा गुस्सा उर्दू के खिलाफ चला गया। हिन्दुस्तान टाइम्स में छपे लेख में उन्होंने कहा कि इस सभा का मानना था कि मुसलमानों की विभाजनकारी भूमिका के कारण राष्ट्रीय भाषा के समूचे मुद्दे पर नए सिरे से विचार किया जाना चाहिए। ग्रेनविल ऑस्टिन की पुस्तक 'भारतीय संविधान' में उल्लेख है कि जब उर्दूभाषियों के विश्वासघात के कारण विभाजन ने एकता का स्वप्न चूर चूर कर दिया तो हिन्दी के चरमपंथी इस बात के लिए कृत संकल्प हो उठे कि राष्ट्रीय एकता हिन्दी के माध्यम से ही हासिल की जा सकती है। हिन्दी के कट्टर समर्थकों की मांग थी कि प्रान्तीय भाषाओं के लोगों को अब हिन्दी सीखनी ही होगी और क्षेत्रीय भाषाओं को दूसरे स्थान पर होना होगा। उनका मानना था कि जिस प्रकार उर्दू बाहर चली गई उसी प्रकार अंग्रेजी को भी बाहर का रास्ता दिखा देना चाहिए। उनके अनुसार अब ये भारतीय भाषाएँ नहीं थी। जिस समय यह सब बातें हो रही थीं, इसका देश की राजनीति पर भी प्रभाव पड़ रहा था। हिन्दुस्तानी के प्रबल समर्थक रहे पंडित नेहरू और गाँधी जी को भी लगता था कि हिन्दी के विस्तार में हिन्दुस्तानी अपना योगदान देगी। गाँधी जी का 31 जुलाई,1947 को लिखा हुआ एक लेख 10 अगस्त 1947 को हरिजन पत्रिका में प्रकाशित हुआ, जिसमें गांधीजी ने लिखा था कि 'कांग्रेस की दृष्टि हमेशा उदार रही है। आज की यह स्थिति इसके बिल्कुल उलट है। संकट की घड़ी में कांग्रेस को चट्टान की तरह अटल रहना चाहिए। उसे भारत की संपर्क भाषा के प्रश्न पर कोई समझौता नहीं करना चाहिए। गाँधी जी ने अपने जीवन में अनेक बार हिन्दी के समर्थन में लेख लिखे हैं और भाषण भी दिया है लेकिन वे सरल हिन्दी के समर्थक थे, जिसे आम आदमी सहजता से समझ सके। एक महत्त्वपूर्ण तथ्य यह भी है कि जब

फरवरी 1948 में संविधान का प्रारूप सामने आया तो उसमें कहा गया था कि अंग्रेजी अथवा हिन्दी का प्रयोग किया जाएगा। इसके साथ ही प्रांतीय भाषाओं को भी वैकल्पिक रूप से प्रयोग किया जा सकेगा। इसमें गौर करने लायक बात यह थी कि मसौदा समिति ने बिना किसी आधिकारिक अनुमति के संविधान के प्रारूप में 'हिन्दुस्तानी' के स्थान पर 'हिन्दी' शब्द प्रयोग किया था। पूछने पर समिति का यह तर्क था कि उन्होंने के.एम. मुंशी की सूचना के आधार पर किया है। जिनसे ज्ञात हुआ है कि कांग्रेस में बहुमत के आधार पर 'हिन्दुस्तानी' के स्थान पर 'हिन्दी' बदलने का प्रस्ताव पारित किया गया है। इस प्रकार हिन्दी का समर्थक वर्ग संविधान सभा में हिन्दी के पक्ष में निरंतर दबाव बनाए हुए था। संविधान सभा में इस बात पर विचार किया गया कि राष्ट्रीय भाषा में संविधान की रचना की जा सकती है? सभा के अध्यक्ष डॉ राजेंद्र प्रसाद ने सभा को संबोधित करते हुए कहा कि क्या हम भविष्य में सदा के लिए अंग्रेजी में रचा गया ऐसा संविधान चाहते हैं जिसे केवल अंग्रेजी भाषी न्यायाधीश ही समझ सकें। डॉक्टर राजेंद्र प्रसाद का उद्देश्य था कि हमें अपने संविधान का अनूदित संस्करण भी तैयार करना और उसी संस्करण को मूल संविधान के रूप में स्वीकार करना चाहिए। इस पर सभी सदस्यों ने अपनी सहमति जाहिर की। संविधान सभा के हिन्दी समर्थक सदस्य समझ रहे थे कि अनुवाद का मतलब हिन्दी भाषा में अनुवाद से ही है। इसके बाद अध्यक्ष डॉ राजेन्द्र प्रसाद द्वारा हिन्दी और उर्दू में अनुवाद की दो समितियों का गठन किया गया। डॉ रघुवीर और जी.एस. गुप्त हिन्दी समिति के प्रमुख सदस्य थे और शुद्ध हिन्दी के समर्थक थे। जब अनुवाद का कार्य पूरा हुआ तो पंडित नेहरू ने संविधान के अनुवाद की एक प्रति देखी और डॉ राजेन्द्र प्रसाद को लिखा कि मैं इसका एक शब्द भी समझ नहीं सकता। इसके बाद अन्य हिन्दी भाषियों ने भी हिन्दी अनुवाद पर अपना मत व्यक्त किया कि अनुवाद अत्यंत कठिन भाषा में किया गया है। इस पर हिन्दी के प्रबल समर्थक लोग हतोत्साहित नहीं हुए, समिति के सदस्य जी एस गुप्त ने एक प्रस्ताव भेजा कि अंग्रेजी लंबे समय तक भारत में भाषा के रूप में जिन्दा नहीं रह सकती इसलिए संविधान की अंग्रेजी के समांतर हिन्दी में भी रचना की जानी चाहिए। उनकी मांग थी कि आरंभ के पाँच वर्षों तक अंग्रेजी संस्करण को प्रामाणिक माना जाए और उसके बाद हिन्दी के संस्करण को स्वीकार कर लिया जाए। इन तमाम बहसों में गठित समिति ने उर्दू को भारतीय लिपि मानने से इनकार करते हुए कहा कि हिन्दुस्तानी स्वयं में कोई भाषा नहीं है। विशिष्ट ज्ञान के वाहक के तौर पर उसका कोई अस्तित्व नहीं है। राष्ट्रवाद तक का तकाजा है कि हमारी तकनीकी शब्दावली संस्कृत पर आधारित हो। भारत की भाषायी एकता का मार्ग इसी से पुख्ता होगा। यह अनुशंसाएँ 22 अक्तूबर, 1948 को प्रकाशित हुई थीं और जी एस गुप्ता द्वारा उनकी प्रतियाँ सदस्यों को वितरित की गई थीं।

4 नवम्बर से 9 नवम्बर,1948 के मध्य संविधान सभा में भाषा का मुद्दा फिर छाया रहा। हिन्दी का कट्टर समर्थक वर्ग बार बार यह कहता रहा कि अगर हम हिन्दी में बात करना शुरू नहीं कर देते अथवा अपना कामकाज हिन्दी भी नहीं करते तो आजादी का कोई मतलब नहीं होगा। वहीं दूसरी ओर अन्य लोगों का मत था कि हिन्दी के कट्टर समर्थक लोग हिन्दी को संस्कृत बनाने पर तुले हुए हैं। हिन्दी को सरल होना चाहिए ताकि उसे हर कोई आसानी से ग्रहण कर सके। मद्रास प्रांत के सदस्य टी टी कृष्णम्माचारी ने संविधान सभा में कहा कि मैं दक्षिण भारत की जनता की ओर से एक चेतावनी देना चाहूंगा। इसका कारण यह है कि दक्षिण भारत में पहले से ही अलगाववादी तत्व सक्रिय हैं और ये हम पर निर्भर करता है कि हम कितनी ताकत के साथ इन तत्वों पर अंकुश रख

सकते हैं। मुझे अफसोस है कि संयुक्त प्रांत के मित्र हमारी इस मामले में कोई मदद नहीं कर रहे। इसी प्रकार का विचार बंगाल के सदस्य एल के मैत्र का था, उन्होंने हिन्दी के कट्टर समर्थकों को चेतावनी देते हुए कहा कि अति उत्साह में कहीं वे अपने उद्देश्य का ही विनाश न कर दें'। उनका कहना था कि ये लोग उन लोगों के लिये कुछ समय के लिये धैर्य और संयम बनाए रखें, जो अभी उत्तर भारत की भाषा बोलने में असमर्थ महसूस करते हैं। इस गर्म माहौल में अध्यक्ष डॉक्टर राजेंद्र प्रसाद का मत था कि चर्चा शान्त वातावरण में होनी चाहिए, इसलिए अभी अन्य विषयों पर ध्यान दिया जाए और भाषा के मुददे को अभी स्थगित करते हैं। पंडित नेहरू का भी मत था कि यदि अभी भाषा के विषय पर चर्चा करने लगे तो संविधान का काम लम्बा खिंच जाएगा। उनका मत था कि इस विषय पर जल्दबाजी नहीं करनी चाहिए अन्यथा हमारे उद्देश्यों को हानि पहुँच सकती है। बहुमत के आधार पर यदि हम कोई चीज देश के अन्य हिस्सों व अल्पसंख्यकों पर थोपना चाहेंगे, तो हमने जिस कार्य का बीड़ा उठाया है उसमें सच्ची सफलता नहीं मिलेगी। हिन्दी का समर्थक वर्ग इतना मुखर हो चुका था कि वह आपसी सहमति व तालमेल जैसी अवधारणाओं से भी दूर हो चुका था। इसके परिणामस्वरूप संविधान सभा में सबसे अधिक उत्तेजना भाषा के मुददे पर फैल जाती थी।

संविधान सभा में हिन्दी के कट्टर समर्थकों ने हिन्दी के समर्थन में ऐसा वातावरण तैयार कर दिया कि ग़ैर हिन्दी भाषी सदस्य एकजुट होने लगे। पंडित नेहरू ने इस वातावरण को भांपा और 13 अप्रैल,1949 को केंद्रीय शिक्षा संस्थान में आयोजित एक समारोह में कहा कि हर कोई जानता है कि हिन्दी ही भारत की सबसे शक्तिशाली भाषा है, लेकिन ये हिन्दी का दुर्भाग्य है कि उसने अपने ऐसे पैरोकार इकट्ठा कर लिए हैं जो गलत रास्ते पर जाकर इसका लगातार नुकसान कर रहे हैं।

संविधान सभा में संविधान के अनुवाद पर पंडित नेहरू और डॉक्टर राजेंद्र प्रसाद के मतों में एकरूपता नहीं थी। पंडित नेहरू इस बात पर सहमत थे कि संविधान का अनुवाद कराया जाना चाहिए लेकिन यह कार्य सभा की अपेक्षा विशेषज्ञों द्वारा करवाया जाना चाहिए। 5 फरवरी 1949 को ये निर्णय लिया गया कि संविधान का जहाँ तक सम्भव हो सटीक और आम जनता की समझ आने वाला सटीक अनुवाद कराने के लिए डॉक्टर राजेंद्र प्रसाद के दिशा निर्देश में एक विशेषज्ञ समिति का गठन होगा। हालांकि अभी भी डॉक्टर राजेंद्र प्रसाद हिन्दी के मूल संस्करण की बात कर रहे थे परन्तु वे साथ में इस बात के लिए भी सहमत थे कि संविधान का एक अंग्रेजी संस्करण भी पारित किया जाना चाहिए और आरंभ की अवस्था में उसे ही प्रामाणिक माना जाना चाहिए। मुसलमानों और हिन्दुस्तानी के समर्थकों के प्रति अपनी संवेदनशीलता दिखाते हुए डॉक्टर राजेंद्र प्रसाद ने इसमें भी सबसे पहले हिन्दुस्तानी और बाद में, समावेशी हिन्दी की पैरवी की थी। उन्होंने तकनीकी शब्दों को हिन्दी में संस्कृत से ग्रहण करने की बात भी कही थी और इसके साथ ही उन्होंने अंग्रेजी के शब्दों को भी शामिल करने पर अपनी सहमति जताई। उन्होंने सभा में दक्षिण भारत के प्रतिनिधियों की आपत्तियों को भी गम्भीरता से लिया। कांग्रेस इस मुद्दे को उचित महत्त्व नहीं दे रही थी और इस बात को ध्यान में रखते हुए उन्होंने पट्टाभि सीतारमैय्या को कांग्रेस का अध्यक्ष बनवाने में अपनी अहम भूमिका निभाई। यह खास बात है कि डॉक्टर राजेंद्र प्रसाद ने संविधान सभा में अंग्रेजी के प्रयोग का भी समर्थन किया था, लेकिन उसके साथ ही संविधान की भाषा को उसके मूल हिन्दी संस्करण को स्वीकार करने के लिए आग्रह किया था। उनके इस भाव के पीछे मूल कारण यह था कि उन्हें गाँधी जी की तरह यही लगता था कि भारत की जनता जब तक अंग्रेजी पर निर्भर रहेंगी तब तक वह सच्चे अर्थों में स्वतंत्र नहीं हो पायेगी।

संविधान सभा में अल्पसंख्यकों की शिक्षा के क्षेत्र में इस बात का ध्यान रखा गया कि उनको उनकी भाषा के प्रयोग से कोई ना रोके। उन्हें समान रूप से शिक्षा का अधिकार भी दिया गया। अल्पसंख्यकों को यह अधिकार प्रदान करने के पीछे यही लक्ष्य था कि बहुत संगठनों द्वारा नियंत्रित होने वाली विधायिकाएँ अपने लोगों को प्राथमिकता न देने लगे और अन्य समुदायों के साथ भेदभाव न होने लगे। 8 दिसंबर 1948 को संविधान सभा में डॉ अंबेडकर का मत था कि भाषायी अल्पसंख्यकों के लिए ऐसी व्यवस्था करना सरकार का अगर राजनीतिक नहीं तो नैतिक दायित्व जरूर बनता है।

संविधान सभा के सदस्य सभा के भीतर और बाहर साहित्यिक और सामाजिक कार्यक्रमों में भी भाषा से सम्बन्धित अपना मत प्रकट कर रहे थे। 8 अगस्त 1949 को हिन्दुस्तान में प्रकाशित समाचार के अनुसार 7 अगस्त को नई दिल्ली में आयोजित एक कार्यक्रम में पुरुषोत्तम दास टंडन ने कहा कि जो लोग हिन्दी को राष्ट्रीय भाषा तथा नागरी को एकमात्र लिपि घोषित करने का विरोध कर रहे हैं, वे अभी भी राष्ट्रविरोधी तुष्टीकरण की नीति पर चल रहे हैं और सांप्रदायिक भावनाओं को शह देने का काम कर रहे हैं। इस प्रकार की सारी घटनाएँ समाचार पत्रों में भी प्रकाशित हो रही थीं और हिन्दी के समर्थन में दिए जाने वाले बयान भी अखबारों में आ रहे थे। 11 अगस्त,1949 हिन्दुस्तान टाइम्स और द हिन्दू में एक घटना का समाचार प्रकाशित हुआ कि एक सन्यासिन दिल्ली में इस प्रतिज्ञा के साथ आमरण अनशन पर बैठ गई कि जब तक हिन्दी को राष्ट्रीय भाषा नहीं बनाया जाता और देश का नाम भारत नहीं किया जाता तब तक वह अनशन नहीं तोड़ेंगी। उस समय पंडित नेहरू सहित अनेक बड़े नेता उस सन्यासिन से जाकर मिले और उसे आश्वासन दिया कि हिन्दी को राष्ट्रीय भाषा जरूर बनाया जाएगा। इस पर सन्यासिन ने 12 अगस्त को अपना अनशन समाप्त किया।

13 अगस्त, 1949 के 'द हिन्दू' अखबार के संपादकीय में हिन्दी समर्थकों के विपरीत मत देते हुए कहा गया था कि सभा के दक्षिण भारतीय, असमी तथा बंगाली सदस्यों ने हिन्दी को क्रमिक रूप से अंग्रेजी की जगह स्थागित करने की बात का विरोध करके सही कार्य किया, क्योंकि एक राष्ट्रीय भाषा की हैसियत प्राप्त करने से पहले हिन्दी को पर्याप्त विकसित भाषा बनना होगा।

भाषा को लेकर संविधान सभा के वरिष्ठ नेताओं का प्रयास था कि सभी के साथ बातचीत करके किसी निर्णायक समझौते पर पहुँचा जा सके। भाषा सम्बन्धी विशेष समिति के प्रयास परवान नहीं चढ़ पा रहे थे, दोनों गुट असन्तुष्ट थे। अब यह कार्य गरौदा समिति को सौंपा गया। डॉक्टर अम्बेडकर ने 22 अगस्त, 1949 को समझौते का एक नया प्रारूप जारी किया। इस समझौते में कहा गया था कि संघ के अधिकारिक कामकाज के लिए 15 वर्षों तक अंग्रेजी का प्रयोग किया जाएगा और संसद चाहे तो इसे आगे बढ़ा सकेगी। इसके साथ ही हिन्दी के प्रयोग की व्यवस्था करने के निर्देश राष्ट्रपति दे सकते हैं। अदालतों की भाषा अंग्रेजी होगी तथा क्षेत्रीय भाषाओं के संरक्षण के लिए उन्हें संविधान की एक सूची में सूचीबद्ध किया जाएगा। समझौते में यह भी कहा गया कि संविधान के लोकार्पण के बाद हिन्दी की प्रगति के लिए एक भाषा आयोग का गठन किया जाएगा। यह समाचार 23 अगस्त 1949 को हिन्दुस्तान टाइम्स में भी प्रकाशित हुआ। इस प्रकार पहले अंग्रेजी को 10 वर्ष तक लागू रखने के स्थान पर अब यह 15 वर्ष हो चुका था। अनेक वाद-विवादों के बाद 'मुंशी-आयंगर' फार्मूले के अनुसार ही अनेक प्रावधानों का निर्माण किया गया और निर्णय पर पहुँचने के लिए प्रयास किया गया। संविधान सभा में अंकों और 15 साल की अवधि को लेकर बार-बार वाद विवाद होता रहा। 26 अगस्त को सीतारमैया की अध्यक्षता में अंकों के मुददे पर लगातार बहस होती रही। अन्त में इस समस्या का समाधान निकालने के लिए मतदान का सहारा

लेना पड़ा। सभा में 63 हाथ अन्तरराष्ट्रीय अंकों के पक्ष में और 54 हाथ नागरी के पक्ष में उठे। इस पर भी काफी बाद विवाद हुआ, सदस्यों ने सीतारमैया और पंडित नेहरू के इस सुझाव पर यह निर्णय लिया कि इतने मामूली अन्तर के आधार पर नागरी के अंकों को पूरे देश पर लागू करना उचित नहीं होगा। बाद में सभा ने यह निर्णय लिया कि इस संक्रमणकाल के दौरान हिन्दी भाषी क्षेत्र अन्तर्राज्यीय भाषा के तौर पर अंग्रेजी के स्थान पर हिन्दी का प्रयोग कर सकते हैं। इस निर्णय के अनुसार आठवीं अनसूची में डाली गई 14 भाषाओं की सूची में से अंग्रेजी को हटा दिया गया। हिन्दी का प्रबल समर्थक वर्ग आगामी कुछ दिनों तक पुरुषोत्तमदास टंडन की अगुवाई में अन्तरराष्ट्रीय अंकों को स्वीकार करने का विरोध करता रहा। इसके साथ ही वे इस विषय पर दृढ़ थे कि अंग्रेजी को 15 वर्षों से आगे बढ़ाए जाने का कोई प्रावधान नहीं होना चाहिए। उनके साथ अनेक हिन्दी के समर्थक लोग 15 साल की अवधि को घटाए जाने की मांग करते रहे। उनकी यह भी मांग थी कि हिन्दी को अंग्रेजी की स्थानापन्न भाषा के रूप में विकसित किया जाए और सिविल सेवाओं में हिन्दी के प्रयोग की अनुमति दी जाए।

संविधान सभा में हिन्दी का कट्टर समर्थक वर्ग हावी हो रहा था, उसके प्रति उत्तर में बंगाली, मराठी, गुजराती सहित अनेक प्रांतों के लोग खुलकर इनके विरोध में खड़े होने लगे थे। सबसे अधिक मुखर विरोध दक्षिण भारत के सदस्यों का था। उस समय के प्रकाशित समाचार पत्र द हिन्दू के संपादकीय लेखों में निरंतर इस पर चर्चा प्रकाशित हो रही थी। उन लेखों में इन अंकों को लेकर बाद विवाद की भर्त्सना की गई थी। 30 अगस्त 1949 को प्रकाशित समाचार पत्र द हिन्दू के अनुसार इन अंकों का जन्म भारत में ही हुआ है इसलिए इन्हें स्वीकार करो। जनसंख्या, संघीय आंकड़ों और वाणिज्यिक मामले में अधिक कुशलता लाने के लिए इन्हीं अंकों को अपनाना चाहिए।

24 अगस्त 1949 को प्रकाशित द हिन्दू में दिए गए समाचार के अनुसार सरदार पटेल ने पंडित नेहरू को पत्र लिखा था कि हिन्दी को लागू करने के लिए 15 वर्ष का समय पर्याप्त है लेकिन इस अन्तरिम अवधि के दौरान यदि अंग्रेजी के अलावा हिन्दी को एक अतिरिक्त भाषा के रूप में प्रयोग किया जाए तो इस बात का भी ध्यान रखा जाए कि कहीं इससे प्रशासनिक व्यवस्था न गड़बड़ा जाए। गृह मन्त्रालय ने सम्भवत: पटेल के निर्देश पर ही इस बात की अनुशंसा की थी कि क्षेत्रीय भाषा के बजाय संघ की आधिकारिक भाषा, (चाहे वह हिन्दी हो अथवा अंग्रेजी) ही उच्च न्यायालयों की भाषा होनी चाहिए। सरदार पटेल ने मुंशी-आयंगर फॉर्मूले का समर्थन भी किया था। इस फॉर्मूले को दो सितंबर 1949 को तैयार किया जा चुका था। समझौते के इस फॉर्मूले को तैयार करने के लिए अंबेडकर भी इसमें सम्मिलित थे। हिन्दी के कट्टर समर्थकों को छोड़कर यह फॉर्मूला लगभग सभी को पसन्द था। इस फॉर्मूले में कहा गया था कि संघ की भाषा हिन्दी होगी और हिन्दी की लिपि नागरी होगी। इसमें अंकों को लिखने के लिए अन्तरराष्ट्रीय पद्धति का प्रयोग होगा। इस व्यवस्था के अतिरिक्त संघ के कामकाज में 15 वर्ष तक के लिए अंग्रेजी का प्रयोग किया जा सकेगा, संसद को इसके प्रयोग की अवधि बढ़ाने का अधिकार होगा। सर्वोच्च न्यायालय, उच्च न्यायालय, विधायिकाओं के प्रामाणिक पाठ, अधिनियमों, अध्यादेश आदि की भाषा अंग्रेजी होगी और राष्ट्रपति की पूर्वानुमति के बिना इसमें कोई बदलाव नहीं होगा। फॉर्मूले में यह भी उल्लेखित किया गया कि संघीय सरकार को हिन्दी का प्रचार-प्रसार और विकास इस तरह करना चाहिए कि वह भारत की साँझी संस्कृति का माध्यम बन सके। इस फॉर्मूले में यह भी कहा गया था कि हिन्दी की समृद्धि के लिए ऐसे उपाय होने चाहिए जिससे वह हिन्दुस्तानी और भारत की

अन्य भाषाओं के रूपों, शैलियों और अभिव्यक्तियों को आत्मसात कर सके। इस फार्मूले में हिन्दी को अपना शब्द भंडार समृद्ध करने के लिए प्रमुखता: संस्कृत और गौणत: अन्य भाषाओं के शब्द ग्रहण करने की बात भी शामिल थी। इसी फॉर्मूले के अनुसार आठवीं अनुसूची बनाई गई जिसमें अंग्रेजी और संस्कृत को छोड़कर भारत की 13 प्रांतीय भाषाओं को सूची में सम्मिलित किया गया, जिनकी आज तक संख्या 22 हो चुकी है। यह फॉर्मूला संविधान सभा में भाषा को लेकर हुई लंबी बहसों को विचार करके बनाया गया था ताकि अधिकतम लोग सन्तुष्ट हो सकें। प्रांतीय भाषाओं को भी संविधान में सूचीबद्ध करना तथा लोक सेवाओं में गैर हिन्दी भाषियों के हितों का संदर्भ रेखांकित करना फार्मूले की व्यापकता को दर्शाता है। सूची में सम्मिलित भाषाओं को अनुसूचित करने का आशय था कि भारत की लगभग सभी भाषाओं को प्रतिनिधित्व मिलना चाहिए। मद्रास श्री सभा की सदस्या दुर्गाबाई देशमुख के अनुसार मनोवैज्ञानिक कारणों के अलावा इन भाषाओं को हैसियत प्रदान करने की भावना काम कर रही थी। हमने इन भाषाओं को संविधान में इसलिए सूचीबद्ध कराया ताकि हिन्दी के अतिवादी समर्थक उनकी अनदेखी या सफाया ना कर सकें। पंडित नेहरू के अनुसार क्षेत्रीय भाषाओं को संविधान में सूचीबद्ध करना इसलिए आवश्यक था कि उनके प्रयोगकर्ताओं में यह भावना पैदा हो सके कि नए भारत में उनकी भी एक जगह है। पंडित नेहरू ने यह भी सुझाव रखा था कि इन भाषाओं को क्षेत्रीय भाषा की अपेक्षा 'आधिकारिक रूप से मान्यता प्राप्त भाषाएँ' कहा जाए। सभा के सदस्य रविशंकर शुक्ल ने मसौदा समिति के अध्यक्ष के नाम 1 सितंबर, 1949 को एक पत्र लिखा कि इन भाषाओं को सूचीबद्ध करना एक 'पूर्णतया अनावश्यक' उपक्रम है। रवि शंकर शुक्ल के अनुसार, अपनी भाषाओं को सूचीबद्ध करना एक प्रतिक्रियावादी प्रावधान है। उनका मानना था कि इससे भाषा आयोग 'हिन्दी को संघ की आधिकारिक भाषा' घोषित करने की प्रक्रिया में बाधा पहुँचा सकता है। इसीलिए यह फॉर्मूला काफी चर्चित रहा और इसे 'मुंशी-आयंगर के फॉर्मूले' के नाम से जाना जाता है। इस फार्मूले पर चर्चा करने के लिए 2 सितंबर 1949 का दिन निश्चित किया गया, इसकी अध्यक्षता पट्टाभि सीतारमैय्या ने की। सीतारमैय्या का सदस्यों से आग्रह था कि वे इस फॉर्मूले को समग्रता से जान लें और एक सार्थक निर्णय तक पहुँचने में सहयोग करें। 3 सितंबर 1949 को हिन्दुस्तान टाइम्स और द हिन्दू में प्रकाशित रिपोर्ट के अनुसार इस फॉर्मूले को संविधान सभा में पेश करना एक नीतिगत मुद्दा था क्योंकि इसका मतलब संविधान के मसौदे में संशोधन करना था। अगर कांग्रेस पार्टी की बैठक में समझौते का समर्थन करने के लिये वोटिंग का सहारा लिया जाता है और उसके बाद संविधान सभा में प्रस्तुत किया जाता तो यह एक आधिकारिक संशोधन की श्रेणी में आ जाता और इस पर कांग्रेस पार्टी के नीतिगत वक्तव्य होने का आक्षेप लग जाता। यदि इस फॉर्मूले को बिना पार्टी की अनुमति के सीधे व्यक्तिगत रूप से पेश किया जाता तो यह एक निजी संशोधन के रूप में माना जाता। हिन्दी के उदारवादी सदस्य इसे कट्टर समर्थकों की बजाय कांग्रेस पार्टी में पास कराना चाहते थे, लेकिन कट्टर समर्थक इसके विरुद्ध थे। अन्त में वाद-विवाद अधिक बढ़ गया। बंगाल, असम, मद्रास, मुंबई आदि प्रांतों के सदस्य इस मुद्दे पर मतदान कराने के पक्ष में थे। मध्य प्रांत, संयुक्त प्रांत, पूर्वी पंजाब, बिहार तथा राजस्थान के सदस्य पार्टी में अपनी तरफ से संशोधन का यह प्रस्ताव प्रस्तुत नहीं करना चाहते थे। अन्त में मतदान पार्टी में हुआ और दोनों तरफ 75-75 वोट पड़े और मामला बराबरी पर अटक गया। अध्यक्ष सीतारमैय्या ने अपना वोट डालने से इनकार कर दिया इसलिए स्थिति अनिर्णायक रही। पार्टी में इस मतदान के बाद ही इस मिथक का जन्म हुआ कि हिन्दी मात्र एक वोट से भारत

की राजभाषा बनी, जबकि ऐसा नहीं था। 12 अगस्त और 18 अगस्त, 1949 को प्रकाशित द हिन्दू समाचार पत्र के अनुसार कांग्रेस के सभा दल ने अपनी दो बैठकों में हिन्दी को आम सहमति से आधिकारिक भाषा घोषित किया था। हिन्दुस्तान टाइम्स की रिपोर्ट के अनुसार भी इस बात पर कोई संदेह नहीं है कि पार्टी ने बैठक में हिन्दी को राष्ट्रीय भाषा के रूप में मान्यता दे दी है। यदि कोई एक मत का विवाद होता तो वह निश्चित ही समाचार पत्रों में प्रकाशित हुआ होता।

संविधान सभा में भाषा का विवाद बहुत उग्र रूप ले चुका था, अनेक सदस्य इस विवाद से इतने क्षुब्ध हो गए थे कि उन्होंने हिन्दी और हिन्दुस्तानी की बजाय संस्कृत को आधिकारिक भाषा घोषित करने की मांग कर डाली। यह प्रस्ताव संविधानसभा के 28 सदस्यों द्वारा पेश किया, जिन्हें डॉ. अम्बेडकर का समर्थन भी प्राप्त था। इन लोगों को पता था कि यह प्रस्ताव स्वीकार नहीं किया जाएगा, लेकिन वे सभा के सदस्य मैत्र की बात से सहमत थे कि संस्कृत को आधिकारिक भाषा घोषित करने से अन्य क्षेत्रीय भाषाओं का दर्जा समान हो जाएगा और हिन्दी के समर्थन से उत्पन्न ईर्ष्याएँ समाप्त हो जाएँगी।

आखिर में वह दिन भी आ गया जब 12 सितंबर 1949 को भाषा सम्बन्धी मसौदा संविधान सभा के सामने रखा गया। डॉक्टर राजेंद्र प्रसाद इतने दिनों से इस मुददे की गर्मी को महसूस कर रहे थे, तभी उन्होंने भाषा के मुददे पर चर्चा आरंभ करने से पहले ही सभी सदस्यों को कहा कि बहस के दौरान वे संयम और मर्यादित भाषा का प्रयोग करें, ताकि किसी की भावना को ठेस न पहुँचे। उन्होंने सदन में कहा कि भाषायी प्रावधानों का निर्णय हमें सहमति से लेना होगा। सदन में लिए गए निर्णय पूरे देश में स्वीकार होने चाहिए, इसलिए सदस्यों को ख्याल रखना होगा कि सदन में अकेले जीत हासिल करने से कोई बात नहीं बनेगी। कार्रवाई आरंभ होने पर श्री आयंगर ने मुंशी आयंगर फार्मूले को उस सदन के सामने रखा। 12 सितंबर से 14 सितंबर 1949 को संविधान सभा में हुई भाषायी बहसों को हमने आगे विस्तार से इस पुस्तक में दिया है। संविधान सभा में 14 सितंबर,1949 को हिन्दी देश की राजभाषा स्वीकार की गई।

संविधान सभा से पहले काउंसिल ऑफ स्टेट में हिन्दी और उर्दू को लेकर वाद-विवाद (16 मार्च, 1927)

काउंसिल ऑफ स्टेट जिसे उच्च सदन भी कहा जाता था, का गठन 'गवर्नमेंट ऑफ इंडिया एक्ट-1919' के अधीन किया गया। बाद में इस सभा का स्थान संविधान सभा ने ले लिया और भारत व पाकिस्तान के लिए दो अलग-अलग संविधान सभाएँ गठित हो गई। काउंसिल ऑफ स्टेट की कार्रवाई अंग्रेजी में होती थी। भाषायी विमर्श की दृष्टि से 16 मार्च 1927 का दिन बहुत महत्त्वपूर्ण रहा क्योंकि इस दिन काउंसिल ऑफ स्टेट में एक संशोधन की मांग की गई कि सदस्य गण हिन्दी और उर्दू में अपनी बात सदन के सामने रख सकें। यह मांग सेठ गोविंद दास ने रखी थी। उन्होंने कहा कि 'यह काउंसिल गवर्नर जनरल से सिफारिश करती है कि वैधानिक प्रक्रिया के नियमों में इस प्रकार परिवर्तन किया जाए जिससे भारतीय विधान मंडल के सदस्य हिन्दी अथवा उर्दू में भाषण कर सकें और वे भाषण केंद्रीय विधानमंडल की औपचारिक कार्यवाही में भी नियमानुसार मुद्रित व प्रकाशित हों।' सेठ गोविंद दास ने काउंसिल ऑफ स्टेट के अध्यक्ष को यह भी बताया कि हम कई वर्षों से स्वराज की बात करते रहे हैं और स्वराज शब्द इतना लोकप्रिय हो गया कि महामहिम सम्राट ने महामहिम ड्यूक ऑफ कनॉट के द्वारा जो संदेश भेजा है उसमें भी उसकी चर्चा की है। किन्तु श्रीमान मुझे आशंका है कि हम अभी तक इस शब्द का पूरा महत्व नहीं समझ पाए। मेरी दृष्टि में राजनीतिक स्वराज, जो विदेश की सभ्यता, कला, संस्कृति व भाषा से रहित हो, वह निरर्थक है। 'सेठ गोविंद दास ने अंग्रेजी शासन के समक्ष यह तर्क दिया कि उनकी संसद की कार्यवाही इटालियन में चलने की कल्पना भी असम्भव है; किन्तु हमारे यहाँ मामले में स्टैंडिंग ऑर्डर नंबर 27 में चुपचाप यह व्यवस्था दे दी गई है कि "विधानमंडल की कार्यवाही अंग्रेजी में चलेगी" और फिर घाव पर नमक छिड़कने के लिए लेजिसलेटिव असेंबली के भूतपूर्व अध्यक्ष सर फ्रेडरिक व्हाइट ने अपनी एक पुस्तक में कहा है—"किसी भी भारतीय भाषा में समस्त भारत की भाषा बनने का सामर्थ्य कदापि नहीं है। अतः भविष्य में प्रांतीय स्तर की भाषा चाहे कोई भी हो, किन्तु संघीय भाषा सदा अंग्रेजी ही रहेगी और भारतीय एकता का सबसे बड़ा उपकरण है।" सेठ गोविंद दास ने सर फ्रेडरिक के कथन को नकारते हुए सदन में कहा कि 'अंग्रेजी इस देश की भाषा ना कभी रही है, ना आगे होगी।' उन्होंने कहा कि भारत की कुल जनसंख्या 32 करोड़ है और उसमें से केवल 8 लाख व्यक्तियों द्वारा ही अंग्रेजी बोली जाती है और बहुत कम संख्या में समझी जाती है। 150 वर्षों के ब्रिटिश शासन में भारतीय जनसंख्या के कितने छोटे भाग को अंग्रेजी देश में शिक्षित किया जा सका है। मैं सदस्यों से पूछता हूँ कि इस गति से देश की सारी जनता को अंग्रेजी सिखाने के लिए कितने दिन लगेंगे। फिर भी क्या यह उचित है एक विदेशी भाषा को दूसरे देश पर राष्ट्रीय भाषा के रूप में लाया जाए। उन्होंने कहा यह कितना तर्कसंगत है कि किसी देश की पूरी जनता को अन्य भाषा में शिक्षित करके उस विदेशी भाषा को देश के जनमानस की भाषा बनाने का प्रयास

किया जाए? जो लोग अपनी भाषा त्याग देते हैं अथवा त्यागने के लिए बाध्य कर दिए जाते हैं, वे लोग कहीं के नहीं रहते हैं ओर अन्ततः अस्तित्वहीन हो जाते हैं। आयरिश कवि थॉमस डेविस अपनी मातृभाषा शैलिक के अंग्रेजी में रूपांतरित होने पर कहते हैं कि एकमात्र भाषा के अभाव में कोई भी भौगोलिक क्षेत्र कभी भी एक राष्ट्र के रूप में परिणत नहीं हो सकता है। मातृभाषा की सुरक्षा करना राष्ट्र की भौगोलिक सीमाओं की रक्षा करनी से कहीं अधिक आवश्यक है, क्योंकि किसी भी बाहरी हमलावर के लिए मातृभाषा नदियों और पर्वतों जैसे प्राकृतिक अवरोधों की तुलना में एक बड़े अवरोधक के रूप में कार्य कर सकती है।

सेठ गोविंद दास ने कहा कि इतिहास में विजेताओं की सदा से अपनी भाषा लादने की नीति रही है। 'उन्होंने कुछ उदाहरण भी प्रस्तुत किए जैसे कि इंग्लैंड में भी नॉर्मन-विजय के बाद विजेताओं ने अपनी भाषा रोपने का प्रयास किया। सारे शैक्षणिक कार्य नॉर्मन-फ्रेंच में किए जाने लगे। किन्तु बहुत दिन तक नहीं चला और इसका स्थान एँग्लो सेक्सन भाषा ने ले लिया। पोलैंड के इतिहास में भी यही बात देखने को मिलती है। जब रूस, प्रशिया व आस्ट्रिया ने उसका विभाजन किया और वहाँ अपनी अपनी भाषा लागू करने का प्रयास किया तो पोलैंड वासियों ने इसका विरोध किया। उन्होंने उन विश्वविद्यालयों का बहिष्कार किया, जहाँ पर्शियन और रशियन भाषाएँ पढ़ाई जाती थीं। उन्होंने अपने पुराने विश्वविद्यालयों को पुनर्जीवित किया। जब आस्ट्रिया ने हंगरी पर अपनी भाषा लागू करने का प्रयत्न किया तो हंगरी की जनता ने इसका विरोध किया और केवल इस शर्त पर ऑस्ट्रेलियन साम्राज्य का अंग बनना स्वीकार किया कि उनकी भाषा को भी शासन में बराबर दर्जा दिया जाएगा। इसी प्रकार आयरलैंड ने भी अंग्रेजी अपनाने से इनकार कर दिया और अपनी मूल भाषा को पुनर्जीवित किया। दक्षिण अफ्रीका में भी बोअर वासियों ने अपने अंग्रेज शासकों को बाध्य कर दिया कि वे उनकी भाषा को प्रशासन में सम्मानपूर्ण दर्जा दे।' सेठ गोविंद दास सभा में यह समझाने की कोशिश कर रहे थे कि सत्ता के साथ भाषा का भी सम्बन्ध है। शासक अपनी भाषा को सत्ता के साथ-साथ स्थापित करता है और अंग्रेजी शासकों ने भी यही किया।

उन्होंने ईस्ट इंडिया कम्पनी के मद्रास गवर्नर सर चार्ल्स ट्रेवएलयान के कथन को उद्धृत किया कि अंग्रेजी साहित्य भी हमारी उद्देश्य पूर्ति में कम सहायक नहीं। अंग्रेजी साहित्य से परिचित व्यक्ति यह भूल जाता है कि हम विदेशी हैं और घोर विरोधी होने की बजाय वह हमारा निकटतम सहयोगी हो जाता है'। साथ ही यह भी कहते हैं कि 'ऐसा व्यक्ति हमें नापसन्द करने की बजाय हमारे निकट आने में गर्व अनुभव करेगा, हमें अपने संरक्षक व शुभचिन्तक की दृष्टि से देखेगा और स्वेच्छा से हमारे ढांचे में ढल जाएगा।'

इस प्रस्ताव के माध्यम से सेठ गोविंद दास तत्कालीन शासन को उनके द्वारा लागू की गई अंग्रेजी सम्बन्धी नीतियों का आईना दिखा रहे थे। उन्होंने कहा कि अंग्रेजों ने भारतीयों को अंग्रेजी में शिक्षित करने की नीति अपने साम्राज्य को जमाने के लिए और हमारी राष्ट्रीयता को समाप्त करने के लिए अपनाई थी। अब प्रश्न यह उठता है कि जब अंग्रेजी हमारी भाषा है ही नहीं और ना हो सकती है तो इस विराट देश की राष्ट्रीय भाषा का दर्जा कौन सी भाषा ले सकती है? तो इसके लिए हिन्दी या उर्दू का नाम लिया जा सकता है। मैं यह कहना चाहूँगा कि हिन्दी और उर्दू एक ही भाषा है, दोनों की बनावट और दोनों का व्याकरण एक ही है। यूरोपियन विद्वान डॉ. बीम्स के अनुसार "हिन्दी और उर्दू को दो विभिन्न भाषाएँ समझना एक बहुत बड़ी गलतफहमी है।" सेठ गोविंद दास ने अपने भाषण में मुस्लिम सदस्यों की ओर मुखातिब होते हुए कहा कि मेरे साथ सदन के सदस्य

भी इस मत को समझेंगे कि हिन्दू और उर्दू दो विभिन्न भाषाएँ नहीं है इसलिए मैंने अपने प्रस्ताव में ''हिन्दी और उर्दू'' न कह कर बल्कि 'हिन्दी या उर्दू' कहा है।

हिन्दी का पक्ष रखने के लिए यह भी महत्त्वपूर्ण था कि उस समय देश में हिन्दी भाषियों की संख्या कितनी है? उसमें देश में साढ़े तेरह करोड़ लोग हिन्दी बोलते थे, पाँच करोड़ बंगाली दो करोड़ मराठी और एक करोड़ लोग लगभग हिन्दी समझ सकते थे। उस समय देश में हिन्दी जानने वालों की यह एक बड़ी संख्या थी और इसी के आधार पर हिन्दी को लेकर विचार हुआ। साथ ही दक्षिण भारतीय भाषाओं के नागरिकों के लिए हिन्दी को हा प्रचारित व स्थापित करने के प्रयास किए गए जिनका उल्लेख सेठ गोविंद दास ने अपने भाषण में भी किया और बताया कि हिन्दी सम्मेलन की एक शाखा दक्षिण भारत में कार्य कर रही है। उन्होंने बांग्ला की विश्व विख्यात साहित्यिक विभूति डॉक्टर रवीन्द्रनाथ टैगोर का उल्लेख भी किया कि इन्होंने हिन्दी को राष्ट्रभाषा के रूप में स्वीकार किया है। किस प्रकार सेठ गोविंद दास ने भारत की अनेक भाषाओं के विद्वानों का उदाहरण देते हुए सदन में बताया कि किस प्रकार सभी लोग हिन्दी का समर्थन करते हैं। उन्होंने सदन में बताया कि जो लोग दैनिक जीवन में उनके पास अपनी समस्याएँ लेकर आते हैं वह सब भी अंग्रेजी भाषी नहीं होते क्योंकि आम जनता की भाषा अंग्रेजी नहीं है। 60 प्रतिशत लोग हिन्दी और उर्दू समझते हैं इसलिए सदन में अपनी बात कहने के लिए हिन्दी और उर्दू की स्वीकृति मिलनी चाहिए। भारतीय भाषाओं के ज्ञाता डॉक्टर ग्रीयसर्न का उल्लेख भी आया। उनका कथन ''भारत में एक हिन्दी राष्ट्रभाषा का स्थान ले सकती है। यही एक भाषा है इसमें दो विभिन्न प्रांतों के लोग आपस में बातचीत कर सकते हैं। यह भारत में सदस्य समझी जाती है, क्योंकि इसका व्याकरण भारत की अधिकांश भाषाओं के समान है। इसका शब्दकोश सबकी सम्मिलित संपत्ति है।'' इसी प्रकार श्री फेड्रिक पिनकाट सहित अनेक विदेशी विद्वानों ने अंग्रेजी के स्थान पर हिन्दी को अपना समर्थन दिया है। उन्होंने यह भी बताया कि अनेक यूरोपियन विद्वानों ने भारतीय भाषाओं को निरर्थक व अवैज्ञानिक भी कहा है लेकिन अब धारणा बदल गई है। सन उन्नीस सौ एक की भारतीय जनगणना रिपोर्ट के पहले खंड के पृष्ठ संख्या 307 में उद्धृत किया गया है कि ''हिन्दी के पास एक ऐसा शब्द कोष और अभिव्यक्ति कर ऐसा सामर्थ्य है, जो अंग्रेजी से किसी प्रकार भी कम नहीं है। सेठ गोविंद दास ने तर्क दिया कि हिन्दी और अन्य भारतीय भाषाएँ अंग्रेजी की तुलना में सीखने में भी सरल हैं। प्रस्ताव के पक्ष में बोलते हुए श्री गोविंद दास ने यहाँ तक कहा कि यूरोपियन अपने को भारत का सेवक बताते हैं और सदन में कार्रवाई अंग्रेजी में चलाने पर बाध्य किया जाता है। यदि वे सच में इस देश के सेवक हैं तो उन्हें हमारी भाषा सीखनी चाहिए। हम भी तो भारत के सेवक हैं और भाषा हमें उनकी सीखनी पड़ती है, कार्यवाही हमें उन्हीं की भाषा में चलानी पड़ती है। इसी प्रकार प्रशासन में कुछ पद यूरोप वालों को मिलते हैं और माननीय सर मोहम्मद हबीबुल्ला व माननीय श्री एस.आर. दास को अपवाद स्वरूप ले लिया गया है। मेरा मत है स्थिति बदलनी चाहिए। हमें प्रशासनिक सेवाओं का भारतीयकरण और विधानमंडल की कार्यवाही का हिन्दुस्तानीकरण करना चाहिए। इससे यह भी शिकायत दूर होगी कि जनता हमारी बात समझती नहीं है। इसी क्रम में अन्य सदस्यों ने भी अपना मत प्रकट किया।

सैयद अली नबी (संयुक्तप्रान्त पश्चिम : मुसलमान)—क्या इस सन्दर्भ में मैं एक प्रश्न उठा सकता हूँ? मेरे सम्मानित मित्र और सदन में इस प्रस्ताव को लाने वाले सदस्य ने जनमानस की भाषा के बारे में अनेक महत्त्वपूर्ण लोगों का कथन उद्धृत किया है। मेरी रुचि सदन से यह जानने में

है कि जिस विषय पर बहस हो रही है तो क्या काउंसिल इस पूरी कार्रवाई को मुद्रित करके हिन्दी अथवा उर्दू में प्रकाशित करायेगी ताकि जो लोग भी इच्छुक हों वे इसे पढ़कर समझ सकें। जहाँ तक जनमानस की भाषा का प्रश्न है तो मेरे इस सवाल का उससे कोई सम्बन्ध नहीं है।

सभापति—मैं समझता हूँ कि इस प्रस्ताव को सदन में लाने वाले सम्मानित सदस्य इस बात से पूर्व अवगत हैं और यह उनके मूल प्रस्ताव में अन्तर्निहित है कि काउंसिल की कार्रवाई को इच्छुक जनसामान्य के अध्ययन हेतु प्रकाशित किया जाये। जहाँ तक मैं समझता हूँ तो हिन्दुस्तानी कहने का उनका अभिप्राय भारत की कुल जनसंख्या द्वारा काउंसिल की इस कार्रवाई को समझने से ही सम्बन्धित है।

सेठ गोविन्द दास—मिस्टर मैकमर्डी कहते हैं—

> "अंग्रेज़ी भाषा तीन कारणों से विदेशियों के लिए कठिन है—इसके शब्दों के उच्चारण प्रविधि अनियमित हैं, इसकी शब्द-सम्पदा अत्यधिक विपुल है, और इसके मुहावरे कई बार विचित्र होते हैं।"

महोदय, मैं ध्यान आकृष्ट करना चाहूँगा कि हिन्दुस्तानी सीखना कठिन है या सरल, इस विषय में महात्मा गाँधी क्या कहते हैं। वे कहते हैं—

> "एक सामान्य बंगाली यदि अपने दिन के केवल तीन घण्टे नियमित रूप से दे तो वह दो महीने में हिन्दुस्तानी सीख सकता है, और इतना ही समय निकालकर एक सामान्य द्रविड़ यह भाषा सीख सकता है। किन्तु न तो एक बंगाली और न ही एक द्रविड़ अंग्रेज़ी भाषा को इतनी ही सहजता से और इसी समय-सीमा में सीखने की अपेक्षा रख सकता है।"

इसीलिए, महोदय, जब भारत की तक़रीबन पूरी आबादी हिन्दुस्तानी समझ सकती है और इसमें आधे लोग हिन्दुस्तानी में बातचीत करने में सक्षम हों तो क्या केन्द्रीय व्यवस्थापिका की कार्रवाई को अंग्रेज़ी में ज़ारी रखने के लिए विवश किया जाना एक प्रकार की क्रूरता नहीं होगी जिसे पूरे देश में मात्र 300,000 लोग बोल पाते हैं और बमुश्किल 30,000,00 लोग समझ पाते हैं। यह कुल जनसंख्या का केवल एक प्रतिशत है। स्वयं को भारत का सेवक कहने वाले मात्र मुट्ठी-भर यूरोपीय लोगों ने हमें अपनी कार्रवाई अंग्रेज़ी भाषा में करने के लिए विवश कर रखा है। यदि वे सच्चे अर्थों में इस देश के सेवक हैं तो उनको हमारी भाषा सीखनी चाहिए। वे भारत के सेवक हैं और हमें उनकी भाषा सीखनी पड़ती है और अपनी विधायी कार्यवाहियाँ भी अंग्रेज़ी में सम्पन्न करनी पड़ती हैं। महोदय, वर्तमान स्थायी आदेश भी विधायी कार्रवाई में हिन्दुस्तानी की तुलना में अंग्रेज़ी को अधिक समर्थ मानता है। इसके अनुसार—

> "माननीय सभापति यदि चाहें तो काउंसिल के किसी सदस्य, जो अंग्रेज़ी का जानकार नहीं है, को स्थानीय भाषा में सदन को सम्बोधित करने का अधिकार दे सकते हैं।"

महोदय, मैं इस ओर आपका ध्यान आकृष्ट कराना चाहूँगा कि यह आदेश संकेत करता है कि स्थानीय भाषाएँ विवशता की स्थिति में ही स्वीकृत हैं। यह कमोबेश ऐसी ही स्थिति है जिसमें मेरे मित्र माननीय सर मुहम्मद हबीबुल्लाह और माननीय मिस्टर एस. आर. दास जैसे भारतीय अधिकारी सिर्फ़ इसलिए इतने उच्च पदों पर नियुक्त हो पाये क्योंकि उन पदों पर यूरोपीय अधिकारियों की नियुक्ति नहीं हुई थी, अन्यथा ये पद भी यूरोपियों के लिए ही आरक्षित हैं। कुछ ऐसी ही विषम

परिस्थिति में स्थानीय भाषा के प्रयोग की सहमति मिली है। मेरा मानना है, महोदय, कि अब इस स्थिति को पूरी तरह से उलट देना चाहिए। हमें यदि अपनी सेवाओं को भारतीय बनाना है तो हमें हिन्दुस्तानीकरण को अपनाना होगा। यहाँ मेरा आशय व्यवस्थापिका की कार्रवाई और भाषा से है।

महोदय, यह आरोप बार-बार लगाया जाता है कि सुधारों और नयी स्थापित व्यवस्थापिका के प्रति आम जन का रवैया बहुत उदासीन है, लेकिन इसके कौन से कारण हैं? कारण यह है कि वे विधायिका की कार्रवाई को समझ पाने में अक्षम हैं। ऊपर की दर्शकदीर्घा में बैठकर हम क्या देखते हैं? यहाँ या तो अंग्रेज़ी जानने वाले लोग आते हैं या फिर ऐसे लोग यहाँ आते हैं जो सदन के वैभव या माननीय सदस्यों के सुदर्शन चेहरों को देखने में रुचि रखते हैं! महोदय, ऐसे गिने-चुने लोग ही यहाँ आते हैं जो सचमुच यहाँ सदन की कार्रवाई देखने के उद्देश्य से आते हैं। जब तक भारतीय राष्ट्रीय कांग्रेस ने हिन्दुस्तानी को नहीं अपनाया तब तक कमोबेश यही स्थिति कांग्रेस में भी रही थी। 1919 तक बहुत गिनी-चुनी संख्या में कांग्रेस में प्रतिनिधि मण्डल शामिल हुए। बहुत छोटी तादाद में अतिथि कांग्रेस के कार्यक्रमों में शामिल हुए। लेकिन जब से कांग्रेस ने हिन्दुस्तानी भाषा को अंगीकार किया है तब से हमने उसकी कार्रवाई में आश्चर्यजनक परिवर्तन देखे। और मैं सरकार को यह विश्वास दिलाना चाहता हूँ जिस दिन वे सदन की कार्रवाई की भाषा में बदलाव लायेंगे तो सरकार में बैठे लोग यह देखेंगे कि दर्शकदीर्घा में वैसे लोगों की खचाखच भीड़ होगी जो सदन की कार्रवाई को ही देखने के उद्देश्य से यहाँ उपस्थित रहेंगे।

एक अन्य कठिनाई जिसका सदन को सामना करना पड़ेगा, महोदय, वह यह है कि भारत में हिन्दुस्तानी आशुलिपि का—हिन्दी हो अथवा उर्दू—दोनों ही भाषाओं में संकट है (एक माननीय सदस्य : ''नहीं, ऐसा नहीं है''। क्षमा चाहूँगा, मुझे लगा था कि ऐसा सम्भव है लेकिन जैसा कि किसी सम्मानित सदस्य ने बतलाया कि यह संशय निराधार है। हिन्दी में आशुलिपि न केवल सम्भव है बल्कि यह तकनीकी दृष्टि से पूरी तरह दुरुस्त भी है। सच तो यह है कि हिन्दी आशुलिपि अंग्रेज़ी आशुलिपि की तुलना में अधिक शुद्ध है। कोई भी व्यक्ति 4 महीनों के पहले अंग्रेज़ी आशुलिपि नहीं सीख सकता जबकि वही केवल दो महीने में हिन्दी का एक कुशल आशुलिपिक बन सकता है। इसके लिए प्रयुक्त की जाने वाली प्रणाली को 1921 में ही आजमाया जा चुका है जब कांग्रेस ने हिन्दुस्तानी को जनमानस की भाषा के तौर पर अंगीकार किया था, और अहमदाबाद कांग्रेस की सभी कार्यवाहियाँ इसी प्रणाली द्वारा पूरी शुद्धता के साथ दर्ज की गयीं। इसलिए, इस कठिनाई से हिचकने की कोई आवश्यकता नहीं है। जिस दिन से सरकार आम लोगों को हिन्दुस्तानी में बातचीत करने के लिए प्रोत्साहित करेगी, उसी दिन से उसके पास हिन्दी में आशुलिपि करने वाले सिद्धहस्त लोगों का ताँता लग जायेगा और वे सभी कार्रवाई को आसानी के साथ लिपिबद्ध कर सकेंगे।

महोदय, मैं सरकार से अपील करना चाहता हूँ। वह कहती है कि वह एक भारतीय राष्ट्र को विकसित करना चाहती है और जनता को स्वराज देना उसकी घोषित नीति है। इस आलोक में मुझे यह कहने की अनुमति दें, महोदय, कि राष्ट्रीयता के बोध के लिए भी एक राष्ट्रीय भाषा का होना अत्यन्त ज़रूरी है। सौभाग्य की बात है कि हमारे पास ऐसी एक राष्ट्रीय भाषा उपलब्ध है और हम उसे भारत की भाषा बना सकते हैं। जर्मनी में हम क्या देखते हैं? फ्रैंकफर्ट की सन्धि होने तक जर्मनी अनेक भाषाओं में विभाजित थी—कुलीन जर्मन, निम्नवर्गीय जर्मन, और कई अन्य स्थानीय भाषाएँ और बोलियाँ; लेकिन जैसे ही उन्होंने एक अकेली भाषा का चुनाव किया वैसे ही वे एक महान राष्ट्र के निर्माण की दिशा में आगे निकल गये। मैं सरकार से भी यही निवेदन करता हूँ कि वह हिन्दुस्तानी

को राष्ट्रीय भाषा का दर्जा दे दे, और मैं उसे आश्वस्त करता हूँ भारतीय राष्ट्र के निर्माण में भी अधिक दिन नहीं लगेंगे। महोदय, जब कभी स्वराज की माँग उठायी जाती है, तब हिन्दू–मुसलमान का मुद्दा भी तूल पकड़ने लगता है; लेकिन संयोगवश यह एक ऐसा मसला है, महोदय, जिस पर हम सभी एकताबद्ध हैं। हिन्दू और मुसलमान आम जन इस प्रश्न को लेकर किसी भी संशय से मुक्त हैं। सिख लोग भी हमारे साथ हैं। उनके सभी धार्मिक ग्रन्थ जिनमें उनके ग्रन्थ साहिब भी शामिल है, हिन्दुस्तानी भाषा में ही लिखे गए हैं। इसलिए मुसलमान, सिख और जैनी सभी इस माँग को लेकर प्रतिबद्ध हैं। हम आशा करते हैं कि सरकार भी इस प्रस्ताव को स्वीकार कर अपनी घोषणा की ईमानदारी का सबूत पेश करेगी कि वह एक भारतीय राष्ट्र के निर्माण के प्रति कृतसंकल्प है। इन्हीं शब्दों के साथ, महोदय, मैं अपने प्रस्ताव को सदन के पटल पर रखने की अनुमति चाहूँगा।

सम्मानीय कर्नल नवाब सर उमर हयात ख़ान (पंजाब : नामांकित गैर–आधिकारिक)—महोदय, यदि इस प्रस्ताव में इस बात की अनुशंसा की गयी होती कि काउंसिल की सभी कार्यवाहियाँ उर्दू में निष्पादित की जानी चाहिए तो तब मैं निश्चित रूप से इसका समर्थन करता क्योंकि इस मुल्क में आने वाले सभी अंग्रेज़ों को एक भाषा परीक्षण से होकर गुज़रना पड़ता है। उनमें वे फ़ौजी भी शामिल हैं जिन्हें पदोन्नति के लिए अनुशंसित किया जाता है। ऐसे नागरिक भी हैं जिनको अपना कारोबार चलाने के लिए उस प्रान्त की भाषा बोलना जानना अनिवार्य है। मुझे लगता है कि हिन्दी और अंग्रेज़ी दोनों को जी शाही दरबार की भाषा माना जाता है। (सम्मानीय सर आर्थर फ्रूम : "मद्रास का क्या होगा?") सम्भवत: मद्रास में नहीं। लेकिन मेरे कहने का आशय यह है कि अगर पूरी बहस उर्दू में हो तो हरेक व्यक्ति उसे आसानी से समझ सकता है और प्रकाशित होने की स्थिति में इन बहसों का कुछ उपयोग हो सकता है। लेकिन यदि यह सदस्यों की मर्ज़ी के ऊपर छोड़ दिया जाये कि वे हिन्दी में बोलें अथवा अंग्रेज़ी में तो इससे निश्चय ही सदन की गरिमा को थोड़ा नुकसान होगा। अगर किसी निर्वाचन क्षेत्र का प्रतिनिधि हिन्दी में अपना वक्तव्य देता है तो उसके अन्य समर्थक कहेंगे "वह बिल्कुल सही कह रहा है; उसे भी सदन में जाने और अपनी बात रखने की अनुमति क्यों नहीं मिलनी चाहिए?" वे उस व्यक्ति को चुनते हैं और जब वह व्यक्ति सदन में आता है तो भाषा की अज्ञानता के कारण कार्रवाई को नहीं समझ पाता है। अपने भाषण में वह शायद उन बातों की पुनरावृत्ति करता है जिसे कोई सदस्य अंग्रेज़ी में पहले ही कह चुका होता है, अथवा सभापति उसकी भाषा को नहीं समझ पाने की स्थिति में उसके भाषण को बीच यह समझ कर नहीं रोकें कि कहीं ऐसा करने से कुछ महत्त्वपूर्ण बातें पटल के सामने आने से चूक जायें। वे जान ही नहीं पायेंगे कि उसकी कही बातें पूर्व में कही जा चुकी हैं अथवा नहीं। जहाँ तक मुझे लगता है कि सदन एक नियम यह भी है कि कोई भी सदस्य पहले कही जा चुकी बात की पुनरावृत्ति अपने सम्बोधन में नहीं कर सकता है। इसी तरह से मद्रास के लोग कहेंगे कि "हम तमिल भाषा में अपना वक्तव्य देंगे" अथवा अन्य स्थानीय भाषाओं में भी सदस्य अपनी बात कहना चाहेंगे। जब तमिल बोलने वाले सदस्य अपनी बात ख़त्म करेंगे तो फिर जो अपनी बात कहेंगे, वे भी ज़रूरी नहीं कि अंग्रेज़ी, उर्दू या हिन्दी समझने में सक्षम ही हों। कुल मिलाकर सदन के अन्दर एक विचित्र बहस की स्थिति उत्पन्न हो जायेगी। एक कहानी है कि एक आदमी को दूसरे आदमी ने सब्जियाँ ख़रीद कर घर लौटते हुए देख लिया। दूसरे आदमी ने पहले आदमी से कहा "मिज़ाज शरीफ़" जिसका अर्थ है "आप कैसे हैं?" फिर उसने दूसरा सवाल पूछा "बाल–बच्चे ख़ैरियत से हैं?" जवाब में पहले आदमी ने कहा—"सब का भर्ता बनायेंगे।" उस आदमी से उसके बच्चों के

बारे में पूछा जा रहा और वह आदमी उन्हें मसलकर भर्ता बनाने पर आमादा था! यदि इस प्रस्ताव को स्वीकार किया जाता है तो माननीय सदन के भीतर भी कमोबेश ऐसी ही अराजक स्थिति उत्पन्न हो जायेगी। अगर केन्द्रीय विधायी परिषद में माननीय सदस्य स्थानीय भाषाओं में वक्तव्य देंगे तो अनेक सदस्यों को यही अनुभव होगा कि उक्त भाषण का उनके समुदाय और क्षेत्र से कोई उपयोगी सम्बन्ध नहीं है। इसी स्थिति में वे परिचर्चा में हिस्सा नहीं लेंगे और जब वे परिचर्चा में हिस्सेदारी नहीं करेंगे तो वे उठकर बाहर निकल जायेंगे। मुझे ऐसी ही एक घटना की जानकारी है जब बड़ी संख्या में सदस्य काउंसिल में किसी ख़ास प्रस्ताव को पारित नहीं होने देना चाहते थे। परिचर्चा से ऊबकर वे सभी चाय पीने के लिए सदन से बाहर निकल गये। उन्हें इस बात का अनुमान नहीं रहा कि परिचर्चा का आरम्भ हुए कितना समय बीत चुका है, और उनकी अनुपस्थिति में प्रस्ताव पारित हो गया। इसलिए सदन की कार्रवाई के कुशल निर्वहन को ध्यान में रखते हुए मैं इस प्रस्ताव का इसके वर्तमान स्वरूप के साथ विरोध करता हूँ। इसके बावजूद मैं यह कहना चाहूँगा कि यदि यह सम्पूर्ण बहस उर्दू या किसी अन्य स्थानीय भाषा में सदन की कार्रवाई के संचालन के उद्देश्य से की जा रही है और मद्रासी लोग भी इसे पढ़ना चाहते हों तो एक सामान्य भाषा में पूरी कार्रवाई का प्रकाशन अवश्य किया जाना चाहिए ताकि प्रस्ताव के पक्ष अथवा विपक्ष में हुई बहसों को अक्षरशः जनसामान्य की जानकारी तक अवश्य पहुँचनी चाहिए। यह काउंसिल का उत्तरदायित्व है और मैं इस कदम को अपना पूरा समर्थन देता हूँ।

नवाब मोहम्मद अकबर ख़ान (उत्तर-पश्चिमी सीमान्त प्रदेश : नामांकित गैर-आधिकारिक)—महोदय, मुझे ज्ञात नहीं है कि क्या इस प्रस्ताव को लाने वाले सम्मानीय सदस्य का आशय यह है कि अंग्रेज़ी पद्धति से शिक्षित किये जाने की स्थिति में सभी छात्रों के पथभ्रष्ट हो जाने की आशंका है। मुझे जानकारी नहीं कि अंग्रेज़ी तौर-तरीक़ों को अपनाने से भटकने की आशंका का उनका क्या अभिप्राय है। मैं कहना चाहता हूँ कि वस्तुस्थिति इससे बिल्कुल भिन्न है, महोदय। किसी भी आदमी ने किसी को भी अंग्रेज़ी का निकृष्ट साहित्य अपनाने को बाध्य नहीं किया है। अंग्रेज़ी का साहित्य बहुत विपुल है, और यह छात्र पर निर्भर है कि वह अपने लिए उनमें से उत्कृष्ट चयन करे। एक मुसलमान होने के नाते मैं उन्हें आश्वस्त करना चाहता हूँ। शरीअत में इसका उल्लेख है और हमारी परम्पराएँ भी कहती हैं हमें किसी भी बात का अन्वेषण व्यक्तिगत रूप से करना चाहिए, चाहे वह कोई भी तत्त्व हो अथवा अवसर। और, इस अन्वेषण का ज़रिया अंग्रेज़ी भी हो सकती है और फ्रेंच या जर्मन भी हो सकती है। ताकि मुसलमान भी सभी चिन्ताओं और बाधाओं से मुक्त होकर विश्व के उत्कृष्ट साहित्य का अध्ययन कर सकें और उनके ज़रिये दुनिया के श्रेष्ठतम आदर्शों का अनुपालन कर सकें। इसका कोई अर्थ नहीं कि उनका सम्बन्ध विश्व की किस राष्ट्रीयता के साथ है।

इस सम्बन्ध में एक बात और है। मुझे ऐसा नहीं लगता कि कि यदि सदन के कुछ सदस्य अपनी बात उर्दू या किसी अन्य भाषा में रखना चाहें तो उन पर किसी भी तरह का प्रतिबन्ध है। इस प्रस्ताव को लाने वाले सम्मानीय सदस्य और सम्मानीय साहिबजादा मैहर शाह ने दूसरे दिन उर्दू में अपना जो वक्तव्य दिया, इस पर किसी ने भी आपत्ति प्रकट नहीं की। यह बात वे दोनों भी अवश्य जानते होंगे।

एस.आर. दास—वह उर्दू में था या हिन्दी में?

नवाब मोहमद अकबर ख़ान—उर्दू।

एस.आर. दास—मुझे दोनों एक जैसे ही लगे।

नवाब मोहम्मद मोहमद अकबर ख़ान—उसके पहले भी मरहूम नवाब सर बेहराम ख़ान हमेशा उर्दू में ही अपना भाषण देते थे और किसी भी अन्य सदस्य ने उनकी इस बात पर आपत्ति नहीं प्रकट की। लेकिन यहाँ एक बात गौरतलब है। यह बड़े आराम से किया भी जा सकता है। यदि कोई सदस्य उर्दू या हिन्दी में अपना वक्तव्य देने के बाद उसकी एक प्रति सदन में बैठे प्रतिवेदक को दे दे तो उसे बड़े आराम के साथ अंग्रेज़ी में अनूदित करके अन्य वक्तव्यों के साथ प्रकाशित किया जा सकता है। मैं भी इस बात से सहमत हूँ कि उर्दू पंजाब, उत्तर-पश्चिमी सीमान्त प्रान्त और संयुक्तप्रान्त के लोगों को आसानी से समझ में आ जाती है, बल्कि मैं तो कहूँगा कि बंगाल और मध्यप्रान्त के सभी लोग नहीं भी तो अच्छे-ख़ासे लोग इस भाषा को समझते हैं—बॉम्बे के लोग भी उर्दू समझते हैं। मैं मद्रास के बारे में नहीं जानता लेकिन निज़ाम के इलाक़े के लोग ख़ासी तादाद में उर्दू समझते हैं। इसलिए मुझे नहीं लगता कि उर्दू को अपनाने में अधिक कठिनाइयाँ हैं। हिन्दी के बारे में मुझे पर्याप्त जानकारी नहीं है किन्तु मुझे नहीं लगता कि किसी भी व्यक्ति को दोनों भाषाओं को समझने के लिए किसी अतिरिक्त प्रयास की आवश्यकता है—बल्कि मुझे लगता है कि हिन्दी अथवा उर्दू दोनों को सीखने के लिए अधिकतम छह महीने के समय की आवश्यकता है। (एक सम्मानीय सदस्य : ''दो महीने।'')। मैं दो महीने नहीं कहूँगा, बल्कि मैं छह महीने ही कहूँगा; मैं उर्दू भाषा की बात कर रहा हूँ क्योंकि मुझे इसी भाषा का अनुभव है, और मेरे मुताबिक़ उर्दू सीखना किसी अंग्रेज़ व्यक्ति के लिए भी उतना ही सहज है। अगर सदन में उर्दू में कोई भाषण दिया जायेगा तो मुझे नहीं लगता कि उसे कोई समझने वाला व्यक्ति नहीं मिलेगा। सदन में उर्दू बोलने और समझने में सक्षम सदस्य अच्छी संख्या में उपस्थित हैं। हिन्दी से मेरा कोई विरोध नहीं है। यद्यपि कुछेक शब्द अवश्य हैं जिन्हें शुरू-शुरू में हम नहीं समझ सकें लेकिन यदि थोड़ा-सा ध्यान दें तो हम उन्हें आसानी से सीख सकते हैं। जैसा कि मैंने पहले ही कहा था, किसी को भी उर्दू, हिन्दुस्तानी या हिन्दी में व्याख्यान देने से कोई आपत्ति नहीं होनी चाहिए, या सदन में इस बारे में नियम सम्बन्धी किसी प्रकार की बाध्यता है। मुझे यह प्रस्ताव लाने वाले सम्मानीय सदस्य से सहानुभूति है, और मुझे लगता है कि सदन में यह प्रस्ताव लाने के कारण मुझे उनका समर्थन करना चाहिए।

डब्ल्यू.ए. ग्रे (बर्मा चैम्बर ऑफ़ कॉमर्स)—महोदय, जब मैंने लिखित रूप में इस प्रस्ताव को सदन के पटल पर देखा तो मुझे इस बात का घोर आश्चर्य हुआ कि अपने इस प्रस्ताव में सम्माननीय प्रस्तावकर्ता बर्मा प्रान्त को किस रूप में उपयुक्त पाते हैं और यह देखकर मुझे कोई विस्मय नहीं हुआ कि उन्होंने अपने प्रस्ताव में इस बात का कोई उल्लेख नहीं किया है। महोदय, क्या यह एक प्रकार का अन्याय नहीं होगा कि बर्मा के निवासियों—और मैं उनके साथ ही दक्षिण भारतीय लोगों का भी उल्लेख करना चाहूँगा—को उर्दू अथवा हिन्दी सीखने के लिए बाध्य होना होगा?

सैयद अली नबी—महोदय, सदन के सामने जो प्रश्न रखा गया है वह बेहद सरल है, हालाँकि यह बात अवश्य है कि सम्मानीय प्रस्तावकर्ता ने इस प्रश्न को किंचित आक्रामक लहजे में उठाया है। अपने भाषण में वे पूर्वाग्रहों से ग्रस्त प्रतीत होते हैं और इस प्रक्रिया में उन्होंने दूसरे सदस्यों की सुविधाओं और संवेदनाओं से स्वयं को असम्पृक्त कर लिया है। लेकिन इस प्रस्ताव के एक बिन्दु का मैं भी ख़ुशी-ख़ुशी अनुमोदन करना चाहूँगा कि इन सम्बोधनों को नियमित तौर पर दर्ज किया जाये और विधायी परिषद की कार्रवाई के रूप में उन्हें मुद्रित और प्रकाशित करने का काम किया जाये। बहरहाल, मेरा कहना यह है कि यदि आप किसी भी कारण से किसी सदस्य को हिन्दी अथवा उर्दू में बोलने की अनुमति देते हैं—तो जैसा कि मुझे जानकारी है कि दोनों भाषाओं की लिपियों

में अन्तर भले होगा किन्तु भाषा में कोई भेद नहीं किया जायेगा—ऐसी स्थिति में यदि आप किसी भी सदस्य को हिन्दी अथवा उर्दू में बोलने की इजाज़त देते हैं तो उसके भाषण को परिषद की कार्रवाई के रूप में दर्ज करना आवश्यक होगा अन्यथा इस प्रस्ताव से कोई अर्थ सिद्ध नहीं होगा, क्योंकि इस स्थिति में उसके भाषण पर कोई ध्यान नहीं देगा और ग्रामीण क्षेत्रों की जनता यह नहीं जान सकेगी कि परिषद में उनके कल्याणार्थ क्या-क्या पहल की गयी। इस दृष्टि से सदस्यों को अपनी सुविधा की भाषा में वक्तव्य देने की स्वतन्त्रता इसलिए भी मिलनी चाहिए ताकि उनके क्षेत्रों के लोग यह जान पायें कि सदन की तरफ़ से उनके लिए क्या-क्या आवश्यक क़दम उठाये जा रहे हैं। इस बात को ध्यान में रखते हुए, महोदय, मैं इस प्रस्ताव का समर्थन करता हूँ।

वी. रामदास पन्तुलु (मद्रास)—महोदय, मैं एकदम संक्षिप्त रूप में अपनी बात रखूँगा। मुझे अपने सम्मानीय विपक्षी मित्र के साथ पूरी हमदर्दी है क्योंकि मैं ख़ुद को भी कमोबेश उसी स्थिति में देखता हूँ जिसमें वे हिन्दी अथवा उर्दू को लेकर हैं। लेकिन सम्माननीय सेठ गोविन्द दास ने केवल यह कहा कि सदस्य हिन्दी में अपना भाषण दे सकते हैं; सौभाग्य से वे यह नहीं कहते हैं कि हमें हिन्दी में ही अपना भाषण देना चाहिए। यदि ऐसा होता तो मैं स्वयं को ही अत्यन्त कठिन स्थिति में पाता। लेकिन मद्रास में लोग बड़ी उत्कण्ठा से हिन्दी सीखने का प्रयास कर रहे हैं क्योंकि हम केवल विधायी उद्देश्यों से ही नहीं बल्कि अनेक दूसरे कारणों से भी सम्पूर्ण भारत के लिए एक सामान्य भाषा की आवश्यकता को अनुभव करते हैं। हमें राजनीतिक कार्यों, सामाजिक कार्यों और देश के अन्य कार्यों के लिए भी हिन्दी की ज़रूरत है। इस दृष्टि से देखूँ तो चूँकि यह प्रस्ताव एक वर्जनामुक्त प्रशासन का मार्ग प्रशस्त करता है इसलिए मुझे इसके विरोध का कोई कारण नहीं दिखता है। वर्तमान नियम के बारे में मैं सम्मान प्रदर्शित करते हुए केवल यही कहूँगा कि ऐसे सदस्य जो अंग्रेज़ी में अपना वक्तव्य देते हुए सहज अनुभव नहीं करते हैं उनको अपनी स्थानीय भाषा में भाषण देने का अधिकार अवश्य दिया जाना चाहिए। मैं कहूँगा कि इस नियम में पर्याप्त विस्तार है क्योंकि इसे लेकर मेरे कई यूरोपीय मित्र भी उदारपूर्ण दृष्टिकोण रखते हैं और यदि वे ईमानदारी से सोचें तो वे यह जानते हैं हममें से अधिकांश लोग अंग्रेज़ी बोलना नहीं जानते हैं। यह एक ऐसा सवाल है जो हमारी जानकारी और ज्ञान से जुड़ा है। मैं नहीं जानता कि हममें से सभी इतनी अच्छी अंग्रेज़ी जानते हैं कि अपनी बात को इस भाषा में अभिव्यक्त कर सकें। इसलिए इस आधार पर मद्रास विधायी परिषद के सभापति इस प्रश्न की इतनी गहराई में नहीं जाते हैं कि कोई विशेष सदस्य अंग्रेज़ी जानता है अथवा नहीं; यदि कोई सदस्य स्थानीय भाषा में भाषण देना चाहता है तो वे सामान्यत: उसे इसकी अनुमति दे देते हैं। इसी आधार पर महोदय, मैं आपसे यह कहने की धृष्टता कर रहा हूँ, महोदय, कि आप भी इसी उदाहरण का अनुकरण करें। यह प्रस्ताव इतना लचीला है कि इसे पारित करने में कोई अधिक कठिनाई नहीं होनी चाहिए। इसके अतिरिक्त मुझे प्रतीत होता है कि सदस्यों को हिन्दी में बोलने की अनुमति देना अभी थोड़ी शीघ्रता होगी, क्योंकि इस प्रस्ताव का उद्देश्य परिषद में ऐसे सदस्यों की संख्या में वृद्धि करना है जो अंग्रेज़ी में संवाद करने में सहज नहीं हैं, हालाँकि आप सम्माननीय सदस्यों को स्थानीय भाषाओं या हिन्दी अथवा उर्दू में कभी-कभी सम्बोधित करने की अनुमति देते हैं तथापि इस दृष्टिकोण को और अधिक व्यापकता दी जा सकती है और सदस्य इच्छानुकूल रूप में स्थानीय बोलियों में सदन को सम्बोधित कर सकें। इस उपक्रम में जो अकेली कठिनाई दिखाई पड़ती है वह भाषणों की व्याख्या की है लेकिन यदि महोदय उक्त उद्देश्य के लिए समुचित दुभाषियों की व्यवस्था कर सकें तो मुझे इसकी

अत्यन्त प्रसन्नता होगी। इससे न केवल सदन के सभी सदस्य लाभान्वित होंगे बल्कि मुझे नहीं लगता कि उर्दू अथवा हिन्दी में बोलने वाले सम्माननीय सदस्यों के लिए दुभाषिए की व्यवस्था करने में अधिक धन व्यय करने की आवश्यकता पड़ेगी। निष्कर्ष के रूप में, महोदय, केन्द्रीय परिषद में बतौर एक राष्ट्रीय भाषा—हिन्दी या उर्दू अथवा किसी भी अन्य स्थानीय भाषा में अपने उद्गार प्रकट करने की इच्छा पूरी तरह से वैध है और मैं आशा करता हूँ कि इस प्रस्ताव के प्रभारी सम्माननीय सदस्य इसका विरोध नहीं करेंगे क्योंकि इस प्रस्ताव को अनुमति प्रदान की जा सकती है। साथ ही मैं सरकार से भी अपेक्षा रखता हूँ कि वह सहानभूतिपूर्वक विचार करते हुए इस उदार प्रस्ताव को अपनी अनुमति प्रदान करेगी।

श्रीयुत् लोकनाथ मुखर्जी (पश्चिमी बंगाल)—महोदय, मैं अपने मित्र सेठ गोविन्द दास द्वारा लाये गये प्रस्ताव के समर्थन में यहाँ खड़ा हूँ, और ऐसा करते हुए मुझे कोई दुविधा का अनुभव नहीं हो रहा है। हिन्दी या उर्दू में से कोई भी मेरी मातृभाषा नहीं है और मैं दोनों में से कोई भी भाषा धाराप्रवाह बोलने में सक्षम भी नहीं हूँ। दूसरी तरफ़ एक बंगाली होने के नाते मैं स्वाभाविक तौर पर अपने प्रान्त के लिए बोलचाल की भाषा के रूप में एकमात्र बंगला की स्वीकार्यता चाहूँगा। लेकिन एक भारतीय होने के कारण मैं यह भी आवश्यक समझता हूँ कि एक ऐसी सामान्य भाषा होनी चाहिए जो सभी भारतीयों को समान रूप से स्वीकार्य हो। इन शब्दों के साथ, महोदय, मैं इस प्रस्ताव का समर्थन करता हूँ।

शाह मुहम्मद जुबैर (बिहार और उड़ीसा : मुसलमान)—महोदय, मैं अपने सम्माननीय मित्र द्वारा लाये गये इस प्रस्ताव का समर्थन करता हूँ, कि भारतीय व्यवस्थापिका के सदस्यों को हिन्दी या उर्दू में अपना भाषण देने की अनुमति मिलनी चाहिए। यह एक महत्त्वपूर्ण प्रस्ताव है और सुचिन्तित रूप में लिखा गया है। मेरे विचार से, महोदय, हिन्दी या उर्दू को सामान्यत: एक भाषा के रूप में बोला और समझा जाता है। बस दोनों भाषाओं की लिपियाँ भिन्न हैं। यह भी सच है कि कुछ लोगों द्वारा हिन्दी में अधिकाधिक संस्कृत और भाषा शब्द के प्रयोग पर बल दिया जा रहा है किन्तु हिन्दुस्तानी, जिसे भारतीय राष्ट्रीय कांग्रेस भी प्रोत्साहित करती है वह न तो संस्कृतनिष्ठ हिन्दी है और न ही अरबी उर्दू है। इन्हीं शब्दों के साथ, महोदय, मैं इस प्रस्ताव का समर्थन करता हूँ।

एस.आर. दास (कानूनी सदस्य)—महोदय, मुझे इस प्रस्ताव को सदन के पटल पर लाने वाले सम्माननीय सदस्य के प्रति पूरी हमदर्दी है, लेकिन मुझे खेद है कि व्यावहारिक आधार पर मुझे इस प्रस्ताव का विरोध करना पड़ रहा है। वस्तुत: मैं इस प्रस्ताव को दो हिस्सों में बाँटकर देखता हूँ। पहला हिस्सा यह है कि भारतीय विधायी परिषद के सदस्य अपना भाषण हिन्दी अथवा उर्दू भाषा में दे सकें, और प्रस्ताव का दूसरा हिस्सा यह है कि उन भाषणों को उसी भाषा में न केवल दर्ज किया जाये बल्कि काउंसिल की आधिकारिक कार्रवाई के रूप में उनका मुद्रण और प्रकाशन भी किया जाये। अब इस क्रम में हमारे सामने जो व्यावहारिक कठिनाई है वह हिन्दी अथवा उर्दू में भाषण देने से सम्बन्धित है। मैं अपने सम्माननीय मित्र की इस बहस में नहीं पड़ना चाहूँगा कि इस देश के जनमानस की भाषा या हमारी राष्ट्रीय भाषा क्या होनी चाहिए। इस विवाद से परे हमें प्रस्ताव के उन तत्त्वों का विश्लेषण करने की आवश्यकता है कि यदि यह प्रस्ताव पारित हो जाता है तो उसके परिणाम के रूप में क्या स्थितियाँ उत्पन्न हो सकती हैं। अब हम यहाँ क्यों एकत्रित हैं? हम यहाँ केवल भाषण देने और उसे प्रकाशित कर आम जनता तक पहुँचाने के लिए उपस्थित नहीं हैं ताकि वह उन्हें पढ़ सके। यद्यपि यह भी एक उद्देश्य है किन्तु हमारा वास्तविक उद्देश्य यह है

कि हम अपने सहयोगियों के बीच समस्याओं को रखें, उन पर एक-दूसरे और अपने विरोधियों से संवाद करें ताकि वे भी हमारे दृष्टिकोण से सहमत हो सकें। इसमें दो मत नहीं है कि इस उद्देश्य के लिए हमें उस भाषा में संवाद करने या भाषण देने की आवश्यकता है जिसे यहाँ उपस्थित अधिक से अधिक लोग समझ सकें ऐसी स्थिति में मेरे हिन्दी या उर्दू में बातचीत करने का कोई अर्थ नहीं है क्योंकि यहाँ वे सदस्य भी उपस्थित हैं जो इन भाषाओं से पूरी तरह अनभिज्ञ हैं और न मेरे मित्र सेठ गोविन्द दास यह दावा ही कर सकते हैं कि फ़िलहाल यहाँ उपस्थित सभी सम्माननीय सदस्य हिन्दी अथवा उर्दू समझते ही हैं। वस्तुतः हमें तथ्यों को उसी रूप में प्रस्तुत करना चाहिए जैसे वे वास्तव में हैं। अगले दिन सम्माननीय सैयद मोहमद मैहर शाह ने कहा और मैंने भी उन्हें टोकने की अशिष्टता नहीं कि वे हिन्दी अथवा उर्दू किसी भी भाषा में अपना वक्तव्य दें। एक अन्य सम्माननीय सदस्य ने भी यही बात दोहरायी। यहाँ मैं यह विशेष रूप से कहना चाहूँगा कि मैं दोनों ही भाषाओं से समान रूप से अपरिचित हूँ और मैं उनके भाषण का एक भी शब्द नहीं समझ पाया। अब ऐसे भाषण का मेरे लिए क्या औचित्य है जिसे मैं समझ ही नहीं पाया और जिसके बारे में मेरे मन में प्रश्न है क्या मेरे मित्र मिस्टर रामदास पन्तुलु समझ पाये होंगे—ऐसी भाषा जिसमें संवाद सम्भव नहीं है और जिसकी हमारे प्रयासों में कोई भूमिका नहीं है। जिस दिन वह समय आयेगा जब हिन्दी या उर्दू भारत के सभी आम लोगों की भाषा बन जायेगी, उस दिन मुझे भी यह अनुभव होगा कि सदन में हिन्दी या उर्दू में भाषण देने की अनुमति मिलने का यही उपयुक्त क्षण है। महोदय, कार्रवाई सम्बन्धी नियम बनाये जाने से पहले इस बिन्दु पर बहुत गम्भीरतापूर्वक विचार किया गया था और तब इस निष्कर्ष पर पहुँचा गया था कि सदन में संवाद और भाषण की भाषा वही होनी चाहिए जिसे लोग सबसे सहजता के साथ समझ सकें। इस उद्देश्य को ध्यान में रखें तो अंग्रेज़ी इन सामान्य अर्हताओं को पूरा करती है क्योंकि यही वह भाषा है जिसे हम में से अधिकांश लोग समझते हैं। मेरी मान्यता यही है कि मेरे अज़ीज़ दोस्त सैयद मोहमद मैहर शाह को छोड़ दें तो इस सदन में उपस्थित लगभग सभी सदस्य अंग्रेज़ी समझते हैं। यहाँ तक कि सैयद मोहमद मैहर शाह यद्यपि अंग्रेज़ी बोल नहीं पाते लेकिन कुछ हद तक समझ जाते हैं और ऐसी स्थिति में स्पष्ट नियम बने हैं जिनके आधार पर सभापति महोदय को यह अधिकार है कि वे किसी ऐसे सदस्य जो अंग्रेज़ी नहीं जानते हैं, को हिन्दी या अंग्रेज़ी में भाषण देने की अनुमति प्रदान कर सकें। यहाँ सम्मानीय सैयद मोहम्मद मैहर शाह का ही उदाहरण लेना समीचीन होगा। उस भाषण से सदन और सदस्यों को क्या लाभ हुआ? मेरी समझ में यह एक शानदार और लाभदायक भाषण हो सकता था। लेकिन अन्ततः उनके भाषण से हमें क्या प्राप्त हुआ? मैं इनके भाषण का एक भी शब्द नहीं समझ पाया, और जैसा कि मैंने कहा, मेरी तरह कई अन्य सदस्य भी यहाँ अवश्य उपस्थित हैं जिनको यह भाषण समझ में नहीं आया होगा। हिन्दी या उर्दू मिलती-जुलती भाषा हो सकती है—लेकिन मुझे इसकी जानकारी नहीं है। जहाँ तक मेरी बात है, मैं कुछ हद तक हिन्दी तो समझ लेता हूँ लेकिन उर्दू मुझे बिल्कुल समझ नहीं आती है, और बंगाल के कुछ मुसलमान लोगों को छोड़ दें तो अधिकांश लोग उर्दू नहीं समझते हैं। इसलिए व्यावहारिक दृष्टि से मैं इस प्रस्ताव का विरोध करने के लिए बाध्य हूँ। मुझे लगता है, फ़िलहाल कोई अन्य विकल्प तलाशने की जगह हमें कार्रवाई को यथावत चलते रहने देना चाहिए। मैं क्षमा चाहूँगा, हिन्दी अथवा उर्दू को कभी-न-कभी भारत की राष्ट्रीय भाषा के तौर पर काउंसिल की कार्रवाई की भाषा अवश्य बनना चाहिए किन्तु मैं महसूस करता हूँ कि फ़िलहाल हम सभी इस स्थिति के लिए तैयार नहीं हैं। मेरे सम्मानीय मित्र मिस्टर रामदास पन्तुलु का कहना

है कि मद्रास में लोग हिन्दी सीख रहे हैं। यह ख़ुशी की बात है—उन्हें हिन्दी सीखनी चाहिए, और जब वे हिन्दी सीख जायेंगे तब वे हिन्दी में चलने वाली हमारी कार्यवाहियों को समझने के योग्य हो जायेंगे, लेकिन फ़िलहाल सच यही है कि वे यह भाषा नहीं जानते हैं। जब वे हमारे भाषणों को समझ ही नहीं पायेंगे तो हिन्दी को अंगीकार करने का क्या अर्थ है? इसी प्रकार बर्मा की स्थिति भी लगभग ऐसी ही है। आख़िरकार, एक वह समय भी आयेगा जब बर्मा भारत से अलग हो सकता है लेकिन वर्तमान बर्मा तो भारत का एक हिस्सा है; ऐसी स्थिति में आप सम्बोधन के लिए उस भाषा का चयन कैसे कर सकते हैं जिसे बर्मा के लोग समझ ही नहीं पायें? ऐसी व्यावहारिक बाधाओं को ध्यान में रखते हुए मेरे लिए इस प्रस्ताव का समर्थन कर पाना असम्भव है। मुझे पूरा विश्वास है कि सदन भी इस प्रस्ताव पर विचार करते हुए इन व्यावहारिक कठिनाइयों को ध्यान में अवश्य रखेगा और केवल भावनाओं से संचालित हुए बिना प्रस्ताव को अनुमोदित नहीं करेगा।

अब प्रस्ताव के दूसरे हिस्से की तरफ़ ध्यान आकृष्ट करना चाहूँगा जिसमें कहा गया है कि हिन्दी अथवा उर्दू में दिये गये भाषणों को न केवल दर्ज किया जायेगा बल्कि कार्रवाई को मुद्रित और प्रकाशित भी किया जायेगा। यहाँ यह स्पष्ट करना आवश्यक है कि सभापति की अनुमति से जो वक्तव्य हिन्दी अथवा उर्दू में दिये जाते हैं उन्हें दर्ज करने का प्रावधान पहले से है। लेकिन सम्मानीय सदस्य का अनुरोध है कि उन वक्तव्यों को स्थानीय भाषाओं में मुद्रित और प्रकाशित भी किया जाये ताकि लोग उन्हें पढ़ सकें। प्रस्ताव के इस हिस्से का आंशिक पक्ष लिया जा सकता है क्योंकि यदि आप सदन की कार्यवाहियों से आम जनता को परिचित कराना चाहते हैं तो आपको कार्यवाहियों को स्थानीय भाषा में प्रकाशित कराना ही होगा ताकि सभी लोग उसे सहजता से पढ़ सकें। स्थानीय भाषा से तात्पर्य केवल हिन्दी अथवा उर्दू से नहीं है। इन दोनों के अतिरिक्त भी कई अन्य स्थानीय बोलियाँ हैं, और ऐसे भी लोग हैं जो हिन्दी या उर्दू दोनों में से कोई भाषा नहीं जानते हैं। मैं भलीभाँति समझ सकता हूँ कि भाषणों को सभी स्थानीय बोलियों में दर्ज किये जाने और प्रकाशित करने की व्यवस्था होनी चाहिए।

लेकिन यह एक बहुत ख़र्चीला उपक्रम है, और उससे भी महत्त्वपूर्ण प्रश्न यह है कि क्या इससे किसी उद्देश्य की पूर्ति होती है? मेरा प्रश्न यह भी है फ़िलहाल जो कार्रवाई अंग्रेज़ी भाषा में प्रकाशित होती है उसे सदन से बाहर कितने लोग पढ़ते हैं? ज़्यादातर लोग समाचार पत्रों के माध्यम से सदन की कार्रवाई से अवगत हो जाते हैं। इसमें परेशानी क्या है? समाचार पत्रों के कई स्थानीय संस्करण होते हैं जो विभिन्न क्षेत्रीय भाषाओं में सदन में दिये गये भाषणों की ख़बरें छापते हैं। खबरें बंगाली, उर्दू, हिन्दी, यहाँ तक कि मलयाली अख़बारों में भी छपती रहती हैं। उन्हें रोका भी नहीं जा सकता तथापि कार्रवाई की भिन्न भाषाओं में प्रकाशित इन ख़बरों का कोई उपयोगी उद्देश्य भी नहीं है। सामान्य जनता कभी भी इन कार्यवाहियों के बारे में कुछ नहीं पढ़ेगी, और इसलिए ऐसा करना एक अनावश्यक अपव्यय होगा। लिहाज़ा पूरी सहानभूति रखने के बाद भी मैं अपने मित्र सदस्य के प्रस्ताव का समर्थन नहीं कर सकता हूँ और मैं सदन से अपेक्षा करता हूँ कि प्रस्ताव में अन्तर्निहित भावनाओं का सम्मान करने के बावजूद वह इसके व्यावहारिक पक्ष पर विचार करते हुए प्रस्ताव को ख़ारिज कर दे। ऐसे किसी प्रस्ताव को जिससे किसी उद्देश्य की पूर्ति नहीं होती हो, समर्थन देने का कोई अर्थ नहीं है।

सैयद अली नबी—इसका अर्थ क्या यह समझा जाये कि सदस्यों द्वारा उर्दू में दिये गये भाषणों को अंग्रेज़ी में अनूदित कर प्रकाशित किया जायेगा?

सभापति—मेरे विचार से सम्माननीय सदस्य यदि बजट के विचार-विमर्श वाले अनुच्छेद की प्रति देखेंगे तो उन्हें सम्माननीय नवाब शाह के भाषण का अनुवाद मिल जायेगा।

सेठ गोविन्द दास—महोदय, मेरे प्रस्ताव के प्रति सम्मानित मित्रों कर्नल नवाब सर उमर हयात ख़ान और मिस्टर एस. आर. दास द्वारा विरोध प्रकट किया गया है। महोदय, मैं स्वयं भी उसी भाषावली में प्रस्ताव को सदन में लाना चाहता था जिसका उल्लेख कर्नल नवाब सर उमर हयात ख़ान ने अपने भाषण में किया है लेकिन मुझे खेद के साथ कहना पड़ रहा है, महोदय, कि ऐसी भाषा में प्रस्ताव की रूपरेखा प्रस्तुत करने से सरकार की दृष्टि में प्रस्ताव कहीं अधिक अव्यावहारिक हो सकता था। मैं यही बात अत्यन्त विनम्रता के साथ मिस्टर दास के भाषण के सम्बन्ध में भी कहूँगा। यदि मैं यह दबाव डालता कि सदन के सभी सदस्यों के लिए अंग्रेज़ी नहीं बल्कि हिन्दी में अपना भाषण देना अनिवार्य कर दिया जाये तो ऐसी स्थिति में मिस्टर दास क्या कहते? वे इसे ज़बरदस्ती का नाम देते। मेरा मानना है कि मुझे उस भाषा में प्रस्ताव पेश करना चाहिए था जिससे कर्नल नवाब सर उमर हयात ख़ान को सन्तुष्टि मिलती। यही सन्तुष्टि सम्भवतः मुझे भी मिलती लेकिन फिर भी मैंने यह नहीं किया। मुझे इस बात का सख्त अफ़सोस है कि इस प्रस्ताव को पेश करते हुए मैं अतिशय व्यावहारिकता के जाल में फँस गया।

मेरे सम्मानित मित्र मिस्टर दास ने कहा है कि हमें इन प्रश्नों पर व्यावहारिक दृष्टि से विचार करने की आवश्यकता है। उनका आभार प्रकट करता हूँ कि उन्होंने प्रस्ताव के भावनात्मक पक्ष की सराहना की और स्पष्ट रूप से कहा कि एक राष्ट्रीय भाषा का होना ज़रूरी है। मेरे लिए उनकी यही बात महत्त्वपूर्ण है कि उन्होंने भी यह स्वीकार किया कि अंग्रेज़ी हमारी राष्ट्रीय भाषा कभी नहीं हो सकती है। यह और बात है कि यह कहने के लिए उन्होंने बड़े कम शब्दों का व्यय किया। उन्हें मालूम है कि जब 150 वर्षों के ब्रिटिश शासन में अंग्रेज़ी भारत की राष्ट्रीय भाषा नहीं बन सकी तो अब क्या बनेगी। उन्हें लगता है कि कुछेक व्यावहारिक बाधाओं के कारण यह सम्भव नहीं है। फिर उन्होंने मुझे उस समय तक प्रतीक्षा करने का परामर्श भी दिया जब तक भारत के सभी लोग ठीक से हिन्दी न सीख जायें। हम अब तक 150 साल तक प्रतीक्षा कर चुके हैं। लेकिन जहाँ तक भाषा का प्रश्न है, तो उसकी स्थिति में प्रतिदिन क्षरण हो रहा है। यह एक सामान्य बात है कि आज भी ऐसे अनेक भारतीय लोग हैं जो यह मानते हैं कि हिन्दी या हिन्दुस्तानी किसी भी क़ीमत पर राष्ट्रीय भाषा नहीं बन सकती है और इस स्थान पर बिराजने की एकमात्र अधिकारी अंग्रेज़ी है। जब अंग्रेज़ी जनमानस में व्यापक रूप से प्रचलित हो जायेगी तो वे और सरकार दोनों ही यही कहेंगे कि चूँकि अंग्रेज़ी अब सुदृढ़ रूप से आम जनता के बीच स्थापित हो चुकी है इसलिए अब उसकी जगह किसी अन्य भाषा या बोली को स्थानापन्न करने का कोई अर्थ नहीं है। इसीलिए मैं उनसे अनुरोधपूर्वक कहूँगा कि वे मेरे प्रस्ताव को स्वीकृति दें ताकि सरकार को हिन्दी के हमारे हृदय के निकट होने का अनुमान हो जाये और साथ ही यह संवाद भी सम्प्रेषित हो सके कि एक दिन हम सभी इसे अपनी राष्ट्रीय भाषा के रूप में देखने के लिए प्रतिबद्ध हैं। इससे अधिक मुझे और क्या चाहिए, महोदय? मैं केवल यह चाहता हूँ कि जो सदस्य चाहते हैं उन्हें हिन्दी में अपना भाषण देने की अनुमति मिले और इस बात का इससे कोई सम्बन्ध नहीं हो कि वह सदस्य अंग्रेज़ी में अपना भाषण देने में सक्षम हैं या नहीं। मैं सरकार की तरफ़ से हिन्दी भाषा के लिए समानता के अधिकार की अपेक्षा करता हूँ लेकिन माननीय सदस्यों को अपना भाषण हिन्दी में ही देने के लिए बाध्य करने का मेरा कतई उद्देश्य नहीं है। इससे भिन्न इस प्रस्ताव के पीछे कोई मंशा नहीं है। ऐसे में मेरी इस विनम्र माँग

जिसमें इतनी महान संवेदना अन्तर्निहित हो, को यदि सरकार अस्वीकृत कर देती है तो ऐसी स्थिति में मेरा विचलित होना स्वाभाविक है।

महोदय, मैं इस प्रस्ताव के विरुद्ध अपने माननीय मित्र मिस्टर दास की आपत्तियों को स्वीकार करने में असमर्थ हूँ, मैं इस प्रस्ताव को विचारार्थ सदन के पटल पर प्रस्तुत करता हूँ।

प्रस्ताव के बाद सदन में चर्चा हुई और सर उम्र हयात खान व श्री दास ने प्रस्ताव के विरूद्ध बोला और प्रस्ताव को अव्यावहारिक बताया। साथ ही सदन में काफी वाद विवाद हुआ लेकिन सेठ गोविंद दास खड़े रहे और उन्होंने कहा मैं समझता हूँ कि आप लोग यह स्वीकार करते हैं कि अंग्रेजी इस देश की राष्ट्रभाषा कदापि नहीं हो सकती। 150 वर्ष के ब्रिटिश साम्राज्य की लंबी अवधि के बाद भी अंग्रेजी राष्ट्रभाषा नहीं बन सकी, तो अब कैसे बन सकती है। सेठ गोविंद दास ने अनेक अकाट्य तर्क दिए लेकिन मामला केवल तर्क का नहीं था बल्कि भाव का था कि अंग्रेजी का वर्चस्व कायम रहे। सेठ गोविंद दास इस प्रस्ताव को लाते हैं, मतदान में इसके पक्ष में 12 और विपक्ष में 22 वोट पड़ते हैं। जिससे यह प्रस्ताव गिर जाता है। जिन्होंने पक्ष में मतदान किया उसमें तीन मुस्लिम सदस्य, 3 बंगाली सदस्य और तीन दक्षिण भारतीय सदस्य थे। जिन्होंने विपक्ष में मत डाला उनमें 14 अंग्रेज थे और शेष आठ नामजद भारतीय सदस्य जिन्हें कि अंग्रेजों ने ही सदस्य बनाया था। इस प्रकार यह प्रस्ताव तो अस्वीकृत हो गया किन्तु वास्तविकता यह है कि इसी के बाद हिन्दी और उर्दू को लेकर एक वातावरण बना और चर्चा आरंभ हो गई।

संविधान सभा का गठन व स्वरूप

देश आजादी पाने की राह पकड़ चुका था। आजाद भारत के लिए एक संविधान की आवश्यकता होगी, इसके लिए संविधान सभा का गठन किया गया। संविधान सभा का गठन जुलाई माह सन 1946 में किया गया और 389 सदस्यों की संख्या निश्चित की गई थी। मुस्लिम लीग ने संविधान सभा की बैठकों का बहिष्कार किया और अलग पाकिस्तान के लिए संविधान सभा की मांग आरंभ कर दी। साथ ही हैदराबाद रियासत ने भी संविधान सभा का बहिष्कार किया। जनसंख्या के अनुपात में प्रतिनिधित्व दिया गया था, 10 लाख की जनसंख्या पर एक सदस्य के स्थान को बनाया गया था। संविधान सभा के सदस्यों की संख्या में धार्मिक आधार को भी ध्यान में रखा गया था इसमें की 213 सामान्य, 79 मुसलमान एवं 4 सिख सदस्य बनाए गए थे, जिससे अनेक बहसों में भी सदस्यों के धर्म का प्रभाव दिखाई देता है। संविधान सभा ने 2 वर्ष 11 महीने 18 दिन कार्य किया, ग्यारह सत्र आहूत किए गए जिसमें कुल 114 दिन बहस हुई और जिसमें लगभग 64 लाख रुपए खर्च हुए। 3 जून 1947 को पाकिस्तान के लिए संविधान सभा गठित हुई और कुछ प्रांतों के प्रतिनिधियों को उससे विधानसभा में सदस्य बनाया गया।

भारत की संविधान सभा की पहली बैठक 9 दिसंबर 1946 को कॉन्स्टिट्यूशन हाल में हुई। संविधान सभा का उद्घाटन सत्र प्रातः 11:00 बजे आरंभ हुआ। सभी सदस्यों में गजब का उत्साह और ऊर्जा दिखाई दे रही थी कि भारत आजादी की ओर बढ़ रहा था। संविधान सभा आरंभ करने हेतु अस्थाई अध्यक्ष का पदभार डॉ सच्चिदानंद सिन्हा को सौंपा गया। आचार्य कृपलानी ने डॉ सिन्हा का सदन से परिचय कराया और कहा "इस प्रकार हम प्रति कार्य ईश्वर के आशीर्वाद से आरंभ करते हैं, हम डॉक्टर सिन्हा से इन आशीर्वादों का आवाहन करने की प्रार्थना करते हैं ताकि हमारा कार्य सुचारू रूप से आगे बढ़े। अब मैं आप सब की ओर से डॉ सिन्हा को पीठासीन होने के लिए आमंत्रित करता हूँ।" डॉ. सिन्हा ने अस्थाई अध्यक्ष पद स्वीकार करते हुए सदन की कार्यवाही आरंभ की और सदस्यों के अभिवादन व शुभकामनाओं के साथ उनके समक्ष उपस्थित 207 सदस्यों ने अपने परिचय पत्र प्रस्तुत किए और रजिस्टर पर अपने हस्ताक्षर किए। इस प्रकार संविधान सभा गठित होकर क्रियान्वित हो गई।

संविधान सभा के सत्र

प्रथम सत्र	9-23 दिसम्बर, 1946
दूसरा सत्र	20-25 जनवरी, 1947
तीसरा सत्र	28 अप्रैल-2 मई, 1947
चौथा सत्र	14-31 जुलाई, 1947
पाँचवाँ सत्र	14-30 अगस्त, 1947

छठा सत्र	27 जनवरी, 1948
सातवाँ सत्र	4 नवंबर, 1948–8 जनवरी, 1949
आठवां सत्र	16 मई–16 जून, 1949
नौवां सत्र	30 जुलाई–18 सितंबर, 1949
दसवाँ सत्र	6–17 अक्टूबर, 1949
ग्यारहवाँ सत्र	14–26 नवंबर, 1949

24 जनवरी, 1950 को सदस्यों ने भारत के संविधान पर अपने हस्ताक्षर किये। इस संविधान को 26 जनवरी, 1950 को देश पर लागू कर दिया गया।

भाषा को लेकर पहला विवाद आर.वी. धुलेकर ने किया (10 दिसंबर, 1946)

एक प्रकार से 10 दिसंबर 1946 पहला ही दिन था, जब संविधान सभा की कार्यवाही आरंभ हुई क्योंकि 9 दिसंबर तो तमाम औपचारिकताओं में ही बीत गया था। इस दिन कार्य संचालन कार्य नियम निर्मात्री समिति की स्थापना हेतु कार्यवाही चल रही थी। जिसमें आचार्य जेबी कृपलानी से एक संशोधन स्वीकार करने हेतु बातचीत हो रही थी। बातचीत के बीच आर.वी. धुलेकर ने हिन्दुस्तानी में बोला। जिस पर अस्थाई अध्यक्ष डॉक्टर सच्चिदानंद सिन्हा ने उन्हे रोकते हुए कहा कि क्या वह अंग्रेजी नहीं जानते हैं? इस पर आर.वी. धुलेकर ने कहा कि मैं अंग्रेजी भी जानता हूँ किन्तु हिन्दुस्तानी बोलना चाहता हूँ। अध्यक्ष महोदय ने तर्क दिया कि सभा में बहुत सारे लोग हिन्दुस्तानी नहीं जानते हैं जैसे कि श्री राजगोपालाचारी को ही ले लीजिए। इस पर आर.वी. धुलेकर ने जो तल्खी भरा उत्तर दिया जो शायद आज की संसद में सम्भव नहीं है। उन्होंने कहा जो हिन्दुस्तानी नहीं जानते, उन्हें हिन्दुस्तान में रहने का अधिकार नहीं है। जो लोग यहाँ भारत का विधान निर्माण करने आए हैं और हिन्दुस्तानी नहीं जानते हैं, वह इस सभा के सदस्य होने के योग्य नहीं है। अच्छा हो वे सभा से चले जाएँ। अध्यक्ष महोदय ने प्रश्न किया कि आप कहना क्या चाहते हैं? आर.वी. धुलेकर ने स्पष्ट किया कि प्रोसीजर कमेटी अपने सारे नियम हिन्दुस्तानी भाषा में बनाए और उसका अनुवाद अंग्रेजी में हो। सभा में शोर मच गया जिस पर अध्यक्ष महोदय ने सबको चुप कराया और कहा इस विषय पर आपको बोलने की अनुमति नहीं है। आप तो आचार्य कृपलानी के प्रस्ताव पर पेश संशोधन के ऊपर बोलने के लिए खड़े हुए हैं। इस पर धुलेकर जी ने उत्तर दिया कि मेरा यही संशोधन है कि कमेटी अपने नियम हिन्दुस्तानी में बनाए। फिर उसका अनुवाद अंग्रेजी में हो। जब कोई सदस्य नियम पर बहस करें तो वे—उसका हिन्दुस्तानी रूप पढ़ेंगे और उसी के आधार पर फैसला चाहेंगे। अंग्रेजी रूप के आधार पर नहीं, मुझे खेद है। इस पर सभा में फिर शोर मच जाता है। अध्यक्ष महोदय सब को शान्त कराते हैं। धुलेकर महोदय ने आगे जो मुख्य रूप से कहा मैं यहाँ रेखांकित करना चाहता हूँ और भारतीय होने के नाते मैं अपील करता हूँ कि हम लोगों को और उन लोगों को जो देश को आजाद कराने के लिए तुले हुए हैं और इसके लिए संघर्ष कर रहे हैं, उन्हें भाषा में सोचना और बोलना चाहिए। हम लंबे समय से अमेरिका, जर्मनी, जापान, स्विट्जरलैंड और हाउस ऑफ कामन्स की चर्चा कर रहे हैं। इसने मेरे सिर में दर्द पैदा कर दिया है। मुझे आश्चर्य है कि भारतीय अपनी भाषा में क्यों नहीं बोलते? मैं भारतीय हूँ और यह महसूस करता हूँ कि सभा की कार्यवाही हिन्दुस्तानी भाषा में होनी चाहिए। दुनिया के इतिहास से हमें कोई मतलब नहीं। हमारे पास लाखों वर्ष के प्राचीन देश का इतिहास है। उनके इस कथन से सभा में शोर मच गया और अध्यक्ष महोदय ने कहा वह आगे बोलने की अनुमति नहीं देते। इससे प्रमाणित होता है कि हिन्दी और भारतीय भाषाओं का संघर्ष कितना पुराना है और हमारी समझ से आजादी के लिए भले ही सभी लोग एकमत थे किन्तु भाषा को लेकर मतभिन्नता बहुत अधिक थी। सभी में सामंजस्य स्थापित करना सभा के अध्यक्ष के लिए भी कठिन कार्य था। आजादी के इतने वर्षों बाद भी भाषा का मुद्दा आज भी जीवित है।

जो सदस्य अंग्रेजी नहीं जानते, उनके लिए नियम
(21 दिसंबर, 1946)

भारतीय विधान परिषद की बैठक में के एम मुंशी ने सभा का ध्यान दिलाते हुए कहा, नियम 18 में दिया हुआ है कि असेंबली की कार्रवाई हिन्दुस्तानी (हिन्दी अथवा उर्दू) या अंग्रेजी में होगी। मगर सभापति किसी मेंबर को इन भाषाओं में से किसी का ज्ञान न हो तो इस असेंबली में अपनी मातृभाषा में बोलने की इजाजत देंगे। सभापति जब कभी आवश्यक समझेंगे किसी मेंबर ने जिस भाषा में भाषण दिया हो उससे दूसरी भाषा में उस भाषण का सारांश असेंबली के सामने रखने का प्रबंध करेंगे और यह सारांश असेंबली की कार्रवाई की रिपोर्ट में दर्ज किया जाएगा।

कुछ मिनट पहले एक मेंबर महोदय ने जो अंग्रेजी नहीं जानते थे, ये शिकायत की थी कि जो कुछ यहाँ हो रहा है वह उसे समझ नहीं रहे हैं। यह नियम इस कठिनाई को दूर करने के लिए बनाया गया है। इस नियम के उप वाक्यखंड 2 में कहा गया है कि ''असेंबली के सरकारी कागजात हिन्दुस्तानी भाषा (हिन्दी और उर्दू दोनों में) और अंग्रेजी में रखे जाएँगे।'' इससे यह होगा कि हमारे सरकारी कागजात तीन भाषाओं में, अर्थात हिन्दी, उर्दू और अंग्रेजी में रखे जाएँगे। कार्रवाई के तरीके के सम्बन्ध में सभी मामलों में सभापति का निर्णय अन्तिम होगा।

गुप्त सभा में चर्चा, सदस्यों को किस भाषा में छपी रिपोर्ट मिलेगी
(22 दिसम्बर, 1946)

एक गोपनीय सभा आहूत की गई, जिसमें केवल समिति के सदस्यों ने भाग लिया। प्रस्ताव पर वाद विवाद स्थगित कर दिए गए। बोलने वालों की सूची बहुत लंबी होने के कारण ये निर्णय लिया गया कि इस सभा के दूसरे जरूरी काम निपटा लिए जाएँ। इसलिए इस प्रस्ताव पर बहस आगामी बैठक तक स्थगित रहेगी। नियम निर्मात्री समिति की रिपोर्ट को के.एम. मुंशी सभा के सामने प्रस्तुत करेंगे, ऐसा सभापति ने बताया। इस बहस में मुंबई के सदस्य बी.एम. गुप्ते ने कहा मैं अपनी सूचना के आधार पर जानना चाहूँगा कि क्या जो रिपोर्ट तीन भाषाओं हिन्दी, उर्दू और अंग्रेजी में छपेगी उन सभी की प्रतियाँ सदस्यों को वितरित की जाएँगी? इस पर अध्यक्ष ने कहा मैं इसे जरूरी नहीं समझता। जो जिस भाषा को समझता हो, उसी भाषा की रिपोर्ट में उसे सन्तोष करना चाहिए। यदि कोई सदस्य अपनी भाषा के अतिरिक्त अन्य भाषाओं में रिपोर्ट लेना चाहे, तो मांगने पर मिल सकेगी।

संविधान सभा में कार्यवाही की भाषा का निर्धारण (26 दिसंबर, 1946)

संविधान सभा में कार्यवाही की भाषा का निर्धारण होना चाहिए। नियम 18 पर श्री के.एम. मुंशी ने प्रस्ताव रखते हुए कहा कि परिषद में कौन सी भाषाएँ व्यवहार में होंगी? यह एक बड़ा और मनोरंजक विषय है। उन्होंने कहा कि 'परिषद के सरकारी रिकॉर्ड' शब्दों की जगह 'परिषद की कार्यवाही के सरकारी रिकार्ड' शब्द जोड़ दिया जाए। उन्होंने अपने सुझाव दिए, इस पर बंगाल प्रांत से सदस्य डॉक्टर सुरेश चंद्र बनर्जी ने कहा कि अपनी प्रांतीय भाषा में भाषण देगा तो उस भाषण अनुवाद सदस्यों को दिया जाएगा। क्या मैं जान सकता हूँ कि अनुवाद कब दिया जाएगा? इस पर श्री मुंशी ने जवाब दिया कि जब बहस चल रही होगी। जब कोई सदस्य भाषण अपनी भाषा में देंगे तो अन्य सदस्यों के लाभ के लिए उस भाषण का अनुवाद उसी समय बाँटा जाएगा और इसे कार्यवाही में सम्मिलित कर दिया जाएगा। इस पर डॉ. सुरेश चंद्र बनर्जी ने फिर प्रश्न किया कि भाषण का सारांश सदस्य द्वारा प्रयुक्त भाषा से भिन्न होगा। ''क्या अभिप्राय हिन्दुस्तानी अथवा अंग्रेजी में से किसी एक भाषा से है? इन दो भाषाओं के अतिरिक्त बहुत सी भाषाएँ हैं। यह वाक्य स्वीकार होना चाहिए कि ''भाषण का सारांश हिन्दी अथवा अंग्रेजी में।'' इस पर श्री के.एम. मुंशी ने उत्तर दिया हमने बहुत विचार विमर्श किया और अन्ततः निर्णय सभापति की इच्छा पर छोड़ दिया जाए।

इसके बाद हिन्दी और हिन्दुस्तानी के प्रबल समर्थक सेठ गोविंद दास बोलने के लिए खड़े होते हैं। सेठ गोविंद दास ने संशोधन पेश करते हुए जो मत रखा वह भाषायी दृष्टि से बहुत महत्त्वपूर्ण है। उन्होंने कहा ''मैं चाहता हूँ कि दूसरी पंक्ति से "or English" शब्द हटा लिया जाए। जहाँ नियम यह कहता है कि—''शर्त यह है कि अध्यक्ष उन सदस्यों को, जो इन दोनों भाषाओं से अपरिचित हैं, इस परिषद में अपनी मातृभाषा में बोलने की अनुमति देंगे'' यहाँ "either language" की जगह मैं चाहता हूँ "the said language" रखा जाए और उसके "mother tongue" के बाद "or English" रखा जाए। सेठ गोविंद दास ने इस बात को रेखांकित किया कि भले ही लोग हिन्दी, उर्दू, हिन्दुस्तानी या अंग्रेजी में सदन में बोल सकते हैं लेकिन 9 दिसंबर अर्थात जब से कार्यवाही आरंभ हुई है लोगों ने अधिकतर अंग्रेजी में ही बोला है। उन्होंने अपनी पीड़ा व्यक्त करते हुए कहा जब विधान परिषद स्वतंत्र भारत का विधान बनाने जा रही है तो यदि अंग्रेजी को ही अपनी राष्ट्रभाषा मानकर वह काम करना चाहती है तो बड़े दु:ख की बात है। अंग्रेजी कभी भी हमारी राष्ट्रभाषा नहीं हो सकती। उन्होंने दक्षिण भारत के लोगों को इंगित करते हुए कहा कि मैं अपने मद्रासी भाइयों से अगर 25 वर्षों के बाद महात्माजी के प्रयत्नों के बाद, इतनी कोशिश के बाद भी और कांग्रेस में जो कुछ हो रहा है, उसके बाद भी अगर वह हिन्दुस्तानी नहीं समझते हैं तो वह उनका दोष है हमारा नहीं।

सेठ गोविंद दास ने हिन्दुस्तानी के समर्थन में अनेक तर्क दिए और लोगों को याद दिलाया कि 20 वर्ष पहले काउंसिल ऑफ स्टेट में जब वह सदस्य थे दोनों ने प्रस्ताव रखा था, उन्होंने उस भाषण के अंशों का विवरण दिया और अपने उस भाषण में दिए गए तथ्यों को दोहराया भी।

जो लोग इस विषय पर तटस्थ थे अथवा भाषा के मुद्दे पर जिनके व्यवहार में नरमी थी, उन लोगों को रेखांकित करते हुए सेठ गोविंद दास ने कहा जब हमारे नरम दल के भाई अंग्रेजी को ही अपनी राष्ट्रभाषा मानते थे और यदि मानते नहीं थे तो कम से कम बनाना चाहते थे। लेकिन हमने देखा कि इतने वर्षों के बाद भी कितने लोग अंग्रेजी पढ़ सके? आज अंग्रेजी कितने लोग समझ सकते हैं? सेठ गोविंद दास ने इंग्लैंड व आयरलैंड जैसे देशों के उदाहरण भी दिए। सेठ गोविंद दास का पक्ष था कि जो लोग हिन्दुस्तानी नहीं जानते उन्हें जबरदस्ती हिन्दुस्तानी में बोलने को कहा जाए इसलिए उन्होंने 'मदरटंग' के बाद 'अंग्रेजी' शब्द संशोधन में जोड़ा था। जो लोग बिल्कुल हिन्दुस्तानी नहीं बोल सकते केवल उन्हें अंग्रेजी में बोलने की अनुमति होनी चाहिए। उनका कहना था कि जो लोग हिन्दुस्तानी बिल्कुल नहीं समझते हैं उनकी संख्या अंगुलियों पर गिनी जा सकती है। महात्मा गांधी के प्रयासों से कांग्रेस की सभाओं में केवल हिन्दुस्तानी में ही भाषण होता है, जो लोग बिल्कुल हिन्दुस्तानी नहीं जानते केवल वही लोग अंग्रेजी में भाषण देते हैं। इस सदन में भी ऐसा ही होना चाहिए लेकिन यहाँ पर 9 दिसंबर से अंग्रेजी का ही अधिक दौर चल रहा है। उन्होंने अपने मद्रासी भाइयों के लिए आयरलैंड के कवि को भी उद्धृत किया जिसमें कहा गया है कि कोई भी राष्ट्र बिना मातृभाषा के एक राष्ट्र नहीं कहला सकता। दीवान बहादुर सर अल्लादी कृष्णस्वामी अय्यर जोकि मद्रास प्रांत से सदस्य थे। उन्होंने मांग रखी कि भाषण का अनुवाद अंग्रेजी में हो। जिस पर बहुत सारे सदस्यों ने नहीं-नहीं कहना आरंभ कर दिया। सभा के अध्यक्ष महोदय ने अल्लादी कृष्णस्वामी के संदर्भ में कहा कि वे इतने वृद्ध हो चुके हैं कि उनके लिए हिंदी सीखना कठिन है। यह उनकी वास्तविक कठिनाई है। इस पर बिहार से सदस्य श्री जगत नारायण लाल ने पक्ष रखा कि सवाल तो उन लोगों का भी है जिन्हें इतनी बड़ी उम्र में अंग्रेजी सीखना मुश्किल है। इस पर अध्यक्ष महोदय ने अपनी बात कहते हुए यह प्रस्ताव रखा कि मैं भाषण का सार अंग्रेजी में बता दूँगा। प्रत्येक राष्ट्र की अपनी एक भाषा होनी चाहिए और हम अंग्रेजी को अपनी राष्ट्रभाषा नहीं बना सकते। इस पर श्री के. सन्तानम ने अपना मत रखा कि अंग्रेजी शब्द को भी जोड़ दिया जाए और सब प्रस्ताव और संशोधन अंग्रेजी में पेश किए जाएं जिसे कि सभी सदस्य दोनों भाषाओं में बोल सकते हैं। यदि उन्हें समय मिला और आवश्यकता पड़ी तो हम सब हिन्दुस्तानी सीख लेंगे। आज सभी सदस्य विधान निर्माण के कार्य में व्यस्त हैं। ऐसे में हमें एक दूसरे को समझना है भाषाओं पर समय गंवाने का कोई लाभ नहीं है। उनका अभिप्राय था कि इस विषय को व्यावहारिक तरीके से अपनाना चाहिए। हिन्दुस्तानी के राष्ट्रभाषा बनने पर आपत्ति नहीं है किन्तु देश के अन्य भागों को हिन्दुस्तानी सीखने के लिए एक निश्चित अवधि देनी चाहिए। सभी को सुविधा निर्माण का कार्य करना चाहिए। एक दूसरे को समझने का प्रयास होना चाहिए।

इस परिचर्चा के क्रम में श्री विशंभर दयाल त्रिपाठी ने अपना मत रखा और उन्होंने सेठ गोविंद दास का उल्लेख करते हुए अपनी बात कही कि मेरा प्रस्ताव भी सेठ गोविंद दास से लगभग मिलता है लेकिन उसमें कुछ परिवर्तन चाहता हूँ। उन्होंने मातृभाषा को भी संविधान सभा की कार्यवाही में सम्मिलित करने के लिए अपने प्रस्ताव को प्रस्तुत किया। ''परिषद में कार्यवाही हिन्दुस्तानी (हिन्दी या उर्दू) में की जाएगी पर शर्त यह है कि अध्यक्ष किसी सदस्य को, अच्छी तरह परिचित न हो, सभा के सामने अपनी मातृभाषा या अंग्रेजी में बोलने की इजाजत दे सकते हैं।'' इस प्रकार हिन्दुस्तानी के अधिकतम मातृभाषा का भी प्रस्ताव में उल्लेख आया। उन्होंने स्पष्ट भी किया मातृभाषा का अभिप्राय प्रांतीय भाषा से है। उन्होंने यह भी स्पष्ट रूप से मत रखा कि हम लोग अपने देश का संविधान बना रहे हैं ऐसी दशा में देश की भाषा 'हिन्दुस्तानी' का ही स्थान होना चाहिए। उन्होंने

सेठ गोविंददास से भी आग्रह किया कि अपने प्रस्ताव में उनके संशोधन को स्वीकार करें। जिस पर सेठ गोविंद दास ने सहमति जताई।

संविधान सभा में मत भिन्नता जिस प्रकार से सामने आ रही थी वह किसी भी निर्णय पर पहुँचने के लिए कठिन कार्य था। श्री आर के चौधरी अंग्रेजी के पक्षधर थे। अपना उदाहरण देते हुए कि 'वह बहुत सीमित रूप से हिन्दुस्तानी जानते हैं। उन्होंने अपने ऊपर परिहास करते हुए कहा कि जब वह किसी सभा में हिन्दुस्तानी बोलते हैं लोग ही उन पर तरस खाकर कहते हैं कि आप अंग्रेजी में बोलिए। श्री चौधरी का तर्क था कि जो नियम हमारे सामने हैं, उनमें कहा गया है कि सदस्यों से आशा की जाती है कि वह अंग्रेजी में ही बोलें। हम अंग्रेजी भाषा का महत्त्व कम नहीं कर सकते। जब हम स्वाधीनता की देहरी पर पहुँच गए हैं तो हमें अधिक अवसरों पर अंग्रेजी का प्रयोग करना होगा। ज्यों ज्यों विदेशों से हमारा संपर्क बढ़ता जाएगा हमें अंग्रेजी सीखने की अधिक आवश्यकता पड़ेगी। हमें यह नहीं भूलना चाहिए कि अंग्रेजी की बदौलत ही आज हम एक राष्ट्र बन सके हैं। अन्यथा मद्रास के लोगों के साथ बातचीत करने और सम्पर्क स्थापित करने के लिए हमारे पास कोई और साधन नहीं था। हमें मालूम है कि किस प्रकार अंग्रेजी के माध्यम से हमारे कुछ स्वर्गीय नेता प्रमुख अन्तरराष्ट्रीय व्यक्तित्व बन गए हैं। हमें मालूम है कि हमारे कुछ नेता अंग्रेजी में इतने अधिक ओत प्रोत हो चुके हैं कि वे नाम भी अंग्रेजी में बोलते हैं। मेरी राय में हमें अंग्रेजी के महत्त्व को किसी भी हालत में कम नहीं करना चाहिए'।

विषय को आगे बढ़ाते हुए मद्रास से सदस्य श्री रामनाथ गोयनका ने कहा कि उन्हें श्री संथानम के संशोधन पर एक संशोधन पेश करना है। उनका कहना था कि जो सदस्य दोनों भाषाओं में बोल सकता है, वह अंग्रेजी में ही भाषण देगा उसमें से 'और' शब्द हटा दिया जाए। श्री गोयनका का कहना था कि वे भी उत्तर भारत के रहने वाले हैं और वे सेठ गोविन्ददास की इस बात का समर्थन करते हैं कि भारत की राष्ट्रभाषा हिन्दुस्तानी ही बने। लेकिन इस सभा में जो प्रस्ताव और संशोधन पेश किए जाएँ वह अंग्रेजी में हों ताकि सभी को सुविधा हो। श्री गोयनका का तर्क था कि दक्षिण भारत के 6-7 करोड़ लोग जो तमिल, तेलुगू, कन्नड़, मलयालम और अन्य भाषाएँ बोलते हैं। वे हिन्दुस्तानी नहीं समझते हैं। उन्होंने अपना उदाहरण देते हुए भी बताया कि वह यद्यपि हिन्दुस्तानी जानते हैं फिर भी अभ्यास और सुविधाओं की कमी के कारण हिन्दुस्तानी नहीं बोल सकते हैं।

इस समय हम भारत के विधान का निर्माण कर रहे हैं, जब कभी आवश्यकता पड़ेगी तो उसकी व्याख्या अदालत द्वारा कराई जाएगी। उन्होंने तीखा प्रश्न भी किया कि आपकी अदालतों की भाषा क्या है? क्या आप अपना विधान ऐसी भाषा में बनाने जा रहे हैं जो आपकी अदालतों की भाषा नहीं है? जो भी शब्द का प्रयोग करें वह ठीक-ठाक और नपे तुले होने चाहिए, उनके भिन्न-भिन्न अर्थ व व्याख्या नहीं निकलनी चाहिए। रामनाथ गोयनका हिन्दी और उर्दू को भी एक मानने के लिए तैयार नहीं थे। उनका मत था कि हिन्दी और उर्दू शब्दों के सम्बन्ध में मतभेद है। इस संदर्भ में महात्मा गांधी और बाबू पुरुषोत्तम दास टंडन सरीखे प्रमुख व्यक्तियों का बाद विवाद सर्वविदित है. वास्तव में अभी तक हम यही फैसला नहीं कर सके हैं कि हिन्दुस्तानी क्या है? मान लीजिए कोई व्यक्ति संशोधन पेश करता है, जिसमें वह 'भाग' शब्द का प्रयोग करता है और एक अन्य व्यक्ति 'हिस्सा' शब्द का प्रयोग करता है। ऐसे हालात में दोनों का एक ही अर्थ है। हम क्या करेंगे ऐसे समानार्थक शब्दों के बारे में? वाद विवाद ही प्रस्तुत करते रहेंगे? जबकि एक शब्द हिन्दी का है और एक उर्दू का।

श्री रामनाथ गोयनका के बोलने के बाद रायबहादुर श्यामनंदन सहाय जोकि बिहार से सदस्य थे, ने प्रस्ताव किया कि अब इस पर वोटिंग होनी होनी चाहिए, लेकिन अध्यक्ष महोदय का यह मत था कि अभी तक इस नियम अथवा संशोधन पर कोई विचार नहीं किया गया है। इस पर रायबहादुर श्याम नंदन सहाय ने तर्क दिया कि आधी बहस हो चुकी है और अब इस पर वोट लेने का समय आ गया है। रामनाथ गोयनका ने रायबहादुर श्यामनंदन के मत का विरोध किया। श्री गोयनका ने कहा कि अभी तक केवल हमने 20 मिनट तक ही बहस की है, हो सकता है कि आप लोगों ने कमेटी में 2 दिन तक बहस की हो। लेकिन इस सभा में केवल 15 मिनट से अधिक कुछ मिनट ही बहस हुई है। हम दक्षिण भारत के रहने वाले लोग हिन्दुस्तानी नहीं जानते। यदि आप मेरे संशोधन की अनुमति नहीं देते हैं तो यह मानना पड़ेगा यह विधान एक ऐसी भाषा में तैयार हो रहा है इसे इस देश के 6-7 करोड़ व्यक्ति और कम से कम इस सभा के 60 सदस्य नहीं समझते हैं। इसलिए देश का विधान ऐसी भाषा में तैयार होना चाहिए जिसे सब लोग समझ सकें।

इसके बाद अध्यक्ष महोदय के हस्तक्षेप से अगले मद्रास प्रांत से सदस्य श्री ओ.बी. अलगेसन ने अपना मत रखते हुए कहा कि नियम 18 में हिन्दी और उर्दू शब्दों के बाद ''और भारत की सभी प्रमुख भाषाओं में अर्थात तमिल, तेलुगू, मलयालम, कन्नड़, मराठी, गुजराती, पंजाबी, बंगाली,असामी, और उड़िया में'' इस प्रस्ताव के बाद अनेक सदस्य प्रसन्नता व्यक्त करते हैं। उन सदस्यों की प्रसन्ता का कारण भी यही था कि इसमें हिन्दुस्तानी से इतर लगभग सभी भाषाएँ आ गई थी जो लोग हिन्दुस्तानी नहीं समझते थे। इसके बाद श्री के.एम. मुंशी ने संक्षेप में अपनी बात कहते हुए अपने मत को स्पष्ट किया कि हिन्दुस्तानी भारत की राष्ट्रभाषा है यह हम सभी मानते हैं। राष्ट्रीय विधान परिषद होने के नाते हिन्दुस्तानी को अंग्रेजी की अपेक्षा अधिक महत्त्व दिया जाना चाहिए, लेकिन अंग्रेजी को एकदम और सर्वथा तिलांजलि नहीं दे सकते हैं, इसलिए एक भी संशोधन स्वीकार्य नहीं है।

अब अन्त में वोट देने का समय आ गया। सभा में सभी प्रस्ताव अस्वीकृत हो गए, श्री रोहिणी कुमार चौधरी का संशोधन स्वीकृत हो गया। जो इस प्रकार था कि ''नियाग 18(1) की तीसरी पंक्ति में अपरिचित शब्द के स्थान पर 'जो व्यक्ति आपको पर्याप्त रूप से व्यक्त नहीं कर सकता' शब्द रख दिया जाए।'' श्री के.एम. मुंशी ने इस संशोधन को स्वीकार किया और यह सभा द्वारा भी स्वीकार कर लिया गया। इस प्रकार संशोधित नियम 18 स्वीकार कर लिया गया कि संविधान की भाषा क्या होगी जिससे कि अंग्रेजी हिन्दी के साथ-साथ कायम हो गयी।

अल्पसंख्यकों की सांस्कृतिक शिक्षा सम्बन्धी अधिकारों में भाषा विमर्श
(1 मई, 1947)

संविधान सभा में 1 मई 1947 को मौलिक अधिकारों पर वाद विवाद हो रहा था। मुस्लिम लीग संविधान सभा का बहिष्कार कर चुकी थी। सरदार वल्लभभाई पटेल अल्पसंख्यक समुदाय व मौलिक अधिकार आदि सम्बन्धी कमेटी के सभापति थे, उन्होंने 23 अप्रैल 1947 को अपने प्रस्ताव सदन में पत्र के साथ चर्चा हेतु सभा अध्यक्ष डा. राजेन्द्र प्रसाद को प्रस्तुत किए, उन्हें इस कार्य के लिए 24 जनवरी 1947 को दायित्व दिया गया था। इसमें सरदार वल्लभभाई पटेल द्वारा सांस्कृतिक व शिक्षा सम्बन्धी अधिकार से सम्बन्धित खंड 18 प्रस्तुत किया गया। जिसमें देश के अल्पसंख्यक वर्ग की भाषा और लिपि पर विमर्श हुआ इसलिए 1 मई 1947 का यह वाद विवाद महत्त्वपूर्ण है, जिसके माध्यम से आजादी से लेकर आज तक अल्पसंख्यकों को देश में तमाम अधिकार प्राप्त हुए है। उनका भारत में सांस्कृतिक और भाषायी विकास इसी विमर्श को लेकर स्थापित हुआ है, जिसे आज के संदर्भों में भी जानना बहुत आवश्यक है। समिति में अनेक विमर्शों के बाद सरदार पटेल द्वारा प्रस्तुत किए गए प्रस्ताव के अंश इस प्रकार है—

''(1) हर इकाई के अल्पसंख्यकों की भाषा, लिपि और संस्कृति की दृष्टि से रक्षा की जाएगी और ऐसे कानून या व्यवस्था का निर्माण नहीं किया जाएगा जिससे इन बातों पर विरोधी असर या दबाव पड़े।

(2) कोई भी अल्पसंख्यक, चाहे वह धार्मिकता के आधार पर हो, या संप्रदाय अथवा भाषा की दृष्टि से, राष्ट्रीय शिक्षा संस्थाओं में प्रवेश पाने से वंचित नहीं रहेगा। न उन पर कोई धार्मिक शिक्षा अनिवार्य रूप से लागू की जाएगी।

(3) (क) सभी अल्पसंख्यक, चाहे उनका आधार धर्म, संप्रदाय हो या भाषा किसी भी इकाई में अपनी पसन्द की शिक्षा संस्था स्थापित करने को स्वतंत्र होंगे।

(ख) राज्य, शिक्षा संस्थाओं को सहायता देते समय, अल्पसंख्यकों के धर्म, संप्रदाय या भाषा पर आधारभूत संस्थाओं के प्रति भेदभाव नहीं रखेगा।''

प्रस्ताव पेश होने के बाद संयुक्त प्रांत के सदस्य मोहनलाल सक्सेना ने कहा कि इसे एडवाइजरी कमेटी में वापस भेज देना चाहिए। वह इस प्रस्ताव पर पुनर्विचार चाहते थे। अध्यक्ष राजेंद्र प्रसाद ने उनकी इस बात को सदन में रखा। धीरेंद्रनाथ दत्त भी स्पष्टीकरण चाहते थे। के.एम. मुंशी ने कहा वह भी संशोधन चाहते हैं। इस वाद विवाद के बीच में आचार्य जे.बी. कृपलानी ने सुझाव दिया कि बहस के बाद हम देखेंगे कि इसमें यदि गम्भीर कठिनाइयाँ है तो इसे एडवाइजरी कमेटी को वापस भेजा जा सकता है। और यदि नहीं हैं और सभी एकमत हैं आगे कर सकते हैं'। इस पर सभी सदस्यों ने सहमति प्रदान कर दी। सभा उपाध्यक्ष ने प्रस्ताव लेने की बात कही और मोहनलाल

सक्सेना के सुझाव को उसके बाद लेने के लिए सहमति दे दी। के.एम. मुंशी ने प्रस्ताव रखा कि इसे एडवाइजरी कमेटी में वापस भेज दें, और जो बहसें हुई हैं, उन पर पुनर्विचार होना चाहिए। सदस्यों को लग रहा था कि जो वाद विवाद कमेटी में हुए हैं उस अनुरूप यह प्रस्ताव बनकर नहीं आया है। उसके आगे वी.सी. केशव राव, डॉ. सुरेश चंद्र बनर्जी, के. सन्तानम, फूल सिंह, अलगूराय शास्त्री, जगजीवन राम, आर.के. सिधवा आदि सभी सदस्यों ने संशोधन नहीं पेश करने की बात कही। इस पर अध्यक्ष ने टिप्पणी की कि जिन संशोधनों की सूचना मुझे मिली थी वे समाप्त हो गए और पेश नहीं किए गए।

अध्यक्ष महोदय ने कहा अब श्री मुंशी का संशोधन व खंड दोनों ही बहस के लिए खुल गए हैं। इसमें भी स्पष्ट होना था कि पूरा प्रस्ताव वापिस कमेटी में जाएगा अथवा केवल खंड नंबर दो ही वापस होगा? जिसमें यह कहा गया है कि कोई भी अल्पसंख्यक, चाहे वह धार्मिकता के आधार पर हो, या संप्रदाय अथवा भाषा की दृष्टि से, राष्ट्रीय शिक्षा संस्थाओं में प्रवेश पाने से वंचित नहीं रहेगा। न उन पर कोई धार्मिक शिक्षा अनिवार्य रूप से लागू की जाएगी।

महावीर त्यागी ने मोहनलाल सक्सेना के प्रस्ताव का समर्थन किया और कहा कि यह खंड वापिस एडवाइजरी कमेटी को सौंप दिया जाए। उनका मत था कि सांस्कृतिक और शिक्षा सम्बन्धी मामलों की व्याख्या वहीं तक हो सकती है जहाँ तक उसका व्यक्तिगत रूप है। अल्पसंख्यकों का सवाल भावी सरकार पर छोड़ देना चाहिए। सभा को आने वाली सरकार के हाथ बांधने नहीं चाहिए। उन्हें यह स्वतन्त्रता देनी चाहिए कि वह परिस्थिति के अनुसार काम कर सकें। उनका मत था कि अल्पसंख्यकों के सवाल को आने वाले समय के लिए छोड़ दिया जाए। विभाजन होना है यह उस समय जानना आवश्यक होगा कि अल्पसंख्यकों पर क्या बीत रही है? इसलिए ऐसे प्रश्नों को अभी सुलझा देना आसान नहीं है। इसलिए खंड अभी टाल दिया जाये। धीरेंद्रनाथ दत्त ने सभा में अपनी बात को समझाते हुए कहा कि मान लीजिए किसी इकाई में विभिन्न संप्रदाय के लोग रहते हैं, अलग-अलग ही लिपियों का व्यवहार करते हैं। बाद में इकाई यह सिद्ध करती है कि अनेक लिपियों की बजाए एक लिपि की घोषणा की जाए और कानून बनाया जाए, अब अगर बुनियादी अधिकार का कानून उसे ऐसा करने का अधिकार नहीं देता तो ऐसे में इकाई के हित को हानि पहुँचेगी। यदि कल कोर्ट ऐसा कानून आए कि सारे प्रांतों के लिए एक लिपि होनी चाहिए तो उसके लिए कोई बाधा ना आए और यह अधिकार फंडामेंटल राइट्स कमिटी को दे देने चाहिए कि वह इस पर विमर्श करें। इसके बाद रोहिणी कुमार चौधरी ने अल्पसंख्यकों की शिक्षा पर ध्यानाकर्षण किया। उन्होंने लिपि के बारे में भी अपना मत प्रकट किया और कहा कुछ लोगों ने आसामी भाषा और लिपि सीखी है, इस समय रोमन लिपि लादी गई है। आप बहुत से लोग उसमें हिन्दी लिपि अर्थात देवनागरी अपनाने को तैयार है। ऐसे में समस्याएँ आएँगी। उन्होंने भी इस प्रस्ताव को वापस करने का सुझाव दिया। यह सारी उलझन इसलिए बनी हुई थी कि देश विभाजन की ओर बढ़ रहा था। अल्पसंख्यकों के विषय पर इन सदस्यों का मत था कि आजादी के बाद जो नई सरकार बनेगी वह परिस्थिति अनुसार इस विधान का निर्माण करेगी। इन सदस्यों से अलग विचार राजकृष्ण बोस ने रखे, जो कि उड़ीसा प्रांत से सदस्य थे। उनका मत था कि इस प्रस्ताव को रखना चाहिए, वापस नहीं करना चाहिए। इसमें अल्पसंख्यकों के विरुद्ध ऐसा कुछ नहीं है कि उन्हें किसी अधिकार से वंचित किया जा रहा है। कोई भी अल्पसंख्यक जाति यदि कोई स्कूल खोलना चाह रही है तो उसे कोई रोकने नहीं जा रहा है। उनका मत था कि मुस्लिम लीग इन मामलों को लटकाना चाहती है।

अनेक सदस्य यह चाहते हैं कि इसे तब तक टाल दिया जाए जब तक पाकिस्तानियों के विचार न जान लिए जाएं और हम यह न देख लें कि वह अपने क्षेत्र के अल्पसंख्यकों को क्या-क्या अधिकार दे रहे हैं? हम जानते हैं कि अनेक लोग भारत की जनता का भी विरोध कर रहे हैं। हमें ऐसे मामलों में फैसला नहीं टालना चाहिए। सरदार पटेल द्वारा प्रस्तावित और श्री मुंशी द्वारा संशोधित खंड 18 को सभा द्वारा स्वीकार करना चाहिए।

राज कृष्ण बोस के विचारों के बाद उनसे सहमत होते हुए डॉ. बी.आर. आंबेडकर ने अपना मत प्रस्तुत करते हुए कहा कि उन्हें आश्चर्य है कि इस प्रस्ताव को वापिस क्यों भेजा जाए? कोई ठोस कारण किसी सदस्य ने नहीं बताया है। यदि किसी के मन में यह भाव आया है कि हिन्दुस्तान के क्षेत्र में अल्पसंख्यकों को जो अधिकार देना चाहते हैं, उनका निश्चय करने से पहले हम पाकिस्तान असेंबली द्वारा अल्पसंख्यकों को क्या अधिकार दिए जाते हैं? यह जान लें। इस पर डॉ. आंबेडकर ने कहा कि मैं इस बात का समर्थन नहीं करता हूं कि अल्पसंख्यकों को पूर्ण अधिकार होने चाहिए। मैं इस विचार का समर्थन नहीं कर सकता कि हमें इसमें दिलचस्पी नहीं होनी चाहिए कि दूसरे लोगों ने अपने लोगों को जो अधिकार दिए हैं, वही अधिकार हमने अपने अल्पसंख्यकों को दिए हैं। हमने जो पहला अधिकार दिया है, वह उनका अपनी भाषा, अपनी लिपि, और अपनी संस्कृति के प्रयोग का अधिकार है। हमने स्पष्ट कर दिया है कि राज्य की शिक्षा संस्थाओं में प्रवेश के मामले में धर्म, भाषा आदि के आधार पर कोई भेदभाव नहीं किया जाएगा। किसी भी अल्पसंख्यक समुदाय को अपनी इच्छा अनुसार कोई भी शिक्षा संस्थान स्थापित करने पर कोई रुकावट ना होगी। इसमें यह भी व्यवस्था शामिल है जब कभी भी राज्य अल्पसंख्यकों द्वारा संचालित स्कूलों या अन्य शिक्षा संस्था में आर्थिक सहायता देने का निश्चय करेगा, ऐसी सहायता प्रदान करने में धर्म, संप्रदाय व भाषा के आधार पर कोई भेदभाव नहीं रखा जाएगा। जो लोग यह कह रहे हैं कि प्रस्ताव वापस किया जाना चाहिए, वे यह समझाने में असमर्थ रहे हैं कि इसमें अल्पसंख्यक समुदाय को दिए जाने वाले अधिकार अधिक हैं अथवा ऐसा अधिकार जो अल्पसंख्यकों को प्राप्त नहीं होने चाहिए थे। इसे वापिस करने से तीन कमेटियों का परिश्रम बेकार चला जायेगा। डॉक्टर अंबेडकर ने श्री मुंशी द्वारा उपखंड (2) के वर्तमान स्वरूप पर जो आपत्ति दर्ज की थी। उस पर उनकी राय थी कि यदि इस उपखंड को वापस समिति को भेजा जाता है तो मुझे आपत्ति नहीं होगी क्योंकि हमने इसका विषय राज्य की शिक्षा संस्थाओं तक के लिए सीमित रखा है और उन शिक्षा संस्थाओं के लिए कुछ नहीं कहा जो राज्य से केवल आर्थिक सहायता प्राप्त करती हो। यदि इस बात को और अधिक स्पष्ट करने की आवश्यकता है तो इस विषय को वापस भेजा जा सकता है। लेकिन इसका यह कतई मतलब नहीं है कि हम किन्हीं कारणों से उपखंड को वापिस भेजना चाहते हैं। इसलिए मेरी प्रार्थना है कि खंड 2 को छोड़कर शेष खंड अपने वर्तमान रूप में स्वीकार कर लिये जाएं और यदि आवश्यक हो तो कमेटी के विचार के लिए खंड 2 वापस भेजा जाए। इस वाद विवाद में श्री लक्ष्मी नारायण साहू ने हस्तक्षेप करते हुए कहा कि वह बुनियादी अधिकारों के खंड अठारह का स्वागत करते हैं क्योंकि अल्पसंख्यक इस बात से प्रसन्न होंगे कि उन्हें निश्चित अधिकार प्राप्त हुए हैं। उन्होंने कहा मुझे संदेह है कि अल्पसंख्यक किसको कहा जाएगा। मुझे आशा है कि यह आगे वाद-विवाद में स्पष्ट होगा। उन्होंने मिदनापुर जिले का उदाहरण देते हुए कहा कि उड़िया लोगों की आबादी बहुत खंडित कर दी गई है। यहाँ तक की जनसंख्या गणना में उड़िया लोगों का नाम ठीक से नहीं ले पाते हैं। उड़ीसा के दक्षिण भाग में भी यही हुआ। उत्कल यूनियन का 40 वर्षों से अधिक

समय से उड़ीसा को प्रांत बनाने का आंदोलन किया था ताकि उसे अपने अल्पसंख्यक अधिकार मिल जाएं। अब जब उन्हें पृथक प्रांत मिला तो वे बड़े प्रसन्न हो गए, कि उन्हें कुछ निश्चित अधिकार मिल गए है। अब भाषा का मुद्दा उठ खड़ा हुआ है, उड़ीसा के 6 जिलों में केवल एक ही ऐसा है, गंजाम जिला जहाँ पर भाषा सम्बन्धी अनेक समस्याएँ हैं। सन् 1906 की गजेटियर में लिखा है कि इस जिले की भाषा सचमुच एक आफत है। गंजाम में 1000 में से 940 मनुष्य अपनी तेलुगू भाषा बोलते हैं, 14 मनुष्य उड़िया बोल लेते है, 9 खोंद, गुदाबा और 5 हिन्दुस्तानी बोल लेते है। इतनी ही संख्या के पीछे 461 व्यक्ति ओड़िया, 204 खोंद, 180 तेलुगू, 56 सवारा, पोरोजा, 23 गदाका, 11 कोया, 3 हिन्दुस्तानी, 3 गोंडी और 5 लवादी, बस्तरी, हिन्दी, छत्तीसगढ़ी आदि।

उनका भाषा सम्बन्धी कठिनाई का मुद्दा इसलिए था कि आंध्र के कुछ निवासी ये कह रहे थे कि उनके बच्चों को शिक्षा मातृभाषा के माध्यम से दी जानी चाहिए। उन्होंने आशा व्यक्त की कि भाषा और संस्कृति सम्बन्धी कठिनाइयों का हल निकलेगा और इन स्थानों पर संस्कृति सुरक्षित रहेगी। लक्ष्मीनारायण साहू ने भाषा के मुददे पर बल डालते हुए कहा कि हमारे प्रांत की भाषा क्या होगी और आदिवासी अनेक बोलियाँ बोलते हैं, उनकी भाषाओं का भी समान रूप से अधिकार होना चाहिए। यदि इन तथ्यों पर ध्यान नहीं दिया गया तो शासन चलाने में समस्याएं आएंगी। इस प्रकार उन्होंने अपनी बात समाप्त की।

भाषा और संस्कृति के आधार पर प्रांतों के निर्माण पर कमेटियाँ
(2 मई, 1947)

मौलिक अधिकारों पर वाद विवाद होते समय अध्यक्ष राजेंद्र प्रसाद ने कहा कि सभी सदस्यों को स्मरण होगा कि भाषाओं और संस्कृति के आधार पर प्रांतों के निर्माण के लिए प्रस्ताव पेश करने के लिए सूचनाएँ कई सदस्यों द्वारा दी गई थी, किन्तु विगत बैठक में यह प्रस्ताव स्थगित कर दिए गए थे। यह आशा की गई थी कि हम इस बैठक में इन प्रस्तावों पर चर्चा करेंगे। हम यह निर्णय कर चुके हैं कि दो कमेटियों का निर्माण किया जाए। एक कमेटी यूनियन के विधान के सिद्धान्तों का निर्णय करने के लिए और दूसरी कमेटी प्रांतों के लिए अनुकरणीय विधान तैयार करने के लिए गठित की जाए। ये कमेटियाँ ही इन प्रस्तावों पर विचार करेगी।

एक समय आ सकता है, जब हम अंग्रेजी पर निर्भर न रहें
(2 मई, 1947)

अध्यक्ष डॉ. राजेंद्र प्रसाद ने चिन्ता व्यक्त करते हुए कहा कि मेरी चिन्ता में आप सब भी सहभागी बनें। सभा की सारी कार्यवाही अंग्रेजी में इसलिए चल रही है कि बहुत सारे सदस्य ऐसे हैं जो राष्ट्रभाषा से परिचित नहीं हैं। इसीलिए सारे प्रस्ताव अंग्रेजी में ही बनाए जा रहे हैं। प्रस्ताव में ऐसी बहुत सी बातें कही गई हैं कि जो कला की शब्दावली अर्थात विशिष्ट भाषा में कही जा सकती हैं, ये किसी अन्य विधान से ली गई हैं। इन विधानों में से कुछ के कानूनी भावार्थ लगाये जाते हैं और ऐसी भाषा के प्रयोग द्वारा हम उन भावार्थों की प्रक्रिया को भी अपने विधान में सम्मिलित कर रहे हैं। भविष्य में, अभी नहीं पर आगे चलकर ऐसा समय आ सकता है, जब हम सम्भवत: अंग्रेजी पर निर्भर नहीं रहेंगे और अगर आज विधान अंग्रेजी में पास किया जाता है तो वही मौलिक विधान बना रहेगा और भावार्थ का कोई भी प्रश्न उसी भाषा के द्वारा हल होगा जिसमें आज वह विधान पास किया जा रहा है। प्रश्न ये है कि क्या हम भविष्य में सदा अपने विधान की व्याख्या अंग्रेजी भाषा में ही करेंगे, क्या भविष्य में सदा हमारे न्यायाधीशों को भी अंग्रेजी भाषा से परिचित होना आवश्यक होगा ताकि वह विधान की व्याख्या कर सकें? यदि विधान अंग्रेजी में पास किया जाता है तो स्वाभाविक रूप से यह परिणाम होगा। इस समय कोई ऐसा सुझाव पेश करना कठिन है ताकि हम इस समस्या को सुलझा सकें। मेरा विचार है कि हम विधान का स्वरूप तैयार होने पर उसे जल्द से जल्द अनुवाद करा लें और अन्त में उसे अपने मौलिक विधान के रूप में पास करें। यदि कहीं पर एक समस्या पेश आती है तो अंग्रेजी की प्रति संदर्भ रूप में सामने रहेगी। पर मैं व्यक्तिगत रूप से यह चाहता हूँ कि विधान मौलिक रूप में हमारी मुख्य भाषा में हो, अंग्रेजी में नहीं। जिससे हमारे भावी न्यायाधीश अपनी भाषा पर निर्भर हो सकें, विदेशी भाषा पर नहीं। मैं चाहता हूँ कि ये सभी सदस्यगण इस विषय पर विचार करेंगे और यदि आपकी सहमति हो तो जहाँ तक शीघ्र सम्भव होगा प्रस्तुत विधान का अनुवाद अपनी भाषा में करा लूँगा। मैं उस कठिनाई का अनुभव कर रहा हूँ कि विधान ऐसे रूप में रखा जाना चाहिए जिससे इसका ठीक-ठाक भावार्थ लगाया जा सके, क्योंकि कला की मिश्रित शब्दावली हमारी भाषा में नहीं भी हो सकती है और हमें सम्भवत: ऐसे खंड जोड़ने पड़ेंगे जिससे कला सम्बन्धी युक्तियों की अभिव्यक्ति हो सके। यदि मुझे आप सभी की आज्ञा मिल जाए तो हम एक प्रयास करके देखेंगे। मुझे लगता है कि हमारे वर्तमान कर्मचारी इस अनुवाद के लिए पर्याप्त नहीं हैं और हमें ऐसे व्यक्तियों की सहायता लेनी होगी जो उच्च श्रेणी के लोग हों और इस कार्य को कर सकें। मैं नहीं जानता यह मेरे लिए सम्भव होगा किन्तु प्रयत्न करूँगा। डॉक्टर राजेंद्र प्रसाद ने मन की बात कहते हुए बताया की मैं सोच रहा था क्योंकि यदि स्थायी विधान बनने जा रहा है और कुछ समय के लिए रहने वाला है, तो हम इसे ऐसी भाषा में नहीं रहने दे सकते जो हमारी भाषा नहीं है। हमें उस समय के लिए व्यवस्था करनी है जब हम अपनी भाषा पर निर्भर होंगे और वह भविष्य भी दूर नहीं है। इसलिए मैं यह

बातें आपके ध्यान में लाया हूँ। सभी सदस्य गण इस पर विचार करें और अपना परामर्श भी दें। इस पर मुंबई के सदस्य बी.जी. खेर ने आपत्ति जताई कि ये तो वाद विवाद है। डॉक्टर राजेंद्र प्रसाद ने कहा कुछ भी हो इसे समाप्त कर लेना चाहिए। विशम्भर दयाल त्रिपाठी ये कहा कि सारी कार्रवाई अब हिन्दुस्तानी भाषा में भी मिला करेगी यह ठीक है। इसमें दिक्कतें हैं लेकिन यह बहुत आवश्यक है। बालकृष्ण शर्मा ने इस विषय पर कहा कि मैं कुछ विरोध में न कहकर क्या ये जान सकता हूँ कि विधान का अनुवाद जिसके लिए प्रबंध किया जा रहा है; वह हिन्दी में होगा या उर्दू में या ऐसी भाषा में जो दोनों ही खिचड़ी हो? इस पर अध्यक्ष डॉक्टर राजेंद्र प्रसाद ने मुस्कराते हुए स्पष्ट किया कि वह ऐसी भाषा होगी जो समझी जा सके। सभा के सदस्य के. सन्तानम ने सुझाव दिया कि इस आशय का एक रस्मी प्रस्ताव पास कर लिया जाए। अध्यक्ष महोदय सहमत हुए और प्रस्ताव स्वीकार कर लिया गया।

समाजवादी शब्द प्रयोग किया जाए
(15 जुलाई सन् 1947 ई.)

बी. पोकर साहब बहादुर (मद्रास) : कल मैंने प्रार्थना की थी कि भाषणों का अनुवाद अंग्रेजी में कराने का प्रबन्ध किया जाये। मैं आपको उसकी याद दिलाना चाहता हूँ. क्योंकि बहुत से सदस्य अंग्रेजी के अलावा दूसरी भाषाओं में भाषणों को नहीं समझ पाते। इसलिए श्रीमान्, क्योंकि मौलाना उर्दू में बोलने जा रहे हैं। मैं प्रार्थना करता हूँ कि उनके बहुमूल्य भाषण का अंग्रेजी में अनुवाद हमें देने का प्रबन्ध किया जाये।

मौलाना हसरत मोहानी : श्रीमान्, मैं खण्ड 1 में अपना संशोधन पेश करता हूँ। मेरा ख्याल है कि विदेशी भाषा में अपने विचार प्रकट करने में मुझे कठिनाई होगी, लेकिन अपने मद्रास के मित्र का ध्यान रखते हुए मैं उस भाषा में अपने विचार प्रकट करने का यथाशक्ति प्रयत्न करूंगा। मैं प्रस्ताव करता हूँ कि :

''खण्ड 1 में 'एक गवर्नर' शब्दों की जगह 'एक प्रेसीडेंट' शब्द रख दिये जायें।''

इससे मेरा मतलब यह है कि विधान-निर्माण करने वाले प्रांतों के हम सभी सदस्यों को यह अधिकार प्राप्त है कि हम हर एक प्रांत के लिए प्रांतीय गणतन्त्र (रिपब्लिक) की मांग करें। हमारा यही विचार था और हम यही चाहते थे और यही आशा भी करते थे कि हमें भारतीय गणतन्त्रों का संघ प्राप्त होगा। असेम्बली के पिछले अधिवेशन में श्री त्रिपाठी ने यह संशोधन पेश किया था कि समाजवादी शब्द रख दिया जाये। सभा ने उसका समर्थन नहीं किया। इसके बारे में हम बाद में विचार कर लेंगे। यदि हम गणतांत्रिक संघ स्थापित करें तो चाहे हम फिर उसे समाजवादी गणतन्त्र बनाना चाहें या न बनाना चाहें, इससे कोई फर्क नहीं पड़ता। पहले तो आप एक राष्ट्रीय विधान बना लें और अधिकांश सदस्य राष्ट्रीय मनोवृत्ति के हो जायें। लेकिन मुझे विश्वास है कि अब दुनिया समाजवादी होना चाहती है और हममें से हर एक व्यक्ति अब समाजवादी हो रहा है और मेरे विचार से हम जल्दी ही एक सुसंगठित वामपक्षी दल बना सकेंगे और यदि देर हुई तो अगले चुनाव तक हम सारे संगठन पर अधिकार जमा लेंगे। यदि आप इस समय प्रत्येक प्रांत में गणतांत्रिक शासन स्थापित करने के लिए सहमत हो जायें तो मुझे इसकी परवाह नहीं है कि आप उसे समाजवादी बनायें या न बनायें। हम उसे समाजवादी गणतन्त्र बना लेंगे। लेकिन मैं कहूँगा कि आप इस सवाल को टाल नहीं सकते। आप यह नहीं कह सकते कि हम केन्द्र में ही गणतन्त्र चाहते हैं और इन प्रांतों में से किसी प्रांत में भी ऐसी व्यवस्था न होने देंगे। आपने यह कहा है कि हर एक प्रांत में एक गवर्नर होगा। यह आपकी एक चाल है। मैं कहता हूँ कि एक प्रेसीडेंट होना चाहिये। यदि आप 'प्रेसीडेंट' शब्द को स्वीकार कर लेते हैं तो इसका अर्थ यह है कि आप हर एक प्रांत में गणतंत्र स्थापित करने के पक्ष में हैं। यदि आप 'प्रेसीडेंट' शब्द को अस्वीकार करते हैं तो इसका मतलब यह है कि आपका निश्चय यह है कि प्रांतों में केवल स्वशासन हो। आप प्रांतों को केवल स्वशासन दे रहे हैं और कुछ नहीं। यदि यही आपका इरादा है तो मैं इसका घोर विरोध करता हूँ

और अधिक जोरदार शब्दों का प्रयोग न करके केवल इतना कहूँगा कि आप सभी प्रांतों के लोगों के साथ मखौल कर रहे हैं विशेषतया मेरे प्रांत, संयुक्त प्रांत के साथ। मेरे मित्र पण्डित नेहरू कहते हैं कि बाद को आप संघ-विधान में किसी भी प्रकार का संशोधन कर सकते हैं। मैं कहता हूँ कि मैं इसी समय यह संशोधन पेश करता हूँ कि 'गवर्नर' शब्द की जगह 'प्रेसीडेंट' रख दिया जाये, ताकि संघ-विधान में मैं जब संशोधन पेश करूं तो आप इन बातों पर विचार करने से इन्कार न करें। जब संघ-विधान के बारे में विचार होगा तो यह कठिनाई उठ खड़ी होगी। मेरे मित्र सरदार पटेल ने भी कहा है कि चाहे हम गवर्नर का नाम रखें या प्रेसीडेंट का इसमें कोई अन्तर नहीं है। इसमें बहुत अन्तर है, यदि आप मेरे संशोधन को अस्वीकार करते हैं तो आप कहते हैं कि नहीं हम केवल गवर्नर शब्द को रखेंगे। इसका अर्थ यह है कि आप हमें केवल प्रांतीय स्वायत्त शासन देना चाहते हैं। आप बहुत से प्रांतों को एक कदम भी आगे बढ़ने नहीं देना चाहते।

जब तक भाषा पर निर्णय नहीं, तब तक की भाषा क्या होगी?
(4 नवम्बर, 1948)

पहले राष्ट्रपिता महात्मा गांधी को श्रद्धांजलि अर्पित की गई।

संविधान सभा की बैठक आरंभ होने से पहले अध्यक्ष डॉ. राजेंद्र प्रसाद ने सभी सदस्यों से आग्रह किया कि राष्ट्रपिता के प्रति श्रद्धांजलि अर्पण करने के लिए अपनी जगह पर खड़े हो जाएँ। उन्होंने गांधीजी के प्रति अपने भाव व्यक्त करते हुए कहा कि वह हमें निराशा के अन्धकार से निकालकर आशा और सफलता का प्रकाश दिखा कर गए हैं और दासत्व का अन्त करके हमें स्वतंत्र कर दिया। उनकी आत्मा सदा हमारा पथ प्रदर्शन करती रहे। उनका जीवन तथा उनके उपदेश हमारे लक्ष्य प्राप्ति के मार्ग में ज्योति स्वरूप हैं। इसके बाद सभी सदस्यों ने अपने स्थान पर खड़े होकर राष्ट्रपिता महात्मा गांधी को श्रद्धांजलि अर्पित की।

इसी क्रम में बाद में पाकिस्तान के कायदेआजम मोहम्मद अली जिन्ना को भी 2 मिनट मौन रखकर स्मरण किया गया।

भारतीय विधान परिषद की 4 नवंबर, 1948 को हुई सभा में सबसे पहले अध्यक्ष ने विधान पर विचार प्रक्रिया के तौर तरीकों से सभी सदस्यों को अवगत कराया किन्तु सदस्यों का जोर रहा कि पहले ये होना चाहिए था कि हमारी भाषा क्या होगी? सेठ गोविंद दास, बालकृष्ण शर्मा ने आरम्भ में ही इस बात को जोरदार तरीके से रखा कि हमारी राष्ट्रभाषा हिन्दी हो और लिपि देवनागरी हो। सेठ गोविंददास ने विधान को अंग्रेज़ी में लाने पर सवाल उठाया और अध्यक्ष को सदस्यों ने उनके द्वारा दिए गए आश्वासन की भी याद दिलाई। अध्यक्ष डॉक्टर राजेंद्र प्रसाद ने भी सभी सदस्यों को स्पष्टीकरण देकर आश्वस्त करने की बहुत कोशिश की। यह पूरी चर्चा संविधान सभा में महत्त्वपूर्ण है।

सेठ गोविन्द दास ने कहा—सभापति जी, मैं यह जानना चाहता हूँ कि जब तक हमारी भाषा कौन होगी, यह निर्णय नहीं हो जाता है तब तक जो धाराएँ हम अंग्रेज़ी में पास करेंगे, वे क्या उस निर्णय के होने के बाद फिर से हिन्दी में आयेंगी?

अध्यक्ष डॉ. राजेन्द्र प्रसाद ने उत्तर दिया कि हाँ, ज़रूर उन सब धाराओं को फिर से जिस भाषा में निश्चय करेंगे, बहस होगी। और उस वक़्त बहस किसी धारा के सम्बन्ध में नहीं होगी। सिर्फ़ यह देखा जायेगा कि ठीक तर्जुमा हुआ है या नहीं। इसलिए मैं यह समझता हूँ कि हम इस वक़्त जो बहस करें, वह अंग्रेज़ी ड्राफ्ट पर करें; क्योंकि सब लोगों ने उस पर विचार किया है और जिन्होंने तैयार किया है, उन्होंने उसी भाषा में तैयार किया है। उसके बाद आख़िरी रूप जब मालूम हो जायेगा तो हम आपके सामने उसका अनुवाद रखेंगे और आप उसको मंजूर करेंगे।

बालकृष्ण शर्मा ने सेठ गोविन्ददास का साथ देते हुए कहा कि—श्रीमान् जी, इस बड़े महत्त्वपूर्ण प्रश्न की ओर, जिसको कि मेरे माननीय मित्र सेठ गोविन्ददास जी ने रखा है, मैं आपका ध्यान आकर्षित करना चाहता हूँ।

महावीर त्यागी ने कहा—सभापति जी, मैं यह अर्ज करना चाहता हूँ कि बुनियादी सवालों पर बातचीत करने से पहले यदि आप इस बात पर गौर कर लें कि अब अमेंडमेंट लाने का तरीक़ा

क्या है, पुराना तरीक़ा रहेगा या जैसा आपने अब फरमाया है, ताकि उस प्रोग्राम के मुताल्लिक़ राय कायम हो जाये कि किस ढंग से बहस होगी और अमेंडमेंट भेजने के लिए कितने दिन मिलेंगे।

अध्यक्ष—दोनों बातें साफ़ हो जायेंगी।

बालकृष्ण शर्मा ने फिर कहा कि श्रीमान् जी, मैं नहीं समझ सका कि औचित्य का प्रश्न कैसे पैदा हो गया। वास्तव में मैं तो आपके सामने केवल एक बात रखना चाहता था। वह यह है कि इसके पूर्व कि आप डॉ. अम्बेडकर से यह कहें कि वे प्रस्ताव करें कि प्रारूपित संविधान पर विचार आरम्भ किया जाये, आप उस प्रश्न पर विचार करें जो मेरे मित्र सेठ गोविन्ददास जी ने आपके सामने रखा है। यह तो निश्चय है कि जो प्रस्ताव डॉ. अम्बेडकर पेश करने वाले हैं उसको स्वीकार कर लेने के पश्चात् हम विधान के एक-एक खण्ड पर विचार करेंगे। जैसा कि श्रीमान् को ज्ञात है मैं उन लोगों में से हूँ जिन्होंने कि इस प्रस्ताव की सूचना दी थी कि भारत की राष्ट्रभाषा हिन्दी हो और उसकी लिपि देवनागरी हो। अत: इस प्रश्न का उठना स्वाभाविक है कि जब हम अपने विधान के एक-एक खण्ड पर विचार करेंगे तो वह कौन-सी भाषा होगी जिसमें कि हमारा विधान स्वीकृत हुआ समझा जायेगा। इसलिए मेरा सुझाव यह है कि जब हम विधान के खण्डों पर विचार करें तो उसके एक अध्याय को समाप्त करने के पश्चात् हम उसको पुन: हिन्दी में लें और प्रत्येक खण्ड को जिस रूप में उसे सभा ने संशोधित किया है, और जैसा कि इस सभा की अनुवाद-समिति ने उसका अनुवाद किया है वैसा ही पास करें। अत:, मैं आपसे यह निवेदन करता हूँ कि विधान के एक-एक खण्ड पर विचार करने के पूर्व आप इस सभा में एक उप-समिति नियुक्त करें जो कि खण्डों और उनमें जैसा संशोधन सभा चाहती है उनसे परिचित रहें और जैसे ही वे स्वीकार कर लिए जायें यह समिति उन खण्डों का अनुवाद करे और एक अध्याय के समाप्त हो जाने के पश्चात् इन खण्डों को पुन: हिन्दी में सभा के समक्ष लाया जाये और वे हिन्दी में भी स्वीकृत समझे जायें, जिससे कि कुछ काल पश्चात् जब हम पूर्णतया अंग्रेज़ी भाषा को हटा दें तो मूलरूप में विधान हिन्दी भाषा में स्वीकृत समझा जाये और वही प्रमाणिक विधान माना जाये। यदि हम किसी ऐसी विधि को अंगीकार नहीं करेंगे तो मेरे विचार से जिस समय विधान का खण्ड 99 हमारे समक्ष आयेगा और हम अपनी भाषा हिन्दी तथा लिपि देवनागरी घोषित करेंगे उस समय हमें बड़ी कठिनाई होगी। मैं समझता हूँ कि मेरे दक्षिणी मित्रों को कुछ कठिनाई होगी। वे कह सकते हैं कि वर्तमान विधान अंग्रेज़ी में है जिसे हम सब समझते हैं, आप हमें हिन्दी में प्रत्येक खण्ड को 'पास' करने के लिए कहते हैं, उस भाषा को हम नहीं जानते। मेरे ख़याल से मेरे उन दक्षिणी मित्रों को जो इतनी हिन्दी नहीं जानते हैं अपने साथियों की सद्‌बुद्धि पर निर्भर रहना चाहिये। यहाँ इस सभा में ऐसे मित्र भी हैं जो अंग्रेज़ी नहीं जानते पर फिर भी वे आपकी सद्‌बुद्धि पर निर्भर हैं और वे ऐसी आपत्ति कभी नहीं करते कि वे अंग्रेज़ी नहीं जानते और इसलिए यह विधान अच्छा नहीं है। इसी प्रकार वे भी इस विषय में हमारे साथ सहयोग करने का प्रयत्न कर सकते हैं।

अध्यक्ष डॉ. राजेन्द्र प्रसाद ने उत्तर देते हुए कहा—इस विषय में जो कुछ करने का मेरा विचार है यदि मैं उसे बता दूँ तो मेरे विचार से इस प्रश्न पर वाद-विवाद बहुत कम रह जायेगा। ऐसा प्रस्ताव आया है कि अनुवाद तैयार करने के लिए एक समिति नियुक्त की जाये और एक-एक अनुच्छेद पर विचार करके यह सभा उस अनुवाद को स्वीकार करे और उसी को मूल समझा जाये। कुछ इसी प्रकार के प्रस्ताव की सूचना दी गयी है। इस बारे में मैं जो करना चाहता हूँ वह यह है। सदस्यों को ज्ञात है कि हमारे पास कई अनुवाद तैयार हैं। हिन्दी का अनुवाद है, उर्दू का अनुवाद है और हिन्दुस्तानी का अनुवाद है। विधान के मसौदे के ये तीनों अनुवाद तैयार हैं और मुझे विश्वास

है कि सदस्यों को इनकी प्रतियाँ भी मिल चुकी होंगी। जैसे ही यह प्रश्न तय कर लिया जायेगा कि हमारी राष्ट्रभाषा क्या हो हम एक समिति बना देंगे जो उसी भाषा में तैयार किये हुये अनुवाद को ले लेगी और यह देखेगी कि अनुवाद अक्षरश: अंग्रेज़ी भाषा के अनुरूप है अथवा नहीं। हमारी भावनाएँ चाहे जो कुछ प्रेरणा करें हमें यह स्वीकार करना पड़ेगा कि जिन व्यक्तियों का विधान का मसौदा बनाने से सम्बन्ध है उनमें से बहुत से अपने विचारों की अभिव्यक्ति हिन्दी की अपेक्षा अंग्रेज़ी में अच्छे प्रकार से कर सकते हैं। केवल अंग्रेज़ी या हिन्दी में अभिव्यंजना का ही प्रश्न नहीं है बल्कि पाश्चात्य विधानों से विचार भी लिए गये हैं, यहाँ तक कि जिन पदों का प्रयोग किया गया है उनमें से अनेकों का तो अपना इतिहास है और अनेकों स्थलों में हमने पाश्चात्य विधानों में से वैसी की वैसी ही शब्दावली ले ली है। जिन लोगों के हाथ में विधान का प्रारूप बनाने का कार्य सौंपा गया था उनकी सामर्थ्य को ध्यान में रखते हुए यह बात प्रगट है कि विधान का प्रारूप अंग्रेज़ी में बनाने के अतिरिक्त हमारे लिए कोई और गति न थी। मेरे विचार से तो इससे हमें कोई क्षति नहीं हुई है, किन्तु जब किसी अनुच्छेद को यह सभा अंग्रेज़ी में अन्तिम रूप से स्वीकार कर लेगी तब यथासम्भव पूर्ण और ठीक अनुवाद हम करायेंगे और उस भाषा में करायेंगे जिसे विधान परिषद् राष्ट्रीय प्रयोजनों के लिए मान्यता देगी। अत: मैं सदस्यों से यह निवेदन करूँगा कि भाषा के प्रश्न पर जो वाद-विवाद होगा उसको वे अभी से आरम्भ न करें। कुछ समय बाद यह वाद-विवाद होगा किन्तु मैं यह वचन देता हूँ कि ज्यों ही उस प्रश्न का निपटारा हो जायेगा तब जिस भाषा को हम स्वीकार करेंगे उसी भाषा में किये गये अनुवाद को हम फिर से जँचवायेंगे या दूसरा अनुवाद करायेंगे। और सभा की स्वीकृति के लिए हम उस अनूदित विधान को सभा के सामने रखेंगे।

सेठ गोविन्द दास ने पुन: प्रश्न किया कि सभापति जी, आपने स्पष्ट कह दिया था कि जिस समय हमारे सामने विधान लाया जायेगा उस समय उसका मूल हमारी भाषा में होगा। मैंने उस समय आपसे इस बारे में प्रश्न भी किया था और आपने उसके उत्तर में भी यही कहा था कि जो विधान हमारे सामने आयेगा, वह मूल में हमारी भाषा में होगा। अब, आज डॉ. अम्बेडकर साहब जो विधान हमारे सामने ला रहे हैं वह अंग्रेज़ी में है। मैं आपसे यह जानना चाहता हूँ कि आपने जो आश्वासन दिया था कि मूल विधान हमारी भाषा में लाया जायेगा और जब वह अंग्रेज़ी में आ रहा है तो फिर वह "मूल" जिसके लिए आपने आश्वासन दिया था, हमारी भाषा में किस समय लाया जायेगा।

घनश्याम सिंह गुप्त ने प्रश्न किया कि सभापति जी, मैं यह पूछना चाहता हूँ कि जिस तरह अंग्रेज़ी में एक-एक आर्टिकल को अमेंडमेंट करके अन्तिम रूप में लिया जायेगा तो जब यह विधान-सभा अपने किसी आर्टिकल के मुताबिक़ राष्ट्रभाषा निश्चय कर लेगी तो क्या उस भाषा में भी साथ-साथ ही एक आर्टिकल लिया जायेगा या नहीं।

अध्यक्ष ने उत्तर दिया हर एक आर्टिकिल लिया जायेगा।

बालकृष्ण शर्मा ने सुझाव दिया कि श्रीमान् जी, मैं केवल यह सुझाव रखना चाहता हूँ कि विधान के एक-एक खण्ड पर विचार करने के पूर्व क्या यह उपयुक्त नहीं होगा कि आप कृपा कर राष्ट्रीय भाषा के प्रश्न को लेने की हमें आज्ञा दे दें और उस पर निर्णय कर लें। क्योंकि यदि हम सब से पहले राष्ट्रीय भाषा के प्रश्न को ले लें और उसका निर्णय कर लें तो सदैव के लिए झगड़े का अन्त हो जायेगा। आप अंग्रेज़ी में 12 या 15 खण्डों पर वाद-विवाद कर सकते हैं। समिति दूसरे दिवस ही अनुवाद प्रस्तुत कर देगी और उस भाग का पूरा अनुवाद सभा के समक्ष होगा जिस पर वह विचार करेगी और तत्पश्चात् वह भी सभा द्वारा स्वीकृत समझा जायेगा। इसलिए मेरा सुझाव है

कि विधान के खण्डों को लेने के पूर्व आप इस सभा को सर्वप्रथम राष्ट्रीय भाषा के प्रश्न को ले लेने की आज्ञा दे दीजिए। राष्ट्रीय भाषा का प्रश्न तो कहीं 99 खण्ड में आयेगा जिसके लिए बहुत समय लगेगा। इस प्रश्न में अनेकों उलझनें हैं और हममें से अनेकों तो यह अनुभव करते हैं कि यह प्रश्न हमारे भविष्य से मूल रूप में सटा हुआ है। ऐसे सदस्य भी हैं जो इसको कोई महत्त्व नहीं देते हैं। अतः, मैं आपसे निवेदन करूँगा कि इस प्रश्न को पहले ले लीजिए और उसे तय करने का हमें अवसर दीजिए और उसके पश्चात् एक-एक खण्ड करके अंग्रेज़ी में विधान को लीजिए और फिर उनको हिन्दी में भी लेने का हमें अवसर दीजिए।

अध्यक्ष ने उत्तर देते हुए कहा कि क्या मैं यह कह सकता हूँ कि जिन कारणों के आधार पर आप भाषा के प्रश्न को पहले लेना चाहते हैं उन्हीं आधारों पर मैं इसे बाद में विचार करने के लिए हटाना चाहता हूँ। आपने यही तर्क उपस्थित किया है कि आपस में मतभेद है। कुछ लोग एक विचार पर दृढ़ हैं तो अन्य उतनी ही दृढ़ता से दूसरे विचार को अपनाये हुए हैं। मेरा यह विचार है कि उत्तेजनापूर्ण वातावरण होने के पूर्व शान्त वातावरण में मौलिक अधिकारों पर वाद-विवाद करना अधिक उपयुक्त होगा। अतः मैं यह सुझाव रखता हूँ कि हम विधान पर विचार आरम्भ कर दें और उसके प्रत्येक खण्ड पर विचार करें और जब हम इतना कर लेंगे, ऐसा करने से भाषा सम्बन्धी प्रश्न के निर्णय होने में कोई कठिनाई पैदा न होगी तब यह सभा भाषा के विषय में हित-अहित का ध्यान करके निर्णय करेगी और जब वह निर्णय कर लिया जायेगा तब उस भाषा में भी प्रत्येक अनुच्छेद स्वीकार किया जायेगा। अतः इसमें कोई हानि नहीं है। आरम्भ में ही यह बात ठीक नहीं कि यहाँ कटुता का वातावरण कायम हो जाये।

आर.वी. धुलेकर ने कहा कि सभापति जी, जो प्रश्न मैं आपके सामने उपस्थित करना चाहता हूँ वह यह है कि पहले दिन इस भवन में जब मैंने हिन्दी में व्याख्यान दिया था तो उस समय जो मैंने अपना संशोधन पेश किया था उसमें मैंने लिखा था कि हमारी राष्ट्रभाषा में ही यह विधान बनना चाहिए और अंग्रेज़ी भाषा का जो विधान बनेगा वह उसका अनुवाद समझा जाना चाहिए। इसलिए मैं यह प्रस्ताव उपस्थित करना चाहता हूँ कि जिस समय अंग्रेज़ी भाषा के विधान पर बहस पूरी हो जाये और वह पूरा पास कर लिया जाये उसके बाद आपकी आज्ञा के अनुसार जो राष्ट्रभाषा निश्चित होगी तो उस समय मैं आपके सामने यह प्रस्ताव उपस्थित करूँगा कि जो विधान राष्ट्रभाषा में लिखा जायेगा वही विधान मौलिक समझा जायेगा। अंग्रेज़ी भाषा से अनुवाद किया हुआ विधान अपनाना हमारे लिए अपमानजनक बात होगी। किसी राष्ट्र ने ऐसा अभी तक नहीं किया है।

मैं यह अवश्य मानता हूँ कि यहाँ सदस्य अंग्रेज़ी में ही बहस करेंगे। और मैं भी अंग्रेज़ी में बहस करूँगा और करना चाहता हूँ और उसके बाद हिन्दी में करूँगा। मैं इस बात को आपसे कह देना चाहता हूँ कि मैं एक प्रस्ताव आपके सामने पेश करना चाहता हूँ कि जब यह बहस ख़त्म हो जाये और अंग्रेज़ी में जो विधान पास हो जाये वह राष्ट्रभाषा का तर्जुमा माना जाये और राष्ट्रभाषा का विधान हमारा मौलिक विधान माना जाये। और अंग्रेज़ी भाषा जिसमें होगी वह तर्जुमा कहलायेगा। मैं आपसे प्रार्थना करना चाहता हूँ कि मैं उस प्रस्ताव को किस समय आपके सामने उपस्थित करूँ।

अध्यक्ष ने उत्तर दिया कि यह तो इस असेम्बली को अधिकार है कि वह कह दे कि हिन्दी या उर्दू जिस भाषा में चाहे, विधान पास होगा और उसको मूल समझा जायेगा। दूसरे सब उसके अनुवाद समझे जायेंगे। यह आपके अधिकार में है।

पश्चिम बंगाल के सदस्य सुरेश चन्द्र मजूमदार ने कहा कि श्रीमान् जी, अनुवाद के सम्बन्ध में आपकी आज्ञा हुई और कुछ भाषाओं में पूरा अनुवाद हो गया। और न इस बारे में कोई आपत्ति ही करता है किन्तु विधान निर्माण के कार्य में यह आवश्यक है कि हमारे देश की जनता उसे समझ सके—चाहे उनकी बोलचाल की भाषा कोई भी हो। इसलिए यदि आप अपनी अनुवाद की योजना में हिन्दी और उर्दू के साथ-साथ भारत की अन्य प्रमुख भाषाओं को भी सम्मिलित कर लें तो प्रत्येक व्यक्ति के लिए विधान को समझना सुगम हो जायेगा। चाहे फिर राष्ट्रभाषा कोई-सी भी क्यों न हो। ऐसा करने से कोई यह नहीं कह सकेगा कि कार्रवाई ऐसी भाषा अथवा भाषाओं में हुई जो कि देश के समस्त भागों को बोधगम्य न थी। मेरा यह सुझाव है। हिन्दी भाषा के प्रति मेरा अनादर का भाव नहीं है और अंग्रेज़ी भाषा से मुझे विशेष प्रेम नहीं है, पर चूँकि विधान बड़े महत्त्व का विषय है, अत: मेरे विचार से इसे देश के समस्त लोगों के लिए बोधगम्य बनाना चाहिये। इसलिए मेरी यह प्रार्थना है कि आप अपनी अनुवाद योजना में कम-से-कम भारत की प्रमुख भाषाओं को तो कृपापूर्वक सम्मिलित कर लें और मेरे विचार से आपके लिए यह प्रबन्ध करना कठिन नहीं होगा।

संयुक्त प्रान्त के सदस्य हृदयनाथ कुंजरू ने कहा कि अध्यक्ष महोदय, हमारे समक्ष जो बिल है उस पर विचार करने के सम्बन्ध में जिस पद्धति का अनुसरण करने के लिए आपने घोषणा की है। उसका उस पर्यालोचन पर पर्याप्त प्रभाव पड़ेगा जो अभी उस पर कुछ समय पश्चात् होगा। आपने दो बातों की ओर ध्यान आकर्षित किया है।

पहली बात यह है कि चूँकि इस विधेयक में निहित सिद्धान्तों को इस परिषद् ने कुछ मास पूर्व स्वीकार कर लिया है इसलिए ऐसा कोई संशोधन नहीं रखा जाना चाहिये जो कि इनमें से किसी भी सिद्धान्त के विरुद्ध हो या उनमें कोई परिवर्तन करना चाहता हो।

अध्यक्ष ने उत्तर दिया कि मैंने 'सामान्यतया' शब्द से उसे परिमित किया है।

विधान के भाषा सम्बन्धित मसौदे का प्रस्ताव
(6 नवम्बर, 1948)

भारतीय विधान परिषद की 6 नवंबर 1948 को हुई सभा में सदस्यों ने अपनी बातें मुखरता के साथ रखी, ये चर्चा खासतौर से राष्ट्रभाषा, राजभाषा, देवनागरी लिपि, हिन्दी, प्रांतीय भाषाएँ, अंग्रेजी, उर्दू और संस्कृत आदि पर केंद्रित रही। पूरे देश की एक राष्ट्रीय भाषा हो इसके लिए हिन्दी के पक्ष में अधिकांश सदस्यों ने वकालत की। अधिकतर सदस्यों का मत था कि जब अंग्रेजी विदेशी भाषा थी उसके बावजूद पूरे देश में फैल गई है। उसी प्रकार हिन्दी को मान सम्मान दिया जाएगा तो वह भी राष्ट्रव्यापी होने में कोई देर नहीं लेगी और ना ही कोई बाधा होगी। भारतीय विधान परिषद की 6 नवंबर, 1948 की सभा में जिन सदस्यों ने अपने विचार रखे उनमें अरुणचंद्र गुहा, जयनारायण व्यास, बी एल मंडलोई, बालकृष्ण शर्मा, ठाकुर दास भार्गव, रायबहादुर लाला राजकंवर, सारंगधर दास, आदि सदस्यों ने विस्तार से अपनी बातें भाषा के संदर्भ में रखीं।

सभा के सदस्य अरुणचंद्र गुहा ने कहा कि मैं भाषा के सम्बन्ध में कुछ शब्द कहना चाहता हूँ। विधान के मसौदे में यह कहा गया है कि इस सभा में हिन्दी और अंग्रेज़ी का स्वतन्त्रता से उपयोग किया जाये और अन्य भाषाओं का उपयोग उसी दशा में किया जाये, जब कि वक़्ता इन भाषाओं में से किसी में अपने विचार उचित रूप से व्यक्त करने में असमर्थ हो। मेरे विचार से श्रीमान्, रूस के विधान की तरह हमारे विधान में भी यह व्यवस्था होनी चाहिये कि इस सभा में भारत की आठ या नौ भाषाओं का स्वतन्त्रता से उपयोग किया जाये। रूसी विधान में संख्या के बाहुल्य के कारण रूसी भाषा का ही प्राधान्य है और इसी प्रकार यहाँ भी हिन्दी का ही प्राधान्य होगा। हम में से किसी को भी किंचितमात्र भी सन्देह नहीं है कि भारत की राष्ट्रभाषा, सरकारी भाषा का स्थान हिन्दी ही ग्रहण करेगी। परन्तु इसका यह अर्थ नहीं है कि इस सभा में उन भाषाओं को बोलने की आज्ञा, जिनका कि ऊँचा साहित्य है और ऊँची परम्परा है, तब तक न दी जायेगी, जब तक कि वक़्ता यह घोषित न करे कि वह अंग्रेज़ी या हिन्दी में बोलने में असमर्थ है। मैं यह प्रार्थना करता हूँ कि इस सभा में अन्य भाषाओं को भी स्वतन्त्रता से बोलने दिया जाये।

उपाध्यक्ष ने उत्तर दिया कि इसके पूर्व मैं दूसरे सदस्य महोदय से सभा के सम्मुख बोलने के लिए कहूँ, मेरे पास चालीस पर्चियाँ ऐसे सदस्यों से आयी हैं, जो बोलना चाहते हैं। यह विषय इतना तात्कालिक और महत्त्वपूर्ण है कि मेरी तो यह इच्छा है कि विधान के मसौदे पर मत प्रकट करने का अवसर प्रत्येक सदस्य को दिया जाये। इसलिए क्या मैं वक़्ताओं से यह अनुरोध कर सकता हूँ कि मैंने दस मिनट की जो काल-सीमा निश्चित की है, उसके बाहर वे न जायें?

जय नारायण व्यास ने मुद्दा उठाते हुए कहा कि मुझे सिर्फ़ एक बात कहनी है लैंग्वेज के बारे में। इसके बारे में हमारे कई भाइयों ने चर्चा की है और वह यह है। एक साहब ने तो यह फरमाया कि यहाँ हिन्दी इम्पीरियलिज़्म कायम किया जा रहा है। दूसरे साहब ने फरमाया कि यहाँ तो लिंग्विस्टिक फैनेटिसिज्म कायम किया जा रहा है। मैं उनसे यह अर्ज करना चाहता हूँ कि कोई

हिन्दी इम्पीरियलिज़्म या कोई लिंग्विस्टिक फैनेटिसिज़्म की बात नहीं है, जब हम यह कहते हैं कि हमारी कोई नेशनल लैंग्वेज होनी चाहिए। अगर हम अंग्रेज़ी को अपना सकते हैं, तो मेरी समझ में नहीं आता कि हम हिन्दी को क्यों नहीं अपनायें। मगर आप हिन्दी को नहीं अपनाते तो हिम्मत करके कह दीजिए कि अंग्रेज़ी हमारी नेशनल लैंग्वेज है। पर ऐसा करते नहीं। तो अंग्रेज़ी हमारी नेशनल लैंग्वेज है नहीं, और दूसरी लैंग्वेज को हम नेशनल लैंग्वेज बनने नहीं देंगे, यह बात ठीक नहीं है। सहानुभूति हो सकती है, लेकिन उनके लिए साथ ही मैं यह बात भी कह दूँ कि उनको अब अपनी एक लैंग्वेज बनाने की कोशिश करनी चाहिए। अगर हम ऐसा नहीं करेंगे, तो ख़तरा यह नहीं है कि अंग्रेज़ी हमारे ऊपर लद जायेगी, बल्कि ख़तरा यह है कि जो आज लिंग्विस्टिक प्राविंसेज की बात चल रही है, वह लिंग्विस्टिक कंट्रीज के रूप में परिणत हो जायेगी। हम यह नहीं कहते कि हम एक भाषा ही बोलें। जब तक यह साहिबान न बोल सकें, अंग्रेज़ी बोलें, कोई मना नहीं करता। मैं खुद भी हिन्दी बोल रहा हूँ, यद्यपि मेरी भाषा राजस्थानी है, जो हिन्दी से अलग है और जिसमें हिन्दी से कुछ ख़ास ख़ूबसूरतियाँ हैं। लेकिन यह सब कुछ होते हुए भी मैं जानता हूँ कि ज़्यादा से ज़्यादा आदमी हिन्दी बोल सकते हैं और हिन्दी सीख सकते हैं। इसलिए एक भाषा हमको बनानी चाहिए। तो मैं यह उम्मीद करता हूँ कि जो लोग हिन्दी को राष्ट्रभाषा बनाने की कोशिश कर रहे हैं, उनके बारे में यह ग़लतफ़हमी नहीं करनी चाहिए कि वह भाषा का आधिपत्य जमाना चाहते हैं, बल्कि वह एक भाषा चाहते हैं जो कि एक मुल्क के लिए ज़रूरी है। इसका मतलब यह नहीं है कि प्रान्तीय भाषाएँ ख़त्म कर दी जायेंगी, या जो जगह अंग्रेज़ी को मिली हुई है, वह ख़त्म कर दी जायेगी। यह हो सकता है कि आगे जाकर अंग्रेज़ी ख़त्म हो जाये।

मैं इन शब्दों के साथ, डॉ. अम्बेडकर ने जो विधान पेश किया है, उसका समर्थन करता हूँ और आशा है कि उनको जो रद्दोबदल सुझायी है, उसको उसमें लाने की कोशिश करेंगे।

मध्य प्रान्त के सदस्य बी.ए. मांडलोई ने कहा कि उपाध्यक्ष महोदय, मसौदा समिति के सभापति डॉ. अम्बेडकर ने अपने बहुत ही स्पष्ट भाषण में विधान के मसौदे की मुख्य बातों की व्याख्या की है। जो प्रश्न उठाये गये हैं, अर्थात् शासन का स्वरूप क्या है और देश का विधान कैसा है, उनके सम्बन्ध में उन्होंने बताया कि वह संघीय शासन है और उसके साथ सशक्त केन्द्र है, तथा वह परिषदात्मक शासन भी है, जिसमें एक ही न्यायाधीश वर्ग है और आधारभूत क़ानूनों के सम्बन्ध में एकरूपता है। उन्होंने यह भी कहा कि स्थिरता की अपेक्षा उत्तरदायित्व पर ज़ोर दिया गया है। यह प्रणाली शान्तिकाल में तथा युद्धकाल में भी शक्तिशाली प्रमाणित होगी। विधान के मसौदे की जो आलोचनाएँ की गयी हैं, उनका उत्तर उन्होंने अपने भाषण में दिया है और मैं यह कहूँगा कि उनके भाषण में विधान के मसौदे की बहुत ही स्पष्ट व्याख्या की गयी है। मसौदा-समिति ने जिस विधान के मसौदे को तैयार किया है, वह विभिन्न समितियों की रिपोर्टों पर आधृत है, अर्थात् संघीय अधिकार समिति, प्रान्तीय विधान-समिति, परामर्श-समिति और अल्पसंख्यकों की समिति पर वह आधृत है। विधान परिषद् ने अपने पहले ही अधिवेशन में विधान के लक्ष्य के सम्बन्ध में एक प्रस्ताव स्वीकार किया था। वह प्रस्ताव हमारे आदरणीय नेता पं. जवाहरलाल नेहरू द्वारा उपस्थित किया गया था और एकमत से स्वीकार कर लिया गया था। हमें यह देखना है कि हमारा विधान उस प्रस्ताव पर, उस लक्ष्य-सम्बन्धी प्रस्ताव पर आधृत है, या नहीं जिसमें न्याय, स्वतन्त्रता, समता और भ्रातृभाव की माँगों को पूरा किया गया है। मेरा यह निवेदन है कि विधान का मसौदा लक्ष्य-सम्बन्धी प्रस्ताव का सच्चा प्रतिबिम्ब है और इसलिए हम यह कह सकते हैं कि इसने हमारे लक्ष्य की पूर्ति की है।

प्रो. शिब्बन लाल सक्सेना ने अपने कथन में कहा कि अब एक बात राष्ट्रभाषा के सम्बन्ध में कहूँगा। मेरी समझ से विधान की भाषा के सम्बन्ध में एक स्वतन्त्र खण्ड होना चाहिए, जिसमें कि आयरिश विधान के नमूने पर राष्ट्रभाषा के बारे में खण्ड रखा गया हो। निजी तौर पर मेरा यह मत है कि हिन्दी हमारी राष्ट्रभाषा होनी चाहिए और वह देवनागरी लिपि में लिखी जानी चाहिए। इसी प्रकार मेरा यह मत है कि विधान में राष्ट्रीय झण्डे के स्वरूप का भी उल्लेख होना चाहिए। इसका रंग क्या हो, आकार क्या हो, यह सारी बातें विधान में आनी चाहिए। मैं श्री गोविन्ददास सेठ के इस कथन से पूर्णतः सहमत हूँ कि भारतीय संघ में गौवध बन्द कर देना चाहिए। व्यक्तिगत रूप से मैं ऐसा समझता हूँ कि तीस करोड़ जनता की भावना का हमें आदर करना चाहिए। मेरी समझ से विधान में एक ऐसा अनुच्छेद होना चाहिए, जो गौवध पर प्रतिबन्ध आरोपित करता हो। मेरी राय में जनता जैसी भी है, हमें उसे अपनाना होगा और उसकी भावनाओं का भी आदर करना होगा। इसलिए मेरा मत है कि हमारी आवश्यकताओं के अनुरूप अपने विधान में हमें संशोधन करना चाहिए।

अन्त में श्रीमान्, मसौदा-समिति को मैं धन्यवाद देता हूँ कि उसने एक ऐसा सुन्दर विधान हमें प्रदान किया है। मैं समझता हूँ कि जो सुझाव मैंने रखे हैं, संशोधनों पर विचार करते समय उन पर भी विचार किया जायेगा और देश के विधान का जो अन्तिम स्वरूप निश्चित होगा, उसमें उनको स्थान मिलेगा। इन शब्दों के साथ श्रीमान्, सभा से सिफ़ारिश करता हूँ कि वह प्रस्तुत प्रस्ताव को स्वीकार करे।

बी.ए. मंडलोई ने फिर कहा कि परन्तु इस विधान के मसौदे में कुछ बातें छूट गयी हैं। और कुछ विषयों पर यथोचित ज़ोर नहीं दिया गया है। जो बातें छूट गयी हैं, वे राष्ट्रीय पताका और राष्ट्रीय गान के सम्बन्ध में हैं। विधान के मसौदे में और विधान में, जिससे हमारे देश का शासन होगा, राष्ट्रीय गान और राष्ट्रीय पताका को यथोचित स्थान मिलना चाहिये। इसकी भी आवश्यकता है कि एक भाषा और एक लिपि के सम्बन्ध में कोई प्रावधान रखा जाये। इस सम्बन्ध में हमारी निश्चयोक्ति होनी चाहिए, क्योंकि आख़िर हमारा लक्ष्य तो यही है कि हमारा एक राष्ट्र हो और एक राज्य हो। यदि हमारी एक भाषा न हुई तो हम यह दावा नहीं कर सकते कि हमारा एक राष्ट्र है और एक राज्य है। हमारे देश में प्रचलित विभिन्न भाषाओं पर विचार करने पर यह अविवाद कहा जा सकता है कि हिन्दी को और देवनागरी लिपि को ही इस सम्मानित पद पर विभूषित किया जाये। हमें अंग्रेज़ी भाषा को यथाशीघ्र विदा कर देना चाहिये क्योंकि हमारी राष्ट्रीयता के लिए यह एक अपमानजनक बात होगी कि हम एक विदेशी भाषा को स्वीकार करें। इस देश के लोगों का एक बृहत् समुदाय हिन्दी भाषा बोलता है और उसे समझता है, तथा देवनागरी लिपि एक बहुत ही वैज्ञानिक लिपि है और उसे सरकारी लिपि मान लेना चाहिये।

यद्यपि हमने केन्द्र को काफ़ी शक्तिशाली बनाने का प्रयत्न किया है परन्तु मैं निवेदन करता हूँ कि हमने प्रान्तों की ओर यथोचित ध्यान नहीं दिया है। प्रान्तीय आय व्ययक असम्पन्न रहते हैं और प्रान्त बराबर दरिद्रता से पीड़ित रहते हैं। उन पर बहुत बड़े दायित्व हैं। उन्हें अज्ञान को, रुग्णता को और कई बातों को मिटाना है और राष्ट्र निर्माण के विभागों को तथा रचनात्मक कार्य को चलाना है। केन्द्रीय आय से न्याय आधार पर प्रान्तों को धनराशि दी जानी चाहिए, ताकि वे यथोचित रूप से और योग्यता से अपने कर्तव्यों का पालन कर सकें।

बालकृष्ण शर्मा ने कहा कि श्रीमान्, मैं एक शब्द और कहकर समाप्त करता हूँ। मुझे यह देखकर दुःख हुआ है कि मेरे आदरणीय मित्र श्री टी. टी. कृष्णमाचारी और आदरणीय वयश्रेष्ठ पं.

लक्ष्मीकान्त मैत्र ने, हमने राष्ट्रीय भाषा के लिए जो प्रयत्न किये हैं, उन्हें सन्देह और कुछ रोष की दृष्टि से देखा है। यदि उनका यह प्रभाव हुआ है, तो मैं अपने मित्र श्री टी.टी. कृष्णमाचारी से हज़ार बार क्षमायाचना करता हूँ। मैं सभा से यह कहूँगा कि हम में से वे लोग, जो यह समझते हैं कि एक राष्ट्रीय भाषा होनी चाहिए, एक माध्यम ऐसा होना चाहिये, जो अन्त में हमारे विचार-विनियम का साधन हो सके और यह भारतीय राष्ट्रभाषा हिन्दी होनी चाहिये, तो इसका अर्थ यह कदापि नहीं है कि हम अपने मित्रों को क्षुब्ध करना चाहते हैं। यदि ये मित्र राष्ट्रभाषा की उन्नति में हमारे साथ सहयोग करेंगे, तो किसी भी प्रान्तीय भाषा को हानि नहीं होगी। राष्ट्र के लिए एक भाषा निश्चित करने के निमित्त हमारे प्रयत्नों का यह उद्देश्य नहीं है कि हम अपने मित्रों को रुष्ट करें। हम सब जगह से सहानुभूति ही चाहते हैं; हम यह चाहते हैं कि दक्षिण का सारा दल हमें आपत्ति से छुड़ाये और अपने इस प्राचीन देश को एक भाषा प्रदान करने के लिए, हम जो प्रयत्न करें, उसमें हमारी सहायता करे। मैं आपको धन्यवाद देता हूँ।

पं. ठाकुरदास भार्गव (पूर्वी पंजाब : जनरल) ने हिन्दुस्तानी में भाषण आरम्भ किया।

एस. नागप्पा ने आपत्ति दर्ज की, श्रीमान्, क्या मैं एक प्रार्थना कर सकता हूँ कि जो सदस्य अंग्रेज़ी में बोल सकते हैं, वे अंग्रेज़ी ही में बोलें?

पं. ठाकुरदास भार्गव ने उत्तर दिया चूँकि मेरे मित्र यही चाहते हैं कि मैं अंग्रेज़ी में बोलूँ; इसलिए मैं इच्छाओं की पूर्ति नतमस्तक होकर करना चाहता हूँ। यह सच है कि हिन्दी में बोलने में मुझे अधिक सुविधा होती है, परन्तु साथ ही मैं यह भी चाहता हूँ कि इस सभा के सभी सदस्य मेरी बातों को समझें।

रायबहादुर लाला राजकँवर (उड़ीसा से सदस्य)—श्रीमान्, इस सभा में एक पीछे बैठने वाले और एक मौन सदस्य की हैसियत से मैं जो थोड़ी बहुत बातें कहने की धृष्टता करने जा रहा हूँ, उसके लिए मैं आपसे व इस सभा से क्षमायाचना करता हूँ। यदि मैं इसे अपना मत कहूँ, तो यह केवल एक ऐसे विषय के सम्बन्ध में है, जो एक बहुत महत्त्वपूर्ण विषय है। यह प्रश्न राष्ट्रभाषा का प्रश्न है और इसे हमें हल करना है।

उपाध्यक्ष ने उत्तर दिया इस पर आप ही विचार कर सकते हैं कि इसकी विस्तृत व्याख्या इस समय आवश्यक है या नहीं।

रायबहादुर लाला राजकँवर ने अपनी बात आरम्भ की, उन्होंने कहा कि मैं इसकी विस्तृत व्याख्या नहीं करूँगा। मैं कुछ आम बातों तक ही अपने को सीमित रखूँगा। इस विधान में लोगों की इच्छा और मेरा विश्वास है उनकी वाणी, अर्थात् ईश्वर की वाणी प्रतिध्वनित होगी, जैसी कि एक लैटिन की कहावत है कि लोकवाणी देववाणी है। इसका अर्थ यह है कि यह विधान की भाषा का प्रश्न नहीं है परन्तु राष्ट्र की भाषा और देश की भाषा का प्रश्न है। श्रीमान्, उपनिषदों में, जो बुद्धिमत्ता और अध्यात्म ज्ञान से परिपूर्ण हैं और जिनके बारे में शापेनहावर जैसे महान् जर्मन दार्शनिक ने कहा है कि उपनिषदों के अध्ययन से जो उदात्त प्रेरणा प्राप्त होती है, वह संसार के अन्य किन्हीं ग्रन्थों के अध्ययन से नहीं होती, तथा उनके अध्ययन से मुझे अपने जीवन में बड़ी शान्ति की अनुभूति हुई है और मृत्युकाल में भी इसी शान्ति की अनुभूति होगी, यह लिखा है।

"यन्मनसा ध्यायति तद्वाचा वदति यद्वाचा वदति।
कर्मणा करोति यत् कर्मणा करोति तदभिसंपद्यते।"

जैसे विचार उत्पन्न होते हैं, वैसी ही वाणी भी प्रस्फुटित होती है और जैसी वाणी प्रस्फुटित होती है,

वैसे ही कार्य भी सम्पन्न होते हैं और जैसे कार्य सम्पन्न होते हैं, तद्रूप पुरुष हो जाता है। अर्थात् कार्यों से ही मनुष्य का स्वरूप निश्चित होता है। हमारे अन्तरतम विचारों की बाह्य व्यंजना ही भाषा है। एक राष्ट्रभाषा परमावश्यकीय है, क्योंकि इससे जो एकता और सुगठन हो सकता है, वह अन्य किसी भी प्रकार नहीं हो सकता। प्रान्तीय सीमाओं के पुनर्निश्चयन के समान ही कुछ प्रान्तीय भाषाओं को प्राधान्य देने के लिए भी प्रयत्न किये जा रहे हैं और उनके सम्बन्ध में माँग की गयी है यह स्वाभाविक है, परन्तु किसी भाषा का किसी अन्य भाषा से विरोध न होना चाहिये। प्रान्तों को भाषाओं के आधार पर बनाया जाये या किसी अन्य आधार पर बनाया जाये या उनको वैसा ही छोड़ दिया जाये, इसका राष्ट्रीय भाषा के प्रश्न से कोई सम्बन्ध नहीं है। इसमें सन्देह नहीं कि इसे हल करने में वर्तमान सरकार बहुत कुछ कर सकती है। अंग्रेज़ी भाषा को ही लीजिए, जो हमारे भूतपूर्व विदेशी शासकों के प्रभुत्व के फलस्वरूप इस बृहत् देश के एक कोने से लेकर दूसरे कोने तक फैल गयी। परन्तु राष्ट्रभाषा होने के लिए उसके लिए आवश्यक है कि वह केवल बुद्धिमान लोगों तक ही सीमित न रहे, बल्कि साधारण लोगों की भी भाषा हो जाये। वह ऐसी भाषा होनी चाहिये, जिसे सभी वर्गों के अधिकांश लोग बोलते हों और समझते हों। भारत के बृहत् जनसमुदाय पर दृष्टिपात करने पर हम देखते हैं कि बंगाली, मराठी, गुजराती, पंजाबी, तेलुगू या उड़ीसा के समान प्रान्तीय भाषाओं में से किसी को भी भारत के अधिकांश लोग न बोलते हैं और न समझते हैं। यदि यह दावा किसी भाषा का हो सकता है तो वह हिन्दी का ही हो सकता है, जो न केवल उत्तर भारत में बोली जाती है, बल्कि मध्यप्रान्त, राजपूताना, बिहार और अन्य विभिन्न प्रदेशों में प्रचलित है; परन्तु बोलचाल की हिन्दी मनीषियों और विद्वानों की संस्कृतनिष्ठ हिन्दी नहीं है। इनकी संख्या देश के उस बृहत् जनसमुदाय की तुलना में बहुत कम है, जो छोटे-छोटे, मधुर और सरल शब्दों से परिपूर्ण और शुद्ध, अमिश्रित तथा परिमार्जित हिन्दी बोलते हैं। यही भाषा अधिकांश लोगों द्वारा बोली जाती है और अशिक्षित लोग, औरतें और बच्चे इसका पूर्णरूप से उपयोग करते हैं और स्वतन्त्रता से बोलते हैं। यद्यपि संस्कृत भारत की भाषाओं की, भारत की भाषाओं की ही नहीं, बल्कि संसार की भाषाओं की जननी है, यद्यपि वह एक सर्वोत्कृष्ट भाषा है, जिसमें वेद, उपनिषद् शास्त्र, रामायण और महाभारत तथा चिरजीवी गीता लिखे गये हैं और यद्यपि महान् प्राच्य-पोषक सर विलियम जोंस के शब्दों में, "संस्कृत ग्रीक से अधिक उत्कृष्ट है, लैटिन से अधिक बृहत् है और इटालियन से अधिक मधुर है।" परन्तु वह भाषा साधारण लोगों की भाषा नहीं है और इसलिए यह उचित नहीं है कि हिन्दी भाषा की प्रतिदिन की आवश्यकताओं के लिए हम उससे शब्द लें। इसके अतिरिक्त लैटिन, ग्रीक और हिब्रू भाषाओं की तरह वह कई शताब्दियों से एक मृत भाषा रही है और संसार के सबसे बड़े व्याकरणाचार्य पाणिनि की आश्चर्यजनक और अद्वितीय अष्टाध्यायी के होते हुए भी संस्कृत को सीखना सबसे कठिन है। सरलता ही राष्ट्रभाषा की कसौटी होनी चाहिये और वह प्रत्येक देशवासी के समझने के योग्य होनी चाहिये। अब यह सभी मानते हैं कि संस्कृत के अक्षर संसार की अन्य लिपियों की तुलना में सबसे उत्कृष्ट और वैज्ञानिक हैं तथा अन्य अक्षरों की अपेक्षा बहुत ही प्राकृतिक भी हैं। उदाहरणार्थ सबसे पहला अक्षर 'अ' है। जब इस अक्षर का उच्चारण किया जाता है, तो मुँह स्वतः खुल जाता है और जो ध्वनि निकलती है, वह स्वोभाविक ध्वनि होती है। इसी प्रकार जब संस्कृत वर्णमाला का अन्तिम अक्षर अर्थात् 'म' उच्चारण किया जाता है, तो मुँह स्वतः बन्द हो जाता है, जिसका अर्थ यह है कि इसका अन्तिम अक्षर होना ठीक ही है; यद्यपि मुझे स्मरण है कि 'म' एक प्रकार से देवनागरी लिपि का अन्तिम अक्षर नहीं है, क्योंकि इसके बाद ऐसे अक्षर आते हैं जैसे कि 'य' 'र' 'ल' 'व', परन्तु ये अन्य

अक्षरों के रूपान्तर ही हैं। उदाहरणार्थ 'य' 'इ' का रूपान्तर है, 'र' 'ऋ' का रूपान्तर है, 'ल' 'लृ' का रूपान्तर है और 'व' 'उ' का रूपान्तर है। चूँकि संस्कृत की वर्णमाला सर्वोत्कृष्ट है, इसलिए हिन्दी, जिसे इस देश के अधिकांश लोग बोलते हैं देवनागरी लिपि में ही लिखी जानी चाहिये। कुछ समय पहले बुनियादी अंग्रेज़ी का स्वरूप निश्चित करने के लिए एक आन्दोलन हुआ था। यदि इसी प्रकार का कोई उपाय हिन्दी के सम्बन्ध में भी किया जाये, तो ऐसे लोग, जो इस समय न हिन्दी बोलते हैं, और न लिखते हैं, कम-से-कम समय में आसानी से हिन्दी सीख सकेंगे। फ़ारसी लिपि में लिखी जाने वाली उर्दू का अभी तक जो स्थान रहा है, और जो अब भी है, उसे दृष्टि में रखते हुए तथा इसे भी दृष्टि में रखते हुए कि वह हमारे साढ़े तीन या चार करोड़ मुसलमान भाइयों की भाषा है, जो सारे देश में फैले हुए हैं, और इसको भी दृष्टि में रखते हुए कि इस भाषा की लिपि की यह ख़ूबी है कि वह एक प्रकार की आशुलिपि है, मेरे विचार से यह उचित ही होगा कि हम उर्दू की ओर भी कुछ ध्यान दें, परन्तु वास्तव में किसी कारण से भी वह राष्ट्र की प्रधान भाषा नहीं हो सकती है। राष्ट्रीय और सरकारी भाषा तो अवश्य ही देवनागरी लिपि में लिखी हुई हिन्दी होनी चाहिये, परन्तु दूसरी भाषा मेरे विचार से उर्दू होनी चाहिये, क्योंकि वह एक प्रकार की आशुलिपि है, क्योंकि अन्य भाषाओं की तुलना में उसे लिखने में बहुत कम समय लगता है और वह जगह भी कम लेती है। उदाहरणार्थ 'मुन्तजिम' शब्द को लीजिए, जो उर्दू में एक संयुक्ताक्षर के रूप में लिखा जाता है; परन्तु यदि आप उसे देवनागरी हिन्दी अक्षरों में लिखिये या रोमन में लिखिये, तो सात या आठ अक्षर काम में लाने होंगे। इसी प्रकार 'मुन्ताजिर', 'मुन्तशिर', 'मुन्तख़िब' के समान सैकड़ों ऐसे अक्षर-समूह हैं, जो इस समय एक ही शब्द के रूप में लिखे जाते हैं। इसलिए मेरे विचार से इसको दृष्टि में रखते हुए कि इस समय इस देश में काफ़ी लोग उर्दू बोलते हैं, विशेषतया दिल्ली, आगरा, लखनऊ और अन्य बड़े शहरों में तथा दिल्ली के चारों ओर देहात में और उत्तरी भारत की बड़ी-बड़ी आबादियों में और इसे भी दृष्टि में रखते हुए कि उर्दू लिपि के आशुलिपि होने के कारण कई फ़ायदे हैं, मेरा यह निवेदन है कि हमें उसे देश की दूसरी भाषा का स्थान देना चाहिये। इसके अतिरिक्त यदि हम उसे दूसरी भाषा का स्थान देंगे, तो इसका अर्थ मुसलमानों के प्रति सदिच्छा प्रकट करना होगा जिनकी संख्या, जैसा कि मैं बता चुका हूँ, साढ़े तीन या चार करोड़ से कम नहीं है। एक ऐहिक राज्य में इस प्रकार की सदिच्छा प्रकट करने से लाभ ही होगा। देश के विभाजन और उसके उपरान्त जो ज्वाला धधक उठी, उनके दुष्परिणामों का चाहे हमें जितना भी ध्यान रहे, हमें यथार्थ को देखना चाहिये; क्योंकि आख़िर हम क्रोध और प्रतिहिंसा की भावना से तो निर्माण नहीं कर सकते। यद्यपि मैं इस समय भारत के एक सुदूर भाग, अर्थात् उड़ीसा राज्य का प्रतिनिधित्व करता हूँ, परन्तु मैं एक पंजाबी हूँ और कई पंजाबियों की तरह मुझे भी देश विभाजन से कई प्रकार से बहुत नुकसान उठाना पड़ा है, परन्तु इस कारण हमें देश के प्रति अपने कर्तव्य को न भूलना चाहिये। हमें यह भी न भूलना चाहिये कि राष्ट्रपिता ने अपने जीवनकाल में स्वतन्त्र और निरपेक्ष रूप से अपना मत हिन्दुस्तानी के पक्ष में प्रकट किया था और इस मत-प्रकाश के कारण उन्हें कभी भी ग्लानि का अनुभव नहीं हुआ। इसके विपरीत उन्होंने वास्तविक स्थिति के महत्त्व को समझा और यह भी समझा कि उनका मत कितना सच्चा और आवश्यक है।

मेरी एक विनम्र सम्मति और है और वह यह है कि अपने विधान को बनाने में हमें परमात्मा से उसके आशीर्वाद के लिए प्रार्थना करनी चाहिये। किसी भी बड़े उत्सव या महायज्ञ को आरम्भ करते समय प्रत्येक गृहस्थ इस प्रकार की प्रार्थना करता है। नवीन भारत में, जिसने इतने कष्ट के

उपरान्त जन्म लिया है, इससे महान् यज्ञ और क्या हो सकता है? इसलिए मेरा यह सुझाव है कि इस विधान के आरम्भ में हमें यह कहना चाहिये कि इस पवित्र कार्य को सम्पन्न करने के लिए हम परमात्मा से प्रार्थना करते हैं और प्रस्तावना के अन्त में भी हमें कुछ ऐसे शब्द रखने चाहिये, जैसे ''ईश्वर हमारा सहायक हो''। जब रुडयार्ड किपलिंग के देश के सम्मुख एक महान् संकट उपस्थित हुआ था, तो उसने प्रार्थना करते हुए कहा था—''देवाधिदेव, अभी हमारे साथ रहो, ताकि हम भूलें नहीं, हम भूलें नहीं।'' मुझे विश्वास है कि मेरे इस सुझाव पर यह आदरणीय सभा विचार करेगी।

सारंगधर दास उड़ीसा के ही सदस्य ने कहा कि उपाध्यक्ष महोदय, पूर्ववक्ताओं की भाँति मैं भी मसौदा-समिति को और विशेषत: उसके सभापति डॉ. अम्बेडकर को बधाई देता हूँ कि इस मसौदे के प्रस्तुत करने में इन लोगों ने इतना परिश्रम किया। किन्तु उन्होंने अपने भाषण में कुछ ऐसी बातें भी कहीं हैं, जिनसे मैं सहमत नहीं हूँ। उन्होंने यह कहा है: ''हमारे ग्राम क्या हैं? कूपमण्डूकता के ये परनाले हैं, अज्ञान, संकीर्णता एवं साम्प्रदायिकता की काली कोठरियाँ हैं,'' मुझे तो इस बात पर आश्चर्य होता है कि इस सभा का एक माननीय सदस्य, हमारी राष्ट्रीय सरकार का एक माननीय मन्त्री, हमारे ग्रामों के सम्बन्ध में ऐसी हेय धारणा रखता है। मैं तो कहूँगा कि हमारे कालेज और स्कूलों में पाश्चात्य शिक्षा का प्रसार होने से ग्रामों से हमारा सम्पर्क ही जाता रहा था। किन्तु लगभग तीस वर्ष हुए कि हमारे नेता ने—पूज्य महात्मा गाँधी ने—देश के बुद्धि सम्पन्न व्यक्तियों को गाँवों को वापस जाने की सलाह दी। गत तीस वर्षों से हम गाँवों में जाने लगे हैं और हमने अपने को ग्रामीणों में मिला-सा दिया है। डॉ. अम्बेडकर की आलोचना के उत्तर में मैं कहूँगा, हमारे ग्रामों में कूपमण्डूकता नहीं है। अज्ञान—अंग्रेज़ी भाषा का एवं अपनी अन्य लिखी भाषाओं का अज्ञान—वहाँ ज़रूर है, और इस स्थिति के लिए ज़िम्मेदार है, वह सरकार, जो हमारे पहले यहाँ थी और जिसने हमारी शिक्षा-पद्धति को नष्ट कर दिया था। जहाँ तक प्रकृतिज्ञान का सम्बन्ध है, शास्त्रों और पुराणों से प्राप्त होने वाले नीतिज्ञान का सम्बन्ध है, मैं कहूँगा कि हमारे आधुनिक शहरों से कहीं अधिक ज्ञान और बुद्धि हमारे गाँवों में वर्तमान है।

अब मैं विधान के मसौदे की ओर आता हूँ। इस बात में कि केन्द्र को अधिक अधिकार दिये जायें। मैं डॉ. अम्बेडकर से पूर्णत: सहमत हूँ; क्योंकि वर्तमान समय में हमारे लिए एक शक्तिशाली केन्द्र अत्यावश्यक है। हम भले ही यह कहें कि हमारे देशवासियों की संस्कृति के जो मूलभूत तत्त्व है, वह देश के विभिन्न सभी प्रान्तों में एक समान हैं पर वस्तुस्थिति यह है कि देश की जनता में विभिन्नता है और देश में तरह-तरह की विघ्नात्मक शक्तियाँ वर्तमान हैं, जो इस स्थिति से कि अंग्रेज़ यहाँ से चले गये हैं, लाभ उठाकर आज सिर उठाने की कोशिश कर रही हैं। इसलिए यह बहुत ही आवश्यक है कि हमारा केन्द्र ख़ूब शक्तिसम्पन्न हो जिससे कि देश के विभिन्न लोगों को मिलाकर, देश को एक राष्ट्र का रूप दे सकें। इस सम्बन्ध में मैं आपसे आग्रह करूँगा कि भाषा के आधार पर प्रान्तों की रचना के विचार को पाँच या दस वर्षों के लिए स्थगित रख दें। यद्यपि मैं एक ऐसे प्रान्त से आ रहा हूँ, जहाँ हम लोग यह समझते हैं कि हमारे प्रान्त के साथ अन्याय किया गया है, किन्तु भाषा के आधार पर प्रान्तों की रचना हो, इस विचार के कारण पड़ोसी प्रान्तों के निवासियों में बड़ी ही कटुता पैदा हो गयी है और इसी कारण मैं आपसे यह आग्रह कर रहा हूँ। कटुता लाने का यह समय नहीं है। हम लोग यही चाहते हैं कि पड़ोसी प्रान्तों में पारस्परिक सद्‌भाव रहे। इसलिए मैं आपसे अनुरोध करूँगा कि भाषावार प्रान्तों का विचार कम-से-कम पाँच वर्षों के लिए तो स्थगित ही कर दिया जाये। जहाँ तक भाषा का सम्बन्ध है, मैं जानता हूँ और देश का प्रत्येक स्वातन्त्र्य प्रेमी

नागरिक जानता है कि हमारी एक राष्ट्रभाषा अवश्य होनी चाहिये। इस सम्बन्ध में भी हमारे पास विभिन्न प्रान्तीय भाषाएँ हैं, जिनमें कुछ तो बहुत ही विकसित हो गयी हैं और सम्पन्न स्थिति में आ गयी हैं और कुछ ऐसी हैं, जो पिछड़ी हुई हैं। इस तरह विभिन्न प्रान्तीय भाषाओं के बीच एक स्पर्धा उत्पन्न हो गयी है। किन्तु इस सम्बन्ध में हमें याद रखना होगा कि हमें एक ऐसी भाषा को ही राष्ट्रभाषा बनाना होगा, जिसे देश के अधिकांश निवासी बोल और समझ सकते हों। हिन्दी के सिवाय अन्य कोई भी भाषा इस कसौटी पर ठीक नहीं उतर सकती। हिन्दी भाषा का आधार संस्कृत है और चूँकि विभिन्न प्रान्तों में कुछ-न-कुछ संस्कृत सभी लोग पढ़ते हैं; यद्यपि इतना नहीं, जितना कि हमारे बुजुर्ग पढ़ा करते थे; इसलिए हिन्दी ही राष्ट्रभाषा बन सकती है। हमारी प्रादेशिक भाषाओं का आधार भी संस्कृत ही है। उसे हमारे प्रान्त में साधु-भाषा कहते हैं; अर्थात् विद्वानों की भाषा है यह। उड़िया के रूप में बोली जाने वाली इस साधु-भाषा को हिन्दी वाले भी समझ सकते हैं और इसी प्रकार इसे पंजाबी भाई भी समझ सकते हैं इसी तरह उड़ीसा के लोग भी हिन्दी समझ लेते हैं, बोल वह भले न सकते हों। यही बात बंगाल और महाराष्ट्र आदि के साथ भी है। इस दृष्टि से देखते हुए मुझे आश्चर्य होता है कि अन्य अहिन्दी भाषी मित्र, ख़ासकर के दक्षिण भारत के बन्धु हिन्दी को राष्ट्रभाषा बनाने की जो माँग है, उसको भाषा सम्बन्धी साम्राज्यवाद समझते हैं। मैं नहीं देखता कि इसमें भाषागत साम्राज्यवाद की क्या बात है। अगर दक्षिण भारत के लोग अंग्रेज़ी के सिवाय अन्य कोई भाषा नहीं बोल सकते हैं, तो क्या इससे उनका यह अभिप्राय है कि मद्रास प्रान्त में रहने वाली करोड़ों जनता अंग्रेज़ी समझती है? अंग्रेज़ी समझने वालों की संख्या बहुत ही कम है। शहरों में रहने वाले कुछ अशिक्षित भी अंग्रेज़ी समझ लेते हैं, पर गाँवों में इसे समझने वाला कोई भी नहीं है। हमें अंग्रेज़ी को उठाना ही होगा; किन्तु साथ ही हिन्दी के हिमायतियों से भी यह कहूँगा कि हम इसे तुरन्त नहीं हटा सकते। दक्षिण भारतवासियों को तथा अन्य अहिन्दी भाषी प्रान्तों को हमें कुछ समय देना ही होगा, ताकि वे हिन्दी से परिचित हो जायें और राष्ट्रभाषा के द्वारा उत्तर भारत तथा पश्चिम भारत से अपना सम्पर्क स्थापित कर सकें।

चौधरी रणवीर सिंह पूर्वी पंजाब के सदस्य ने कहा—सभापति महोदय, मैं डॉ. अम्बेडकर के प्रस्ताव का समर्थन करते हुए दो-एक नम्र निवेदन करना चाहता हूँ। मैं सेठ गोविन्ददासजी की तरह इस बात का हामी हूँ कि यह अच्छा होता कि हम आरम्भ में ही राष्ट्रगीत, राष्ट्रपताका और राष्ट्रभाषा का फ़ैसला करते। मैत्र जी ने जो बात कल कही थी, उसके विषय में मैं यह कहना चाहता हूँ कि इसमें कोई शक नहीं है कि हम दक्षिण के साथियों से आज यह तवक्को नहीं कर सकते कि वह एकदम से हिन्दी में ही बोलें और हिन्दी में ही काम चलावें। लेकिन राष्ट्रभाषा का फ़ैसला पहले होने से एक फायदा यह था और अब भी लाभ है कि लोगों को यह पता लग जायेगा कि देश की कौन-सी राष्ट्रभाषा है और उनको कौन-सी राष्ट्रभाषा सीखने के लिए प्रयत्न करना चाहिए।

दूसरी महत्त्वपूर्ण बात है, भाषा के आधार पर प्रान्तों की रचना का प्रश्न तथा राष्ट्रभाषा का प्रश्न, जिनके सम्बन्ध में कि यहाँ बार-बार वक़्तृताएँ दी गयी हैं। भाषा सम्बन्धी युद्ध तो प्राय: रोज़ ही यहाँ लड़ा गया है, या यह कहिए कि लड़ा जा रहा है। प्रकारान्तर से भिन्न-भिन्न रूप में रोज़ ही यह प्रश्न उपस्थित किया जाता है। मेरा मत है कि जब हमने यह निर्णय कर लिया है कि हमारी एक अपनी राष्ट्रभाषा होगी, तो फिर हमें उसकी विस्तार की बातों के सम्बन्ध में अब नहीं झगड़ना चाहिए और व्यर्थ ही इस बात पर नहीं ज़ोर देना चाहिए कि हमारा विधान भी उसी भाषा में आना चाहिए। हिन्दी—या हिन्दुस्तानी अथवा आप जिस नाम से भी उसे पुकारें-इस भाषा के प्रति समुचित

सम्मान रखते हुए मैं यह कहना चाहूँगा कि इसमें अभी ऐसी अभिव्यक्तियों—शब्दों और पदों का विकास नहीं हुआ, जिनका क़ानून और विधान सम्बन्धी कामों में तथा वैधानिक प्रणालियों और भाष्यों में स्वच्छन्दतापूर्वक प्रयोग करना आवश्यक होता है। इसलिए उस दिशा में शीघ्रता करने से पूर्व कुछ काल तक प्रतीक्षा करना हमारे लिए परमावश्यक है। मैं यह राय दूँगा कि अंग्रेज़ी भाषा में लिपिबद्ध विधान हम अभी स्वीकार करें और उसका एक अच्छा हिन्दी अनुवाद भी प्रस्तुत करें, किन्तु अभी आगामी कुछ वर्षों तक के लिए अंग्रेज़ी में लिपिबद्ध विधान को ही प्रमाणिक मानें। मेरी तुच्छ राय तो यही है।

अब, अंग्रेज़ी भाषा के प्रति हमारी जो पुरानी घृणा है, या जो अरुचि है, वह 15 अगस्त सन् 1947 ई. से अवश्य ही दूर हो जानी चाहिये। 15 अगस्त सन् 1947 ई. के पहले तो हम पराधीन होने के नाते इस भाषा का प्रयोग करते थे और इसलिए उसके प्रति हममें विरक्ति का भाव आना ही चाहिए था। किन्तु आज यह बात नहीं है। आज तो हम कुछ काल के लिए इस भाषा का सहारा इसलिए ले रहे हैं कि हमें ही स्वेच्छा से एक भाषा चुननी है; सम्भवतः इसके गुणों के आधार पर अथवा इस कारण से इसे कुछ काल के लिए रख रहे हैं कि हमारे देश में विभिन्न भाषाएँ बोली जाती हैं जिससे भाषा के सम्बन्ध में एक कठिन स्थिति आज उत्पन्न हो गयी है। और मेरी समझ से ऐसा ही करना सर्वोत्तम होगा।

इस समस्या के सम्बन्ध में हमारा दृष्टिकोण यह होना चाहिए कि हम जो भी भाषा चुनें, वह ऐसी हो जो अधिकाधिक प्रदेशों में बोधगम्य हो, प्रचलित हो। ऐसा करने पर ही, आशा है कि हम किसी अच्छे नतीजे पर, सर्वसम्मत परिणाम पर पहुँच सकेंगे।

भाषा के संदर्भ में जल्दबाजी से परहेज करने की हिदायत
(8 नवम्बर, 1948)

भारतीय विधान परिषद की 8 नवंबर, 1948 को हुई सभा में राष्ट्रभाषा अथवा देश का कामकाज करने के सवाल पर हिन्दी, हिन्दुस्तानी, उर्दू और अंग्रेजी लेकर सघन चर्चा हुई। तरह-तरह के मतभेद भी उभरे, अधिकतर सदस्य उस भाषा को महत्त्व देने की वकालत करते रहे, जो सरल हो, आसानी से बोधगम्य हो और अधिक से अधिक लोगों द्वारा बोली जाती हो। इस दिन सभा की खासियत यह रही कि इसमें पंडित जवाहर लाल नेहरू ने मतभेदों का होना अति स्वाभाविक बताते हुए कहा कि हम जो निर्णय करें, मिलजुल कर करें, उत्तेजना की अवस्था में अथवा जल्दबाजी में कोई निर्णय नहीं करें। उन्होंने माना कि प्रत्येक देश और स्वतंत्र देश तो अनिवार्य रूप से अपनी भाषा में ही अपना काम करें लेकिन उन्होंने अंग्रेजी में बोलने की अपनी मजबूरी जताते हुए सभी सदस्यों को सचेत भी किया कि अगर हम भाषा बदलने पर जोर देते हैं और इस दिशा में अविलंब कोई परिवर्तन लाने की चेष्टा करते हैं तो हम असंख्य मतभेदों में फंस जाएँगे। पं. नेहरू ने शीघ्रता करने से परहेज करने की हिदायत भी दी। इस सभा में उत्तर, दक्षिण और पश्चिम भारत के सदस्य शामिल थे। सभी सदस्यों के विचार बहुत ही सारगर्भित थे। इस चर्चा में प्रमुख रूप से पंडित जवाहरलाल नेहरू, मेहबूब अली बेग, जेड.एच. लारी, हसन इमाम, बेगम एजाज रसूल, डॉक्टर मनमोहन दास, वी.आई. मुनीस्वामी पिल्ले, ज्ञानी गुरमुख सिंह मुसाफिर आदि प्रमुख सदस्य थे जिन्होंने अपने विचार प्रस्तुत किये।

जैड.एच. लारी (संयुक्त-प्रान्तः मुस्लिम)—उपाध्यक्ष महोदय, विधान पर अपना मत व्यक्त करने से पहले मैं आपके सामने एक शिकायत रखना चाहता हूँ। विधान परिषद् ने तो भाषा के सम्बन्ध में कोई निर्णय किया नहीं और इसके सम्बन्ध में विचार भविष्य के लिए स्थगित कर दिया, किन्तु मसौदा-समिति ने अपने मन से विधान में इस आशय का एक खण्ड रख दिया कि सभा के कार्य संचालन के लिए हिन्दी और अंग्रेज़ी का प्रयोग किया जायेगा। आज के समाचार-पत्रों में मैंने इस आशय का एक समाचार देखा है कि संयुक्तप्रान्त और बिहार के मुस्लिम सदस्यों ने यह बात मान ली है कि देवनागरी लिपि में लिखी हिन्दी सरकारी भाषा होगी। इसलिए मैं आवश्यक समझता हूँ कि प्रारम्भ में ही इस समाचार का खण्डन कर दूँ और साफ़-साफ़ यह बता दूँ कि हम लोग हिन्दी या उर्दू लिपि में लिखी हिन्दुस्तानी को ही अपनी मातृभूमि की राष्ट्रीय भाषा मानते हैं। जहाँ तक अंग्रेज़ी का सम्बन्ध है, मेरी राय में इसे कुछ दिनों के लिए रखना ज़रूरी है, ताकि वे लोग जो हिन्दुस्तानी नहीं जानते हैं, सभा के वाद-विवाद में अच्छा सहयोग दे सकें। मद्रास के एक माननीय सदस्य ने ठीक ही कहा था कि भाषा-साम्राज्य नहीं लादा जाना चाहिये। इस कारण इस सभा के कार्य-संचालन के लिए हिन्दी या उर्दू में लिखी हिन्दुस्तानी तथा अंग्रेज़ी का प्रयोग होना चाहिये।

> ''भारतीय भूमि स्वभावतः अप्रजातन्त्रात्मक है और यहाँ प्रजातन्त्र केवल एक ऊपरी आवरण है''...।

हसन इमाम—श्रीमान्, अपना वक्तव्य समाप्त करने से पहले चन्द शब्द मैं भाषा सम्बन्धी... के सिलसिले में कहूँगा। इस विषय को लेकर आज जो भावना लोगों में व्याप्त है, उसके विरुद्ध मैं कुछ नहीं कहूँगा। अंग्रेज़ी भाषा को अभी कुछ दिनों तक जारी रखना आवश्यक है, इसके पक्ष में दक्षिण भारतीय मित्रों ने बहुत कुछ कहा है। किन्तु जहाँ तक हिन्दी का प्रश्न है, उस पर कोई मतभेद नहीं हैं; पर इस सम्बन्ध में यह जानना ज़रूरी है कि आख़िर हिन्दी है क्या। व्यक्तिगत रूप से मैं उस हिन्दी को अपनाने के लिए तैयार हूँ, जिसमें सरदार पटेल बोलते हैं और जिसमें उन्होंने अभी हाल में बम्बई में अपना भाषण दिया था। वह उर्दूभाषी क्षेत्र से नहीं आये हैं। वह गुजराती हैं और ऐसी हिन्दी बोलते हैं, जो देश में सर्वत्र बोली जाती है। चौपाटी मैदान में दी हुई उनकी वक़्तृता मैंने रेडियो पर सुनी थी। वह हिन्दुस्तानी—या आप, चाहे जो नाम इसे दें—के सिवाय और कुछ नहीं थी। चौपाटी में जो उनका भाषण हुआ था, वह मेरी समझ से हिन्दुस्तानी में था। उनके अधीनस्थ विभाग—ऑल इण्डिया रेडियो में जो भाषा व्यवहृत होती है, उससे भी ज़्यादा अच्छी तरह, लोग इस ज़ुबान को समझते हैं, जिसमें उनकी चौपाटी की वक्तृता हुई थी।

इस सम्बन्ध में भी, श्रीमान्, हमें यह बताया गया है कि हम गाँधीजी की विचारधारा का अनुगमन कर रहे हैं। किन्तु लोग यह भूल जाते हैं कि आख़िरी वक़्त तक महात्मा गाँधी हिन्दुस्तानी के समर्थक थे। वह देवनागरी और उर्दू दोनों लिपियों में लिखी जाने वाली हिन्दुस्तानी के पक्ष में थे। जहाँ तक लिपि का सम्बन्ध है, देवनागरी की तुलना में अन्य कोई लिपि नहीं ठहर सकती। यही सर्वोत्तम माध्यम है। पर भाषा कौन-सी रखी जाये? वस्तुतः हिन्दी को ही हम हिन्दुस्तानी कहते हैं, अगर उसमें आप संस्कृत के बड़े-बड़े शब्द न मिला दें और उभय लिंग शब्द न भर दें। जैसा कि मैंने कहा है, उप-प्रधानमन्त्री की भाषा को ही, जो कि स्वयं किसी उर्दूभाषी प्रान्त के नहीं हैं, हमें इस सम्बन्ध में आदर्श मानना चाहिए। अगर विधान परिषद् के सदस्य इसे स्वीकार करें, तो मैं सुझाव दूँगा कि देवनागरी और उर्दू लिपियों में लिखी हिन्दुस्तानी को ही हमें राष्ट्रभाषा स्वीकार करना चाहिए और यही महात्मा गाँधी की अन्तिम इच्छा थी और यही भाषा आज देश में सर्वत्र सर्वाधिक मान्य है।

श्रीमान्, विधान केवल एक बार ही बनता है। यह ऐसी चीज़ नहीं है जो रोज़-रोज़ बनायी जाये। इसलिए सही और उचित बात यह है कि विधान बनाने में शान्त चित्त हो, हम गम्भीरतापूर्वक सभी मसलों पर विचार करें।

बेगम ऐजाज़ रसूल—दूसरा प्रश्न जिस पर सभा में बहुत वाद-विवाद हो रहा है, वह है भाषा का प्रश्न। यह प्रश्न स्वभावतः एक महत्त्वपूर्ण प्रश्न है। जो भी हो, हमें इस सम्बन्ध में एक उपाय निकालना ही होगा, जो देशवासियों को सर्वाधिक ग्राह्य हो। यह सच है कि ऐसी भाषा को राष्ट्रभाषा बनाना चाहिए जो देश भर में अधिक बोली और समझी जाती हो और इस सम्बन्ध में मैं इस तथ्य को अस्वीकार नहीं कर सकती कि हिन्दी ही वह भाषा है, जिसे अधिकांश देशवासी बोलते और समझते हैं। किन्तु 'हिन्दी' शब्द की जो व्याख्या आज बहुमत वाला वर्ग करता है वह ग़लत है। यह तो मानना ही होगा कि हिन्दी और हिन्दुस्तानी में कोई बड़ा भेद नहीं है। प्रत्येक व्यक्ति इस तथ्य को स्वीकार करेगा कि जो भाषा देश में आज बोली जाती है, चाहे मुसलमानों द्वारा हो या हिन्दुओं द्वारा, वह उस भाषा से बिल्कुल ही भिन्न है, जिसे हिन्दी के समर्थक हिन्दी कहते हैं और जिसके लिए कि वे इतनी वकालत कर रहे हैं। ये लोग जिस भाषा का पक्ष प्रतिपादन कर रहे हैं वह है संस्कृतनिष्ठ हिन्दी, जिसे देश का केवल एक छोटा-सा वर्ग ही समझ पाता है। अगर हम गाँवों की ओर देखें तो मालूम होगा कि जो भाषा देहातों में बोली जाती है, वह यहाँ की तथाकथित हिन्दी से सर्वथा भिन्न है।

इसके अतिरिक्त, श्रीमान्, मैं नहीं समझती कि यहाँ के चार करोड़ मुसलमानों को यह कहना ठीक होगा कि वे तुरन्त अपनी भाषा बदल दें। इस बात से तो मैं सहमत हूँ कि देवनागरी लिपि में हिन्दी हमें सीखनी होगी, किन्तु इस परिवर्तन को अपनाने के लिए हमें कुछ समय अवश्य मिलना चाहिए। आपके लिए यह बहुत ही अनुचित बात होगी कि हमें आप यह आदेश दें कि हम राज्य के सभी काम तथा विधान-मण्डल का सारा कामकाज एकाएक एक ऐसी भाषा में करने लग जायें जिसे हम अच्छी तरह नहीं जानते हैं इसलिए मेरी समझ से यह एक ऐसा विषय है जिस पर हमें शान्त-चित्त से तथा गम्भीरतापूर्वक विचार करना चाहिए। आख़िर यह कोई ऐसा प्रश्न तो है नहीं जिस पर एकाएक कोई निर्णय कर बैठें अथवा उत्तेजना और भावुकता के प्रवाह में कोई फ़ैसला कर लें। हमें देश की आवश्यकताओं को इस सम्बन्ध में ध्यान में रखना होगा। हमारे राष्ट्रपिता ने अपने आख़िरी वक़्त तक दोनों लिपियों में लिखी हिन्दुस्तानी को ही अपनाने की हमें राय दी और यह कहा कि यही एकमात्र भाषा है, जो हमारे लिए सर्वाधिक उपयोगी है और जिसे देश की जनता स्वीकार कर सकती है। इसलिए मैं तो यही सिफ़ारिश करूँगी कि देवनागरी लिपि में लिखी हिन्दी ही अन्ततोगत्वा राष्ट्रभाषा होगी, पर इस सम्बन्ध में हमें एक मध्यवर्ती समय निश्चित कर देना चाहिए—लगभग 15 वर्षों का समय रख लीजिए-और इस बीच दोनों लिपियों में लिखी हिन्दुस्तानी ही देश की भाषा मानी जाये।

अन्त में, श्रीमान्, मेरा यही कहना है कि विधान में हम चाहे जो भी बातें रखें, पर हमें सदा यही ध्यान में रखना चाहिए कि विधान ऐसा हो कि हमारा देश सशक्त और सम्पन्न हो और देशवासियों को सुख-समृद्धि प्राप्त करने का समान अवसर प्राप्त हो सके, ताकि यह देश विश्व के अन्य देशों का नेतृत्व कर सके और उन्हें शान्ति और समुन्नति की ओर अग्रसर कर सके।

अन्त में अब मैं भाषा के प्रश्न की ओर आता हूँ। राष्ट्रीय भाषा के सम्बन्ध में बड़ा ज़बरदस्त मतभेद है। जहाँ तक मेरे अपने सम्प्रदाय का सम्बन्ध है, उसकी 1 प्रतिशत जनसंख्या ने भी हिन्दी या हिन्दुस्तानी को अभी नहीं अपनाया है।

मेरा ऐसा ख़याल है कि श्रीमान्, कि इस महती सभा को इस प्रश्न पर समुचित रूप से विचार करना चाहिये और किसी भी भाषा को किसी प्रान्त, ज़िला या प्रदेश पर, जहाँ के लोग उसे नहीं चाहते हैं, ज़बरदस्ती नहीं लादना चाहिए।

दाक्षायणी वेलायुदन (मद्रास : जनरल)—उपाध्यक्ष महोदय, अब जबकि विधान विचारार्थ हमारे सामने आ गया है, मैं उसके सम्बन्ध में अपना मत व्यक्त करने की अनुमति आपसे चाहती हूँ। मसौदा-समिति के योग्य एवं सुवक्ता अध्यक्ष ने नवीन भारतीय गणतन्त्र के विधान-निर्माण में प्रशंसनीय रूप से अपना कर्तव्य पालन किया है। मेरा ख़याल है कि चाहने पर भी वह उन मुख्य सिद्धान्तों के बाहर नहीं जा सकते थे, जिनके आधार पर सत्ता हस्तान्तरित हुई है। इसलिए मेरी समझ से जो भी आलोचना इस सम्बन्ध में उनके विरुद्ध की गयी है, वह सर्वथा अशोभनीय और अनुचित है और अगर कोई दोषारोपण की बात है और मैं समझती हूँ कि ऐसी बात है तो उसका भागी हम में से केवल उन्हीं लोगों को बनाना चाहिए जो यहाँ उपस्थित हैं, जिन्हें विधान-निर्माण के लिए यहाँ भेजा गया है।

पं. जवाहरलाल नेहरू—मैं इस प्रस्ताव के अन्तिम अंश को विशेष रूप से दुहरा रहा हूँ, क्योंकि यह इस बात का हमें स्मरण दिला देता है कि विश्व के प्रति भारत का क्या कर्तव्य है। मैं चाहता हूँ कि यह सभा इन विभिन्न मतभेदों पर विचार करते समय—मतभेद तो होंगे ही और होने भी चाहिए, क्योंकि हम एक सजीव, चेतनासम्पन्न राष्ट्र हैं और यह उचित ही है कि लोग विभिन्न

दृष्टिकोणों से विचार करें—इस बात का सदा ध्यान रखें कि हम जो निर्णय करें, मिलजुलकर करें और उन निर्णयों को कार्यान्वित करने में हम सम्मिलित रूप से सचेष्ट रहे हैं। समस्याएँ भी तरह-तरह की होती हैं। कुछ समस्याएँ बहुत महत्त्वपूर्ण होती हैं और जिनके बारे में हम निर्णय कर लेते हैं। कुछ ऐसी भी समस्याएँ होती हैं जो महत्त्वपूर्ण होते हुए भी सम्भवतः कुछ कम महत्त्व की होती हैं। बहुधा उनके सम्बन्ध में हम बहुत-सा समय लगा देते हैं, अपनी शक्ति बर्बाद कर देते हैं, हम में उत्तेजना भी आ जाती है और उनके सम्बन्ध में हम उस भावना से निर्णय नहीं करते जिससे कि हमें करना चाहिए। आज देश में कई प्रश्न उठाये जा रहे हैं और मैं यहाँ ऐसे एक या दो प्रश्नों का उल्लेख करूँगा। इस सभा में भाषा के आधार पर प्रान्त-रचना की चर्चा की जा रही है और राष्ट्रभाषा का प्रश्न उठाया जा रहा है। इन प्रश्नों के सम्बन्ध में मैं कुछ ज़्यादा नहीं कहना चाहता, सिर्फ़ यही कहना चाहता हूँ कि मुझे यह अनिवार्य प्रतीत होता है और बहुत दिनों से ही यह प्रतीत होता आ रहा है कि भारत में प्रान्तों आदि का कुछ इस प्रकार से पुनः संगठन होना चाहिए कि जनता की सांस्कृतिक, भौगोलिक एवं आर्थिक अवस्था के साथ तथा उनकी इच्छाओं के साथ उनका और अधिक मेल हो सके। बहुत दिन पहले ही हम ऐसा करने का वचन दे चुके हैं। मैं इसे अच्छा नहीं समझता कि अभी भाषावार प्रान्त बनाने की बात उठायी जाये। निश्चय ही यह महत्त्वपूर्ण, विचारणीय प्रश्न है। किन्तु उससे भी महत्त्वपूर्ण और विचारणीय बातें हमारे सामने वर्तमान हैं, जिन पर हमें अभी विचार करना है। इसलिए पहले इसके कि हमने जो कुछ प्राप्त किया है, उसको खण्ड-खण्ड करके हम कोई नवीन स्वरूप दें, ठीक यह होगा कि हम सभी बातों पर आद्योपान्त पूर्णरूप से विचार कर लें। इस सम्बन्ध में, मैं जो बात सभा से कहना चाहता हूँ, वह यह है कि हमारे भविष्य के जीवन एवं शासन की दृष्टि से यह प्रश्न महत्त्वपूर्ण तो अवश्य है, पर मैं ऐसा नहीं समझता कि यह प्रश्न कुछ ऐसा महत्त्वपूर्ण है कि इसको आज अभी तय कर लेना हमारे लिए आवश्यक है। प्रधानतः यह एक ऐसा प्रश्न है, जिसके सम्बन्ध में हमें शान्ति और सद्भावना के वातावरण में और इसके विभिन्न अंगों पर विद्वतापूर्ण ढंग से विचार करके किसी निर्णय पर पहुँचना चाहिए। किन्तु दुर्भाग्य से मैं यह देखता हूँ कि इसको लेकर यहाँ बहुत उत्तेजना पैदा हो गयी है। उत्तेजना की अवस्था में हमारा दिमाग साफ़ नहीं होता। इसलिए मैं सभा से आग्रह करूँगा कि वह इस प्रश्न पर ऐसे समय में विचार करे जिसे कि वह इसके लिए ठीक समझे। मैं आग्रह करूँगा कि आप लोग इस प्रश्न को ऐसा गम्भीर समझें कि इस पर उत्तेजना की अवस्था में, जल्दबाज़ी में हम विचार न करें, इस पर तो उपयुक्त समय आने पर ही विचार किया जा सकता है।

भाषा सम्बन्धी प्रश्न के बारे में भी मेरा यही कहना है। यह तो एक स्पष्ट बात है, नितान्त आवश्यक बात है कि प्रत्येक देश और स्वतन्त्र देश तो अनिवार्य रूप से, अपनी ही भाषा में अपना सारा काम करे। मैं यहाँ अंग्रेज़ी में बोल रहा हूँ और इसी तरह हमारे अन्य कई साथियों को भी यहाँ अंग्रेज़ी में ही बोलना पड़ता है। इससे ही ज़ाहिर है कि हम में कुछ कमी है। कमी हम में ज़रूर है और इसे हमें स्वीकार करना चाहिए। हम इस कमी को दूर करेंगे। किन्तु अगर हम भाषा बदलने पर ज़ोर देते हैं, इस दिशा में अविलम्ब कोई परिवर्तन लाने की चेष्टा करते हैं, तो इससे हम असंख्य मतभेदों में फँस जायेंगे और सम्भवतः हमारा समूचा विधान यों ही रुका पड़ा रह जायेगा। मैं सभा से कहूँगा कि यह कोई बुद्धिमानी की बात न होगी। व्यक्ति के जीवन के लिए और राष्ट्र के लिए भाषा का बड़ा ही महत्त्व है और चूँकि यह एक बड़ा महत्त्वपूर्ण विषय है, हमें इस पर गम्भीरतापूर्वक विचार करना चाहिए। महत्त्वपूर्ण होने के नाते यह एक ऐसा विषय है, जिस पर हमें शीघ्र ही ध्यान देना चाहिए। किन्तु साथ ही यह भी बात है कि विषय के महत्त्वपूर्ण होने के नाते

इसमें शीघ्रता करने से हमारे उद्देश्य को हानि पहुँच सकती है। इसमें कुछ परस्पर विरोध है। यदि किसी आवश्यक प्रश्न के सम्बन्ध में हम बहुमत द्वारा देश के विभिन्न भागों में रहने वाले अनिच्छुक अल्पमत पर अथवा इस सभा के ही अल्पमत पर कोई निर्णय ज़बरदस्ती लाद देते हैं, तो इससे वस्तुत: हम जो उद्देश्य सिद्ध करने चले हैं, उसमें हमें सफलता नहीं प्राप्त होगी। देश में विभिन्न शक्तियाँ काम कर रही हैं, जो अंग्रेज़ी के स्थान में किसी भारतीय भाषा को अथवा जहाँ तक कि प्रदेशों का सम्बन्ध है प्रादेशिक भाषाओं को, अनिवार्य रूप से बिठा ही देंगी। किन्तु समस्त देश के लिए एक ही राष्ट्रभाषा होगी। इस एक राष्ट्रभाषा के निर्माण के लिए विभिन्न शक्तियाँ कार्यरत है। भाषा का निर्माण जनता करती है। ज़बरदस्ती जनता पर लादे देने से कोई भाषा नहीं बनती। किसी भी विशेष भाषा को अनिच्छुक लोगों पर लादने से उसका अधिकतर प्रबल विरोध ही हुआ है और इसका परिणाम बिल्कुल उसका उलटा हुआ है, जो कि उस भाषा के हिमायतियों ने सोचा था। मैं सभा से अनुरोध करूँगा कि वह इस तथ्य पर विचार करें और इस बात को समझें—यदि वह मुझसे सहमत हों—कि एक प्राकृतिक अखिल भारतीय राष्ट्रभाषा बनाने का सुनिश्चित मार्ग यह नहीं है कि उसके सम्बन्ध में प्रस्ताव पास किये जायें और क़ानून बनाये जायें, बल्कि सही रास्ता यह है कि उसके लिए और उपायों से काम लिया जाये। भारत की राष्ट्रभाषा क्या हो, इसके सम्बन्ध में मेरा अपना निजी एक विचार है। इस सम्बन्ध में दूसरों के विचार, हो सकता है, मेरे से भिन्न हों। देश पर अथवा इस सभा पर मैं ज़बरदस्ती अपना विचार नहीं लाद सकता और इसी तरह दूसरे भी अपना विचार नहीं लाद सकते, जब तक कि स्वयं देश ही उसे न स्वीकार कर ले। मैं न तो अपना विचार लादना चाहूँगा और न यह चाहूँगा कि औरों के ही विचार लादे जायें। इसके प्रतिकूल मैं यह चाहूँगा कि इस दिशा में मिलजुलकर काम किया जाये और यह विचार किया जाये कि विधान सम्बन्धी महत्त्वपूर्ण बातों को तय कर लेने के बाद, यथेष्ट स्थिरता प्राप्त कर लेने के बाद और अधिक उपयुक्त वातावरण में हम एक-एक करके इन प्रश्नों को किस तरह तय करें।

ज्ञानी गुरुमुख सिंह मुसाफ़िर—मैं ज़बान के मुताल्लिक़ यह कहना चाहता हूँ। यह ज़बान का सवाल अहम तो बड़ा है, मगर मैं इसको इतना पेचीदा नहीं समझता था जैसा कि हमारे विद्वानों और रिसर्च स्कालर्स ने इसको पेचीदा बना दिया है, जब तक यह सवाल इस शक्ल में मेरे सामने नहीं आया था, मैं हिन्दी और हिन्दुस्तानी में कोई फ़र्क़ नहीं समझता था। मुझे कभी यह ख़याल भी नहीं आया था कि हिन्दी एक अलहदा ज़बान है और हिन्दुस्तानी अलहदा ज़बान है। इस सिलसिले में मुझे अपना ही पंजाब का एक शेर याद आता है—''चंगा है सी अन्जानियाँ, सपनापई जद जानियाँ।'' यानी इसका न जानना अच्छा था। अब जब इसको जाना है, तब बड़ा ही झंझट-सा पड़ गया है कि इसके मुताल्लिक़ क्या किया जाये। मगर यह बात बिल्कुल साफ़ है। प्रिंसिपल के तौर पर मैं समझता हूँ, हमें अपने कान्स्टीट्यूशन में यह मान लेना चाहिए कि लिपि एक हो। सारे हिन्दुस्तान की लिपि एक हो और ज़बान एक हो, जैसा कि मेरे दोस्त सेठ गोविन्ददास जी ने और कुछ दूसरे दोस्तों ने कहा है। मैं इस बात को मानने वाला हूँ कि हमारा यह जो पहला कान्स्टीट्यूशन है। इसको राष्ट्रीय भाषा में पास करना चाहिए। यह मेरा निश्चय है और यह मेरी पक्की राय है। वैसे जहाँ तक जबान का ताल्लुक़ है, यह थोड़ी-थोड़ी जगह पर बदलती रही है, इसमें कोई शक नहीं है। ज़बान के सवाल के बारे में कुछ तकलीफ़ नज़र आ रही है। कुछ ऑनरेबल मेम्बरों ने तो यहाँ तक धमकी दे दी है कि अगर फलाँ फ़ैसला हुआ तो हमें यहाँ बैठना भी छोड़ना पड़ेगा; या हमें इसके ख़िलाफ़ कुछ प्रोटेस्ट करना पड़ेगा; हमारी फ़ौजों में रोमन लिपि राइज़ है, उर्दू लिपि भी है और अंग्रेज़ी लिपि भी है। अगर हमें एक ही लिपि लेनी है, तो हमें देखना होगा कि इन तीनों में कौन-सी लिपि ऐसी

है, जिसमें हमारी सारी ज़बानें लिखी जा सकें या अच्छी तरह प्रचलित हो सकें। मैं तो यहाँ तक जानता हूँ कि अगर तमाम सूबाई ज़बानों वाले इस बात को मान जायें तो मैं इसके लिए तैयार हूँ कि बंगाल वाले बंगला लिपि छोड़ दें, तमिल, तेलुगू, सब अपनी-अपनी लिपियाँ छोड़ दें और सब ज़बानें एक ही देवनागरी लिपि में लिखी जायें तो मुझे इसमें कोई ऐतराज़ नहीं है। मौजूदा हालत में यह चीज़ कुछ मुश्किल-सी नज़र आती है, मगर इससे यगानियत हो सकती है। अगर हमारी कोई चीज़ नहीं मिलती तो एक चीज़ तो मिल जाये, जिस पर हम सब मुत्तफ़िक़ हो जायें। यानी एक लिपि हो, जिसमें हम अपनी ज़बानों को लिखें तो कई झंझटों से हम बच सकते हैं। अगर ऐसा न हो सके तो हर एक सूबे की लिपि को अपने-अपने सूबे में एक जैसी महत्ता तो मिलनी ही चाहिए। बाकी सवाल रह जाता है, ज़बान का। इसके मुताल्लिक़ मैं यह कहना चाहता हूँ कि यह जो विधान है, मैंने इसके सारे तर्जुमे देखे हैं। हिन्दी का तर्जुमा भी देखा है और उर्दू और हिन्दुस्तानी का तर्जुमा भी। हिन्दी के बारे में मैंने देखा है' इसलिए कहा है कि मैंने अपने इन दोस्तों से बातें कीं, जो यहाँ हिन्दी के हामी है। वह भी मुझे हिन्दी के तर्जुमे में से इसका मतलब नहीं समझा सके। हमारे पंजाब के मशहूर शायर डॉक्टर इक़बाल फ़ारसी में नज़्में लिखते थे। मैंने उनकी फ़ारसी की कई किताबें पढ़ी हैं। मगर जब उन्होंने देखा कि मेरी फ़ारसी की शायरी हिन्दुस्तानियों के लिए एक जंगल का फूल है, जिसकी कोई ख़ुशबू नहीं लेता, तो फिर उन्होंने उर्दू में लिखना शुरू किया। उर्दू की नज़्मों में उन्होंने जो ज़बान इस्तेमाल की, अगर आप गौर से पढ़ेंगे, तो आपको पता लगेगा कि सिर्फ़ लोगों को अपने ख़यालात समझाने के लिए उनको कितना ज़बान की सादगी की तरफ़ आना पड़ा। आप सुनिए, मैं उनका एक शेर पढ़ता हूँ—

> ''इक़बाल बड़ा उपदेशक है, मन बातों में मोह लेता है,
> गफ्तार का वह ग़ाज़ी बन तो गया, करदार का ग़ाज़ी बन न सका।''

अब बताइए, इसे आप उर्दू कहेंगे या हिन्दी कहेंगे या हिन्दुस्तानी कहेंगे। उपदेशक और मोह किस ज़बान के अल्फ़ाज़ हैं। अगर वह ज़बान जिसमें मेरे मित्र चौधरी रणवीरसिंह ने भाषण दिया, हिन्दी है तो मैं हिन्दी का हामी हूँ। हमें अब यह देखना है कि कौन-सी बात प्रैक्टिकल और अमल में आने वाली है। अगर आप पंजाब की बात पूछें तो पंजाब में जितने अख़बार हिन्दी के हामी हैं, सब उर्दू में छपते है; मगर वहाँ ज़ाती या अपनी आसानी का सवाल नहीं। सवाल यह है कि आइन्दा के लिए कौन-सी बात ठीक और क़ाबिल-अमल है। मेरा मतलब यह है कि हमारी ज़बान सादा हो। और आम फ़हम हो। मैं यह तजवीज़ करता हूँ कि एक कमेटी बनाई जाये जो टर्म्स बनाये और जब टर्म्स बना ले और ज़बान की सादगी का फ़ैसला हो जाये, तो मेरा ख़याल है कि इससे कोई मुश्किल नहीं रहेगी कि हम ज़बान का जो मसला है, उसको आसानी से हल न कर सकें। हम में यह थोड़ा-सा नुक्स है और ख़ास तौर पर पंजाब में कि हमारी हर एक बात मज़हबी रंग पकड़ जाती है। हम एक-दूसरे के ख़िलाफ़ मज़हब की बिना पर टूट जाते हैं। बात सादी होती है, पर हम उसको मज़हबी रंग देकर बिगाड़ लेते हैं। लिंग्विस्टिक बेसिस पर सूबों की तकसीम की बात चल रही है, जिसके मुताल्लिक़ हमारा विधान बहुत हद तक चुप है। सिर्फ़ थोड़ा-सा इशारा दिया है। पंजाब में इस बात ने भी एक मज़हबी रंग अख़्तियार कर लिया हैं, हालाँकि यह बात बड़ी सादी है। तो जैसा कि सुबह मेरे एक भाई ने कहा था, यह झगड़े का मामला है, इसको मुल्तवी कर देना चाहिए। मगर इस प्रिंसिपिल को मान लेना चाहिए कि जो भी ज़बानें डेवलप हो चुकी हैं, अगर ज़बान की बिना पर तकसीम हों तो उनका भी ख़याल रखा जाये।

हिन्दी, उर्दू और हिन्दुस्तानी
(9 नवंबर, 1948)

भारतीय विधान परिषद की 9 नवंबर, 1948 की बैठक में भाषा को लेकर बहुत सघन चर्चा हुई। चर्चा के दौरान बोलने वाले सभी सदस्य आपस में सहमत असहमत होते रहे लेकिन सभी की चिन्ता देश की एकता व अखंडता को बनाए रखने की थी। देश के उत्तर, पूर्व, दक्षिण और पश्चिम राज्यों के सदस्यों ने खुलकर अपनी बातें कही। यह सभा देश के जिस दौर में हो रही थी तब भारत की राष्ट्रभाषा के साथ-साथ भाषाओं के आधार पर प्रांतों के गठन की चर्चा खूब हो रही थी। ना सिर्फ इस सभा में बल्कि देश में भी जगह-जगह चर्चा हो रही थी। देश की राष्ट्रभाषा के रूप में हिन्दी, अंग्रेजी और उर्दू के साथ-साथ हिन्दुस्तानी भाषा पर भी चर्चा हुई। जहाँ तक सवाल भाषाओं के आधार पर प्रांतों के गठन की बात थी इस पर सभा के सदस्य फिलहाल टालने की बात कर रहे थे। राष्ट्रभाषा के सवाल पर कई सदस्यों की राय थी कि अंग्रेजी भाषा का प्रयोग करने का हमें भी अधिकार है और जब तक हमारी राष्ट्रभाषा ऐसी ना हो जाए कि उसे हमारे देश की अधिकांश जनसंख्या समझने ना लगे, हमें अंग्रेजी को स्वीकार करना चाहिए। ऐसी स्थिति तक अंग्रेजी को ही सरकारी भाषा रहने देना चाहिए। इस ओर हिन्दुस्तानी भाषा की भी खूब वकालत की गई, क्योंकि इस भाषा का सुझाव और राष्ट्रपिता महात्मा गाँधी ने दिया था। महात्मा गाँधी की राय थी कि नागरी और उर्दू लिपियों के साथ हिन्दुस्तानी ही सरकारी भाषा होनी चाहिए।

उपरोक्त चर्चा में जिन सदस्यों ने भाग लिया उसमें आर शंकर, रेणुका राय, महावीर त्यागी, घनश्याम सिंह गुप्त, एल. कृष्णस्वामी, किशोरी मोहन त्रिपाठी, विशम्भर दयाल त्रिपाठी, एस. रातनारायण, एस.वी. कृष्णामूर्ति राव सम्मिलित थे। उनके विचार विस्तार से अब जानिए।

आर. शंकर—उत्तर भारत के माननीय सदस्यों में, जिनकी मातृभाषा हिन्दी या उर्दू है, इसके लिए बहुत उत्साह दिखाई देता है कि इस भाषा को एकाएक उन लोगों पर लाद दिया जाये, जो इसका एक शब्द भी नहीं समझते हैं। यद्यपि दक्षिण में राष्ट्रभाषा हिन्दी-हिन्दुस्तानी का प्रचार करने के लिए बहुत काम किया गया है, परन्तु यदि आप गाँवों में जायें तो आप देखेंगे कि एक प्रतिशत लोग भी हिन्दी नहीं जानते हैं। यदि आप शिक्षा की दृष्टि से उन्नत ट्रावनकोर या कोचीन ऐसी रियासतों को भी देखें, तो आपको एक प्रतिशत लोग भी ऐसे न मिलेंगे जो आज भी हिन्दी या उर्दू समझ पाते हैं। इसलिए मैं उन सदस्यों से, जिनको इस सम्बन्ध में बहुत उत्साह है, यह प्रार्थना करता हूँ कि वे कुछ समय के लिए राष्ट्रभाषा के प्रश्न को स्थगित कर दें और दक्षिण तथा पूर्व के लोगों को उससे पर्याप्त रूप से परिचित होने का अवसर दें। निस्सन्देह सभी जगह लोग हिन्दी के पक्ष में हैं। केवल कुछ समय—दस या बीस वर्ष—देना होगा। इस बीच अंग्रेज़ी का वही स्थान रहना चाहिये, जो अभी तक उसका रहा है। यदि ऐसा हो जाये तो मेरे विचार से भारत के किसी भाग से भी कोई व्यक्ति हिन्दी को भारत की राष्ट्रभाषा के रूप में स्वीकार करने में आपत्ति न करेगा।

रेणुका राय—आज हमारा लक्ष्य एकता ही होना चाहिये। हमारे देश के इतिहास के इस काल में भाषा के आधार पर प्रान्तों की सीमाओं का पुनर्निर्धारण एक त्रुटि ही होगी। इसके कारण इस समय भी बहुत कटुता और कलह उत्पन्न हो गया है और वह उत्तरोत्तर बढ़ता जायेगा। यदि देश के एक भाग में इस प्रकार की व्यवस्था की जाये और अन्य भागों को छोड़ दिया जाये तो यह तो न न्यायपूर्ण होगा और न तर्कपूर्ण। उदाहरणार्थ यदि आप एक महाराष्ट्र प्रान्त बनायें, तो देश के अन्य भाग भी इसी प्रकार की माँग करेंगे। बंगाल में इस प्रकार की कटुता फैली हुई है कि उसने शक्ति के हस्तान्तरण के लिए अपने एक भूभाग का बलिदान कर दिया, परन्तु उसे अब भी अपने अधिकार नहीं दिये जा रहे हैं। जब भारतीय स्वतन्त्रता का संग्राम छेड़ा गया तो अंग्रेज़ों की राजनीतिक अवसरवादिता के फलस्वरूप तथा विदेशी सरकार के उद्देश्यों की पूर्ति के लिए बंगाल के एक बहुत बड़े भूभाग का बलपूर्वक अपहरण किया गया था। मैं इस सिद्धान्त का समर्थन नहीं करती हूँ कि इस समय भाषा के आधार पर प्रान्तों का पुनर्निर्माण किया जाना चाहिये। यदि ऐसा करना आवश्यक ही हो, तो यह दस वर्ष के बाद किया जाये जब कि लोगों का आवेश शान्त हो जाये। परन्तु शासन-प्रबन्ध के लिए तो भाषा के आधार पर पुनर्निर्माण करने की कोई आवश्यकता नहीं है। प्रत्येक प्रान्त में एक भाषी अल्पसंख्यकों को निस्सन्देह यह आश्वासन मिलना चाहिये कि उन्हें अपनी ही मातृभाषा में शिक्षा दी जायेगी। मेरा यह अनुरोध है कि भाषाओं के आधार पर सीमाओं को पुनर्निर्धारित करने वाले आयोग को अपना काम रोक देना चाहिये, या कम-से-कम दस वर्ष के लिए उसे स्थगित कर देना चाहिये। मैं इसे फिर दुहराऊँगी कि यदि हम यह चाहते हैं कि भारत सशक्त हो, सुसम्पन्न हो और राष्ट्र-मण्डल में अपना यथोचित स्थान प्राप्त करे, तो हमारे सामने सर्वोपरि विचार एकता का ही होना चाहिये।

घनश्याम सिंह गुप्त (मध्यप्रान्त और बरार : जनरल)—श्रीमान्, यह कहा गया है कि संघ की भाषा सरल हिन्दुस्तानी होनी चाहिये और यह कि विधान की भाषा और वह भाषा जिसमें हम अपने क़ानून बनायेंगे, हिन्दुस्तानी ही होनी चाहिये। मैं इस सरल हिन्दुस्तानी की खोज में रहा। मैं उसे मध्यप्रान्त में न पा सका। मैं उसे क़ानून की किताबों में न पा सका। मैं उसे इस आदरणीय सभा की सरकारी कार्रवाई के प्रतिवेदनों में न पा सका। इस सभा की सरकारी कार्रवाई के प्रतिवेदन तीन भाषाओं में प्रकाशित होते हैं। अंग्रेज़ी, हिन्दी और उर्दू में। मैंने इस विचार से अंग्रेज़ी का संस्करण पढ़ा, हिन्दी का संस्करण पढ़ा और उर्दू का संस्करण पढ़वाया कि मैं उस भाषा को पा सकूँ, जिसे सरल हिन्दुस्तानी कहा जाता है। मैं उसे नहीं देख सका। उर्दू उर्दू थी और हिन्दी हिन्दी। इस प्रकार की कोई चीज़ न थी, जिसे सरल हिन्दुस्तानी कहा जाता है। मेरे हृदय में यह विचार उठा कि सम्भवत: मैं उसे समाचार पत्रों में पा सकूँ। 'तेज लिमिटेड', जिसकी जयन्ती कुछ दिन पहले मनाई गयी थी, दो भाषाओं में समाचारों को प्रकाशित करता है। उसके हिन्दी के पत्र का नाम 'विजय' है और उर्दू के पत्र का नाम 'तेज' है। मैंने इन दोनों पत्रों की भाषाओं की तुलना की, फिर भी मैं सरल हिन्दुस्तानी को न पा सका। इन प्रकाशनों के उद्धरण पढ़कर, सुनाकर मैं इस आदरणीय सभा का समय नष्ट नहीं करना चाहता। मेरे हाथ में 'विजय' पत्र की एक प्रति है। 'विजय' में सब हिन्दी है और 'तेज' में सब उर्दू है। मैंने विचार किया कि सम्भवत: दिल्ली की प्रारम्भिक पाठशालाओं में सरल हिन्दुस्तानी प्रयोग की जाती हो। मुझे रेखागणित की दो प्रारम्भिक पुस्तकें मिलीं। मैं उनमें भी सरल हिन्दुस्तानी को न पा सका। मैंने गणित और भूगोल की भी प्रारम्भिक पुस्तकें देखीं। मैं उनमें भी उस भाषा को न पा सका, जिसे सरल हिन्दुस्तानी कहा जाता है। वे सब या तो उर्दू में लिखी

हुई थीं, या हिन्दी में। मैं आपको कुछ उदाहरण दूँगा। श्रीमान्, प्रारम्भिक गणित है, जिसे हिन्दी में 'गुणन' कहा जाता है उसे उर्दू में 'जरब' कहा जाता है, जिसे हिन्दी में 'गुण्य' कहा जाता है, उसे उर्दू में 'मजरब' कहा जाता है, जिसे हिन्दी में 'गुणक' कहा जाता है, उसे उर्दू में 'मजरबफी' कहा जाता है। 'गुणनफल' उर्दू में 'हासिल-इ-जरब' कहा जाता है। 'भाजक' को 'मकसूम इलाह' कहा जाता है, 'भाज्य' को 'मकसूम' कहा जाता है, 'भजनफल' को 'खर्फ़-इ-किस्मत' कहा जाता है और 'लघुत्तम समापवर्त्य' को 'जुआजाफड-अक़्ल' कहा जाता है।

मैं कई उदाहरण दे सकता हूँ। अब मैं प्रारम्भिक रेखागणित को लेता हूँ। 'तृज्या' को उर्दू में 'निस्फकुतुर' कहा जाता है। 'समद्विबाहुत्रिभुज' को 'मुसल्लस मुसाबि-उल-साकैन', 'समत्रिबाहु त्रिभुज' को 'मुसल्लम मुसाबि-उल-जिला', 'समकोण समद्विबाहुत्रिभुज' को 'मुसल्लस मुसाविउस्साकैन कायमुज्जाविया' उर्दू में कहा जाता है।

मैं इस प्रकार के सैकड़ों उदाहरण दे सकता हूँ। मैं इन प्रारम्भिक पाठ्य पुस्तकों में भी सरल हिन्दुस्तानी को न पा सका। जब हमारी महिलाएँ तथा हमारे पुरुष उच्च स्वर से यह कहने लगते हैं कि हम अपने क़ानूनों को सरल हिन्दुस्तानी में लिख सकते हैं, तो मैं भ्रम में पड़ जाता हूँ। मुझे केवल बाज़ार में ही सरल हिन्दुस्तानी सुनने को मिली। जब हम प्रारम्भिक पाठ्य-पुस्तकों तक में सरल हिन्दुस्तानी भाषा को नहीं प्रयोग कर सकते, तो हमारे क़ानून उस भाषा में कैसे लिखे जा सकते हैं? श्रीमान्, मुझे इतना ही कहना है।

बी. पोकर साहब बहादुर (मद्रास : मुस्लिम) : श्रीमान्, इस प्रस्ताव पर कुछ शब्द बोलने का जो अवसर आपने मुझे दिया है, उसके लिए मैं आपको धन्यवाद देता हूँ। सबसे पहले मैं भाषा के प्रश्न की ओर संकेत करना चाहता हूँ। जब मैंने इस सम्मानित सभा में पहले प्रवेश किया तो मैंने यह अनुभव किया कि इस सभा की कार्रवाई को न समझ सकने के कारण मेरे सामने एक बहुत बड़ी अयोग्यता है। फिर मुझे ज्ञात हुआ कि इस सभा के एक बहुत बड़े भाग की वही दुःखद स्थिति है और मेरे हृदय में यह विचार उठा कि यह विधान परिषद् जो इस देश के करोड़ों लोगों के भाग्य का हमेशा के लिए निर्णय करने जा रही है, इस प्रकार अपना कार्य-संचालन कर रही है कि उससे न इस सभा का ही और न राष्ट्र का ही सम्मान हो सकता है। हम अपना कार्य चलाते आ रहे हैं और कई महत्त्वपूर्ण और सारपूर्ण विषयों पर बोलते आ रहे हैं, परन्तु हममें से प्रत्येक एक-दूसरे को नहीं समझ पा रहा है। यह वास्तव में एक बड़े दुर्भाग्य की बात है। मैंने इसके विरुद्ध अपनी आवाज़ उठायी थी, परन्तु मैं यह कहूँगा कि मैं असफल रहा। अब भी वह अयोग्यता वर्तमान है, परन्तु वह अब उस सीमा तक नहीं है, जिस सीमा तक पहले थी और मुझे इसकी प्रसन्नता है कि कम-से-कम यह अयोग्यता जितनी पहले थी, उतनी अब नहीं रही।

श्रीमान्, विधान के मसौदे में यह प्रवाहित है कि सरकारी भाषाएँ हिन्दी और अंग्रेज़ी होंगी। श्रीमान्, मेरा यह निवेदन है कि इससे भी भ्रम उत्पन्न हो जायेगा। इसमें कोई सन्देह नहीं कि इसकी व्यवस्था है कि किसी भाषा में दिये हुये सभी भाषणों का सार दूसरी भाषा में दिया जायेगा, परन्तु इसे अभी प्रवाहित करना है कि यह किस सीमा तक किया जायेगा और इसे करने की क्या प्रणाली होगी।

श्रीमान्, मेरा निवेदन यह है कि कुछ निश्चित समय के लिए, चाहे वह दस वर्ष हो या पन्द्रह वर्ष, यह प्रवाहित करना अत्यन्त आवश्यक है कि सरकारी भाषा अंग्रेज़ी ही रहेगी। हम किसी कारण से अंग्रेज़ी भाषा से घृणा नहीं कर सकते हैं। वास्तव में उस भाषा द्वारा हमने जो संस्कृति प्राप्त की है, उसके लिए हमें कृतज्ञ होना चाहिये। वास्तव में हमने जो स्वतन्त्रता प्राप्त की है, उसके लिए

हमने जो आन्दोलन किया, उसमें अंग्रेज़ी भाषा ने और उसके द्वारा हमने जो संस्कृति प्राप्त की उसने बहुत योग दिया। इसलिए मेरे विचार से इस भाषा में कोई ऐसी बात नहीं है, जिससे हम घृणा करें और विशेषतया जब कि हमने अपनी स्वतन्त्रता प्राप्त कर ली है, तो हमें इसका अधिकार है कि संसार के किसी भाग में भी यदि किसी राष्ट्र में कोई बहुत अच्छी बात है, तो हम उसे स्वीकार कर लें। मैं यह भी कहूँगा कि किसी भाषा पर किसी का अपना स्वामित्व नहीं है। अंग्रेज़ी भाषा के सम्बन्ध में अंग्रेज़ यह नहीं कह सकते कि यह हमारी ही भाषा है और इस पर हमारा एकाधिकार है और इसी प्रकार हम हिन्दी को अपनी ही भाषा नहीं कह सकते। संसार में कई भाषाएँ हैं और हमें इसका अधिकार है कि हम उनमें से प्रत्येक को प्रयोग में लायें। इस प्रकार हमें अंग्रेज़ी भाषा प्रयोग करने का अधिकार है और जब तक हमारी राष्ट्रभाषा ऐसी न हो जाये कि उसे हमारे देश के जनसाधारण समझने न लगें, हमें उसे स्वीकार करना चाहिये। जब तक वह स्थिति न आ जाये, हमें अंग्रेज़ी को ही सरकारी भाषा रहने देना चाहिये, ताकि पार्लियामेंट में आने वाले प्रत्येक सदस्य की समझ में अन्य सदस्यों की बातें आ सकें। निस्सन्देह कोई बिरले सदस्य ऐसे भी हो सकते हैं, जो अंग्रेज़ी भाषा से परिचित न हों, परन्तु उनमें से अधिकांश अंग्रेज़ी जानेंगे और इसलिए श्रीमान्, मेरा यह निवेदन है कि कम-से-कम पन्द्रह वर्ष तक सरकारी भाषा अंग्रेज़ी ही रहने देनी चाहिये। इस काल में राष्ट्र अपनी राष्ट्रभाषा अंगीकार करने के लिए तैयार हो जायेगा।

अब श्रीमान्, प्रश्न यह है कि राष्ट्रभाषा का स्वरूप क्या होना चाहिये? इसे इस आदरणीय सभा को हल करना है। मैं आरम्भ में ही यह बता देना चाहता हूँ कि मैं न हिन्दी जानता हूँ न उर्दू और न हिन्दुस्तानी। इसलिए मैं इस प्रश्न पर तटस्थ होकर विचार कर रहा हूँ। यह कहना बहुत कठिन है कि इस देश के लोग एक ही दिन में हिन्दी भाषा को सीख सकते हैं। निस्सन्देह हमारी एक राष्ट्रभाषा होनी चाहिंये, परन्तु इसे सीखने की व्यवस्था करके हमें राष्ट्र को इसे स्वीकार करने के लिए तैयार करना चाहिये। अब यदि हिन्दी को अनिवार्य रूप से सरकारी भाषा बना दिया जाता है, तो यह प्रश्न उठेगा कि प्रौढ़ मताधिकार के आधार पर जो चुनाव होंगे, उनके लिए जो उम्मीदवार खड़े होंगे, उनकी सर्वप्रथम योग्यता यह होनी चाहिये कि उन्हें हिन्दी का ज्ञान हो। मेरे विचार से यदि यह हुआ और हिन्दी का ज्ञान ही उम्मीदवारों को परखने की कसौटी हुई तो इससे देश का अहित ही होगा।

मैं इस सम्बन्ध में अब अधिक नहीं बोलना चाहता हूँ, क्योंकि मेरे पास बहुत कम समय है। मेरा केवल यह निवेदन है। मेरा सुझाव यह है कि इस आदरणीय सभा को केवल इस कारण हिन्दुस्तानी के पक्ष में निश्चय करना चाहिये कि राष्ट्रपिता महात्मा गाँधी का यही पवित्र मत था। वे इस भाषा-सम्बन्धी विवाद से अच्छी तरह परिचित थे और वे यह भी जानते थे कि उनका राष्ट्र कैसा है। बहुत सोच-विचार के बाद ही उस महान् पुरुष ने यह मत प्रकट किया कि नागरी और फ़ारसी लिपियों के साथ हिन्दुस्तानी ही सरकारी भाषा होनी चाहिये। मुझे आशा है कि यह सम्मानित सभा देवनागरी और उर्दू लिपियों के साथ हिन्दुस्तानी को सरकारी भाषा के रूप में स्वीकार करके उस महापुरुष की स्मृति का आदर करेगी।

श्रीमान्, यदि हम उनके परामर्श को न मानें, तो संसार हमसे यह कह सकता है कि महात्मा जी के प्रति हमारी श्रद्धा और भक्ति केवल मौखिक ही है और इससे अधिक कुछ नहीं है। हमें इस अभियोग से बचना चाहिये कि महात्मा जी की मृत्यु के कुछ ही दिनों बाद उनके विचारों तथा उनकी इच्छाओं को ज़मीन में सैकड़ों गज नीचे दफना दिया गया। कम-से-कम उनकी स्मृति को चिरस्थायी बनाने के लिए श्रीमान्, मेरा आपसे तथा इस सभा के सभी सदस्यों से यह अनुरोध है कि वे हिन्दुस्तानी को ही सरकारी भाषा के रूप में स्वीकार करने के पक्ष में मतदान करें।

एल. कृष्णास्वामी भारती—मैं भाषा के प्रश्न के बारे में भी कुछ कहना चाहता हूँ। राष्ट्रभाषा की यथोचित परिभाषा न होने के कारण ही बहुत-सी कठिनाइयाँ उपस्थित हो जाती हैं। निस्सन्देह भारत के लिए एक राष्ट्रभाषा का होना आवश्यक है, परन्तु साथ ही आपको यह भी स्मरण रखना चाहिये कि इस समय भारत में एक ही भाषा नहीं है। मुझे इसकी प्रसन्नता है कि विधान का मसौदा बनाने वाले इस प्रकार के किसी विवाद में नहीं पड़े हैं। उन्होंने अनुच्छेद 99 में केवल यह कहा है कि 'पार्लियामेंट का कार्य अंग्रेज़ी अथवा हिन्दी में होगा,' बस इतना ही उन्होंने कहा है। मेरे विचार से, जैसा कि प्रधानमन्त्री महोदय ने कहा है कि राष्ट्रभाषा को निश्चित करने के प्रश्न को इसी स्थान पर और इसी समय छेड़ने की आवश्यकता नहीं है। यदि हमें निश्चय ही करना है, तो हमें केन्द्रीय सरकार के लिए एक भाषा निश्चित कर देनी चाहिये और साथ ही इसे बिल्कुल स्पष्ट कर देना चाहिये कि प्रान्तों में प्रान्तीय भाषाएँ और विभिन्न प्रदेशों में उनकी प्रादेशिक भाषाएँ ही सरकारी भाषाएँ समझी जायेंगी। यदि इसे बिल्कुल स्पष्ट कर दिया जाये, तो इस समय जो उत्तेजना और विवाद उपस्थित है, उसका अन्त हो जायेगा। इसे निश्चित रूप से समझ लेना चाहिये कि प्रादेशिक भाषाएँ प्रान्तों के विधान-मण्डलों तथा उच्च न्यायालयों दोनों में प्रयुक्त होंगी।

किशोरी मोहन त्रिपाठी—मैं एक भाषाभाषी प्रान्तों के प्रश्न को उठाता हूँ। इस प्रश्न की परीक्षा के समय यह कहा गया था कि भाषा ही के आधार पर प्रान्तों का पुनर्निश्चयन आवश्यक है। मेरे विचार से यह ठीक सिद्धान्त नहीं है। आर्थिक साधनों का ही ध्यान रखकर भारत के किसी प्रान्त का निर्माण होना चाहिए ताकि वह अपने प्रत्येक नागरिक को विकास का पूर्ण अवसर प्रदान कर सके। एक भाषाभाषी प्रान्तों के सम्बन्ध में विचार-विमर्श से और भाषा के आधार पर इस प्रश्न पर विचार करने के लिए एक आयोग की नियुक्ति से देश में एक प्रकार की उत्तेजना फैल गयी है, जिसका प्रभाव राजनीतिक दलों पर भी पड़ा है। मैंने यह सुना कि कांग्रेस संस्था के अन्दर मनीपुर, त्रिपुरा और कचार का एक ज़िला अपने लिए एक पृथक् प्रान्त की माँग कर रहा है। अन्य भी कुछ ऐसे छोटे-छोटे संघ हैं जो पृथक् प्रदेशों के रूप में रहना चाहते हैं। यह प्रवृत्ति राष्ट्र के लिए बहुत हानिकारक सिद्ध होगी और इसे रोकना आवश्यक है।

भाषा के सम्बन्ध में मैं तो यह चाहता हूँ कि हिन्दी को भारत की राष्ट्रभाषा स्वीकार कर लेना चाहिये। परन्तु मेरा यह अर्थ नहीं है कि विधान के मसौदे के अनुवाद में जिस हिन्दी का प्रयोग किया गया है, उसे स्वीकार करना चाहिये।

उपाध्यक्ष—माननीय सदस्य ने अपने समय से अधिक समय ले लिया है।

किशोरी मोहन त्रिपाठी—अच्छी बात है। श्रीमान्, चूँकि अब मेरे पास समय नहीं हैं, इसलिए मैं इतना ही कहकर समाप्त करता हू। डॉ. अम्बेडकर ने जो प्रस्ताव उपस्थित किया है, उसका मैं समर्थन करता हूँ।

विश्वम्भर दयालु त्रिपाठी (संयुक्तप्रान्त : जनरल)—श्रीमान्, आपके सम्मुख अंग्रेज़ी में बोलते हुए मुझे कुछ संकोच का अनुभव हो रहा है। यह प्रतीत होता है कि कुछ मित्रों को, विशेषतया दक्षिण भारत के मित्रों को यह भ्रम हो गया है कि हम हिन्दी में इस कारण बोलते हैं कि हम उन्हें अपने विचारों से परिचित नहीं कराना चाहते हैं। मैं उन्हें विश्वास दिलाता हूँ कि बात यह नहीं है। वास्तव में बात यह है और मैं इसे स्पष्टतया कहना चाहता हूँ कि हम अपने विचारों को हिन्दी में अंग्रेज़ी से दस गुना अच्छी तरह व्यक्त कर सकते हैं। यही कारण है कि हम में से कुछ लोग बराबर हिन्दी में बोलते हैं। परन्तु इन मित्रों की इच्छा को पूरा करने के लिए मैं अंग्रेज़ी में बोलने जा रहा हूँ।

इसमें कुछ अन्य दोष भी हैं परन्तु मैं इनकी ओर संशोधनों पर विचार-विमर्श होते समय संकेत करूँगा।

किन्तु मुझे अवश्य ही उन मुख्य बातों की चर्चा करनी चाहिये, जिन्हें कि विधान के मसौदे में छोड़ दिया गया है। तीन ऐसी बातें हैं जो बहुत ही गम्भीर और महत्त्वपूर्ण हैं, अर्थात् राष्ट्रीय पताका, राष्ट्रीय गान और राष्ट्रीय भाषा को छोड़ दिया गया है। मेरे विचार से इनको छोड़ देना एक बहुत गम्भीर बात है। मसौदा-समिति को इन तीनों विषयों को विधान में समाविष्ट कर देना चाहिये था। पताका के सम्बन्ध में तो कोई विवाद है नहीं। इसे तो आसानी से समाविष्ट किया जा सकता था।

राष्ट्रगान के सम्बन्ध में ऐसा कुछ विवाद है कि 'वन्देमातरम्' को चुना जाये या 'जन-गण-मन' को। मेरे विचार से 'वन्देमातरम्' जो पिछले 50 वर्षों से हमारा गान रहा है, तथा हमारे स्वतन्त्रता संग्राम का प्रकाश-स्तम्भ रहा है हमारे देश के राष्ट्रगान के स्थान को प्राप्त करेगा।

राष्ट्रभाषा का भी प्रश्न है।

उपाध्यक्ष—यदि आप बोलते जायेंगे तो मेरे पास अन्य वक़्ताओं के लिए बहुत कम समय रह जायेगा।

विश्वम्भर दयालु त्रिपाठी—श्रीमान्, राष्ट्रभाषा की ओर संकेत करके मैं अपना भाषण समाप्त कर दूँगा।

हमारा देश बहुत विशाल है और इसलिए अभी तक यह सम्भव नहीं हो सका है कि सारे भारत के लिए एक ही भाषा हो। परन्तु एक स्वतन्त्र देश के निवासी होने के नाते अब हमें किसी ऐसी भाषा को विकसित करना है, जो भारत की राष्ट्रभाषा का रूप धारण कर सके। इस सम्बन्ध में मेरे यह सुझाव हैं। पहली बात यह है कि प्रत्येक प्रान्त में सरकार का तथा लोगों का कार्य लोगों की भाषा या भाषाओं में होना चाहिये। दूसरी बात यह है कि यद्यपि अंग्रेज़ी भाषा हम पर विदेशियों द्वारा लादी गयी है। उसे कुछ समय तक अन्तर्प्रान्तीय व्यवहार के लिए रहने देना चाहिये। तीसरी बात यह है कि हमें देवनागरी लिपि के साथ हिन्दी को अपनी राष्ट्रभाषा स्वीकार करना चाहिये। (हर्ष ध्वनि) हमें इसी विधान पर और इसी समय निश्चित रूप से निर्णय कर लेना चाहिये कि देवनागरी लिपि में लिखी हुई हिन्दी हमारे देश की राष्ट्रभाषा होगी, यद्यपि जब तक हम उत्तरी भारत और दक्षिणी भारत में हिन्दी का पर्याप्त रूप से विकास नहीं कर लेते हैं, तब तक अंग्रेज़ी एक दूसरी भाषा के रूप में रहे। राष्ट्रभाषा के सम्बन्ध में मुझे इतना ही कहना है।

अन्तिम बात जो मुझे आप से कहनी है, वह यह है कि हमें सांस्कृतिक तथा आर्थिक दृष्टि से इसकी व्यवस्था करनी है कि गौ की रक्षा हो। हमारे कांग्रेस दल ने यह निश्चय कर लिया था कि गौ-रक्षा की व्यवस्था होनी चाहिये। सम्भवत: मसौदा-समिति इससे परिचित नहीं थी। इसी कारण विधान के मसौदे में इस सम्बन्ध में कोई प्रावधान नहीं रखा गया है। मुझे आशा है कि यह विधान परिषद् इस आशय के प्रावधान को हमारे विधान में समाविष्ट करेगी।

मुझे इतने ही शब्द कहने हैं। मैं आशा करता हूँ कि इन विषयों के सम्बन्ध में जिस समय संशोधन आयेंगे, उस समय यह सभा उन पर विचार करेगी और मसौदे के जिन दोषों की ओर मैंने संकेत किया है, उन्हें दूर करने तथा छूटी हुई बातों को स्थान देने का प्रयास करेगी। जय हिन्द।

एम. सत्यनारायण (मद्रास : जनरल)—यह आप लोगों को सुनकर अचम्भा होगा कि मद्रास की तरफ़ से कोई हिन्दुस्तानी बोलने वाले यहाँ आये हैं। अब तक तो यह समझा जाता था कि मद्रास के जितने मेम्बरान हैं, वह अंग्रेज़ी में बोलना चाहेंगे। यह अचम्भा मुझको नहीं है। कारण

यह है कि मैं इस बात में पूरी तरह विश्वास रखता हूँ कि इस असेम्बली में जितने भी व्याख्यान हों, वे हिन्दुस्तानी में ही हों। लेकिन बड़े दुर्भाग्य और बड़ी मुश्किल की बात है कि 30 साल से काम करते हुए भी दक्षिण से, पूर्व से और पश्चिम से पूरी तरह से हिन्दुस्तानी बोलने वाले इसमें नहीं आ पाये। इसका मतलब यह नहीं है कि इन प्रान्तों में हिन्दुस्तानी बोलने वाले नहीं हैं, लेकिन हिन्दुस्तानी बोलने वाले इस सभा में आ नहीं पाये हैं। यहाँ पर उत्तर से भी जितने लोग आये हैं, वे भी मैं देखता हूँ कि अंग्रेज़ी में ही बोलते हैं। इसकी वजह यह हो सकती है कि वे लोग दक्षिण के और दूसरे प्रान्तों के लोगों के साथ ज़्यादा सम्बन्ध जोड़ना चाहते हैं। वजह कुछ भी सही, पर वह अंग्रेज़ी में ही बोलते हैं।

यह जो हमारा विधान बन रहा है, इसमें तरह-तरह की बातें हमारे सामने रखी गयी हैं और उन बातों में से मैं जो समझ पाया हूँ उनसे मुझे यह मालूम होता है कि हमारा यह विधान ऊपर से बन रहा है, नीचे से ज़मीन से नहीं बन रहा है। यदि हमारा विधान ज़मीन से बनता तो हमारा विधान पहले देशी भाषाओं में बनता। देश के लोग समझते कि जिसे हम स्वराज्य कहते आये हैं, जिसके लिए हम 30 साल से काम करते आये हैं, जिसके लिए हम 30 साल से लड़ाई लड़ते आये हैं और लोगों के सम्पर्क में आये हैं, वह क्या है और वह समझते कि यह विधान उनके लिए बन रहा है न कि किसी और के लिए। हमारा विधान बनाने में अधिकतर अन्तरराष्ट्रीय दृष्टि रखी जा रही है, बनिस्बत राष्ट्रीय दृष्टि के, बनिस्वत गाँव वालों की दृष्टि के। हम चाहते हैं कि पहले हमारा विधान सारे देश के लिए देशी भाषा में बनना चाहिये, यह विधान हमारे गाँव वालों के लिए बनना चाहिये, जिसमें उनके खाने और कपड़े का प्रबन्ध हो और जिसके न होने की वजह हमने स्वराज्य मांगा। हमारे लिए यह बहुत ही अच्छा होगा कि हमारी देशी भाषाओं में हमारा विधान बनाया जाये और फिर उसके बाद अंग्रेज़ी में या दूसरी भाषाओं में, जिनके विधान की नक़ल की गयी है, और जिनको हमें अपना विधान दिखलाना है, उनके लिए उसका अनुवाद कर दिया जाये। अगर हम यह बात पहले ही देख लेते तो अच्छा होता। अगर पहले ही से हम इस बात पर नज़र रखते तो आज यहाँ जितनी बातें की गयी हैं कि यह विधान हमारे देश के लिए अनुकूल नहीं है, गाँव वालों के लिए अनुकूल नहीं है, ग़रीबों के लिए अनुकूल नहीं है, इन बातों के कहने का मौक़ा न मिलता। हमने पहले से इस बात की नज़र नहीं रखी इससे ही ऐसा काम हुआ। मैं यह मानता हूँ कि जब हम लोगों को अपने ग़रीबों के लिए खाना और कपड़ा चाहिये, रहने की जगह चाहिये, तो हम लोगों के विधान की बुनियाद सारे गाँव होने चाहिये, गाँवों की पंचायतें होनी चाहिये। उनको ध्यान में रखकर हमें आगे बढ़ना चाहिये। ऐसा न होने की वजह से हमें यह सोचने की ज़रूरत पड़ती है कि हमारे प्रान्त मज़बूत हों या कमज़ोर, या हमारा केन्द्र मज़बूत हो या कमज़ोर हो। यह बात इसीलिए होती है कि हमने विधान बनाने में अपने प्रान्तों और अपने गाँवों का ख़याल नहीं रखा। हम लोगों ने अपना सारा विधान इस बात पर निर्भर किया कि हमारा देश किस तरह इंग्लैंड के साथ टक्कर लेगा, या अमरीका के साथ टक्कर लेगा और इनके साथ क्या ताल्लुक़ रखेगा। इस सारे विधान को देखने से यह महसूस नहीं होता कि हम अपने अन्दर वालों के लिए, अपने गाँव वालों के वास्ते या छोटे शहरों के वास्ते, अपने ग़रीबों के वास्ते क्या करना चाहते हैं। जहाँ तक हम लोगों की सम्पत्ति का ख़याल है, गाँव वालों से ज़्यादा से ज़्यादा काम करा कर ज़्यादा से ज़्यादा सम्पत्ति पैदा कराने की ऐसी कोई बात इसमें नहीं है। मैं समझता हूँ कि इसके जवाब में यह कहा जायेगा कि आगे चलकर जब हम विधान को काम में लायेंगे, तो सारी बातें इसमें ले आयेंगे और उन बातों को काम में

लाया जायेगा, पर विधान में इन बातों को नहीं रखा जा सकता। लेकिन मैं यह मानने वाला हूँ कि जिस तरह किसी के चेहरे को देखकर यह मालूम हो जाता है कि इसके अन्दर क्या है, उसी तरह इस विधान को देखने से साफ़ मालूम हो जाना चाहिये कि यह विधान किधर आगे बढ़ाने वाला है। इसलिए मैं ऐसा मानता हूँ कि जब विधान के ऊपर एक-एक धारा को लेकर विचार किया जायेगा, तो उस वक़्त इस बात की कोशिश की जायेगी कि जिस तरह की चीज़ों को हम अपने देश वालों को देने का वादा करते आये हैं, वह इसमें रखी जायें।

एक बड़ा सवाल यहाँ पर चार-पाँच दिन से प्रान्तीय भाषाओं और राज्य भाषा या राष्ट्रभाषा का चल रहा है कि इन दोनों के बीच में क्या सम्पर्क होना चाहिये। प्रान्तीय भाषाओं को क्या जगह मिलनी चाहिये और राष्ट्रीय भाषा को क्या जगह मिलनी चाहिये, इस पर काफ़ी बहस-मुबाहिसा हुआ है। मैं मानता हूँ कि जब तक हम इस बात का निश्चय नहीं करेंगे कि प्रान्तीय भाषाओं का क्या स्थान होगा, किस तरह वह भाषाएँ प्रान्तों में काम में लायी जायेंगी और लोगों को कैसे उनके सम्पर्क में लाया जायेगा, जब तक राष्ट्रभाषा का निर्णय नहीं हो सकता। मैं ऐसा मानता हूँ कि हमारी जितनी प्रान्तीय भाषाएँ हैं, उनको राज्य भाषा से छोटी जगह नहीं मिलनी चाहिये। अगर इसका निर्णय न हुआ तो इसका बहुत आन्दोलन किया जायेगा और लोग इस बात पर बहुत ज़ोर देंगे कि जो उत्तरी प्रान्त है, जहाँ के लोग यह मानते हैं कि हिन्दी उनकी मातृभाषा है, वह लोग अपनी भाषा को राष्ट्रभाषा बनाने की कोशिश कर रहे हैं। इसका बहुत ज़ोर प्रान्तों पर पड़ेगा और वह मुख़ालफ़त करेंगे और हमारा देश टुकड़ों-टुकड़ों में बँट जायेगा, जैसा कि यह पहले बँटा हुआ था। इसको रोकने के लिए यह बहुत ज़रूरी है कि प्रान्तीय भाषाओं के लिए यह बात साफ़ कर दी जाये कि किसी भी हालत में राजभाषा प्रान्तीय भाषाओं का स्थान नहीं ले सकती। अगर ऐसा नहीं करेंगे तो इसमें बहुत बड़ा ख़तरा होने की गुंजाइश है। इसको दूर करना बहुत ज़रूरी है। राजभाषा का काम सारे राज को एक करने का होगा। राजभाषा का यह भी कार्य है कि जो अन्तरराष्ट्रीय काम हैं, उनको भी आगे बढ़ा सके मेरा ख़याल यह है कि यह बहुत ज़रूरी है कि हम लोग एक मिलीजुली संस्कृति बनायें, एक मिलीजुली भाषा को बनायें और एक मिलेजुले समाज को बनायें। हम लोग सदियों से यह करते रहे हैं कि जो कोई भी इस देश में आया और वह जो कोई भी संस्कृति, भाषा और पोशाक यहाँ लाया, उसको हमने अपनाया और आगे बढ़ते गये। इसी तरह की रीति हमें आगे भी अख़्तियार करनी चाहिये। अगर ऐसा नहीं करेंगे तो बहुत मुमकिन है कि हम अन्तरराष्ट्रीय मामलों में उस तरह न बढ़ सकेंगे, जैसा कि हमारे प्रधानमन्त्री चाहते हैं, बल्कि अपने अन्दरूनी झगड़ों में ही लगे रहेंगे। अगर हम ऐसा न करें तो ज़्यादा अच्छा होगा।

इस बात के ऊपर सिर्फ़ ख़याल करना ही नहीं, बल्कि काम करना बहुत ज़रूरी है। इसलिए मैं ऐसा मानता हूँ कि हमारे देश की जो राष्ट्रीय भाषा होगी और जिसका यहाँ पर उपयोग होगा, उसमें ऐसी मिली-जुली संस्कृति की सन्धि होनी चाहिये और साथ ही साथ ऐसे मिले-जुले शब्द होने चाहिये, ऐसा मिलाजुला मुहाविरा होना चाहिये और ऐसी मिलीजुली लिपि भी होनी चाहिये, जिसमें हम आगे चलकर कम-से-कम दस पन्द्रह साल तक एक-दूसरे को समझकर आगे बढ़ने की कोशिश करें और उस वक़्त तक के लिए मिलीजुली संस्कृति हो, उसे छोड़ने के लिए कभी भी हम उद्योग न करें। मैं इसे और मुख़्तसर में कहने के लिए यह कहना चाहता हूँ कि हमारे देश की भाषा हिन्दुस्तानी होनी चाहिये, हमारे देश की संस्कृति हिन्दुस्तानी संस्कृति होनी चाहिये। हमारे देश की लिपि जब तक हमारे देश के सब लोग, जो इस वक़्त दो अलग-अलग लिपियाँ लिखते हैं, वह

एक कॉमन लिपि सीख न जायें, तब तक उन सब लिपियों को यहाँ पर स्थान मिलना चाहिये, ताकि किसी को यह बात कहने का मौक़ा न मिले कि हम यहाँ पर पचास साल से यह लिपि लिखते आये हैं और अब स्वराज्य मिलने पर हमारी लिपि को दबाया गया और हमारे धर्म और संस्कृति को दबाया गया। अगर आज हम इस बात के लिए तैयार हैं कि पन्द्रह-बीस साल तक के लिए अंग्रेज़ी को रखने की ज़रूरत है, तो कोई वजह नहीं है कि दूसरी प्रचलित भाषाएँ भी साथ-साथ उस समय तक न रह सकें। आज दूसरे लोग कहते हैं कि हमारी भाषा में इतने शब्द आये हैं, इतने लफ़्ज़ आये हैं हम उन्हें और आगे बढ़ायें और उनको भी हम रखें और उनका भी इस्तेमाल कर सकें। इसलिए मैं ऐसा मानता हूँ कि इन्साफ़ के ख़याल से और अपनी सुविधा के ख़याल से भी इन बातों का रखना ज़रूरी है।

सुरेशचन्द्र मजूमदार—मुझे अपनी भाषा की उन्नति का तो गर्व है ही, परन्तु साथ ही मुझे भारत की प्रमुख भाषाओं की उन्नति का भी गर्व है। निस्सन्देह मैं सारे देश के लिए एक राष्ट्रभाषा के पक्ष में हूँ, परन्तु साथ ही मेरी यह भी धारणा है कि यदि हमने प्रमुख प्रान्तीय भाषाओं के प्रति उदासीनता दिखाकर उन्हें अशक्त बना दिया, तो इससे जो हानि होगी उसे कभी भी पूरा न किया जा सकेगा। जिस भाषा को भी हम राष्ट्रभाषा के रूप में स्वीकार करें, उसे किसी के ऊपर लादा न जाये। यदि उसे धीरे-धीरे और स्वाभाविक रूप से प्रविष्ट किया जायेगा, तो सभी उसे स्वेच्छा से स्वीकार करेंगे और उससे यह भावना उत्पन्न न होगी कि वह एक प्रकार से बलपूर्वक लादी गयी है। मुझसे पहले बोलने वाले वक़्ता महोदय इसके प्रत्यक्ष उदाहरण हैं। उन पर किसी ने हिन्दी अथवा हिन्दुस्तानी लादी नहीं, परन्तु माननीय सदस्यों ने अभी देखा कि कितने प्रवाह से वे अभी बोले। जहाँ तक अंग्रेज़ी का सम्बन्ध है, हम अन्तरराष्ट्रीय व्यवहार के माध्यम के रूप में उसकी उपयोगिता की उपेक्षा नहीं कर सकते। देश के अन्दर भी उसके प्रयोग के सम्बन्ध में मैं हिंसापूर्वक उसका गला घोंट देने के पक्ष में नहीं हूँ, परन्तु यह चाहता हूँ कि वह धीरे-धीरे हटायी जाये। मेरे विचार से इस सम्बन्ध में किसी काल-सीमा को निश्चित करना ठीक न होगा।

यह एक दुर्भाग्य की बात है कि एक भाषाभाषी प्रान्तों के प्रश्न को प्रान्तीयता के प्रश्न के साथ जोड़ दिया गया है। एक भाषाभाषी प्रान्तों के सिद्धान्त का दो कारणों से समर्थन किया जा सकता है। अर्थात् शासन-प्रबन्ध और शिक्षा-सम्बन्धी सुविधा की दृष्टि से और हमारी प्रमुख भाषाओं की उन्नति की दृष्टि से। इस सम्बन्ध में किसी और प्रश्न पर विचार करना असंगत होगा। दुर्भाग्य से इस विषय पर बहुत ही उत्तेजनापूर्ण विवाद और कलह मचा हुआ है। सम्भवतः अब भी हम पर उसी खिन्नावस्था का प्रभाव अवशेष है, जो कुछ ही समय पूर्व समाप्त हुई है और जिस अवस्था में हमारे विदेशी शासकों ने विभाजन की भावना को प्रोत्साहित किया तथा सुदृढ़ बनाया। मुझे आशा है कि कुछ समय के उपरान्त हम वस्तुस्थिति का यथार्थ ज्ञान प्राप्त कर सकेंगे। यह आवश्यक है कि इस समय सभी प्रकार के आन्तरिक कलहों का परित्याग किया जाये। इसलिए प्रान्तों का भाषा के आधार पर पुनर्निर्माण करने के प्रश्न को यदि इस समय बिना कटुता और कलह के हल नहीं किया जा सकता, तो मेरे विचार से इस प्रश्न को दस वर्ष के लिए स्थगित कर देना चाहिये। मेरा केवल यह अनुरोध है कि विधान में कोई ऐसा प्रावधान न रखा जाये, जिसके कारण भविष्य में इस प्रश्न को हल करने में कठिनाई का अनुभव हो। साथ ही मैं अपने सभी देशवासियों से यह भी प्रार्थना करता हूँ कि वे कोई ऐसी बात न करें, जिससे हिन्दी अथवा हिन्दुस्तानी के राष्ट्रभाषा होने के अधिकार को हानि पहुँचे। भारत की सभी प्रमुख भाषाओं के प्रति मुझे प्रेम है और मैं इस

आवश्यकता को भी अनुभव करता हूँ कि हमारे देशवासी विधान को समझें और उसका अनुसरण करें। इसी कारण मैंने यह कहा है कि विधान को सभी प्रमुख भारतीय भाषाओं में उपलब्ध करा देना चाहिये और विधान को उसके अन्तिम रूप में स्वीकार करने के पूर्व उसे भारतीय भाषाओं में लिखे हुए रूपान्तरों का अनुमोदन कर लेना चाहिये।

मुझे केवल एक शब्द और कहना है। मुझे आशा है कि गाँधीवाद के इस युग में मेरे शब्दों से अर्थभ्रम न होगा। मैं लोगों के शस्त्र-धारण करने के सम्बन्ध में कुछ शब्द कहना चाहता हूँ। हम विधान को आज स्वीकार कर रहे हैं। परन्तु जहाँ तक मैं समझता हूँ इस सम्बन्ध में उसमें कोई उल्लेख नहीं है। मैं यह चाहता हूँ कि इस सभा को मूलाधिकार के रूप में विधान में यह प्रवाहित करना चाहिये कि सभी प्रौढ़ वयस्कों को यदि कभी भारतमाता संकट में पड़े तो उस समय उसके रक्षार्थ शस्त्र धारण करने का अधिकार होगा। जय हिन्द।

एस.वी. कृष्णमूर्ति राव—इसके अतिरिक्त प्रान्तों की सीमाओं के पुनर्निर्धारण का प्रश्न है। मैं उन लोगों में से नहीं हूँ, जो इस प्रश्न को हल करने में संकट का अनुभव करते हैं। यदि एक भाषाभाषी प्रान्त स्वतन्त्रता संग्राम में शक्तिशाली गढ़ सिद्ध हुए हैं, तो मेरी समझ में नहीं आता कि जब वे भाषा के आधार पर प्रान्तों के निर्माण की माँग करते हैं, तो उनको विघटनशील कहकर निन्दित कैसे किया जा सकता है। वास्तव में प्रत्येक नागरिक को यह अनुभव करना चाहिये कि उसे स्वतन्त्रता प्राप्त है। मेरी यह धारणा है कि प्रत्येक प्रदेश की पार्लियामेंट को अपने ही प्रदेश की भाषा को स्वीकार करना चाहिये। निस्सन्देह बम्बई और मद्रास के समान बहुभाषा-भाषी प्रान्तों का कोई स्थान नहीं है।

प्रान्तों का भाषा के आधार पर निर्माण होना चाहिये। परन्तु इस प्रश्न को हल करने के लिए हम एक-दूसरे का सर तोड़ने नहीं जा रहे हैं। इसे शान्तिपूर्वक समझौते और सहयोग से हल किया जा सकता है।

इसी प्रकार भाषा का भी प्रश्न है। दक्षिण भारत की भाषाओं में स्वतन्त्रता से संस्कृत से शब्द लिए गये हैं। द्राविड़ी भाषाओं में तत्सम शब्द भी हैं और तद्भव शब्द भी। मैं यह अनुभव करता हूँ कि देवनागरी लिपि के साथ हिन्दी हमें स्वीकार्य होगी, परन्तु मेरे विचार से उसे हम पर एकाएक न लादा जाना चाहिये, क्योंकि दक्षिण भारत के निवासियों की संख्या अत्यधिक है। उसका धीरे-धीरे प्रवेश होना चाहिये। हम देवनागरी लिपि के साथ हिन्दी को भारत की सरकारी भाषा स्वीकार करने के लिए तैयार हैं, परन्तु हमें हिन्दी सीखने के लिए समय मिलना चाहिये। इस विधान में इस सभा के प्रत्येक वर्ग की बुद्धिमत्ता प्रतिबिम्बित होनी चाहिये। यदि आप हमें अपने साथ लेकर चलना चाहते हैं, तो हमें आपके तर्कों को समझना चाहिये, आपके दृष्टिकोण को समझना चाहिये और हमें इस विधान को ऐसा रूप देना चाहिये कि वह सभी को स्वीकार्य हो। इसी प्रकार उन लोगों को जो उर्दू लिपि में लिखते-पढ़ते हैं, देवनागरी लिपि सीखने के लिए कुछ समय देना चाहिये, बेगम ऐजाज रसूल का भी यही सुझाव है।

संघ, राज्य व प्रदेश शब्दों के प्रयोग के बारे में चर्चा
(15 नवम्बर, 1948)

आज दैनिक प्रयोग में जिन शब्दों को हम लाते हैं, उनको निर्धारित करने के लिए भी संविधान सभा में गहन मंथन हुआ है। आगे वर्णित वाद–विवाद इस बात के प्रतीक हैं कि हमारे संविधान निर्माता कितने विद्वान और सजग थे।

एच.वी. कामत ने शुरुआत करते हुए कहा कि श्रीमान्, आरम्भ में ही क्या मैं यह बात आपके ध्यान में ला सकता हूँ कि मैंने आरम्भ में यह संशोधन अलग–अलग दो संशोधनों के रूप में भेजा था। दुर्भाग्य से दफ्तर ने इन दोनों को एक ही में मिला दिया। यदि ये संशोधन अलग–अलग छपे होते, तो कोई कठिनाई नहीं होती। पहला संशोधन ''संघ'' शब्द के पहले ''संधानीय' शब्द रखने के बारे में था और दूसरा 'राज्य' शब्द के स्थान में ''प्रदेश'' शब्द रखने के बारे में था।

अब मैं संशोधन पर ही विचार प्रकट करूंगा। संशोधन का दूसरा भाग सभा के सम्मुख प्रस्तुत है। श्रीमान्, मैं प्रस्ताव करता हूँ कि :

'अनुच्छेद 1 के खण्ड (1) में 'स्टेट्स' शब्द की जगह 'प्रदेशाज' शब्द रखा जाये।'

सी. सुब्रमणियम (मद्रास : जनरल) : श्रीमान्, मेरा एक औचित्य प्रश्न है। यह कोई संशोधन नहीं है। 'प्रदेश' 'स्टेट्स' शब्द का केवल हिन्दी अनुवाद है। यदि हम शब्दों के अनुवादों को संशोधनों के रूप में स्वीकार करें, तो इससे असंख्य पेचीदगियाँ उत्पन्न हो जायेंगी। विधान का मसौदा अंग्रेजी भाषा में है और हमें अंग्रेजी शब्दावली को ही स्वीकार करना चाहिये और अन्य शब्दों को, चाहे वे हिन्दी के हों या हिन्दुस्तानी के स्वीकार न करना चाहिये।

उपाध्यक्ष : मैं यह बताना चाहूँगा कि यह औचित्य प्रश्न नही है, बल्कि 'प्रदेश' शब्द के प्रयोग के विरुद्ध एक तर्क है। यदि श्री कामत बोलना चाहें, तो कृपा करके उन्हें सभा के सम्मुख बोलने दीजिये।

एच.वी. कामत : श्रीमान्, मुझे इसकी प्रसन्नता है कि कई सदस्य अपनी सम्मति प्रकट कर चुके हैं, क्योंकि इससे यह स्पष्ट होता है कि सभा इस सम्बन्ध में कितनी दिलचस्पी ले रही है। इस विश्वास से सशक्त होकर में आगे बढ़ता हूँ। कई कारणों से मैं 'स्टेट' शब्द की जगह 'प्रदेश' शब्द को रखना चाहता हूँ। एक तो मैं यह देखता हूँ कि विधान के इस मसौदे में 'स्टेट' शब्द कई अर्थों में प्रयुक्त हुआ है। क्या मैं आपका ध्यान भाग 3 के अनुच्छेद 7 की ओर आकर्षित कर सकता हूँ, जिसमें यह कहा गया है कि 'स्टेट' शब्द में भारत की सरकार और पार्लियामेंट तथा राज्यों में से प्रत्येक की सरकार और विधान मण्डल तथा भारत के राज्य–क्षेत्र के अन्तर्गत सब स्थानीय तथा अन्य प्राधिकारियों का समावेश है। यहाँ हमने 'राज्य' शब्द को बिल्कुल भिन्न अर्थ में प्रयुक्त किया है। इसलिये 'स्टेट' शब्द के स्थान में 'प्रदेश' शब्द रखने का पहला कारण यह है कि 'स्टेट' शब्द को इस विधान में भिन्न–भिन्न स्थानों में भिन्न–भिन्न अर्थों में प्रयुक्त करने से जो गड़बड़ी पैदा हो गई है, वह दूर हो जाये। दूसरा कारण यह है कि मुझे शंका है, यद्यपि मेरी इच्छा है कि यह शंका

मिथ्या सिद्ध हो कि 'स्टेट' शब्द को अमेरिका के विधान से आँखें बन्द करके नकल कर लिया गया है। इस विधान के मसौदे प्रस्तुत करते समय डा. अम्बेडकर ने अपने प्रारम्भिक भाषण में कहा था कि हमने संसार के विधानों में से कई बातें ली हैं। यहाँ मुझे ऐसा लगता है कि यह 'स्टेट' शब्द अमेरिका के विधान से लिया गया है। परन्तु मैं आँख बन्द करके नकल करने के विरुद्ध हूँ। तीसरा कारण, श्रीमान्, यह है कि अपने इतिहास को देखने से हमें यह पता चलता है कि पिछले 150 वर्षों में 'स्टेट' शब्द का सम्बन्ध एक ऐसी चीज से रहा है, जो हमारे लिये अत्यंत घृणास्पद रही है। भारत की 'स्टेटों' में एक ऐसी शासन प्रणाली रही है कि उसका शीघ्रातिशीघ्र अन्त करने के लिये हम चिन्तित हैं और सरदार पटेल के मेधावी नेतृत्व में यह कार्य बहुत कुछ सम्पन्न हो गया है। इसलिये मैंने जो संशोधन सभा के सम्मुख उपस्थित किया है, उसके द्वारा मैं जिस ब्रिटिश शासन का हमारे हित में अन्त हुआ है. उसके इस दुर्गन्धयुक्त संस्मरण का भी अन्त कर देना चाहता हूँ। उन मित्रों से जो अंग्रेजी भाषा के प्रेमी हैं और जिनका यह विचार है कि चूंकि यह विधान अंग्रेजी में लिखा गया है, इसलिये इसमें हमें अपने शब्द न रखने चाहिये, मैं यह निवेदन करना चाहता हूँ कि मेरे विचार से स्वदेशी, हिन्दी या भारतीय शब्दों के सम्बन्ध में तो कोई निषेध नहीं है। मैं आपको 'कान्स्टीट्यूशनल प्रिसिडेंट्स' नाम की पुस्तक से, जो हमें इस सभा के सेक्रेरियट ने डेढ़ वर्ष पहले दी थी, स्वतंत्र आयरिश राज्य के विधान के सम्बन्ध में पढ़कर सुनाता हूँ। इस पुस्तक के 114वें पृष्ठ के अन्त में हम यह पाते हैं:

''आयरिश भाषा में भी''

इसका अर्थ यह है कि सन् 1937 ई. का विधान पहले अंग्रेजी भाषा में स्वीकार किया गया था, क्योंकि पृष्ठ के नीचे जो लेख है, उसमें कहा गया है कि आयरिश भाषा में भी स्वीकार किया गया। इसका अर्थ यह है कि आरम्भ में वह अंग्रेजी भाषा में स्वीकार किया गया था और बाद में आयरिश भाषा में भी स्वीकार किया गया। यदि आप आयरलैंड के विधान को देखें, तो आपको अंग्रेजी शब्दों के स्थान में कई आयरिश शब्द मिलेंगे; जैसे ओइरीखवस, डायल आयरीन टाओइसीख (प्रधान मन्त्री के लिये) और सीनाड आयरीन। ये सब शब्द शुद्ध आयरिश शब्द हैं और आयरलैंड के अंग्रेजी भाषा के विधान में इन शब्दों को रखा गया है, तथा उन्होंने इनके अंग्रेजी पर्याय रखने की चिन्ता नहीं की है। इसलिये यह सभा ही यह निश्चय कर सकती है कि हम अपने विधान में किन भारतीय शब्दों को, चाहे वे हिन्दी के हों या देश की किसी अन्य भाषा के हों, स्थान दें।

इसलिये श्रीमान्, जो कारण मैंने बताये हैं, उनको ध्यान में रखते हुए इस प्रसंग में 'स्टेट' शब्द हमारे विधान में कहीं भी प्रयोग में न आना चाहिये। श्रीमान्, मैं एक बात और कहूँगा, जो राज्य अभी संघ में समाविष्ट हुए हैं, जो पहले 'भारतीय रियासतों' के नाम से पुकारे जाते थे और जिनको हमने मिलाकर उनकी इकाइयाँ बना दी हैं, उनके सम्बन्ध में हम 'प्रदेश' शब्द ही प्रयोग में लाये हैं। हिमाचल संघ को हम हिमाचल प्रदेश कहते हैं, विंध्य संघ को हम विंध्य प्रदेश कहते हैं और आसाम में भी वहाँ के राज्यों के संघ को पूर्वांचल प्रदेश कहने के लिये एक आन्दोलन हो रहा है।

एक बात यह है कि हम निकट भविष्य में प्रान्तों को एक नये आधार पर निर्माण करने जा रहे हैं। इस समय भी मद्रास, मध्यप्रान्त और बम्बई ने कुछ भारतीय रियासतों को समाविष्ट कर लिया है। इस प्रकार नये प्रान्त पुराने प्रान्तों से भिन्न प्रकार के होने जा रहे हैं और इसलिये 'स्टेट' शब्द से 'प्रदेश' शब्द बहुत उपयुक्त है।

श्रीमान्, अन्त में मैं यह कहना चाहता हूँ कि मेरे मित्र श्री घनश्यामसिंह गुप्त ने भी इस अनुच्छेद के सम्बन्ध में एक संशोधन उपस्थित किया है। यदि यह गिर जाता है, तो मेरे मित्र के संशोधन के लिये कोई स्थान न रह जायेगा। परन्तु यदि मेरा संशोधन स्वीकार कर लिया जाता है, तो उसके परिणामस्वरूप सारे विधान के मसौदे में परिवर्तन करने होंगे।

इसलिये श्रीमान्, मैं यह संशोधन उपस्थित करता हूँ कि :

अनुच्छेद 1 के खण्ड (1) में 'स्टेट्स' शब्द की जगह 'प्रदेशाज' शब्द रखा जाये और मैं सभा से सिफारिश करता हूँ कि इसे स्वीकार कर लिया जाये।'

घनश्याम सिंह गुप्त (मध्यप्रांत और बरार : जनरल) : श्रीमान् अपने संशोधन के सम्बन्ध में मैं यह कहना चाहता हूँ। श्री कामत के संशोधन में केवल यह कहा गया है कि अनुच्छेद 1 के खण्ड (1) में 'स्टेट्स' शब्द की जगह 'प्रदेशाज' शब्द रखा जाये। इसका अर्थ यह होगा कि अन्य खण्डों में और अन्य अनुच्छेदों में इस शब्द को न रखा जाये। यदि ऐसा होगा, तो यह ठीक न होगा। इसलिये मेरा 104वां संशोधन या तो श्री कामत के संशोधन में संशोधन समझा जाये, या मुझे उसे इस समय उपस्थित करने दिया जाये, ताकि किसी प्रकार की पेचीदगी उत्पन्न न हो। यह एक अनर्गल बात होगी कि केवल अनुच्छेद 1 के खण्ड (1) में 'स्टेट्स' शब्द की जगह 'प्रदेशाज' शब्द रखा जाये। श्रीमान्, मैं अनुच्छेद 1 का खण्ड (1) पढ़ूंगा; उसमें कहा गया है—'भारत राज्यों (स्टेट्स) का एक संघ होगा।' श्री कामत इसी स्थान में परिवर्तन चाहते हैं। इसका अर्थ है कि यह इस प्रकार हो जायेगा ''भारत प्रदेशों का एक संघ होगा।'' खण्ड (2) और (3) में तथा अन्य खण्डों में 'स्टेट्स' 'स्टेट्स' शब्द ही रहेगा।

उपाध्यक्ष : क्या मैं आपकी आज्ञा से बीच में कुछ कह सकता हूँ? यदि श्री कामत का यह संशोधन गिर जाता है तो फिर संशोधन संख्या 104 पर विचार होगा। यदि वह स्वीकार भी हो गया, तो आपका संशोधन बाद में उठाया जायेगा और उस समय आपको अवसर मिलेगा। मेरे विचार से इस प्रकार सभा का कुछ समय बच जायेगा।

घनश्याम सिंह गुप्त : श्रीमान्, मैंने जिस कार्यक्रम का सुझाव दिया है उससे सभा का समय वास्तव में बच जायेगा। यदि मैं अपने संशोधन को श्री कामत के संशोधन में संशोधन के रूप में उपस्थित करूं, तो सभा का समय बच जायेगा। अन्यथा ऐसी बात हो सकती है, यद्यपि मैं यह नहीं कहता कि यह अवश्य ही होगी कि श्री कामत का संशोधन स्वीकार हो जाये और मेरा अस्वीकार हो जाये...।

उपाध्यक्ष : क्या आप उसे अभी उपस्थित करना चाहते हैं?

घनश्याम सिंह गुप्त : जी हाँ।

उपाध्यक्ष : अच्छी बात है, आप ऐसा कर सकते हैं।

घनश्याम सिंह गुप्त : श्रीमान्, मैं प्रस्ताव करता हूँ कि :

''अनुच्छेद 1 में जहाँ कहीं 'स्टेट' शब्द आया हो, उसकी जगह 'प्रदेश' शब्द रखा जाये और इस परिवर्तन के फलस्वरूप सारे विधान के मसौदे में आवश्यक परिवर्तन किये जायें।''

इस प्रस्ताव को इसी समय उपस्थित करने का कारण मैं बता चुका हूँ। यदि श्री कामत का संशोधन स्वीकार हो गया, तो इसका अर्थ यह होगा कि केवल अनुच्छेद 1 के खण्ड (1) में संशोधन होगा और शेष भाग में संशोधन न होगा। परन्तु यदि मेरा संशोधन स्वीकार हुआ, तो न केवल हम अनुच्छेद 1 के खण्ड (1) में 'स्टेट' शब्द की जगह 'प्रदेश' शब्द रखेंगे; परन्तु अनुच्छेद 1 के शेष

भाग में तथा सारे विधान के मसौदे में भी यही करेंगे ताकि उसमें एकरूपता आ जाये : अन्यथा कुछ अनर्गलता रह जायेगी। 'स्टेट' शब्द की जगह मैं 'प्रदेश' इस कारण रखना चाहता हूँ कि भाग 1 और भाग 2 में 'स्टेट्स' शब्द से वास्तव में प्रान्तों से अभिप्राय है और भाग 3 में 'स्टेट्स' शब्द से इस समय की भारतीय रियासतें अभिप्रेत हैं और स्वीकृत अर्थ के अनुसार इनको ही 'स्टेट्स' कहा जा सकता है। दोनों में एकरूपता लाने के लिये तथा अमेरिकन विधान का अनुसरण करने के लिये सम्भवत: 'स्टेट' शब्द का प्रयोग किया गया हो, परन्तु अमेरिकन विधान हमारे देश के लिये उपयुक्त नहीं है क्योंकि आरम्भ में अमेरिका के स्टेट्स सर्वसत्ताधारी स्टेट्स थे। हमारे प्रान्त सर्वसत्ताधारी नहीं हैं। उनकी केन्द्र से अलग कभी सत्ता न थी। भारतीय रियासतें भी सर्वसत्ताधारी नहीं हैं हम यह चाहते हैं कि भारत एक राष्ट्र ही न हो बल्कि एक स्टेट भी हो। इसलिये मेरा निवेदन है कि कहा यह जाना चाहिये कि 'भारत प्रदेशों का एक संघ होगा।' मैंने 'प्रान्त शब्द को नहीं लिया है, क्योंकि यह तथाकथित शब्द भारतीय रियासतों के सम्बन्ध में उपयुक्त न होगा। हम इन दोनों में एकरूपता लाना चाहते हैं। प्रदेश शब्द प्रान्तों और तथाकथित भारतीय रियासतों दोनों के लिये प्रयोग में आ सकता है। हमारे नेताओं के परिश्रम के फलस्वरूप भारतीय रियासतें शीघ्र ही संघ में समाविष्ट हो रही हैं। इसके अतिरिक्त वे स्वयं इस शब्द को पसन्द करती हैं। उदाहरण के लिये हिमाचल प्रदेश और विंध्य प्रदेश हैं। यदि इस शब्द को हम अपने प्रान्तों और रियासतों दोनों के लिये प्रयोग में लाना चाहें, तो सब प्रकार की विषमता दूर हो जायेगी। मुझे इतना ही कहना है।

के. हनुमनथय्या : श्रीमान् मुझे इसका खेद है कि मुझे अपने मित्र श्री कामत और श्री गुप्त के संशोधनों का विरोध करना पड़ रहा है। मैं तो यह कहूँगा कि आप गुलाब को चाहे जिस नाम से कहें, उससे सुगन्ध ही आयेगी। मसौदा समिति ने यहाँ पर भारत को स्टेट्स का संघ कहा है, परन्तु मेरे मित्र उसे प्रदेशों का संघ कहना चाहते हैं। मैं नहीं चाहता कि इस अवसर पर किसी प्रकार का भाषा सम्बन्धी वाद-विवाद किया जाये। मैं सभा से यह अनुरोध करता हूँ कि इस प्रश्न पर इस दृष्टि से विचार न किया जाये। सभी लोग यह स्वीकार करते हैं कि 'प्रदेश' शब्द अंग्रेजी का शब्द नहीं है। हम अंग्रेजी भाषा में लिखे हुए मसौदे पर विचार कर रहे हैं। मैं अपने उन मित्रों से, जिन्होंने संशोधन उपस्थित किये हैं, आदरपूर्वक कहता हूँ कि क्या वे अंग्रेजी के किसी कोष में 'प्रदेश' शब्द को दिखा सकते है? हम अंग्रेजी भाषा में जिन शब्दों को उचित समझें, उन्हें अपनी ही तरफ से नहीं जोड़ सकते। अंग्रेजी भाषा के अपने शब्द हैं हम विधान के मसौदे में बेमेल ढंग से विभिन्न भाषाओं के शब्द नहीं भर सकते। इसके अतिरिक्त मैं आदरपूर्वक यह निवेदन करता हूँ कि विधान एक कानूनी लेख है। इसमें शब्दों का निश्चित अर्थ है। हम अस्पष्ट अर्थ के शब्दों को विधान में सम्मिलित नहीं कर सकते, क्योंकि इससे न्यायालयों में उनकी गलत व्याख्या होने का भय बना रह सकता है। इसलिये मैं प्रस्तावक महोदय तथा समर्थक महोदय से प्रार्थना करता कि वे इस शब्द को विधान के मसौदे में सम्मिलित करने के लिये जोर न दें। यदि मेरे मित्रों को हिन्दी भाषा के सम्बन्ध में बहुत उत्साह हो तो उन्हें जानना चाहिये कि हम किसी से पीछे नहीं हैं और उनका समर्थन करेंगे। परन्तु इस जगह और इस समय हिन्दी के शब्द विधान के मसौदे में सम्मिलित नहीं किये जाने चाहिये। इसलिये श्रीमान् सुविधा और कानून की दृष्टि से मसौदा समिति का शब्द 'स्टेट' बहुत अच्छा है। इस शब्द के स्थान में 'प्रदेश' शब्द रखने से बहुत वाद-विवाद खड़ा हो जायेगा और यदि विधान के अन्य अनुच्छेदों में भी कनाड़ी, तमिल और हिन्दी शब्दों को रखने के बारे में संशोधन आयें, तो जैसा कि मैं कह चुका हूँ, सारा मसौदा भाषा सम्बन्धी विवाद का एक नमूना हो

जायेगा। मैं प्रस्तावकों से प्रार्थना करता हूँ कि इन संशोधनों पर जोर न दें, क्योंकि ये शब्द केवल अनुवाद मात्र है और अंग्रेजी मसौदे में गैर-अंग्रेजी शब्दों को प्रविष्ट न करें।

पं. लक्ष्मीकान्त मैत्र (पश्चिमी बंगाल : जनरल) : उपाध्यक्ष महोदय, मेरे माननीय मित्र श्री कामत के संशोधन का विरोध करते हुए मेरे माननीय मित्र श्री हनुमनथय्या ने अभी जो भाषण दिया है, उसे मैंने ध्यानपूर्वक सुना। मैं यह उचित समझता हूँ कि अपने माननीय मित्र श्री हनुमनथय्या से तुरन्त ही कह दूँ कि उन्हें इस संशोधन के उपस्थित होने से हिन्दी शब्दों की प्रविष्टि के लिये किसी चाल का सन्देह न होना चाहिये। विधान के मसौदे पर विचार करने के लिये सामान्य प्रस्ताव पर बोलते हुए मैंने परोक्ष रूप से राज्यों की विस्तारपूर्वक चर्चा की थी। 'स्टेट' शब्द का संसार के विधान- सम्बन्धी साहित्य में एक विशेष अर्थ है। (हर्ष ध्वनि) 'स्टेट' शब्द में सर्वसत्तापूर्ण स्वतंत्रता इत्यादि का भाव सन्निहित है। संयुक्त राज्य अमेरिका में स्टेटों के अधिकारों की एक विचारधारा थी। उस विचारधारा के अनुसार स्टेटों की स्वतंत्र सत्ता समझी जाती थी और इस प्रकार के दीर्घकालीन वाद-विवाद के फलस्वरूप ऐसी कटुता उत्पन्न हुई कि वहाँ गृह युद्ध छिड़ा, जिसमें खून की नदियाँ बह गई। इतिहास इसका प्रमाण है। इसलिये अपने देश का स्टेटों के संघ के रूप में वर्णन करने से मुझे यह भय है कि वे प्रान्त, जिन्हें स्टेटों का सम्मानित पद दिया जा रहा है, वे देशी राज्य जो अभी तक भारतीय नरेशों के अधीन थे और जो अब भारतीय संघ में समाविष्ट हो गये हैं, आगे चलकर सम्भवत: यह विवाद खड़ा कर दें कि वे स्वतंत्र सत्ताधारी थे और देशी राज्य भारतीय संघ में केवल तीन विषयों के लिये, अर्थात् यातायात, रक्षा और वैदेशिक सम्बन्धों के लिये सम्मिलित हुए थे। भविष्य में इस प्रकार के वाद-विवाद की कोई सम्भावना न रहने देने के लिये मैंने सभा के सम्मुख यह सुझाव रखा था कि 'स्टेट' शब्द की जगह कोई अन्य शब्द रखने का प्रयत्न किया जाना चाहिये। हमें कोई भी ऐसी बात न रखनी चाहिये, जिससे भविष्य में इस प्रकार का वाद-विवाद उत्पन्न हो सके। इस समय भी मैं इसके लिये तैयार हूँ कि मेरे मित्र कोई नया शब्द खोज निकाले और इसके स्थान में उसे रख दें। इस शब्द से एक प्रकार की दुर्गन्ध आती है। यह सुझाव रखा गया है कि 'स्टेट' शब्द की जगह 'प्रदेश' शब्द रखा जाये। मैं अपने मित्र श्री हनुमनथय्या और उनकी विचारधारा के अन्य लोगों से, जो यह चाहते हैं कि यह शब्द हिन्दी मसौदे में रखा जाये, यह कहना चाहता हूँ कि यह संस्कृत शब्द है। यह अंग्रेजी शब्द नहीं है; परन्तु यदि इसे अपनाया जाये, तो कोई कठिनाई न होगी। आप अनुच्छेद 1 के उपखण्ड (2) में कहते हैं कि :

'स्टेटों से प्रथम अनुसूची के भाग 1, 2 और 3 में उल्लिखित स्टेट अभिप्रेत होंगे।'

यदि आप अनुसूची का भाग 1 देंखे, तो आपको उसमें मद्रास, बम्बई, पश्चिमी बंगाल, संयुक्तप्रान्त, बिहार, मध्यप्रान्त, असम और उड़ीसा के गवर्नरों के प्रान्त संगठित मिलेंगे और यदि आप भाग 2 को देखें, तो आप उसमें दिल्ली. अजमेर-मारवाड़, पंथ पिप्लोदा और कुर्ग पायेंगे। मैं गम्भीरतापूर्वक पूछता हूँ कि क्या आप दिल्ली के शहर को स्टेट कहने जा रहे हैं? क्या आप अजमेर-मारवाड़ को स्टेट कहने जा रहे हैं? यदि आप कहेंगे, तो यह हास्यास्पद ही होगा। इसलिये किसी यथोचित अन्य शब्द के अभाव के कारण 'प्रदेश' शब्द ही जो संस्कृतगर्भित शब्द है और जिससे एक बड़े भूभाग का बोध होता है, उपयुक्त होगा। यदि पहली अनुसूची में वर्णनात्मक रूप से 'प्रदेश और भारत का राज्यक्षेत्र' शब्द रखे जायें, तो इससे कोई हानि न होगी। इससे फिर किंचितमात्र भी सन्देह नहीं रह जायेगा कि 'प्रदेश' का ठीक-ठीक अर्थ क्या है। मैं यह जानता हूँ कि विधान का यह मसौदा अंग्रेजी भाषा में है। मेरे माननीय मित्र के इस कथन में कुछ बल है कि

अंग्रेजी मसौदे में हमें संस्कृत के शब्द न रखने चाहिये। परन्तु मेरे मैसूर के मित्र को तो सबसे अन्त में अपने प्रदेश को एक स्वतंत्र स्टेट कहना चाहिये था। क्या इसके लिये कोई तर्क की आवश्यकता है? क्या उन्होंने अभी तक यह तर्क नहीं उपस्थित किया है कि इन स्टेटों की कोई स्वतंत्र सत्ता नहीं होनी चाहिये और इन्हें संघ में समाविष्ट कर लेना चाहिये? इसलिये 'स्टेट' शब्द को किसी प्रकार भी ऐसा न समझना चाहिये कि वह हटाया ही नहीं जा सकता। यदि मसौदा तैयार करने वाले या इस सभा में कोई अन्य व्यक्ति, हम जो कुछ चाहते हैं, उसे व्यक्त करने के लिये यदि किसी अन्य शब्द का सुझाव कर सकते हैं, तो मैं उसे स्वीकार करने के लिये तैयार हूँ। हमने हमेशा केन्द्र को शक्तिशाली बनाने के लिये तर्क उपस्थित किये हैं। मसौदे में एक संधानीय ढांचे की व्यवस्था है, ने उसको एकात्मक भी बनाया है और यह उसने ठीक ही किया। हम इसकी परन्तु मसौदा समिति प्रशंसा करते हैं यदि हम इस विचारधारा को व्यवहार में लाना चाहते हैं तो हमें एक ऐसे शब्द को ढूंढ निकालना है, जो हमारे दृष्टिकोण को पूर्ण रूप से व्यक्त करे। इस दृष्टि से मेरा यह विश्वास है कि यदि हम स्टेटों को प्रदेश कहें तो इससे कोई हानि न होगी। यदि यह सुझाव स्वीकार हुआ, तो सभी प्रकार के स्टेट, चाहे वे गवर्नरों के प्रान्त हों या चीफ कमिश्नरों के प्रान्त और चाहे वे तथाकथित देशी रियासतें हों, सभी प्रदेश कहे जायेंगे और 'प्रदेश' शब्द को पहली अनुसूची में सम्मिलित किया जा सकता है। 'स्टेट' शब्द की जगह 'प्रदेश' शब्द रखने के लिये जो प्रस्ताव किया गया है, मैं उसका समर्थन करता हूँ।

रोहिणी कुमार चौधरी (आसाम : जनरल) : श्रीमान्, आगे के लिये मैं आपसे इसकी आज्ञा चाहता हूँ कि मुझे निकट से निकट माइक्रोफोन से बोलने दिया जाये, क्योंकि हमारी जगहों से यहाँ तक की लम्बी दूरी से कभी-कभी हमें अपने विचारों को भूलने ही की सहायता मिलती है।

मैं इस संशोधन का विरोध करना चाहता हूँ। सबसे पहले मैं श्री कामत के संशोधन का विरोध करता हूँ और मैं बड़ी आसानी से सभा से यह कह सकता हूँ कि वह उसे अस्वीकार कर दे। वे चाहते हैं कि 'स्टेट्स' शब्द को जगह 'प्रदेशाज' शब्द रखा जाये। वे यह निर्णय कैसे कर बैठे हैं कि 'प्रदेशाज', 'प्रदेश' का बहुवचन है? यद्यपि आप अंग्रेजी शब्द को निकालना चाहते हैं, परन्तु आप फिर भी अंग्रेजी व्याकरण का ही प्रयोग कर रहे हैं उसे तो 'प्रदेश' होना चाहिये था। वह 'प्रदेशाज' नहीं हो सकता। इस कारण और इस कारण भी कि यदि आप अनुच्छेद 1 ही में 'प्रदेश' शब्द को रखें और अन्य अनुच्छेदों में उसे न रखें, तो इसका कोई अर्थ नहीं होता। मैं श्री कामत के संशोधन का विरोध करता हूँ, परन्तु अपने मित्र मध्यप्रान्त की असेम्बली के सभापति श्री गुप्त के संशोधन का विरोध मुझे सावधानी से करना चाहिये।

परन्तु मेरी समझ में नहीं आता कि उन्होंने जिस परिवर्तन का प्रस्ताव किया है, उसका उद्देश्य क्या है? उन्होंने किसी भावना से प्रेरित होकर ऐसा किया होगा, यह मेरी समझ में आता है; परन्तु मैं इसकी सराहना नहीं कर सकता। इस समय श्रीमान्, अंग्रेजी भाषा में लिखे हुए विधान पर विचार हो रहा है और यही विधान राष्ट्रभाषा में भी लिखा जायेगा, चाहे आप उस भाषा को हिन्दी कहें या हिन्दुस्तानी। जब आप विधान को हिन्दुस्तानी में लिखने लगेंगे, तो यह स्वाभाविक ही है कि आप 'स्टेट' या 'प्राविंस' शब्द की जगह 'प्रदेश' रखेंगे। जब आप विधान को अंग्रेजी में लिख रहे हैं, तो यह समझ में नहीं आता कि आप 'स्टेट' शब्द की जगह 'प्रदेश' क्यों रखना चाहते हैं। इसका क्या उद्देश्य है? यही मैं जानना चाहता हूँ। यदि इसका उद्देश्य यह है कि जो लोग हिन्दी नहीं जानते हैं, उन्हें 'प्रदेश' शब्द से परिचित कराया जाये, तो यह भी मेरी समझ में आता है। दक्षिण भारत के

लोग हिन्दी नहीं समझते हैं, इसलिये उन्हें 'प्रदेश' शब्द को सिखलाया जाये और फिर किसी दूसरे शब्द को सिखलाया जायेगा और इस प्रकार धीरे-धीरे यह भाषा दक्षिण भारत के लोगों पर लाद दी जायेगी। (हँसी) क्या इसका यही उद्देश्य है?

इसके अतिरिक्त संयुक्तप्रान्त और मध्यप्रान्त के अन्त में 'प्रदेश' शब्द जोड़ने से बड़ा भोंडा लगेगा। क्या आप संयुक्तप्रान्त प्रदेश या मध्यप्रान्त प्रदेश कहेंगे? और यदि 'प्रान्त' की जगह भी आप 'प्रदेश' शब्द रखना चाहें तो दो जगह 'प्रदेश' प्रदेश हो जायेगा। यह बुरा लगेगा।

बंगाल को लीजिये। आप पश्चिमी बंगाल को क्या कहेंगे? क्या आप उसे पश्चिमी बंगाल प्रदेश कहेंगे? पश्चिम बंग प्रदेश तो मेरी समझ में आता है; परन्तु केवल 'प्रदेश' शब्द रखना मेरी समझ में नहीं आता।

यदि यह शब्द बदल दिया जायेगा, तो ये सब पेचीदगियाँ पैदा हो जायेगी। इससे किसी का लाभ न होगा। परन्तु इसके विपरीत यदि 'स्टेट' शब्द को ही रहने दिया जाये, तो इससे किसी की भावनाओं को ठेस न पहुँचेगी। इसलिये मैं माननीय श्री गुप्त से प्रार्थना करता हूँ कि वे इस प्रश्न पर फिर विचार करें।

यदि किसी कुसंयोग से यह संशोधन स्वीकार हो जाये, तो श्रीमान्, आप कृपा करके पहली अनुसूची में संशोधन करने के लिये हमें समय देंगे, क्योंकि यू.पी. प्रदेश और सी. पी. प्रदेश कहना बड़ा भोंडा लगता है। इसके अतिरिक्त मैं आसाम प्रदेश को कामरूप प्रदेश कहना चाहूँगा, क्योंकि जैसा कि मुझे दिखाई देता है, आज कल आसाम शब्द हर एक के कानों में खटकता है।

उपाध्यक्ष : आपको घण्टी का संकेत समझना चाहिये।

रोहिणी कुमार चौधरी : श्रीमान्, मुझे घण्टियों की आवाज नहीं सुनाई देती।

सेठ गोविन्द दास : श्रीमान्, सबसे पहले मैं हिन्दी न बोलने वाले प्रान्तों के माननीय सदस्यों को यह आश्वासन देना चाहता हूँ कि इस संशोधन को हमने इस उद्देश्य से उपस्थित नहीं किया है कि हम किसी पर हिन्दी भाषा को बलपूर्वक लादें। जहाँ तक इस संशोधन का प्रश्न था इस सम्बन्ध में भाषा-सम्बन्धी विवाद तो उठना ही न चाहिये था। हम 'स्टेट' शब्द को निकालना चाहते थे और इसीलिये वह संशोधन प्रस्तुत है।

अपने मित्र श्री रोहिणीकुमार चौधरी के भाषण को सुनकर मुझे एक प्रकार से आश्चर्य हुआ। उन्होंने हमसे पूछा है कि यदि 'प्रदेश' शब्द को स्वीकार कर लिया गया, तो यू.पी. और सी.पी. का क्या होगा? मैं उनको बताना चाहता हूँ कि उनका संयुक्त प्रदेश और मध्य प्रदेश हो जायेगा। वे यू.पी. प्रदेश और सी. पी. प्रदेश न कहे जायेंगे। मेरे विचार से श्री रोहिणीकुमार संस्कृत अच्छी तरह जानते हैं और इसलिये वे इससे सहमत होंगे कि यदि हम विधान में 'प्रदेश' शब्द को स्थान दें, तो इसका अर्थ यह नहीं है कि अंग्रेजी का शब्द 'प्राविंसेज' या 'प्राविंस' 'प्रदेश' के साथ प्रयुक्त होंगे। यदि हम 'स्टेट' शब्द को इसलिये निकालना चाहें कि विभिन्न देशों में वह विभिन्न अर्थों में प्रयुक्त होता है, तो यह हम उसके स्थान में 'प्रदेश' शब्द को ही रखकर कर सकते है।

अब जहाँ तक 'प्राविंसेज' शब्द का सम्बन्ध है, एक दूसरी विवादास्पद बात है। कई स्टेट या स्टेटों के संघ ऐसे हैं, जो आरम्भ में 'प्राविंस' शब्द को स्वीकार न करना चाहेंगे। यद्यपि सभी 'प्राविंसों' के प्रति भविष्य में एक-सा ही व्यवहार होगा, परन्तु आरम्भ में स्टेटों के इन संघों को 'प्राविंस' कहना ठीक न होगा।

इसलिये इन कठिनाइयों को सामने रखकर हमने यह विचार किया कि 'प्रदेश' शब्द ही उचित

होगा। अंग्रेजी भाषा में लिखे हुए विधान में भी 'प्रदेश' शब्द रखने में मेरे विचार से कोई कठिनाई न होगी। अंग्रेजी भाषा में 'बाजार 'राज्य' जैसे कई शब्द ले लिये गये हैं। इन शब्दों का बहुवचन बनाने के लिये हम 'एस' अक्षर को जोड़ते हैं और अंग्रेजी में वह 'बाजार्स' या 'राज्याज' हो जाता है। इसी प्रकार हिन्दी भाषा के किसी शब्द का अंग्रेजी भाषा में बहुवचन बनाने के लिये आपको केवल 'एस' अक्षर जोड़ना होगा। मेरी समझ में नहीं आता कि 'प्रदेश' शब्द के साथ 'एस' अक्षर जोड़कर बहुवचन में 'प्रदेशाज' कहने में क्या कठिनाई है।

श्रीमान्, मुझे आशा है कि इस प्रसंग में भाषा सम्बन्धी विवाद अथवा अन्य प्रश्न नहीं उठाये जायेंगे और यदि हमारा यह विचार हो कि 'स्टेट' शब्द निकाल देना चाहिये और वर्तमान परिस्थिति में 'प्राविन्सेज' शब्द को नहीं रखा जा सकता, तो मेरे विचार से सबसे अच्छा यही होगा कि हिन्दी भाषा में लिखे हुए विधान तथा अंग्रेजी भाषा में लिखे हुए विधान में भी 'प्रदेश' शब्द रखा जाये।

पं. जवाहरलाल नेहरू (संयुक्तप्रान्त : जनरल) : श्रीमान् इस प्रश्न पर मैं कोई लम्बा तर्क उपस्थित नहीं करना चाहता, परन्तु केवल यह बताना चाहता हूँ कि इस प्रस्ताव से मुझ पर क्या प्रभाव पड़ा है। कुछ समय पहले जब हम दो समितियों, अर्थात् संघीय विधान समिति और प्रान्तीय विधान समिति के रूप में सम्मिलित हुए थे तो हमने इस प्रश्न पर विचार किया था और इस प्रश्न पर भी विचार किया था कि सभाओं के क्या नाम होने चाहिए। काफी विचार-विमर्श के उपरान्त हमने यह निर्णय किया था कि एक सभा का नाम 'हाउस आफ स्टेट्स' रखा जाये। इसलिये मैं यह कहता हूँ कि इस प्रश्न पर विभिन्न रूप से विचार-विमर्श हुआ है। अब मैं यह अनुभव करता हूँ कि यदि इस समय किसी 'प्राविंस' के नाम में परिवर्तन किया जाये और उसे 'प्रदेश' कहा जाये, तो मेरे विचार से यह बहुत नासमझी की बात होगी। (वाह वाह) इस समय मैं इसके औचित्य पर विचार नहीं कर रहा हूँ। यह हो सकता है कि हमें परिवर्तन करना पड़े; परन्तु यदि हम ऐसा करें तो सभी जगह इन परिवर्तनों में एकरूपता होनी चाहिये। जहाँ तहाँ एक दो शब्द रखना ठीक न होगा। सुन्दरता की दृष्टि से या कला या भाषा की दृष्टि से या अन्य किसी दृष्टि से वे ठीक नहीं जंचते हैं।

इसके अतिरिक्त मेरे विचार से यह कोई बलशाली तर्क नहीं है कि 'स्टेट' शब्द से जिन बातों का बोध होता है, वे बातें हम अपने संघ के अंगों में नहीं चाहते। इस सम्बन्ध में संयुक्त राज्य अमेरिका का उदाहरण दिया गया था। जैसी परिभाषा आप 'स्टेट' शब्द की करेंगे, तदनुसार ही स्टेट शब्द का अर्थ होगा। आप इस विधान में अपने संघांगों की शक्तियों की ठीक-ठीक परिभाषा कर दें। यदि आप उन्हें 'प्रदेश' या 'प्राविंस' कहें तो वह कमियाँ दूर नहीं हो जाती। इसके अतिरिक्त 'प्रदेश' एक ऐसा शब्द है जिसकी कोई परिभाषा नहीं है। कोई भी नहीं जानता कि उसका अर्थ क्या है। आदरपूर्वक मैं यह कहना चाहूँगा कि इस सभा में उपस्थित कोई सदस्य महोदय भी इसकी परिभाषा न कर सकेंगे, क्योंकि पहले इस प्रसंग में इसका कभी भी प्रयोग नहीं हुआ है। यह अन्य दूसरे प्रसंगों में प्रयुक्त हुआ है। यह बहुत अच्छा शब्द है और धीरे-धीरे इसका महत्त्व बढ़ जायेगा और तब हम इसे अपने विधान में या अन्य जगह प्रयोग में ला सकते हैं। इस समय यह शब्द साधारणतया सैकड़ों विभिन्न अर्थों में प्रयोग में आता है और 'स्टेट' शब्द बाह्य जगत के लिये ही नहीं किन्तु हमारे लिये भी कहीं अधिक सुनिश्चित और सुस्पष्ट है। इसलिये यह एक दुर्भाग्य की बात होगी कि हम एक बिल्कुल कृत्रिम शब्द को काम में लायें और यह बात इस प्रकार के विधान के लिये भाषा की दृष्टि से अनुचित होगी। मैं उस स्थिति की कल्पना कर सकता हूँ कि जब हमारा विधान उन्नत हो जायेगा और वह हमारी ही भाषा में लिखा होगा तथा उसमें सभी उपयुक्त शब्द

होंगे। मैं कह नहीं सकता कि 'प्रदेश' शब्द उपयुक्त है या नहीं। यह बात विशेषज्ञों के तय करने की है और मैं उनके निर्णय को स्वीकार करूंगा। इस समय हम इस प्रश्न पर विचार नहीं कर रहे हैं। हम इस पर विचार कर रहे हैं कि विधान के वर्तमान अंग्रेजी के मसौदे में कौन से शब्द रखे जाने चाहिये और मैं यह कहूँगा कि ऐसे शब्दों को रखना, जो भारत में कई लोगों को भोंडे और अनुपयुक्त प्रतीत हों, ठीक न होगा। इस शब्द को इस प्रसंग में प्रयोग करना एक नवीन बात है। प्रसंगानुसार उससे परिचित होना होता है और जितने ही अधिक ऐसे शब्दों को आप प्रविष्ट करेंगे, उतना ही अधिक यह विधान साधारण लोगों को अजीब सा लगेगा। मेरी 'तो अपनी कसौटी यह होगी कि यह न देखा जाये कि भाषा सम्बन्धी समितियों और विद्वानों की क्या राय है बल्कि बाजार से तरह-तरह के सौ लोगों से यह पूछा जाये कि इस विषय के सम्बन्ध में उनकी क्या राय है और यह देखा जाये कि वे क्या कहते हैं। हम जनसाधारण का नाम लेकर बातचीत करते हैं, परन्तु वास्तव में हम कुछ चुने हुए लोगों के दृष्टिकोण से काम करते हैं और यह भूल जाते हैं कि जनसाधारण क्या सोचते हैं और क्या समझते हैं। इसमें कोई सन्देह नहीं कि वैज्ञानिक विषयों के लिये पारिभाषिक शब्द चुनने के लिये आप जनसाधारण से नहीं पूछ सकते, फिर भी इसमें अन्तर है कि जनसाधारण किसे अधिक समझते हैं और किसे कम समझ सकते हैं। इसलिये मैं इस सभा से प्रार्थना करता हूँ कि वह इस प्रश्न पर इस दृष्टिकोण से विचार करें और अंग्रेजी भाषा में लिखे हुए विधान में अंग्रेजी ही के साधारण शब्द को स्थान दें और बाद को इस पर पूर्ण रूप से विचार करें कि हमारे विधान में हमारी भाषा के कौन से शब्द रखे जायें, जिनका निस्संदेह वही अर्थ होगा जो कि अंग्रेजी शब्दों का। परन्तु इस शब्द को यहाँ स्थान देने से अर्थभ्रम हो सकता है और अन्य देशों की दृष्टि में इससे बहुत ही अर्थभ्रम होगा, क्योंकि इससे कोई परिचित नहीं है और इसलिये भी कि इन परिवर्तनों का महत्त्व समझने में काफी समय लगेगा। जहाँ तक मेरा सवाल है, मुझे इस सम्बन्ध में कोई भ्रम नहीं है कि इस समय के प्रान्त और स्टेट के वर्णन में कोई अन्तर न होना चाहिये। दोनों के वर्णन में एकरूपता होनी चाहिये। प्रस्ताव यह है कि दोनों के लिये 'स्टेट' शब्द काम में लाया जाये और यदि यह स्वीकार हो जाये, तो दूसरी सभा को 'हाउस ऑफ स्टेट्स' कहा जाये।

एक और बात भी विचारणीय है। इस संशोधन से ऐसे कुछ अन्य सवाल भी उठ खड़े होते हैं, जिनके बारे में सभा में पर्याप्त मत विभिन्नता है। चाहे ये विवाद भाषा के सम्बन्ध में हों, या जो कुछ भी आप इन्हें कहना चाहें, परन्तु यदि हम इन्हें परोक्ष रूप से प्रविष्ट करें तो यह एक दुर्भाग्य की बात होगी। इनका सामना करने, इनको समझने और इनके सम्बन्ध में इनका ठीक-ठीक महत्त्व समझ कर निर्णय करने की आवश्यकता होगी। निस्संदेह यह धारणा बन गई है कि इस प्रकार छोटे-छोटे परिवर्तनों को करने से मुख्य प्रश्नों के बारे में, जो इस समय लोगों का मत है, उसमें कुछ अन्तर हो जायेगा। मेरे विचार से विधान पर विचार करते समय हमें इन बातों को न आने देना चाहिये। हमारा विधान एक वृहत् लेख है, जिसमें सिद्धान्तों का निरूपण किया गया है और हमारी राजनैतिक तथा आर्थिक व्यवस्था निश्चित की गई है। जहाँ तक हो सकता है, मैं इन प्रश्नों को नहीं उठाना चाहता, क्योंकि यद्यपि ये महत्त्वपूर्ण हैं, इनको हम विधान का मसौदा तैयार करते समय तय कर सकते थे। वरना सम्भावना इसकी है कि हम वैधानिक दृष्टि से इन अप्रासंगिक प्रश्नों पर, चाहे ये महत्त्वपूर्ण ही क्यों न हों, अपनी शक्ति तथा अपने समय को नष्ट करते रहेंगे और वास्तविक वैधानिक प्रश्नों को हल करने में हम अपनी शक्ति और समय न लगा सकेंगे। इसलिये मैं सभा से प्रार्थना करता हूँ कि इन दो संशोधनों को स्वीकार न किया जाये और 'स्टेट' शब्द को ही रहने दिया जाये।

डा. बी.आर. अम्बेडकर : मैं इस संशोधन का विरोध करता हूँ।

* उपाध्यक्ष : प्रस्ताव यह है कि :

'अनुच्छेद 1 में जहाँ कहीं 'स्टेट' शब्द आया हो, उसकी जगह 'प्रदेश' शब्द रखा जाये और इस परिवर्तन के फलस्वरूप सारे विधान के मसौदे में आवश्यक परिवर्तन किये जायें।'

मेरे विचार से 'नहीं' वालों का मताधिक्य है।

एच.वी. कामत : मैं मत लेने के लिये सभा के विभाजन की मांग करता हूँ।

उपाध्यक्ष : मुझे यह प्रतीत होता है कि 'नहीं' वालों की बात रह गई है। मेरे लिये यह आवश्यक नहीं है कि मैं सभा-विभाजन की अनुमति दूँ। मुझे इसका अधिकार है कि मैं इस प्रार्थना को स्वीकार न करूं। मैं माननीय सदस्यों से प्रार्थना करता हूँ कि वे स्थिति पर विचार करें। मुझे स्पष्टतया यह प्रतीत होता है कि 'नहीं' वालों का मताधिक्य है।

घनश्याम सिंह गुप्त : मैं यह स्वीकार करता हूँ कि 'नहीं' वालों का मताधिक्य है।

पं. जवाहरलाल नेहरू : क्या मैं यह सुझाव उपस्थित कर सकता हूँ कि हम लोग प्रार्थना करने के बजाय अपने हाथ खड़े कर दें। इससे स्थिति स्पष्ट हो जायेगी।

उपाध्यक्ष : क्या माननीय श्री घनश्यामसिंह गुप्त यह स्वीकार करते हैं कि 'नहीं' वालों का मताधिक्य है?

घनश्याम सिंह गुप्त : मैं इसे स्वीकार करता हूँ कि 'नहीं' वालों का मताधिक्य है।

प्रस्ताव गिर गया।

घनश्याम सिंह गुप्त : मेरा एक औचित्य प्रश्न है। श्रीमान्, आपने कृपा करके मेरा संशोधन सभा के सामने रखा और वह गिर गया, परन्तु श्री कामत का प्रस्ताव सभा के सम्मुख यथाविधि रखा जाना चाहिये।

उपाध्यक्ष : मुझे यह जान पड़ता है कि श्री कामत का संशोधन आपके संशोधन में आ जाता है। वे कुछ भागों में शब्द निष्कासन चाहते हैं परन्तु आप सब जगह चाहते हैं।

घनश्याम सिंह गुप्त : श्री कामत का संशोधन मेरे संशोधन से कम विस्तृत है। यदि सभा शतप्रतिशत के लिये राजी नहीं हुई है, तो वह पाँच प्रतिशत के लिये राजी हो सकती है।

पं. जवाहरलाल नेहरू : उपाध्यक्ष महोदय, संशोधन को मतदान के लिये सभा के सम्मुख रखने में सम्भवत: कम समय लगेगा और यही उचित प्रणाली भी है कि यह मतदान के लिये सभा के सम्मुख रखा जाये।

उपाध्यक्ष : प्रस्ताव यह है कि :

'अनुच्छेद 1 के खण्ड (1) में 'यूनियन' शब्द के आगे 'फेडरल' शब्द और 'स्टेट्स' शब्द के स्थान में 'प्रदेशाज' शब्द रखा जाये।'

प्रस्ताव गिर गया।

एच.वी. कामत : श्रीमान्, मैं यह प्रस्ताव करता हूँ कि :

'अनुच्छेद 1 के खण्ड (1) में 'स्टेट्स' शब्द की जगह 'प्राविंसेज' शब्द रखा जाये।'

बी. दास (उड़ीसा : जनरल) : श्रीमान्, मेरा एक औचित्य प्रश्न है। चूंकि पहला संशोधन सभा ने अस्वीकार कर दिया है, इसलिये यह संशोधन व्यवस्था के विरुद्ध है।

उपाध्यक्ष : हुआ केवल इतना ही है कि 'प्रदेश' शब्द अस्वीकार कर दिया गया है।

एच.वी. कामत : मेरे माननीय मित्र श्री बी. दास यह औचित्य प्रश्न रखने के लिये उठे थे कि

यह संशोधन व्यवस्था के विरुद्ध है। जिस संशोधन को सभा ने अस्वीकार कर दिया, उसका आशय यह था कि 'स्टेट' शब्द की जगह 'प्रदेश' शब्द रखा जाये। परन्तु इससे यह संशोधन कि यदि सभा चाहे तो 'स्टेट' शब्द की जगह कोई अन्य शब्द रखा जाये, व्यवस्था के विरुद्ध नहीं होता। इसलिये मैंने यह संशोधन उपस्थित किया है कि इस अनुच्छेद में और इस प्रसंग में मसौदे में जहाँ कहीं भी 'स्टेट' शब्द आया है, उसकी जगह 'प्राविंस' शब्द रखा जाये। जब मैंने 'प्रदेश' शब्द के सम्बन्ध में अपना पहला संशोधन उपस्थित किया था, तो मैंने यह स्पष्ट कर दिया था कि मैं 'स्टेट' शब्द को रखने के विरुद्ध क्यों हूँ। उस समय सभा के सम्मुख जो तर्क मैंने उपस्थित किया था, उसे मैं दुहराना नहीं चाहता। मैं केवल यह कहकर उसका स्मरण कराना चाहता हूँ कि 'स्टेट' शब्द से यह प्रतीत होता है कि केवल नकल की गई है, क्योंकि इस शब्द को संयुक्त राज्य अमेरिका के विधान में स्थान दिया गया है। इसके अतिरिक्त 'स्टेट' शब्द से एक दूषित भाव व्यक्त होता है, अर्थात् दुर्गन्ध आती है, क्योंकि यह मृतप्राय अंग्रेजी राज्य के अधीन देशी रियासतों से संलग्न रहा है। इसलिये किसी भी हालत में मैं सभा से यह कहूँगा कि 'स्टेट' शब्द को निकाल ही देना चाहिये, चाहे इसके लिये हमें कितना ही मूल्य क्यों न चुकाना पड़े। यदि सभा की इस समय यह इच्छा नहीं है कि 'प्रदेश' शब्द को स्वीकार किया जाये, तो मैं उनसे अनुरोध करता हूँ कि 'प्राविंस' शब्द को स्वीकार कर लिया जाये क्योंकि इस स्वीकार करने में कम दोष है। आज हमारी स्थिति यह है कि हमने प्राचीन देशी रियासतों का अन्त कर दिया है। क्या हमने हिमाचल प्रदेश और विंध्य प्रदेश ऐसे शब्दों को स्वीकार नहीं किया है? हम उन्हें भारतीय प्रान्तों के स्तर पर लाना चाहते हैं और इसलिये मेरा विचार है कि नई व्यवस्था में 'प्राविंस' शब्द अधिक उपयुक्त होगा और इससे उन प्रदेशों के ढांचे का बोध होगा, जिन्हें कि हम स्थापित करना चाहते हैं। इसलिये श्रीमान्, मैं इस संशोधन को उपस्थित करता हूँ और सभा से यह सिफारिश करता हूँ कि इसे स्वीकार कर दिया जाये।

डा. बी.आर. अम्बेडकर : श्रीमान् मैं इस संशोधन को स्वीकार नहीं करता हूँ।

(इस अवसर पर श्री हिम्मतसिंह के. महेश्वरी बोलने के लिये उठे।)

उपाध्यक्ष : माननीय डा. अम्बेडकर भाषणों का उत्तर दे चुके हैं। इसलिये मुझे खेद है कि मैं इस प्रस्ताव पर अधिक वाद विवाद की आज्ञा नहीं दे सकता।

पं. हृदयनाथ कुंजरू (संयुक्तप्रान्तः जनरल) : श्रीमान् सम्बन्धित सदस्य द्वारा प्रत्येक प्रस्ताव के उपस्थित होने पर यदि आप डा. अम्बेडकर से यह पूछें कि वे उसे स्वीकार करते हैं या नहीं और उनका भाषण हो जाने के बाद यदि आप उस विषय पर किसी सदस्य को न बोलने दें, तो यह सभा के लिये बड़ी सख्ती होगी।

उपाध्यक्ष : मैं समझता हूँ कि पंडित हृदयनाथ कुंजरू ने मेरी स्थिति को ठीक-ठीक नहीं समझा है। मैं प्रत्येक सदस्य को हमेशा यथासम्भव सुविधा देने के लिये तैयार रहता हूँ, जिसका प्रमाण मैंने पिछले दिनों में जो कुछ किया है, उससे अधिक मैं नहीं देना चाहता। इस समय हमारे पास बहुत कम समय है। श्री कामत द्वारा संशोधन उपस्थित होने के बाद मैं कुछ देर तक यह देखने के लिये रुका कि कोई सदस्य खड़े होंगे, परन्तु चूंकि कोई सदस्य खड़े नहीं हुए और विशेषतया जब मैंने यह देखा कि श्री कामत ने अपने पिछले ही तर्क को दुहराया है, मैंने यह सोचा कि डा. अम्बेडकर से मेरा यह प्रश्न पूछना कि वे उत्तर देना चाहते हैं या नहीं, ऐसी बात न होगी, जो सभा की इच्छा के विरुद्ध हो। यदि मैं सभा की इच्छा को न समझ पाया, तो मुझे इसका खेद है।

पं. हृदयनाथ कुंजरू : आपको इसका पूर्ण अधिकार है कि आप किसी ऐसे भाग पर वादानुवाद की आज्ञा न दें, जिसे आप साधारण समझें और जिसके सम्बन्ध में आप समझें कि काफी बहस हो चुकी है। आपको इसका अधिकार है कि आप बहस को समाप्त कर दें और मसौदे के प्रस्तावक महोदय से उत्तर देने के लिये कहें। यदि इस अधिकार को प्रयोग में लाते हुए आपने डा. अम्बेडकर से उत्तर देने के लिये कहा तो यह कोई आपत्ति की बात नहीं है।

उपाध्यक्ष : अब मैं संशोधन पर मतदान लेता हूँ। प्रस्ताव यह है कि :

अनुच्छेद 1 के खण्ड (1) में 'स्टेट्स' शब्द की जगह 'प्राविंसेज' शब्द रखा जाये।

प्रस्ताव गिर गया।

उपाध्यक्ष : संशोधन संख्या 108 श्री महावीर त्यागी।

एच.वी. कामत : श्रीमान्, मैं विभाजन की मांग करता हूँ।

उपाध्यक्ष : आपने कुछ देर कर दी है।

महावीर त्यागी (संयुक्त प्रांत : जनरल) : श्रीमान्, जिन शब्दों का मेरे संशोधन में उल्लेख है, उन सभी को सम्मिलित करने के लिये मैं बहुत इच्छुक नहीं हूँ। मैं भाषण देकर सभा का समय भी नष्ट नहीं करना चाहता। किन्तु मैं एक बात स्पष्ट करना चाहता हूँ और इस उद्देश्य से यह संशोधन विधिवत् उपस्थित करता हूँ:

अनुच्छेद 1 के खण्ड (1) में 'स्टेट्स' शब्द की जगह Republican States and the sovereignty of the Union shall reside in the whole body of the people. (गणतंत्रीय राज्य और संघ की सर्वसत्ता सारे लोकसमूह में सन्निहित होगी)' रखा जाये।'

विधान के मसौदे में मैं यह देखता हूँ कि इसका कहीं भी वर्णन नहीं है कि सर्वसत्ता कहाँ स्थित रहेगी। यह स्पष्टतया नहीं बताया गया है कि सर्वसत्ता कहाँ स्थित है। मैं यह चाहता हूँ कि इसका उल्लेख हो जाना चाहिये। यदि विधान के प्रस्तावक महोदय सभा के सम्मुख या तो प्रस्तावना के सम्बन्ध में या विधान के किसी अन्य अनुच्छेद के सम्बन्ध में इस आशय का संशोधन उपस्थित करें कि सर्वसत्ता सारे जनसमूह में सन्निहित होगी तो मुझे सन्तोष हो जायेगा। 'स्टेट' शब्द का एक जगह एक अर्थ है और दूसरी जगह दूसरा अर्थ है। इसलिये यह कहना सन्तोषप्रद न होगा कि सर्वसत्ता 'स्टेटों' में स्थित होनी चाहिये। माननीय प्रस्तावक महोदय का क्या सुझाव है? क्या सर्वसत्ता 'संघ' में स्थित है या 'स्टेटों' में? मसौदे से यह स्पष्ट नहीं होता है। इसलिये मेरे संशोधन का उद्देश्य यह है कि निश्चित रूप से यह बता दिया जाये कि सर्वसत्ता कहाँ स्थित है, या भविष्य में कहाँ स्थित होगी।

उपाध्यक्ष : क्या मैं यह बता सकता हूँ कि इस प्रकार का संशोधन प्रस्तावना के सम्बन्ध में ही उपस्थित किया जाना चाहिये?

महावीर त्यागी : प्रस्तावना में कहीं भी इसकी परिभाषा नहीं दी गई है। मैं यह चाहता हूँ कि इसकी स्पष्ट परिभाषा हो जानी चाहिये। मुझे इस सम्बन्ध में विशेष ज्ञान नहीं है। मैं मसौदे के विशेषज्ञों से यह जानना चाहता हूँ कि क्या प्रस्तावना विधान की एक अंग होगी? क्या प्रस्तावना हमेशा कानून का उल्लंघन कर सकती है? मेरे विचार से ऐसा नहीं हो सकता है। मैं यह चाहता हूँ कि विधान के किसी अनुच्छेद में सर्वसत्ता की परिभाषा कर दी जाये। प्रस्तावना में साधारणतया इसका उल्लेख किया गया है कि हम भारत को सर्वसत्ताधारी संघ का रूप दे रहे हैं। इससे मसौदा समिति के मेरे मित्र इस परिणाम पर पहुँचते हैं कि सर्वसात्ता 'लोगों' में स्थित है। इससे मुझे सन्तोष नहीं होता।

जो परिणाम समझा जाये हम उस पर निर्भर नहीं रह सकते। मैं इस पर जोर देता हूँ कि विधान में ही सर्वसत्ता की परिभाषा कर देनी चाहिये। मैं यह चाहता हूँ कि सर्वसत्ता देश के जनसाधारण में ही स्थित हो न कि 'स्टेट' में या 'संघ' में। 'स्टेट' से केवल केन्द्र में एक प्रकार के सरकारी ढांचे का बोध हो सकता है या उसका अर्थ लोगों से भी हो सकता है या केवल संघ या एक या एक से अधिक राज्य हो सकता है। अब प्रान्त भी 'स्टेट' कहे जायेंगे, इसलिये हमें भविष्य के लिये स्पष्ट शब्दों में यह परिभाषा कर देनी चाहिये कि सर्वसत्ता कहाँ स्थित है। मैं यह निवेदन करता हूँ कि चीन के विधान में इसका उल्लेख है कि सर्वसत्ता जनसाधारण में स्थित है। हम अपने विधान में भी इसका उल्लेख कर सकते हैं। इसलिये मैं इस संशोधन को उपस्थित करता हूँ।

गोपीकृष्ण विजयवर्गीय (संयुक्तराज्य ग्वालियर, इंदौर, मालवा : मध्य भारत) : मैं एक भारतीय रियासत से यहाँ आया हूँ। इस संशोधन में मेरी विशेष दिलचस्पी है और मैं यह चाहता हूँ कि सभा इसको स्वीकार कर ले। इस विधान में भारतीय रियासतों का भी 'स्टेटों' के नाम से उल्लेख किया गया है। हम नहीं चाहते कि राजप्रमुख और अन्य लोग वहाँ स्थायी रूप से बने रहें। निस्संदेह, चूंकि संधियों पर हस्ताक्षर हो गये हैं, इसलिये उन्हें कुछ समय के लिये तो रहना ही चाहिये, परन्तु विधान में हमें इसका उल्लेख कर देना चाहिये कि साधारण लोग भी प्रान्तों और रियासतों के प्रमुख हो सकते हैं। रिसायतों को प्रान्तों के स्तर पर लाने के लिये यह भी एक उपाय होगा। यह एक महत्त्वपूर्ण प्रश्न है। स्टेट मिनिस्ट्री इस प्रश्न पर अवश्य विचार कर रही होगी। इसलिये यह एक ऐसा प्रश्न है, जिसके सम्बन्ध में तत्काल निर्णय हो जाना चाहिये। विधान निर्माण का कार्य समाप्त करने के पहले ही हमें रियासतों को प्रान्तों के स्तर पर लाने के लिये सभी प्रयत्न करने चाहिये। इस संशोधन से इस उद्देश्य की पूर्ति हो सकती है। सर्वसत्ता एक अत्यन्त महत्त्वपूर्ण शक्ति है और यह बता दिया गया है कि चीन के विधान में इसका किस प्रकार उल्लेख है। इसलिये इस संशोधन को स्वीकार करने से कोई हानि न होगी। मैं माननीय सदस्यों से प्रार्थना करता हूँ कि वे इसके पक्ष में मतदान दें।

प्रो. शिब्बन लाल सक्सेना (संयुक्तप्रान्त : जनरल) : उपाध्यक्ष महोदय, श्री त्यागी ने जो संशोधन उपस्थित किया है, वह बहुत महत्त्वपूर्ण है। मैंने भी इसी प्रकार के एक संशोधन (संख्या 189) की सूचना दी है और वह इस प्रकार है:

भाग 1 के बाद निम्नलिखित भाग जोड़ा जाये और आगे के भागों की इस प्रविष्टि के फलस्वरूप पुनर्गणना की जाये:

भाग 1-ए
साधारण सिद्धान्त

6- संघ का नाम भारत होगा।

7- भारत सर्वसत्ताधारी, स्वतंत्र, जनतंत्रात्मक, समाजवादी गणराज्य होगा।

8- सरकार की सम्पूर्ण विधायिनी, अधिशासी तथा न्याय सम्बन्धी शक्तियाँ लोगों से प्राप्त होंगी, जो केवल इस विधान द्वारा स्थापित सरकारी साधनों द्वारा या उनके अधिकार से प्रयोग में आयेंगी।

9- भारत का राष्ट्रीय झण्डा हाथ से काते और हाथ से बुने शुद्ध खादी कपड़े का तथा केसरी, सफेद और हरे रंगों से विभूषित तिरंगा झण्डा होगा. जिसकी बीच की पट्टी के मध्य में नीले रंग से अंकित अशोक का धर्मचक्र होगा और उसकी लम्बाई चौड़ाई 2:1 के अनुपात में होगी।

10– देवनागरी लिपि में लिखी हुई हिन्दी भारत की राष्ट्रभाषा होगी:

परन्तु संघ के प्रत्येक राज्य को हिन्दी के अतिरिक्त अपने प्रदेश में प्रयोग के लिये अपनी प्रादेशिक भाषा को अपनी राजभाषा के रूप में स्वीकार करने का अधिकार होगा।

11– इस विधान के प्रयोग में आने के उपरान्त पाँच वर्ष के अन्तर्काल में भारत की दूसरी सरकारी भाषा अंग्रेजी होगी।

12– भारत का राष्ट्रीय गान 'वन्देमातरम्' होगा, जो दूसरी अनुसूची में उल्लिखित है।

(उल्लेख : आगे की अनुसूचियों की इस प्रविष्टि के फलस्वरूप पुनर्गणना की जाये।)

13– भारत के राज–चिह्न में एक सिल और धर्मचक्र के ऊपर तीन सिंह हैं, जैसे कि वे सारनाथ के अशोक स्तम्भ पर स्थित हैं।

14 – भारत की राजधानी दिल्ली का नगर है।

मेरा अपना विचार यह है कि इस संशोधन को इस खण्ड में स्थान न देना चाहिये। एक अलग खण्ड ऐसा होना चाहिये, जिसमें मैंने जिस संशोधन की सूचना दी है, उसका आशय सन्निहित हो। अध्याय 2 में सर्वसत्ता की परिभाषा दी गई है। अपने संशोधन में मैंने यह सुझाव किया है कि इसको किस प्रकार रखना चाहिये। सरकार की सम्पूर्ण विधायिनी, अधिशासी तथा न्याय सम्बन्धी शक्तियाँ लोगों से प्राप्त होंगी जो केवल इस विधान द्वारा स्थापित सरकारी साधनों द्वारा या उनके अधिकार से प्रयोग में आयेंगी। इस प्रकार सर्वसत्ता लोगों में स्थित होगी और राज्य की सम्पूर्ण विधायिनी, अधिशासी तथा न्याय सम्बन्धी शक्तियाँ लोगों की ही होंगी।

श्रीमान्, रियासतों के मेरे मित्र ने अभी बताया कि यह विषय बहुत महत्त्वपूर्ण है, क्योंकि यदि हम यहाँ यह न कहें कि सब अधिकारों के स्रोत लोग ही हैं, तो राजाओं के दैवी अधिकारों की विचारधारा चलती रहेगी। इसलिये यह एक महत्त्वपूर्ण बात है कि विधान में इसका उल्लेख होना चाहिये कि सर्वसत्ता लोगों की ही है। हमारे देश में रियासतें हमेशा बड़ी दुःखदायी रही हैं और हमें आशा है कि हम शीघ्र ही इस दुःख से निवृत्त हो जायेंगे। मेरे विचार से इस विधान में इस प्रावधान को स्थान मिल जाना चाहिये। मैं अपने विद्वान मित्र डा. अम्बेडकर से प्रार्थना करता हूँ कि जब वे इस संशोधन के सम्बन्ध में अपना उत्तर दें, उसमें यह भी कहें कि वे इस सिद्धान्त को स्वीकार करते हैं। मुझे आशा है कि वे विधान में इसे यथोचित स्थान देंगे। आयरलैंड के विधान की तरह मेरे विचार से दूसरे अध्याय में संघ के नाम उसकी भाषा और दूसरी बातों के सम्बन्ध में निश्चित प्रावधान होने चाहिये। इसमें यह कहा जा सकता है कि सरकार की सम्पूर्ण विधायिनी, अधिशासी तथा न्याय सम्बन्धी शक्ति लोगों से प्राप्त है। मेरे विचार से आधारभूत बातों की दृष्टि से इस संशोधन का बड़ा महत्त्व है। इसलिये मुझे आशा है कि यह संशोधन बिना विचारे ठुकरा न दिया जायेगा और डा. अम्बेडकर इसे विधान में यथोचित स्थान देंगे।

मौलाना हसरत मोहानी : श्रीमान्, मैं इस कारण श्री महावीर त्यागी के संशोधन का समर्थन करने उठा हूँ कि वह इस सभा के लक्ष्य सम्बन्धी प्रस्ताव की भावना के अनुरूप है। हमारे प्रधान मन्त्री अभी से नहीं बल्कि पहले से ही बार–बार यह कहते आये हैं कि हमारा विधान लक्ष्य–सम्बन्धी प्रस्ताव के अनुरूप होना चाहिये। उन्होंने कहा था—मैं छपी हुई किताब से पढ़ता हूँ:

'हम लक्ष्य–सम्बन्धी प्रस्ताव को बिल्कुल भी नहीं बदल रहे हैं। लक्ष्य–सम्बन्धी प्रस्ताव एक ऐतिहासिक बात है और उस पर निर्धारित सभी सिद्धान्तों पर हम अटल हैं।'

मैं अपने मित्र डा. अम्बेडकर को याद दिलाना चाहूँगा कि जब विधान–निर्माण के लिये एक

समिति बनाई गई थी, तो उस समय स्पष्ट रूप से यह कहा गया था कि उसे लक्ष्य-सम्बन्धी प्रस्ताव के अनुरूप कार्य करना होगा। डा. अम्बेडकर कुछ भटक गये हैं। उन्होंने लक्ष्य-सम्बन्धी प्रस्ताव के अनुरूप कार्य नहीं किया है, और मैं आप सब से प्रार्थना करता हूँ कि आप देखें कि उन्होंने क्या किया है। लक्ष्य-सम्बन्धी प्रस्ताव के अनुरूप विधान का मसौदा तैयार करने के बजाय वे चाहते हैं कि इस समय वे जिसका प्रस्ताव कर रहे हैं, उसके अनुरूप लक्ष्य-सम्बन्धी प्रस्ताव हो। विधान का यह मसौदा परस्पर विरोधी बातों से भरा हुआ है और केवल रद्दी की टोकरी में फेंक देने के लायक है। उन्होंने मनमाने ढंग से काम किया है और इसलिये उनके सभी प्रयत्नों से केवल समय और शक्ति का ह्रास होता है।

उपाध्यक्ष : मौलाना साहेब, आप अपने को संशोधन तक ही सीमित कीजिये।

मौलाना हसरत मोहानी : मैं इस संशोधन का समर्थन करता हूँ, क्योंकि यह लक्ष्य-सम्बन्धी प्रस्ताव पर ही आधृत है। लक्ष्य-सम्बन्धी प्रस्ताव के अनुरूप कार्य करने के बजाय डा. अम्बेडकर ने 'रिपब्लिक' शब्द को बदल कर उसकी जगह 'स्टेट' शब्द रख दिया है. और 'इंडिपेण्डेण्ट' शब्द की जगह 'डिमोक्रेटिक' शब्द रख दिया है। इससे पता चलता है कि उनका दिमाग किस तरह काम कर रहा है। विधान के मसौदे से मुझे यह विश्वास हो जाता है कि वे एक एकात्मक भारतीय साम्राज्य स्थापित करना चाहते हैं, जो फिर एक वृहत् ऐंग्लो-अमेरिकन साम्राज्य के अधीन हो जायेगा, जिसमें अमेरिका और उसके उपग्रह ब्रिटिश कामनवेल्थ तथा कुछ पश्चिमी यूरोप के देश होंगे।

उपाध्यक्ष : मैं आपसे फिर कहता हूँ कि आप अपने को संशोधन तक ही सीमित रखिये।

मौलाना हसरत मोहानी : श्रीमान् मैं श्री त्यागी के संशोधन का समर्थन करता हूँ और सारे विधान का विरोध करता हूँ। यह हो सकता है कि डा. अम्बेडकर ने इस मसौदे को इसलिये तैयार किया कि कानून मन्त्री की हैसियत से उनसे इसे तैयार करने को कहा गया है; परन्तु उन्होंने एक दूषित चीज तैयार की है और गेरे विचार से उन्होंने जो गलतियाँ की हैं, उनको उन्हें दूर करना चाहिये। इन शब्दों के साथ मैं इस संशोधन का समर्थन करता हूँ।

प्रभुदयाल हिम्मतसिंहका (पश्मिची बंगाल : जनरल) : श्रीमान्, मैं इस संशोधन का विरोध करता हूँ। यह एक अनर्गल बात है कि जहाँ-तहाँ शब्दों को रखने का प्रयास किया जाये। विधान का मसौदा एक सम्पूर्ण ढांचे के रूप में है और उसकी विभिन्न धाराओं में इसकी परिभाषा की गई है कि सर्वसत्ता कहाँ स्थित है। अधिशासी वर्ग और व्यवस्थापिका सभाओं की क्या शक्तियाँ हैं, इत्यादि। जहाँ-तहाँ शब्द रखने का प्रयास करना मेरे विचार से संकटापन्न होगा और यदि हम इस प्रकार के संशोधनों को स्वीकार करेंगे, तो विधान का सारा मसौदा उलट जायेगा और हम कह नहीं सकते कि हम किस स्थिति में होंगे। निस्संदेह यदि सिद्धान्त की दृष्टि से कोई बात कहनी हो, तो उसके लिये आज्ञा मिलनी चाहिये; परन्तु इस मसौदे में, जिस पर समिति में विचार हो गया है, शाब्दिक परिवर्तन करना केवल समय नष्ट करना होगा और हमें चाहिये कि हम इस प्रकार संशोधनों को स्वीकार न करें।

एम. अनन्तशयनम् आयंगर : मैं इस संशोधन का विरोध करता हूँ। प्रस्तावना में हमने कहा है कि हम भारत के लोगों ने गम्भीरतापूर्वक निश्चय किया है कि हम अपने लिये विधान बनायें, इत्यादि। हम ही लोग है, जो यहाँ अपने लिये विधान बनाने के लिये एकत्रित हुए हैं। जब तक हम सर्वसत्ताधारी न हों, हम अपने लिये विधान नहीं बना सकते। अभी तक इंग्लैंड की पार्लियामेंट विधान बनाती थी। यही बात कि हम विभिन्न विधान मण्डलों द्वारा चुने गये हैं और यहाँ विधान

बनाने के लिये आये हैं, यह सिद्ध करती है कि सर्वसत्ता लोगों में स्थित है।

महावीर त्यागी : निस्संदेह हम यहाँ एक सर्वसत्ताधारी सभा के रूप में एकत्रित हैं। परन्तु भविष्य में क्या होगा? अंग्रेजों ने इस सर्वसत्ता को हमें सौंपा है। आप उसे लोगों को क्यों नहीं देते?

उपाध्यक्ष : आप उन्हें बोलने दीजिये।

एम. अनन्तशयनम् आयंगर : मैं श्री महावीर त्यागी के प्रश्न का उत्तर दूँगा। हम यहाँ प्रौढ़ मताधिकार के आधार पर नहीं आये हैं, परन्तु हम यहाँ तीस करोड़ लोगों का प्रतिनिधित्व करते हैं और यहाँ अपने लिये विधान बनाने के लिये एकत्रित हुए हैं। यदि हम जन साधारण की तरफ से विधान बनाने में समर्थ हैं, तो इससे यह सिद्ध होता है कि भविष्य में जब बड़े हितों का प्रतिनिधित्व करने के लिये प्रौढ़ मताधिकार के आधार पर सदस्य चुने जायेंगे, तो वह सभा और अधिक सच्चाई के साथ सर्वसत्ताधारी होगी। इससे यह सिद्ध होता है कि सर्वसत्ता लोगों में स्थित है। इसलिये मैं समझता हूँ कि इस खण्ड को जैसे का तैसा रहने देने में कोई कठिनाई न होगी और मेरे विचार से इस संशोधन में जिस प्रविष्टि का सुझाव किया गया है, वह अनावश्यक है। मैं सभा का ध्यान केवल अमेरिका के विधान की प्रस्तावना की ओर आकर्षित करता हूँ, जिसमें कहा गया है:

'हम, संयुक्त राज्य के लोग अधिक सम्पूर्ण संघ स्थापित करने, न्याय की व्यवस्था करने तथा घरेलू शांति का आश्वासन देने के लिये...।'

इस विधान में कई अनुच्छेद हैं। बाद में विधान में संशोधन किये गये थे। अमेरिका के विधान निर्माताओं ने या उन लोगों ने जिन्होंने बाद को विधान में संशोधन किये थे, कभी भी यह नहीं कहा कि विधान में कोई बात रह गई है या यह कि सर्वसत्ता उनमें स्थित है, लोगों में स्थित नहीं है। इसलिये यह अनावश्यक है। एक प्रकार का सन्देह उत्पन्न किया गया है और फिर उसे दूर करने के लिये एक संशोधन उपस्थित किया जाता है। इसके अतिरिक्त एक कठिनाई और है। जो बातें दब गई हैं, उन्हें मैं दबे ही रहने देना चाहता हूँ। जहाँ तक रियासतों का प्रश्न है कुछ रियासतों के नरेश सर्वसत्ता की मांग कर रहे हैं और हम उन्हें समाप्त करने के लिये प्रयत्नशील हैं उनमें से कई समाप्त कर दिये गये हैं और ये नरेश इन रियासतों में आ गये हैं। पहली अनुसूची के भाग 3 में किसी न किसी रूप में नरेश रियासतों से सम्बद्ध हैं। लोग अपने अधिकारों की मांग करने लगे हैं और यही एक ऐसा कारण है, जिससे सारी बात समाप्त हो जायेगी। जैसा कि संशोधन में सुझाव किया गया है, मैं इस खण्ड को इस स्थान पर समाविष्ट नहीं होने देना चाहता हूँ। यह काफी है कि यह बात प्रस्तावना तक ही सीमित रखी जाये और उसे चलने दिया जाये। हम सर्वसत्ताधारी हैं और इसी हैसियत से हम यहाँ एकत्रित हुए हैं और हम अपने लिये विधान बनायेंगे। एक भूत खड़ा करने और बाद में उसे परास्त करने से कोई लाभ न होगा। श्रीमान्, मैं इस संशोधन का विरोध करता हूँ।

लोकनाथ मिश्र : उपाध्यक्ष महोदय, इस सभा के एक माननीय सदस्य ने इस संशोधन का इस कारण विरोध किया है कि इसे स्वीकार करने से विधान का सारा ढांचा, यह सारी योजना बदल जायेगी। मेरे विचार से यह एक साहसपूर्ण वक्तव्य है और मैं इस प्रकार के वक्तव्य को स्वीकार नहीं करना चाहता। यदि विधान का ढांचा बदल जाता है, तो हमने इसकी तो प्रतिज्ञा नहीं की है कि वह नहीं बदला जायेगा और हम केवल उन्हीं बातों को स्वीकार करेंगे, जिससे वह न बदले। इसलिये मुझे यह वक्तव्य संकटापन्न प्रतीत होता है कि हम इसे इसलिये स्वीकार नहीं करेंगे, क्योंकि इससे विधान के मसौदे की सारी योजना बदल जाती है। यदि आवश्यकता हो, तो उसे बदलने ही के लिये हम यहाँ उपस्थित हैं। परोक्ष रूप से इसका अर्थ यह है कि इस विधान का आधार, इसकी

योजना तथा इसका ढांचा इस प्रकार का है कि वह इस संशोधन में सन्निहित सिद्धान्त के प्रतिकूल है। यदि यह स्थिति है, तो वह मेरे विचार से और भी अधिक संकटापन्न है, क्योंकि इस संशोधन में स्पष्टतया केवल इतना ही कहा गया है कि भारत की सर्वसत्ता भारत के जनसाधारण में ही स्थित है।

अब मेरे एक मित्र ने अभी कहा कि वह वास्तव में भारत के लोगों में स्थित है और इसलिये यह संशोधन अनावश्यक है। मैं यह निवेदन करता हूँ कि यह एक प्रकार से पाखण्डपूर्ण वक्तव्य है, क्योंकि मुझे स्मरण है कि डा. अम्बेडकर ने कहीं पर बोलते हुए यह कहा था कि सर्वसत्ता भारत सरकार में सन्निहित है; परन्तु मैं समझता हूँ कि भारत सरकार और भारत के लोगों में अन्तर है। वे एक भी हो सकते हैं और भिन्न भी। यह हो सकता है कि भारत सरकार का एक अर्थ समझा जाये और भारत के लोगों का दूसरा अर्थ। एक दिन यही स्थिति थी। इसलिये हमें यह स्पष्ट कर देना चाहिये कि हमारी सर्वसत्ता कहाँ स्थित है। क्या वह भारत के लोगों में स्थित है? क्या वह मंत्रिमण्डल में स्थित है? क्या वह सरकार में स्थित है? क्या वह प्रधान में स्थित है या कहीं और स्थित है? इसलिये मेरे विचार से इस कमी को हमेशा के लिये पूरा कर देने के लिये हमें यह घोषित कर देना चाहिये कि सर्वसत्ता भारत के प्रत्येक नागरिक में सन्निहित है। कम से कम इस उद्देश्य से यह संशोधन बहुत ही उपयुक्त है। मैं इस पर जोर नहीं देना चाहता कि इस संशोधन को स्वीकार करके इस जगह स्थान दे देना चाहिये, परन्तु यह स्पष्ट कर देना चाहिये कि हमें यह सन्देह करने की आवश्यकता नहीं कि सर्वसत्ता भारत के प्रत्येक नागरिक में सन्निहित नहीं है। इसलिये मैं इस संशोधन की भावना का समर्थन करता हूँ और यह दुहराना चाहता हूँ कि वास्तव में भारत की सर्वसत्ता प्रत्येक नागरिक में सन्निहित है, चाहे वह कितना ही बड़ा हो या छोटा, पंडित हो या पंडित न हो, मूर्ख हो या बुद्धिमान। वह लोगों की होगी और हमेशा के लिये उन्हीं की होगी।

उपाध्यक्ष : अब मैं इस संशोधन पर मत लेता हूँ।

महावीर त्यागी : उपाध्यक्ष महोदय, मसौदा बनाने वाले विद्वान सदस्य महोदय ने जो कुछ कहा है, अर्थात् यह कि इस मसौदे के होते हुए भी सर्वसत्ता लोगों में ही सन्निहित है, उसको दृष्टि में रखते हुए मैं अपने संशोधन पर जोर नहीं देना चाहता। श्रीमान्, मुझे आशा है कि डा. अम्बेडकर इससे सहमत हैं कि इस मसौदे का यह अर्थ है कि सर्वसत्ता लोगों ही में सन्निहित है। इनका स्पष्टीकरण भविष्य में देखने के लिये सरकारी कागजात में दर्ज हो सकता है।

डा. बी.आर. अम्बेडकर : इसमें कोई सन्देह नहीं है कि वह लोगों ही में सन्निहित है। मैं अपने मित्र से यह भी कह देना चाहता हूँ कि प्रस्तावना पर विचार-विमर्श करते समय यदि इस प्रश्न को फिर उठाया जायेगा, तो मुझे किंचितमात्र भी आपत्ति न होगी।

महावीर त्यागी : तो मैं अपना संशोधन वापस लेने के लिये सभा की अनुमति चाहता हूँ।

सभा की अनुमति से संशोधन वापिस ले लिया गया।

प्रो. के.टी. शाह : उपाध्यक्ष महोदय, मेरा यह प्रस्ताव है कि:

अनुच्छेद 1 के खण्ड (1) में 'States' शब्द के बाद 'equal inter se' शब्द जोड़ दिये जायें।

इस सभा से इस संशोधन को स्वीकार करने की सिफारिश करते हुए मैं मसौदा समिति के सभापति के प्रति, हमारे सामने विधान की रूपरेखा की एक नवीन व्याख्या

अध्यक्ष : अब मैं मौलाना हसरत मोहानी से कहूँगा कि वे अपना संशोधन पेश करें।

कारों की संख्या-तख्तियों पर हिन्दी के अंक होने चाहिए
(10 जून, 1949)

भारतीय संविधान सभा की कार्यवाही सुबह आरंभ ही हुई थी कि सेठ गोविंद दास ने सभापति डॉक्टर राजेंद्र प्रसाद से आग्रह किया कि आज की कार्रवाई आरंभ करने से पहले मैं आपका ध्यान हिन्दुस्तान टाइम्स के 9 तारीख के अंक की ओर दिलाता हूँ, जिसमें वाहनों पर मोटर प्लेट्स के प्रश्न को मैंने यहाँ उठाया था, उस सम्बन्ध में दिल्ली पुलिस ने होम डिपार्टमेंट को लिखा है। वे लिखते हैं कि गृह मन्त्रालय का ध्यान भारतीय मोटर वाहन अधिनियम 1949 की ओर ध्यान आकृष्ट किया गया है। जिसके अनुसार वाहन तख्तियों पर गाड़ी संख्या अंग्रेजी अक्षरों व अंकों में होनी चाहिए। आगे यह लिखा गया है कि भारतीय मोटर वाहन अधिनियम समस्त देश पर लागू है और दिल्ली प्रशासन को भी इसमें संशोधन करने का अधिकार नहीं है।

सेठ गोविंददास ने यह आग्रह किया कि उनके मध्य प्रांत में भी इसी कानून के अनुसार कार्रवाई होती है। इसके बावजूद भी वहाँ के वाहनों पर अंक हिन्दी में हैं। आप यह भी जानते हैं कि पार्लियामेंट के नियमों के अनुसार पार्लियामेंट में जो भाषण होते हैं वह भी अंग्रेजी में होने चाहिए पर हमारी पार्लियामेंट के स्पीकर श्री मावलंकर साहब ने अनेक बार यह किया है कि वर्तमान परिस्थितियाँ बदल गई हैं, तो उसी प्रकार के नियमों को लागू किया जाए। पार्लियामेंट में बराबर हिन्दी में भाषण होते हैं और मैं आपसे ये कहना चाहता हूँ कि दिल्ली पुलिस प्रशासन की जो दलील है, वह कॉमनसेंस और वर्तमान परिस्थिति के प्रतिकूल है, यह बड़ी बेहूदी दलील है। मैं आपसे प्रार्थना करता हूँ कि कोई खास स्थिति उत्पन्न न होने पाए इसके लिए इस सम्बन्ध में आपको कुछ ना कुछ करने की कृपा करनी चाहिए।

मद्रास के सदस्य एल. कृष्णस्वामी भारती ने आपत्ति दर्ज करते हुए कहा कि सभा में बोलने के लिए कोई प्रस्ताव होना चाहिए। मैं ये जानना चाहता हूँ कि सेठ गोविंद दास का ऐसे बात आरंभ कर देना, जो सदन के समक्ष है ही नहीं, कैसे नियमाकूल है? यदि कोई शिकायत है तो यह अधिक उचित है कि वे अध्यक्ष महोदय से जाकर मिल लें और इन सब मामलों की चर्चा यहाँ ना करे। सदस्य के बोलने के लिए प्रस्ताव होना चाहिए, क्या मैं जान सकता हूँ कि वे किस प्रस्ताव पर बोल रहे थे? इस पर सभापति डॉक्टर राजेंद्र प्रसाद ने उत्तर दिया कि सदन के समक्ष कोई प्रस्ताव नहीं है। माननीय सदस्य ये उस दिन मेरा ध्यान इस बात की ओर आकृष्ट किया था कि एक माननीय सदस्य की कार संख्या तख्ती हिन्दी में होने के कारण उनको कुछ कहा गया था। मैंने आश्वासन दिया था कि मैं मामले की छानबीन करूँगा। उन्होंने मेरा ध्यान इसी ओर आकृष्ट किया है कि हिन्दुस्तान टाइम्स में भी इस विषय पर लेख प्रकाशित हुआ है। वे उसे पढ़कर सुना रहे थे। इस पर एल. कृष्णास्वामी भारती ने कहा कि उचित तरीका यह है कि वे आप के कमरे में आपसे मिल लेते और मेरे विचार से यह सब मामले सदन के सामने पेश नहीं करने चाहिए, इससे अच्छा उदाहरण नहीं प्रस्तुत होगा।

इस मुद्दे पर बालकृष्ण शर्मा ने सेठ गोविंददास का साथ दिया। उन्होंने कहा कि यह सदस्यों के विशेषाधिकार का प्रश्न है। एल. कृष्णा स्वामी भारती ने स्पष्टीकरण दिया कि मैं विषय के महत्त्व को कम नहीं कर रहा हूँ। पंडित बालकृष्ण शर्मा ने कहा कि वह भी एक निवेदन करना चाहते हैं कि मेरे माननीय मित्र के यह प्रश्न कुछ गम्भीर प्रतीत नहीं होते हैं क्योंकि यह सदस्यों के विशेषाधिकार का प्रश्न है। किसी भी माननीय सदस्य को ऐसा मामला सूचना देकर या बिना सूचना के सदन में लाने का अधिकार है। मेरे माननीय मित्र ने जो औचित्य का प्रश्न उठाया है वह है कि कोई प्रस्ताव नहीं है, लेकिन ऐसी कई घटनाएँ हो चुकी हैं और मैं स्वयं ऐसी ही स्थिति में था और आप ने कृपा करके मुझे उन परिस्थितियों में मुद्दा उठाने की अनुमति दी थी। हमें साँसद होने के नाते यहाँ प्रश्न उठाने का पूरा अधिकार है चाहे सूचना ना भी दी गई हो। सभापति डॉक्टर राजेंद्र प्रसाद ने बताया कि उन्होंने इस मामले की जांच की थी जिस दिन यह मामला उठाया गया था। विशेषाधिकार सम्बन्धित प्रश्न पर कोई निर्णय नहीं दूँगा और मामले को सरकार के पास भेज दूँगा।

पंडित बाल कृष्ण शर्मा जी ने अपनी बात रखते हुए फिर कहा कि मैं उनमें से हूँ जो दिल्ली प्रशासन द्वारा सताए गए हैं। पहली अप्रैल को मेरी कार का चालान कर दिया गया था और मैंने जल्दी होने के कारण प्रेस को सूचना नहीं दी थी। मैंने उपायुक्त को पत्र लिखा था, मैं कोई यह भेद नहीं खोल रहा हूँ। उस दिन माननीय प्रधानमन्त्री जी के यहाँ प्रीतिभोज में उपायुक्त से मिलने का अवसर प्राप्त हुआ और मैंने हिन्दी में तख्तियाँ होने का प्रश्न उनसे किया। उपायुक्त ने कहा कि मोटर व्हीकल एक्ट में एक खंड है जिसके अनुसार समस्त कारों पर संख्या तख्तियाँ अंग्रेजी अंकों में होनी चाहिए। उन्होंने आगे चलकर यह भी कहा कि अधिनियम के वर्तमान रूप के होते हुए दिल्ली प्रशासन को अन्य अनुदेश नहीं दे सकते हैं। मेरा उनसे यही निवेदन रहा है कि दिल्ली प्रांत ऐसे प्रांतों से घिरा हुआ है जिन्होंने हिन्दी को अपनी राजभाषा और देवनागरी को ही अपनी राजलिपि घोषित कर दिया है। डॉक्टर राजेंद्र प्रसाद ने माहौल गर्म होते देख शांति बनाए रखने के लिए कहा। उन्होंने कहा कि जो आप मुझे सूचना देना चाहते हैं, वह मुझे पता है। जैसा कि मैंने पहले भी कहा कि विशेषाधिकार के प्रश्न पर मुझ पर जोर न डालें, ये शायद उनके हित में नहीं होगा। मैं पहले भी कह चुका हूँ। ये मामला सरकार को भेजा जाएगा। डॉक्टर बी आर अंबेडकर ने यह कह कर मामले का पटाक्षेप किया कि विधि का उल्लंघन करने को कोई विशेषाधिकार नहीं हैं।

राष्ट्रभाषा की घोषणा हो
(30 जुलाई, 1949)

सुबह संविधान सभा की कार्यवाही शुरू होते ही सेठ गोविंददास ने सभापति से कहना आरंभ किया कि इससे पहले हम आगे बढ़ें मैं एक बात की ओर सबका ध्यान आकर्षित करना चाहता हूँ। जब से हम लोग यहाँ आए हैं तब से भाषा के सम्बन्ध में तरह-तरह की बातें सुन रहे हैं, यह कहा जा रहा है कि राष्ट्रभाषा का सवाल पार्लियामेंट के ऊपर छोड़ दिया जाएगा। आपने बार-बार इस बात को कहा कि हम केवल राष्ट्रभाषा का प्रश्न ही यहाँ हल नहीं करेंगे बल्कि अपना विधान भी अपनी भाषा में बनाएँगे। अब यह अन्तिम अधिवेशन है और मुझे इस बात का पता चला है कि जो कमिटी आपने विधान के अनुवाद के सम्बन्ध में नियुक्त की थी उस ने उन धाराओं का हमारी भाषा में अनुवाद कर लिया है, जो हम यहाँ पास कर चुके हैं। मैं चाहता हूँ कि आप इन अफवाहों का खंडन करें और निश्चित करें कि ये राष्ट्रभाषा का प्रश्न हम अपनी पार्लियामेंट पर ना छोड़ कर इस विधान परिषद में निश्चित करेंगे, क्योंकि उसके बिना मेरा अपना मत है कि सारा विधान ही अधूरा रहता है। इसके साथ मैं यह चाहता हूँ कि आप तीन विषयों के लिए—हमारी राष्ट्रभाषा कौन सी होगी, हमारा राष्ट्रीय गीत क्या होगा और हमारे देश का नाम क्या होगा? इन विषयों पर निर्णय करने की लिए तिथि निर्धारित कर दीजिए। जिससे लोगों को मालूम हो जाए कि इन तारीखों पर ये सवाल लिए जाएँगे। इस पर मद्रास के सदस्य डॉ. बी. पट्टाभि सीतारमय्या ने आपत्ति दर्ज करते हुए कहा कि मैं समझता था कि यह बात मान ली गई है और जब कोई सदस्य ऐसा प्रश्न उठाना चाहता है जो कार्यक्रम में नहीं है उसे अध्यक्ष के कमरे में जाकर कहना चाहिए। मैं ये जानना चाहता हूँ कि इस प्रक्रिया का इस विषय में पालन किया गया है अथवा नहीं? इस पर सभापति डॉक्टर राजेंद्र प्रसाद ने उत्तर दिया 'नहीं'। इस पर डॉ. सीतारमय्या ने कहा कि यकायक ऐसे विषय को श्रोताओं के सामने रखना और लंबे भाषण देना समस्त आदेश तथा प्रक्रिया के विरुद्ध है।

सभापति डॉक्टर राजेंद्र प्रसाद ने कहा कि प्रश्न यह है कि क्या राष्ट्रभाषा का प्रश्न संसद पर छोड़ा जाए? यह पूर्णतया इस सदन के निश्चय पर निर्भर है। इस सदन को ही इस प्रश्न पर विचार करना है। मैं नहीं समझता कि कोई आगे और प्रश्न उठता है जब वह अनुच्छेद आएगा तब उस पर भी विचार होगा।

प्रत्येक विश्वविद्यालय विद्यार्थियों को एक प्रादेशिक भाषा सिखाए
(7 सितम्बर, 1949)

सतीश चन्द्र सामन्त (पश्चिमी बंगाल : जनरल) ने सभापति को सम्बोधित करते हुए कहा कि आदरणीय अध्यक्ष महोदय, मैं प्रस्ताव पेश करता हूँ:

''कि उपरोक्त संशोधन संख्या 2 में प्रस्तावित अनुच्छेद 282 के साथ यह परन्तुक जोड़ दिया जाये:

'Provided further that no person shall be eligible for appointment to any of the superior public services and posts in connection with affairs of the Union unless he is thoroughly conversant with any other regional language of India besides the National language of India.'

[परन्तु यह और भी कि यदि कोई व्यक्ति भारत की राष्ट्र भाषा के सहित अन्य किसी प्रादेशिक भाषा का पूर्ण जानकार नहीं है तो संघ सम्बन्धी किसी उच्च लोकसेवा तथा पद पर नियुक्त होने का वह पात्र नहीं होगा।]

श्रीमान्, मैंने जो संशोधन पेश किया है, उसके सम्बन्ध में मैं विश्वविद्यालय आयोग के प्रतिवेदन और उसकी सिफारिशों की ओर निर्देश करना चाहता हूँ, तथा गत अगस्त में दिल्ली में भाषा सम्मेलन द्वारा पारित एक संकल्प की ओर भी निर्देश करना चाहता हूँ। डॉक्टर सर्वपल्ली राधाकृष्णन के सभापतित्व में विश्वविद्यालय आयोग ने यह सिफारिश की है कि राज्य भाषा के साथ-साथ प्रत्येक विश्वविद्यालय अपने विद्यार्थियों को एक और प्रादेशिक भाषा सिखाये। भाषा सम्मेलन में भी एक संकल्प पारित किया गया है कि प्रान्त या राज्य की प्रादेशिक भाषा को छोड़कर प्रत्येक व्यक्ति को भारत की किसी अन्य प्रादेशिक भाषा का ज्ञान होना चाहिये। श्रीमान्, भारत एक ऐसा देश है जिसमें बहुत सी भाषायें हैं, एक दूसरे से भिन्न बहुत सी भाषायें हैं और भारत को एक बनाने के लिये सब भारतीयों को एक भाषा सीखनी चाहिये और उसके द्वारा साधारण व्यक्ति से अथवा परस्पर परिचय बढ़ाना चाहिये। जब तक हम सबकी एक भाषा नहीं होती तब तक हमें एक और प्रादेशिक भाषा सीखनी चाहिये। अत: मैं चाहता हूँ कि कम से कम संघ के उच्च पदाधिकारी भारत की सरकारी भाषा के साथ-साथ भारत की एक और प्रादेशिक भाषा को भी जानें जिससे कि वे जनसाधारण से सम्पर्क में आ सकें और स्वतन्त्रतापूर्वक मिल-जुल सकें। श्रीमान, मैं यह जानता हूँ कि मेरे संशोधन के विरुद्ध यह कहा जायेगा कि यह बात नियम विनियमों के अधीन आ जायेगी। पर इस विषय के महत्त्व को समझते हुए मैं निवेदन करता हूँ कि यह संशोधन संविधान में प्रविष्ट कर दिया जाये। यह मेरी प्रार्थना है और मैं आशा करता हूँ कि सभा मेरे संशोधन को स्वीकार करेगी।

संघ की भाषा अंग्रेजी हेतु प्रस्ताव
(7 सितम्बर, 1949)

डॉ. मनमोहन दास (पश्चिमी बंगाल : जनरल) : अध्यक्ष महोदय श्रीमान्, मैं प्रस्ताव पेश करता हूँ:

''कि सूची .1 (सप्तम) के संशोधन संख्या 2 में प्रस्थापित अनुच्छेद 282 के अन्त में यह परन्तुक जोड़ दिया जाये—

Provided that, in order to be recruited for any of the posts in connection with the affairs of the Union, a candidate must be thoroughly conversant in the following languages—

(i) The official language of the Union.

(ii) The English language.

(iii) Any other regional language of the Union except the official language.'

[परन्तु संघ के कार्यों से सम्बद्ध किसी पद पर भर्ती होने के लिये किसी उम्मीदवार को इन भाषाओं का पूर्ण ज्ञान होना चाहिये।

(1) संघ की सरकारी भाषा।

(2) अंग्रेजी भाषा।

(3) सरकारी भाषा को छोड़कर अन्य कोई एक प्रादेशिक भाषा।]

श्रीमान्, मेरा संशोधन यह प्रस्थापित करता है कि संघ सरकार के अधीन पदाधिकारी के रूप में भर्ती होने के लिये किसी उम्मीदवार को कम से कम तीन भाषाओं का अर्थात् अंग्रेजी, संघ की सरकारी भाषा और देश की सरकारी भाषा से भिन्न एक प्रादेशिक भाषा का ठीक काम करने लायक ज्ञान होना चाहिये। डॉ. अम्बेडकर द्वारा पेश किये गये संशोधन के अनुच्छेद 282 में राष्ट्रपति को केन्द्रीय सरकार के अधीन सेवाओं की भर्ती के सम्बन्ध में नियम तथा विनियम बनाने की शक्ति सौंपी गई है। ये सिद्धान्त इतने महत्त्वपूर्ण हैं कि मैं यह अनुभव करता हूँ कि इनको राष्ट्रपति के प्रसाद तथा इच्छा पर नहीं छोड़ देना चाहिये वरन् इनको संविधान में स्थान मिलना चाहिये।

श्रीमान्, केन्द्र के किसी सरकारी पदाधिकारी को अंग्रेजी का काम करने लायक ज्ञान अत्यावश्यक रूप से अपेक्षित होना चाहिये क्योंकि आज अंग्रेजी व्यवहार्यत: संसार की अन्तरराष्ट्रीय भाषा बन गई है। इसके साथ-साथ 150 वर्षों से भी पूर्व से अंग्रेजी माध्यम द्वारा ही वैज्ञानिक तथा प्रौद्योगिक विषयों की शिक्षा इस देश के लोगों को दी जा रही है। यह बात भी है कि भारत और विदेशों का सम्बन्ध जो दिन प्रति दिन अधिकाधिक दृढ़ होता जा रहा है, अंग्रेजी भाषा के माध्यम द्वारा ही निभाया जा रहा है। अत: यह हमारी सरकार के लिये हानिकारक होगा यदि केन्द्रीय सरकार के अधीन पदाधिकारियों में अंग्रेजी भाषा में काम करने लायक ज्ञान का अभाव हो।

दूसरी बात यह है कि संघ सरकार के अधीन हमारे पदाधिकारियों को हमारी राष्ट्रभाषा का पूर्ण ज्ञान होना चाहिये क्योंकि यह संघ की सरकारी भाषा है।

तीसरी बात यह है कि संघ सरकार के अधीन हमारे पदाधिकारियों के लिये हमारी सरकारी भाषा से भिन्न किसी प्रादेशिक भाषा का काम करने लायक ज्ञान रखना अपेक्षित होगा। श्रीमान, भारतीय संघ में भिन्न-भिन्न भाषा भाषी अनेक प्रांत हैं और केन्द्रीय सरकार को सदैव प्रान्तों और राज्यों से निकट सम्पर्क में रहना चाहिये। अत: यह आवश्यक है तथा अत्यावश्यक है कि केन्द्रीय सरकार के अधीन हमारे पदाधिकारियों को उन राज्यों की प्रादेशिक भाषा का कम से कम कुछ काम करने लायक ज्ञान होना चाहिये जो आज भारतीय संघ में सम्मिलित है। भारत के राज्यों की प्रादेशिक भाषाओं का यह ज्ञान एक दूसरे दृष्टिकोण से भी आवश्यक है। यह शैक्षणिक अर्हताओं को एक स्तर पर बनाये रखने के हेतु है विशेषकर हमारी केन्द्रीय सेवाओं के सदस्यों में भाषा सम्बन्धी अर्हताओं को।

श्रीमान्, इस सभा ने अभी तक देश की सरकारी भाषा को नहीं चुना है। इस विषय पर वाद-विवाद से कटु परिणाम उत्पन्न हो जाने की आशंका से बचने के लिये हमने इस वादहेतु को अब तक स्थगित रखा है। पर वह समय आ गया है जब कि हम और अधिक समय के लिये इस विषय को स्थगित नहीं रख सकेंगे और अविलम्ब ही हमें कुछ न कुछ विनिश्चय करना पड़ेगा। श्रीमान, जनसंख्या के उस एक वर्ग को जिसकी मातृ भाषा इस सभा द्वारा देश की सरकारी भाषा स्वीकार की जायेगी, उन वर्गों की अपेक्षा जिनकी मातृ भाषा भारत की इस सरकारी भाषा के समान नहीं होगी, अनुचित, अन्यायपूर्ण तथा स्वाभाविक लाभ होगा। इस अन्तर को मिटाने के लिये........

डॉ. बी. आर. अम्बेडकर : मैं समझता हूँ कि मेरे मित्र इस विषय पर बहुत कुछ कह चुके हैं, और अधिक कहने की आवश्यकता नहीं है। हम उनकी बात समझ गये हैं। हमें आज कम से कम एक अनुच्छेद तो समाप्त कर लेना चाहिये।

डॉ. मनमोहन दास : यदि यह बात है तो मैं चुप होता हूँ।

मातृभाषा में परीक्षाएँ हों
(7 सितम्बर, 1949)

महावीर त्यागी (संयुक्तप्रान्त : जनरल) : श्रीमान्, मैं प्रस्ताव पेश करता हूँ-

"कि सूची 1 (सप्तम सप्ताह) के संशोधन संख्या 2 में प्रस्थापित अनुच्छेद 282 के अन्त में यह परन्तुक जोड़ दिया जाये:

'Provided further that all tests, examinations, interviews and competitions held for the purpose of selecting candidates for services and posts in connection with the affairs of the Union or a State shall, as far as practicable, be conducted in the language recognised for the official purposes of the Union or the State as the case may be.'

(परन्तु यह और भी कि संघ अथवा राज्य के कार्यों से सम्बद्ध सेवाओं और पदों के लिये अभ्यर्थी चुनने के प्रयोजन के लिये सब इम्तिहानों, परीक्षाओं, परिचयों तथा प्रतियोगिताओं का संचालन जहाँ तक हो सके यथास्थिति संघ अथवा राज्य के सरकारी प्रयोजनों के लिये अभिज्ञात भाषा में किया जायेगा।)

यह बहुत ही साधारण संशोधन है। 150 वर्षों से समस्त देश की यह शिकायत रही है कि देश में जो बुद्धिमान और चतुर व्यक्ति उत्पन्न हुए उनको अंग्रेजों ने कभी अभिज्ञात नहीं किया। उनका एक अपने ही ढंग का बुद्धिवाद था जिसके द्वारा वे समझते थे कि वे इस देश पर प्रशासन चला सकेंगे। अतः जिन लोगों ने अंग्रेजी भाषा सीखी और जो अंग्रेजी ढंग से आचरण करने लगे उनको शिक्षित समझा गया और देश की सरकार का प्रभार सम्भालने के लायक समझा गया। मुझे दुःख यह है कि आज भी वही हालत है। जैसा कि महात्मा गांधी ने कहा था देश ने स्वतंत्रता के लिये अंग्रेजों के विरुद्ध ही युद्ध नहीं किया। वह गोरी जाति के ही विरुद्ध न था। वह युद्ध हमने नौकरशाही के विरुद्ध लड़ा था और हम उससे मुक्त होना चाहते थे। और अब वह नौकरशाही वैसी ही है जैसी कि थी। मेरी सम्मति के अनुसार शासन उन लोगों के द्वारा नहीं चलाया जाना चाहिये जो भाड़े के टट्टू हैं जो अपनी बुद्धि को भाड़े पर चलाते हैं। मैं तो एक भिन्न विचारधारा का व्यक्ति हूँ। अंग्रेजी शिक्षा को मैं भारत के लिये अभिशाप समझता हूँ। ये सब पुस्तक-कीट जो अपने विदेशी उच्चारण पर गर्व करते हैं उच्चतर भावना के शिकार होते हैं। सामान्यतया ये लोग कदाचारी तथा अराष्ट्रीय हैं। मैं समझता हूँ कि सरकारी सेवकों को उनकी आवश्यकता के अनुसार वेतन दिया जाये और अपनी बुद्धि का सौदा करने के लिये उन्हें प्रोत्साहित न किया जाये। राज्य की सेवा करने के लिये उन्हें स्वयंसेवकों की भांति अपने आपको अर्पण करना चाहिये। तभी पुरानी शैली में परिवर्तन होगा और यह तभी हो सकता है जब कि हम अंग्रेजी भाषा का परित्याग करें और गौरव सहित अपनी संस्कृति को अपनायें। सारा जोर अंग्रेजी भाषा पर है। सेवा के लिये अभ्यर्थी चुनने की वर्तमान प्रणाली के मैं विरुद्ध हूँ। मेरे मित्र श्री मनमोहन दास शिकायत करते हैं कि यदि हिन्दी सरकारी भाषा बना दी जायेगी तो जो लोग हिन्दी भाषा भाषी प्रान्त के नहीं हैं वे उन लोगों से प्रतियोगिता में पिछड़ जायेंगे

जो हिन्दी भाषा भाषी प्रान्त के हैं। अतः मैं सुझाव देता हूँ कि सब बातों की परीक्षा केवल हिन्दी में ही न ली जाये। मैं अकेली हिन्दी के पक्ष में नहीं हूँ। मेरा निवेदन यह है कि प्रत्येक अभ्यर्थी की उसकी मातृ भाषा में परीक्षा ली जाये। अपनी मातृ भाषा में कोई व्यक्ति अपने विचारों की सर्वोत्तम अभिव्यंजना कर सकता है।

नजीरुद्दीन अहमद (पश्चिमी बंगालः मुस्लिम) : तो फिर लोक सेवा आयोग के सदस्यों को उस अभ्यर्थी की भाषा सीखनी पड़ेगी जिसकी वे परीक्षा करना चाहते हैं।

महावीर त्यागी : यदि आप इस प्रकार का विधान बनायेंगे तो उनको वे भाषायें सीखनी पड़ेंगी।

नजीरुद्दीन अहमद : भारत में लगभग 130 मुख्य भाषायें हैं और लगभग 200 बोलियाँ हैं।

महावीर त्यागी : किसी अभ्यर्थी की बुद्धिमानी परखने के लिये यह आवश्यक नहीं है कि इस बात की परीक्षा की जाये कि उसने कितनी मात्रा में आक्सफोर्ड विश्वविद्यालय की उच्चारण शैली को ग्रहण किया है। आप उसकी परीक्षा हिन्दुस्तानी में, मद्रासी में, बंगाली में या अन्य किसी भाषा में कर सकते हैं। भाषा में विज्ञ होना ही शिक्षा की एकमात्र कसौटी नहीं है। शिक्षित होने के लिये व्यक्ति में संसार का सामान्य ज्ञान होना चाहिये और उसे यह सिद्ध करना चाहिये कि स्वयं अपने ऊपर आचरण करके उसने ज्ञान से पूर्ण लाभ उठाया है और उसने ज्ञान को हृदयंगम कर लिया है। अपने स्वभाव और व्यवहार में उसे अपने ज्ञान को चरितार्थ करना चाहिये। परन्तु आज जैसा कि हम देखते हैं विशेष जोर शुद्ध अंग्रेजी और स्वीकृत अंग्रेजी शैली में मेज पर के अच्छे आचरण पर है। ऐसे व्यक्तियों को परिचयों में चुना जाता है। यदि इसी तरह की हालत रहती है तो हम कभी भी स्वतंत्रता का उपभोग नहीं कर सकते। देश के सच्चे सपूतों को सरकारी नौकरी में भर्ती करने की एक मात्र ठीक विधि यह है कि अभ्यर्थियों की उनकी मातृभाषा में परीक्षा ली जाये।

अध्यक्ष : माननीय सदस्य ने विस्तारपूर्वक अपने विचार प्रकट कर दिये हैं। *श्री महावीर त्यागीः यदि आपको विश्वास हो गया है तो मैं आपका कृतज्ञ हूँ।

अध्यक्ष : मैंने यह नहीं कहा कि मुझे विश्वास हो गया है। आपने जो कुछ कहा उसे मैंने समझ लिया। समस्त सम्बद्ध संशोधन पेश हो चुके हैं।

एच.वी. कामत : आपकी अनुज्ञा से श्रीमान्, मैं कुछ शब्द कहूँगा। मैं दो मिनट से अधिक नहीं लूंगा।

मेरे मित्र श्री त्यागी द्वारा पेश किये गये इस संशोधन पर मैं यह कहना चाहता हूँ कि उनका उद्देश्य बहुत उच्च है, पर मुझे शंका है कि उनके संशोधन के प्रवर्त्तन करने में बड़ी कठिनाई होगी। आरम्भ में ही मैं यह कह दूँ कि इस प्रकार से किसी भी भाषा का विरोध करना पूर्णतया तर्क विरोधी है। अंग्रेजी भाषा का विरोध भी तर्क विरोधी है। हमने भारत में अंग्रेजी राज्य के विरुद्ध युद्ध किया पर अंग्रेजी भाषा के विरुद्ध कभी युद्ध नहीं किया। सभा को मैं यह याद दिलाऊँगा कि तुर्की के विदेशी राज्य से स्वतंत्र होने के पश्चात् ही कमाल अतातुर्क ने तुरन्त ही समस्त तुर्की के लिये रोमन लिपि स्वीकार की और उसको प्रख्यापित किया।

श्रीमान्, इस संशोधन के स्वीकार करने में दो कठिनाइयाँ हैं। सर्वप्रथम यह कि संघ के कार्यों से सम्बद्ध पद सबके सब एक ही श्रेणी के नहीं होते हैं। क्या श्री त्यागी यह चाहते हैं कि वाणिज्य दूत और राजनय सम्बन्धी पदों के लिये भी अभ्यर्थियों की परीक्षा भारतीय संघ की सरकारी भाषा में ही हो?

महावीर त्यागी : मैंने यह कहा था कि उस प्रदेश की भाषा में जहाँ का वह अभ्यर्थी है।

एच.वी. कामत : वे मेरी बात नहीं समझ पाये। मैं उनसे यह जानना चाहता हूँ कि बाहर वाणिज्य दूत तथा राजनय सम्बन्धी पदों के लिये चुने जाने वाले व्यक्तियों की केवल भारतीय भाषा में ही परीक्षा ली जाये।

महावीर त्यागी : मैंने ''जहाँ तक हो सके'' कहा है। यदि आप फ्रांस स्थित अपने दूतावास के लिये अभ्यर्थी चुन रहे हैं उसे फ्रैंच का ज्ञान होने दीजिये। पर उसकी परीक्षा उसकी ही मातृभाषा में हो। यदि किसी व्यक्ति की परीक्षा मराठी भाषा में ली जाती है तो मुझे कोई आपत्ति नहीं है।

एच.वी. कामत : मेरे मित्र ने सब इम्तिहान, परीक्षायें, परिचय और प्रतियोगितायें एक साथ अपने संशोधन में रख दी हैं। मैं उनको यह कहूँगा कि उनके संशोधन के भावों का मैं सम्मान करता हूँ। मैं केवल उन व्यावहारिक कठिनाइयों को बता रहा हूँ जो इस संशोधन के स्वीकार करने में आयेंगी। इंग्लैंड में भी राजनय सम्बन्धी और यहाँ तक कि गृह असैनिक सेवाओं की नियुक्तियों के लिये भी निर्वाचन मंडलियों द्वारा संचालित सब परीक्षायें अंग्रेजी भाषा में नहीं ली जाती हैं।

अध्यक्ष : श्री कामत ने केवल दो मिनट लेने का वचन दिया था, पर उन्होंने उससे अधिक समय ले लिया है।

एच.वी. कामत : श्रीमान्, मैं कुछ क्षणों में समाप्त किये देता हूँ। सभा को मैं यह बता दूँ कि इंग्लैंड में सब परीक्षायें अंग्रेजी ही में नहीं होती हैं। उसी प्रकार भारत में भी यह व्यवहार्य नहीं होगा कि सब इम्तिहान और परीक्षायें संघ या राज्य की सरकारी भाषा में ही ली जायें।

मैंने यह कहा था कि संघ के पदों की भिन्न-भिन्न श्रेणियाँ हैं और प्रत्येक श्रेणी के लिये विशिष्ट अर्हताओं की आवश्यकता है। दूसरी बात यह है कि किसी विशेष राज्य के लिये यह आवश्यक हो कि वह ऐसे पदाधिकारी रखना चाहे जो संघ सरकार से सम्बन्ध बनाये रखने के प्रयोजन के लिये हों। ऐसे पदों के लिये केवल राज्य की भाषा का ज्ञान ही पर्याप्त नहीं होगा। संघ की सरकारी भाषा के ज्ञान के साथ-साथ कदाचित् विदेशी भाषा का ज्ञान भी उन पदाधिकारियों के लिये जो राज्य और केन्द्र में सम्बन्ध बनाये रखने के लिये हैं तथा उन पदाधिकारियों के लिये जो विदेशों में हैं आवश्यक होगा। अतः मैं समझता हूँ कि श्री त्यागी का संशोधन........

अध्यक्ष : माननीय सदस्य अपनी समय-सीमा पार कर चुके हैं। क्या डॉ. अम्बेडकर बोलना चाहते हैं?

डॉ. बी. आर. अम्बेडकर : मैं एक भी संशोधन को स्वीकार नहीं करना चाहता हूँ।

भाषा सम्बन्धी संविधान का मसौदा जारी
(12 सितंबर, 1949)

भाषा के प्रश्न पर बहस की शुरुआत 12 सितंबर, 1949 को हुई और अन्त 14 सितंबर, 1949 को हिन्दी को राजभाषा के रूप में स्वीकार करके हुआ। संविधान सभा दोपहर 4:00 बजे अध्यक्ष डॉक्टर राजेंद्र प्रसाद के सभापतित्व में एकत्र हुई और भाषा सम्बन्धी संविधान का मसौदा जारी किया गया। आरंभ में ही डॉक्टर राजेंद्र प्रसाद ने सभी सदस्यों को आगाह किया कि यह विषय सदस्यों के विचारों को उद्वेलित करता है इसलिए वाद विवाद में भाग लेते समय इस बात का ध्यान रखा जाए कि जो यहाँ कहा जाएगा उसका प्रभाव पूरे देश पर पड़ेगा। इस विषय में आवेश उत्पन्न करने और भावनाओं को उत्तेजित करने के लिए कोई अपील नहीं होनी चाहिए। इस सभा में हिन्दी और हिन्दीतर भाषी सदस्यों ने हिन्दी को राजभाषा बनाने के साथ केंद्र में हिन्दी और रोमन अंकों के उपयोग पर काफी बहस की।

एन गोपालस्वामी आयंगर ने मसौदा पेश करते हुए इस बात को रेखांकित किया कि यह मसौदा बहुत विचार और बहुत वाद-विवाद के पश्चात तैयार हुआ है। परिणामस्वरूप जो कुछ बना है यह उन मतों का परस्पर समझौता है, जिनमें समझौता करना सरल नहीं था'।

इसके बाद आयंगर ने संविधान सभा में भाषा सम्बन्धी मसौदा पेश किया। इसके बाद सदस्यों ने अपनी बात रखनी आरंभ की और सेठ गोविंद दास ने प्रश्न किया कि आज मेरे सामने एक समस्या है कि आज सभा को किस भाषा में संबोधित करूँ? इस पर नजीरुद्दीन अहमद ने प्रतिक्रिया देते हुए कहा कि आप हिन्दी का समर्थन कर रहे हैं, इसलिए अंग्रेजी नहीं बोलनी चाहिए। इस पर दक्षिण के एस नागप्पा ने कहा कि माननीय सदस्य जो कुछ कहेंगे, प्रिय उससे हमें समझाए बिना ही विजय प्राप्त करना चाहते हैं। उनका मतलब था कि वह हिन्दी में सेठ गोविंददास के बोलने पर कुछ नहीं समझेंगे। अपने भाषण में सेठ गोविंद दास ने दक्षिण के सदस्यों को धन्यवाद देते हुए कहा कि जिन प्रांतों में हिन्दी भाषा नहीं बोली जाती उन प्रांतों के सभी सदस्यों का अनुग्रहित हूँ कि उन्होंने कम से कम एक बात स्वीकार कर ली है, चाहे उससे आप राष्ट्रभाषा कहें या राजभाषा कहें, वह हिन्दी ही हो सकती है। सेठ गोविंददास ने हिन्दी के पक्ष में अनेक तर्क दिये। नजीरुद्दीन अहमद ने अंग्रेजी के महत्त्व पर बल दिया, उनका कहना था कि अंग्रेजी को राजभाषा स्वीकार करना चाहिए। इसके लिए उन्होंने अमेरिका जैसे विकसित राष्ट्र का उदाहरण दिया। उनका मत था कि अंग्रेजी केवल ब्रिटेन की भाषा नहीं है। अंग्रेजी की सहायता से विज्ञान, आधुनिक विचार तथा संसार से जुड़ा जा सकता है।

सभा के दूसरे सदस्य घनश्याम सिंह गुप्त ने टोकते हुए कहा कि आपके संस्कृत के बारे में विचार सुनना चाहते हैं। उन्होंने कहा कि यदि कोई एक भाषा स्वीकार करनी है तो आप संसार की सर्वोत्तम कोटि की भाषा को स्वीकार करें। संस्कृत का पूरे विश्व में सम्मान है। इसके उन्होंने अनेक उदाहरण भी दिए।

हिन्दी के इतिहास में यह दिन काफी महत्त्वपूर्ण और चर्चित है। संविधान सभा में हिन्दी को राजभाषा बनाए जाने के लिए तैयार मसौदे पर सदस्यों ने अनेक संशोधन पेश किए। हिन्दी को राजभाषा बनाने पर लगभग सभी लोग सहमत होते दिखे लेकिन भारतीय अंकों को अन्तरराष्ट्रीय स्वरूप देने पर काफी विवाद हुआ। अनेक सदस्यों ने अपने विभिन्न मत प्रकट किए। एच गोपालस्वामी आयंगर ने इस तथ्य को उजागर किया गया कि संघ के सरकारी प्रयोजनों के लिए हमने हिन्दी भाषा को स्वीकार कर लिया है, फिर भी हमें ये मानना चाहिए कि हिन्दी भाषा काफी उन्नत नहीं है। कई दिशाओं में उसे समृद्धिशाली बनाना अपेक्षित है, उसमें आधुनिकता लाना अपेक्षित है, इसमें विचार ग्रहण करने के लिए सामर्थ्यवान बनाना अपेक्षित है, मात्र विचार ही नहीं, वरन शैली, अभिव्यंजना और अन्य भाषाओं की वाक्य शैली ग्रहण करने के लिए सामर्थ्यवान बनाना अपेक्षित है। मसौदे की सावधानियों का जिक्र करते हुए कहा कि भारतीय अंकों का अन्तरराष्ट्रीय स्वरूप ही स्थायी रूप होगा। बहस में यह विषय भी लाया गया कि प्रथम 15 वर्ष की अवधि तक इसमें लगभग समस्त परियोजनाओं के लिए अंग्रेजी भाषा का प्रयोग होगा, इस निर्देश की मांग उठी कि संघ के किसी एक अथवा अधिक योजना के लिए भारतीय अंकों के अन्तरराष्ट्रीय रूप के साथ साथ देवनागरी अंकों का भी प्रयोग हो। इसके साथ ही न्यायालय में भाषा के प्रयोग पर भी बात की गयी। इस दिन बाद विवाद के दौरान बांग्ला, उर्दू, संस्कृत, तमिल आदि भाषाओं की चर्चा हुई पर साथ ही अंग्रेजी के महत्त्व पर भी सदस्यों ने अपने विचार रखे। उपरोक्त भाषाओं की एक दूसरे से तुलना भी बहुत हुई। एस वी कृष्णमूर्ति ने मसौदे पर संशोधन प्रस्ताव रखते हुए कहा कि अंग्रेजी भाषा के इतिहास और विकास को देखें तो उसको अन्तरराष्ट्रीय महत्त्व केवल इस कारण प्राप्त हुआ है कि उसने स्वतंत्रतापूर्वक अन्य भाषाओं की शब्दों को अपनाया है। यदि हिन्दी भारत की सामान्य भाषा होना चाहती है और उन्नतशील राष्ट्र की आवश्यकताओं को पूरा करना चाहती है तो उसे अन्य भाषाओं से स्वतंत्रतापूर्वक शब्द ग्रहण कर अपना विकास करना चाहिए। जहाँ तक भाषा के विकास का सम्बन्ध है हम किसी संकीर्ण दृष्टिकोण को नहीं अपना सकते। मौलाना रहमान ने हिन्दी के रूपों को लेकर महात्मा गाँधी की भावनाओं को प्रदर्शित किया। उन्होंने कहा कि महात्मा गाँधी ने जिन बातों को ज्यादा अपनाया था और जो चन्द बातें उनके नजदीक बहुत अहम और जरूरी थीं उनमें आजादी के साथ भाषा और जबान का मसला भी बहुत अहम था। जब शुरू में हिन्दुस्तान में जुबान का मसला आया तो उनको हिन्दी साहित्य सम्मेलन ने अपना मेंबर बना लिया और उन्होंने हिन्दी को आगे बढ़ाने की कोशिश की। लेकिन जब गांधीजी ने यह सुना और धीरे धीरे यह देखा कि हिन्दी राइज है और उसमें ज्यादा से ज्यादा संस्कृत के शब्द भरने की कोशिश की जाती है तो उन्होंने इसका विरोध किया। साथ ही ऐलान किया कि मैं हिन्दी का मतलब हिन्दुस्तानी देखता हूँ। इसलिए उन्होंने हिन्दी अथवा हिन्दुस्तानी का प्रचार भी किया और जब कभी इस मामले पर उनके साथ बात हुई तो उन्होंने कहा कि मैं हिन्दी का मतलब उस जुबान से लेता हूँ जो उत्तरी हिन्दुस्तान में बोली जाती है और जिसको हिन्दू, मुसलमान, तमाम हिन्दुस्तान में बसने वाले लोग बोलते हैं और समझते हैं। इसी जुबान को महात्मा गाँधी ने हिन्दुस्तानी या हिन्दी कहा।

इस प्रकार 12 सितंबर को भाषा को लेकर एक महत्त्वपूर्ण बहस की शुरुआत हुई, सांविधान के मसौदे पर डॉक्टर पी एस देशमुख, एस गोपाल स्वामी आयंगर, लक्ष्मीकान्त जैन, सेठ गोविंददास, एम नागप्पा, गोविंद मालवीय, काजी सैयद करीमउद्दीन, देशबंधु गुप्त, घनश्याम सिंह, सारंगधर दास, के संथानम, एस वी कृष्णमूर्ति राव, महावीर त्यागी आदि सदस्यों ने चर्चा में भाग लिया और

अपनी ओर से अनेक संशोधन भी रखे। आइए इस पूरी बहस को विस्तार से जानने का प्रयास करें।

संविधान का मसौदा—*जारी*

अनुच्छेद 14क-भाषा

अध्यक्ष—अब हमें भाषा सम्बन्धी अनुच्छेदों को लेना है। मैं जानता हूँ कि यह ऐसा विषय है जो कुछ समय से सदस्यों के विचारों में आन्दोलन पैदा करता रहा है; इस कारण इस वाद-विवाद में जो वक़्ता भाग लेंगे उनसे मैं एक निवेदन करूँगा। मेरा निवेदन किसी विशिष्ट प्रस्थापना के पक्ष में नहीं है वरन् वह उन भाषणों के प्रकार के सम्बन्ध में है जो सदस्यों द्वारा दिये जायेंगे। हम यह न भूल जायें कि भाषा के प्रश्न पर जो कुछ भी विनिश्चय किया जाता है उसका पालन समूचे देश द्वारा किया जायेगा। देश के समूचे संविधान में ऐसा अन्य कोई पद नहीं है जिसका वास्तविक व्यवहार द्वारा प्रतिदिन, प्रति घण्टा और मैं तो यहाँ तक कहूँगा कि प्रति क्षण पालन किया जाना अपेक्षित हो। अतः सदस्यों को यह याद रखना होगा कि इस सभा में वाद-विवाद द्वारा किसी बात में सफलता प्राप्त करने से कोई लाभ नहीं होगा। इस सभा का विनिश्चय समूचे देश को मान्य होना चाहिए। यदि हम किसी विशिष्ट प्रस्थापना को बहुमत द्वारा पार करने में सफल हो भी गये परन्तु यदि वह देश की जनता के किसी विशेष वर्ग को स्वीकार न हुआ चाहे वह वर्ग उत्तर देश का हो या दक्षिण देश का हो तो इस संविधान का पालन करना एक बहुत ही कठिन कार्य हो जायेगा। अतः इस भाषा सम्बन्धी प्रश्न पर जब कोई सदस्य भाषण देने के लिए खड़ा हो तो मैं उनसे यह याद रखने के लिए अति गम्भीर निवेदन करूँगा कि वे एक भी शब्द या पद ऐसा न निकालें जिससे दुःख हो। जो कुछ कहा जाये वह संयत भाषा में कहा जाये जिससे कि वह तर्कयुक्त प्रतीत हो और ऐसे विषय में आवेश उत्पन्न करने या भावनाओं को उत्तेजित करने के लिए कोई अपील नहीं होनी चाहिए।

अध्यक्ष—मैं प्रत्येक सदस्य को बोलने का अवसर देने का प्रयत्न करूँगा।

जसपतराय कपूर—श्रीमान्, आपने जो यह सुझाव दिया है उसके अनुसार सब संशोधन पेश किये हुए समझे जायेंगे। श्रीमान्, क्या मैं यह निवेदन कर सकता हूँ कि यह पूरा अध्याय भाषा के सम्बन्ध का है। अब तक इस सभा में इस प्रथा का पालन होता रहा है कि जब किसी विशिष्ट अध्याय पर विचार जाता है तो प्रत्येक अनुच्छेद को अलग-अलग लिया जाता है। इस अध्याय में अनुच्छेद पूर्णतया भिन्न-भिन्न विषयों पर हैं। कोई अनुच्छेद अंक सम्बन्धी है तो कोई उच्च न्यायालयों तथा सर्वोच्च न्यायालय की भाषा के सम्बन्ध में है और एक अनुच्छेद उस भाषा के सम्बन्ध का है जिसका राज्यों में परस्पर संचार में प्रयोग होगा। ये सब अनुच्छेद पूर्णतया भिन्न-भिन्न विषयों से सम्बन्ध रखते हैं, अतः मैं यह निवेदन करूँगा कि प्रक्रिया में जिस अन्तर का आपने सुझाव दिया है वह माना जाये पर जहाँ तक प्रत्येक अनुच्छेद का सम्बन्ध है जिस प्रक्रिया का अब तक पालन किया गया है उसी का पालन किया जाये। अन्यथा गड़बड़ हो जायेगी।

डॉ. पी.एस. देशमुख—संविधान निर्माण के इस अन्तिम समय में यह परिवर्तन क्यों किया जाये ?

अध्यक्ष—क्योंकि यह अन्तिम उपाय है।

नज़ीरुद्दीन अहमद—तो समय-सीमा कुछ बढ़ा दी जाये।

अध्यक्ष—इस विषय पर पुनः विचार करने के लिए मैं तैयार हूँ। दस मिनट की जगह मैं कुछ और समय दे सकूँगा।

नज़ीरुद्दीन अहमद—मैं चाहता हूँ कि प्रत्येक सदस्य विषय से संगत रहे।

अध्यक्ष—ठीक यही कठिनाई है।

एन. गोपालस्वामी आयंगर—आरम्भ में ही मैं यह कहना चाहता हूँ कि इस दोपहर बाद के सभारम्भ में जो अपील की थी उसके पालन करने का मैं भरसक प्रयत्न करूँगा। मैं संक्षेप में बोलने का प्रयास करूँगा और इससे अधिक या हो सकता है कि इस विषय पर विचार प्रस्तुत करने में मेरा यह प्रयत्न होगा कि मैं विषय से संगत रहूँ। यह समस्या हमारे सामने बहुत समय पहले से है। इस पर हमने छोटे-छोटे समूहों में, बड़े-बड़े समूहों में, देश में समाचार-पत्रों में तथा अन्य रूप से भी वाद-विवाद कर लिया है। इन विभिन्न स्थानों में इस समस्या पर बहुत कुछ कहा जा चुका है। इस विषय पर सदैव मतैक्य नहीं रहा है। फिर भी एक बात ऐसी थी जिस पर हम सब लगभग एक ही परिणाम पर पहुँचे थे कि भारत की किसी एक भाषा को हम समस्त भारत की सार्वजनिक भाषा के रूप में चुन लें और उस भाषा का संघ के सरकारी प्रयोजनों में प्रयोग हो। इन भाषा को चुनने में अनेक बातों पर विचार किया गया। इन वाद-विवादों के अन्त में जिस निर्णय पर पहुँचे उसको मैं सरलता से न मान सका क्योंकि उसका अर्थ था कि उस भाषा को विदा कर दिया जाये जिसके द्वारा मेरे विचार से हमने स्वतंत्रता प्राप्त की है। यद्यपि अन्त में मैंने उस निर्णय को स्वीकार किया कि उस भाषा को धीरे-धीरे छोड़ा जाये और उसके स्थान में हम इस देश की एक भाषा को रखें, पर ऐसा नहीं है कि बिना किसी दु:ख के मैंने यह निर्णय मान लिया हो।

पं. लक्ष्मीकांत मैत्र (पश्चिमी बंगाल : जनरल)—दुर्भाग्यवश जो कुछ मानवीय सदस्य कह रहे हैं वह मुझे सुनाई नहीं दे रहा है। क्या कोई व्यक्ति ध्वनि प्रसारक को ठीक करेगा?

एन. गोपालस्वामी आयंगर—जैसाकि सब माननीय सदस्यों को विदित है कि इस विशिष्ट विषय पर अन्तिम विनिश्चय यह है कि नये संविधान के अधीन संघ के समस्त सरकारी प्रयोजनों के लिए हम हिन्दी भाषा को ग्रहण करें। निस्सन्देह, यह एक अन्तिम लक्ष्य है जिसे प्राप्त करना है। इसमें यह भाव निस्सन्देह रूप में निहित है कि जब हम उस लक्ष्य को प्राप्त कर लेते हैं तो हमें उस भाषा को विदा करना होगा जिसमें हममें से कई पले पोसे हैं और जैसा कि मैंने कहा था जिसकी शक्ति से हमने स्वतन्त्रता प्राप्त की है—मेरा अभिप्राय भाषा से है।

आगे चल कर अंग्रेजी भाषा के स्थान में हिन्दी भाषा रखने का विनिश्चय कर लेने पर हमें दो और विनिश्चय इसी विनिश्चय के सम्बन्ध में करने पड़े। ये विनिश्चय ये थे कि हम अंग्रेजी भाषा को एकदम नहीं छोड़ सकते हैं। अंग्रेजी भाषा को हमें कई वर्षों तक रखना पड़ा जब तक कि हिन्दी भाषा केवल इसी आधार पर नहीं कि वह एक भारतीय भाषा है बल्कि इस आधार पर अपने लिए स्थान न बना ले कि भाषा के रूप में जो कुछ भविष्य में हमें कहना या करना है उस सबके लिए वह एक सफल साधन हो सके और जब तक हिन्दी वह स्थान प्राप्त न कर ले जिसको अंग्रेजी आज संघ प्रयोजनों के लिए प्राप्त किये हुए है। अत: हमने इसके बाद विनिश्चय किया, अर्थात् यह कि पन्द्रह वर्ष तक जिन प्रयोजनों के लिए आज अंग्रेजी भाषा का प्रयोग हो रहा है उन सब प्रयोजनों के लिए उसका प्रयोग होता रहेगा और संविधान के प्रारम्भ पर भी प्रयोग होगा।

इसके बाद श्रीमान, हमें इस समस्या के अन्य पहलुओं पर भी विचार करना पड़ा। उदाहरणार्थ हमें अंकों के विषय पर भी विचार करना पड़ा जिसके बारे में चन्द टिप्पणियों में कुछ अधिक विवरणपूर्ण बातें मुझे कहनी पड़ेंगी। इसके बाद हमें राज्यों की भाषा के विषय पर विचार करना था और हमने यह निश्चय किया कि जहाँ तक हो सके किसी राज्य में बोली जाने वाली भाषा को उस राज्य में सरकारी

प्रयोजनों के लिए प्रयुक्त होने वाली भाषा के रूप में अभिज्ञात करना चाहिए और अन्तर्देशीय संचार तथा उस राज्य और केन्द्र में परस्पर संचार के लिए अंग्रेजी भाषा का प्रयोग बना रहे, परन्तु यदि दो राज्यों में परस्पर यह करार हो गया है कि अन्तर्देशीय संचार हिन्दी में हो तो वह होने दिया जाये।

इसके बाद हमने भाषा के उस रूप पर विचार किया जिसका हमारे विधान मंडलों या देश के सर्वोच्च न्यायालयों में प्रयोग होगा और बहुत विचार-विमर्श तथा वाद-विवाद के पश्चात् हम इस परिणाम पर पहुँचे कि यद्यपि संघ की भाषा 'हिन्दी' का वाद-विवाद के लिए केन्द्रीय विधानमंडल में प्रयोग होगा और राज्य के विधानमंडलों में ऐसे प्रयोजनों के लिए राज्य की भाषा का प्रयोग हो सकेगा, पर यदि हम अपनी विधि के मूल पाठ और उस मूल पाठ के न्यायालयों में निर्वचन के संबंध में वर्तमान संतोषजनक वस्तुस्थिति को कायम रखना चाहते हैं तो हमारे लिए यह आवश्यक है कि वह भाषा अंग्रेजी हो जिसमें विधान, चाहे वह विधेयकों तथा अधिनियमों के रूप में हो अथवा नियमों तथा आदेशों के रूप में हो, और उच्च न्यायालय के न्यायाधीशों द्वारा दिये गये निर्णयों का निर्वचन आगे आने वाले कई वर्षों तक अंग्रेजी में हो। मेरा विचार यह है कि भविष्य में कई वर्षों तक इसे रखना होगा। यह इस कारण नहीं है कि इन प्रयोजनों के लिए हम हर प्रकार से अंग्रेजी भाषा रखना चाहते होंगे। यह इस कारण है कि जिस भाषा को हम संघ के प्रयोजनों के लिए अभिज्ञात करते हैं और जिन भाषाओं को हम राज्य के प्रयोजनों के लिए अभिज्ञात करते हैं वे काफ़ी उन्नत नहीं हैं और जिन प्रयोजनों का मैंने वर्णन किया है अर्थात् विधियों तथा न्यायालयों द्वारा विधियों के निर्वचन का वे पर्याप्त रूप से सही अर्थबोध नहीं कर पाती हैं।

इसके बाद हमें एक व्यापक तथ्य को अभिज्ञात करना है वह यह कि यद्यपि संघ के सरकारी प्रयोजनों के लिए हमने हिन्दी भाषा को अभिज्ञात कर लिया है फिर भी हमें यह मानना चाहिए कि आज वह भाषा काफ़ी उन्नत नहीं है। कई दिशाओं में उसे बहुत ही समृद्धिशाली बनाना अपेक्षित है, उसमें आधुनिकता लाना अपेक्षित है, उसे विचार ग्रहण करने के लिए और केवल विचार ही नहीं वरन् शैली, अभिव्यंजना और अन्य भाषाओं की वाक्य शैली ग्रहण करने के लिए सामर्थ्यवान बनाना अपेक्षित है। इस प्रयोजन के लिए इस मसौदे में हमने एक अनुच्छेद रखा है जो राज्य के लिए कर्त्तव्य निर्धारित करता है कि वह भाषा की प्रगति में उन्नति करे जिससे उसमें ये सब समृद्धियाँ आ जायें और कालान्तर में वह उस अंग्रेजी भाषा का सम्यक् रूप से स्थान ग्रहण करने के लिए पर्याप्त रूप में समुन्नत हो जाये जिसके लिए हमारा यह निश्चित विचार है कि वह कालान्तर में हमारी सरकारी रूप से अभिज्ञात कार्यवाहियों तथा कार्यों में न रहे। जिस मसौदे को मैंने पेश किया है उसके सामान्यतया ये विषय आधार स्वरूप हैं।

इस मसौदे पर विचार करते हुए मैं सभा के समक्ष एक या दो तथ्य रखना चाहता हूँ। प्रथम तथ्य जिसे मैं सभा के समक्ष रखना चाहता हूँ वह यह है कि यह मसौदा बहुत विचार तथा बहुत वाद-विवाद के पश्चात् तैयार हुआ है। परिणामस्वरूप जो कुछ यह बना है यह उन मतों का परस्पर समझौता है जिनमें समझौता करना सरल नहीं था, इस कारण जब आप इस मसौदे की ओर ध्यान दें तो आपको इसे किसी ऐसे मसौदे के रूप में नहीं लेना होगा जिसे मुझ जैसे किसी एक व्यक्ति ने अथवा यदि मैं अपने अन्य दो साथियों को शामिल कर लूँ तो उन तीन व्यक्तियों ने, जिनके नाम यहाँ दिये गये हैं प्रस्थापित किया हो। इसे ऐसा मसौदा नहीं समझना चाहिए जिसे हमने प्रस्तुत किया हो। यह मसौदा एक उस समझौते का परिणाम है जिसके लिए विचारों तथा हितों का महान बलिदान किया गया है और मसौदे के इस रूप को इस प्रकार का बनाया गया है कि वह इस पूरी सभा को मान्य हो।

इसके पश्चात् मैं सभा का ध्यान इस मसौदे में निहित एक या दो मूलभूत सिद्धान्तों की ओर आकर्षित करना चाहता हूँ। इस मसौदे के निर्माताओं के अनुसार हमारी मूलभूत नीति यह होनी चाहिए कि संघ प्रयोजनों के लिए भारत की सामान्य भाषा हिन्दी हो और लिपि देवनागरी लिपि हो। इस मूलभूत नीति का एक भाग यह भी है कि संघ के सब सरकारी प्रयोजनों में जिन अंकों का प्रयोग होगा वे अंक होने चाहिए जिनको भारतीय अंकों का अखिल भारतीय रूप कहा जाता है। इस मसौदे के लेखकों का यह विचार है कि इस संबंध में सदा के लिए इस मूलभूत नीति के ये तीनों पद मुख्य भाग होने चाहिए। इस तथ्य पर मैं इस कारण ज़ोर देना चाहता हूँ क्योंकि मैं जानता हूँ कि इस सभा में एक ऐसी मतधारा है कि जहाँ तक भारतीय अंकों के अन्तरराष्ट्रीय रूप का संबंध है उनको इस योजना में उसी आधार पर रखना चाहिए जिस पर अंग्रेजी भाषा है। जिन लोगों पर इस मसौदे का उत्तरदायित्व है वे इस प्रस्थापना के समर्थक नहीं हैं। हम समझते हैं कि इस देश की सार्वजनिक भाषा में जिस सीमा तक हिन्दी भाषा और देवनागरी लिपि स्थायी रूप ग्रहण करे, उसी सीमा तक इस मूलभूत नीति में भारतीय अंकों के अन्तरराष्ट्रीय रूप का भी एक स्थायी रूप हो। इस मसौदे का मूलाधार यह है।

यह सच है कि उन लोगों से समझौता करने के लिए जिनका मत भिन्न प्रकार का था, हमने इस मसौदे में एक दो रियायतें ऐसी कर दीं जिनके बारे में हमने यह सोचा कि इन रियायतों के कारण वे लोग हमारे साथ हो जायेंगे। एक रियायत यह है कि यद्यपि भारतीय अंकों का अन्तरराष्ट्रीय रूप ही अंकों का स्थायी रूप होगा, पर राष्ट्रपति प्रथम पन्द्रह वर्ष की अवधि तक, जिसमें लगभग समस्त प्रयोजनों के लिए अंग्रेजी भाषा का प्रयोग होगा, यह निदेश दे सकेगा कि संघ के किसी एक अथवा अधिक प्रयोजनों के लिए भारतीय अंकों के अन्तरराष्ट्रीय रूप के साथ-साथ देवनागरी अंकों का भी प्रयोग हो।

दूसरी रियायत जो दी गयी है वह यह है कि विशिष्ट सरकारी प्रयोजनों के लिए प्रयोग में लाये जाने वाले भारतीय अंकों के रूप में प्रश्न उन प्रश्नों में से एक होना चाहिए जो अनुच्छेद 301-ख—मैं समझता हूँ वह अनुच्छेद 301-ख ही है—के अधीन नियुक्त किये जाने वाले आयोग के पास भेजे जायेंगे और आयोग का यह एक कर्त्तव्य होगा कि वह इस विषय पर सिफ़ारिश करे। उस आयोग द्वारा यह बात कही जाने की हमने कल्पना कर ही ली है "भारतीय अंकों के अन्तरराष्ट्रीय रूप के स्थान में अंकों के देवनागरी रूप रखे जायें।" परन्तु हम यह रियायत देने के लिए तैयार हैं क्योंकि हमने यह सोचा कि यह एक ऐसी भावना है जिसकी वे लोग प्रशंसा करेंगे, जिनका विचार कुछ भिन्न है और हमें यह भी पूर्ण विश्वास है कि भविष्य में इस प्रकार के जिस निष्पक्ष आयोग की रचना की जायेगी उसके समक्ष भारतीय अंकों के अन्तरराष्ट्रीय रूप को रखने के पक्ष के तर्क ऐसी किसी सभा के वातावरण की अपेक्षा अधिक प्रभावशाली सिद्ध होंगे जिसमें उतना मतभेद हो जितना आज इस सभा में दिखाई दे रहा है। इन जोखिमों को उठाने के लिए हम तैयार हैं। इन तथ्यों का वर्णन मैंने यह प्रकट करने के लिए किया है कि जो लोग इस मूलभूत नीति के समर्थक हैं जिसकी मैंने व्याख्या की है उन्हें कितना महान त्याग भिन्न-भिन्न विचारों के समर्थकों के लिए एक उचित समझौता करने के प्रयोजनार्थ करना पड़ा है।

मैं समझता हूँ कि अब इस सभा के समक्ष भारतीय अंकों के अन्तरराष्ट्रीय रूप की माँगों की सिफ़ारिश करना मेरे लिए आवश्यक नहीं होगा। इसके बारे में सदस्यों ने बहुत कुछ पढ़ लिया होगा और मुझे विश्वास है कि मेरे बाद में बोलने वाले सदस्य इसके बारे में बहुत कुछ कहेंगे अतः इस

विषय के इतिहास में मैं नहीं जाना चाहता हूँ। मैं केवल एक या दो तथ्यों का वर्णन करूँगा। अंकों के इन रूपों ने हमारे देश में जन्म लिया था अतः इन अंकों के लगभग उस विश्वव्यापी प्रयोग को, जिसको इस समय देश की भावी भाषा के स्वरूप का एक भाग बनाया जा रहा है, बनाये रखने में हमें गौरव होना चाहिए। (वाह, वाह) दूसरी बात यह है कि शायद एक या दो अपवादों के समस्त संसार ने इन अंकों को अपना लिया है। यही मार्ग केवल ठीक है कि हम समस्त संसार के साथ रहें, या कि वह वास्तव में एक विपरीत रूप में होना चाहिए, सारा संसार तो हमारा साथ देने के लिए तैयार है जिन्होंने वास्तव में ये अंक संसार को दिये हैं। तो क्या हम संसार के इस गौरवपूर्ण पद को और इससे जो सब लाभ हमें होते हैं उनको ठुकरा दें? क्या हम किसी ऐसी वस्तु को अपनाने के लिए, ऐसा करें जिसको इस देश तक में सर्वत्र नहीं अपनाया गया है और भविष्य में जिसका संसार में प्रयोग होना असंभव है? इसके पूर्व कि सभा इस विषय पर किसी परिणाम पर पहुँचे, इन दो तथ्यों को मैं विशेषकर सभा के समक्ष रखना चाहूँगा।

श्रीमान, इस विशेष विषय के संबंध में कई विकल्प प्रस्थापित किये गये हैं, परन्तु मैं केवल अन्तिम विकल्प की ओर निर्देश करूँगा जो आज ही आपको दिया गया है उस ओर प्रस्थापना में यह कहा गया है कि भारतीय अंकों के अन्तरराष्ट्रीय रूप को लगभग उसी आधार पर रखा जायेगा जिस आधार पर इस योजना के अन्तर्गत अंग्रेजी भाषा को रखा गया है। इसका आशय यह है कि प्रथम पन्द्रह वर्ष तक भारतीय अंकों के अन्तरराष्ट्रीय रूप का प्रयोग होता रहेगा और उसके बाद संसद के विनिश्चय पर छोड़ दिया जाये कि किन-किन प्रयोजनों के लिए अन्तरराष्ट्रीय रूप व देवनागरी रूप अथवा दोनों का प्रयोग किया जाये। यह प्रस्थापना बड़ी सुन्दर सी लगती है। पर इसमें यह भावना छिपी हुई है कि देश में से भारतीय अंकों के अन्तरराष्ट्रीय रूप को हटाने की आशा की आप कल्पना करते हैं। जिन लोगों पर इस मसौदे का उत्तरदायित्व है उन लोगों की ऐसी आशा नहीं है जिसकी वे देश तथा संसार के विशालतम हितों में शान्ति जैसी वस्तु के साथ कल्पना कर सकें। अतः इस समूची समस्या पर इस ग़लत विचारधारा के कारण मुझे विवश होकर यह कहना पड़ता है कि हमारे इस विशिष्ट विचार के मानने वालों के लिए इस विकल्प पर विचार करना संभव नहीं हो सकता है।

इसके बाद श्रीमान, उस उपबंध के बारे में कुछ शब्द कहूँगा जिसको हमने अध्याय तीन में रखा है अर्थात् न्यायालय की भाषा। हम इसे मुख्य तत्त्व समझते हैं कि जब तक हिन्दी उस सीमा तक उन्नत न हो जाये कि वह विधि-निर्माण तथा विधि-निर्वचन के लिए उपयुक्त वाहक बन सके और उसके पश्चात् संसद पूर्ण विचार कर इस परिणाम पर पहुँचे कि वह अंग्रेजी भाषा का स्थान ले सकेगी तब तक सर्वोच्च न्यायालय तथा उच्च न्यायालयों में अंग्रेजी का प्रयोग होता रहेगा। मेरा अपना विचार यह है कि विधेयकों तथा विधियों के रूप में और इन विधियों के निर्वचन के रूप में अंग्रेजी पन्द्रह वर्ष से बहुत अधिक काल तक के लिए रहेगी। यह मेरा निजी अनुमान है। यह आवश्यक है कि हम यह समझ लें कि यह अध्याय क्योंकर रखा गया है। विधि निर्माण और विधि-निर्वचन के लिए सुनिश्चित अर्थबोध बहुत अपेक्षित है; इसके लिए कई पदों और शब्दों की आवश्यकता होती है जिनका एक निश्चित अर्थ हो गया है; और जब तक हिन्दी भाषा इस स्थिति को प्राप्त न हो तब तक अंग्रेजी भाषा का प्रयोग होगा और यद्यपि मैं स्वयं हिन्दी भाषा से अनभिज्ञ हूँ (वाह, वाह) पर मैं नहीं समझता हूँ कि अभी हिन्दी भाषा उस स्थिति के निकट तक भी पहुँच पाई है। इस सभा में जो होता है उसका हिन्दी अनुवाद मैंने बहुत कुछ देखा है और मुझे यह कहना पड़ता है कि जो कुछ थोड़ी बहुत हिन्दी मैं जानता हूँ उससे इस प्रकार के अनुवाद को समझने में मुझे कुछ भी सहायता

नहीं मिलती है। संभव है कि मुझसे अधिक हिन्दी जानने वाले उसे समझ सकें; शायद, कभी-कभी मैं इस कारण उसे नहीं समझ पाता हूँ कि इन अनुवादों में संस्कृत के अधिक शब्दों का प्रयोग किया जाता है। पर यह वह हिन्दी नहीं है जिसे आप न्यायालय या विधायी प्रयोजनों के हेतु प्रयोग में ला सकें।

मैं एक निजी अनुभव-जन्य कहानी आपको सुना सकता हूँ। दस वर्ष पूर्व मैं जम्मू और कश्मीर राज्य का संविधान बना रहा था। एक धारा में विधानमंडल की भाषा का वर्णन करना था और जो पदाधिकारी उसका मसौदा बना रहे थे उन्होंने भारत शासन अधिनियम की भाषा का केवल अनुकरण किया था अर्थात् यह कि भाषा अंग्रेजी होनी चाहिए, परन्तु यदि कोई सदस्य अंग्रेजी से अपरिचित अथवा पर्याप्त रूप से परिचित नहीं था तो वह किसी उस भाषा में भाषण दे सकता था जिससे वह परिचित हो। संयोगवश ऐसा हुआ कि जब मैं इस मसौदे पर विचार कर रहा था स्वर्गीय सर तेज बहादुर सप्रू श्रीनगर पहुँचे और मैंने सोचा कि उनकी उपस्थिति से लाभ उठाऊँ और उनसे मंत्रणा लूँ और मैंने उस मसौदे को उनके पास भेज दिया। मुख्य रूप से जिस अंश का उन्होंने विरोध किया वह यह विधानमंडल की भाषा संबंधी धारा थी। उन्होंने कहा ''एक ऐसी देशी रियासत में जहाँ न्यायालयों और पाठशालाओं इत्यादि की भाषा उर्दू है वहाँ क्या आप वास्तव में विधानमंडल की भाषा अंग्रेजी रख सकते हैं?'' मेरा उनसे लम्बा वाद-विवाद हुआ; मैंने उनसे कहा, ''मैं आपकी बात समझता हूँ। मैं इस बात से सहमत हूँ कि वहाँ तक तो विधानमंडल की भाषा उर्दू होनी चाहिए जहाँ तक कि जो लोग अंग्रेजी नहीं जानते हैं, उनको उर्दू में बोलने दिया जाये। पर आप हैं एक बड़े वकील और मान लीजिए कि कल मैं आपको यहाँ की उच्च न्यायालय या प्रीवी परिषद् में ले जाना चाहूँ और आपसे इस संविधान की किसी धारा के निर्वचन करने और उस पर तर्क करने के लिए कहूँ और यदि वह उर्दू में बना हुआ है तो क्या आप इस कार्य को सुखपूर्वक कर सकेंगे?'' उन्होंने मेरे तर्क को समझा। समझौते के रूप में मैंने उनसे कहा ''वाद-विवाद के लिए मैं उर्दू को विधानमंडल की भाषा के रूप में एक परन्तुक सहित रख दूँगा कि विधेयकों और अधिनियमों का प्राधिकृत मूल रूप अंग्रेजी में ही होगा।'' उन्होंने तुरन्त ही मेरे इस सुझाव को स्वीकार किया और सोचा कि जो समस्या हम दोनों के सामने थी उसका यही सबसे अधिक बुद्धिमत्तापूर्ण हल है।

इसका उल्लेख मैं आपके सामने इसलिए कर रहा हूँ कि हमें भी ऐसी ही समस्या का सामना करना है। हमारी न्यायालयों में अंग्रेजी की प्रथा है, अंग्रेजी में बनी हुई विधियों के वे आदी हैं; अंग्रेजी में निर्वचन करने के वे आदी हैं। हमें सदैव अंग्रेजी शब्दों के हिन्दी भाषा में समुचित पर्याय नहीं मिल पाते हैं और उसके बाद उन सब उदाहरणों और आदेशों के सहित उस शब्द का निर्वचन नहीं कर पाते हैं जिसका निर्देश केवल अंग्रेजी शब्दों की ओर होता है न कि हिन्दी शब्दों की ओर। इसी कारण यदि इस संविधान को क्रियान्वित करना है तो हमने यह नितान्त आवश्यक समझा, इसे लगभग मूल तत्त्व के समान समझा कि यह अध्याय संविधान में रखा जाये।

श्रीमान, मैं अन्य विषयों में नहीं जाना चाहता हूँ, क्योंकि मेरे लिए जो समय नियत किया गया था मैंने उससे अधिक समय ले लिया है। मैं केवल सभा से यह निवेदन करूँगा कि हम इस समस्या पर विशुद्ध लक्ष्यमूलक दृष्टिकोण से ध्यान दें। केवल भावनाओं से अथवा किसी भी बात के पुनरुत्थान के प्रति किसी प्रकार की निष्ठा से हम प्रभावित न हों। हमें इस विषय पर व्यावहारिक दृष्टिकोण से विचार करना है। हमें उस तन्त्र को ग्रहण करना है जो-जो कुछ हम भविष्य में करना चाहते हैं उसके लिए सबसे अधिक लाभदायक हो और श्रीमान, मैं आपसे सहमत हूँ कि यदि इस विषय पर हमें सभा में मतविभाजन करना पड़ा तो यह एक बहुत ही दु:खदायी बात होगी, ऐसे प्रमुख

विषय पर किसी एक परिणाम पर पहुँचने में अपनी असमर्थता का वह एक बड़ा ही निराशाजनक उदाहरण होगा। मुझे विश्वास है कि हम लोगों में सद्भावना रहेगी।

श्रीमान, मैं प्रस्ताव पेश करता हूँ :

''कि भाग 14 के पश्चात् यह नया भाग जोड़ दिया जाये—

नवीन भाग 14-क
राजभाषा
अध्याय-1 संघ की भाषा

301 क. (1) संघ की राजभाषा—संघ की राजभाषा हिन्दी और लिपि देवनागरी होगी और संघ के राजकीय प्रयोजनों के लिए प्रयोग होने वाले अंकों का रूप भारतीय अंकों का अन्तरराष्ट्रीय रूप होगा।

(2) खंड (1) में किसी बात के होते हुए भी इस संविधान के प्रारम्भ से पन्द्रह वर्ष की कालावधि के लिए संघ के उन सब राजकीय प्रयोजनों के लिए अंग्रेजी भाषा प्रयोग की जाती रहेगी जिनके लिए ऐसे प्रारम्भ के ठीक पहले वह प्रयोग की जाती थी—

परन्तु राष्ट्रपति उक्त कालावधि में, आदेश द्वारा संघ के राजकीय प्रयोजनों में से किसी के लिए अंग्रेजी भाषा के साथ-साथ हिन्दी भाषा का तथा भारतीय अंकों के अन्तरराष्ट्रीय रूप के साथ-साथ देवनागरी रूप का प्रयोग प्राधिकृत कर सकेगा।

(3) इस अनुच्छेद में किसी बात के होते हुए भी संसद उक्त पन्द्रह साल की कालावधि के पश्चात् विधि द्वारा अंग्रेजी भाषा का ऐसे प्रयोजनों के लिए प्रयोग उपबन्धित कर सकेगी जैसे कि ऐसी विधि में उल्लिखित हों।

301ख. (1) राजभाषा के लिए संसद का आयोग और समिति—राष्ट्रपति इस संविधान के प्रारम्भ से पाँच वर्ष की समाप्ति पर तथा तत्पश्चात् ऐसे प्रारम्भ से दस वर्ष की समाप्ति पर, आदेश द्वारा एक आयोग गठित करेगा जो एक सभापति और सप्तम (क) अनुसूची में उल्लिखित भिन्न भाषाओं का प्रतिनिधित्व करने वाले ऐसे अन्य सदस्यों से मिलकर बनेगा जैसे कि राष्ट्रपति नियुक्त करे, तथा आयोग द्वारा अनुसरण की जाने वाली प्रक्रिया भी आदेश परिभाषित करेगा।

(2) राष्ट्रपति को—

(क) संघ के राजकीय प्रयोजनों के लिए हिन्दी भाषा के उत्तरोत्तर अधिक प्रयोग के;

(ख) संघ के राजकीय प्रयोजनों में से सब या किसी के लिए अंग्रेजी भाषा के प्रयोग पर निर्बन्धनों के;

(ग) अनुच्छेद 301ङ में वर्णित प्रयोजनों में से सब या किसी के लिए प्रयोग की जाने वाली भाषा के;

(घ) संघ के किसी एक या अधिक उल्लिखित प्रयोजनों के;

(ङ) संघ की राजभाषा तथा एक राज्य और दूसरे राज्य के बीच संचार की भाषा तथा उनके प्रयोग के बारे में राष्ट्रपति द्वारा आयोग से पृच्छा किये हुए किसी अन्य विषय के बारे में सिफ़ारिश करने का आयोग का कर्त्तव्य होगा।

(3) खंड (2) के अधीन अपनी सिफ़ारिशें करने में आयोग भारत की औद्योगिक, सांस्कृतिक

और वैज्ञानिक उन्नति का तथा लोक सेवाओं के बारे में अहिन्दी भाषाभाषी क्षेत्रों के लोगों के न्यायपूर्ण दावों और हितों का सम्यक् ध्यान रखेगा।

(4) तीस सदस्यों की एक समिति गठित की जायेगी जिनमें से बीस लोक सभा के सदस्य होंगे तथा दस राज्य परिषद् के सदस्य होंगे जो कि क्रमशः लोक सभा के सदस्यों तथा राज्य परिषद् के सदस्यों द्वारा अनुपाती प्रतिनिधित्व पद्धति के अनुसार एकल संक्रमणीय मत द्वारा निर्वाचित होंगे।

(5) इस अनुच्छेद के अधीन गठित आयोग की सिफ़ारिशों की परीक्षा करना तथा उन पर अपनी राय का प्रतिवेदन राष्ट्रपति को करना समिति का कर्त्तव्य होगा।

(6) अनुच्छेद 301क में किसी बात के होते हुए भी राष्ट्रपति खंड (5) में निर्दिष्ट प्रतिवेदन पर विचार करने के पश्चात् उस सारे प्रतिवेदन के या उसके किसी भाग के अनुसार निदेश निकाल सकेगा।

अध्याय-2 प्रादेशिक भाषाएँ

301ग. राज्य की राजभाषा या राजभाषाएँ—अनुच्छेद 301घ और 301ङ के उपबन्धों के अधीन रहते हुए राज्य विधि द्वारा उस राज्य के राजकीय प्रयोजनों में से सब या किसी के लिए प्रयोग के अर्थ उस राज्य में प्रयुक्त होने वाली भाषाओं में से किसी एक या अनेक को या हिन्दी को अंगीकार कर सकेगा :

परन्तु जब तक राज्य का विधानमंडल विधि द्वारा इससे अन्यथा उपबन्ध न करे तब तक राज्य के भीतर उन राजकीय प्रयोजनों के लिए अंग्रेजी भाषा प्रयोग की जाती रहेगी जिनके लिए इस संविधान के प्रारम्भ से ठीक पहले वह प्रयोग की जाती थी।

301घ. एक राज्य और दूसरे के बीच में अथवा राज्य और संघ के बीच में संचार के लिए राजभाषा—संघ में राजकीय प्रयोजनों के लिए प्रयुक्त होने के लिए तत्समय प्राधिकृत भाषा, एक राज्य और दूसरे राज्य के बीच में तथा किसी राज्य और संघ के बीच में संचार के लिए राजभाषा होगी :

परन्तु यदि दो या अधिक राज्य करार करते हैं कि ऐसे राज्यों के बीच में संचार के लिए राजभाषा हिन्दी भाषा होगी तो ऐसे संचार के लिए वह भाषा प्रयोग की जा सकेगी।

301ङ किसी राज्य के जनसमुदाय के किसी विभाग द्वारा बोली जाने वाली भाषा के सम्बन्ध में—तद्विषयक माँग की जाने पर यदि राष्ट्रपति का समाधान हो जाये कि किसी राज्य के जनसमुदाय का पर्याप्त अनुपात चाहता है कि उसके द्वारा बोली जाने वाली कोई भाषा राज्य द्वारा अभिज्ञात की जाये तो वह निदेश दे सकेगा कि ऐसी भाषा को उस राज्य में सर्वत्र अथवा उसके किसी भाषा में ऐसे प्रयोजन के लिए जैसा कि वह उल्लिखित करे राजकीय अभिज्ञा दी जाये।

अध्याय-3 उच्चतम न्यायालय, उच्च न्यायालयों आदि की भाषा

301च. उच्चतम न्यायालय और उच्च न्यायालयों में तथा अधिनियमों, विधेयकों आदि में प्रयोग की जाने वाली भाषा—इस भाग के पूर्ववर्ती उपबन्धों में किसी बात के होते हुए भी जब तक संसद विधि द्वारा अन्यथा उपबन्ध न करे, तब तक—

(क) उच्चतम न्यायालय में तथा प्रत्येक उच्च न्यायालय में सब कार्यवाहियाँ;

(ख) जो -

(1) विधेयक, अथवा उन पर प्रस्तावित किये जाने वाले जो संशोधन, संसद के

प्रत्येक सदन में अथवा राज्य के विधानमंडल के सदन या प्रत्येक सदन में पुर:स्थापित किये जायें उन सबके प्राधिकृत पाठ,

(2) अधिनियम संसद द्वारा या राज्य के विधानमंडल द्वारा पारित किये जायें, तथा जो अध्यादेश राष्ट्रपति या राज्यपाल या शासक द्वारा प्रस्थापित किये जायें, उन सबके प्राधिकृत पाठ, तथा

(3) आदेश, नियम, विनियम और उपविधि इस संविधान के अधीन, अथवा संसद या राज्यों के विधानमंडल द्वारा निर्मित किसी विधि के अधीन, निकाले जायें उन सबके प्राधिकृत पाठ, अंग्रेजी भाषा में होंगे।

301छ. भाषा सम्बन्धी कुछ विधियों के अधिनियमित करने के लिए विशेष प्रक्रिया—इस संविधान के प्रारम्भ से पन्द्रह वर्षों की कालावधि तक अनुच्छेद 301च में वर्णित प्रयोजनों में से किसी के लिए प्रयोग की जाने वाली भाषा के लिए उपबन्ध करने वाला कोई विधेयक या संशोधन संसद के किसी सदन में राष्ट्रपति की पूर्व मंजूरी के बिना न तो पुर:स्थापित और न प्रस्तावित किया जायेगा तथा ऐसे किसी विधेयक के पुर:स्थापित अथवा ऐसे किसी संशोधन के प्रस्तावित किये जाने की मंजूरी अनुच्छेद 301ख के अधीन गठित आयोग की सिफ़ारिशों पर, तथा उस अनुच्छेद के अधीन गठित समिति के प्रतिवेदन पर, विचार करने के पश्चात् ही राष्ट्रपति देगा।

अध्याय-4 विशेष निदेश

301ज. व्यथा के निवारण के लिए अभिवेदन में प्रयोक्तव्य भाषा—किसी व्यथा के निवारण के लिए संघ या राज्य के किसी पदाधिकारी या प्राधिकारी को यथास्थिति संघ में या राज्य में प्रयोग होने वाली किसी भाषा में अभिवेदन देने का, प्रत्येक व्यक्ति को हक होगा।

301झ. हिन्दी भाषा के विकास के लिए निदेश—हिन्दी भाषा की प्रसार वृद्धि करना, उसका विकास करना। ताकि वह भारत की सामाजिक संस्कृति के सब तत्त्वों की अभिव्यक्ति का माध्यम हो सके, तथा उसकी आत्मीयता में हस्तक्षेप किये बिना हिन्दुस्तानी और अन्य भारतीय भाषाओं के रूप, शैली और पदावली को आत्मसात करते हुए तथा जहाँ आवश्यक या वांछनीय हो वहाँ उसके शब्द भंडार के लिए मुख्यत: संस्कृत से तथा गौणत: अन्य भाषाओं से शब्द ग्रहण करते हुए उसकी समृद्धि सुनिश्चित करना संघ का कर्त्तव्य होगा।

अनुसूची 7क

1. असामिया	2. बंगला	3. कन्नड़
4. गुजराती	5. हिन्दी	6. काश्मीरी
7. मलयालम	8. मराठी	9. उड़िया
10. पंजाबी	11. तामिल	12. तेलुगू
13. उर्दू		

पं. लक्ष्मीकांत मैत्र—जिस मसौदे की ओर माननीय सदस्य अभी निर्देश कर रहे थे उसके संबंध में उसके यह विचार हैं कि उस मसौदे के किसी भाग पर अलग या केवल उसी भाग पर विचार किया जा सकता है?

एन. गोपालस्वामी आयंगर—मेरा ख़याल है कि मैंने यह कहा था कि इस योजना पर समष्टि

रूप में विचार करना चाहिए। वह बहुत वाद-विवाद तथा समझौते के फलस्वरूप बन पाई है। यदि मैं इस योजना पर ज़ोर दे सकता हूँ तो यह कहूँगा वह सब मिलकर एक योजना है। हम उसके किसी एक भाग को नहीं छोड़ सकते और यदि वह कोई बहुत ही तुच्छ या शाब्दिक सुधार हो या चाहे वह कोई छोटा-सा सारवत विषय तक हो जिसे आप रखना चाहते हैं तो बात दूसरी है इससे कोई अधिक अन्तर नहीं होता है। परन्तु इस मसौदे में महत्त्वपूर्ण बातें ये हैं कि सबको मिलाकर वह एक पूर्णरूप ग्रहण करता है और यदि आप उसके एक भाग को छेड़ेंगे तो अन्य बातें निष्फल हो जायेंगी।

सेठ गोविन्द दास—श्रीमान, मेरे लिए आज यह एक समस्या है कि सभा को किस भाषा में सम्बोधन करूँ।

नजीरुद्दीन अहमद—श्रीमान, एक औचित्य प्रश्न है। माननीय सदस्य हिन्दी का समर्थन कर रहे हैं अत: उन्हें अंग्रेजी में नहीं बोलना चाहिए।

अध्यक्ष—मुझे इसमें कोई औचित्य प्रश्न की बात नहीं दिखाई देती है। सभा के किसी सदस्य को हिन्दी में या अंग्रेजी में या किसी अन्य भारतीय भाषा में बोलने का हक है।

सेठ गोविन्द दास—आरम्भ में ही अपने दक्षिण भारत के मित्रों को कुछ शब्द कहना चाहूँगा। जैसा कि मैंने अभी कहा था पिछले कुछ दिनों से मेरे लिए यह एक समस्या रही और मैं इस बात पर विचार करता रहा कि मैं अंग्रेजी में बोलूँ या उस राज की भाषा में बोलूँ जो आज इस सभा द्वारा स्वीकार की जायेगी।

श्रीमान, मुझे यह पूर्ण विश्वास है कि जहाँ तक हम सबका संबंध है हमारे विचार निश्चित हैं और मैं यह आशा नहीं करता हूँ कि मैं किसी भी मित्र को अपने विचार का समर्थक बना लूँगा। अत: मैं यह नहीं चाहता हूँ कि हमारे देश के इतिहास के अभिलेखों में यह बात रहे कि जब मैं हिन्दी को अपने देश की राजभाषा बनाने के पक्ष में भाषण दे रहा था मैं अंग्रेजी में, एक विदेशी भाषा में बोला और इस कारण मैं हिन्दी में बोलना चाहता हूँ। मुझे विश्वास है कि यदि दक्षिण भारत के मेरे मित्र मेरे भाषण को ध्यानपूर्वक सुनेंगे तो मैं ऐसी भाषा में बोलने का प्रयत्न करूँगा कि मैं जो कुछ कहूँगा उसके एक-एक शब्द को वे समझ सकें।

एस. नागप्पा—एक औचित्य प्रश्न है श्रीमान, माननीय सदस्य जो कुछ कहेंगे उसे हमें समझाये बिना ही विजय प्राप्त करना चाहते हैं। यदि वे यह चाहते हैं कि सभा उनका साथ दे तो क्या उनका यह कर्त्तव्य नहीं है.......।

अध्यक्ष—इसमें कोई औचित्य प्रश्न नहीं है। यह उनके निर्णय करने की बात है कि वे सभा का साथ चाहते हैं या नहीं।

पं. गोविन्द मालवीय (संयुक्तप्रान्त : जनरल) : क्या मैं इस सभा के उन सदस्यों की ओर से जो हिन्दी के समर्थक हैं यह निवेदन कर सकता हूँ कि माननीय सदस्य अंग्रेजी में भाषण दें?

सेठ गोविन्द दास (सी.पी. और बरार : जनरल) : सभापति जी, आज के दिन को मैं अपने जीवन के दिनों में अत्यन्त महत्त्वपूर्ण मानता हूँ। आज जो कुछ हो रहा है उससे मुझे हर्ष भी कम नहीं है। मैं आपको भी इस बात के लिए धन्यवाद देता हूँ कि मैंने समय-समय पर इस विषय को अनेक रूपों में आपके सामने उपस्थित किया और आपने मेरी बातें सुनीं। आपके पहले इस विधान परिषद् के प्रथम दिवस जब आपके ही प्रान्त के श्री सच्चिदानन्द सिंह हमारे सभापति थे उस दिन भी मैंने इस विषय को उठाया था। उसके पश्चात् मैं इस विधान परिषद् के सदस्यों को इस सम्बन्ध में बहुत कष्ट देता रहा हूँ। इस विधान परिषद् में घूम-घूमकर इस हाल में मीलों चल कर और उनके

घरों पर जाकर, उनके प्रान्तों में जाकर इस विषय पर मैं इस विधान परिषद् के सदस्यों से अनुनय विनय करता रहा हूँ और मुझे इस बात पर भी बड़ा गर्व है कि हमारे प्रधान मंत्री जी के शब्दों में 95 प्रतिशत बातों पर हम लोगों का एक मत भी हो गया है। परन्तु एक बात मैं अवश्य कहना चाहता हूँ कि जिन विषयों पर हमारा मतभेद है, उन विषयों को भी हमें शान्ति से हल करना चाहिए। यदि हम ऐसे विषयों पर मत भी लें, मत विभाजन भी करावें, तो भी उससे किसी प्रकार की कटुता नहीं आने देनी चाहिए। हम लोगों ने प्रजातंत्र को स्वीकार किया है और प्रजातंत्र में बहुमत से ही सारे काम चल सकते हैं। यदि किसी विषय पर मतभेद होता है, तो उसका निर्णय केवल बहुमत से ही हो सकता है और बहुमत जो भी निर्णय करे, उसे अल्प मत वालों को सिर झुका कर स्वीकार करना चाहिए, बिना किसी प्रकार की कटुता के, आपने भी यही अपील की थी। अभी श्री गोपालस्वामी आयंगर जी ने भी यही अपील की और मैं भी यही अपील करना चाहता हूँ।

मैं अपने दक्षिण भारत के माननीय सदस्यों और जिन प्रान्तों में हिन्दी भाषा नहीं बोली जाती, उन प्रान्तों के सब माननीय सदस्यों का अत्यन्त अनुग्रहीत हूँ कि उन्होंने कम से कम एक बात स्वीकार कर ली। और वह बात यह है कि चाहे आप उसे राष्ट्रभाषा कहें, चाहे आप उसे राज्यभाषा कहें, वह हिन्दी ही हो सकती है और उसकी लिपि देवनागरी, जैसा कि मैंने अभी कहा था। हमारे प्रधानमंत्री जी के शब्दों में भाषा का विषय 95 प्रतिशत हल हो गया है। जो पाँच प्रतिशत बाकी है, उसमें कुछ सैद्धांतिक बातें हैं। उन सिद्धान्त की बातों को यदि हमारे दक्षिण भारत के माननीय सदस्य और दूसरे प्रान्तों के सदस्य स्वीकार नहीं करते, तो उन्हें हमें भी वैसी ही स्वतंत्रता देनी चाहिए कि हम भी अपने सिद्धान्तों पर स्थित रहें और बिना किसी प्रकार की कटुता आये हम ऐसी बातों को बहुमत से निपटा लें।

अंकों का प्रश्न लीजिए। अंकों का एक प्रश्न है, जो यहाँ पर सभी लोगों के हृदयों में एक क्षोभ उत्पन्न कर रहा है। मेरी समझ में नहीं आता कि इसमें क्षोभ की क्या आवश्यकता है। मैं माननीय सदस्यों का ध्यान गत दो या तीन वर्षों की घटनाओं की ओर ले जाना चाहता हूँ। जब पहले पहल मैंने भाषा और लिपि का प्रश्न उनके सामने रखा, तब अंकों का प्रश्न उन्होंने नहीं उठाया था। आज यह प्रश्न जितने महत्त्व का हमारे दक्षिण भारत के बन्धुओं को दिखता है, उस समय उन्होंने इसे उस दृष्टि से नहीं देखा था। मैं उनकी स्मरण शक्ति को ताजा करने के लिए उस फार्मूला को यहाँ पढ़ना चाहता हूं, जिस पर उन्होंने बहुत बड़ी संख्या में हस्ताक्षर किये थे। यह फार्मूला यहाँ मैं पढ़ता हूँ, हिन्दी और अंग्रेजी दोनों में।

''हम लोग इस बात के पक्ष में हैं कि भारत के विधान में यह रखा जाये कि राष्ट्रभाषा और राष्ट्र लिपि हिन्दी और देवनागरी होगी। राष्ट्र संघ पार्लियामेन्ट में सब काम हिन्दी और देवनागरी अक्षरों के द्वारा अथवा उस समय तक के लिए, जो संघ पार्लियामेन्ट निश्चित करे, अंग्रेजी में होगी।''

अंग्रेजी में वह इस प्रकार है :

"We support the view that the Union Constitution should lay down that the national language and character shall be Hindi and Devanagari respectively, that in the Federal business parliament shall be transacted in Hindi written in Devanagari character or, for such period as the Federal parliament decides in English."

काजी सैयद करीमुद्दीन (मध्यप्रान्त और बरार : मुस्लिम)—एक औचित्य प्रश्न है, श्रीमान्, सभा में यह कौनसा लेख पढ़ा जा रहा है?

सेठ गोविन्द दास—यह वह डाकूमेंट है, जिस पर यहाँ के सदस्यों ने हस्ताक्षर किये थे और जो फार्मूला भाषा के सम्बन्ध में उन्होंने स्वीकार किया था।

इस फार्मूले पर साधारण सदस्यों के हस्ताक्षर नहीं थे। हमारे मद्रास के श्री गोपालस्वामी आयंगर ने इस पर हस्ताक्षर किये हैं। डॉ. पट्टाभि सीतारमय्या ने इस पर हस्ताक्षर किये हैं, प्रोफेसर रंगा, श्री अलगेसन, श्री थिरुमल राव, श्री अनन्त शयनम् आयंगर, श्री कला वैंकटा राव के इस पर हस्ताक्षर हैं।

कला वैंकटा राव (मद्रास : जनरल)—मेरा नाम क्यों लिया जा रहा है? मेरे प्रति जो निर्देश हैं, उसे मैं नहीं समझता हूँ।

सेठ गोविन्द दास—मैंने जिस फार्मूला को अभी पढ़ा है, उस पर आपने हस्ताक्षर किये हैं। इस संबंध में आपको घसीटा गया है या आपका नाम आया है।

सेठ गोविन्द दास : मैं यह कहना चाहता हूँ कि जिस समय आपने देवनागरी को स्वीकार किया था, उस समय आपने देवनागरी के अंकों को भी उसके साथ स्वीकार किया था। अन्यथा आप उस समय भी यह कहते कि इसमें इंटरनेशनल न्यूमरल्स की बात रखी जानी चाहिए।

इसमें हमारे बम्बई के बन्धुओं के हस्ताक्षर हैं। श्री निजलिंगप्पा, श्री जेठे, श्री पाटस्कर, श्री गुप्ते इत्यादि के।

हमारे बंगाल के बन्धुओं के भी इस पर हस्ताक्षर हैं। श्री मैत्र, श्री मजूमदार, श्री गुहा, श्री सुरेन्द्र मोहन घोष और दूसरे सज्जन।

उड़ीसा के श्री विश्वनाथ दास, श्री बी. दास, श्री लक्ष्मी नारायण साहू, श्री युधिष्ठर सिंह, आसाम के श्री रोहिणी कुमार, श्री चालिहा ने भी इस पर हस्ताक्षर किये हैं। हिन्दी भाषा-भाषी सभी सदस्यों के इस पर हस्ताक्षर हैं।

तो मैं आपसे यह कहना चाहता हूँ कि यह न्यूमरल्स का जो सवाल उठा, वह सवाल बहुत पीछे और हाल का ही उठा हुआ है और इस सवाल को उस समय किसी ने महत्त्व नहीं दिया था।

मैं यह नहीं कहता कि आज इस विषय को उठाने का किसी को अधिकार नहीं है। अवश्य है। मेरे कहने का मतलब केवल यह है कि जब से स्वयं किसी समय देवनागरी लिपि को जिस रूप में वह है, उस रूप में स्वीकार करना चाहते हैं, तो उनको उसके अंकों को भी स्वीकार करना चाहिए; क्योंकि अंक लिपि के अन्दर होते हैं। लिपि के बाहर नहीं होते। और उस समय जब वे इस बात को स्वीकार कर रहे थे, तो आज बिना किसी रोष के, बिना किसी क्रोध के और बिना किसी क्षोभ के उन्हें कम से कम अपने मन पर स्थित रहने की स्वतंत्रता देनी चाहिए। उन्होंने यदि अपना मत बदल दिया है और वह विरोध में वोट करना चाहते हैं, तो करें, परन्तु हम यदि अपने पुराने मत पर स्थित हैं, तो उन्हें हमारे प्रति किसी रोष की भावना को नहीं रखना चाहिए।

अब दूसरी बातों को हम लें। श्रीयुत आयंगर साहब ने जो धारा यहाँ पर पेश की है, उसमें उन्होंने यद्यपि हिन्दी और देवनागरी लिपि को स्वीकार किया है, पर उसी के साथ उस धारा को ध्यानपूर्वक देखने से यह प्रयत्न दिखाई देता है कि वह समय दूर से दूर रखा जा रहा है, जबकि हिन्दी अंग्रेजी का स्थान ले सके। इस विधान-परिषद् में दो प्रकार के माननीय सदस्य दिखते हैं। एक वे हैं, जो हिन्दी और देवनागरी लिपि को स्वीकार करते हैं, परन्तु उसे दूर से दूर टालना चाहते हैं। दूसरे वे लोग हैं, जो अंग्रेजी के स्थान पर हिन्दी भाषा और देवनागरी लिपि को जल्दी से जल्दी ले आना चाहते हैं। इस सम्बन्ध में कांग्रेस की कार्यकारिणी का जो प्रस्ताव है, उसकी ओर मैं माननीय सदस्यों का ध्यान आकर्षित करना चाहता हूँ। कांग्रेस की कार्यकारिणी समिति ने कहा है

कि हमको धीरे-धीरे उस बात का प्रयत्न करना चाहिए कि 15 वर्ष में अंग्रेजी का स्थान हिन्दी ले ले और 15 वर्ष में या उसके पश्चात् इस देश में अंग्रेजी का स्थान न रहे। पर जो भाषण श्रीयुत गोपाल स्वामी आयंगर जी ने आज दिया है, उसमें उन्होंने कहा कि 15 वर्ष के बाद भी एक लम्बे समय तक हिन्दी को अंग्रेजी का स्थान नहीं लेने देना चाहिए। कम से कम हम लोगों का यह मत नहीं है, यह मैं कह देना चाहता हूँ, मेरी स्पष्ट राय है कि यदि अंग्रेजी को देश से जाना है, तो वह जल्दी से जल्दी जाये। यदि हम 15 वर्ष का समय स्वीकार करते हैं, तो यह मतलब नहीं है कि उससे पहले हिन्दी अंग्रेजी का कोई भी स्थान नहीं ले। आप जानते हैं, इस भवन के सारे सदस्य जानते हैं कि पहले हमारा यह मत था कि अंग्रेजी का स्थान हिन्दी कितने समय में ले, इस विषय को पार्लियामेन्ट पर छोड़ दिया जाये। जो फार्मूला मैंने अभी पढ़ा उसे जो हिन्दी भाषी नहीं है, उन्होंने भी स्वीकार किया था। फिर हम पाँच वर्ष पर आये। उस समय हमने सोचा था कि पाँच वर्ष में यदि हम प्रयत्न करेंगे, तो हिन्दी को अंग्रेजी के स्थान पर प्रतिष्ठित कर सकेंगे। उसके बाद यहाँ पर राष्ट्रभाषा कन्वेन्शन हुआ। यद्यपि उसको हिन्दी साहित्य सम्मेलन ने बुलाया था, पर उसमें किस प्रकार के महानुभाव आये थे, इस पर विचार कीजिये।

मैं कहना चाहता हूँ कि इस प्रकार का कन्वेंशन इससे पहले इस देश में कभी नहीं हुआ। उसमें बंगाल से डॉक्टर सुनीति कुमार चटर्जी और श्री सजनीकांत दास, जो कि बंगीय साहित्य परिषद् के मंत्री हैं, आये थे। उसमें कर्नाटक से भी श्रीयुत एस. कृष्ण शर्मा आये थे, जो कन्नड़ साहित्य परिषद् के मंत्री हैं। उसमें मलयालम के महाकवि बलातोल पधारे थे, जिनका मलयालम साहित्य में वही स्थान है जोकि बंगीय साहित्य में रवीन्द्र बाबू का था। मलयालम के श्री कुशान राजा भी उसमें आये थे। मराठी के महामहोपाध्याय श्री काने जी उसमें नहीं आ सके। उन्होंने उसके लिए अपना मत भेजा था। उड़ीसा से भी आर्तवल्लभ महन्ती आये थे। तामिल के श्री नीलकंठ शास्त्री और डॉक्टर राघबन जी आये थे। तेलुगू के श्री सोमय्या जी आये थे और श्री विश्वनाथ सत्य नारायण जी पधारे थे। इस प्रकार इस परिषद् को यद्यपि हिन्दी साहित्य सम्मेलन ने बुलाया था, पर इसमें अन्य भाषाओं के बड़े-बड़े विद्वानों ने भाग लिया था और उन्होंने यह तय किया कि अंग्रेजी का स्थान हिन्दी को दस वर्ष में लेना चाहिए। तो पाँच वर्ष से हम दस वर्ष पर आ गये और हमने यह स्वीकार किया है कि धीरे-धीरे दस वर्ष में हिन्दी अंग्रेजी का स्थान ले ले, उसके पश्चात् जब हमारे दक्षिण भारत के बन्धुओं ने कहा कि दस वर्ष का समय कम मालूम होता है और यह पन्द्रह वर्ष होना चाहिए, तो हमने 15 वर्ष स्वीकार कर लिया। मैं यह नहीं कहता कि ऐसा करके हमने उन पर कोई उपकार किया है। उपकार तो उनका वहम मानते हैं और उनके अनुग्रहीत हैं कि उन्होंने हिन्दी को राष्ट्रभाषा और देवनागरी को राष्ट्र लिपि स्वीकार किया, पर हम यह अवश्य कहना चाहते हैं कि उनके सुभीते के लिए हमने स्वीकार किया कि दस वर्ष के स्थान पर 15 वर्ष कर दिये जायें, तो हमें आपत्ति नहीं। हम इस बात को जानते हैं कि किसी व्यक्ति के जीवन में पाँच या पन्द्रह या दस वर्ष कोई चीज़ हो सकते हैं, परन्तु देश के जीवन में यह समय बहुत बड़ा समय नहीं है। इसलिए हमने दस वर्ष के स्थान पर 15 वर्ष को स्वीकार किया। सवाल यह है कि हम 15 वर्ष में अंग्रेजी के स्थान पर हिन्दी को लाना चाहते हैं या पन्द्रह वर्ष में भी नहीं। कांग्रेस कार्यकारिणी ने इस सम्बन्ध में अपना स्पष्ट मत दिया है जो राष्ट्रभाषा कन्वेन्शन हुआ, उसने भी इस विषय में साफ तौर पर कहा है। फिर आज जब श्री गोपालस्वामी आयंगर जी यह कहते हैं कि वह तो 15 वर्ष के बाद भी एक बड़े लम्बे समय को देखते हैं, जिस समय कि हिन्दी अंग्रेजी का स्थान ले सकेगी। मैं तो बड़े अदब

के साथ उनसे यह कहना चाहता हूँ कि कम से कम हम लोग इस बात को स्वीकार नहीं करते। यह हमारा स्पष्ट रूप से निवेदन है। दूसरा विषय यह है।

तीसरा विषय जिस पर मैंने सुधार पेश किया है, वह यह है कि जिन प्रान्तों में हिन्दी को स्वीकार कर लिया गया है और जिन प्रान्तों की अदालतों में आज हिन्दी चल रही है, वहाँ पर हम क्यों अंग्रेजी को थोपना चाहते हैं। आप संयुक्त प्रान्त को ही लीजिए। वहाँ पर सारे बिलों के मसविदे, सारे प्रस्ताव, सारे प्रश्न हिन्दी में ही होते हैं। अब जो आयंगर जी की धारा यहाँ पेश हो रही है, उसमें तो यह कहा गया है कि सारे बिल, सारे इस तरह के जितने कार्य हैं, वह अंग्रेजी में हों। यह तो मामले को आगे न बढ़ाकर पीछे हटाना हुआ, इसको हम भला कैसे स्वीकार कर सकते हैं कि जिन प्रान्तों में अभी भी हिन्दी में काम चल रहा है, वहाँ भी अंग्रेजी को लादा जाये। जहाँ कचहरियों में अभी भी हिन्दी में काम चल रहा है, वहाँ भी अंग्रेजी को लादा जाये। यह तीसरा विषय है, जिसमें हम बहुत बड़ा मतभेद रखते हैं, अपने दक्षिण भारत के बन्धुओं से।

अब मुझे कुछ अन्य बातें कहनी हैं। हम हिन्दी का पक्ष लेने वालों पर एक आक्षेप होने वाला है, कि हम इस विषय को साम्प्रदायिकता की दृष्टि से देखते हैं। यह आक्षेप हमारे बड़े-बड़े नेताओं ने हम पर किया है। मैं उनसे कहना चाहता हूँ कि जहाँ तक हम लोगों का सम्बन्ध है, हम इस विषय को साम्प्रदायिकता की दृष्टि से जरा भी नहीं देखते। हम इस विषय को राष्ट्रीय दृष्टि से देखते हैं। मैं अपने सम्बन्ध में आपसे कह सकता हूँ कि 30 वर्ष के सार्वजनिक जीवन में मैं आज तक किसी भी साम्प्रदायिक संस्था का सदस्य नहीं रहा हूँ। यह बात मौलाना अबुल कलाम साहब जानते हैं कि जब सन् 21 में ख़िलाफ़त का आन्दोलन चला था, तो मैं स्वयं सेंट्रल ख़िलाफ़त कमेटी का सदस्य था। दूसरे लोगों को आप ले लीजिए। जैसे टंडन जी हैं और दूसरे लोग, जो आज हिन्दी के आन्दोलन में किसी प्रकार का भाग ले रहे हैं, क्या कभी उनका किसी प्रकार की भी साम्प्रदायिक संस्था से सम्बन्ध रहा है।

अपने सम्बन्ध में इस विषय से सम्बन्ध रखने वाली दो बातें मैं आपको और बताना चाहता हूँ। एक जमाना था कि जब हमारे जबलपुर नगर में हिन्दू मुसलमानों के दंगे हुआ करते थे। उस समय हमारे यहाँ एक मस्जिद तोड़ दी गई। उस मस्जिद को मैंने वहाँ अपने धन से बनवा दिया। हमारे प्रान्त के खंडवा नगर में कुछ लाख रुपया लगाकर मेरी माता के नाम पर मेरे पिताजी ने एक धर्मशाला बनवाई है। इस धर्मशाला में लक्ष्मीनारायण के मन्दिर की स्थापना की गयी है। इस मंदिर की प्रतिष्ठा विनोबा भावे जी ने की। इस मन्दिर में लक्ष्मीनारायण की मूर्ति के साथ सब धर्मों के ग्रन्थों की भी स्थापना की गयी है। वहाँ कुरान की स्थापना की गयी है, बाइबिल की स्थापना की गयी है, बौद्ध धर्म के ग्रंथों की स्थापना की गयी है, जैन धर्म के ग्रंथों की स्थापना की गयी है, सिख धर्म और पारसी धर्म के ग्रन्थ भी वहाँ स्थापित हैं। सब धर्मों के ग्रन्थों की वहाँ पर इज्जत के साथ स्थापना की गयी है। हिन्दी आन्दोलन करने वालों को साम्प्रदायिक कहना यह एक बड़ा भारी अन्याय है। उर्दू भाषा केवल मुसलमानों की ही अकेली भाषा है, यह मैं नहीं कहता। मैं यह मानता हूँ कि उर्दू भाषा में इस देश के बड़े-बड़े हिन्दू विद्वानों ने, कवियों ने भी रचना की है। मगर मैं एक बात कहे बिना नहीं रह सकता कि उर्दू भाषा अधिकतर देश के बाहर की चीज़ों को ही देखती रही है। आप उर्दू के साहित्य को अच्छी तरह देख सकते हैं। साहित्य का मुझे थोड़ा बहुत ज्ञान है। आप उर्दू साहित्य को देखेंगे, तो आपको कहीं भी हिमालय का वर्णन नहीं मिलेगा। आपको उसकी जगह कोह काफ का वर्णन मिलेगा। हमारे देश की कोयल को आप कभी उसके साहित्य

में नहीं पायेंगे। आपको सिर्फ़ बुलबुल का वर्णन मिलेगा। भीम और अर्जुन की जगह पर आपको रुस्तम का वर्णन मिलेगा। जिसका इस देश से कोई भी सम्बन्ध नहीं है। इसलिए मैं कहना चाहता हूँ कि हम पर साम्प्रदायिकता का जो आक्षेप हो रहा है, वह बिल्कुल ग़लत है। मैं आपसे यह बात उर्दू के किसी द्वेष की वजह से नहीं कह रहा हूँ। हम उर्दू से प्रेम रखते हैं और बराबर उससे हमारा प्रेम रहेगा। मगर मैं यह अवश्य कहूँगा कि हिन्दी के समर्थक साम्प्रदायिक नहीं, जो उर्दू का समर्थन करते हैं, वे साम्प्रदायिक हैं।

हमारा देश सेक्यूलर स्टेट है और हम सब लोग इसको स्वीकार करते हैं। हम सब धर्म वालों को एक ही दृष्टि से देखते हैं। हम किसी धर्म के बीच में रोड़ा अटकाना नहीं चाहते, पर हम इस बात को मानते हैं कि सेक्यूलर स्टेट होते हुए भी हमारे देश में दो संस्कृति हैं या नहीं।

चीन में भी मुसलमान रहते हैं, रूस में भी मुसलमान रहते हैं, मगर चीन और रूस के मुसलमानों और वहाँ के अन्य धर्मावलंबियों में कोई भेद नहीं है। वहाँ के निवासियों के नाम भी हम देखें, तो हमें कोई अन्तर मालूम नहीं पड़ता। उनकी पोषाक, उनकी भाषा और उनकी संस्कृति एक ही है। यह बात सत्य है कि सेक्यूलर स्टेट को हमने मान लिया है। मगर हमने इसका यह अर्थ तो कभी नहीं समझा कि सेक्यूलर स्टेट मानना अनेक संस्कृतियाँ मानना है। यह एक पुराना देश है और इसका पुराना इतिहास है। इस देश में हज़ारों वर्षों से एक ही संस्कृति चली आई है और वह परम्परा अभी तक कायम है। इस परम्परा को रखने के लिए और इस बात का खंडन करने के लिए कि हमारी दो संस्कृतियाँ हैं, हम इस देश में एक भाषा और एक लिपि रखना चाहते हैं।

प्रान्तीय भाषाओं से हमारा कोई द्वेष नहीं है। प्रान्तीय भाषाओं की तरक्की बगैर केन्द्रीय भाषा की भी उन्नति नहीं हो सकती। यह बात मैं अपने मित्रों को खुश करने के लिए नहीं कह रहा हूँ। हिन्दी साहित्य सम्मेलन में सभापति के नाते मैंने जो भाषण मेरठ में दिया था, उस वक़्त भी मैंने यह बात साफ कर दी थी कि हर प्रान्तीय भाषा की भी उन्नति होनी चाहिए और अपने-अपने प्रान्त में उसका सर्वोच्च स्थान होना चाहिए। वहाँ की शिक्षा का माध्यम, वहाँ की अदालतों की भाषा, वहाँ की असेम्बली की भाषा, प्रान्तीय भाषा हो, प्रान्तीय भाषा के सिवाय प्रान्तों में रहने वाली अन्य जनता की भाषा को उस प्रान्त में मान्य न किया जाये, यह भी मैं नहीं कहता। पर जिस प्रकार कांग्रेस वर्किंग कमेटी ने अपने प्रस्ताव में कहा और स्वीकार किया है कि अगर किसी प्रान्त में 20 प्रतिशत व्यक्ति इस बात की इच्छा करें कि अमुक भाषा उस प्रान्त में स्वीकार की जाये, तभी यह हो। अगर एक प्रतिशत, दो प्रतिशत व्यक्ति इस बात की माँग करें कि उनके प्रान्त में दूसरी भाषा को भी स्वीकार किया जाये तो यह एक प्रकार से उस प्रान्त की भाषा के विकास में बाधा डालना होगा। इसलिए मैंने एक और संशोधन भेजा है, जिसमें यह कहा गया है कि अगर किसी प्रान्त में 20 प्रतिशत व्यक्ति यह माँग करें कि अमुक भाषा वहाँ और स्वीकार की जाये, तो जैसा कि कांग्रेस वर्किंग कमेटी ने अपने एक प्रस्ताव में मान लिया है, वहाँ पर यह बात की जा सकती है। अंग्रेजी का स्थान हिन्दी जल्दी से जल्दी ले ले, यह हमारा सबसे बड़ा लक्ष्य है। इसके लिए मैंने अपने संशोधन में जो बात कही है, वह यह है कि एक कमीशन स्थापित हो। एक पार्लियामेन्टरी कमेटी स्थापित की जाये। एक प्रकार की दो चीज़ें न हों। बल्कि एक ही चीज़ हो, यानी पार्लियामेन्टरी कमेटी। पार्लियामेन्टरी कमेटी को यह काम सौंप दिया जाये कि वह 15 वर्ष के अन्दर धीरे-धीरे हिन्दी को अंग्रेजी के स्थान पर किस प्रकार ला सकती है।

अन्त में मैं कहना चाहता हूँ कि स्वतंत्रता के साथ, स्वतंत्र भारत कैसा होगा, इसकी भी हमने कल्पना की थी। इस देश की जनता ने भी कल्पना की थी। वह कल्पना तब तक पूरी नहीं हो सकती, जब तक कि हम भाषा के प्रश्न को हल न कर लें। स्वराज्य का अर्थ इस देश के लोग तभी समझेंगे, जबकि भाषा का प्रश्न पूरी तरह से हल हो जायेगा।

मुझे इस बात की बड़ी खुशी है कि हिन्दी भाषा को इस देश के सभी निवासी राष्ट्रभाषा के रूप में, राज्यभाषा के रूप में, स्वीकार करने के लिए तैयार हैं। हमें इस बात का प्रयत्न करना चाहिए कि भाषा के विषय में किसी प्रकार की कटुता न आने पावे। जहाँ तक हिन्दी का सवाल है, उसको पंडित जवाहरलाल नेहरू का भी आशीर्वाद है। और आज नहीं, यह आशीर्वाद उसे 18 वर्ष पहले प्राप्त हो चुका था। इस सम्बन्ध में उन्होंने 18 वर्ष पहले जो एक पत्र लिखा था, वह मैं आपको पढ़कर सुनाता हूँ।

कोलम्बो 16.5.31

मुझे बहुत खेद है कि मैं इस समय मदुरा नहीं आ सकता। मैं चाहता था कि मैं वहाँ आऊँ और तमिलनाद प्रान्त के भाइयों से मिलूँ और अगर उसकी कुछ सेवा कर सकूँ, तो वह करूँ। ख़ासकर मैं हिन्दी सम्मेलन में हिस्सा लेना पसन्द करता। हिन्दी हमारी राष्ट्रभाषा होना तो पूरी तौर से तय हो गया है और कांग्रेस का कार्य भी अब बहुत कुछ हिन्दी ही में होता है। यह बहुत खुशी की बात है कि तामिलनाद प्रान्त में हिन्दी का प्रचार खूब हो रहा है। इस शुभ कार्य में मैं खुशी से सहायता देता, लेकिन मजबूरी से नहीं आ सकता।

मैं आशा करता हूँ कि हिन्दी सम्मेलन सफलता से होगा और उसके कारण हिन्दी प्रचार और भी बढ़ेगा।

—जवाहरलाल नेहरू

यह पंडित जी ने 18 वर्ष पहले लिखा था और मुझे इस बात को देखकर हर्ष होता है कि 18 वर्ष पहले उन्होंने जो भविष्यवाणी की थी, उसको आज हम पूरा करने के लिए यहाँ पर एकत्रित हुए हैं।

नज़ीरुद्दीन अहमद—अध्यक्ष महोदय,.....

देशबन्धु गुप्त—मैं आशा करता हूँ कि माननीय सदस्य संस्कृत में भाषण देंगे।

नज़ीरुद्दीन अहमद—सभा के समक्ष बड़ा ही महत्त्वपूर्ण विषय है। मैं समझता हूँ कि इतने बड़े महत्त्वपूर्ण विषय पर, जिसका प्रभाव चौंतीस करोड़ व्यक्तियों पर पड़ता है, कोई झगड़ा नहीं होना चाहिए, परन्तु साथ ही साथ मैं यह भी कहूँगा कि कोई अनुचित अथवा जल्दबाजी में समझौता भी नहीं होना चाहिए। भारत की विशाल जनसंख्या की तुलना में ऐसे समझदार व्यक्तियों का यह कार्य नहीं है कि यहाँ आकर परस्पर सौजन्य प्रकट करें और केवल समझौते की भावनावश किसी ऐसी बात को स्वीकार करें, जिसका बाहर के अनेक व्यक्तियों पर प्रभाव पड़ता हो (वाह, वाह)।

श्रीमान, मैं निवेदन करता हूँ कि हम उन क्षेत्रों पर ध्यान नहीं दे रहे हैं, जिनको संक्षिप्त रूप में अहिन्दी भाषा भाषी क्षेत्र कहा जाता है। यह कहने से काम नहीं चलेगा कि कुछ सदस्यों ने समझौते में, करार में, भाग लिया है। ऐसा करार लोगों के लिए मान्य नहीं होगा और वे उसे स्वीकार नहीं करेंगे। मैं निवेदन करता हूँ कि ऐसे विषय में हमें सतर्क होकर तथा विभिन्न अनुभवों के आधार पर कार्य करना चाहिए। किसी प्रकार की विवशता नहीं होनी चाहिए, स्वतंत्र स्वेच्छाकृत भावनाओं के आधार पर राष्ट्रभाषा होनी चाहिए। यदि हिन्दी भारत की राष्ट्रभाषा के रूप में स्वीकार की जाने वाली है, तो इसके लिए स्वतंत्र तथा स्वेच्छाकृत इच्छा होनी चाहिए। इसके पूर्व कि हिन्दी को अंतिम

रूप में अपनी राष्ट्रभाषा स्वीकार किया जा सके, लोगों को उसके सौन्दर्य तथा अन्य गुणों को समझ लेना चाहिए। मुझसे पहले बोलने वाले मेरे विद्वान मित्र जब हिन्दी में भाषण दे रहे थे, मैंने उन लोगों तक को, जो थोड़ी बहुत हिन्दी जानते हैं, यह कानाफूसी करते सुना कि वह भाषा समझ में नहीं आ रही है। अत: मैं निवेदन करता हूँ कि हम एकदम हिन्दी को राष्ट्रभाषा बनाने का प्रयत्न न करें।

जिस संशोधन को मैंने सभा के समक्ष प्रस्तुत करने का साहस किया है, वह संशोधन संख्या 277 है। उस संशोधन का पढ़ना आवश्यक नहीं है, क्योंकि मुझे विश्वास है कि माननीय सदस्य उसे पढ़ चुके हैं। मेरे संशोधन का मुख्य प्रयोजन यह है कि अखिल भारतीय भाषा की हम एकदम घोषणा न करें। मेरा उद्देश्य यह है कि अंग्रेजी भाषा का जिन प्रयोजनों के लिए प्रयोग होता था, उन सब प्रयोजनों के लिए भारत की राजभाषा के रूप में जब तक प्रयोग होता रहे, तब तक किसी ऐसी अखिल भारतीय भाषा का विकास न हो, जिसमें विज्ञान, गणित, साहित्य, इतिहास, दर्शन और राजनीति संबंधी भिन्न-भिन्न विषयों के लिए विचारों की अभिव्यक्ति हो सके। मैं निवेदन करता हूँ कि इस विषय पर इसी रीति से विचार होना चाहिए। सदैव के लिए अखिल भारतीय प्रयोजनों के लिए भाषा की उपयुक्तता का विषय एक ऐसा विषय नहीं होना चाहिए, जिसे निर्वाचकों के बिना किसी आदेश के 315 सदस्यों द्वारा विनिश्चित होने के लिए छोड़ दिया जाये। सौजन्य और उदारता से प्रेरित हो जाना सरल है। यह कोई विवाह संस्कार या भोज का विषय नहीं है, जहाँ हम उदारता दिखा सकें। यह एक ऐसा विषय है, जो जनता द्वारा स्वयं अपनी इच्छा से स्वीकार किया जाने वाला विषय होना चाहिए।

मैं निवेदन करता हूँ कि जहाँ तक हिन्दी भाषा का संबंध है, उसे अभी अपना दावा पूरा करना है। हिन्दी भाषा के समर्थकों को मैंने यह कहते सुना है कि यही समय है, जब कि हमें हिन्दी को राष्ट्रभाषा के रूप में स्वीकार कर लेना चाहिए। मैंने यह भी कहते हुए सुना है कि यदि हम इस समय हिन्दी को स्वीकार नहीं करेंगे तो उसका अवसर सदैव के लिए खो जायेगा। यदि यही बात है, तो हिन्दी को तुरन्त स्वीकार करने का पक्ष सबल नहीं है। यदि यह सत्य है कि यह सभा, उदारहृदया तो वह है ही, लोक सुविधा का विचार किये बिना, आधुनिक संसार में अखिल भारतीय भाषा के आवश्यक गुणों पर विचार किये बिना, स्वेच्छाकृत रीति से स्वीकार करना चाहिए, तो मैं समझता हूँ कि लोकमत का सुनिश्चयन कर लेना चाहिए। पर मैं यह देखता हूँ कि जहाँ सभा को सावधान करना चाहिए और व्यावहारिक आधार ग्रहण करना चाहिए, वहाँ इस सभा की आवश्यकता से अधिक उदार हो जाने की प्रवृत्ति हो जाती है।

हम कह चुके हैं कि हम राष्ट्रीयकरण चाहते हैं। मैं आशा करता हूँ कि यह स्पष्ट हो चुका है कि आप एकदम राष्ट्रीयकरण नहीं कर सकते हैं और वह बहुत ही अवांछनीय होगा। रेलों में से हमने कक्षान्तर को मिटाना चाहा। चार कक्षों के हमने तीन कक्ष कर दिये। मुझे विश्वास है कि अब यह सबको स्पष्ट हो चुका है कि हमें चतुर्कक्ष प्रणाली को फिर अपनाना होगा। पूँजीवाद को हम एक दम मिटाना चाहते हैं। मेरे विचार से अब यह समझ लिया गया है कि यद्यपि पूँजीवाद दोषपूर्ण है, पर उसकी अभी आवश्यकता है, उसमें रूप भेद कर देना चाहिए, पर उसे मिटाना नहीं चाहिए। इसी प्रकार से औद्योगीकरण के क्षेत्र में असंयत वार्ता के कारण पूँजी रुक गयी है। अत: मेरा यह विचार है कि भाषा के विषय में हमें बड़ी सावधानी से आगे बढ़ना चाहिए।

मेरा सुझाव यह है कि अंग्रेजी तब तक बनी रहे, जब तक अखिल भारतीय भाषा का विकास न हो। विधायी मत द्वारा आप किसी भाषा को आधुनिक संसार के लिए उपयुक्त नहीं बना सकते

हैं। भाषा की उपयुक्तता के लिए कई बातें अपेक्षित हैं। उसके लिए महान लेखकों, महान विचारकों, महान व्यक्तियों, वैज्ञानिकों, राजनीतिज्ञों, दार्शनिकों, साहित्यिकों, नाटक लेखकों तथा अन्य व्यक्तियों की आवश्यकता है। किसी प्रकार का आक्षेप किये बिना मेरा यह विश्वास है कि हिन्दी एक ऐसी भाषा है, जो इस रूप में अभी प्रारम्भिक स्थिति में है।

अब भारत स्वतंत्र है। अन्तरराष्ट्रीय क्षेत्र में आधुनिक बलों से हमें लड़ना-झगड़ना है। मैं निवेदन करता हूँ कि इस आधुनिक संसार में हम अंग्रेजी को नहीं हटा सकते हैं। अन्य भाषाएँ हम चाहे जो कुछ रखें, हमें अंग्रेजी रखनी चाहिए। अंग्रेजी अनिवार्य है। पर इस विषय में कुछ निम्न भावनाओं का प्रदर्शन कर रहे हैं। मेरा विचार है कि भाषा के विषय में कोई निम्न भावना नहीं होनी चाहिए।

एक माननीय सदस्य—उच्च भावना!

नज़ीरुद्दीन अहमद—चाहे वह उच्च भावना हो, पर वह भी बुरी बात है। वह एक प्रकार की दुर्बलता होगी। मैं निवेदन करता हूँ कि अंग्रेज चले गये हैं; अंग्रेजों का प्रभुत्व हटाने योग्य था। पर उनकी भाषा के सम्बन्ध में क्या विचार है? क्या अंग्रेजी भाषा ब्रिटेन की भाषा है? मैं निवेदन करता हूँ कि वह संसार की भाषा है। अन्य कई उपनिवेशों तथा अन्य कई देशों को लीजिए। जापान को ही लीजिए। जापान ने सोचा कि उसे संसार में उन्नति करनी चाहिए। उसने स्वेच्छा से अंग्रेजी भाषा को राजभाषा स्वीकार किया। वे अमरीका तथा अन्य स्थानों को गये और अंग्रेजी सीखी और अंग्रेजी भाषा की सहायता से उनके लिए अंग्रेजी विज्ञान, आधुनिक विचार तथा संसार की क्रियाओं में प्रवेश करने का मार्ग मिला। दुर्भाग्यवश यदि जापान गत युद्ध में प्रवेश न होता, तो जापान संसार के बड़े राष्ट्रों में होता। इसी कारण मैं यह निवेदन करता हूँ कि अंग्रेजी अनिवार्य होनी चाहिए। संभव है कि यह एक अरुचिकर आवश्यकता हो; पर है यह एक आवश्यकता।

मेरे मत के अनुसार राष्ट्रभाषा चुनने का विषय दो शर्तों पर निर्भर होना चाहिए। इन शर्तों को रखने के पूर्व माननीय सदस्यों से मैं स्थिति पर विचार करने के लिए निवेदन करूँगा। मैं अहिन्दी भाषा-भाषी क्षेत्रों के दृष्टिकोण से कह रहा हूँ—यदि आपको हिन्दी सीखनी है, तो एक विदेशी भाषा के रूप में आपको उसे सीखना है। अपनी मातृभाषा आप बिना साक्षरता के सीख सकते हैं; परन्तु किसी विदेशी भाषा को आप पुस्तक द्वारा ही सीख सकते हैं। किसी अहिन्दी भाषा-भाषी क्षेत्रों में सर्वप्रथम किसी बालक को अपनी मातृभाषा में साक्षर होना चाहिए और उसके बाद ही वह अखिल भारतीय भाषा हिन्दी सीख सकता है।

अत: मैं निवेदन करता हूँ कि इसके पूर्व कि हम भारत की जनता पर अनिवार्य अखिल भारतीय भाषा का आरोपण करें, यह आवश्यक है कि उसे अपनी मातृभाषा में साक्षर पहले से होना चाहिए। पचास वर्ष घोर परिश्रम करने के पश्चात् और प्राथमिक शिक्षा के बारे में चालीस वर्ष से अधिक काल तक वार्ता करने के पश्चात् हम अपनी जनता में 13 या 15 प्रतिशत से अधिक साक्षर नहीं बना पाये हैं। हमारी जनता में कम से कम 45 प्रतिशत पूर्णतया निरक्षर हैं। क्या यह बात तर्क के सामने टिक सकती है कि आप भारत की जनता को राजभाषा के रूप में हिन्दी एकदम सिखा सकते हैं? आप ऐसा नहीं कर सकते। मैं निवेदन करता हूँ कि भारत की जनता पर राष्ट्रभाषा का आरोपण करने के पूर्व यह आवश्यक है कि जनता को साक्षर बनाने का आन्दोलन हो और जो लोग नहीं चाहते हैं, उन पर एक विदेशी भाषा का आरोपण करने के पूर्व प्रत्येक क्षेत्र में साक्षरता का अधिकतम प्रतिशत होना चाहिए।

दूसरी शर्त, जिसे मैं विनिहित करना चाहूँगा, वह यह है कि आप प्रान्तों का भाषा के आधार

पर निर्माण करें। इसका कारण सरल है। इस राजकीय समझौते के मसौदे में हम यह अभिज्ञात करते हैं कि प्रादेशिक भाषाएँ होनी चाहिए। यदि हम प्रादेशिक भाषाएँ रखते हैं, तो एक ही प्रान्त में भिन्न-भिन्न भाषाओं के बोलने वाले भिन्न-भिन्न लोगों में परस्पर झगड़े होंगे। इन सब कष्टों से बचने के लिए सामान्यतया एक भाषा बोलने वाले लोगों को एक प्रान्त में रखना चाहिए। यदि हम ऐसा नहीं करेंगे, तो यह कठिनाई होगी कि किसी क्षेत्र में अल्पसंख्यक वर्ग पर बहुसंख्यक वर्ग द्वारा अत्याचार होगा।

मैं उन अनेक वाद-विवादों में नहीं पड़ना चाहता हूँ, जो इस समय हो रहे हैं। मेरा विश्वास है कि जब हम इस आधार पर प्रान्तों का निर्माण करेंगे, तो सब वाद-विवाद शान्त हो जायेंगे। यदि हम इस समय ऐसा नहीं करते हैं, तो यह कभी नहीं हो सकेगा और अगणित कठिनाइयाँ उठ खड़ी होंगी। यदि प्रान्तों का भाषा के आधार पर निर्माण कर दिया जाता है, तो वे एक विदेशी अखिल भारतीय भाषा पर विचार कर सकेंगे। मैं निवेदन करता हूँ कि भारत जैसे आधुनिक राज्य के लिए हमें एक आधुनिक भाषा की अपेक्षा है। वह एक ऐसी मिश्रित भाषा होनी चाहिए जिसमें भारत की समस्त भिन्न-भिन्न भाषाओं का योग हो। मैं वह व्यक्ति नहीं हूँ, जो भारत की एक राजभाषा में विश्वास न करता हो पर तथ्यों की मैं उपेक्षा नहीं कर सकता हूँ। देशभक्ति की भावनाओं से प्रेरित होकर भी मैं तथ्यों की ओर से आँखें नहीं मीच सकता हूँ। अतः किसी उपयुक्त भाषा का विकास होने के लिए समय देना चाहिए। हमारा संविधान और हमारी विधियाँ अंग्रेजी में हैं और उसके स्थान में दूसरी भाषा रखने के लिए हम केवल पन्द्रह वर्ष का उपबन्ध कर रहे हैं। यदि आप अपनी विधियों का ही अनुवाद करने का प्रयास करेंगे, तो आपको विदित होगा कि सही-सही अनुवाद करना कितना कठिन है।

आख़िर कोई यथार्थवादी हल होना चाहिए। मैं निवेदन करता हूँ कि यदि हम यथार्थवादी रूप में कार्य नहीं करेंगे, तो फल यह होगा कि कई अहिन्दी भाषा-भाषी प्रान्तों में प्रतिक्रिया होगी। उस भाषा को सीखना और अखिल भारतीय भाषा में कृत्यों का निर्वहन करने के लिए उस भाषा पर पर्याप्त अधिकार करना उनके लिए कठिन हो जायेगा। इस एक बड़ी बात को याद रखना है कि स्वयं हिन्दी की उन्नति करनी होगी। यह पन्द्रह वर्षों का विषय नहीं है, यह तो प्रयोग तथा अनुभव का विषय है। ऐसे महान लेखक और महान विचारकों के होने में कई वर्ष लगेंगे, जो इसकी उन्नति करेंगे और दूसरी बात यह है कि लोगों को केवल वार्तालाप की हिन्दी बोलने के लिए ही नहीं—जो कि बहुत सरल है—वरन् साहित्यिक हिन्दी सीखने के लिए, जो बहुत ही कठिन है, बहुत समय की अपेक्षा है।

मैं निवेदन करता हूँ कि प्रस्थापित अनुच्छेद 301ख के एक खंड, खंड (3) में यह उपबन्ध किया गया है कि अहिन्दी भाषा-भाषी क्षेत्रों के दावों को जहाँ तक हो सकेगा, लोक सेवाओं के लिए व्यक्ति चुनने में माना जायेगा। मैं निवेदन करता हूँ कि इससे पर्याप्त रूप में कठिनाई उत्पन्न होगी। अहिन्दी भाषा-भाषी क्षेत्र के एक लड़के का उदाहरण लीजिए। उसे अपनी मातृभाषा सीखनी होगी, जो प्रादेशिक भाषा से भिन्न हो सकती है। संभव है, उस लड़के को फिर कोई ऐसी मातृभाषा सीखनी पड़े जो प्रादेशिक भाषा से भिन्न हो। इस प्रकार उसे आरम्भ में दो भाषाएँ सीखनी होंगी। यदि वह लोक सेवाओं में तथा आन्तरिक राजनैतिक क्षेत्र और बाह्य क्षेत्र में भी उच्चतर सम्मान प्राप्त करने का अभिलाषी है, तो उसे अंग्रेजी सीखनी होगी और उसके बाद उसे राजभाषा हिन्दी सीखनी होगी। शक्ति के इस महान ह्रास की ओर तनिक विचार करिये, जो हमारे लड़के और लड़कियों

को इन भाषाओं को सीखने में करना होगा। फल यह होगा कि निम्नतर साधन वाले मध्य वर्ग के व्यक्ति अंग्रेजी सीखने से वंचित रह जायेंगे। यकायक अखिल भारतीय भाषा स्वीकार करने का परिणाम यह होगा कि अंग्रेजी की पाठशालाएँ कम हो जायेंगी और हिन्दी की पाठशालाएँ अधिक हो जायेंगी। यद्यपि हम एक वर्गहीन समाज बनाने के प्रयत्न में हैं, पर इस प्रकार धनी और अधिक धनी हो जायेंगे और निर्धन अधिक निर्धन। केवल धनी लोगों के बच्चे ही अंग्रेजी पढ़ सकेंगे और इस कारण उन विदेशी क्षेत्र की कार्रवाइयों में, उन अखिल भारतीय क्षेत्र की कार्रवाइयों में, जिनमें पश्चिमी विज्ञान और कला से लाभ उठाने के लिए अंग्रेजी भाषा का ज्ञान अपेक्षित है, केवल धनी वर्ग के बच्चे ही भाग ले सकेंगे। निर्धन तथा मध्यम वर्ग इससे वंचित रहेंगे। इस यकायक परिवर्तन का यह प्रभाव होगा। जब अंग्रेज यहाँ आये, तो राजभाषा फारसी थी और अंग्रेजी भाषा का शिक्षा के माध्यम के रूप में पुर:स्थापन करने के लिए उन्होंने साठ वर्ष तक प्रतीक्षा की और फिर उन्होंने उसे अनिवार्य नहीं बनाया, वे बड़ी सावधानी से आगे बढ़े। मैं निवेदन करता हूँ कि हमें उनके अनुभव से लाभ उठाना चाहिए। मैंने अपने संशोधन में कहा है कि प्राथमिक शिक्षा अनिवार्य होनी चाहिए और जब हम यह देखें कि प्रत्येक राज्य में कम से कम 60 प्रतिशत अपनी मातृभाषा में साक्षर हैं और जबकि प्रान्त भी भाषा के आधार पर विभाजित कर दिये गये हैं, तब एक आयोग होना चाहिए और आयोग के प्रतिवेदन पर विधानसभाओं, विधान परिषदों तथा संसद में भी वाद-विवाद हो और उसके बाद काफ़ी समय तक वे वाद-विवाद देश के समक्ष रहने दिये जायें और तब हम अधिक वास्तविक तथा यथार्थ रूप में यह जान सकेंगे कि क्या होना चाहिए और तभी जनता के लिए राष्ट्रभाषा का चुनना या विकास करना सरल होगा। यदि हम इस प्रकार अग्रसर होंगे, तो राष्ट्रभाषा को स्वीकार करना और उसको चुनना सरल होगा, अन्यथा इससे बड़ी कठिनाइयाँ पैदा होंगी। इन विषयों पर अधिक समय तक विचार नहीं किया जा सकता है, क्योंकि इस विषय पर विनिश्चय अधिक व्यापक वाद हेतुओं पर आश्रित होना चाहिए।

मैं निवेदन करता हूँ कि हिन्दी के साथ-साथ अन्य भाषाओं का भी दावा है, मैंने एक संशोधन प्रस्तुत किया है कि बंगला को अपनी माँगें मिलनी चाहिए। यह केवल एक सुझाव के रूप में है कि समस्त अधिराज्य में बंगला अत्युन्नत भारतीय भाषा है। यह वे लोग स्वीकार करते हैं, जिनको इस विषय पर बोलने का अधिकार है। मैं निवेदन करता हूँ कि प्रथम बंगला पुस्तक 'चर्या' बारहवीं शताब्दी में प्रकाशित हुई थी। संस्कृत को छोड़कर खोजी हुई पुस्तकों में यह सबसे प्राचीन भारतीय पुस्तक है। इसके बाद 16वीं और 17वीं शताब्दियों में कई बंगला पुस्तकें निकली थीं। इसके बाद अनेक लेखक हुए—चारुचन्द्र दत्त, बंकिम चटर्जी और अन्य अनेक लेखक और अच्छे लेखकों की महान कोटि को छोड़कर स्वर्गीय रवीन्द्रनाथ टैगोर, जिन्होंने बंगला साहित्य को बहुत ही सुन्दर देन दी। उन्होंने बहुत कुछ लिखा और बंगला साहित्य को एक बड़ी देन दी और विचारों के लिए वह सर्वोत्तम साधन है और मेरा विश्वास है कि यदि आप गुणावगुणों के आधार पर भाषा का विचार करें, तो बंगला का दावा सबसे पहले है। अन्य भाषाओं की उपयोगिता तथा सौन्दर्य का मैं अपकर्ष करना नहीं चाहता हूँ, मैं तो केवल बंगला के दावे को उचित स्तर पर रख रहा हूँ। मैं निवेदन करता हूँ कि बंगला भाषा बहुत उन्नत है और उसके साथ केवल यही एक कठिनाई है कि उसको अधिकांश व्यक्तियों द्वारा बोला नहीं जाता है। परन्तु राजभाषा का निर्णय केवल एक इस तथ्य पर ही नहीं करना चाहिए कि उसे अधिकांश व्यक्ति बोलते हैं। आधुनिक विचारों, वैज्ञानिक, साहित्यिक तथा

अन्य विचारों को अभिव्यक्त करने की भाषा की उपयुक्तता भी एक महत्त्वपूर्ण बात होनी चाहिए। बंगला भाषा के सौन्दर्य का वर्णन करने में मैं सभा का समय लेना नहीं चाहता हूँ।

घनश्याम सिंह गुप्त—हम संस्कृत के बारे में आपके विचार सुनना चाहते हैं।

नज़ीरुद्दीन अहमद—जो कुछ मैं कहना चाहता था, उसका अनुमान कर लेने के लिए मैं माननीय सदस्य श्री गुप्ता का बड़ा कृतज्ञ हूँ। यदि आपको कोई भाषा स्वीकार करनी है तो आप संसार की सर्वोत्तम कोटि की भाषा को क्यों न स्वीकार करें? यह बड़े खेद का विषय है कि आज हम यह भी नहीं जानते कि संसार के अन्य भागों में संस्कृत का कैसा और क्या सम्मान है। संस्कृत के बारे में यह सिद्ध करने के लिए मैं संक्षेप में उन कुछ बातों को उद्धृत करूँगा कि सभ्य संसार में इस भाषा का कितना सम्मान है। श्री डब्ल्यू.सी. टेलर कहते हैं ''संस्कृत वह भाषा है, जो अतुलनीय सम्पन्नता तथा विशुद्धता से परिपूर्ण है।'

अध्यक्ष—मैं यह सुझाव दूँगा कि आप इस विषय को रहने दें, क्योंकि जिन लोगों ने मूल रूप के संशोधनों की सूचना दी है, मैं उनके प्रतिनिधियों को बुलाना चाहता हूँ और मैं एक उस सज्जन को भी आमंत्रित करूँगा, जिन्होंने संस्कृत के बारे में सूचना दी है कि वे उसके बारे में भाषण दें। माननीय सदस्य ने बंगला, अंग्रेजी और संस्कृत की सूचना दी थी। अत: मेरा विचार है कि इस विषय को वे यहीं छोड़ दें। मैं समझता हूँ कि यह अच्छा होगा कि मैं उस सज्जन को, जिसने अन्य भाषाओं को न लेकर संस्कृत की सूचना दी है, उसे संस्कृत के बारे में बोलने दूँ।

नज़ीरुद्दीन अहमद—बहुत अच्छा, श्रीमान, मैं इसमें बाधा नहीं डालूँगा, मैं केवल कुछ उद्धरण दूँगा। प्रो. मेक्समूलर कहते हैं ''संस्कृत संसार की सर्वोच्च कोटि की भाषा है, बड़ी ही आश्चर्यजनक तथा सर्वांगपूर्ण है।'' सर विलियम जोन्स ने कहा है ''संस्कृत की रूपरेखा अत्यन्त आश्चर्यजनक है, वह ग्रीक से अधिक पूर्ण है, लेटिन से अधिक प्रचुर है और दोनों से कहीं अधिक विशुद्ध है। जब हमारा ध्यान संस्कृत साहित्य की ओर जाता है, तो उसके अनन्त विशाल रूप का भाव स्वयं उत्पन्न हो जाता है। वास्तव में दीर्घातिदीर्घ जीवन उसकी रचनाओं को एक बार पढ़ने तक के लिए पर्याप्त नहीं है, जो इसके साहित्य में भरी पड़ी हैं और जो हिमालय के सदृश्य प्रकट रूप में हैं और जिसमें भारत ही नहीं, वरन् बाहर के किसी भी देश की बड़ी से बड़ी रचनाओं से बड़ी रचनाएँ हैं।'' सर डब्ल्यू. हन्टर कहते हैं ''संसार के व्याकरणों में पाणिनी का व्याकरण सर्वोच्च स्थान पर है। मानवी आविष्कार तथा उद्योग के एक बहुत ही शोभायमान कृत्य के रूप में वह स्थित है.......। हिन्दुओं ने अनुपम शोभायुक्त भाषा, साहित्य और धर्म का निर्माण किया है।'' प्रो. बिटने कहते हैं ''रचना में अनुपम प्रसाद गुण संस्कृत को भारत-यूरोप कुटुम्ब की भाषाओं में प्रथम स्थान प्रदान करता है।'' प्रो. बोप कहते हैं ''एक समय संसार की भाषा संस्कृत ही थी।'' श्री दुबोस कहते हैं ''यूरोप की आधुनिक भाषाओं की जननी संस्कृत है।'' प्रो. बेवर कहते हैं ''पाणिनी के व्याकरण को संसार में सबसे अधिक संक्षिप्त तथा सबसे अधिक पूर्ण माना जाता है।'' प्रो. विल्सन कहते हैं ''हिन्दुओं के सिवाय अन्य कोई राष्ट्र अभी तक ऐसी उच्चारणानुकूल पूर्ण प्रणाली नहीं खोज पाया है।'' प्रो. थोमसन कहते हैं ''संस्कृत में व्यंजनों का प्रबन्ध क्रम मानव प्रतिभा का एक अनुपम उदाहरण है।'' ढाका विश्वविद्यालय के प्रोफेसर डॉ. शहीदुल्ला, जो समस्त संसार में संस्कृत के विद्वान के रूप में प्रसिद्ध हैं, कहते हैं ''संस्कृत प्रत्येक व्यक्ति की भाषा है, चाहे वह किसी जाति का हो।''

एक माननीय सदस्य—आपका क्या विचार है?

नज़ीरुद्दीन अहमद—मेरा विचार यह है कि वह एक बहुत उच्च कोटि की भाषा है।

एक माननीय सदस्य—क्या इसे राष्ट्रभाषा के रूप में स्वीकृत किया जाये या नहीं? इस समय तो उसे कोई नहीं बोलता है।

नज़ीरुद्दीन अहमद—जी हाँ, और इसका सरल सा कारण है यह है कि वह सबके लिए निष्पक्ष रूप से कठिन है। हिन्दी भाषा-भाषी क्षेत्रों के लिए हिन्दी सरल है, पर अन्य क्षेत्रों के लिए वह कठिन है। मैं आपको एक ऐसी भाषा देता हूँ, जो सबसे अधिक उन्नत तथा उच्च कोटि की है और वह निष्पक्ष रूप से कठिन है, उसका सीखना सबके लिए समान रूप से कठिन है। भाषा चुनने में कुछ निष्पक्षता होनी चाहिए। यदि हमें कोई भाषा स्वीकार करनी है तो वह भाषा उन्नत, उच्च कोटि की और सर्वोतम होनी चाहिए। तो फिर संस्कृत के दावे को हम क्यों अस्वीकार करें। मैं यह नहीं समझ पाता हूँ। यदि अहिन्दी भाषा-भाषी लोगों को कोई भाषा सीखनी है, तो कदाचित वे किसी ऐसी भाषा को सीखने की अपेक्षा, जिसको संस्कृत से बहुत निम्न स्थान, गुण तथा पद प्राप्त है, संस्कृत को सीखना चाहेंगे और फिर हिन्दी लिपि के विषय में मेरे पास बनारस विश्वविद्यालय के एक आचार्य श्री सी. नारायना मेनन का एक लेख है, जिन्होंने 'लिपि सुधार' नामक एक पुस्तिका लिखी है। उन्होंने यह बतलाया है कि हिन्दी लिपि बहुत ही दोषपूर्ण है। उसके हाथ पैर सब दिशाओं में अग्रसर होते हैं। लिपि सुडौल तथा सुन्दर नहीं है और भाषा शीघ्र तथा सरलतापूर्वक नहीं लिखी जा सकती। श्रीमान्, आधुनिक भाषा के लिए लिपि का विषय भी एक पहलू है, जिस पर विचार होना चाहिए।

श्रीमान, मैंने कुछ अधिक समय ले लिया है, पर मैं निवेदन करता हूँ कि ये बातें बहुत गंभीर हैं और मैं यह निवेदन करता हूँ कि जल्दी में हमें कोई कदम नहीं उठाना चाहिए। हम सबको एक भाषा का विकास करना चाहिए और ग्रहण करने के पूर्व उसका परीक्षण करना चाहिए। मैं निवेदन करता हूँ कि बंगाली, संस्कृत, अन्य भाषाएँ बहुत हैं और उन पर विचार करना चाहिए।

सारंगधर दास (उड़ीसा राज्य)—क्या मैं माननीय सदस्य से एक प्रश्न पूछ सकता हूँ कि.....

अध्यक्ष—न कोई प्रश्न किया जाये और न कोई उत्तर दिया जाये।

सारंगधर दास—मैं उन्हें स्पष्ट नहीं सुन पाया, मैं केवल यह जानना चाहता था कि क्या उन्होंने यह कहा था कि जापान की राजभाषा अंग्रेजी थी।

नज़ीरुद्दीन अहमद—जी हाँ।

अध्यक्ष—वक्ताओं को चुनने में जिस प्रक्रिया का मैं पालन कर रहा हूँ, उसे मैं सदस्यों को समझा दूँ। मैं उन संशोधनों को ले रहा हूँ, जो मूल रूप के हैं और उन संशोधनों के प्रस्तावकों से भाषण देने के लिए कहूँगा, जिससे कि मूल रूप के सब विचार सर्वप्रथम सभी के सामने प्रस्तुत हो जायें।

के. सन्तानम् (मद्रास : जनरल) : मैं आशा करता हूँ कि संशोधनों का भेजना ही वक्ताओं को बुलाने का एक मात्र आधार नहीं है।

अध्यक्ष—जी नहीं, वास्तव में वह कोई आधार नहीं है। पर मैं उन वक्ताओं को चुन रहा हूँ, जिन्होंने मूल रूप के संशोधनों की सूचना दी है, जिससे कि वे अपने संकल्पों पर बोल सकें। श्री कृष्णामूर्ति राव।

एस.वी. कृष्णामूर्ति राव—श्रीमान, मैंने चार संशोधन भेजे हैं। संशोधन संख्या 69 में कहा गया है कि जैसी स्थिति है, वैसी ही रखी जाये और भाषा के विषय को भावी संसद के विनिश्चय पर छोड़ दिया जाये। यह सत्य है कि जब माननीय श्री गोपालस्वामी आयंगर का संशोधन हमें दिया जा रहा था, मैंने सोचा कि हमने झगड़े का अन्त कर दिया है और भाषा के विषय पर विनिश्चय कर

लिया है। श्रीमान, वह संकल्प अत्यन्त कल्याणकारी है, जो एक ओर हिन्दी के समर्थकों को यह क्षेत्र प्रदान करता है कि वे अपनी भाषा को उन्नत बनायें और भारत की सार्वजनिक भाषा के रूप में उसका शनैः शनैः पुरःस्थापन करें। दूसरी ओर वह भारत के अन्य लोगों के भय का निराकरण करता है कि भाषा का आरोपण नहीं होगा और धीरे-धीरे अपने हिन्दी भाषा-भाषी मित्रों के समकक्ष होने तथा भारत की हिन्दी भाषा-भाषी जनसंख्या में अपना स्थान ग्रहण करने के लिए उन्हें समय दिया जायेगा। परन्तु दुर्भाग्यवश इस संकल्प पर इतने संशोधनों की सूचना दी गयी है कि उनकी संख्या को देखकर मैं घबरा गया और मैं सोचता हूँ कि यह अच्छा होगा कि इस प्रश्न को भावी संसद के विनिश्चय पर छोड़ दिया जाये। गत दो वर्ष से हम इस प्रश्न पर बक झक करते रहे हैं। यह दुर्भाग्यपूर्ण बात है कि यद्यपि हमने कई प्रश्नों पर परस्पर समझ-बूझ कर विनिश्चय किया है, पर इस मुख्य प्रश्न पर हम समझौता नहीं कर पाये हैं। अतः श्रीमान, मेरा निवेदन यह है कि जैसी स्थिति है, वैसी ही बनाये रखने के मेरे संशोधन को यह सभा स्वीकार करे।

मेरा दूसरा संशोधन उस खंड के बारे में है, जो राष्ट्रपति को भारत की सार्वजनिक भाषा में भारतीय अंकों के अन्तरराष्ट्रीय रूप के साथ-साथ अंकों के देवनागरी रूप को पुरःस्थापित करने की शक्ति देता है। मेरा निवेदन यह है कि इस प्रकार से नहीं होना चाहिए। वास्तव में जैसा कि माननीय श्री गोपालस्वामी आयंगर कह चुके हैं और जैसा कि प्रत्येक व्यक्ति को विदित है, यह अन्तरराष्ट्रीय अंक हमारे अंक हैं और केवल इस कारण कि वे भारत से बाहर चले गये और अन्य लोगों ने उनका विकास किया और उनको वर्तमान रूप दिया, इसलिए हम उन्हें किसी विदेशी वस्तु के रूप में देखें और उनका परित्याग करें, मेरे विचार से तो मूर्खता की पराकाष्ठा होगी। श्रीमान क्या हम पीछे हट रहे हैं या शेष संसार के साथ-साथ हम आगे बढ़ रहे हैं? यह एक महानतम देन है, जिसे भारत ने संसार की वैज्ञानिक विचारधारा को अर्पित किया है और उसमें क्रान्ति की है और अन्तरराष्ट्रीय अंक, जिनका मूल रूप भारतीय है और जो हमारे ही अंक हैं, उनसे मुझे इतना प्रेम है कि मैं कुछ और नहीं मान सकूँगा और अपने अंकों के रूप में हमें उनको फिर प्राप्त कर लेना चाहिए और संसार के समक्ष यह उद्घोषणा कर देनी चाहिए कि वे हमारे हैं और मेरे विचार से उन्हें विदेशी समझकर उनका परित्याग करना समस्त देश के हित में नहीं है। अतः मेरा संशोधन यह है कि अनुच्छेद 301-क के खंड (2) के परन्तुक में—उसके पिछले भाग में राष्ट्रपति को जो शक्ति दी गयी है, "परन्तु राष्ट्रपति उक्त कालावधि में आदेश द्वारा अंग्रेजी भाषा के साथ-साथ हिन्दी भाषा का तथा भारतीय अंकों के अन्तरराष्ट्रीय रूप के साथ-साथ देवनागरी रूप का प्रयोग प्राधिकृत कर सकेगा", इस संबंध में मेरा आशय यह है कि "भारतीय अंकों के अन्तरराष्ट्रीय रूप के साथ-साथ देवनागरी रूप" शब्द निकाल दिये जायें और हम केवल अंकों के अन्तरराष्ट्रीय रूप पर दृढ़ रहें, क्योंकि वह वास्तव में हमारा ही है।

इसके बाद मेरा अगला संशोधन संख्या 188 है और वह है, हिन्दी भाषा का विकास करने के लिए एक विद्वत्परिषद् स्थापन करने के बारे में, जिससे कि वह समस्त भारत को मान्य हो। मेरा सम्मानपूर्वक यह निवेदन है कि आज हिन्दी केवल एक प्रादेशिक भाषा तथा प्रान्तीय भाषा है, और केवल इसीलिए कि 32 करोड़ लोगों में से लगभग दस करोड़ लोगों द्वारा वह बोली जाती है, हम उसे सार्वजनिक भाषा के स्तर पर ले जा रहे हैं। मैं भारत में बोली जाने वाली सब भाषाओं को—तामिल, तेलुगु, कन्नड़, मलयालम, बंगला, गुजराती और अन्य सब भाषाओं को अपनी राष्ट्रभाषाएँ कहूँगा। परन्तु संघ के प्रयोजनों के लिए हम एक भाषा चाहते हैं और हिन्दी को वह भाषा मानने के

लिए तैयार हैं। पर हिन्दी को अभी एक ऐसी भाषा के रूप में बनना है कि उसका प्रभाव राष्ट्रीय जीवन के समस्त अंगों में प्रकट हो और इसके लिए उसे बहुत उन्नति करनी चाहिए। मेरा निवेदन यह है कि हिन्दी आज उस स्थिति तक उन्नत नहीं है। अपनी कुछ दक्षिण भारतीय भाषाओं से यह सिद्ध करने के लिए मैं उद्धरण दे सकता हूँ कि आज हिन्दी जितनी उन्नत है, उससे वे कहीं अधिक उन्नत हैं। कुछ उदाहरण लीजिए। लाहौर में प्रकाशित महान हिन्दी-अंग्रेजी कोष (Great Indian English Dictionary) में कुछ वैज्ञानिक पदों के लिए ये शब्द हैं।

‘हाइड्रोजन’ के लिए प्रयुक्त शब्द ‘उद्जन’ है,
श्री बनर्जी द्वारा प्रयुक्त शब्द ‘आइजन’ है,
‘ब्रोमीन’ के लिए प्रयुक्त शब्द ‘द्रुरोघ्री’ है,
श्री बनर्जी द्वारा प्रयुक्त शब्द ‘बरामीन’ है,
‘नाइट्रोजन’ के लिए प्रयुक्त शब्द ‘भूपाथिड’ है,
श्री बनर्जी द्वारा प्रयुक्त शब्द ‘नेट्रोजन’ है,
‘आइडीन’ के लिए प्रयुक्त शब्द ‘जाने बुकी’ है,
श्री बनर्जी द्वारा प्रयुक्त शब्द ‘एथेन’ है,
‘आक्सीजन’ के लिए प्रयुक्त शब्द ‘जारक’ है,
श्री बनर्जी द्वारा प्रयुक्त शब्द ‘आक्षजन’ है,
‘कार्बन’ के लिए प्रयुक्त शब्द ‘प्रागार’ है,
श्री बनर्जी द्वारा प्रयुक्त शब्द ‘कराजन’ है,

अब तक हाइड्रोजन, आक्सीजन और कार्बन के लिए कन्नड़ में हम ‘जलजनक’, ‘सरजनक’, ‘आम्लजनक’ और ‘इंगला’ प्रयोग में लाते हैं। अत: भिन्न-भिन्न वैज्ञानिक शब्दों के लिए भिन्न-भिन्न शब्दों का प्रयोग होता है। यदि यही दशा होगी, तो हमारे विद्यार्थी और वैज्ञानिक शेष संसार के साथ किस प्रकार निभा सकेंगे? मेरी यह धारणा है कि जहाँ तक वैज्ञानिक तथा प्रौद्योगिक शब्दों का सम्बन्ध है, हमें अन्तरराष्ट्रीय शब्दों का प्रयोग करना चाहिए। संविधान की धारा 41 जैसे अनुच्छेद को लीजिए। उसमें कहा गया है कि भारत का एक राष्ट्रपति होगा। इसके हमारे पास यहाँ चार अनुवाद हैं और जिन शब्दों का प्रयोग किया गया है, वे बिल्कुल ही भिन्न हैं।

श्री सुन्दरलाल के अनुवाद में ‘हिन्द का एक प्रेजीडेन्ट होगा’ है, श्री राहुल सांकृत्यायन ‘भारत का एक राष्ट्रपति होगा’ कहते हैं, श्री गुप्ता कहते हैं ‘भारत का एक प्रधान होगा’ और काका कालेलकर ‘प्रेजीडेन्ट’ का अनुवाद ‘परम पंच’ करते हैं।

दक्षिण भारतीय भाषाओं में हम ‘अध्यक्ष’ शब्द का प्रयोग करते हैं, जो सरलता से समझ में आ जाता है। इस शब्द का प्रयोग क्यों नहीं करते।

इन चार अनुवादों में से कुछ सांविधानिक शब्दों का मैं आपको उदाहरण दूंगा। कम्पेन्सेशन (Compensation)—कन्नड़ में हम ‘प्रिहार’ शब्द का प्रयोग करते हैं। काका कालेलकर ‘नुकसान भरी’ शब्द का प्रयोग करते हैं, श्री राहुल सांकृत्यायण ‘क्षतिपूर्ति’ शब्द का प्रयोग करते हैं, गुप्ता जी ‘मुआवजा’ शब्द का प्रयोग करते हैं और श्री सुन्दरलाल ‘यतजना’ कहते हैं। सिटीजन (Citizen) : हम पौर कहते हैं। काका कालेलकर ‘नागर’ कहते हैं, श्री राहुल सांकृत्यायन ‘नागरिक’ कहते हैं, गुप्ता जी, ‘जान पद’ कहते हैं और श्री सुन्दरलाल ‘नागरा’ कहते हैं।

रिपब्लिक (Republic)—हम ‘जनता राज्य’ शब्दों का प्रयोग करते हैं। काका कालेलकर

'लोकराज' कहते हैं, श्री राहुल सांकृत्यायन 'गणराज्य' कहते हैं, गुप्ता जी 'गणराज्य' कहते हैं और श्री सुन्दरलाल 'लोक राज' कहते हैं।

ओथ (Oath)—हम 'प्रमाण' शब्द का प्रयोग करते हैं। काका कालेलकर 'सौगंध, शपथ, हलफ' कहते हैं, श्री राहुल सांकृत्यायन 'सम्मोदन, शपथ' कहते हैं, श्री गुप्ता जी 'निश्चयोक्ति, शपथ' कहते हैं और श्री सुन्दरलाल 'वचन भरना, हलफ उठाना कहते हैं। 'रेसिड्यूरी पावर्स' (Residuary Powers) शब्द को लीजिए। हम 'शेषाधिकार' शब्द का प्रयोग करते हैं। काका कालेलकर 'बाकी बचे अधिकार' कहते हैं। श्री राहुल सांकृत्यायन 'शोषाधिकार' कहते हैं, गुप्ता जी 'अवशिष्ट विधान शक्ति' कहते हैं और श्री सुन्दरलाल 'रही सही शक्ति' कहते हैं।

लेजिस्लेशन (Legislation) शब्द को लीजिए : हम 'शासन क़ानून' शब्द का प्रयोग करते हैं। काका कालेलकर 'क़ानून' कहते हैं, श्री राहुल सांकृत्यायन 'व्यवस्था' कहते हैं, गुप्ता जी 'विधान' कहते हैं और श्री सुन्दरलाल 'क़ानून' कहते हैं।

ओथेंटिकेशन (Authentication) शब्द को लीजिए : काका कालेलकर 'सचियाना, परमानन, सही करना' कहते हैं, श्री राहुल सांकृत्यायन 'प्रमाणित करना' कहते हैं, गुप्ता जी 'प्रामाणिकता' कहते हैं और श्री सुन्दरलाल 'सही करना' कहते हैं।

मैंने केवल पाँच शब्द लिए हैं और इनके लिए प्रत्येक अनुवाद भिन्न-भिन्न शब्द रखता है। तो फिर इनमें से किस शब्द का हम संविधान में प्रयोग करें? मेरा निवेदन यह है कि सांविधानिक पदों का अन्तरराष्ट्रीय क्षेत्र में निश्चित अर्थ होता है। उदाहरणार्थ, आप 'पार्लियामेन्ट' शब्द को लीजिए, संसार में आप कहीं भी चले जायें, उसका एक ही अर्थ है। उसके लिए हम किसी शब्द का प्रयोग करें? मैं निवेदन करता हूँ कि इन शब्दों का विकास विशेषज्ञों की एक समिति को करना होगा और वह समिति केवल हिन्दी भाषा-भाषी लोगों की ही नहीं होगी, वरन् भारत की समस्त महत्त्वपूर्ण भाषाओं के विशेषज्ञ उसमें होंगे। इसी कारण मैंने संशोधन संख्या 188 प्रस्तुत किया है, जो इस प्रकार है :

"कि उपरोक्त संशोधन संख्या 65 में प्रस्थापित अनुच्छेद 301-1 को उसी अनुच्छेद के खंड (1) के रूप में पुनरांकित किया जाये और इस खंड को खंड (2) के रूप में जोड़ दिया जाये—

[(2) निम्न प्रयोजनों के लिए राष्ट्रपति अनुसूची 7क में उल्लिखित प्रत्येक भाषा के विशेषज्ञों का एक स्थायी आयोग नियुक्त करेगा।

(1) भारत में सबके लिए अभिव्यंजना के एक माध्यम के रूप में हिन्दी की उन्नति की देखभाल करना और उसमें सहायता देना,

(2) केवल हिन्दी के लिए ही नहीं, वरन् अनुसूची 7क में उल्लिखित अन्य भाषाओं के लिए भी विज्ञान, राजनीति, अर्थशास्त्र और अन्य प्रौद्योगिक विषयों में प्रयुक्त करने के लिए एक समान प्रौद्योगिक पदों का विकास करना,

(3) भारत में के समस्त अंगभूत भागों के लिए एकमान्य शब्द संग्रह का निर्माण करना।]

मैं आशा करता हूँ कि श्री गोपालस्वामी आयंगर इस संशोधन को स्वीकार करने की अपनी कोई युक्ति निकालेंगे। यथार्थतः मेरी कठिनाई यह है कि भारत की भिन्न-भिन्न भाषाओं में हम एक ही शब्द का प्रयोग भिन्न-भिन्न अर्थों में करते हैं। इसके मैं कुछ उदाहरण दूँगा।

'एअरक्रेफ्ट' (Aircraft) शब्द के लिए काका कालेलकर की शब्दावली में 'हवागाड़ी' शब्द दिया हुआ है। 'विमान' शब्द का क्यों न प्रयोग हुआ है? इसका अधिकतर प्रयोग होता आया है।

'बैंक' (Bank) के लिए इसमें 'साहूकार, बंक' दिया गया है, जबकि संस्कृत में इसके लिए बड़ा ही सुन्दर शब्द 'धन कोठी' दिया हुआ है। दक्षिणी भारत में 'मिनिस्टर' के लिए हम 'मंत्री' शब्द का प्रयोग करते हैं और अपने हिन्दी के भाषा-भाषी मित्रों से जो निमंत्रण हमें मिलते हैं, उनमें मैं, देखता हूँ 'मंत्री' शब्द का प्रयोग 'सेक्रेटरी' के रूप में है।

'कौंसिल ऑफ स्टेट्स' (Council of States) के लिए 'रियासत सदन' अनुवाद रखा गया है। रियासतें अब नहीं रहीं। 582 रियासतों में से केवल दो या तीन रह गयी हैं, परन्तु फिर भी 'स्टेट' का पुराना अर्थ चला आ रहा है और उसका अब भी प्रयोग होता है।

'कोर्ट' शब्द का अनुवाद 'कचहरी' किया गया है। हम लोग दक्षिण में 'कचहरी' शब्द का प्रयोग कार्यालय के लिए करते हैं।

ये वे शब्द हैं, जिनका भारत की सब भाषाओं में सामान्यतया प्रयोग होता है। मैंने देवनागरी अक्षरों का सीखना केवल उस समय आरम्भ किया, जबकि अपने जेल के जीवन में मैंने हिन्दी सीखी। बहुत काल तक दक्षिण में हिन्दी को मुसलमानी भाषा कहा जाता था। यह हिन्दी हिन्दुस्तानी का विवाद केवल उत्तर में है। परन्तु फिर भी हम हिन्दी को स्वीकार करने के लिए तैयार हैं। वह एक बहुत अच्छा संकेत था, जबकि मौलाना अबुल कलाम आज़ाद ने हमसे यह कहा था कि देवनागरी लिपि में हिन्दी भारत की सार्वजनिक भाषा होनी चाहिए। परन्तु उत्तर भारत के कुछ समाचार पत्रों में उन पर नियमित रूप से बौछार की जा रही है और उन पर यह दोषारोपण किया जा रहा है कि वे भारत के लोगों पर उर्दू आरोपित करने का प्रयत्न कर रहे हैं। इस समय इस विषय पर हम कोई सक्रिय विचार नहीं कर सकते हैं। देश के महानतर हित के लिए इस प्रश्न पर, एक शान्त वातावरण में जबकि भावावेश ठंडा हो जाये, विनिश्चय करना चाहिए। मेरे संशोधन का यह उद्देश्य है।

जहाँ तक कालावधि का संबंध है, मेरा निवेदन यह है कि 15 वर्ष की कालावधि में कोई कमी नहीं होनी चाहिए। श्रीमान, मैंने हिन्दी सीखने का प्रयास किया है। मैंने हिन्दी की कुछ पुस्तकों का अपनी भाषा कन्नड़ में अनुवाद भी किया है। परन्तु इस सभा के समक्ष हिन्दी में भाषण देने का विचार मेरे लिए बड़ा कठिन है। इस भाषा की जटिलताओं को, हिन्दी भाषा-भाषी लोगों की मुहावरेदार भाषा को हम नहीं सीख सकते हैं। उसके सीखने में समय लगता है। मैं इस बात की चुनौती देता हूँ। श्री गोविन्द दास, टंडन जी या गुप्ता जी इनमें से कोई तामिल लोगों में जाकर रहे और तामिल भाषा का बोलना सीखें, मैं यह कहूँगा कि इसमें जितनी समय लगे, वह हिन्दी भाषा का दक्षिण में पुर:स्थापन करने के लिए पर्याप्त है। उनको 15 वर्ष ही नहीं, वरन् 20 या 25 वर्ष लगेंगे। यह समस्या वास्तव में कठिन है। आप केवल अपने ही दृष्टिकोण से इस पर विचार नहीं कर सकते है। इसी कारण मैं यह निवेदन करता हूँ कि कालावधि आवश्यक है और पंद्रह वर्ष न्यूनतम अवधि है, जिसे हम स्वीकार कर सकते हैं।

संसार में कोई भाषा अपने आपको सबसे पृथक् नहीं रख सकती है। मैसूर संविधान सभा द्वारा तैयार की गयी पारिभाषिक शब्दों की एक शब्दावली मेरे पास है। मैंने इस पुस्तक को उठाया और यह जानने का प्रयास किया कि उसमें कितने उर्दू या हिन्दुस्तानी के शब्द हैं। उसमें हमने 67 शब्द ऐसे रखे हैं, जिनका मूल रूप उर्दू या हिन्दुस्तानी है। अपने विशुद्धवाद में क्या हम इन सब शब्दों को छोड़ दें? यदि आप अंग्रेजी को ही लें और उस भाषा के इतिहास तथा विकास को देखें, तो उसको अन्तरराष्ट्रीय महत्त्व केवल इस कारण प्राप्त हुआ है कि उसने स्वतंत्रतापूर्वक अन्य भाषाओं से शब्द अपनाये हैं। यदि हिन्दी भारत की सामान्य भाषा होना चाहती है और उन्नतशील राष्ट्र की

आवश्यकताओं को पूरा करना चाहती है, तो उसे अन्य सब भाषाओं से स्वतंत्रतापूर्वक शब्द ग्रहण कर अपना विकास करना चाहिए। जहाँ तक भाषा के विकास का सम्बन्ध है, हम किसी संकीर्ण दृष्टिकोण को नहीं अपना सकते हैं। बैंच, रेल, टेबुल इत्यादि शब्दों को लीजिए, इनमें से बहुत से शब्द प्रचलित हो गये हैं। हिन्दी में हम बैंच शब्द के लिए क्या शब्द बना सकते हैं। क्या हम इन शब्दों में रद्दोबदल करेंगे? मैं समझता हूँ कि यह बहुत ही घातक नीति होगी।

श्रीमान, इसके बाद मेरा संशोधन 'कन्नड़' शब्द के प्रति है। अनुसूची में इसका उल्लेख 'केनेरीज' के रूप में किया है। कन्नड़ का यह विकृत रूप है और इसका प्रयोग केवल मिशनरी लोगों द्वारा किया जाता था, जिन्होंने निस्सन्देह कन्नड़ भाषा की महान सेवा की। कन्नड़ वह शब्द है, जिसका प्रयोग हमारे एक कवि नृयुंपग ने नवीं शताब्दी में किया था।

श्रीमान, इन शब्दों के सहित सभा की स्वीकृति के लिए मैं अपने संशोधन प्रस्तुत करता हूँ।

मौलाना हिफजुर्रहमान (यू.पी., : मुस्लिम)—जनाब वाला, मेरी तरमीम या संशोधन जुबान के मामले में यह है कि हिन्दी की जगह हिन्दुस्तानी जबान या भाषा होनी चाहिए और स्क्रिप्ट, लिपि या रसमुलखत देवनागरी और उर्दू दोनों स्क्रिप्ट होने चाहिए और जिस-जिस जगह या आर्टिकल में हमारे मुअज्जिज दोस्त गोपालस्वामी आयंगर ने हिन्दी का जिकर किया है, उस आर्टिकिल में हिन्दी की जगह हिन्दुस्तानी इस्तेमाल होना चाहिए और जिस जगह उन्होंने हिन्दुस्तानी का जिक्र किया है, वहाँ पर हिन्दी और उर्दू होना चाहिए और इस हिन्दुस्तानी को इतना डेवलप किया जाये, ताकि उसमें उर्दू, हिन्दी, बंगाली और हिन्दुस्तान की तमाम जबानें समा सकें और पूरी तरह तरक्की दे सकें।

ज़बान का मसला और भाषा का मसला इतना अहम है कि इस पर हमें ध्यान देना बहुत ही ज़रूरी है और हमें इस विधान परिषद् में आकर इस मामले पर गौर करने का मौका मिल रहा है, तो मैं इस हाउस के सामने अपने ख़यालात रखना ज़रूरी समझता हूँ।

इस वक़्त ज़बान का मसला हमारे मुल्क में बहुत ज़्यादा अहमियत अख्तियार कर गया है। इसलिए कि हम जब अपनी आज़ादी की जंग और लड़ाई को देखते हैं, तो तीस वर्ष की लड़ाई जो कि महात्मा गाँधी के हाथों से लड़ी गयी, उसमें जब जब भी हमारे सामने ज़बान का मसला आया है, तो वह बहुत ज़्यादा अहमियत के साथ आया है इसलिए मैं आज इस बात से बहुत ज़्यादा ताआज्ज़ुब करता हूँ और हैरान भी हूँ कि जिस चीज़ से कल सारी कांग्रेस मुत्तफिक थी और जिस मसला (जबान) के मुताल्लिक कोई इख्तलाफ नहीं करता था और सभी यह कहते थे कि मुल्क की राष्ट्रीय भाषा हिन्दुस्तानी होनी चाहिए, जो हिन्दी और उर्दू लिपि में लिखी जाये। आज वही भाई इसको बदलना चाहते हैं।

महात्मा गाँधी ने जिन बातों को बहुत ज़्यादा अपनाया था और जो चन्द बातें उनके नजदीक बहुत ही अहम और ज़रूरी थीं, उनमें आज़ादी के साथ भाषा और जबान का मसला भी उनके सामने बहुत ही ज़रूरी और अहम रहा। और जब शुरू में हिन्दुस्तान में जबान का मसला आया, तो उनको हिन्दी के साहित्य सम्मेलन ने अपना मेम्बर बना लिया और उन्होंने हिन्दी को आगे बढ़ाने की कोशिश की। लेकिन जब उन्होंने यह सुना और आहिस्ता-आहिस्ता यह देखा कि हिन्दी से वह मुराद नहीं है, जो कि महात्मा गाँधी चाहते थे, बल्कि उसको अलग जबान देखा, जो कि संस्कृताइज्ड है और उसको ज़्यादा से ज़्यादा संस्कृताइज्ड करने की कोशिश की जाती है और उसी जबान को हिन्दी कहा जाता है, तो उन्होंने उसके साथ इख्तलाफ किया और उसके बाद उन्होंने इस बात का ऐलान भी किया और कहा कि मैं हिन्दी का मतलब हिन्दुस्तानी देखता हूँ और इसीलिए

उन्होंने हिन्दी अथवा हिन्दुस्तानी का प्रचार भी किया और जब कभी इस मामले पर उनके साथ बात हुई, तो उन्होंने कहा कि मैं हिन्दी का मतलब उस जबान से लेता हूँ, जो कि उत्तरी हिन्दुस्तान में बोली जाती है और जिसको कि हिन्दू, मुसलमान, जो तमाम हिन्दुस्तान में बसने वाले हैं, बोलते और समझते हैं। इसी जबान को महात्माजी ने हिन्दुस्तानी या हिन्दी कहा, लेकिन जब उन्होंने यह देखा कि हिन्दी अथवा हिन्दुस्तानी कहने और समझाने से भी वह मतलब हासिल नहीं होता जो वह चाहते थे, तो आख़िरकार उन्होंने एक तरफ साहित्य सम्मेलन से इस्तीफा दे दिया और दूसरी जानिब हिन्दुस्तानी भाषा को अपनाया और कहा कि मुल्क की राष्ट्रीय भाषा यही सादा जबान हो सकती है और यह भी कहा कि मैं राष्ट्रीय भाषा हिन्दी को नहीं चाहता हूँ, बल्कि हिन्दुस्तानी जबान को चाहता हूँ और उसी का प्रचार करूँगा। चुनाचे उसके प्रचार के सिलसिले में उनको बहुत कामयाबी हुई और उन्होंने हिन्दी साहित्य सम्मेलन को बतला दिया कि वह हिन्दुस्तानी जबान ही को मुल्क की आम और सादा जबान मानते हैं। चुनाचे उन्होंने उसी हिन्दुस्तानी के मुताल्लिक कोशिश की।

मुझे याद है और भूला नहीं हूँ कि जब 30 जनवरी को वह अजीम और सबसे बड़ा हादसा पेश आया और जब किसी जालिम ने महात्मा गाँधी को हम से छीन लिया, उस हादसे से तीन रोज पहले जो बातें मेरी महात्मा गाँधी से बिरला हाउस में हुई, उस वक़्त दस या ग्यारह बजे थे, उन्होंने मुझे कहा कि अब मुल्क में अमन हो गया है और मुझे बहुत खुशी हुई है। जिस तरह से देहली में अमन कायम करने के लिए आपने मेरा साथ दिया है, उसी तरह हिन्दुस्तानी जबान के प्रचार के लिए हिन्दुस्तान में कोशिश करनी है और आप लोगों को मेरा इसमें साथ देना होगा। हमने उस वक़्त उनसे कह दिया कि हम आपके साथ हैं।

गाँधी जी का ख़याल था कि हिन्दुस्तान का नाम बहुत ऊँचा और बुलंद हो और इसके लिए उन्होंने अपने जीवन भर कोशिश की और इसी के लिए जान दी और कामयाब हुए। तो अब मैं हैरान हूँ कि हिन्दुस्तान का हर एक आदमी आला और अदना, जो यह चाहता है कि हिन्दुस्तान का नाम ऊँचा और बुलंद हो, वह कैसे गाँधी जी के एक बड़े नियम और उसूल को भूल गये हैं और जिस हिन्दुस्तानी जबान का गाँधी जी प्रचार करते थे और उसको यूनियन की राष्ट्रभाषा बनाना चाहते थे, उसको बिल्कुल ख़त्म करना चाहते हैं और उसकी जगह हिन्दी जबान को दे रहे हैं। मैं हैरान हूँ कि कांग्रेसमैन महात्मा गाँधी के उन उसूलों को आज कैसे भूल गये हैं, जबकि उनका नाम हर एक बात के साथ लेते हैं। मैं हैरान हूँ कि उनके आदर्शों को कैसे भुला दिया गया है।

शायद अब यह कहा जाये कि इस मामले में गाँधी का नाम क्यों लाया जाता है, तो मेरा जवाब यह होगा कि मैंने उनका नाम इस वास्ते लिया कि यह मामला खुद गाँधी जी के वास्ते एक अहम और ज़रूरी मसला था और कांग्रेस ने भी हिन्दुस्तानी ही को मुल्क की जबान तस्लीम किया था। इसलिए जो कुछ महात्मा गाँधी ने कहा है और जो उनके उसूल थे, उन पर चलना चाहिए और जो कुछ उन्होंने कहा है, उसके साथ किसी को इख्तीलाफ नहीं होना चाहिए। महात्मा गाँधी ने जिन बातों पर ज़ोर दिया था, उनमें जबान का मसला भी एक था।

एक दफा जब उनको अपना अखबार बन्द करने की ज़रूरत महसूस हुई, वह उस वक़्त हुई कि जब वह हिन्दुस्तानी में भी अखबार निकालते थे। उस वक़्त उन्होंने कहा कि जो आर्टिकिल या अखबार मैं हिन्दुस्तानी में निकालता हूँ, अगर उस पर लोग नाराज हैं, तो मैं ऐसा क्यों करता हूं और वह मेरे अखबार को नहीं पढ़ेंगे। उनका यह ख़याल है कि ऐसा करने से सिर्फ़ मैं हिन्दुस्तानी अखबार को ही बन्द कर दूँगा। लेकिन मैं हिन्दुस्तानी अखबार के साथ-साथ हिन्दी अखबार को

भी बन्द कर दूँगा। उस वक़्त हमने उनसे कहा था कि आप दोनों में से एक को भी बन्द न करें। जितनी भी कमी आपको इसमें होगी वह सब हम सारे हिन्दुस्तान में घूमकर पूरी कर देंगे और आपको खरीददार मुहैया करेंगे। चुनाचः सिर्फ़ देहली में हमने एक दिन में उनको एक सौ खरीददार दिये थे। तो मेरे कहने का मतलब यह है कि महात्मा गाँधी हिन्दुस्तान के लिए हिन्दुस्तानी जबान को ही निहायत ज़रूरी ख़याल करते थे। वह इसको हिन्दुस्तानी कह कर ही मानते थे, हिन्दी कह कर नहीं मानते और अगर कभी हिन्दी कहा भी, तो बाद में अपनी राय बदल ली। चुनाचः उससे मालूम होता है कि उन्होंने काफ़ी विचार के बाद और बहुत जुस्तजू करने के बाद यह सोचा कि हमारे मुल्क हिन्दुस्तान की जबान हिन्दुस्तानी होनी चाहिए। लेकिन आज यहाँ पर हिन्दी को उसी हिन्दुस्तानी की जगह रखा जा रहा है और गाँधी जी के और कांग्रेस की तीस साला तारीख़ के ख़िलाफ़ ग़लत कदम उठाया जा रहा है। पहले पहल मैं हिन्दी को हिन्दुस्तानी से बहुत ज़्यादा बाहर नहीं समझता था, लेकिन जब हिन्दी हिन्दुस्तान की यूनियन की जबान बनाने के लिए मुल्क में चर्चा शुरू हुई, तो मुझे अन्दाजा हुआ कि हिन्दी और हिन्दुस्तानी में क्या फर्क है और यह मालूम हुआ कि हिन्दी का मतलब उस जबान से है, जो कि संस्कृताइज्ड हो और जिसमें फारसी, अरबी और उर्दू के अल्फाज न हों और अगर हों भी, तो उनको दूर किया जाये और उनकी जगह नये अल्फ़ाज़ ले लिए जायें। हमें बार-बार इसकी तरफ तवज्जह दिलायी जाती है और इत्मीनान दिलाये जाते हैं और कहा जाता है कि ऐसा नहीं है। और हिन्दी से मुराद यह नहीं है कि उसके वह शब्द या अल्फाज जो कि बराबर बोले जाते हैं और जो अरबी, फारसी या उर्दू के अल्फ़ाज़ इसमें हैं, वह निकाल दिए जाएँ। कहा जाता है, वह निकाले नहीं जायेंगे, बल्कि उसमें रखे गए हैं और रहेंगे। और तसल्ली दी जाती है कि यह सब अल्फ़ाज़ इसमें मौजूद होंगे। लेकिन आप यू.पी. को लीजिए। जैसा कि मैंने पार्टी मीटिंग में भी कहा था, वहाँ पर उन्होंने हिन्दी जबान को सूबे की जबान और इलाका की जबान करार दिया है और सरकारी जबान भी बना दिया है। चुनाचः उसमें नये-नये अल्फ़ाज़ सामने आ रहे हैं और वहाँ पर अब नये-नये तरीक़े बनाये गये हैं और जहाँ-जहाँ भी उर्दू अल्फ़ाज़ थे, उनको हटा दिया गया है और उन सबकी जगह पर नये-नये शब्द और अल्फ़ाज़ मुकर्रर किये गये हैं और जो अल्फ़ाज़ अवाम बोलते थे, उनको निकाल दिया गया है। आज विचार करें, तो मैं कहता हूँ कि वजीर और नायब वजीर शब्दों को सब जानते हैं। कौन नहीं जानता कि वजीर किसे कहते हैं, लेकिन वजीर और नायब वजीर कहना जुल्म हो गया है। उसके बजाय ''सचिव'' और ''उपसचिव'' का लफ्ज अख्तियार किया गया है। इसी तरह यही नहीं, बल्कि आम बोलचाल जो सुबह से शाम तक गाँव वाले भी बोलते और समझते हैं, जैसे मुकद्दमा, मिस्ल मुद्दई-मुद्दालह आज उनको हटा कर मुकद्दमा के मुतल्लिक ऐसी भाषा और ऐसी जबान लाई जाई जा रही है, जो आम तरीक़े से सारे देश में हिन्दू भी पूरे तरीक़े से नहीं समझते हैं और न बोलते हैं। इससे यह बात मालूम होगी कि हिन्दी कहने का मतलब यह है कि यह संस्कृताइज्ड हिन्दी होगी, जिसमें से हज़ारों उर्दू के शब्द निकालकर उनकी जगह दूसरे लफ्ज लाये जायें और साथ ही यह भी कहते रहेंगे कि उर्दू अल्फ़ाज़ नहीं निकाले जायेंगे, मगर प्रेक्टिस और अमल में उसके बरअक्स कोशिश की जा रही है कि किस तरीक़े से हिन्दुस्तानी और उर्दू के अल्फ़ाज़ रखे जायें। मेरे भाई सेठ गोविन्द दास ने अभी-अभी कहा है कि हमें उर्दू से प्रेम है, मगर उर्दू मुसलमानों की जबान है।

सेठ गोविन्द दास—श्रीमान, व्याख्या के रूप में एक बात है, मैंने यह कभी नहीं कहा कि उर्दू मुसलमानों की भाषा है।

मौलाना हिफजुर्रहमान—जो कुछ आपने फरमाया है, वह अब फरमा दीजिए। उर्दू यहाँ के एक ख़ास फिरके की जबान मान कर ही तो आपने यह ऐतराज किया कि उर्दू जबान के मुतल्लिक मैं यह कहे बगैर नहीं रह सकता कि इसमें बाहर की चीज़ें भी मिलती हैं। मैं गुजारिश करूँगा कि उर्दू को मुसलमान ईरान से लेकर नहीं आये थे, न स्पेन से और न अरब से, बल्कि उर्दू जबान यहाँ के प्रेम और हिन्दू-मुसलमान की बोलचाल और बाजारों, मकानों और गलियों, कूचों में रहन-सहन से वजूद में आई और हिन्दू-मुस्लिम मुहब्बत और प्रेम का संगम बन कर पैदा हुई। मगर आज वही उर्दू जबान, जिसको हम सब कल तक सीने से लगाते थे, आज नफरत से देखते हैं कि चूँकि यह बाहर की चीजें रखती है, इसलिए यूनियन की जबान नहीं हो सकती।

मगर मैं दावे से कहता हूँ कि यह ग़लत है, बल्कि इसके ख़िलाफ़ उर्दू में हिन्दुस्तान और भारत के ख़यालात और यहाँ की संस्कृति के विचार भरे पड़े हैं। आप उर्दू शायरी और शायरों के कलाम को पढ़ें, तो आपको अपनी ग़लती खुद मालूम हो जायेगी। क्या आप नहीं जानते कि हाल ही के मजहबी शायर मुहसिल काकोरी ने पैगम्बर इस्लाम (सलेअला अलह वसलम) की तारीफ की है, उसमें कहते हैं :

सिम्त काशी से चला जानिबे मथुरा बादल,
बरक के कांधे पे लाई है सवा गंगा जल,
खबर उड़ती हुई आई है जहां में यह अभी,
कि चले आते हैं तीर्थ को हवा पर बादल, (वगैरह वगैरह)।

इस तरीक़े की शायरी में भी गंगा और मथुरा का जिक्र आया है और शायर ने मक्का, मदीना और ज़मज़म को काशी, मथुरा और गंगाजल के रंग में दिखाया है। ऐसी सूरत में यह कहना कि उर्दू बाहर की जबान है, बाहर का ख़याल पेश करती है, मैं किस तरीक़े से कहूँ कि इससे ज़्यादा ग़लत बात दूसरी नहीं है, आज हमारे दिमाग में यह चीज़ आ गयी है कि जिसकी वजह से हम महात्मा जी के बने बनाये उसूल को अपने हाथ से मिटाने की कोशिश कर रहे हैं।

मोहसिम की तरह नजीर अकबराबादी की सारी शायरी इसी ढंग पर है, जिसमें हिन्दुस्तान ही के इस्तेआराम, तशबीहात और विचार मौजूद हैं। वह मौत का नक्शा खींचते हुए कहते हैं :

जब चलते-चलते रस्ते में यह गौन मेरी ढल जायेगी,
एक बधिया तेरी मिट्‌टी पर फिर घास न चरने पायेगी,
यह खेप जो तूने लादी है सब हिस्सों में बँट जायेगी,
वही पूत जनवाई बेटा क्या बंजारन पास न आयेगी,
सब ठाठ पड़ा रह जायेगा जब लाद चलेगा बंजारा।

बंजारा जब अपना सामान लाद कर चलता है और ठाठ छोड़ जाता है, यानी जब आदमी मरेगा, तो अपना सब सामान यहीं छोड़ जायेगा। उसमें ठाठ, बधिया, वही पूत, जनवाई, बंजारा इसी मुल्क और मुल्क की भाषा के विचार हैं, अरबी और फारसी के नहीं हैं। इसके अलावा अमीर खुशरू, हाल के शायर डॉक्टर इकबाल, अकबर इलाहाबादी के कलाम में बहुत कुछ इस मुल्क का है। अगर आप इसे हिन्दुस्तान की जबान कहें, तो मैं मानता हूँ। लेकिन इस बात को साफ अल्फ़ाज़ में मानना पड़ेगा, जो मौजूदा संस्कृताइज्ड और अरबी जबान जिसको सारे मुल्क की जबान कहा जा रहा है, वह कभी सारे मुल्क की जबान नहीं बन सकती। इसी तरह उर्दू से हमारी इस्तेला में वह उर्दू हो गयी है, जिसमें अरबी फारसी के अल्फ़ाज़ का ज़्यादा से ज़्यादा इस्तेमाल है। मगर वह उर्दू

हमारे रहन सहन और हमारी बाजारी कारोबार की उर्दू नहीं बन सकती। इसीलिए महात्मा जी ने ठीक फरमाया था कि अगर यूनियन की कोई आम जबान बन सकती है, जो तमाम मुल्क में बोली और समझी जा सके, तो वह हिन्दुस्तानी है। जिसमें उर्दू और हिन्दी दोनों जबानें समाई हुई हैं और उसमें बंगाली के अल्फ़ाज़ की भी समाई है और देश की दूसरी जबानों के अल्फ़ाज़ भी आ जाते हैं। इसलिए जो हजरात हिन्दी को मुल्क की जबान, सरकारी जबान बनाना चाहते हैं, वह दूसरे शब्दों में यह कहना चाहते हैं कि सरकारी जबान वह होनी चाहिए, जो संस्कृत ही के जरिये तरक्की पाती रही है। उर्दू के हज़ारों अल्फ़ाज़ जो उर्दू, फारसी, अरबी के बोले और समझे जा रहे हैं और मुल्क की बोली में दाखिल हैं, उनको निकाल कर संस्कृताइज्ड अल्फ़ाज़ बनाये जायें और इस तरह लिट्रेरी हिन्दी मुल्क की जबान हो, इसी तरह उर्दू को मुल्क की जबान बनाने का आजकल यह मतलब लिया जाता है कि वह जबान, जो अरबी, फारसी ही के जरिये तरक्की कर रही है और उसमें संस्कृत के नये अल्फ़ाज़ की गुंजाइश नहीं है और पुराने अल्फ़ाज़ भी मतरूक हों, यह दोनों बातें और दोनों ख़याल ग़लत हैं उनके बजाय देश की सरकारी भाषा वह होनी चाहिए, जो उत्तरी हिन्दुस्तान में सादा और सिम्पल रंग में बोली जाती है और जिसमें पूरे देश के अन्दर फैलने और आसानी के साथ फलने और फूलने की गुंजाइश है और वह बनावटी रंग में किसी की बनाई हुई जबान नहीं है। एक बात यह भी काबिल तवज्जह है कि कुछ भाइयों ने हिन्दी साहित्य सम्मेलन का जिक्र करते हुए कहा कि महात्मा जी ने कहा था कि हिन्दुस्तान की जबान हिन्दी है, तो मैं आपसे कहूँगा कि उस ख़याल को बदल दिया गया था, चुनाचे आख़िरदम तक महात्मा जी ने हिन्दुस्तानी प्रचार सभा के जरिये इसी का प्रचार किया है कि सारे मुल्क की राष्ट्रभाषा हिन्दुस्तानी ही है। इसके अलावा तीस वर्ष से इण्डियन नेशनल कांग्रेस के प्लेटफार्म से पूरे इत्तेफ़ाक के साथ इस बात का ऐलान होता रहा है कि हिन्दुस्तान की सरकारी जबान हिन्दुस्तानी ही होगी और उसकी जब भी तारीफ की गयी, तो यह कि हिन्दुस्तानी जबान वह है, जो बिहार से लेकर फ्रान्टियर तक बोली जाती है। अगर वह हिस्सा, जो फ्रान्टियर तक निकल गया है, उसको छोड़ दिया जाये, तब भी यह जबान बिहार से लेकर मशरकी पंजाब तक बोली और समझी जाती है और यही नहीं, बल्कि सारे देश में हिन्दू और मुसलमानों में इसके बोलने और समझने वाले मौजूद हैं। आप महात्मा जी के उसूल को भुलाकर और तीस साला इंडियन नेशनल कांग्रेस के इतिहास और तारीख़ को भुलाकर हमको उस चीज़ के कबूल करने पर मजबूर करते हैं, जो जबान का तारीख़ और कांग्रेस की तारीख़ दोनों के ख़िलाफ़ है। और उसको हम पर इम्पोज करना चाहते हैं और तिवर बदल कर यह कहते हैं कि मुल्क की वही भाषा हो सकती है और होगी, जिसको हम यूनियन की भाषा करार दे दें। मैंने पार्टी मीटिंग में भी चैलेंज किया था और आज भी दरयाफ्त कर रहा हूँ कि बतलाया जाये कि आज किसलिए महात्मा जी के उसूल और कांग्रेस के तीस साला फ़ैसले के ख़िलाफ़ यह बेदलील बात कही जा रही है; मगर अफसोस कि मुझको न वहाँ जवाब मिला और न इस वक्त। आख़िर बतलाइये तो कि महात्मा जी के उसूलों में तबदीली क्यों हुई और कांग्रेस के फ़ैसले को क्यों बदला गया। मैं तो यह साफ कहूँगा कि बदकिस्मती और बदनसीबी से जब पार्टीशन हुआ, तो उस पार्टीशन की वजह से दिमागों पर जो बुरा असर पड़ा, उसके नतीजे में हम इतने बड़े उसूल को भूले जा रहे हैं और यह पार्टीशन के असरात का ही रिएक्शन है और इसी को सामने रखकर हम यह सोच रहे हैं और उस गम और गुस्से में जो कि खुद अपने हाथों पेश आया और जिसके लिए सभी मुजरिम हैं हिन्द यूनियन के एक फिरके के ख़िलाफ़ तंगनज़री और तंग दिली का सबूत पेश कर रहे हैं और जबान

के मसले को पोलीटिकली तंग ख़याली से तय करना चाहते हैं और जबान को मुल्क की जबान की हैसियत से फ़ैसला करना नहीं चाहते हैं; मगर यह खतरनाक तर्ज अमल है। मगर हैरान हूँ कि बार-बार तकरीरों में इन्हीं जजबात का मज़ाहिरा किया जा रहा है और बाहमी प्रेम और शान्ति से मसला को हल करने की जगह मरऊब करने वाले मुस्से से काम लिया जा रहा है। मगर मेरे ख़याल में, बल्कि हर अकलमन्द की निगाह में, यह तरीक़ा किसी तरह भी मुल्क की तरक्की और जबान की तरक्की दोनों के लिए मुफीद नहीं। गर्ज कोई जबान भी मुल्क की कौमी या सरकारी जबान बनाई जाये, वह ऐसी होनी चाहिए, जो सारे देश के बसने वालों के लिए आसान हो और जिसको वह खुश दिली के साथ कबूल करें और अक्सीरियत के बलबोते पर जबर्दस्ती ठोंसी हुई न हो, वरना तो वह कभी आम कबूलियत हासिल नहीं कर सकती। इसीलिए महात्मा जी ने हिन्दुस्तानी को यूनियन की सरकारी जबान बतलाया था, या बनाने की कोशिश की थी। और इसी को कांग्रेस अपने सीने से लगाकर तीस साल तक दुनिया के सामने इसका प्रचार करती रही है। लिहाजा अगर हम इसके ख़िलाफ़ होकर तंग दायरा में ही रहना चाहते हैं, जैसा कि आज कल हो रहा है, तो यह न होना चाहिए कि दुनिया में जबानें सिमटने से कभी तरक्की नहीं करती, बल्कि फैलने और हर जबान से फायदा उठाकर आम मकबूल जबान बनने से तरक्की पाती है। वह लोगों के दिमागों पर इम्पोज नहीं की जाये, बल्कि अपनी हमागीरी और फैलाव से आम मकबूलियत हासिल करती हैं। चुनाचे तारीख़ बतलाती है कि दुनिया की ज़बानों ने तरक्की की है, फ़ैसले से, दूसरी जबानों के लफ्ज ले लेने से उनको अपने रंग में ढाल देने से, अपने साँचे में ढाल देने और अगर आप रेडियो लाउडस्पीकर के लिए नये-नये अल्फ़ाज़ बनाकर लिखें और पेश करेंगे तो एक तमाशा-सा हो जायेगा, जिस तरह का तमाशा मुझ को यू.पी. असेम्बली में नज़र आता है। एक मेम्बर होने की हैसियत से मैंने देखा कि वजीर लोग खड़े होते हैं और वह ऐसे अल्फ़ाज़ पढ़ते हैं, जिनका समझना खुद उनको मुश्किल हो जाता है। इसके बाद दस या तीस मिनट बाद जब वह बोलने को खड़े होते हैं, तो फिर उसी जबान पर आ जाते हैं, जिसको महात्मा गाँधी ने हिन्दुस्तानी जबान कहा है और जिसको इण्डियन नेशनल कांग्रेस ने हिन्दुस्तानी जबान कहा है। इसलिए अगर आप हिन्दुस्तानी जबान को नहीं मानते और हिन्दी भाषा को लाते हैं, तो आप एक सही तरीक़ा इख्तयार नहीं करते हैं। मैं समझता हूँ कि चाहे हमने मामले में फिरकावाराना तरीक़े से सोचने का इरादा न किया गया हो, बल्कि यह चीज़ खुदबखुद हमारे अन्दर आ गयी हो, मगर है यही बात। क्योंकि बाज हालात ऐसे होते हैं कि आदमी के दिल में एक चीज़ आ जाती है और पता भी नहीं चलता कि किस रास्ते से वह आ गई। इसलिए हिन्दुस्तानी की बजाय हिन्दी को लाना हो सकता है कि इस रास्ते से हुआ हो। पार्टीशन हुआ और उसने एक जहर पैदा किया, यह आज उसका ही रिएक्शन हो रहा है। आज यह ख़याल किया जा रहा है कि एक तबके को मरऊब करने के लिए एक ऐसी चीज़ को सामने लाया जाये कि जिससे यह साबित किया जा सके कि यह जबान का मसला जबान के तरीक़े से नहीं, बल्कि इस तरीक़े से हल किया जाये। यह कहा गया है कि हम सिर्फ़ एक हिन्दी जबान इसलिए चाहते हैं कि हम संस्कृति (तहजीब और कल्चर) एक चाहते हैं। दो नहीं चाहते हैं। मैं नहीं समझता कि इससे आप की क्या मुराद है। हिन्दुस्तान में कुछ लोग पंजाबी जबान बोलते हैं, कुछ बंगाली बोलते हैं और दूसरे दूसरी जुबानें बोलते हैं; अगर यही बात है कि उसका असर संस्कृति और तहजीब और तमद्दुन पर पड़ता है, तो हिन्दुस्तान की सारी रियासतों और इलाकों की जबानों को मटियामेट कर देना चाहिए। क्योंकि संस्कृति तभी महफूज रह सकती है जबकि सारे मुल्क की

एक जबान हो। मैं तो समझता हूँ कि मुख्तलिफ जबानें बोलने से तहजीब पर कोई ख़ास असर नहीं पड़ता है। स्वीट्जरलैन्ड एक छोटा-सा मुल्क है, जहाँ चार जबानें बोली जाती हैं और चारों जबानों में वहाँ काम होता है; उन सबको रियासत और स्टेट की जबान समझा जाता है, लेकिन उससे वहाँ की तहजीब पर कोई असर नहीं पड़ता। वहाँ चार जबानें यानी इटालियन, फ्रेंच, जर्मन और वहाँ की जबान बोली जाती हैं, पर उससे वहाँ की तहजीब पर कोई असर नहीं पड़ा। और अगर असर पड़ता है, तो फिर ऐसी जबान को राष्ट्रीय भाषा बनाना चाहिए, तो किसी तन्हा एक फिरके की तरजीही जबान न हो। बल्कि एक नई जबान हो। या ऐसी जबान हो, जो सब फिरकों के लिए आसान हो और मुल्क के तमाम बसने वाले खुशी से उसको कबूल कर लें। वरना दूसरों पर अपनी संस्कृति को ठूंसना इन्साफ और ईमानदारी के ख़िलाफ़ है। कुछ लोग फरमाते हैं कि रूस में लोगों के नाम एक हैं और लोगों का रहन-सहन एक है। माफ कीजिए, इन चीज़ों की यहाँ बहस नहीं थी, लेकिन इनको यहाँ छेड़ा गया। आपको मालूम होना चाहिए कि रूस में कई सौ मुख्तलिफ जबानें बोली जाती हैं और उन सबको स्टेट की जबानें तस्लीम कर लिया गया है। रूस में अब भी धर्म की वजह से अब्दुल रहमान वगैरह लोगों के नाम हैं, तो किसी का नाम अब्दुल रहमान होने से या किसी का शान्ति प्रसाद होने से किसी मुल्क की तहजीब में कोई फर्क नहीं पड़ता। अगर किसी धर्म की वजह से किसी का नाम खुदा के नाम पर या ईश्वर के नाम पर पड़ता है, तो उससे कोई फर्क नहीं पड़ता और अगर कोई संस्कृति ऐसी है कि जिसमें हर एक शख्स एक ही रंग में ढला नज़र आता हो, तो इस मुल्क में मुझे तो वह संस्कृति नज़र नहीं आती। यहाँ जो साहबान बैठे हैं, उनके मुख्तलिफ लिबास हैं। वह मुख्तलिफ बोलियां बोलते हैं और भांति-भांति के उनके नाम हैं; उससे क्या उनके कल्चर पर असर पड़ता है। नहीं, बल्कि पार्टीशन के असर से आप उन चीज़ों को एक सीधे रास्ते से नहीं, टेढ़े रास्ते से लाकर एक कम्युनिटी को यह बताना चाहते हैं, उसको आयन्दा उस रंग में रंगना है। यह तरीक़ा जबान के मसलों को हल करने का नहीं होता। जबान को जबानों के तरीक़े पर हल कीजिए। दलायल से हल कीजिये, तब हम समझें कि यह बात है। जो दलायल दिये जा रहे हैं, यह महात्मा गाँधी का उसूल नहीं है और कांग्रेस का उसूल नहीं है। अगर आप जबान को जबान के एतबार से देखें, तो न तो साहित्य हिन्दी इस मुल्क की जबान हो सकती है और न अरबी उर्दू इस मुल्क की जबान हो सकती है, बल्कि जबान तो सरल और सीधी हिन्दुस्तानी बन सकती है। इसलिए इसी भाषा को हम लें और वह भी मुल्क की जबान बन सकती है।

इसके साथ ही साथ जहाँ तक स्क्रिप्ट का ताल्लुक है, उसमें मैं यह गुजारिश करूँगा कि जबान के मसले में और इसमें कुछ फर्क है। हम देखते हैं कि बाज रसमुलखत ऐसे हैं, बाज लिपि ऐसी है, जिनमें बाज अल्फ़ाज़ ठीक तरह अदा नहीं हो सकते। ऐसी सूरत में कि आज जिस जबान में हम बोलते हैं, कल आप हिन्दी को मुल्क की राष्ट्रीय भाषा कहकर क्या आप यह नहीं कहेंगे कि तुम को शक्ति कहना चाहिए, ताकत नहीं कहना चाहिए, क्योंकि हिन्दी वाले कहते हैं कि ताकत न बोलो, पर शक्ति बोलो।

वह कहते हैं कि हृदय बोलो, कल्ब या दिल न बोलो। समाज कहो, मजलिस न कहो। एवान न कहा जाये, भवन कहा जा सकता है। हम यह कहते हैं कि हिन्दी कहती है कि भवन कहिये और उर्दू कहती है कि एवान कहिये, तब हिन्दुस्तानी सामने आकर दोनों का मिलाप कराती है और दोनों का संगम बन कर प्रेम से कहती है कि समाज भी कहिए और मजलिस भी कहिये। इसीलिए मैं कहता हूँ कि ऐसी जबान होनी चाहिए कि जिसमें आम तौर पर बोले जाने वाले सब अल्फ़ाज़

हों। जिसमें ताकत भी हो और शक्ति भी, हृदय भी और कल्ब भी। और समाज, मजलिस और सोसायटी सभी बोलने की गुंजाइश हो और वह ऐसी जबान हो, जिसमें हम आज़ादी से बोल सकें। रसमुलखत अगर आप देवनागरी को रखना चाहते हैं, तो मैं इसके ख़िलाफ़ नहीं हूँ। लेकिन अगर आप अव्वल पोजीशन में देवनागरी को रखते हैं, तो एडिशिनल पोजीशन में उर्दू लिपि को भी रखें। सरकारी इख्तलात वगैरह दूसरी इन्फर्मेशन और अदालत के कामों में बराबर उर्दू रस्मुलखत की भी इजाज़त होनी चाहिए।

महावीर त्यागी—आप हिन्दसे कैसे मंजूर कहेंगे?

मौलाना हिफजुर्रहमान—मैं समझता हूँ कि अगर आप इस तरीक़े से जबान के मसले को हल करें, तो यकीनन मुल्क की जबान ऐसी जबान होगी, जिससे सबको पूरे तौर पर इत्मीनान होगा, जिसको लोग अपने मुल्क में खुशी के साथ बोल और समझ सकेंगे और उसके जरिए मुल्क के मामलात में दिलचस्पी ले सकेंगे।

इसके साथ हिन्दसों का भी ताल्लुक है, जैसा कि अभी मेरे भाई त्यागी जी ने कहा, तो जहाँ तक पन्द्रह साल तक अंग्रेजी को रखने का सवाल है, मुझे इससे कोई ख़ास बहस नहीं है। इस बारे में मैं एक और मौके पर अर्ज कर चुका हूँ। मैं तो कहता हूँ कि आप इस मुल्क में यहाँ की जबान को, इसे चाहे आप हिन्दी कहें या हिन्दुस्तानी कहें, जितनी जल्द ही लाना चाहें लायें। मुझे इससे इन्कार नहीं है। लेकिन जो दलाइल अंग्रेजी को पन्द्रह साल तक कायम रखने के सिलसिले में और जो अंग्रेजी न्यूमरल्स को रखने के बारे में दिये गये हैं, उनसे मैं सहमत हूँ। अगर हम पन्द्रह साल अंग्रेजी जबान को तसलीम करते हैं, तो अंग्रेजी हिन्द से खुद-ब-खुद शामिल हो जाते हैं।

महावीर त्यागी—अगर आप उर्दू लिखेंगे, तो सात सौ छयासी तो अंग्रेजी में ही लिखा जायेगा।

मौलाना हिफजुर्रहमान—अगर आप अंग्रेजी को तसलीम करते हैं, तो उर्दू या अंग्रेजी में सात सौ छयासी लिखने में हमारे नजदीक कोई ख़ास दिक्कत नहीं है। जो दलायल अंग्रेजी हिन्दस के लिए दिये गये, उनको सुनने से पहले मैं उनकी अहमियत नहीं समझता था। अलबत्ता उसके बाद मुझे इस बात का अहसास हुआ कि जो जबान एक मुद्दत तक रखी जाती है, उसके न्यूमरल्स रखने से हमें अपने काम में ज़्यादा सहूलियत होगी, बनिस्बत देवनागरी हिन्दसों के रखने के, लेकिन ज्यों-ज्यों तरक्की होती जायेगी और अंग्रेजी की जगह पर हिन्दुस्तानी होती जाये, तो आप बेशक हिन्दुस्तानी हिन्दसे, जो भी आप तसलीम करें, उनको भी काम में ला सकते हैं, यानी नागरी हिन्दसे इस्तेमाल कर सकते हैं।

जहाँ तक डाइरेक्टिव प्रिंसिपल का ताआल्लुक है, उसमें मैं यह समझता हूँ कि उसमें जो आपने यह रखा है कि हिन्दी की ऐसी तरक्की होनी चाहिए, जिसमें तमाम हिन्दुस्तान की जबानें और कल्चर समा सके। तो मैं यह कहना चाहता कि आप हिन्दी के बजाय यह हैसियत हिन्दुस्तानी को दीजिए और उसमें यह साफ कर दिया जाये कि वह जबान ऐसी हो कि जिसमें इतना फैलाव हो कि उसमें साहित्य हिन्दी, साहित्य उर्दू, उड़िया, पंजाबी, बंगला इन तमाम जबानों के फ़ैसले की गुंजायश हो।

जहाँ तक रीजनल जबान का और रीजनल लैंग्वेज का ताल्लुक है, जो उसकी फेहरिस्त और लिस्ट दी गयी है, मैं उससे सहमत हूँ। मैं इसकी ताईद करता हूँ। मैं मानता हूँ कि बेशक इलाकों में और सूबों में उन जबानों को सरकारी जबान की हैसियत में दूसरे दर्जे में यकीनन होना चाहिए। यू.पी. में मैं ईमानदारी के साथ अपनी यह राय रखता हूँ कि हिन्दुस्तान के इतने बड़े सूबे में, जो यू.पी. कहलाता है, और देहली में, इन दो सूबों में उर्दू जबान यानी सिम्पल और साफ जबान को

भी सरकारी जबान होना चाहिए था, क्योंकि इस जबान का यह बहुत बड़ा गहवारा है और इसी में इसने परवरिश पाई है। अव्वल तो यू.पी. में हिन्दुस्तानी जबान ही को सरकारी जबान होना चाहिए। लेकिन अगर आज हिन्दी रखी गयी है तो उर्दू को भी दूसरी जबान की हैसियत से होना चाहिए, जो सरकारी जबान की तरह तालीम में, हाईकोर्ट में और लेजिस्लेचर में क़ानून के अन्दर कायम रहे। वह उन जगहों में गुंजायश पा सके और इस्तेमाल की जा सके और उसको बरता जा सके।

इसलिए मैं अपनी तकरीर को ख़त्म करते हुए हाउस से, भवन से, अपील करूँगा कि वह इस बात पर गौर करें कि हमारी यूनियन की जबान हिन्दुस्तानी होनी चाहिए, तो तमाम भाषाओं के मुकाबले में एक ऐसी सिम्पल जबान है, जो यूनियन की और मुल्क की जबान हो सकती है और जिस तरह मैंने स्वीट्जरलैंड की मिसाल दी कि वहाँ चार-चार जबानें इस्तेमाल होती हैं, उसी तरह अगर पन्द्रह साल तक अंग्रेजी जबान यहाँ रहेगी, तो उर्दू को भी अगर मुस्तकिल तौर पर साथ में रखा जाये और उसकी लिपि को भी शामिल रखा जाये, तो इससे कोई दिक्कत पेश नहीं आती। इतने बड़े मुल्क के लिए अगर दो लिपि हमेशा के लिए जारी रहें, तो कोई दिक्कत नहीं पेश आती। कोई परेशानी पेश नहीं आती। और अगर सिकुलर स्टेट को हम सही मानों में सिकुलर स्टेट मानते हैं, तो मैं गुजारिश करूँगा कि सिकुलर स्टेट एक दावा है और दावा कभी सही नहीं हो सकता, जब तक उसके पीछे दलील और रीजन न हो। अगर हम सिकुलर स्टेट कहते हैं, तो हमें इस किस्म के मामलों में तंग दायरे में होकर सोचने की कोशिश नहीं करनी चाहिए और उन जबानों को जिनको हमने यहीं परवरिश किया है। और जिस उर्दू को हम आज तक यहाँ कहते रहे, तर्क नहीं करना चाहिए। इन मसलों पर हमें अपने दिल को पूरे तौर पर साफ करके सोचना चाहिए। तब यकीनन आप इस बात से सहमत होंगे कि मुल्क की जबान हिन्दुस्तानी और हिन्दुस्तानी ही होनी चाहिए और देवनागरी लिपि के साथ-साथ उर्दू स्क्रिप्ट और लिपि भी शामिल होनी चाहिए।

अध्यक्ष—यह सभा कल प्रातःकाल नौ बजे तक के लिए स्थगित होती है।

इसके पश्चात् सभा मंगलवार तारीख़ 13 सितम्बर, 1949 के नौ बजे तक के लिए स्थगित हो गई।

संविधान सभा में मसौदे पर चर्चा का दूसरा दिन
(13 सितम्बर, 1949)

संविधान सभा में मसौदे पर चर्चा का दूसरा दिन था। इस दिन भारतीय संविधान सभा में राजभाषा और राष्ट्रभाषा के महत्त्व के साथ राष्ट्रीय भाषा के रूप में हिन्दी के अतिरिक्त संस्कृत और बांग्ला को राष्ट्रभाषा व राजभाषा बनाने के मुददे पर बहुत ओजपूर्ण, विद्वत्तापूर्ण और तर्कपूर्ण बहस हुई। अंग्रेजी को राजकाज की भाषा रखना है या नहीं और अंकों के अन्तरराष्ट्रीय स्वरूप जैसे मुद्दों पर जमकर गहन चर्चा हुई। इसके साथ ही अनेक संशोधनों पर भी विचार किया गया। संविधान सभा की कार्यवाही में आरंभ से ही सम्मिलित रहे पंडित जवाहरलाल नेहरू प्रस्ताव का समर्थन करने के लिए उठे तो उन्होंने अपनी बात को इस तरह से शुरू किया कि हमने सभा में विद्वतापूर्ण भाषण सुने हैं और ऐसे भी भाषण सुने हैं जो सम्भवतः भावनापूर्ण ही थे। मैं कह नहीं सकता कि मैं अपने को किस श्रेणी में रखूँ? मेरे लिए न पहली श्रेणी उपयुक्त है और न दूसरी। सम्भवतः मुझे आपको तीसरी श्रेणी में रखना पड़ेगा। इस प्रश्न पर मेरी कई दृष्टिकोणों से दिलचस्पी है। इस सभा में और अन्यत्र भी जो तर्क उपस्थित किए गए हैं, उन्हें मैं सुनता रहा हूँ। मुझे खेद है कि कभी इस सम्बन्ध में मैं स्वयं उत्तेजित हो उठा हूं। मैंने इन सैकड़ों संशोधनों को भी पढ़ा है, किन्तु मेरी धारणा रही है कि यह विषय जहाँ–तहाँ शाब्दिक संशोधन करने का नहीं है। उससे कही अधिक गहन विषय है। पंडित नेहरू ने भाषा के सवाल पर कहा कि भाषा हमारी बहुत ही निकट सम्बन्धनी है। समाज में जो बातें विकसित हुई हैं उनमें से इसका सबसे अधिक महत्त्व है, वास्तव में इसी से अन्य बातें विकसित हुई हैं। इससे हमें अपना ज्ञान होता है, जब भाषा का विकास होता है, तो हम उसके द्वारा अपने पड़ोसी को जानने लगते हैं, अपने समाज को जानने लगते हैं और अन्य समाजों को भी जानने लगते हैं। भाषा से एकता उत्पन्न होती है और फूट भी पड़ती है। यह दो भाषा भाषियों और दो देशों को एक दूसरे के निकट भी ले आती है और एक दूसरे से दूर भी कर देती है। इसके ये दो गुण हैं, इसलिए जब आप एक भाषा के सम्बन्ध में विचार करें तो आप इन दोनों गुणों के बारे में भी विचार करें। महात्मा गाँधी की शिक्षा के बारे में उल्लेख करते हुए पंडित नेहरू ने कहा कि अंग्रेजी भाषा एक महान भाषा है। मेरा भी यही विचार है कि अंग्रेजी से हमारा बहुत ही साधन हुआ है, और इसके द्वारा हमने बहुत कुछ सीखा है और उन्नति की है। लेकिन किसी भाषा से कोई भी राष्ट्र महान नहीं हो सकता है! आखिर क्यों? क्योंकि कोई भी विदेशी भाषा, लोगों की भाषा नहीं हो सकती। उससे दो श्रेणियाँ स्थापित हो जाती हैं एक श्रेणी उन लोगों की जो विदेश की भाषा की शैली के अनुसार विचार करते हैं और कार्य करते हैं। दूसरी श्रेणी उन लोगों की जो दूसरी दुनिया में ही बसते हैं, इसलिए राष्ट्रपिता महात्मा गाँधी ने हमें शिक्षा दी कि हम अपना अधिक से अधिक काम अपनी भाषा में करने का प्रयास करें।

13 सितंबर 1949 को डॉ राजेन्द्र प्रसाद की अध्यक्षता में शुरू हुई संविधान सभा की बैठक में सबसे पहले स्वतंत्रता सेनानी रघुनाथ विनायक धुलेकर ने बहस की शुरुआत की। उन्होंने राष्ट्रभाषा

हिन्दी को बनाने की बात कही। उन्होंने याद दिलाया कि यह लंबी ऐतिहासिक प्रक्रिया है, इसमें सालों और सदियाँ लग सकती हैं। स्वामी रामदास ने हिन्दी में लिखा और तुलसीदास ने हिन्दी में लिखा। इसके बाद आधुनिक दौर में दयानंद ने गुजराती होते हुए भी हिन्दी में लिखा। धुलेकर ने आगे कहा कि अंग्रेजी भाषा वीरों की भाषा नहीं है, वह वैज्ञानिकों की भाषा भी नहीं है। आप कहते हैं कि अगले 15 वर्षों तक अंग्रेजी को इस देश में राजभाषा के रूप में रहने दिया जाए। जब मैं यह विचार करता हूँ कि स्वराज स्थापित होने के बाद हमारे स्कूल, कॉलेज, विश्वविद्यालय अंग्रेजी में ही काम करते रहेंगे तो मैं काँप उठता हूँ, और लोग क्या कहेंगे? मैकाले की आत्मा क्या कहेगी? तो निश्चित ही हम पर हँसेंगे और कहेंगे की जानी वाकर का अब भी बोलबाला है। वे यह भी कहेंगे कि भारतीयों को अंग्रेजी भाषा से इतना प्रेम तो हो गया है कि वे उसे 15 वर्ष तक रहने देना चाहते हैं। यहाँ कुछ लोग कहते हैं कि 20 वर्ष तक रहेगी और कुछ लोग कहते हैं कि वह 50 वर्ष तक रहेगी, कुछ लोग तो यह भी कहते हैं कि न जाने कब तक रहेगी और हमारी राजभाषा बनी रहेगी।

संविधान सभा में हिन्दी को राजभाषा बनाए जाने के गोपाल स्वामी आयंगर के प्रस्ताव पर लक्ष्मीकान्त मैत्र ने जोर दिया कि भारत की राष्ट्रभाषा के रूप में केवल संस्कृत को ही स्वीकार किया जाए और अन्य किसी भाषा को स्वीकार नहीं किया जाए। उन्होंने संविधान सभा के प्रस्तावों में संस्कृत के प्रति दिखाई जा रही उदासीनता पर यह आग्रह किया कि संघ की भाषाओं की सूची में संस्कृत का भी उल्लेख किया जाए। उन्होंने कहा कि यह एक आश्चर्य की बात है कि मेरे संशोधन की सूचना देने के पूर्व किसी ने भी संस्कृत को भारत की भाषाओं में से एक भाषा मानने के औचित्य पर विचार तक नहीं किया। हम इतने नीचे गिर गए हैं। मैं संस्कृत को स्वीकार करने के सम्बन्ध में आप सभी से गम्भीरतापूर्वक आग्रह करता हूँ और कोई तर्क वितर्क नहीं करना चाहता। मुझे देश का कौन व्यक्ति ये कहेगा कि संस्कृत भारत की भाषा नहीं है। मुझे यह तर्क सुनकर आश्चर्य होगा कि संस्कृत भारतीय भाषा नहीं है, वह अन्तरराष्ट्रीय भाषा है। संस्कृत अवश्य ही अन्तरराष्ट्रीय भाषा है अथवा विश्वभाषा है और अगर इस अर्थ में कि महत्त्वपूर्ण, सुसम्पन्न और महान होने के कारण भारत की सीमा को पार करके दूर देशों में भी प्रतिष्ठित हुई है। संस्कृत भाषा में भारत की प्राचीनता और संस्कृति मूर्तिमान होने के कारण ही भारत के बाहर सभी देशों में हमें आदर की दृष्टि से देखते हैं। क्या इस सभा में कोई व्यक्ति इस कथन के विरुद्ध कुछ कह सकता है? क्या संसार भारत का सम्मान उसके आकार अथवा वृहद् जनसंख्या के कारण करता है? संस्कृति की परम्परा संसार की सभी भाषाओं की परम्परा से अधिक प्राचीन और सम्मानपूर्ण है। प्रो मैक्समूलर, कीथ, टेलर, सर विलियम हंटर, सर विलियम गोलबक जैसे अनेक लोगों ने संस्कृत को सर्वोच्च स्थान प्रदान किया है। उन्होंने यह कार्य हमें खुश करने के लिए नहीं किया, संस्कृत सभी भारतीय भाषाओं की जननी है। संविधान सभा में जिस तरह से संस्कृत को राष्ट्रभाषा बनाने की वकालत की गई ठीक उसी तरह से बांग्ला भाषा का भी काफी गुणगान किया गया। सभा के सदस्य सतीश चंद्र सामन्त ने बांग्ला को राष्ट्रभाषा या राजभाषा के रूप में स्वीकार करने की मांग की। इनका कहना था कि बांग्ला एक सुसम्पन्न भाषा है और इसका अपना दीर्घकालीन इतिहास है। इसका साहित्य प्राचीन और ओजस्वी है उसका अपना शब्द विज्ञान भी है। ऑक्सफोर्ड और वारसा के समान विदेश के विश्वविद्यालय में बांग्ला की शिक्षा दी जाती है और अमेरिका के हार्वर्ड विश्वविद्यालय में रवीन्द्रनाथ की शिक्षा भी दी जाती है। पेरिस, म्युनिक, मॉस्को और रोम में भाषा सम्बन्धी संस्थाओं में भी बांग्ला को स्वीकृति प्रदान की गई है। हमारा राष्ट्र स्वतंत्र हो गया है अपने स्वतंत्रता संग्राम में हमें महान गीत वंदे मातरम्

से प्रेरणा मिली है इस मन्त्र के लिए सहस्त्रों लोगों ने बलिदान दिया है। इस वंदे मातरम् गीत के लिए सहस्त्रों लोगों ने अपनी धन संपत्ति और सभी कुछ बलिदान कर दिया। बांग्ला में 1200 ईस्वी से ही अरबी, तुर्की और फारसी से शब्द लिए जाते रहे हैं। बाद में बांग्ला में पुर्तगाली, फ्रांसीसी और अंग्रेजी भाषाओं से भी शब्द लिए गए हैं। बांग्ला में प्राचीन प्रथाएँ, संस्कृति और साहित्य सभी कुछ हैं। बांग्ला ने अन्य दिशाओं में भी बहुत प्रगति की है।

राष्ट्रभाषा-राजभाषा के सवाल पर हिन्दी के समर्थन में अधिकतर सदस्य सहमत थे लेकिन अंग्रेजी को लेकर अनिश्चितता की स्थिति बनी रही। अंग्रेजी को नकारना भी सभी को मुश्किल लग रहा था। अंग्रेजी के मुकाबले हिन्दी में बहुत कमियाँ बताई जा रही थीं, इसके बावजूद आजाद भारत की कोई स्वदेशी भाषा होने और अधिक से अधिक बोली जाने वाली भाषा के कारण हिन्दी का पलड़ा भारी होता चला गया। उर्दू को पाकिस्तान में महत्त्व मिल जाने के कारण अभी विचार नहीं हुआ। रही बात हिन्दुस्तानी भाषा की तो हिन्दी के विकास की सम्भावनाओं में ही उसके स्वरूप के निखरने की आशा प्रकट की गई। अंग्रेजी को 15 वर्षों तक राजकाज की भाषा बनाए रखने की बात पर ज्यादातर सहमति ही दिखाई पड़ी। हिन्दी लगातार समर्थ हो जाए इसके लिए जरूरी उपायों को अपनाने की जोरदार वकालत की गई।

इस दिन संविधान सभा में पंडित नेहरू सहित आर वी धुलेकर, प्रो शिब्बन लाल सक्सेना, एच आर गुरुव रेड्डी, लक्ष्मीकान्त मैत्र, बालकृष्ण शर्मा, एच वी कामत, बी एन मुन्नावल्ली, फ्रैंक एँथनी, देशबंधु गुप्त, हृदयनाथ कुंजरू, कृष्णस्वामी अय्यर, राम सहाय, महावीर त्यागी, पंडित गोविन्द मालवीय, वी आई मुनिस्वामी पिल्ले, काजी सैयद करीमुद्दीन, लक्ष्मीनारायण साहू, एन वी गाडगिल, प्रो एन जी रंगा, टी ए रामलिंगम चेट्टियार, सतीशचंद्र सामन्त, अलगू राय शास्त्री, डॉ श्यामा प्रसाद मुखर्जी, पी एँ चाको, डॉ पी सुब्बा नारायण कृष्णामचारी, कुलधर चलिहा, आदि ने संशोधन प्रस्ताव रखे। अनेक मुद्दों पर अपना प्रतिरोध जाहिर किया और हिन्दी के प्रति अपना समर्थन प्रकट किया। इस प्रकार यह वाद-विवाद की एक झलक थी। अब आप पूरी बहस पर नजर डालिए।

संविधान का मसौदा—जारी
नवीन भाग 14क (भाषा)—(जारी)

अध्यक्ष—दो या तीन संशोधन और हैं जिन्हें मैं आधारभूत समझता हूँ। एक संस्कृत भाषा के संबंध में, किन्तु मुझे पंडित मैत्र यहाँ नहीं दिखाई देते। दूसरा संशोधन श्री शंकर राव देव के नाम से है, जिसका आशय यह है कि पन्द्रह वर्ष के पश्चात् अंग्रेजी भाषा के पक्ष में सभी रक्षण स्वत: समाप्त हो जाने चाहिए। इसे भी मैं एक आधारभूत संशोधन समझता हूँ। इसके अतिरिक्त एक संशोधन और है, जिसकी सूचना डॉ. सुब्बारायन ने दी थी। वह रोमन लिपि के संबंध में है। पहले मैं इनके प्रस्तावकों को बुलाऊँगा और उसके पश्चात् सामान्य बहस होगी।

आर.वी. धुलेकर (संयुक्त प्रान्त : जनरल) : संशोधन संख्या 240 की सूचना मैंने दी है।

अध्यक्ष—तब आइये।

प्रो. शिब्बन लाल सक्सेना (संयुक्त प्रान्त : जनरल) : एक संशोधन मेरे नाम से भी है।

अध्यक्ष—संशोधन सभी के नाम से हैं किन्तु मैंने कहा था ''आधारभूत संशोधन।''

आर.वी. धुलेकर—अध्यक्ष महोदय, हिन्दी के देश की राजभाषा हो जाने से मुझसे अधिक

प्रसन्नता और किसी को नहीं हो सकती। मैं सभा को स्मरण कराना चाहता हूँ कि मैं जब इस सभा में पहले दिन बोला था तो मैं हिन्दी में ही बोला था। उस समय उस पर आपत्ति की गयी थी और यह कहा गया था कि मैं जिस भाषा को देश की राष्ट्रभाषा कह रहा हूँ उसमें न बोलूँ मैंने इस आशय के एक संशोधन को उपस्थित करने का प्रयास किया था कि प्रक्रिया समिति सभी नियमों को हिन्दी भाषा में बनाये और उसका अंग्रेजी भाषा में अनुवाद कर दिया जाये। मैंने यह कहा था कि हिन्दी के संस्करण को ही प्रामाणिक संस्करण समझा जाये और यदि निर्वचन के संबंध में कोई विवाद हो तो हिन्दी के संस्करण को ही प्रमाण माना जाये। उस दिन यद्यपि स्थानापन्न अध्यक्ष महोदय ने मेरी बातों को अनियमित घोषित करने का प्रयास किया था किन्तु मैंने यह माँग की थी कि संविधान सभा का सदस्य होने के नाते, तथा इस देश की एक सन्तान होने के नाते मुझे उस भाषा में बोलने का अधिकार है जिसे मैं इस देश की राष्ट्रभाषा समझता हूँ। इस बीच एक शक्ति उत्पन्न हो गयी और आज मैं यह देखता हूँ कि देवनागरी लिपि सहित हिन्दी इस देश की राजभाषा हो गयी है।

कुछ माननीय सदस्य—अभी नहीं।

आर.वी. धुलेकर—कुछ लोग कहते हैं "अभी नहीं" किन्तु मैं यह कहता हूँ कि यह एक तथ्य है। आप उस दिन को न आने देने के लिए कितना ही प्रयास क्यों न करें और, यद्यपि मैं उसे सुदिन समझता हूँ किन्तु, भले ही आप उसे कुदिन समझें परन्तु वह दिन आ ही गया है। आप कितना ही विरोध क्यों न करें किन्तु देश ने यह निर्णय कर ही लिया है। कुछ लोग कहते हैं कि हिन्दी भाषा के साथ रिआयत की गयी है किन्तु मैं समझता हूँ "नहीं यह बात नहीं है।" यह एक ऐतिहासिक प्रक्रिया के परिणामस्वरूप ही हुआ है। यह उस ऐतिहासिक प्रक्रिया के परिणामस्वरूप हुआ है जो कई वर्षों से, वास्तव में कई शताब्दियों से प्रवर्त्तन में रही है। मैं निवेदन करता हूँ कि स्वामी रामदास ने हिन्दी में लिखा, तुलसीदास ने हिन्दी में लिखा, और आधुनिक काल के सन्त स्वामी दयानन्द ने हिन्दी में लिखा। वे गुजराती थे किन्तु लिखते थे हिन्दी में। वे हिन्दी में क्यों लिखते थे? इस कारण कि इस देश की राष्ट्रभाषा हिन्दी थी। इसके अतिरिक्त मैं निवेदन करता हूँ कि राष्ट्रपिता महात्मा गाँधी ने जब कांग्रेस में प्रवेश किया तो उन्होंने तुरन्त ही अंग्रेजी भाषा छोड़ दी और हिन्दी में बोलने लगे। उन्होंने अंग्रेजी में लिखने का प्रयास नहीं किया। उन्होंने अपनी जीवनी भी हिन्दी में लिखी और उसका महादेव देसाई से अनुवाद कराया। जिन लोगों को यह भ्रम है कि यह भाषा लादी जा रही है, उनसे मेरा निवेदन है कि वह लादी नहीं जा रही है। हिन्दी इस देश में सर्वत्र बोली जाने लगी है और अब वह घर कर गयी है। भाषाओं के बीच तनातनी रही और वे एक दूसरे से बाजी मारने की कोशिश में रही। जो भाषा शक्ति-सम्पन्न थी और जिसमें राष्ट्रभाषा के तत्त्व थे वही आज इस देश की राष्ट्रभाषा हो सकी है

एच.आर. गुरुव रेड्डी (मैसूर राज्य) : क्या हम राज-भाषा नहीं कहेंगे?

आर.वी. धुलेकर—मैं कहता हूँ कि वह राज-भाषा है और वह राष्ट्रभाषा भी है। आपको इस पर आपत्ति हो सकती है। आप भले ही अन्य किसी राष्ट्र के हों किन्तु मैं भारतीय राष्ट्र का, हिन्दी राष्ट्र का, हिन्दू राष्ट्र का, हिन्दुस्तानी राष्ट्र का हूँ। मैं कह नहीं सकता कि आप यह क्यों कह रहे हैं कि वह राष्ट्रभाषा नहीं है। आप में से कुछ लोग चाहते हैं कि संस्कृत राष्ट्रभाषा हो जाये। मेरा निवेदन है कि संस्कृत अन्तरराष्ट्रीय भाषा है—वह विश्व की भाषा है। संस्कृत भाषा में चार सौ धातु हैं। संस्कृत सब धातुओं की मूल है। संस्कृत सारे विश्व की भाषा है। आप देखेंगे कि हिन्दी के राज-भाषा तथा राष्ट्रभाषा हो जाने के पश्चात् संस्कृत किसी दिन विश्व की भाषा हो जायेगी।

आज, चूँकि हमें राष्ट्रीयता से प्रेम है इसलिए मैं यह कहता हूँ कि हिन्दी राष्ट्रभाषा है। आप कहते हैं कि हिन्दी राज-भाषा है, किन्तु मैं यह कहता हूँ कि वह राष्ट्रभाषा है। आपका यह कथन ग़लत है कि वह राज-भाषा है। भाषाओं की दौड़ में हिन्दी आगे बढ़ निकली है और अब आप उसे अपने लक्ष्य तक पहुँचने से नहीं रोक सकते। मैंने यह संशोधन उपस्थित किया है कि संसद को इसका निर्णय करना चाहिए कि इस समय की राज-भाषा अर्थात् अंग्रेजी देश में कब तक चलती रहेगी। आपको कांग्रेस से भय है। आपको अपनी भावी संसद से भय है। इसी कारण इस प्रस्ताव में आपने आयोगों और समितियों का आयोजन किया है। मैं आपको बताना चाहता हूँ कि जब दो या तीन वर्ष के पश्चात् केन्द्रीय विधानसभा में नये सदस्य आयेंगे तो ये सीगफीड और मैजिनो रक्षा-पंक्तियाँ किसी काम की नहीं रह जायेंगी। वे यही कहेंगे कि इस देश की भाषा हिन्दी है। मैंने तो यही निश्चय किया है।

एक माननीय सदस्य—किन्तु आपका निश्चय हमारे लिए बन्धनकारी नहीं है।

आर.वी. धुलेकर—मैं इस आशय के एक संशोधन को भेज चुका हूँ कि इन सब आयोगों और समितियों को समाप्त कर देना चाहिए। आप कितना ही सुदृढ़ बांध क्यों न बना डालें। किन्तु भारत की राष्ट्रीय गंगा की वेगवती धारा उसे तोड़ कर अलग फेंक देगी और आयोगों और समितियों के संबंध में एक खण्ड को रखने में आपने जितना भी परिश्रम किया है वह विफल हो जायेगा। उसे प्रविष्ट करके आप केवल विद्वेष के बीज बायेंगे और ...

अध्यक्ष—मैं माननीय सदस्य महोदय से कहता हूँ कि वे विचाराधीन प्रश्न को उठायें और अपने विषय तक ही सीमित रहें। मेरे विचार से इस प्रकार बोलने से आप अपने मामले को आगे नहीं बढ़ा रहे हैं।

आर.वी. धुलेकर—श्रीमान्, मेरा निवेदन है कि आप पहले ही दिन ऐसी कार्रवाई कर रहे हैं जिसे मिटाने के लिए संसद को कदम उठाना पड़ेगा। अर्थात् उसे यह निर्णय करना पड़ेगा कि इन आयोगों और समितियों को समाप्त किया जाये।

यदि आप इस राष्ट्रभाषा के विकास के लम्बे इतिहास पर विचार करेंगे तो आपको स्पष्ट हो जायेगा कि इस देश की राज-भाषा को पन्द्रह वर्ष तक रहने देने का मैं केवल इस कारण विरोध नहीं कर रहा हूँ मेरी यह धारणा है कि उसके नाम पन्द्रह वर्ष का पट्टा लिखने से राष्ट्र का हितसाधन नहीं होगा। मेरे मित्र मुझसे पूछते हैं, "अंग्रेजी को राज-भाषा के रूप में स्वीकार न करके आप करेंगे क्या?" मैं आपसे विनयपूर्वक तथा हाथ जोड़कर प्रार्थना करता हूँ कि आप स्थिति पर विचार करें। मैं यह अवश्य कहूँगा कि आप देश के हृदय से परिचित नहीं हैं। अंग्रेजी भाषा वीरों की भाषा नहीं है। वह वैज्ञानिकों की भी भाषा नहीं है। विज्ञान का एक शब्द भी अंग्रेजी भाषा का नहीं कहा जा सकता और न अंग्रेजी भाषा में प्रयुक्त अंक ही उस भाषा के अंक हैं। आप कहते हैं अगले पन्द्रह वर्षों तक इस अंग्रेजी भाषा को इस देश की राज-भाषा के रूप में रहने दिया जाये। जब मैं यह विचार करता हूँ कि स्वराज्य स्थापित होने के पश्चात् भी हमारे स्कूल, कॉलेज, विश्वविद्यालय तथा वैज्ञानिक अंग्रेजी भाषा में ही काम करते रहेंगे तो मैं काँप उठता हूँ। और लोग क्या कहेंगे? लार्ड मैकाले की आत्मा क्या कहेगी? वह निश्चय ही हम पर हँसेंगे और कहेंगे "जानी वाकर का अब भी बोलबाला है।" वे यह भी कहेंगे, "भारतीयों को अंग्रेजी भाषा से इतना प्रेम हो गया है कि वे उसे पन्द्रह वर्ष तक रहने देना चाहते हैं।" यहाँ कुछ लोग कहते हैं कि वह बीस वर्ष तक रहेगी, और कुछ कहते हैं कि वह पचास वर्ष तक रहेगी, और कुछ तो यह कहते हैं कि न जाने कब तक वह हमारी राज-भाषा बनी रहेगी।

मैं अपने इन मित्रों से एक सीधा-सादा प्रश्न पूछता हूँ और वह यह है—1920 में अथवा 1885 में भी—क्योंकि इस सभा में कई लोग मुझसे वृद्ध हैं—हम इस देश की भाषा के संबंध में क्या विचार कर रहे थे? स्वराज्य प्राप्ति के पश्चात् हमारी भाषा क्या होनी चाहिए? मैं यह कहूँगा कि जिन लोगों का यह विचार था कि अंग्रेजी हमारी राज-भाषा होनी चाहिए वे सोते ही रह गये और स्वराज्य आ गया। जब 18 वर्ष की आयु में मैंने कांग्रेस में प्रवेश किया तो मुझे इसमें कुछ भी संदेह न था कि स्वराज्य आयेगा। मुझे इसमें कुछ भी संदेह न था कि एक विशेष प्रकार से हम अपना शासन चलायेंगे। मुझे इसमें कुछ भी संदेह न था कि हमारी भाषा कैसी है। मुझे इसमें कुछ भी संदेह न था कि हमारा देश कैसा है। मुझे इसमें कुछ भी संदेह न था कि हमारी सभ्यता और संस्कृति कैसी है। यदि मुझे कुछ संदेह भी होता तो मैं सुबह से शाम तक इस देश की सेवा क्यों करता और वह भी अपने जन्मदिन से ही अर्थात् जब से मैं वयस्क हुआ? मुझे विश्वास था कि मेरा देश मेरी अपनी भाषा को तथा संस्कृति को अपनायेगा। किन्तु आज मैं लोगों से यह सुन रहा हूँ कि इस देश में पन्द्रह वर्ष तक अंग्रेजी रहने देनी चाहिए। क्या अभी हम उससे तृप्त नहीं हुए हैं? वह पिछले दो सौ वर्षों से चलन में रही है और इस काल में हमें एक विदेशी भाषा के कारण दासत्व का अनुभव हुआ है। इस अंग्रेजी भाषा ने किसी महान् पुरुष को उत्पन्न नहीं किया। हमारे दासत्व काल में भी हमारे यहाँ महान् पुरुषों ने जन्म लिया। कुछ लोग यह कह सकते हैं कि अंग्रेजी भाषा के कारण ही हमें स्वातंत्र्य प्राप्त हुआ। मैं कहता हूँ ''नहीं।'' केवल वही लोग स्वातंत्र्य-संग्राम में भाग लेने आगे बढ़े जो अंग्रेजी भाषा को भूल गये थे, और जो अंग्रेजी भाषा से बहुत घृणा करते थे, और जिन्हें यह विदित था कि अंग्रेजी भाषा एक विष है जिससे हमारे देश की मृत्यु हो जायेगी। मैं श्री गोपालस्वामी आयंगर से नम्रतापूर्वक कहता हूँ, ''मैं आपकी भाषा नहीं समझता हूँ। आप भी मेरी भाषा नहीं समझते हैं। आप इस देश की भाषा से पिछले चालीस वर्षों तक परिचित नहीं थे इसलिए आज आप मेरी भाषा नहीं समझ सकते।''

श्रीमान्, मैं यह स्वीकार करता हूँ कि आज मैं उनकी भाषा को नहीं समझता हूँ और आगे चलकर भी नहीं समझूँगा। वे अंग्रेजी भाषा के समर्थन में तर्क उपस्थित कर रहे हैं। श्रीमान् वे सदा यही विचार करते थे कि स्वराज्य नहीं आयेगा। इसी कारण इस ओर के मेरे मित्र हमेशा अंग्रेजी में ही काम करते रहे। हम छोटे लोगों ने अपने बढ़े-चढ़े पेशों को छोड़ दिया किन्तु अन्य लोग अपने बढ़े-चढ़े पेशों को अंग्रेजी भाषा की सहायता से चलाते रहे। आज भी यदि संघीय न्यायालय में मैं वकालत करने लगूँ तो मेरी वकालत ख़ूब चल सकती है। किन्तु हमने गरीब रहने, देश को स्वतंत्र करने, तथा देश को बन्धनों से, विदेशी भाषा के बन्धनों से मुक्त करने का प्रण किया है। किन्तु यहाँ आप यह कहते हैं कि इस परिवर्तन को पन्द्रह वर्ष के लिए स्थगित कर दिया जाये। तब मैं पूछता हूँ, आप वेदों और उपनिषदों को कब पढ़ेंगे? आप रामायण और महाभारत कब पढ़ेंगे और आप लीलावती तथा गणित की अन्य पुस्तकों को कब पढ़ेंगे? आप अपने तंत्रों को कब पढ़ेंगे? क्या पन्द्रह वर्ष के पश्चात? आप लोग यह कह सकते हैं क्योंकि आप इस कथन में विश्वास रखते हैं कि ''आप मरा तो जग मरा। हम इस देश में इस पवित्र देश में, अंग्रेजी भाषा को राज-भाषा के रूप में आरोपित कर ही दें।'' मेरे मित्र कहते हैं कि वे हिन्दी भाषा नहीं सीख सकते और उसके अंकों को तो कदापि नहीं सीख सकते। तब मैं आपसे पूछता हूँ कि संसार के अन्य देश किस भाषा को आपकी राज-भाषा समझते हैं? मैं उन लोगों में से नहीं हूँ जो भारत सरकार के विश्वास-भाजन हैं किन्तु मुझे यह सूचना मिली है कि रूस में जब हमारे राजदूत ने अपने परिचय पत्रों को अंग्रेजी

भाषा में दिया तो उस देश ने उन्हें स्वीकार नहीं किया। उनसे कहा गया कि उन्हें अपने परिचय पत्रों को अपनी ही भाषा में प्रस्तुत करना चाहिए। जब उन परिचय पत्रों को हिन्दी में भेंट किया गया तभी उन्हें स्वीकार किया गया। एक देश रूस है जो यह जानता है कि किसी देश की भाषा का किस प्रकार सम्मान करना चाहिए और एक हमारे मित्र हैं जो यह भी नहीं जानते कि अपनी भाषा का सम्मान किस प्रकार करना चाहिए। वे यह समझते हैं कि इस देश में वे अजनबी हैं यद्यपि यह देश उनका अपना देश है। वे यह कहते हैं कि धुलेकर एक ऐसी भाषा बोल रहे हैं जो हमारे देश की भाषा नहीं है। मैं यह कहता हूँ और मेरा यह दावा है कि इस सभा में ही मैं एक ऐसा आदमी हूँ जो हिन्दी भाषा से, मातृ-भाषा से प्रेम कर सकता है। मैं ही एक ऐसा आदमी हूँ जो भारतीय विचारों को व्यक्त कर सकता हूँ। (विघ्न)। मेरे अधिकांश मित्रों का जन साधारण से कोई सम्पर्क नहीं है। दर्शकों की गैलरियों की ओर देखिये। कितने थोड़े से लोग आपकी बात सुनने आये हैं। वे इस कारण नहीं आये हैं कि वे जानते हैं कि अब आप देश का हित साधन नहीं कर रहे हैं और वह इससे सिद्ध हो जाता है कि आपने इतने ग़लत और इतने बड़े प्रस्ताव को उपस्थित किया है कि वह समझ ही में नहीं आ सकता। आपको अपने प्रस्ताव में कम से कम शब्द रखने चाहिएँ। वह जितना लम्बा होगा उतना ही हमारा संविधान अशक्त हो जायेगा। आपने उस पर कई चीज़ें लटकाने तथा मोर्चाबन्दी करने और मैजिनो रक्षा पंक्ति बनाने का प्रयास क्यों किया है। आपने यह इसलिए किया है कि आप का दिल यह कहता है कि यह देश की आवाज नहीं है। कहा जाता है कि हिन्दी भाषा को हमें देवनागरी लिपि और अनेक प्रकार के तांत्रिक अंकों के साथ नहीं रखना चाहिए और.....

एक माननीय सदस्य—और मंत्रों के साथ भी।

आर.वी. धुलेकर—और मंत्रों के साथ भी ताकि भारत की आने वाली पीढ़ियाँ उसे ठुकरा न दें। मैं नम्रतापूर्वक बताना चाहता हूँ कि इन मैजिनो रक्षा-पंक्तियों के होते हुए भी हिन्दी इस देश की भाषा होगी और देवनागरी लिपि तथा अंक इस देश की लिपि और अंक होंगे। मेरी यह प्रार्थना है कि इस प्रश्न को संसद के निर्णय के लिए छोड़ दिया जाये। क्या मैं अपने मित्रों से एक प्रश्न पूछ सकता हूँ? क्या वे लोकतंत्र से भय करते हैं? क्या वे संसद से भय करते हैं? क्या वे हमारी भावी संसदों में आने वाले अपने ही पुत्र-पौत्रों से भय करते हैं? क्या वे इसी कारण इस प्रश्न को संसद के निर्णय के लिए नहीं छोड़ना चाहते? वही लोग लोकतंत्र से भय करते हैं जो आयोगों और समितियों के लिए उपबन्ध पर उपबन्ध रख रहे हैं और वह इस कारण कि लोकतंत्र पर उनका विश्वास नहीं है। उनका इस पर विश्वास नहीं है कि वयस्क मताधिकार के आधार पर निर्वाचित प्रतिनिधि न्याय करेंगे।

कल मेरे मित्र मि. हिफजुर रहमान ने एक अपील की थी—मैं कह नहीं सकता कि वे सभा में उपस्थित हैं या नहीं—जी हाँ, वे यहाँ हैं—और मैं उसके उत्तर में एक दो शब्द कहना चाहता हूँ। उनको इससे बहुत परेशानी है और वे इससे बहुत उलझन में भी पड़े हुए हैं कि भारत के लोग हिन्दुस्तानी को क्यों भूल गये हैं, उर्दू लिपि को और फारसी लिपि को और हिन्दुस्तानी के नाम से विख्यात सभी सरो-सामान को क्यों भूल गये हैं। महात्मा गाँधी का नाम लेकर उन्होंने अपील की थी कि हम हिन्दुस्तानी को देश की राज-भाषा बनायें और उसे फारसी और देवनागरी लिपियों में लिखें। मेरे विचार से वे इतिहास को भूल गये हैं और मैं उन्हें उसका कुछ स्मरण कराना चाहता हूँ।

पिछले अड़तीस वर्षों में, जब मैं कांग्रेस में था, इस मनाने की नीति का, अथवा इस मैत्री की नीति का, अथवा इस हिन्दुस्तानी के मामले का जो इतिहास रहा उसे कुछ स्मरण करने की

आवश्यकता है। लोकमान्य तिलक, सुरेन्द्र नाथ बनर्जी और महात्मा गाँधी का नाम लेकर मैं पूछता हूँ कि पृथक् निर्वाचन क्षेत्रों को भी क्यों स्थापित नहीं किया जाये? मैं यह कहता हूँ कि कुछ हज़ार मुसलमानों के अतिरिक्त, जो इस देश के सपूत हैं, और जो अब भी हमारे साथ हैं, अन्य सभी मुसलमान हमारे साथ नहीं रहे, वे इस देश को अपना देश नहीं समझते थे। इसी कारण वे पृथक् होना चाहते थे। वे पृथक् निर्वाचन क्षेत्र चाहते थे। 1916 में भी और उसके पूर्व भी कांग्रेस यह जानती थी कि वह विदेशी शासकों के विरुद्ध एक त्रिमुखी संग्राम नहीं कर सकती और इसलिए......

एक माननीय सदस्य—क्या आप अपने संशोधन के संबंध में बोले रहे हैं? आपका साथ कोई नहीं दे रहा है।

आर.वी. धुलेकर—जी हाँ, मैं हिन्दुस्तानी का विरोध कर रहा हूँ और मैं जानता हूँ कि आप मेरा साथ कभी नहीं देंगे।

मैं यह कह रहा था कि कांग्रेस यह जानती थी कि वह त्रिमुखी संग्राम नहीं कर सकती है और इसीलिए देश के अधिकांश मुसलमानों को संग्राम से अलग रखना पड़ा। भारतीयों और अंग्रेजी सरकार के बीच सीधे-सीधे संग्राम हुआ। और इस मनाने वाली नीति के कारण....

अध्यक्ष—मैं माननीय सदस्य महोदय को यह स्मरण कराना चाहता हूँ कि यह किसी प्रकार भी साम्प्रदायिक प्रश्न नहीं है। हम भाषा के प्रश्न पर बहस कर रहे हैं और वह किसी प्रकार भी साम्प्रदायिक प्रश्न नहीं है।

आर.वी. धुलेकर—जी नहीं, श्रीमान्, किन्तु मैं मौलाना रहमान को जानता हूँ और मुझे संयुक्त प्रान्त का अनुभव भी है। उन्होंने वहाँ और यहाँ भी भाषण दिये हैं। मैं यह कहता हूँ कि मैंने कल जो कुछ सुना वह साम्प्रदायिक आधार को मानकर कहा गया था। मैं उन्हें इतिहास का राष्ट्रीय निर्वचन सुनाने जा रहा हूँ। मौलाना आज़ाद और किदवई साहब के समान हमारे मित्रों को छोड़कर अधिकांश मुसलमान......

जवाहरलाल नेहरू (संयुक्त प्रान्त : जनरल) : क्या मैं पूछ सकता हूँ कि क्या यह सब प्रासंगिक है?

अध्यक्ष—जी नहीं, मैं वक्ता महोदय को इसका कई बार स्मरण करा चुका हूँ।

जवाहरलाल नेहरू—किन्तु फिर भी वे वही बातें कहते जाते हैं।

अध्यक्ष—मेरे विचार से आप अपने पक्ष का समर्थन नहीं कर रहे हैं।

आर.वी. धुलेकर—श्रीमान्, मैं इस विषय पर अधिक कुछ नहीं कहूँगा। अंग्रेजों से संघर्ष करने के लिए उस नीति को अपनाना आवश्यक था। अब हमें यह ज्ञात हुआ है कि वह नीति असफल रही और उसके कारण हम विपत्ति में पड़ गये हैं। हमने इन कष्टों को मैत्री से और भ्रातृभाव से झेला। हमने कष्ट सहन किये और कष्ट सहन कर रहे हैं। इसलिए मुझे यह बहुत दुःख के साथ कहना पड़ रहा है कि इस देश के प्रश्न को असाम्प्रदायिक आधार पर हल करने के लिए सच्चाई से प्रयत्न करने पर भी परिणाम यह हुआ कि हमें अब भी कष्ट सहन करने पड़ रहे हैं। इसलिए मैं चाहता हूँ कि मेरे मित्र मौलाना हिफजुर रहमान यह अच्छी प्रकार समझ लें कि यह हमारे सच्चे प्रयत्नों, अर्थात् विफल हुए सच्चे प्रयत्नों की प्रतिक्रिया ही है कि दूसरी ओर तेजी आ गयी है......

जवाहरलाल नेहरू—वाह, वाह!

आर.वी. धुलेकर—मुझे इसकी प्रसन्नता है कि मैं अपने माननीय मित्र प्रधानमंत्री महोदय के विचारों को व्यक्त कर सका हूँ। वास्तव में यदि उनके प्रयत्न सफल हुए होते और उन्होंने तथा

राष्ट्रपिता ने जो कुछ कहा था वह चरितार्थ हुआ होता तो मुझसे अधिक प्रसन्नता और किसी को न हुई होती। एक क्षण के लिए भी यह विचार न कीजिए कि मैं साम्प्रदायिक विचार रखता हूँ। यदि मैं हिन्दुस्तानी का विरोध करता हूँ तो इस कारण विरोध नहीं करता हूँ कि मुझे इन लोगों से प्रेम नहीं है। मैं इसका विरोध इनसे प्रेम, सच्चा प्रेम, भाई-भाई का प्रेम होने के कारण ही करता हूँ। यदि आज कोई व्यक्ति हिन्दुस्तानी के पक्ष में बोले तो उसकी बातों को कोई नहीं सुनेगा। आपकी बातों से लोगों को भ्रम होगा। और लोग कुछ का कुछ बयान करेंगे। इसलिए मौलाना हिफजुर रहमान को सच्चे दिल से मैं यह सलाह देता हूँ कि वे दो तीन वर्ष तक प्रतीक्षा करें, उसके पश्चात् वे उर्दू भाषा को, फारसी लिपि को अपना सकेंगे। किन्तु आज वे इसका विरोध न करें क्योंकि हमारा राष्ट्र, वह राष्ट्र, जिसने अनेक कष्ट सहन किये हैं, आज उनकी बातें सुनने के लिए तैयार नहीं है। मैंने उनकी बातें सुनी हैं, मैं उनकी प्रशंसा करता हूँ और मैं यह जानता हूँ कि उनकी धारणा क्या है। मैं स्वयं फारसी का विद्यार्थी रहा हूँ। मैंने उर्दू भी पढ़ी है और मैं उससे प्रेम करता रहा हूँ। मैं यह कह सकता हूँ कि मैंने फारसी और उर्दू में अपने मित्र मौलाना हिफजुर रहमान से कहीं अधिक लिखा है। बीस वर्ष तक मेरे पास एक मुसलमान क्लर्क रहा। जब झाँसी में और अन्य जगहों में हिन्दू मुसलमानों का दंगा हुआ तो वह मेरे ही पास रहा। मेरे कई मित्र मेरे पास आये और उन्होंने मुझसे कहा, ''आपके पास एक मुसलमान क्लर्क है, उसे निकाल दीजिए।'' मैंने कहा, ''नहीं वह मेरा भाई है, वह मेरा अपना संबंधी है, रक्त संबंधी है।'' मेरा यह विश्वास है कि भारत में रहने वाले तथा पाकिस्तान में रहने वाले सभी मुसलमान मेरे रक्त संबंधी हैं और मेरे भाई हैं। अपने देश पर तथा अपने पर अटल विश्वास होने के कारण ही मैं आज तक कांग्रेस में हूँ। कांग्रेस हिन्दुओं अथवा मुसलमानों की नहीं है। वह सभी की है। यह सुनकर आश्चर्य हो सकता है : कि एक व्यक्ति, जिसका यह दावा हो कि हिन्दी राष्ट्रभाषा हो वह यह भी दावा करता है कि वह फारसी और उर्दू का भी मित्र है। मुझे बहुत सहानुभूति है......

अध्यक्ष—अच्छा यह होगा कि माननीय सदस्य महोदय अब समाप्त कर दें। उनकी बातें प्रासंगिक नहीं हैं और सभा उन्हें सुनने के लिए तैयार नहीं है।

आर.वी. धुलेकर—इन शब्दों के साथ मैं अपने संशोधनों को उपस्थित करता हूँ और इस प्रस्ताव का समर्थन करता हूँ कि देवनागरी लिपि तथा हिन्दी अंकों के साथ हिन्दी भाषा को सीधे-सीधे स्वीकार किया जाये, क्योंकि कोई अन्य भाषा भारत की राज-भाषा नहीं हो सकती, एक क्षण के लिए भी नहीं हो सकती।

पं. लक्ष्मीकांत मैत्र (पश्चिमी बंगाल : जनरल) : अध्यक्ष महोदय, मैं आरम्भ में ही आपसे तथा सभा से इसके लिए क्षमा चाहता हूँ कि जब उसकी बैठक प्रारम्भ हुई और आपने कृपा करके मुझे अपने संशोधन पर बोलने के लिए बुलाया तो उस समय मैं यहाँ उपस्थित नहीं था। इसका कारण यह था कि मैं अन्यत्र भारत सरकार की एक महत्त्वपूर्ण समिति में काम कर रहा था। इसलिए यह बात नहीं थी कि मैं अपने शैथिल्य के कारण नहीं आ सका।

श्रीमान्, मैं इसे स्वीकार करता हूँ कि मैं एक ऐसे संशोधन का प्रस्तावक हूँ जिससे इस सभा के बहुत से सदस्यों तथा बाहर के लोगों को भी आश्चर्य हुआ है। मैं यह कहूँगा कि इस प्रस्ताव का देश में कई लोगों ने स्वागत किया है और कई लोगों ने स्वागत नहीं भी किया है। मुझे कुछ सूचनाएँ मिली हैं और मेरे पास बहुत सी चिट्ठियाँ भी आईं हैं जिनसे यह प्रकट होता है कि मैंने बहुत उपयुक्त तथा सम्मानपूर्ण मार्ग का अवलम्बन किया है। कुछ पत्रों से यह भी प्रकट होता है

कि संस्कृत को भारत की राजभाषा तथा राष्ट्रभाषा के रूप में स्वीकार करने का प्रस्ताव रख कर मैं भारत को कई शताब्दी पीछे ढकेल रहा हूँ। मैं आपको तुरंत ही यह बता देना चाहता हूँ कि मेरा यही दृढ़ विश्वास है कि इस देश के स्वतंत्र होने के पश्चात् यदि इस देश की कोई भाषा राज-भाषा तथा राष्ट्रभाषा हो सकती है तो वह नि:संदेह संस्कृत ही है।

कुछ माननीय सदस्य—जी नहीं, जी नहीं।

कुछ माननीय सदस्य—जी हाँ, जी हाँ।

पं. लक्ष्मीकांत मैत्र—मैं उन लोगों के हृदयों को दुखित नहीं करना चाहता जिनका यह विचार है कि हिन्दी पर ही उनका अस्तित्व निर्भर है। उनसे मेरा कोई झगड़ा नहीं है। किन्तु वे इसका ढोल न पीटें क्योंकि इससे अन्ततोगत्वा उन्हीं का उद्देश्य विफल हो जायेगा। अध्यक्ष महोदय, मैंने आरम्भ से ही अपने मित्रों से अपना संशोधन, अर्थात् संस्कृत को भारत की राज-भाषा तथा राष्ट्रभाषा के रूप में स्वीकार करने के बारे में अपने प्रस्ताव को अपनाने के लिए इसलिए आग्रह नहीं किया कि इस सभा के कई ज़िम्मेदार माननीय सदस्य यहाँ के दो महत्त्वपूर्ण विरोधी पक्षों के बीच सम्मानपूर्ण समझौता कराने के लिए गम्भीर प्रयत्न कर रहे थे और उनके संबंध में मैं स्वयं चिंतित था। मैं अलग रहा और मैंने किसी पक्ष का भी साथ नहीं दिया क्योंकि मैं समझता था कि मैं सच्चाई के साथ किसी पक्ष का भी समर्थन नहीं कर सकता हूँ। किन्तु जब बातचीत एक स्तर तक पहुँच गयी और हमें यह आशा होने लगी कि भारत की राजभाषा के संबंध में सर्वसम्मति से एक ऐसा सूत्र अपनाया जाने वाला है जो दोनों पक्षों को मान्य होगा और दोनों पक्ष एक दूसरे के लिए पर्याप्त त्याग करने वाले हैं, तो उस समय मैंने यह विचार किया कि मुझे अपना संस्कृत भाषा संबंधी प्रस्ताव उपस्थित नहीं करना चाहिए क्योंकि उससे बिगाड़ होने की आशंका थी। किन्तु हमारे दुर्भाग्य से और मैं कहूँगा कि देश के दुर्भाग्य से घटनाचक्र की गति ही बदल गयी और वह भी एक ऐसे विषय के कारण जो मेरे विचार से बहुत छोटा था और जिसका महत्त्व अपेक्षाकृत बहुत कम था। यह खेदजनक है।

आज हम इस संविधान सभा में भारत की राज-भाषा तथा राष्ट्रभाषा के संबंध में जो निर्णय करने जा रहे हैं। वह एक भाग्य-विधायक निर्णय है। संविधान सभा की इस समय की भावनाओं को देखते हुए मुझे वास्तव में इसका भय है कि बहुमत से चाहे जो भी संशोधन स्वीकार किया जाये, अर्थात् चाहे देवनागरी लिपि और भारतीय अंकों के अन्तरराष्ट्रीय रूपों के साथ हिन्दी के संबंध में मेरे माननीय मित्र श्री गोपालस्वामी आयंगर द्वारा मसौदा समिति की ओर से उपस्थित प्रस्ताव स्वीकार किया जाये अथवा दूसरे वर्ग का, अर्थात् पूर्ण हिन्दी और सब कुछ हिन्दी ही में चाहने वाले वर्ग का प्रस्ताव स्वीकार किया जाये, हारा हुआ वर्ग उस सभा से हताश होकर और बहुत कटुता लेकर बाहर जायेगा? यह कटुता कई सप्ताह से इस प्रश्न पर वाद-विवाद होने के कारण उत्पन्न हुई है। इसी कारण मैं सभा से यह आग्रह करने के लिए आगे बढ़ा हूँ कि केवल संस्कृत को ही भारत की राष्ट्रभाषा के रूप में स्वीकार किया जाये और अन्य किसी भाषा को स्वीकार न किया जाये, यद्यपि मैं जानता हूँ कि यह मेरी धृष्टता है। श्रीमान्, संक्षेप में मेरे संशोधनों का उद्देश्य यह है कि मेरे माननीय मित्र श्री गोपालस्वामी आयंगर ने जो मसौदा उपस्थित किया है उसमें हिन्दी के स्थान पर संस्कृत रखा जाये और तत्स्थानी परिवर्तन किये जायें.....

पं. बालकृष्ण शर्मा (संयुक्त प्रान्त : जनरल) : क्या अंक भी संस्कृत ही में रहेंगे?

पं. लक्ष्मीकान्त मैत्र—मैं इस प्रश्न को अभी उठाऊँगा।

इसके अतिरिक्त मेरे नाम से एक अन्य सारवान संशोधन भी है जिसका आशय यह है कि संघ

की भाषाओं की सूची में संस्कृत का भी उल्लेख किया जाये। यह एक आश्चर्य की बात है कि मेरे संशोधन की सूचना देने के पूर्व किसी ने भी संस्कृत को भारत की भाषाओं में से एक भाषा मानने के औचित्य पर विचार तक नहीं किया। हम इतने नीचे गिर गये हैं। मैं संस्कृत को स्वीकार करने के संबंध में आपसे गम्भीरतापूर्वक आग्रह करते हुए तर्क-वितर्क नहीं करना चाहता। इस देश में कौन व्यक्ति यह कहेगा कि संस्कृत भारत की भाषा नहीं है? मुझे यह तर्क सुनकर आश्चर्य हुआ कि वह भारतीय भाषा नहीं है, वह अन्तरराष्ट्रीय भाषा है। जी हाँ, वह अवश्य ही अन्तरराष्ट्रीय भाषा अथवा विश्व-भाषा है और वह इस अर्थ में कि वह महत्त्वपूर्ण, सुसम्पन्न और महान् होने के कारण भारत की सीमाओं को पार करके सुदूर देशों में प्रतिष्ठित हुई है। संस्कृत भाषा में भारत की प्राचीन प्रौढ़ संस्कृति मूर्तिमान होने के कारण ही भारत के बाहर सभी देश हमें आदर की दृष्टि से देखते हैं। क्या इस सभा में कोई व्यक्ति इस कथन के विरुद्ध कुछ कह सकता है? क्या संसार भारत का सम्मान उसके भौगोलिक आकार अथवा वृहत् जनसंख्या के कारण करता है? विद्वेष रखने वाले विदेशियों ने हमारे देश का वर्णन करते हुए कहा है कि यह देश अपनी विभिन्न संस्कृतियों तथा भाषाओं के कारण दयनीश दशा को प्राप्त है। ऐसी धारणा होने पर भी उन्होंने बड़ी उत्सुकता से पूर्व का सन्देश ज्ञात करने का प्रयास किया और संस्कृत भाषा का आश्रय लिया।

एच.वी. कामत (मध्यप्रान्त और बरार : जनरल) : श्रीमान्, मैं इस संबंध में सूचना चाहता हूँ कि यह भाषा संस्कृत कही जाती है या संस्कृति?

पं. लक्ष्मीकांत मैत्र—मैं इस हास्य के लिए अपने माननीय मित्र श्री कामत का आभारी हूँ। यह हास्य ही है तो ठीक है।

एच.वी. कामत—यह हास्य नहीं है। मैं हास्य नहीं करना चाहता था।

पं. लक्ष्मीकान्त मैत्र—चूँकि मैं अंग्रेजी भाषा में बोल रहा हूँ इसलिए यह स्वाभाविक है कि मैं उस भाषा के अनुसार ही शब्दों का उच्चारण करूँ।

श्रीमान्, संस्कृत की परम्परा संसार की सभी भाषाओं की परम्परा से अधिक प्राचीन और सम्मानपूर्ण है। मैंने संसार के कुछ महान् प्राच्य वेत्ताओं की सम्मतियों का संग्रह किया है। प्रोफेसर मैक्समूलर, कीथ, टेलर, सर विलियम हंटर, सर विलियम गोलबक, सेलीगमैत, शोपेनहावर, गेटे तथा इन्हीं के समान मैकडोनेल और डुबोई जैसे कई अन्य लोगों ने संस्कृत को सर्वोच्च स्थान प्रदान किया है, और वह हमें खुश करने के लिए नहीं, क्योंकि जब इन लोगों ने अपनी सम्मतियाँ व्यक्त की थीं उस समय हम एक विदेशी शक्ति के अधीन थे, जिसकी ओर से हमारे विरुद्ध मिस मेयो के समान कई लोग प्रचार करते थे। यह सभा को स्मरण होगा कि महात्मा गाँधी ने मिस मेयो की "मदर इंडिया" नाम की पुस्तक को "नालियों के इंस्पेक्टर की रिपोर्ट" कहा था। विदेशों में भारत के विरुद्ध स्वार्थ-साधकों के इतना दूषित प्रचार करने पर भी संसार को इन प्राच्य-वेत्ताओं से धीरे-धीरे वास्तविक भारत का परिचय मिला। इन प्राच्य-वेत्ताओं ने संस्कृत भाषा तथा संस्कृत साहित्य के अध्ययन में ही अपना सारा जीवन लगा दिया। इन महान सेवकों को यह घोषित करते हुए तनिक भी संकोच नहीं हुआ कि "संस्कृत संसार की सबसे प्राचीन और सुसम्पन्न भाषा है। वही एक विश्व-भाषा है और संसार की सभी भाषाओं की जननी है।"

आज भारत को सहस्रों वर्षों के पश्चात् अपने भाग्य का स्वरूप स्वयं निश्चित करने का अवसर मिला है। मैं गम्भीरतापूर्वक पूछता हूँ कि क्या वह संसार की भाषाओं की मातामही, संस्कृत भाषा को अपनाने में जो अब भी सजीव और सशक्त है, लज्जा का अनुभव कर रहा है? स्वतंत्र

भारत में उसे जिद पद पर प्रतिष्ठित होने का अधिकार है उसको हम क्या उसे नहीं प्रदान करेंगे? मैं गम्भीरतापूर्वक यह प्रश्न पूछता हूँ। मैं यह जानता हूँ कि यह कहा जायेगा कि यह एक मृत भाषा है। जी हाँ, मृत किसके लिए? मृत आपके लिए, क्योंकि आप स्वयं मृत हैं और महानता की भावना से तथा अपनी संस्कृत तथा सभ्यता की महान तथा उत्कृष्ट बातों से प्रेरित नहीं होते। आप छाया के पीछे दौड़ते रहे हैं और आपने अपने महान साहित्य की सारवान बातों को समझने का कभी भी प्रयास नहीं किया। यदि संस्कृत एक मृत भाषा है तो मैं यह कहूँगा कि वह अपनी कब्र से हम पर शासन कर रही है। भारत में कोई भी व्यक्ति संस्कृत से पीछा नहीं छुड़ा सकता। हिन्दी को इस देश की राज-भाषा बनाने के संबंध में आपने जो प्रस्ताव रखा है उसमें एक अनुच्छेद में आपने यह उपबन्ध रखा है कि इस भाषा के लिए स्वतंत्रता से संस्कृत से शब्द लेने होंगे। इस प्रकार परोक्ष में आपने संस्कृत को स्वीकार किया है क्योंकि अन्यथा आप असहाय और अशक्त हैं।

किन्तु मेरा यह निवेदन है कि वह मृत भाषा नहीं है। मैंने जिन स्थानों की यात्रा की है वहाँ जब कभी मैं अपने आशय को अन्य भाषाओं में नहीं समझा सका तो मैंने संस्कृत का आशय लिया और मुझे अपने आशय को सुबोध करने में कुछ भी कठिनाई नहीं हुई। बीस वर्ष पूर्व जब मैं मद्रास में था तो मैं मदुरा, रामेश्वरम्, तिरुपति आदि के मंदिरों में गया किन्तु अंग्रेजी भाषा द्वारा अथवा किसी भी अन्य भाषा द्वारा मैं अपने आशय को नहीं समझा सका किन्तु जिस क्षण मैंने संस्कृत में बोलना आरम्भ किया उसी क्षण वहाँ के लोग मेरे आशय को समझने लगे और हम विचारों का आदान-प्रदान करने लगे। मैं यह धारणा बनाकर लौटा कि कम से कम मद्रास में संस्कृत भाषा में वर्णित संस्कृति विद्यमान है। अपनी तामिल, तेलुगू, मलयालम और कन्नड़ जैसी प्रादेशिक भाषाओं के लिए सम्भवत: बहुत उत्साह होने पर भी दक्षिणात्यों ने संस्कृत का विस्तृत अध्ययन किया।

हमें संस्कृत का बहुत मोटा ज्ञान है। हम समझते हैं कि संस्कृत में भारी भरकम शब्द तथा लम्बी-लम्बी आडम्बरपूर्ण पदावलियाँ ही होती हैं और उसकी एक ही शैली है जो बाण की कादम्बरी अथवा हर्ष चरित्र अथवा दशकुमार चरितम् में मिलती है। किन्तु मैं निवेदन करता हूँ कि एक प्रख्यात कवि ने थोड़ा बहुत गर्वान्वित होकर ये शब्द कहे थे :-

साहित्य सुकुमारवस्तुनि
दृढ़-नय-ग्रह-ग्रंथिल -
तर्क-वाङमय-संग-विधातरि
समान-लीलायिता भारती।

आपका विचार है कि मैं सीधी-सादी संस्कृत में सरल तथा प्रभावपूर्ण रचनाएँ नहीं कर सकता हूँ "चाहे कवित्व के समान कोई सुकुमार विषय हो, अथवा दर्शन और तर्क के समान विद्वत्तापूर्ण किन्तु शुष्क विषय हो, मैं इस भाषा में बड़ी सुगमता से रचनाएँ कर सकता हूँ।" संस्कृत एक ऐसी भाषा है कि उसका उपयोग दर्शन और विज्ञान जैसे बहुत गम्भीर विषयों के लिए भी किया जा सकता है और बहुत सरल साहित्य के लिए भी। वह सभी प्रकार के विचारों को व्यक्त करने के लिए बहुत सरल माध्यम है। मुझे विश्वास है कि जिन लोगों को संस्कृत का ज्ञान है वे कुछ शताब्दी पूर्व इस महान् कवि ने जो कुछ कहा था उसके प्रत्येक शब्द का समर्थन करेंगे।

एक माननीय सदस्य—क्या आप कृपा करके संस्कृत में बोलेंगे ताकि हम सभी लोग आपके विचारों को समझ सकें?

पं. लक्ष्मीकान्त मैत्र—मैं यहाँ अपनी संस्कृत की विद्वता को नहीं बघारना चाहता। मैं वह ग़लती

करने नहीं जा रहा हूँ जो यहाँ मेरे कुछ मित्रों ने की है। उनसे प्रार्थना की गयी कि वे अंग्रेजी में बोलें ताकि उन्हें सभी लोग समझ सकें किन्तु अपने अत्यधिक उत्साह के कारण वे अपनी पसन्द की भाषा में ही बोलते रहे। मैं यह नहीं करूँगा। मैं यह चाहता हूँ कि इस सभा का प्रत्येक माननीय सदस्य मेरे विचारों को समझे। यदि मैं संस्कृत में बोल सकता हूँ तो यह मेरे लिए कोई बड़े गौरव की बात नहीं है। मुझे संस्कृत में बोलने में कोई कठिनाई नहीं होनी चाहिए। यदि मैं उस भाषा में नहीं बोल सकता हूँ तो मुझे अपनी संस्कृति तथा शिक्षा पर लज्जा आनी चाहिए। मुझे इस प्रकार देखने का प्रयास न कीजिए जैसे कि आप किसी विचित्र वस्तु को देखते हों। जब मैं संस्कृत के पक्ष में बोल रहा हूँ तो सभा में कहीं पर भी मेरी बातों का मखौल न उड़ाया जाये। मैं इस सभा के प्रत्येक सदस्य से पूछता हूँ, चाहे वह किसी भी प्रान्त का क्यों न हो, ''क्या आप अपनी मातामही को अस्वीकार करना चाहते हैं?''

श्रीमान्, हम इस देश की प्रान्तीय भाषाओं पर अर्थात् बंगाली, मराठी, गुजराती, हिन्दी, तामिल, तेलुगू, मलयालम, कन्नड़ आदि पर गर्व करते हैं। उनमें भारतीय संस्कृति तथा सभ्यता के वैभव के अनेक रूप प्रदर्शित हैं। यह किसी एक प्रान्त की सम्पत्ति नहीं है। यह हमारी राष्ट्रीय सम्पत्ति है। किन्तु इन सभी भाषाओं का स्रोत संस्कृत ही है। वही सब भाषाओं की जननी है। दक्षिण की भाषाओं ने भी अपने शब्द भंडार को सुसम्पन्न बनाने के लिए संस्कृत से शब्द लिए हैं। इसलिए मेरा यह निवेदन है कि यदि हम दिल लगाकर काम करें तो हम अपने जीवन के सामान्य प्रयोजनों के लिए संस्कृत की एक सरल, सशक्त, सुगढ़ तथा सुमधुर शैली विकसित कर सकते हैं।

मैं यह नहीं कह रहा हूँ कि इसी समय से सभी लोग संस्कृत में बोलने लगेंगे। मेरे संशोधन का उद्‌देश्य यह नहीं है। मैंने अपने संशोधन में यह प्रस्ताव रखा है कि पन्द्रह वर्ष तक अंग्रेजी उन सभी प्रयोजनों के लिए राज्य की राज-भाषा के रूप में प्रयोग की जायेगी, जिन प्रयोजनों के लिए वह संविधान के प्रारम्भ के पूर्व प्रयोग की जाती थी। इस अवधि के पश्चात् अंग्रेजी के स्थान पर संस्कृत उत्तरोत्तर प्रयुक्त होगी। मेरे संशोधन का उद्देश्य यही है।

मैं आपको यह बताना चाहता हूँ कि प्रत्येक प्रान्त में और प्रत्येक विश्वविद्यालय में संस्कृत भाषा सिखाने के लिए प्रबन्ध हैं। मुझे जैसे कुछ लोगों ने इस आशा में कि हिन्दी देश की राज-भाषा के रूप में स्वीकार होगी उसे प्रचलित करने का प्रयास किया किन्तु हमें, कम से कम बंगाल में, हिन्दी अध्यापकों के मिलने में बड़ी कठिनाई हुई। आपको यह सुनकर आश्चर्य हुआ होगा। यह एक समस्या है। यदि आप अपने सहस्त्रों नवयुवकों को हिन्दी सिखाना चाहते हैं तो आपको अध्यापकों की आवश्यकता पड़ेगी। आपको साहित्य की आवश्यकता पड़ेगी। आपको छापेखानों, पुस्तकों, पाठ्य-पुस्तकों, प्रारम्भिक पुस्तकों, अध्यापकों और सभी बातों की आवश्यकता पड़ेगी। यह एक बहुत बड़ी कठिनाई है। चाहे केन्द्रीय सरकार और प्रान्तीय सरकारें कितना ही प्रयत्न क्यों न करें, यह समस्या आसानी से हल होने वाली नहीं है। आपको यह स्मरण रखना होगा कि हिन्दी-भाषी क्षेत्रों में रहने वाला कोई भी व्यक्ति अपने को हिन्दी का विद्वान कह सकता है। मैंने उनकी परीक्षा करवाई है, जिनमें वे निकम्मे साबित हुए हैं। इसके विपरीत यदि आप संस्कृत को राजभाषा बनायेंगे तो आप देखेंगे कि उसे सिखाने के लिए पहले से ही प्रबन्ध हैं। प्रत्येक विश्वविद्यालय में एक स्तर तक संस्कृत अनिवार्य विषय के रूप में पढ़ाई जाती है और उसके पश्चात् ऐच्छिक विषय के रूप में पढ़ाई जाती है। इसलिए संस्कृत के पठन-पाठन के संबंध में कोई कठिनाई नहीं होगी।

बी.एन. मुनावल्ली (बम्बई : जनरल) : वही कठिनाई होगी।

पं. लक्ष्मीकांत मैत्र—मैं जानता हूँ कि चूँकि श्री मुनावल्ली बूढ़े हैं—मुझे आशा है कि वे बूढ़ा कहने से रुष्ट न होंगे इसलिए उनके लिए एक नई भाषा सीखना कठिन होगा। किन्तु यदि श्री मुनावल्ली का यह विचार हो कि वे संस्कृत की अपेक्षा हिन्दी अधिक सरलता से सीख सकते हैं तो उनसे मेरा कोई झगड़ा नहीं है। वे अपना यह विचार बनाये रखें।

मैं यह कहना चाहता हूँ कि मैंने बहुत विद्वेष की भावना देखी है। मैं यह नहीं कहता कि यह भावना ठीक है किन्तु मैं यह अवश्य अनुभव करता हूँ कि यह भावना विद्यमान है। कई लोग यह सोचने लगे हैं, ''सब भाषाओं में से आख़िर हिन्दी को ही राष्ट्रभाषा क्यों बनाया जा रहा है? आख़िर वह है तो एक प्रान्तीय भाषा ही।'' यह सभी स्वीकार करेंगे कि वह एक प्रान्तीय भाषा है। आप एक प्रान्तीय भाषा को राष्ट्रभाषा का पद देने जा रहे हैं। आप इसे अस्वीकार नहीं कर सकते। इसमें बहुत कुछ सच्चाई है। इसे कौन स्वीकार नहीं करेगा कि बंगला, तामिल, तेलुगू, गुजराती, मलयालम, मराठी और कन्नड़ भाषाओं का साहित्य सुसम्पन्न है और उन भाषाओं के बोलने वाले उन पर गर्व कर सकते हैं?

किन्तु अहिन्दी क्षेत्रों के सदस्य इसके लिए आग्रह नहीं कर रहे हैं कि उनकी प्रान्तीय भाषाओं को भारत की राष्ट्रभाषा के रूप में स्वीकार किया जाये। क्या आप समझते हैं कि इसमें कितनी त्याग की भावना है? मैंने इसके लिए कभी अनुरोध नहीं किया कि बंगला को देश की राज-भाषा बनाई जाये। मैंने इसका सुझाव कभी नहीं रखा यद्यपि मेरी यह धारणा है कि मेरी भाषा और मेरा साहित्य बहुत सुसम्पन्न है और उसे कवीन्द्र रवीन्द्र नाथ ठाकुर ने और भी अधिक सुसम्पन्न बना दिया है तथा उसे अन्तरराष्ट्रीय ख्याति प्राप्त करा दी है। मैंने यह विचार किया कि संघ के हितों को ध्यान में रखकर हमें एक-दूसरे से सहयोग करके एक ऐसी भाषा बनानी चाहिए, वह हिन्दी ही क्यों न हो, जिसे हम सारे देश में काम में ला सकते हैं।

किन्तु बहुत आगे बढ़ने पर भी हम एक स्थान पर अटक गये। मेरा अपना यह विचार है कि यह एक दुर्भाग्य की बात है और खेदजनक भी है। मेरे कुछ मित्रों ने मेरी आलोचना करते हुए कहा है, ''जब आप एक ऊँट को निगल गये हैं तो एक मक्खी को निगलने में क्यों परेशान हो रहे हैं?'' वे पूछते हैं कि जब आप हिन्दी लिपि के लिए सहमत हो गये हैं तो हिन्दी अंकों पर क्यों आपत्ति कर रहे हैं। क्या आपका सचमुच यह विचार है कि जब तक प्रत्येक बात शत प्रतिशत हिन्दी में न हो तब तक भारतीय स्वातंत्र्य से कोई लाभ नहीं है और उसका कोई अर्थ नहीं है? क्या कोई व्यक्ति वास्तव में यह विचार रखता है? यदि वास्तव में यह बात है तो उन्हें यह भी समझना चाहिए कि दूसरे पक्ष के लोग भी अपनी भाषाओं को अपनाने के लिए यही तर्क उपस्थित कर सकते हैं। श्रीमान्, इस प्रश्न पर बहुत तनातनी रही है। माननीय गोविन्द वल्लभ पन्त ने एक अवसर पर एक बहुत सुन्दर भाषण दिया। उन्होंने कहा ''हम अहिन्दी-भाषी लोगों पर इस भाषा को नहीं थोपना चाहते हैं।'' यह वक्तव्य भारत के सबसे बड़े प्रान्त के प्रधानमंत्री की शोभा बढ़ाता है। किन्तु दुर्भाग्य से वही प्रान्त, न कि मेरा प्रान्त, इस संबंध में अब समस्या रूप हो गया है। भाषा का विवाद वहीं से आरम्भ हुआ है। हिन्दी उर्दू का तथा हिन्दी, भाषा और नागरी अंकों का विवाद वहीं से आरम्भ हुआ और वह इतना बढ़ गया कि दोनों पक्षों को अपने मतभेदों को मिटाने के लिए कदम उठाना पड़ा। जब हमारे प्रयत्न किसी अंश में सफल नहीं हुए और समझौते के लिए कई वक्ताओं ने जो अपीलें कीं वे भी निष्फल हुईं तो संयुक्त प्रान्त के प्रधानमंत्री ने घोषित किया : ''नहीं, नहीं। हम आप पर हिन्दी थोपने नहीं जा रहे हैं, हम एक ऐसा सूत्र अपनायेंगे जिस पर सब सहमत होंगे।'' यदि

यह हिन्दी भाषा को, देवनागरी लिपि को, हिन्दी अंकों को थोपना नहीं है तो मुझे बताया जाये कि थोपना क्या होता है। यदि आप यह कहते हैं कि हिन्दी सभी की सहमति से स्वीकार की जायेगी और वह थोपी नहीं जायेगी, और साथ ही हिन्दी की सभी माँगों को स्वीकार करने के लिए ज़ोर देते हैं, तो क्या इसका अर्थ यह नहीं है कि हम स्वेच्छा से आत्मसमर्पण करने की माँग करते हैं? अपने प्रस्ताव के संबंध में साफ–साफ बातें कहिए। इस प्रकार भाषा का प्रश्न हल नहीं किया जाता। भाषा राष्ट्र की जीवनदायिनी शक्ति होती है। उसके साथ मखौल नहीं किया जा सकता। मेरा यह विश्वास है कि भाषा किसी नपी–तुली प्रक्रिया के अनुसार नहीं बनाई जा सकती और न वह किसी निश्चित तिथि तक ही तैयार हो सकती है। इस प्रकार की अन्य बातों के संबंध में भी यही कहा जा सकता है। भाषा सजीव होती है—उसका विकास होता है और वह उन्नति करती है।

अब यदि सारे भारत के लिए आप एक भाषा को स्वीकार करना चाहते हैं तो इस पद पर प्रतिष्ठित होने का सबसे अधिक अधिकार किस भाषा को है। इसमें कोई संदेह नहीं कि लोकतंत्र की दृष्टि से और इस दृष्टि से कि सबसे अधिक लोग किस भाषा को बोलते हैं, और समझते हैं, सम्भवत: यह अधिकार हिन्दी को है। उसे लगभग चौदह करोड़ लोग बोलते हैं और उसी का सबसे अधिक अधिकार है। किन्तु हिन्दी की अनेक बोलियाँ हैं। संयुक्त प्रान्त के लोगों ने मुझे बताया है कि यदि हिन्दी को राज–भाषा के रूप में स्वीकार किया गया तो पश्चिमी संयुक्त प्रान्त के लोगों को उसे नये सिरे से सीखना होगा क्योंकि वे उस भाषा से अनभिज्ञ हैं। जब 1931 के आँकड़ों के आधार पर यह दावा किया जाता है कि हिन्दी ही एक ऐसी भाषा है जिसे अधिकांश लोग बोलते हैं तो लोगों का साधारणतया लोकतंत्र के संबंध में जो विचार होता है उसकी दृष्टि से यह ठीक हो सकता है। यदि किसी देश का एक बहुत बड़ा वर्ग एक भाषा को बोलता है तो यह आवश्यक नहीं है कि वह भाषा अधिकांश लोगों की भाषा हो।

इस संबंध में मैं आपको एक उदाहरण दूँगा जिससे यह स्पष्ट हो जायेगा कि भाषा के प्रश्न के संबंध में कितनी उत्तेजना उत्पन्न हो सकती है। मैं आपको बताऊँगा कि पिछले वर्ष पूर्वी पाकिस्तान में क्या हुआ। बंगाल के विभाजन के पश्चात् पाकिस्तान के निर्माता ने यह आदेश निकाला कि सारे पाकिस्तान की राज–भाषा उर्दू होगी। आप जानते हैं कि पूर्वी बंगाल में इस आदेश से क्या प्रतिक्रिया हुई? पूर्वी पाकिस्तान के बंगाली मुसलमान यह जानकर कि उन पर उर्दू थोपी जा रही है, बहुत उत्तेजित हुए और उन्होंने पूछा, ''क्या आप हमारी बंगला भाषा को नष्ट करने जा रहे हैं? हमने पाकिस्तान के इस्लामी राज्य की स्थापना में हृदय से आपका साथ दिया है। क्या अब आप हमारी भाषा में हस्तक्षेप करने जा रहे हैं? ''पूर्वी पाकिस्तान में सर्वत्र प्रदर्शन होने लगे और ऐसे अवसरों पर साधारणतया जो कदम उठाये जाते हैं वे कदम उठाये गये, अर्थात् अश्रु गैस छोड़ी गयी और लाठियाँ चलाई गईं इत्यादि। पाकिस्तान के अधिकारियों ने यह कह कर लोगों को डराया कि इस आन्दोलन के लिए हिन्दुओं का पंचम स्तम्भ उत्तरदायी है। किन्तु तुरन्त ही मुसलमानों का विद्वानों का वर्ग तथा उनकी शैक्षिक तथा सांस्कृतिक संस्थाएँ आगे बढ़ीं और उन्होंने कहा कि यह सब बकवास है। उन्होंने कहा, ''आप रवीन्द्र नाथ ठाकुर की भाषा का गला घोटना चाहते हैं। हम इसे सहन करने के लिए तैयार नहीं हैं।'' भाषा के प्रश्न को लेकर विद्रोह करने पर लोगों पर लाठियाँ चलाई जाती हैं और उन्हें बंदी बनाया जाता है। ढाका में विद्यार्थियों और प्रोफेसरों की एक सभा में मि. जिन्ना ने जब लोगों से यह कहा कि वे अरबी लिपि में उर्दू को नवनिर्मित इस्लामी राज्य की भाषा के रूप में स्वीकार करें तो 'नहीं, नहीं' की आवाजें सुनाई दीं। जब वे और कुछ कहने लगे

तो इस प्रकार के नारे ज़ोर-ज़ोर से लगाये जाने लगे और बंद नहीं हुए। ये बातें समाचार पत्रों में नहीं आईं। सात दिन तक प्रयत्न किये गये किन्तु वे सब विफल हुए और मि. जिन्ना को कराची वापस जाना पड़ा। इसके पश्चात् इस आशय की एक विज्ञप्ति निकाली गयी कि पूर्वी पाकिस्तान की राज-भाषा बंगला ही रहेगी। पाकिस्तान के बंगला बोलने वाले मुसलमानों ने कहा कि वे अरबी लिपि में उर्दू को इसी शर्त पर स्वीकार कर सकते हैं कि मि. जिन्ना केन्द्रीय पाकिस्तान में बंगला को भी एक राज-भाषा बनायें। उन्होंने कहा कि पूर्वी पाकिस्तान में उर्दू स्वीकार करने के पूर्व वे कराची जायेंगे और देखेंगे कि प्रत्येक स्थान पर उर्दू के साथ बंगला भी लिखी हुई है या नहीं। पूर्वी पाकिस्तान के मुसलमानों से यह प्रत्युत्तर पाने पर अधिकारियों के होश-हवास ठीक हो गये। इसके पश्चात् अधिकारियों ने कहा कि बंगला रोमन लिपि में लिखी जायेगी। ऐसा नहीं किया गया। हाल में उन्होंने कुछ चुनी हुई जगहों में बंगला को अरबी लिपि में लिखने का प्रयोग किया है। किन्तु इस प्रकार के प्रयत्न अवश्य ही निष्फल होंगे।

मेरा यह निवेदन है कि भाषा का प्रश्न इतना महत्त्वपूर्ण है कि यदि आप केवल मतों अथवा आदेशों से उसके संबंध में निर्णय कर देंगे तो उससे उन लोगों के दिलों को गहरी चोट पहुँचेगी जिन्होंने उसे स्वेच्छा से स्वीकार नहीं किया होगा। वे दुखित हो उठेंगे और उसका परिणाम यह होगा कि सब कुछ विच्छिन्न हो जायेगा। श्रीमान्, मैं निराशावादी नहीं हूँ किन्तु मेरी यह धारणा है कि यदि समझौता नहीं किया गया तो भाषा के संबंध में चाहे कोई भी निर्णय क्यों न किया जाये, उससे हम लोगों में अवश्य ही उत्तेजना फैलेगी। मैंने अपने माननीय मित्र श्री गोपालास्वामी आयंगर के तर्कसंगत किन्तु भावनाशून्य भाषण को सुना। उसमें एक वेदना छिपी थी किन्तु उससे यह दृढ़ निश्चय भी प्रकट होता था कि वे इतना ही आगे बढ़ने को तैयार हैं और इससे आगे नहीं बढ़ सकते। जब वे बोल रहे थे तो बीच में मैंने उनसे पूछा था, ''श्रीमान्, क्या आपका विचार यह है कि हमें पूरे मसौदे को स्वीकार करना होगा अथवा क्या हम उसके कुछ अंशों को भी स्वीकार कर सकते हैं?'' उन्होंने कहा, ''जी नहीं, उसे आदि से अन्त तक एक ही समझना चाहिए।'' उनका विचार यह है और मेरी समझ में यह ठीक ही विचार है कि भाषा संबंधी उपबंधों का यह अध्याय या तो पूरा स्वीकार किया जाये या पूरा अस्वीकार कर दिया जाये। इसका अर्थ यह नहीं है कि यत्र-तत्र थोड़े बहुत परिवर्तन नहीं किये जा सकते। किन्तु यदि केवल पहले भाग को अर्थात् देवनागरी लिपि सहित हिन्दी को स्वीकार किया जाता है और शेष अंश को अस्वीकार कर दिया जाता है तो हमें यह कदापि मान्य नहीं होगा। हिन्दी को इसी शर्त पर स्वीकार किया जा सकता है कि अन्य उपबन्धों को भी स्वीकार किया जाये। (वाह, वाह)

मैं स्थिति को बिल्कुल स्पष्ट कर देना चाहता हूँ। श्रीमान्, मेरा यह दृढ़ विश्वास है कि यदि हम एक प्रान्तीय भाषा को थोपने अथवा उसे राष्ट्रभाषा के पद पर प्रतिष्ठित करने से जो प्रान्तीय विद्वेष तथा कटुता स्वभावतः फैलेगी उसे नहीं उत्पन्न होने देना चाहते तो हमें संस्कृत को स्वीकार करना चाहिए, जो सभी भाषाओं की जननी है और जो, मेरे विचार से, पर्याप्त प्रयत्न करने से पन्द्रह वर्ष में सीखी जा सकती है और जिसे सिखाने के लिए देश में इस समय भी आवश्यक सुविधाएँ तथा प्रबन्ध विद्यमान हैं। सम्भवतः उसे इस समय प्रयोग में लाना असम्भव प्रतीत हो। 15 वर्ष में, इस पीढ़ी में सम्भवतः उसे प्रयोग में न लाया जा सके यद्यपि जो लोग उसे जानते हैं उसे अधिक प्रयोग करने लगें। किन्तु आने वाली पीढ़ी उसे सीख सकती है और उसे सभी प्रयोजनों के लिए प्रयोग में ला सकती है।

इसी बीच मैं यह नहीं चाहता कि देश का प्रशासन अयोग्यता से होने लगे। इसलिए मैं यह चाहता हूँ कि पन्द्रह वर्ष तक अंग्रेजी को ही देश की राज-भाषा रहने दिया जाये। मैं यह जानता हूँ कि जब मैं अन्यत्र अपने एक भाषण में इन्हीं विचारों को व्यक्त कर रहा था तो मेरी बड़ी आलोचना हुई थी। हिन्दी-भाषी क्षेत्र के मेरे एक मित्र ने कहा, ''देखिए, मैत्र, आप अगले पन्द्रह वर्ष तक अंग्रेजी रहने देने के पक्ष में बड़े उत्साह से तर्क उपस्थित कर रहे हैं। आपका विचार क्या है? क्या आप उस दिन की प्रतीक्षा कर रहे हैं जब अंग्रेज वापस आ जायेंगे?'' मैंने उनसे कहा कि हम अंग्रेजों से अंग्रेजों के प्रभुत्व से, क्रुद्ध थे। अंग्रेजी भाषा तथा संस्कृति से हमारा कोई द्वेष नहीं था। जब पिछली शताब्दी में अंग्रेज इस देश में पहले पहल आये तो अंग्रेजी भाषा को कोई नहीं समझ पाता था। लोग उसका एक शब्द भी नहीं जानते थे। यह कहा जाता है कि उन दिनों एक व्यापारिक संस्था में काम करने वाला बंगाली बाबू अपने अफसर के पास गया और उसने उससे कहा, ''श्रीमान्, आज रथ यात्रा है, छुट्टी छुट्टी।'' अफसर ने पूछा, ''रथ क्या होता है?'' अपनी टूटी फूटी अंग्रेजी में वह बाबू नहीं समझ सका कि रथ कैसा होता है और उसने कहा, ''चर्च, चर्च, वुडन चर्च सर। जगन्नाथ सिटिंग, रोप एंड पुल सर।'' बेचारा यूरोपियन हक्का-बक्का सा रह गया। आरम्भ के लोगों को इसी प्रकार की अंग्रेजी का ज्ञान था किन्तु बाद को राम मोहन राय, केशव चन्द्र सेन, बंकिम चन्द्र, रमेश दत्त तथा अन्य लोगों ने अंग्रेजी भाषा पर पूर्ण अधिकार प्राप्त किया। कुछ ही वर्षों पश्चात् कुमारी तोरू दत्त, माइकेल मधुसूदन दत्त और अन्य लोगों ने अंग्रेजी भाषा में बहुत ही सुन्दर पद्य तथा गद्य की रचना की। ये रचनाएँ अंग्रेजी साहित्य में उत्कृष्ट गीति-काव्य समझी जाती हैं। इसी प्रकार आरम्भ में कुछ कठिनाई हो सकती है किन्तु यदि आप परिश्रम करेंगे तो आप थोड़े ही समय में संस्कृत सीख सकते हैं। इस बीच वैज्ञानिक तथा उच्च कोटि की शिक्षा के लिए तथा न्यायपालिका के कार्य के लिए, भारत में अंग्रेजी ही प्रयोग में आयेगी।

श्रीमान्, मुझे अंग्रेजी भाषा तथा साहित्य से प्रेम है। अंग्रेजों के शासनकाल में जहाँ हमें मानहानि, कष्ट तथा दुःख सहन करना पड़ा वहाँ हमने यह अनमोल रत्न भी प्राप्त किया। मेरे माननीय मित्र श्री गोपालस्वामी आयंगर ने कहा है कि इसी शस्त्र द्वारा हमने स्वराज्य भी प्राप्त किया। जब उन्होंने यह कहा तो मैंने देखा कि लोग हँस रहे थे। किन्तु क्या यह प्रस्ताव गम्भीरतापूर्वक रखा गया है कि इस देश से अंग्रेजी भाषा को पूर्णतया निकाल दिया जायेगा और हमारे भावी जीवन में उसका कोई हिस्सा नहीं रहेगा? यदि आज श्री कृष्णमाचारी अथवा मौलाना अबुल कलाम आज़ाद, अथवा पंडित बालकृष्ण शर्मा और मुझे अंग्रेजी भाषा में नहीं बल्कि अपनी-अपनी भाषाओं में आपस में वार्तालाप करना पड़े तो एक अजीब कोलाहल होने लगेगा। अंग्रेजी भाषा के कारण ही हम इस कोलाहल से बच सके हैं और एक दूसरे के निकट आ सके हैं। यदि इस देश से अंग्रेजी भाषा को निकालने का प्रयास किया गया तो भारत में फिर बर्बरता फैल जायेगी। हमें एक अन्तरराष्ट्रीय भाषा भी अपनानी चाहिए। अंग्रेजी एक ऐसी भाषा है जिसे साठ करोड़ लोग बोलते हैं। अंग्रेजी अब केवल अंग्रेजों की ही सम्पत्ति नहीं रह गयी है। वह उनकी सम्पत्ति भी है और मेरी सम्पत्ति भी। एक वायसराय ने ''बाबूज इंग्लिश'' नाम की एक पुस्तक लिखी है, जिसमें एक बहुत ही सुन्दर अध्याय है। अंग्रेज यह जानते हैं कि भारतीयों को अंग्रेजी भाषा का कितना वृहत ज्ञान है और वे यह भी जानते हैं कि भारतीय इस भाषा को कितना स्पष्ट और सही बोलते हैं। हमें यह ख्याति प्राप्त है। मुझे पन्द्रह वर्ष तक उच्च कोटि के अंग्रेजों से मिलने-जुलने का अनुभव है। मैं यह देखता था कि पहले की विधानसभा के यूरोपियन सदस्य अंग्रेजी भाषा पर हमारे अधिकार की प्रशंसा करते थे, वे प्रायः कहते

थे, ''हमें आश्चर्य होता है कि आप लोग गृहमंत्री अथवा रेलमंत्री के भाषण को सुनने के पश्चात् तुरन्त ही किस प्रकार आलोचना करने लगते हैं। हम यह नहीं कर सकते। हमें इस आलोचना के लिए तैयारी करने के लिए बहुत समय चाहिए।'' इस प्रकार उनके ही क्षेत्र में हमने उन्हें पछाड़ा था। अंग्रेजी भाषा ने हमारे लिए विश्व के एक वृहत् ज्ञान भंडार के द्वार खोल दिये हैं, जो कई युगों के पश्चात् भरपूर हुआ है। यह हमारे लिए हितकर न होगा कि हम उसके द्वार अब बंद कर दें। यदि अंग्रेजी रहेगी तो आप हिन्दी को और किसी भी प्रान्तीय भाषा को विकसित कर सकेंगे। भारत की प्रत्येक प्रादेशिक भाषा को अपने ढंग से स्वतंत्रता से विकसित होने दीजिए और अन्य भाषाओं से कई वस्तुओं को लेकर अपने-अपने भंडार को सुसम्पन्न बनाने दीजिए। यदि आप यह करना चाहते हैं तो आपको संस्कृत को राष्ट्रभाषा के रूप में स्वीकार करना चाहिए।

इजराइल में क्या हो रहा है? अब चूँकि यहूदियों ने स्वतंत्रता प्राप्त कर ली है इसलिए उन्होंने इबरानी को ही अपने देश की राज-भाषा बनाया है। वे अपनी भाषा, अपनी संस्कृति, अपनी सभ्यता तथा अपनी परम्परा का आदर करना चाहते थे। अध्यक्ष महोदय, मैं इस उद्देश्य से यह संशोधन उपस्थित कर रहा हूँ कि संस्कृत के अध्ययन से हमारे प्राचीन वैभव का पुनरावर्त्तन हो। हमें अपना संदेश पश्चिम को भी सुनाना चाहिए। पश्चिम भौतिकवाद की सभ्यता को अपनाये हुये हैं। हमें पश्चिम को गीता का, वेदों का, उपनिषदों तथा तंत्रों का और चरक तथा सुश्रुत आदि का संदेश सुनाना चाहिए। इन्हीं बातों के कारण संसार हमारा आदर करने लगेगा, न कि राजनैतिक वाद-विवादों अथवा वैज्ञानिक खोजों के कारण जो उनकी खोजों की तुलना में कुछ भी नहीं है। रताध्वस्त पश्चिमी देशों में नैतिकता तथा धार्मिक अथवा आध्यात्मिक जीवन भी विनिष्ट हो गया है। और वे पथ प्रदर्शन के लिए आपकी ओर देख रहे हैं।

स्थिति यह है और इस स्थिति में संसार आपसे संदेश चाहता है। आप अपने दूतावासों द्वारा विदेशों को क्या संदेश देने जा रहे हैं। वे नहीं जानते हैं कि आपके राष्ट्रीय कवि कौन हैं, आपकी भाषा क्या है और आपके पूर्वजों ने किन विषयों में अद्वितीय उन्नति की थी।

मुझे यह देखकर आश्चर्य हुआ कि अंकों के विषय में बहुत कम लोग यह जानते हैं कि संसार को भारत की क्या देन रही है। उसकी देन केवल अंकों के संबंध में ही नहीं है बल्कि बीजगणित, गणित-पदावली, दशमलव प्रणाली, त्रिकोणमिति आदि के संबंध में भी है। ये संसार को भारत की देन हैं। मद्रास के हमारे ख्यातनामा मित्र ने भारतीय दर्शन के अमोल रत्नों को लोक हितार्थ संसार के सामने रखा—मेरा मतलब विश्वविद्यालय आयोग के सभापति तथा मास्को में हमारे वर्तमान राजदूत से है जिन्हें हमारे उद्योग तथा रसद के मंत्री, डॉ. श्यामा प्रसाद मुखर्जी के पिताजी दक्षिण से लाये थे और जिन्हें उन्होंने कलकत्ता विश्वविद्यालय में सभी प्रकार की सुविधाएँ प्रदान की थीं। यदि आप उस भाषा से परिचित नहीं हैं, जो आपको अपने पूर्वजों से मिली है और जिसमें आपकी संस्कृति मूर्तिमान है, तो मैं कह नहीं सकता कि आप संसार को क्या भेंट करेंगे।

मैं कह नहीं सकता कि मेरी अपील का मेरे उत्तर भारत के अथवा दक्षिण भारत के मित्रों के हृदयों पर कुछ प्रभाव पड़ेगा या नहीं। आपको अपने पूर्वजों की भाषा संस्कृत का हृदय से सम्मान करना चाहिए। जब आज आपको आने वाली पीढ़ियों के भाग्य का निर्माण करने का अवसर मिला है तो क्या आपको अपने पूर्वजों की इच्छा के अनुसार कार्य नहीं करना चाहिए? हम कलह को छोड़कर उत्साह से संस्कृत को स्वतंत्र भारत की राष्ट्रभाषा तथा राज-भाषा के रूप में स्वीकार करें। मेरा यह सच्चा विश्वास है कि यदि हम संस्कृत को स्वीकार कर लेंगे तो ये सब कठिनाइयाँ

समाप्त हो जायेंगी तथा सभी विद्वेष तथा कटुता मिट जायेगी और लोगों के हृदयों में भी परिवर्तन हो जायेगा। निस्सन्देह, सम्भव है कि कुछ कठिनाई अनुभव हो किन्तु किसी के प्रभुत्व की, अथवा किसी के दलित होने की भावना बिल्कुल भी नहीं रह जायेगी। इसी विश्वास से मैं आपसे उस महान संस्कृति तथा सभ्यता के नाम पर, जिसका हम सभी को गर्व है तथा उन महान् ऋषियों के नाम पर, जिन्होंने इस भाषा को हमें दिया है, अपील करता हूँ कि आप इस संशोधन का समर्थन करें। कम से कम एक बार तो संसार को बताइए कि हम भी अपनी आध्यात्मिक संस्कृति की सुसम्पन्न परम्परा का सम्मान करना जानते हैं।

अध्यक्ष—मैं ऐसे व्यक्तियों को बुला रहा हूँ जिन्होंने आधारभूत महत्त्व के संशोधनों की सूचना दी है। जब वे समाप्त कर चुकेंगे तब, हम अन्य प्रश्नों को उठा सकते हैं। मि. एन्थनी ने इस आशय के एक संशोधन की सूचना दी है कि किसी अन्य लिपि को न रखकर रोमन लिपि को रखा जाये। मेरे विचार से यह बहुत कुछ आधारभूत महत्त्व का संशोधन है।

फ्रेंक एन्थनी (मध्य प्रान्त और बरार : जनरल) : अध्यक्ष महोदय, मैंने दो संशोधनों की सूचना दी है। ये संशोधन आठवीं सूची में दिये हुए हैं और इनकी संख्या 338 और 347 है। पहला संशोधन इस प्रकार है :

''चौथी सूची के संशोधन संख्या 65 में प्रस्तावित नवीन अनुच्छेद 301-क के खण्ड (1) में 'Devanagari Script (देवनागरी लिपि)' शब्दों के स्थान पर 'The Roman Script (रोमन लिपि)' शब्द रखे जायें।''

मेरा दूसरा संशोधन इस प्रकार है :

''चौथी सूची के संशोधन संख्या 65 में प्रस्तावित नवीन अनुच्छेद 301-ग के वर्तमान परन्तुक के पश्चात् निम्नलिखित परन्तुक रखा जाये :

"Provided that no change shall be made in the medium of instruction of any State University or in the languages officially recognised in the law courts of a province or State without the previous sanction of Parliament."

(परन्तु बिना संसद की पहले स्वीकृति लिए हुए, किसी राज्य के किसी विश्वविद्यालय के शिक्षा के माध्यम, अथवा किसी प्रान्त अथवा राज्य के न्यायालयों में स्वीकृत भाषाओं में कोई परिवर्तन नहीं किया जायेगा।)

श्रीमान्, मैंने वस्तुस्थिति को ध्यान में रखकर ही इन दो संशोधनों की सूचना दी है। मैंने जो निष्कर्ष निकाला है वह मेरा अपना निष्कर्ष है, किन्तु मेरा यह विश्वास है कि वह वास्तविकता पर आधृत है और यह विश्वास भी है कि वह इस देश के अधिक से अधिक लोगों के अधिक से अधिक कल्याण के सिद्धान्त पर आधृत है।

श्रीमान्, इस विषय पर बोलते हुए, जो दुर्भाग्य से बहुत विवादग्रस्त विषय हो गया है, मैं आरम्भ में ही यह बता देना चाहता हूँ कि मेरा अपना कोई स्वार्थ नहीं है। सौभाग्य से मैं जबलपुर का निवासी हूँ जो एक हिन्दी-भाषी क्षेत्र है। मेरा यह भी सौभाग्य रहा है कि छोटी आयु से ही मैं देवनागरी लिपि में हिन्दी सीखता रहा हूँ। मध्य प्रान्त में सामान्यत: अपराध के मामलों में गवाहों से हिन्दी में ही प्रति प्रश्न पूछे जाते हैं। हत्या के बीसों मामलों में अफसरों के सामने हिन्दी में ही तर्क उपस्थित करने होते हैं, क्योंकि वे अंग्रेजी नहीं जानते।

मैं आरम्भ में ही यह भी कहना चाहता हूँ कि मैं इस सिद्धान्त को पूर्णतया स्वीकार करता हूँ

कि यदि भारत में वास्तविक अर्थ में एकता स्थापित करनी है और राष्ट्रीय भावना जाग्रत करनी है तो हमारी एक राष्ट्रभाषा होनी चाहिए। इस तर्क को सभी को स्वीकार करना चाहिए। मेरी मातृभाषा अंग्रेजी है। चूँकि मैं भारतीय हूँ और अंग्रेजी मेरी मातृभाषा है इसलिए मेरी यह धारणा है कि अंग्रेजी एक भारतीय भाषा है। मुझसे पूर्व बोलने वाले माननीय सदस्य महोदय ने अभी कहा कि अंग्रेजी पर अंग्रेजों का ही एकाधिपत्य नहीं है। वह संसार के विभिन्न भागों के लोगों की या तो मातृभाषा हो गयी है या उन्होंने इसे अपना लिया है। यद्यपि अंग्रेजी मेरी मातृभाषा है, और यद्यपि मेरा यह दावा है कि अंग्रेजी एक भारतीय भाषा है, किन्तु मैं जानता हूँ कि कई कारणों से अंग्रेजी इस देश की राष्ट्रभाषा नहीं हो सकती है।

साथ ही मैं यह कहे बिना नहीं रह सकता, यद्यपि मुझे इसका खेद है, कि अंग्रेजों के प्रति विद्वेष और प्रतिहिंसा का जो रुख अपनाया जा रहा है वह मेरी समझ में नहीं आता। जैसा कि मेरे माननीय मित्र श्री मैत्र ने कहा है, राजनीति के संबंध में यह समझ में आता है और यह ठीक भी प्रतीत होता है कि अंग्रेजों के प्रति कटुता रही हो तथा क्षोभ भी रहा हो। किन्तु हमें भ्रम में न पड़ना चाहिए और उल्टे सीधे ढंग से विचार न करना चाहिए। अंग्रेजों के प्रति अपने क्रोध को हम अंग्रेजी भाषा पर न उतारें। जैसा कि उन्होंने कहा था, अंग्रेजी भी कुछ ही ऐसी सुन्दर चीज़ों में से एक है जिसे अंग्रेजों ने अकस्मात बिना अधिक सोचे-विचारे इस देश को प्रदान किया। अंग्रेजी के ज्ञान से भारतीयों के लिए साहित्य, विचार तथा संस्कृति के एक बहुत बड़े भंडार के द्वार खुल गये। मेरी समझ में नहीं आता कि अंग्रेजी के प्रति इतनी कटुता का रुख क्यों अपनाया जा रहा है और उसे मिटा देने का प्रयास क्यों किया जा रहा है। यह जानबूझ कर लोगों को हानि पहुँचाना ही है। आख़िर दो सौ वर्ष के काल में हमारे देशवासियों ने अंग्रेजी का जो ज्ञान प्राप्त किया है वह अन्तरराष्ट्रीय क्षेत्र में अत्यन्त लाभप्रद सिद्ध हुआ है। मैं यह बिना किसी संकोच के कहता हूँ कि अन्तरराष्ट्रीय जगत में भारत नेतृत्व का इसी कारण दावा कर सका है और इसी कारण उसे स्वीकार भी कर सका है कि विदेश में हमारे प्रतिनिधियों को आत्मविश्वास है और वे अन्तरराष्ट्रीय मंचों में अंग्रेजी में आत्मविश्वास से बोल सकते हैं।

श्रीमान्, एक समय इस देश की राष्ट्रभाषा के संबंध में मुझे कुछ भी संदेह नहीं था। दुर्भाग्य से जो वाद-विवाद चल पड़ा है उसके आरम्भ होने के पूर्व मैं बिना किसी सन्देह के यह माने हुए था कि हिन्दी ही इस देश की राष्ट्रभाषा होगी। उस समय किसी लिपि के प्रति मेरा कोई विशेष रुझान नहीं था। सौभाग्य से मैं देवनागरी लिपि जानता हूँ। वह संसार की बहुत सरल लिपियों में से एक है। इस दुःखद वाद-विवाद के चलने के पूर्व मैं बिना किसी संकोच के देवनागरी लिपि सहित हिन्दी को राष्ट्रभाषा के रूप में स्वीकार कर लेता। किन्तु आज मेरा विचार बदल गया है। मैं किसी को दुःख पहुँचाना नहीं चाहता। किन्तु मैं यह कहूँगा, कि हमारे उन मित्रों ने, जिन्होंने बड़े उत्साह से और बहुत कुछ कट्टरपंथी से हिन्दी का समर्थन किया है, हिन्दी को अन्य लोगों की अपेक्षा बहुत हानि पहुँचाई है। वे भले ही यह न कहें किन्तु अन्य अहिन्दी प्रदेशों के लोगों ने उनके कार्यों में, भाषणों में तथा उनके रुख में कट्टरपंथी की असहिष्णुता ही देखी। उन्होंने अपनी कट्टरपंथी तथा असहिष्णुता से बड़ा क्षोभ उत्पन्न कर दिया है। जिसके परिणामस्वरूप जो भाषा स्वभावतः इस देश की राष्ट्रभाषा स्वीकार जी जाती, उसका विरोध होने लगा है। श्रीमान्, मेरी यह धारणा है कि, चूँकि उस महत्त्वपूर्ण विषय के संबंध में दुर्भाग्य से बड़ी सरगर्मी और असहिष्णुता उत्पन्न हो गयी है इसलिए यह आवश्यक है कि हिन्दी के स्वरूप तथा विस्तार की परिभाषा की जाये। मैं एक हिन्दी

भाषी प्रान्त का निवासी हूँ। इस विवाद के आरम्भ होने के पूर्व हम जानते थे कि हिन्दी का एक स्वरूप है और वह स्वरूप किसी साहित्यिक की हिन्दी का स्वरूप नहीं है बल्कि एक साधारण आदमी की हिन्दी का स्वरूप है। आज हम क्या देखते हैं? कट्टरपंथी तथा धर्मांधता की भावना से ही शोधन की प्रक्रिया आरम्भ की गयी है। जब तक इस भाषा की परिभाषा नहीं की जाती, मेरी यह धारणा है कि इस धर्मांधता के आन्दोलन में साधारण हिन्दुओं तथा जन साधारण पर एक दुर्बोध तथा नवीन संस्कृतनिष्ठ हिन्दी थोप दी जायेगी। ऐसी भाषाओं के विरुद्ध, जो संस्कृत अथवा हिन्दी से नहीं निकली हैं, एक प्रकार की प्रतिहिंसा बरती जा रही है। साधारण भाषा को घृणा की दृष्टि से देखा जाने लगा है। आज कल 'सबेरा' शब्द सम्भवतः इसलिए काम में नहीं लाया जाता कि वह उर्दू का शब्द है और हमारे मित्र 'प्रातःकाल' बोलते हैं। जब मैं अपने नौकर से प्रातःकाल कहता हूँ तो वह नहीं समझता कि मैं क्या कह रहा हूँ। एक विद्यार्थी ने मुझसे कहा कि उसे बराबर यह पंक्ति रटाई जाती है : ''हिन्दी के विरुद्ध भाषण देने से साम्प्रदायिक भावना उत्पन्न होती है।''

हम अपने लोगों पर इस प्रकार की हिन्दी को थोपने का प्रयास कर रहे हैं। यदि आप अपने हिन्दी में लिखे हुए संविधान को ही देखेंगे तो आप बता सकेंगे कि कितने हिन्दी-भाषी हिन्दू ही उसे समझ सकते हैं। मैंने तथाकथित हिन्दी अनुवाद को पढ़ने का प्रयास किया किन्तु चार वाक्यों में मैं एक शब्द को भी नहीं समझ सका। मैंने अपने कई कोषों को निकाल कर भी देखा किन्तु ये अपरिचित शब्द कोषों में भी नहीं मिलते। आप मुझसे कैसे आशा करते हैं कि मैं एक ही दिन में हिन्दी के इस नवीन स्वरूप से परिचित हो जाऊँगा? इसलिए मेरे विचार से यह आवश्यक है कि हम इस भाषा की परिभाषा करें।

यदि हम इस अवसर पर राष्ट्रभाषा के संबंध में जल्दबाजी तथा असहिष्णुता से निर्णय करेंगे तो उससे हिन्दी-भाषी हिन्दू ही अकारण बहुत बड़ी कठिनाई में पड़ जायेंगे। जब मैं जबलपुर अपने घर जाता हूँ तो हिन्दी-भाषी हिन्दू लड़के ही आकर मुझसे शिकायत करते हैं :

''नागपुर विश्वविद्यालय की जल्दबाजी की नीति से हमारा जीवन ही खराब हो रहा है। हम दसवीं कक्षा तक पहले निकलते थे। इसमें कोई संदेह नहीं कि अपने घरों में हम हिन्दी ही बोलते हैं किन्तु हम अभी इस कोटि की हिन्दी नहीं सीख पाये हैं कि पहली श्रेणी में उपाधि प्राप्त कर सकें। नागपुर विश्वविद्यालय में एकाएक हिन्दी में काम होने लगा है।''

यदि हिन्दी-भाषी हिन्दुओं को ही इतनी कठिनाई हो रही है तो इसकी कल्पना की जा सकती है कि मध्य प्रान्त में भाषा पर आधृत अल्पसंख्यकों की क्या दशा होगी। आप उन्हें एकाएक निरक्षर बना दे रहे हैं। इस पर भी आप ऐहिक लोकतंत्र की दुहाई देते हैं। एक ओर आप अवसर-समता की चर्चा करते हैं और दूसरी ओर आप एकाएक ऐसी नीतियों को प्रयोग में लाते हैं जिनसे अवसर-समता के सिद्धान्त का ही हनन होता है।

श्रीमान्, मुझे खेद है कि मुझे इस विषय पर इतने जोश के साथ बोलना पड़ रहा है। इसका कारण यही है कि इस संबंध में मेरी प्रबल धारणा है। जैसाकि मैं कह चुका हूँ, इस संबंध में मेरा अपना कोई स्वार्थ नहीं है। मुझे अपने मित्रों के उद्देश्यों पर कोई आपत्ति नहीं है, और मैं समझता हूँ कि उनके उद्देश्य सच्चे उद्देश्य हैं, किन्तु मैं उन्हें बताना चाहता हूँ कि जिन लोगों को उनसे मतभेद हैं वे उनकी सच्चाई का अर्थ कुछ दूसरा ही लगाते हैं। उनकी यह धारणा है कि उनकी इस कट्टरपंथी और असहिष्णुता के पीछे उनका कुत्सित साम्प्रदायिक उद्देश्य छिपा हुआ है और चाहे उनका यह लक्ष्य हो या न हो किन्तु इससे ऐहिक राज्य का आदर्श मिट्टी में मिल जायेगा। यह मेरी समझ में

नहीं आता। आपको डर किस चीज़ का है? आप में से कुछ लोग पिछले दो सौ वर्षों के दासत्व को नहीं भूल पाये हैं। जैसाकि मेरे मित्र पंडित मैत्र ने कहा है, भाषा एक सजीव तथा सक्रिय वस्तु है। आप उसे एक ही साँचे में नहीं ढाल सकते। आप कृत्रिम रूप से भाषा के विकसित तथा अनुप्राणित होने की प्रक्रिया नहीं निश्चित कर सकते हैं। हम क्या करने का प्रयास कर रहे हैं? आपको यह डर लगा हुआ है कि हिन्दू अब इतने अशक्त हो गये हैं कि वे अब अपनी ही संस्कृति तथा अपनी ही भाषा का खण्डन कर देंगे। ताकि हिन्दू अपनी भाषा को विकसित करने में अपनी संस्कृति का खण्डन न करें, आप एक ठोस सूत्र रख देना चाहते हैं। यह मेरी समझ में नहीं आता। आपको डर किसका है। हिन्दी अवश्य ही स्वाभाविक रूप से विकसित होकर राष्ट्रभाषा के स्वरूप को प्राप्त होगी और उसके इस विकास में बाधा कौन डाल सकता है? श्रीमान्, मैं यह कहे बिना नहीं रह सकता कि यह रुख उन कुछ अंग्रेजों के रुख के समान ही है जो एक सुबह एकाएक जागकर रोमन आक्रमण का और उससे उत्पन्न हुई कटुता का स्मरण करने लगें और अंग्रेजी से लैटिन के सभी शब्दों को निकाल बाहर करने के लिए एक आन्दोलन चलायें। अंग्रेजी से लैटिन के सभी शब्दों को निकालने के आन्दोलन में और हिन्दी से उर्दू और फारसी के सभी घुले-मिले शब्दों को निकालने के आन्दोलन में कोई अन्तर नहीं है।

मैं अपने मुसलमान मित्रों के पक्ष का समर्थन नहीं कर रहा हूँ। मैंने उनके पक्ष का तथा मुस्लिम लीग की राजनीति का कभी भी समर्थन नहीं किया, किन्तु मैं यह अवश्य कहूँगा कि किसी भी भाषा का विकास प्राकृतिक धाराओं से होता है और मेरे मित्र इन प्राकृतिक धाराओं को न तो रोक सकते हैं और न उन्हें शिथिल ही कर सकते हैं। चाहे आप इसे पसन्द करें या नापसन्द, हिन्दी में बाहर से शब्द लिए जायेंगे और सम्भवत: आपके इस रुख के कारण सभी भाषाओं से लिए जायेंगे। मुझे इसका खेद है कि किसी कारण से, यद्यपि यह तर्कयुक्त कारण नहीं है, कम से कम मेरे विचार से तर्कयुक्त कारण नहीं है। आपने अंग्रेजी को उन भाषाओं की सूची में नहीं रखा है, जिनसे हिन्दी के लिए शब्द लिए जा सकते हैं। यह किस तर्कयुक्त कारण के आधार पर किया गया है सिवाय इसके कि इस अवसर पर भी आपके हृदय में अंग्रेजों के प्रति जो घृणा है वह जाग उठी है? आख़िर यदि आज कल आप किसी अच्छे पढ़े-लिखे हिन्दू से वार्तालाप करेंगे तो वह कई अंग्रेजी शब्दों को प्रयोग करेगा क्योंकि वे हिन्दी भाषा में घुल मिल गये हैं। किन्तु फिर भी किसी तर्कयुक्त कारण से नहीं, बल्कि मैं कहूँगा कट्टरपंथी से और तर्कशून्यता से, अंग्रेजी को उन चौदह भाषाओं की सूची से मनमाने तौर पर, निकाल दिया गया है, जिनसे हिन्दी के लिए शब्द रखे जा सकते हैं।

मैंने रोमन लिपि सहित हिन्दी-विषयक इस संशोधन को इस कारण प्रस्तुत किया है कि वस्तुस्थिति को देखते हुए और देश के हितों को ध्यान में रखते हुए मेरी यह धारणा है कि हमें इसे स्वीकार कर लेना चाहिए। मुझे यह विदित है कि देश के इस समय के वातावरण के कारण तथा सभा के वर्तमान रुख के कारण भावनावश अथवा प्रतिक्रियावश हम इसे स्वीकार नहीं करेंगे। यह न समझा जाये कि मैं किसी को दु:ख पहुँचाना चाहता हूँ, किन्तु मैं यह अवश्य पूछना चाहता हूँ कि आख़िर लिपि किस प्रकार पवित्र होती है। यदि देवनागरी लिपि हिन्दी-भाषी हिन्दुओं के लिए पवित्र है तो इस संबंध में भारत में एकरूपता कैसे आ सकती है और अन्य लोगों से यह कैसे कहा जा सकता है कि वे अपनी मातृभाषाओं अर्थात् प्रान्तीय भाषाओं की लिपियों को छोड़ कर देवनागरी लिपि को अपनायें?

मेरी यह धारणा है कि यदि हममें साहस तथा कल्पना का अभाव नहीं है तो हम रोमन लिपि

सहित हिन्दी को राष्ट्रभाषा के रूप में स्वीकार करें। कई कारणों से इस पर विचार किया जाना चाहिए। और इसके पक्ष में निर्णय करना चाहिए। बीस लाख जवानों को युद्ध काल में तीन-चार वर्ष में ही रोमन लिपि द्वारा हिन्दी में साक्षर बनाया गया था। यदि हम रोमन लिपि को स्वीकार कर लेंगे तो हम भारतीय एकता तथा राष्ट्रीय एकता के पथ पर बहुत आगे बढ़ जायेंगे। मुझे विश्वास है कि यदि हम हिन्दी के लिए रोमन लिपि को स्वीकार कर लेंगे तो प्रान्तीय भाषाओं के लिए भी उसे स्वीकार करने में कोई कठिनाई नहीं होगी। इससे आप तुरन्त ही प्रान्तों के आपस के सामाजिक, सांस्कृतिक और भाषा-संबंधी व्यवहार को बहुत आगे बढ़ा देंगे।

किन्तु जैसाकि मैं कह चुका हूँ इसके लिए साहस और कल्पना की आवश्यकता है। इसके लिए आवश्यकता है भावना और प्रतिक्रियावादी शक्तियों के वश में न आने की और उनका विरोध करने की। मैं कह नहीं सकता कि यह किया जायेगा या नहीं। मेरा यह विचार है कि हम प्रादेशिकता के हित में बहुत रियायत कर रहे हैं, यद्यपि मेरे मित्र शंकर राव देव मेरे इस विचार से सहमत नहीं होंगे और एक सीमा तक मैं स्वयं उनसे सहमत हूँ। मैं यह जानता हूँ कि विभिन्न प्रान्तों के लोगों की अपनी मातृ-भाषाओं के संबंध में कैसी प्रबल धारणाएँ हैं। यह स्वाभाविक ही है। यह स्वाभाविक ही है कि तामिल, तेलुगू, बंगला और गुजराती सुसम्पन्न होंगी और पूर्ण रूप से विकसित होंगी किन्तु मेरा यह विचार करना भी स्वाभाविक है कि हम भारतीय राष्ट्रीयता की भावना को एक सीमा तक ही व्यक्त करते हैं तथा इसके नाते को भी एक सीमा तक ही लगाते हैं—केवल उसी सीमा तक जो हमें हितकर प्रतीत होती है। किन्तु जब हमें वह हितकर नहीं प्रतीत होने लगती तो हम एक ऐसी नीति के पक्ष में तर्क उपस्थित करने लगते हैं, जिसका विकास होने पर देश अवश्य ही खण्ड-खण्ड हो जायेगा।

केवल वही व्यक्ति, जो जानबूझ कर बेईमानी करना चाहता हो, यह तर्क उपस्थित करेगा कि जिस लड़के ने अपनी प्राथमिक तथा माध्यमिक और विश्वविद्यालय की शिक्षा बंगला में प्राप्त की होगी, वह हिन्दी का भी आदर कर सकेगा। यदि हम राष्ट्रभाषा में वास्तव में दिलचस्पी रखते हैं तो हमारे हितों को जो क्षति होती है, उसे हम सब सहन करें। मद्रासी, बंगला और गुजराती सभी तथा हिन्दी भी राष्ट्रीय एकता के लिए क्षति सहन करे। इसी कारण मैंने इस संशोधन को उपस्थित किया है। मैं यह कहता हूँ कि बिना संसद की पहले से मंजूरी लिए हुए विश्वविद्यालयों को शिक्षा के माध्यम में परिवर्तन न करना चाहिए। और न्यायालयों की भाषा में भी बिना संसद की मंजूरी के परिवर्तन न करना चाहिए। मैंने परामर्श देने के उद्देश्य से ही इस संशोधन को उपस्थित किया है।

अब मैं न्यायालयों के प्रश्न को उठाता हूँ। आपने केवल उच्च न्यायालयों के संबंध में व्यवस्था की है। अन्य न्यायालयों में क्या होगा? यदि कल किसी प्रान्त की अथवा राज्य की भाषा प्रयोग में लाई जायेगी, और यह निश्चित ही है कि कुछ प्रान्तों में वह तुरंत ही प्रयोग में लाई जायेगी, तो क्या होगा? सत्र न्यायालयों में, उदाहरणार्थ मध्य प्रान्त में, मद्रासी न्यायाधीश क्या करेंगे? क्या आप इन लोगों से यह कहने जा रहे हैं कि वे अपने विचारपूर्ण निर्णयों को, जिनमें विधि का निर्वचन भी किया जाता है, हिन्दी में लिखें? यह बहुत ही अजीब बात होगी। उनका निर्वचन करने तथा अंग्रेजी में अनुवाद करने की आवश्यकता होगी ताकि उच्च न्यायालय उन अनुवादित निर्णयों पर विचार कर सकें और अपना निर्णय सुना सकें। निर्वचन होते समय इन निर्णयों की शक्ति तथा गठन बहुत कुछ भंग हो जायेगा। यदि मेरा दूसरा संशोधन स्वीकार कर लिया जाता है तो उससे यह निश्चित हो जायेगा कि प्रत्येक प्रान्त में प्राकृतिक विकास के अनुसार ही परिवर्तन होंगे। इसका अवश्य ही

यह परिणाम होगा कि केन्द्र में ही नहीं बल्कि प्रान्तों में भी राष्ट्रभाषा प्रत्येक क्षेत्र में समुचित स्थान प्राप्त कर सकेगी।

देशबन्धु गुप्त (दिल्ली) : मैं जानना चाहता हूँ कि क्या यह सच नहीं है कि आज कल संयुक्त प्रान्त तथा बिहार में अधीन न्यायालय उर्दू में निर्णय सुनाते हैं और उच्च न्यायालयों के विचारार्थ उनका अंग्रेजी में अनुवाद किया जाता है?

फ्रैंक एन्थनी—मैं इस संबंध में कुछ नहीं जानता।

देशबन्धु गुप्त—अब हिन्दी को स्वीकार किया गया है किन्तु अभी तक संयुक्त प्रान्त बिहार और पंजाब में अधीन न्यायालय निर्णय उर्दू में सुनाते थे।

फ्रैंक एन्थनी—मुझे बिहार के बारे में जानकारी है क्योंकि मैंने वहाँ सत्र न्यायालयों के सामने तर्क उपस्थित किये हैं। वहाँ अंग्रेजी प्रयोग में आती है।

देशबन्धु गुप्त—मेरा मतलब यह है कि सत्र न्यायालयों के उपयोग के लिए लेखों का अनुवाद किया जाता है।

फ्रैंक एन्थनी—जैसाकि मैं कह चुका हूँ, कई वर्षों से सभी न्यायालयों में एक प्रकार का कार्य स्थानीय अथवा भाषाओं में किया जा रहा है। अभियुक्त की परीक्षा मातृभाषा में ही होती है। कुछ लेखों को हिन्दी में ही रखा जाता है। मैं उस आधारभूत कार्य की चर्चा कर रहा हूँ जिसे अधीन न्यायालय भी करते हैं, जैसे कि सत्र न्यायालयों का निर्णय लिखना। मेरी यह धारणा है कि यदि किसी प्रकार का परिवर्तन करना ही है तो उसे इस अवसर पर नहीं करना चाहिए। परिवर्तन बाद में उस समय किया जा सकता है जब हमें विश्वास हो जायेगा कि हमारे न्यायाधीशों को हिन्दी का इतना ज्ञान है कि वे उस भाषा में निर्णयों को सुन्दर विश्लेषणात्मक शैली में उसी प्रकार लिख सकते हैं जैसे वे अंग्रेजी में लिख सकते हैं।

श्रीमान्, मेरे विचार से रोमन लिपि सहित हिन्दी को राष्ट्रभाषा के रूप में स्वीकार करने के संबंध में और बिना पहले संसद की मंजूरी लिए हुए किसी प्रान्त में, किसी विश्वविद्यालय अथवा किसी न्यायालय की भाषा अथवा भाषाओं में परिवर्तन न किये जाने के संबंध में मैं अपने तर्कों को उपस्थित कर चुका हूँ। श्रीमान्, मैं अपना प्रस्ताव उपस्थित करता हूँ।

अध्यक्ष—वक्ताओं के चुनने में मुझे बहुत कठिनाई हो रही है। हमारे सामने कई संशोधन हैं—गिनने पर मुझे ज्ञात हुआ है कि संशोधनों के प्रस्तावकों की संख्या साठ या इससे कुछ अधिक है। यदि मैं उन नामों को गिनूँ जो संशोधनों के साथ दिये गये हैं तो उनकी संख्या सौ से भी अधिक होगी। इस स्थिति में वक्ताओं को चुनने में मेरे लिए बहुत कठिनाई हो रही है। अभी तक मैंने ऐसे लोगों को बोलने के लिए बुलाया है जिनके संशोधन बहुत कुछ आधारभूत महत्त्व के थे। किन्तु थोड़ी देर बाद ऐसे लोग नहीं रह जायेंगे और मेरे लिए वक्ताओं को चुनना कठिन हो जायेगा। जिस किसी सदस्य ने किसी संशोधन की सूचना दी है वह यह समझता है कि उसके संशोधन का समर्थन होना चाहिए और उसे बोलने का अवसर मिलना चाहिए। जिन लोगों ने संशोधनों की सूचना नहीं दी है वे भी यह समझते हैं कि उन्हें बोलने का अवसर मिलना चाहिए। सभा के सभी सदस्य इन दो श्रेणियों में से किसी न किसी श्रेणी के हैं। मैं चाहता हूँ कि इस विषय में सभी मेरा पथ-प्रदर्शन करें।

पं. हृदयनाथ कुंजरू (संयुक्त प्रान्त : जनरल) : इसका अर्थ केवल यह है कि इस बहस के लिए पहले जितना समय रखा गया था, उससे उसमें कुछ अधिक समय लगेगा।

अल्लादी कृष्णस्वामी अय्यर (मद्रास : जनरल) : श्रीमान्, मेरा यह सुझाव है कि प्रत्येक प्रान्त के प्रतिनिधि बोलने के लिए बुलाये जायें। हमारे यहाँ लोगों के दो वर्ग हैं, एक तो वे जो हिन्दी-भाषी प्रान्तों के हैं और एक वे जो हिन्दी-भाषी प्रान्तों के नहीं हैं। दोनों के दृष्टिकोणों में अन्तर है। किसी अवसर पर सम्भव है, हम कोई ऐसा समझौता कर लेंगे, जिससे सभी को संतोष होगा, इसलिए उचित यह होगा कि बोलने के लिए एक दो मद्रास के लोग बुलाए जाएँ और इसी प्रकार से मध्य प्रान्त से और अन्य प्रान्तों से बुलाये जायें। आख़िर सभी का दृष्टिकोण बहुत अंश में एक समान ही है।

अध्यक्ष—सौभाग्य से मतभेद का आधार प्रान्तीय नहीं है।

सारंगधर दास (उड़ीसा राज्य) : श्रीमान्, क्या मैं यह सुझाव रख सकता हूँ कि जो प्रान्त हिन्दी-भाषी नहीं हैं उनके प्रतिनिधियों को बोलने का अधिक अवसर दिया जाये। यदि केवल हिन्दी-भाषी लोगों को अपने पक्ष का विज्ञापन करने का अवसर दिया गया.....

अध्यक्ष—यदि माननीय सदस्य महोदय जिस समय से यह बहस आरम्भ हुई है तब से इस सभा में उपस्थित होते और उन्होंने वक़्ताओं के नाम गिने होते, तो उन्हें ज्ञात हो जाता कि अभी तक हिन्दी-भाषी वक़्ताओं की संख्या अन्य लोगों की अपेक्षा कम रही है।

राम सहाय (मध्य भारत) : मेरा निवेदन है कि हिन्दी के मामले में स्टेट के नुमाइन्दों को अपने ख़यालात इजहार करने का मौका दिया जाये।

अध्यक्ष—स्टेट की हिन्दी में और दूसरी जगह की हिन्दी में क्या अन्तर है?

राम सहाय—नहीं, एक ही चीज़ है, मगर इंटरस्ट्स, आवश्यकताएँ, समस्याएँ अलग-अलग हैं।

अध्यक्ष—मैंने यह समझ लिया है कि हर एक प्रान्त का ख़याल रखकर और सब चीज़ों का ख़याल रखकर मैं जितना मौका होगा सबको दूँगा। मगर यह बात गैर-मुमकिन है कि सब आदमियों को मौका मिले। मैं नहीं जानता कि कब तक इस पर बहस चलती रहेगी।

माननीय सदस्य—कल तक।

अध्यक्ष—मैं कह नहीं सकता कि सभा इस विषय पर कब तक विचार करना चाहेगी।

पहले टाइम लिमिट मुकर्रर कर दिया गया था, मगर वह बात नहीं रही। मैं हर आदमी को 15 मिनट और 20 मिनट देने की कोशिश करता हूँ और ज़्यादा और कम भी कर सकता हूँ। मगर मैं इस बात की कोशिश करता हूँ कि कोई आदमी इधर-उधर की बातें न कहे। जो बात बोले मौजूं बोले। जब मैं देखता हूँ कि कोई आदमी असंगत बोलता है तो मैं उसको रोकने की कोशिश करता हूँ और रोक देता हूँ। इसलिए मुझे समय को देखते हुए रोकने में दिक्कत पड़ती है, इस बात का ख़याल हर एक मेम्बर को ध्यान में रखना चाहिए।

पं. लक्ष्मीकांत मैत्र—क्या आप कृपा करके कल तक बहस को जारी न रखेंगे क्योंकि यह एक बहुत ही महत्त्वपूर्ण विषय है?

अध्यक्ष—यह सभा पर निर्भर है। हम इस प्रश्न पर आज अन्त में विचार करेंगे।

देशबन्धु गुप्त—जब तक किसी एक सूत्र के संबंध में सभी सहमत न हो जायें तब तक बहस चलती रहे।

महावीर त्यागी (संयुक्त प्रान्त : जनरल) : वक़्ताओं के चुनने की जिस प्रणाली के संबंध में आपने निर्णय किया है, उसको ध्यान में रखते हुए क्या मैं पूछ सकता हूँ कि क्या सभा के सदस्य आपका ध्यान आकृष्ट करने के लिए खड़े होते रहें अथवा आप स्वयं उनका नाम पुकारेंगे।

अध्यक्ष—वे मेरा ध्यान आकृष्ट करने के लिए खड़े होते रहें और इस बीच मैं चुन भी लूँगा।

एक माननीय सदस्य—मेरा यह सुझाव है कि पाँच या दस मिनट की काल सीमा भी निश्चित कर दी जाये।

अध्यक्ष—मेरे विचार से हमें अपने भाषणों को सीमित करना होगा।

पं. गोविन्द मालवीय (संयुक्त प्रान्त : जनरल) : आपने जो कुछ कहा है उसे ध्यान में रखते हुए अर्थात् इसे ध्यान में रखते हुए कि आप किसी वक़्ता को कोई अप्रासंगिक बात नहीं कहने देंगे, मेरे विचार से काल सीमा का प्रश्न नहीं उठता। यदि किसी वक़्ता के दो मिनट बोलने के पश्चात् आप यह देखें कि वह अप्रासंगिक बातें कर रहा है तो या तो उससे विषय पर आने के लिए कहा जा सकता है या अपना भाषण समाप्त करने के लिए कहा जा सकता है।

इसके अतिरिक्त मुझे यह कहना है कि यह विषय इतना अधिक महत्त्वपूर्ण है और सभा के प्रत्येक सदस्य की इसमें इतनी अधिक दिलचस्पी है कि यह नहीं कहा जा सकता कि इस बहस को एक दिन दिया जाये, अथवा आधा दिन, अथवा दो दिन, अथवा इससे भी अधिक समय। जब तक इस विषय के संबंध में कोई नया तर्क अथवा नया दृष्टिकोण उपस्थित किया जा सकता है। यह आपके ही स्वविवेक पर निर्भर है कि बहस कितने समय तक चले। यह विषय इतना महत्त्वपूर्ण है कि मेरे विचार से आप स्वविवेक से जहाँ तक हो सके, इस बहस को चलने दें।

अध्यक्ष—जी हाँ, आप इसे मेरे स्वविवेक पर छोड़ दें।

वी.आई. मुनिस्वामी पिल्ले (मद्रास : जनरल) : भाषा-प्रश्न के लिए दो दिन दिये गये थे और विभिन्न प्रान्तों से अधिकांश सदस्य यही धारणा बनाकर आये हैं कि यह बहस केवल दो दिन तक चलेगी। इसलिए मेरे विचार से यह अत्यन्त आवश्यक है कि इस बहस को आज सायंकाल समाप्त कर दिया जाये और तत्पश्चात् इस प्रश्न पर मत लिया जाये।

अध्यक्ष—केवल इसी कारण बहस नहीं समाप्त की जा सकती। सदस्यों से यह आशा की जाती है कि वे पूरे सत्र तक सभा में रहेंगे।

काज़ी सैय्यद करीमुद्दीन (मध्य प्रान्त और बरार : मुस्लिम) : जनाब सदर, मेरे नाम जो तरमीमें हैं। पहली तरमीम यह है :

"That is amendment No. 65 of fourth list, for the proposed New Part XIV-A, the following be substituted :–

301A.– The Parliament by law provide the National Language of the Union within six months after the election of the Parliament on the basis of adult Franchise."

(चौथी सूची के संशोधन संख्या 65 में प्रस्तावित नवीन भाग 14-क के स्थान पर निम्नलिखित रखा जाये :

"301क—प्रौढ़ मताधिकार के आधार पर संसद का निर्वाचन होने के छह महीने के अन्दर संसद विधि द्वारा राष्ट्रभाषा को निर्धारित करे।")

और दूसरी तरमीम यह है कि अगर यह मंजूर न हो तो हिन्दुस्तान की नेशनल लैंग्वेज हिन्दुस्तानी होनी चाहिए। जनाब सदर, जो फिजा इस वक़्त पैदा हो गयी है उसमें मैं नहीं समझ सकता कि मेरी तरमीम मंजूर होगी या नहीं होगी। लेकिन जैसा कि गालिब ने कहा है "तमाशा ऐ अहले करम देखते हैं।"

हमको यह नहीं देखना है कि आप इसको मंजूर करते हैं या नहीं करते हैं। हमें यह देखना है कि जो पोजीशन यहाँ पर सन् 1947 में थी क्या वही अब भी है या उसमें कुछ कमी बशी वाके हुई है और अगर हुई है तो क्यों ऐसा हुआ है।

आज यहाँ पर यह कहा जाता है कि मुसलमान यहाँ पर कम्यूनल इलेक्शन पर आये हैं तो इस बारे में मैं यह कहना चाहता हूँ कि सन् 47 से कब्ल जो हिन्दुस्तान में जनरल इलेक्शन हुआ है वह सब कम्यूनल बेसिस पर हुआ है। मुसलमानों का इलेक्शन भी कम्यूनल बेसिस पर हुआ है और कांग्रेस के जो मेम्बर इलेक्ट हुए हैं वे भी कम्यूनल बेसिस पर हुए हैं और ऐसी फिज़ा होने की वजह से ही इस वक़्त जजबात इतने उभरे हुए हैं। मि. धुलेकर ने अभी-कभी कह दिया है कि उर्दू मुसलमानों की जबान नहीं है लेकिन हमारे जज़बात इस वक़्त बहुत भड़क गये हैं, आप हमसे दो साल के बाद उर्दू या फारसी की माँग कर लें तो वह मंजूर की जायेगी। लेकिन इस वक़्त इस बात की कोई गुंजाइश नहीं है कि इस माँग को पूरा किया जाये। जनाब सदर, मैंने इसी वजह से अपनी तरमीम पेश की है। अगर यह इस फिजा में इस बात को नहीं सोच सकते हैं तो जब हिन्दी हिन्दुस्तान की जबान मुकर्रर हो जाये तब यह कैसे इस बात को सोच सकेंगे। तो मेरी गुजारिश यह है कि जब जनरल इलेक्शन हो जाये और सब हिन्दू मुसलमान मेम्बर ज्वाइंट इलेक्टोरेट के जरिये से यहाँ के पार्लियामेन्ट में मेम्बर होकर आ जायें उस वक़्त अगर वह पार्लियामेन्ट यहाँ की जबान के मामले का फ़ैसला कर दे तो वह निहायत ही मुनासिब होगा बजाय इसके कि इस मामले को इस वक़्त मौजूदा फिज़ा में फ़ैसला किया जाये। हो सकता है कि अब जो फ़ैसला किया जायेगा वह कुछ सूबों को मंजूर न हो और कुछ दीगर लोगों को मंजूर न हो, ऐसा करना मुनासिब नहीं है।

जनाब सदर, मौजूदा तरज़ेअमल अख्तियार किये जाने की सबसे बड़ी भारी वजह यह है कि सन् 1947 के बाद पाकिस्तान ने अपने मुल्क में उर्दू जबान को नेशनल जबान करार दिया है और हो सकता है कि उसी की रियेक्शन की वजह से यहाँ हिन्दुस्तान में हिन्दी जबान को मुकर्रर किया जा रहा है और वह भी देवनागरी रस्मुलखत में।

जनाब सेठ गोविन्द दास साहब ने कुछ मेम्बरों के नाम बताये हैं जो कि इसके हक में दस्तखत कर गये थे। लेकिन बाद में वह बदल गये हैं। मैं उनसे पूछना चाहता हूँ कि जो हिन्दी और देवनागरी के हक में थे वह क्या तमाम के तमाम कांग्रेस के मेम्बर नहीं हैं? उन्होंने कुर्बानियाँ की हैं और उनकी जातें कुर्बानी से वाबस्ता हैं और अगर यह हिन्दी को देवनागरी रस्मुलखत में करना चाहते हैं तो क्या वह कांग्रेस की क्रीड के मुताबिक है। जो मेम्बरान दस्तखत करने के बाद बदल गये हैं। वह चूँकि कांग्रेस की क्रीड को कबूल कर चुके हैं इसलिए उन्होंने ऐसा करना मुनासिब ख़याल किया है और बदल गये हैं। कांग्रेस ने तो यह मान लिया था कि हिन्दुस्तान में हिन्दुस्तानी जबान दोनों देवनागरी और उर्दू रस्मुलखत में रायज़ होंगी। अगर आज महात्मा गाँधी जिन्दा होते तो वह देखते कि कांग्रेस एक रौक की तरह इस मामले में खड़ी होती है ताकि दोनों रस्मुलखत यहाँ मुकर्रर किये जायें।

मेरे दोस्त मि. धुलेकर ने कहा कि गाँधी जी ने हिन्दुस्तानी देवनागरी और उर्दू जबान में अपीजमेंट की वजह से कहा था। तो क्या मैं यह पूछ सकता हूँ कि जो कुछ भी कांग्रेस करती है वह सिर्फ़ अपीजमेंट की वजह से करती है और यह जो यहाँ पर सिकुलर स्टेट कायम किया गया है वह भी अपीजमेंट की वजह से किया गया है? मैं यह कहूँगा कि जितने भी सेक्शन यहाँ हिन्दुस्तान में रहते हैं, यह उन सबका मुल्क है और उनको इस मुल्क में रहने का हक है और अगर गाँधीजी ने इस बात को कायम किया था कि हिन्दुस्तान की जबान हिन्दुस्तानी होगी, जो कि दोनों उर्दू और देवनागरी रस्मुलखत में लिखी जायेंगी, और कांग्रेस ने भी इस बात को तस्लीम किया था जो आज इसको बदलने के लिए कहा यह जाता है कि यह सब अपीजमेंट के लिए किया गया था। मैं सेठ

गोविन्द दास की याददाश्त के लिए उनकी तवज्जुह उनकी ही अपनी ही तकरीर की तरफ दिलाना चाहता हूँ जो कि उन्होंने सन् 1945 में बजट के मौके पर की थी और यह कहा था कि मुझे बहुत ही अफसोस है कि मैं अपनी तकरीर हिन्दुस्तानी में नहीं कर सकता हूँ। क्या वह इस बात को सिर्फ़ तीन साल ही में भूल गये? सन् 1945 में उनकी नेशनल जबान हिन्दुस्तानी थी और आज देवनागरी रस्मुलखत में हिन्दी हो गयी है। क्या उनसे मैं पूछ सकता हूँ कि आज उनके पास इस बात का क्या जवाब है? सन् 1947 में इंडियन नेशनल कांग्रेस ने यह कबूल किया था कि हिन्दुस्तान की जबान हिन्दुस्तानी होगी जिसके दोनों उर्दू और देवनागरी रस्मुलखत होंगे। लेकिन आज यह फ़रमाया जाता है कि सिर्फ़ देवनागरी रस्मुलखत होगा। उसकी वजह यह है, जैसाकि मैं बता चुका हूँ, सन् 1947 के पार्टीशन के बाद पाकिस्तान ने अपनी नेशनल ज़बान उर्दू होने का ऐलान किया और उसी के रियेक्शन की वजह से आज यहाँ हिन्दुस्तान में हिन्दी और देवनागरी रस्मुलखत मुकर्रर किया जा रहा है। इस बारे में मैं यह कहना चाहता हूँ कि अगर आप देवनागरी रस्मुलखत रखते हैं तो उसके साथ-साथ उर्दू रस्मुलखत भी रखिये।

हिन्दुस्तान के चार करोड़ मुसलमानों को यू.पी., बिहार और बरार के मुसलमानों को लीजिए। वह अपनी तालीम, अपनी मादरी ज़बान, यानी उर्दू में पा रहे हैं और अगर आज आप यहाँ की नेशनल लैंग्वेज हिन्दी कर देंगे तो क्या यह मुमकिन हो सकता है कि वह मुसलमान सरकारी नौकरियाँ हासिल कर सकें। जैसे कि आप दूसरी जबान को पाँच या दस साल की मुद्दत दे रहे हैं, वैसे आप इसको ख़त्म करने में कोई वक़्त नहीं दे रहे हैं और हिन्दी रस्मुलखत को मुकर्रर कर रहे हैं। मैं हिन्दी के ख़िलाफ़ नहीं हूँ लेकिन जब यहाँ की जबान हिन्दुस्तानी है तो उर्दू के बारे में इस कदर नफ़रत क्यों जाहिर की जाती है।

आपने खुद ही इस बात को मान लिया है कि अंग्रेजी दस या पन्द्रह बरस तक यहाँ की जबान रहेगी। लेकिन यू.पी., बिहार और बरार और तमाम हिन्दुस्तान के मुसलमानों के राइट्स को नज़रअन्दाज़ करके आप उर्दू रस्मुलखत को ख़त्म कर देना चाहते हैं और इस रेजोल्यूशन के जरिये से और अपनी मैजोरिटी के जरिये से आप इसको एकदम ख़त्म और बन्द करना चाहते हैं। यह क्यों हो रहा है वह इसलिए कि मेरी दानिस्त में यह जज़बात की वजह से हो रहा है। यह सेंटीमेंट की वजह से है। यह रियेक्शन की वजह से है।

पं. गोविन्द मालवीय (संयुक्त प्रान्त : जनरल) : यह कौन कहता है?

काजी सैय्यद करीमुद्दीन—यह रेजुलेशन कहता है।

पं. गोविन्द मालवीय—कहाँ।

काज़ी सैय्यद करीमुद्दीन—रस्मुलखत देवनागरी हो यह इसका पहला कलाज है। यू.पी. में कई हज़ारहा गवर्नमेन्ट सर्वेंट मुसलमान ऐसे हैं जो फक्त उर्दू जानते हैं। अगर आपने नेशनल लैंग्वेज देवनागरी कर दी तो मुमकिन नहीं है कि मुसलमान नौकरी कर सकें। जब तक आप दस साल का वक़्त मुकर्रर न करें तब तक वह अच्छी तरह हिन्दी नहीं सीख सकते। यह मेरी दरख्वास्त है। मैं हाउस से कहना चाहता हूँ कि जिस चीज़ को आपने सन् 1947 तक कबूल किया था और महात्मा जी का इशारा था, बल्कि वह कहते थे कि मैं इसके लिए लडूँगा तो आज जो महात्मा जी के पैरोकार हैं, वह उनकी बात न मानकर एकदम से हिन्दुस्तानी को छोड़ कर उसके उर्दू के रस्मुलखत को बंद करने का क्या मतलब है। इसके लिए जो धुलेकर जी ने अपनी राय दी है, उसके अलावा और कोई वजह नहीं हो सकती है।

सेठ गोविन्द दास जी ने कहा कि उर्दू न मानने की एक वजह यह है कि इसको जब हम पढ़ते हैं तो उसमें रुस्तम और सोहराब का जिक्र निकलता है। इसके लिए मैं यह कहता हूँ कि जब यहाँ की जबान हिन्दुस्तानी होगी और रस्मुलखत उर्दू और देवनागरी दोनों होंगे तो क्या हिन्दुस्तान के लीडर्स के नाम का इनमें जिक्र न होगा और अगर हम अंग्रेजी जबान को पंद्रह साल के लिए रखते हैं तो क्या उसमें हिन्दुस्तान पर जुल्म करने वाले लार्ड क्लाइव और वारिन हैसटिंग्ज का जिक्र नहीं आता है। तो अगर रुस्तम और सोहराब के नाम, जो कि पारसी हैं अगर उर्दू भाषा में आते हैं तो उस ग्राउंड पर आप उसको दूर करते हैं तो मेरे ख़याल में यह काफ़ी वजह नहीं है।

उन्होंने यह कहा कि कोई मुल्क और देश ऐसा नहीं कि जहाँ एक कल्चर और एक जबान न हो और उन्होंने मिसाल रूस की दी। मेरी समझ में रूस की तारीख़ सेठजी ने नहीं पढ़ी है। वहाँ सोलह जबानें हैं। जिन्होंने रूस की मिसाल दी है उन्होंने आपकी बात को काट दिया है। वहाँ पर जो रेजोल्यूशन और गजट छपते हैं तो वहाँ की सोलह जबानों में छपते हैं। आज हमको एकदम से क़ानून के जरिए से, मैजोरिटी के जरिए से यह पास करते हैं कि नेशनल लैंग्वेज देवनागरी स्क्रिप्ट हो उर्दू न हो। मेरी दानिस्त में यह एक इन्तहाई जुल्म होगा और यह मिसाल पेश करना कि रूस में एक जबान है, सरासर ग़लती है।

दूसरी बात, जैसे कि हमारे जबलपुर के मेम्बर ने कहा है, कि जिस तरह से हिन्दी लिखी जा रही है और बोली जा रही है, मालूम होता है कि इसके लिए एक इंटरप्रेटर की ज़रूरत पड़ेगी। अगर आज सपरू साहब जिन्दा होते तो यही कहते जैसाकि उन्होंने पहले फरमाया था कि अगर हिन्दी का यही लै लो निहार रहा तो वह जमाना दूर नहीं जबकि हिन्दी के लिए एक इंटरप्रेटर की ज़रूरत पड़ेगी।

तो मैं कहता हूँ कि एक सलीस जबान जिसको हिन्दू मुसलमान सब जाति के लोग अच्छी तरह से समझते हैं और जिसमें सब अपने ख़यालात और जज़बात का इजहार कर सकते हैं वह जबान इन दोनों के मिलने से ही हो सकती है और जिसका नाम हिन्दुस्तानी है। मैं उम्मीद करता हूँ कि इन उसूलों पर गौर करते हुए जो महात्मा गाँधी जी ने बयान किये थे, और महात्मा जी की फोटू आपके सामने है, वह आपकी तरफ देख रहे हैं कि आप इन पर कायम हैं या नहीं, इन पर गौर करते हुए आप इसका फ़ैसला करें और जज़बात में गायब होकर दूसरी बात न करें।

लक्ष्मीनारायण साहू (उड़ीसा : जनरल) : माननीय सभापति जी, मैं उत्कल का आदमी होते हुए भी राष्ट्रभाषा हिन्दी होनी चाहिए इस बारे में पूरी सम्मति देता हूँ। जो रेजोल्यूशन हम लोगों के सामने हैं उस पर बहुत विचार किया गया है और विचार करके इस प्रस्ताव को बनाया गया है। इसीलिए मैं इसका साधारण तौर से समर्थन करता हूँ। समर्थन करते हुए भी जिस बारे में मैंने अपनी अमेंडमेंट दी है उसके बारे में भी मैं कुछ कहूँगा। पहले तो हमें यह देखना चाहिए कि यह झगड़ा क्या होता है कि भारतवर्ष में राष्ट्रभाषा होनी चाहिए या नहीं। अभी तक कोई-कोई कहते हैं कि राष्ट्रभाषा हम नहीं मानते हैं, इसको ऑफिशियल लैंग्वेज मानते हैं। यह बहुत दु:ख की बात है। जब हम भारतवर्ष को एक राष्ट्र समझते हैं और बनाने के लिए कोशिश करते हैं तब तो ऑफिशियल लैंग्वेज क्यों इसको नेशनल लैंग्वेज भी बोलना चाहिए। फिर यह राष्ट्रभाषा होते हुए भी प्रत्येक प्रदेश में जो भाषा है उन भाषाओं में परिवर्तन करने के लिए कोई नहीं कहता है, इसीलिए मैंने एक संशोधन का प्रस्ताव दिया है कि जब पाँच वर्ष के बाद या दस वर्ष के बाद एक कमेटी या कमीशन बैठकर हिन्दी भाषा को मजबूत करने के लिए कोशिश करेगी तो उसके साथ-साथ प्रत्येक प्रान्तीय

भाषा को मजबूत करने के लिए भी कुछ ख़याल रखा जाये। हर एक प्रान्त और हर एक प्रान्तीय भाषा जब दृढ़ हो जायेगी तो हमारी राष्ट्रीय भाषा भी दृढ़ हो जायेगी।

कोई-कोई कहते हैं कि हिन्दी और हिन्दुस्तानी में कुछ फर्क है और कोई कहते हैं कि कुछ फर्क नहीं है। मैं तो इस बात की इसीलिए चिन्ता करता हूँ कि आपके ब्रेन है और उस ब्रेन की एक कैपेसिटी रहती है कि वह कितने शब्द ग्रहण कर सकेगा। उसको कुछ असीम शक्ति नहीं है। इसलिए दुनिया में जितने शब्द डिक्शनरी में आते हैं हर एक आदमी उन डिक्शनरी के सब शब्दों को ग्रहण नहीं कर सकता। इस कारण हम लोगों को थोड़े शब्द ग्रहण करने हैं और थोड़े शब्द जो बोलते हैं उनको फेंक देना है। हर एक भाषा में भी यह बात होती है। आप लोग इस बात को देखिए कि संस्कृत भाषा सब प्रान्तीय भाषाओं की जननी है। और संस्कृत भाषा में जितने शब्द हैं, उन शब्दों से हम जो शब्द किसी काम के लिए लेना चाहते हैं तो वह शब्द मिल जाता है। लेकिन हम उस शब्द का प्रयोग नहीं करते। मैं एक शब्द के लिए आप से कहता हूँ। हम लोग उड़ीसा में 'पवन' शब्द बोलते हैं। संस्कृत में भी यही शब्द है 'पवन'। अर्थ 'हवा'। लेकिन यह शब्द प्रचलित नहीं होता है। बंगला में पवन कोई नहीं समझता है। इसलिए मैं कहता हूँ कि जब हम राष्ट्रभाषा बनावेंगे तो वह ठीक है कि थोड़े शब्द हम फेंक देंगे।

और हिन्दी भाषा को जब हम ग्रहण करते हैं तो उसका साहित्य भी ग्रहण करते हैं। हिन्दी भाषा को ग्रहण करके हम उसके साहित्य को फेंक दें ऐसा नहीं होगा। इसलिए जब हम हिन्दी को ऑफिशियल लैंग्वेज मानते हैं तो हिन्दी के साथ उसका जो साहित्य है उसको भी हमें ग्रहण करना चाहिए। ऐसा नहीं कि ऐसी हिन्दी बनावें कि जो शब्द हों सब सरल ही हों और भारत के सब आदमी उसको सरलता से समझ सकें। ऐसा नहीं होगा। और जब हम लोग अंग्रेजी बोलते हैं, तो हम लोगों का क्या ख़याल रहता है कि अच्छी तरह से अंग्रेजी बोलें यह नहीं है कि जैसी भी हो बोल कर छुट्टी करें। तो जैसी भी हो, हम राष्ट्रीय भाषा बनायेंगे, यह ख़याल भी ठीक नहीं है। हाँ यह ठीक है कि हिन्दी में जब शब्द भंडार पूर्ण नहीं हैं, तो दूसरी भाषाओं में जो शब्द हैं, उन शब्दों को लेकर हिन्दी भाषा की समृद्धि करनी चाहिए। इसलिए कमीशन बनाते हैं और कमेटी बिठाते हैं, मैं इसका स्पष्ट समर्थन करता हूँ। कोई सज्जन एक अमेंडमेंट लाये हैं कि राष्ट्रभाषा भी हो सकती है। वैसे तो मैं भी कह सकता हूँ कि उड़िया भाषा भी हो सकती है। उड़िया भाषा मेरी बंगाली के मुकाबिले बहुत प्राचीन है। जब उड़िया भाषा भाषा के रूप में दिखाई दिया तब बंगला भाषा का जन्म नहीं हुआ था। इसी तरह से दक्षिण के मेरे भाई कहेंगे कि उनकी भाषा बहुत प्राचीन है। यह सब ठीक नहीं होता है। यह प्राचीन और अल्पप्राचीन का सवाल नहीं है। हिन्दी और देवनागरी को जब हम राष्ट्रभाषा बनाना चाहते हैं और वह होना चाहिए तो उसके साथ-साथ हमें यह भी ख़याल रखना चाहिए कि दूसरी प्रान्तीय भाषाएँ भी अपनी जगह उन्नति कर सकें। उनकी प्रगति उससे रुके नहीं।

यहाँ एक बात और मैं कहना चाहता हूँ कि अंग्रेजी का जो मोह है, वह कुछ लोगों में इतना है कि वह समझते हैं कि जब अंग्रेजी नहीं होगी तो हम मर जायेंगे। यह तो ऐसा ही हुआ कि शराब पीना बंद हो जाये तो कुछ लोग मर जायेंगे, जो उनको दारू पीने को नहीं मिलेगा। अगर अंग्रेजी जाने से कुछ थोड़े आदमी मर जाते हैं तो क्या हुआ। हमें तो सारे राष्ट्र और देश का हित ध्यान में रखकर कदम उठाना चाहिए। और अगर ऐसा करने से कुछ थोड़े से आदमियों को असुविधा भी होती है, तो भी उन्हें उसको ग्रहण कर लेना चाहिए। एक झगड़ा यहाँ पर न्यूमरल्स का पैदा हो गया है कि आया इंटरनेशनल फार्म की गिनतियाँ रहें, या देवनागरी की रहें। दस करोड़ आदमी हमारे

दक्षिण के भाई अड़ गये हैं कि हम और सब तो मान लेते हैं लेकिन यह नहीं मानेंगे, तो क्या किया जाये। उनको तो इसमें जिद हो गयी है, तो दुनिया तो सिर्फ़ युक्ति से नहीं चलती भावप्रवणता भी है। तो हमें ही बाहर के न्यूमरल्स मान लेना चाहिए। रहा संस्कृत को राष्ट्रभाषा बनाने के बारे में सुझाव। अगर सारे दक्षिण के भाई और सब लोग संस्कृत को मान लेते हैं तो मेरा कोई हर्जा नहीं है, मैं भी उसको मान लूँगा। डर भी होता है कि संस्कृत भाषा बहुत कठिन है, उसको पढ़ने में बहुत समय लग जायेगा, तब तो दूसरी बात है। हिन्दी भाषा भाषी देश में ज़्यादा तादाद में हैं, और इसलिए हिन्दी को राष्ट्रभाषा बनाना चाहिए। लेकिन हिन्दी को राष्ट्रभाषा बनाने से यह न हो जाये कि प्रान्तों की भिन्न-भिन्न भाषाएँ उनका साहित्य वगैरह लुप्त हो जाये। हर एक प्रान्तीय भाषा की रक्षा होनी चाहिए। और जो कमीशन या कमेटी बने उसको इस तरफ अपना ध्यान रखना चाहिए और ज़्यादा न कहकर मैं आख़िर में इतना ही कहूँगा कि जो आदमी कहते हैं कि रोमन कैरेक्टर अगर अपनाया जाये, तो बहुत अच्छा होगा, वह यह नहीं समझते हैं कि स्क्रिप्ट कैसे बनती है। वह भाषा का जो स्वर होता है, वह स्वर जो प्रकट करने के लिए होता है, उससे स्क्रिप्ट बनती है। रोमन कैरेक्टर में हिन्दी भाषा को लिखने से वह समझ में नहीं आती है, और उसमें ठीक-ठीक उच्चारण नहीं कर पाते हैं। इसलिए मैं कहता हूँ कि रोमन स्क्रिप्ट एकदम अग्रहणीय है। वह तो इतनी भद्दी और उसकी साइंटिफिक बेसिस ही नहीं है। देवनागरी से लिखी जाने वाली हिन्दी साइंटिफिक है और उसे ही ग्रहण कर लेना चाहिए।

एन.वी. गाडगिल (बम्बई : जनरल) : अध्यक्ष महोदय, मैं कोई लम्बा भाषण नहीं देना चाहता। कल और आज प्रात: मैंने इस सभा में जो कुछ सुना और इन तीन सौ पचास संशोधनों की सूची में, जिसमें दुर्भाग्य से एक संशोधन मेरे नाम से भी है, मैंने जो कुछ देखा उसकी ओर ध्यान देते हुए मैं सभा से अपील करता हूँ कि वह समयोचित कदम उठा कर इस विवाद को समाप्त कर दें।

श्रीमान्, इन संशोधनों के विभिन्न उद्देश्य हैं और जहाँ एक ओर संस्कृत को राष्ट्रभाषा के रूप में स्वीकार करने को कहा गया है तो वहाँ दूसरी ओर अंग्रेजी को कम से कम एक शताब्दी तक रहने देने के लिए कहा गया है। मेरी यह धारणा है कि जिस ज़िम्मेदारी से हमने इससे कहीं अधिक महत्त्वपूर्ण प्रश्नों को हल किया है उसी ज़िम्मेदारी का इस संबंध में भी परिचय देने के लिए हम अपील करें।

मेरे माननीय मित्र श्री गोपालस्वामी आयंगार ने जिस प्रस्ताव को उपस्थित किया है उसका विश्लेषण करने पर मुझे विश्वास हो गया है कि वर्तमान स्थिति में यही सबसे उपयुक्त प्रस्ताव है। इसका अर्थ यह नहीं है कि इस स्थिति में यही प्रस्ताव न्यायोचित है। किन्तु हमें सभी प्रश्नों को तुरन्त ही हल करने की आकांक्षा नहीं होनी चाहिए। हमें कुछ प्रश्नों को दस पन्द्रह वर्ष पश्चात् आने वाली पीढ़ी के लिए छोड़ देना चाहिए। मैं यह देखता हूँ कि इस प्रस्ताव के फलस्वरूप हमारे सामने कुछ मोटी मोटी बातें तथा कुछ सिद्धान्त आते हैं। पहली बात यह है कि इस संबंध में अधिकांश लोग सहमत हैं कि हिन्दी संघ की राजभाषा होनी चाहिए। मेरे विचार से इस प्रकार की घोषणा करके हमने एक बहुत बड़ी बात हासिल की है। देवनागरी लिपि को स्वीकार करने के संबंध में जो प्रस्ताव है, वह भी एक महत्त्वपूर्ण प्रस्ताव है। मेरी दृष्टि से सारे संघ में राजभाषा के लिए एक ही लिपि स्वीकार करना भी एक बहुत बड़ी बात है।

श्रीमान्, इस प्रस्ताव से मुझे आदान-प्रदान की भावना का भी परिचय मिलता है, क्योंकि इसमें पंद्रह वर्ष का जो समय रखा गया है उस काल में वे लोग भी जिनकी मातृभाषा हिन्दी नहीं है, उस भाषा को सीख लेंगे अथवा उसका अच्छा ज्ञान प्राप्त कर लेंगे।

आख़िर विभिन्न संशोधनों से तथा भाषाओं से यही प्रकट होता है कि मतभेद केवल अंकों के संबंध में है। यदि हम देश की एकता को अंकों की बलिवेदी पर चढ़ा देंगे तो यह एक बड़े दुर्भाग्य की बात होगी। इसलिए मैं अपने हिन्दी-भाषी मित्रों से, जिनसे मैं सिद्धान्ततः सहमत हूँ, व्यावहारिक व्यवहारवादी होने के नाते, क्योंकि किसी व्यक्ति ने मुझे राजनीतिज्ञ भी कहा है, अपील करता हूँ कि कुछ बातें अगली पीढ़ी के लिए भी छोड़ दी जायें। अगली पीढ़ी अंकों के प्रश्न को हल करे। मेरे विचार से यह कोई ऐसी कठिन समस्या नहीं है कि हल ही न हो सके। यदि सद्भाव हो तो वह हल हो सकती है। किन्तु इस समय बहुत उत्तेजना है और लोगों का प्रभाव पड़ रहा है। इसलिए इस समय चाहे जो भी प्रयत्न किये जायेंगे उनसे दो पक्षों का मतभेद मिटेगा नहीं, बल्कि उलटे बढ़ेगा। इसलिए मैं अपने आदरणीय मित्र श्री पुरुषोत्तम दास टंडन से अपील करता हूँ कि वे एक बड़े भाई के समान इसे हल करने के लिए अपनी ओर से कोई कदम उठायें। यह एक निश्चित बात है कि हिन्दी एक प्रान्तीय भाषा है।

अध्यक्ष—मैं वक़्ता महोदय से प्रार्थना करता हूँ कि वे किसी व्यक्ति के संबंध में कुछ न कहें। इससे वह व्यक्ति कठिनाई में पड़ जाता है।

एन.वी. गाडगिल—मैं आपके निर्णय को स्वीकार करता हूँ और मैं चाहता हूँ कि इस प्रकार की जो चर्चा मैंने की है उसे वाद-विवाद के विवरण से निकाल दिया जाये। आख़िर हिन्दी है प्रान्तीय भाषा ही। कई भाषाएँ ऐसी हैं जिनका साहित्य बहुत बढ़ा-चढ़ा है किन्तु फिर भी हमने हिन्दी को राष्ट्रभाषा के रूप में स्वीकार किया है। हिन्दी भाषी लोगों ने यह भी एक बहुत बड़ी बात हासिल की है। यदि आप यह चाहते हैं कि अन्य लोग भी उसे स्वीकार करें तो उसका उपाय यह नहीं है कि आप उन्हें अपनी संख्या से प्रभावित करें। उसका सबसे अच्छा उपाय यही है कि आप उन्हें राजी करें और स्थिति को होशियारी से सँभालें। यदि अगले दस या पंद्रह वर्षों में हिन्दी भाषी लोग अन्य भाषा-भाषी लोगों के बीच अनेक साधनों द्वारा प्रचार करें तो मुझे कुछ भी संदेह नहीं है कि जिन लोगों ने पिछले डेढ़ सौ वर्षों में अंग्रेजी सीखी थी वह हिन्दी भी सीख लेंगे।

आख़िर कोई भी ऐसा भारतीय नहीं है जो यह पूछने पर कि वह अंग्रेजी अपनाने के लिए तैयार है या किसी भारतीय भाषा को, जो उसकी मातृभाषा भी हो सकती है, यह कहेगा कि वह अंग्रेजी अपनाने को तैयार है। इसलिए हिन्दी-भाषी लोग पहले के समान आशा और विश्वास के साथ कार्य करें और अन्य बातों को प्रचार द्वारा, लोगों को मजबूर न करके बल्कि उन्हें राजी करके हासिल करें। जो प्रस्ताव उपस्थित किया गया है उसमें ही आजकल की प्रचार प्रणाली से कहीं अच्छी प्रचार प्रणाली निर्धारित की गयी है और उससे हिन्दी-भाषी लोगों के उद्देश्य की पूर्ति हो सकती है।

पिछले तीन वर्षों में हमने देखा है कि किसी भी महत्त्वपूर्ण विषय के संबंध में मत विभाजन नहीं हुआ है और इस प्रकार उसके संबंध में निर्णय नहीं किया गया है। हम इस परिपाटी को भंग न करें। संसार को यह विदित हो जाये कि सभी ऐसे महत्त्वपूर्ण विषयों के संबंध में, जो इस संविधान के आधार स्तम्भ हैं, इस सभा में एकमत से निर्णय किये गये। यदि विचाराधीन विषय के संबंध में भी एकमत से निर्णय किया गया तो किसी प्रकार की कटुता उत्पन्न नहीं होगी। जैसाकि मैं कह चुका हूँ, यदि हिन्दी-भाषी लोग जिनका इस देश में बहुमत है और सम्भवतः इस सभा में भी बहुमत है, इसके लिए कोई कदम उठायें तो मेरे विचार से, इसके लिए इतिहास में उनकी प्रशंसा की जायेगी। मैं सभा का अधिक समय नहीं लेना चाहता किन्तु आशा करता हूँ कि सभा मेरे सुझावों को स्वीकार कर लेगी।

टी.ए. रामलिंगम् चेट्टियार (मद्रास : जनरल) : अध्यक्ष महोदय, दाक्षणात्यों के लिए यह एक बहुत ही कठिन समस्या है। दक्षिण के लिए यह प्रश्न जीवन और मृत्यु का है और यह आवश्यक है कि इसे यथोचित रूप से हल किया जाये। श्रीमान्, यहाँ जो निर्णय किया जायेगा उसे लेकर दक्षिण के प्रतिनिधियों को अपने लोगों के सामने जाना होगा और आप समझ सकते हैं कि उसका क्या महत्त्व होगा। उत्तर भारत के मेरे मित्रों ने मुझे बताया है कि यदि वे अंकों के मामले में झुके तो मतदाता उनकी आलोचना करेंगे और जब वे चुनाव में खड़े होंगे तो उनका जीवन संकट में पड़ जायेगा। जब हम अपनी भाषाओं को छोड़कर और उत्तर की भाषा को अपना कर अपने प्रान्तों में अपने निर्वाचकों के सामने जायेंगे तो हमारी क्या दशा होगी? इन लोगों को इसकी चिन्ता नहीं है कि हम किस स्थिति में पड़ जायेंगे। श्रीमान्, हिन्दी-भाषी लोग जिस देशभक्ति और दृढ़ता से अपने निर्णयों को प्रयोग में ला रहे हैं उसकी मैं बहुत प्रशंसा करता हूँ किन्तु उन्हें यह भी समझना होगा कि इस प्रकार की देशभक्ति हममें भी है, हममें भी अपनी भाषा, अपने साहित्य आदि के लिए भक्ति तथा प्रेम है।

आख़िर स्थिति क्या है? हमारे क्षेत्रों की भाषाएँ हिन्दी से अधिक विकसित हैं और उनका साहित्य भी हिन्दी के साहित्य से अधिक वृहत् है। यदि हम हिन्दी को स्वीकार करने जा रहे हैं तो वह इस कारण नहीं कि वह उत्कृष्ट भाषा है, इस कारण नहीं कि वह सबसे अधिक सुसम्पन्न है, इस कारण नहीं कि संस्कृत के समान वह अन्य भाषाओं की जननी है। इस प्रकार की कोई बात नहीं है। हम उसे केवल इस कारण स्वीकार करने जा रहे हैं कि बहुत से लोगों की भाषा हिन्दी है। यह बात भी नहीं है कि इस देश के अधिकांश लोग हिन्दी-भाषी हैं। केवल बात इतनी है कि भारत में जो भाषाएँ बोली जाती हैं, उनमें से हिन्दी बोलने वालों की संख्या सबसे अधिक है। केवल इसी आधार पर यह दावा किया जा रहा है कि हिन्दी को सारे देश की राज-भाषा के रूप में स्वीकार किया जाये। श्रीमान्, व्यवहारवादी होने के कारण हम यह दावा नहीं करते कि हमारी भाषाओं को स्वीकार किया जाये, भले ही वे अधिक विकसित हों, अधिक प्राचीन हों, तथा उनका साहित्य अधिक श्रेष्ठ हो और वे करोड़ों वर्षों से प्रचलन में रही हों।

अध्यक्ष—क्या मैं सदस्यों से प्रार्थना कर सकता हूँ कि वे विभिन्न भाषाओं के साहित्यों की तुलना न करें। मैं कह नहीं सकता कि सभा में कोई सदस्य ऐसा भी है जो इस देश में प्रचलित सभी भाषाओं के साहित्य से परिचित है। जब कोई सदस्य यह कहता है कि उसकी भाषा का साहित्य अमुक-अमुक भाषा के साहित्य से अधिक श्रेष्ठ है तो वह एक ऐसे तर्क का प्रतिपादन करता है जो स्वीकार नहीं किया जा सकता। इस प्रकार के तर्क से इस प्रश्न को हल करने में कोई सहायता नहीं मिली। हम ऐसे तर्कों तक ही सीमित रहें जो सामान्यतः स्वीकार किये जा सकते हैं और ऐसे विवादों में न पड़ें, जिनसे हम दूर रह सकते हैं।

प्रो. एन.जी. रंगा (मद्रास : जनरल) : जब तक तुलना ना की जायेगी तब तक अपने पक्ष का समर्थन कैसे किया जा सकता है?

अध्यक्ष—आप हृदय में इसका निश्चय कर लें किन्तु इसे कहें नहीं।

प्रो. एन.जी. रंगा—मेरे विचार से यह युक्तियुक्त नहीं है।

टी.ए. रामलिंगम् चेट्टियार—चाहे जो भी हो मैं यह कह रहा था कि हिन्दी का दावा उसके साहित्य, उसकी प्राचीनता आदि पर नहीं आधृत है। श्रीमान्, इस स्थिति में मैं चाहता हूँ कि यहाँ बैठे हुए हिन्दी-भाषी भाई इस पर विचार करें कि क्या यह उचित है कि वे जो कुछ चाहते हैं

उसका दावा करें क्योंकि यदि हम दक्षिण के लोग उनके सभी दावों को स्वीकार करेंगे तो हम एक संकटपूर्ण स्थिति में पड़ जायेंगे। मैं यह चाहता हूँ कि वे इस प्रश्न पर विचार करें और गम्भीरता से विचार करें।

श्रीमान्, जैसाकि मैं कह चुका हूँ, जिस स्थिति में हम इस समय हैं उसके कारण हमने नागरी लिपि सहित हिन्दी को राज-भाषा मान लिया है। किन्तु मैं यह कह चुका हूँ कि आप राष्ट्रभाषा शब्दों को प्रयोग नहीं कर सकते क्योंकि जिस प्रकार अंग्रेजी अथवा अन्य कोई भाषा हमारे लिए राष्ट्रभाषा नहीं है उसी प्रकार हिन्दी भी राष्ट्रभाषा नहीं है। हमारी अपनी भाषाएँ हैं जो राष्ट्रभाषाएँ हैं और वे हमें उतनी ही प्रिय हैं जितनी प्रिय हिन्दी-भाषी लोगों को अपनी भाषा है। जैसाकि मैं कह चुका हूँ, हम हिन्दी को तथा नागरी लिपि को राज-भाषा और राज लिपि के रूप में स्वीकार करने के लिए इसलिए सहमत हुए कि उस भाषा को भारत की अन्य भाषाओं की अपेक्षा अधिक लोग बोलते हैं। यदि केवल इस कारण आप यह कहना चाहते हैं कि कल ही से परिवर्तन कर दिया जाये और कल ही से हिन्दी को राज-भाषा के रूप में स्वीकार कर लिया जाये तो मेरे विचार से लोगों को यह मान्य नहीं होगा। नैराश्य फैलने के अतिरिक्त इसका और भी बुरा परिणाम होगा।

मैं यह कहना चाहता हूँ कि दक्षिण के लोग हताश हो रहे हैं। दक्षिण में शायद ही कहीं स्वतंत्रता प्राप्ति की भावना का परिचय मिले। श्रीमान्, जब हम देश के सबसे उत्तर में इस राजधानी में आते हैं तो हम यह अनुभव करते हैं कि हम परदेशी हैं और हममें यह भावना उत्पन्न नहीं होती कि सारा राष्ट्र और सारा देश हमारा ही है। जब तक दक्षिण के लोगों को यह समझाने का प्रयास नहीं किया जाता कि इस देश से उनका भी संबंध है और देश में एक प्रकार की एकता है, मेरे विचार से दक्षिण के लोगों को संतोष नहीं होगा। उनके हृदयों में कटुता रह ही जायेगी और यह इस समय नहीं कहा जा सकता कि इसका परिणाम क्या होगा।

मैं यह कहने आया हूँ कि सबसे अधिक महत्त्वपूर्ण प्रश्नों में एक प्रश्न भारत की राजधानी भी है। यह एक बहुत ही महत्त्वपूर्ण प्रश्न है। कभी-कभी लोग इस पर हँसते हैं। वे इस प्रश्न की गम्भीरता को नहीं समझते। जब किसी व्यक्ति को दो हज़ार मील की दूरी तय करके यहाँ काम करने आना होता है तो यह स्वाभाविक ही है कि वह यह समझता है कि वह अपनी भूमि में नहीं है। वह यह समझता है कि वह परदेश में आया हुआ है। दिल्ली के सामाजिक जीवन में कितने मद्रासी भाग लेते हैं, मैं यह पूछता हूँ। मैं यहाँ पिछले दो-तीन वर्षों से हूँ। मैं दिल्ली के अथवा संयुक्त प्रान्त के बहुत कम लोगों को जानता हूँ। स्थिति यह है। जब तक दक्षिण को कुछ सुविधाएँ नहीं दी जायेंगी, जब तक राजधानी किसी ऐसी जगह नहीं बनाई जाये जहाँ लोग आसानी से आ सकते हैं, और जिसे संयुक्त प्रान्त अथवा पंजाब के लोग अपना प्रदेश न समझें, तब तक दक्षिण के लोगों की यह धारणा न मिटेगी कि वे परदेश जा रहे हैं। हाल में यह कहा गया था कि मद्रासी ऊँची-ऊँची जगहों पर हैं। इससे क्या यह प्रकट होता है कि यहाँ किसी अंश में भी राष्ट्रीयता है? यदि पंजाबियों को और यू.पी. वालों को उन जगहों पर रहने की योग्यता नहीं है तो इन पर मद्रासी क्यों न रहें? आख़िर जब आपका यह दावा है कि पिछले दो वर्षों में आपने उन्नति की है, तो क्या उन लोगों ने उसमें कुछ भी योग नहीं दिया है जो ऊँची जगहों पर हैं? श्रीमान्, इस प्रकार की बातों से एकता स्थापित नहीं होगी।

यह भाषा का प्रश्न राजधानी, पदों आदि के प्रश्नों से कहीं अधिक महत्त्वपूर्ण है। यदि आप किसी चीज़ को थोपना चाहते हैं और यह भावना उत्पन्न करते हैं कि आप उसे अन्य लोगों पर

थोपने जा रहे हैं, तो चाहे आप वास्तव में थोपने जा रहे हैं या ना जा रहे हों और, जैसा कि किसी व्यक्ति ने कहा था चाहे वह हमारे लिए कदम उठाना स्वाभाविक ही था और उसके अतिरिक्त हम और कुछ कर भी नहीं सकते थे किन्तु फिर भी यदि यह भावना न रही कि उत्तर भारत दक्षिण भारत पर कोई चीज़ थोप रहा है तो इसका परिणाम बहुत कटु होगा। उत्तर भारत के अपने मित्रों से मैं यह नहीं कहना चाहता कि सब कुछ अव्यवस्थित हो जायेगा। किन्तु मेरे विचार से उन्हें यह अवश्य ही समझना चाहिए कि जब हम एक साथ रहना चाहते हैं और एक ही राष्ट्र बनाना चाहते हैं तो इसे एक-दूसरे का ध्यान रखकर व्यवस्था करनी चाहिए। और हमें किसी ऐसी चीज़ को ऐसे लोगों पर थोपने का प्रश्न ही नहीं उठाना चाहिए जो उसे नहीं स्वीकार करना चाहते हैं अथवा जिनके स्वीकार करने के संबंध में संदेह है।

आख़िर हमने काहे की माँग की है? हमने यह माँग की है कि हमें तैयारी करने के लिए समय दिया जाये। हमारी यही सबसे पहली माँग थी। दूसरे पक्ष के नेता इसके लिए सहमत हो गये। उन्होंने कहा कि वे तैयारी के लिए पंद्रह वर्ष दे देंगे। मसौदे में क्या कहा गया है? मसौदे में यह बात उलट दी गयी है। पहले खंड में कहा गया है कि पंद्रह वर्ष तक अंग्रेजी प्रयोग की जाती रहेगी। दूसरे खंड में कहा गया है कि पाँच वर्ष के पश्चात् एक आयोग अथवा एक समिति नियुक्त की जायेगी और वह समिति सिफ़ारिश करेगी कि किन प्रयोजनों के लिए हिन्दी प्रयोग की जा सकती है और राष्ट्रपति तद्नुसार आदेश देगा। इसका अर्थ क्या है? कम से कम उन विषयों के संबंध में, जिनके बारे में आदेश दिया जायेगा, पंद्रह वर्ष की अवधि को कम करके पाँच वर्ष की अवधि रख दी गयी है। इसके अतिरिक्त आप कहते हैं कि दस वर्ष के पश्चात् एक और आयोग नियुक्त होगा और वह आयोग एक प्रतिवेदन प्रस्तुत करेगा और उस प्रतिवेदन के आधार पर आदेश दिये जायेंगे। इसका अर्थ क्या है? आपका यह केवल कथन मात्र है कि आप पंद्रह वर्ष दे रहे हैं किन्तु पाँच वर्ष के पश्चात् और दस वर्ष के पश्चात् आप हिन्दी प्रयोग में लाने जा रहे हैं जिसका अवश्य ही यह परिणाम होगा कि हममें से वे लोग जो प्रशासन में, शासन में, विधानमंडल में तथा अन्यत्र किसी जगह पर नहीं होंगे वे अपना हिस्सा ना पा सकेंगे क्योंकि तब तक वे तैयारी नहीं कर सकेंगे। मसौदे के पहले भाग में आशा बँधाई गयी है किन्तु दूसरे भाग में उस आशा का भी निराकरण कर दिया गया है और हमें केवल पत्थर ही पत्थर दिये गये हैं।

मैं कह नहीं सकता कि यह मसौदा किसने बनाया है। इसमें मुझे संदेह नहीं है कि उसका प्रस्ताव श्री गोपालस्वामी आयंगर ने उपस्थित किया है। किन्तु जब तक पंद्रह वर्ष की अवधि वास्तविक नहीं बनाई जाती और इन समितियों और आयोगों तथा पाँच और दस वर्ष पश्चात् होने वाले परिवर्तनों के कारण भ्रामक बनाई जाती है तब तक कम से कम मैं उसे स्वीकार करने के लिए तैयार नहीं हूँ। हम दक्षिण के लोगों का मुख्यत: इन्हीं बातों से संबंध रहेगा।

सम्भवत: दक्षिण ही इस देश का एक ऐसा भाग है जो समझता है कि वह तुरन्त ही अन्य प्रान्तों के स्तर पर नहीं आ सकेगा, विशेषत: मेरा प्रदेश तो यही समझता है क्योंकि वहाँ तामिल बोली जाती है। हमें इसका गर्व रहा है कि हमारा संस्कृत से कोई संबंध नहीं रहा है। हमारा यह दावा नहीं है कि तामिल संस्कृत से निकली है अथवा वह संस्कृत पर किसी प्रकार आधृत है। हम अपनी शब्दावली को यथासम्भव विशुद्ध रखने का प्रयास करते रहे हैं और हमने उसमें संस्कृत के शब्दों को नहीं मिलने दिया है। अब हमें अपने इस रवैये को छोड़ना है। हमें संस्कृत से शब्द लेने हैं और अपनी कार्यप्रणाली ही बदल देनी है। इसका उन लोगों पर क्या प्रभाव पड़ेगा जो बाल्यकाल

से केवल अपनी ही भाषा बोलते आये हैं और जो इस पर गर्व करते रहे हैं कि उनकी भाषा का संस्कृत से कोई संबंध नहीं है और वही एक ऐसी भाषा है जो संस्कृत की तुलना में खड़ी रह सकती है। आप इस पर विचार करें। इस स्थिति में हमें पहले अनिच्छा होने पर भी, अपने दृष्टिकोण को बदलना है और फिर हिन्दी का अथवा संस्कृत का अध्ययन करना है। आपको पहले लोगों को शिक्षा देनी होगी। मेरा मतलब यह है कि नई व्यवस्था को स्वीकार करने में समर्थ होने के लिए उन्हें तैयार करना होगा। इसके पश्चात् उन्हें हिन्दी का अध्ययन करना होगा ताकि वे उन लोगों के साथ अपने लिए भी यथोचित स्थान प्राप्त कर सकें, जिनकी मातृभाषा हिन्दी है।

यही नहीं आप हमारे लिए सदा के लिए रुकावट डाल रहे हैं। जिन लोगों की मातृभाषा हिन्दी है, वे केवल हिन्दी सीखेंगे। किन्तु हमें दक्षिण में ना केवल हिन्दी सीखनी पड़ेगी बल्कि अपनी मातृभाषा भी सीखनी पड़ेगी। हम अपनी मातृभाषा नहीं त्याग सकते। इसके अतिरिक्त प्रादेशिक भाषा भी सीखनी होगी। इस व्यवस्था से आप हमारे लिए सदा के लिए रुकावट पैदा कर रहे हैं। आप उत्तर भारत के निवासियों को यह समझना होगा कि हम कितना त्याग कर रहे हैं।

आख़िर बदले में हम क्या चाहते हैं? हम यह कहते हैं कि लिपि को ही नहीं बल्कि अंकों को भी रखकर इस विषय को पेचीदा न बनाइये। अंक लेखे, आँकड़ों आदि के संबंध में काम में आते हैं। आप केवल भाषा और लिपि का ही नहीं बल्कि अंकों का भी अपहरण करना चाहते हैं। आप यह कहते हैं कि भविष्य में हिन्दी अंकों में ही लेखा रखा जायेगा और हिन्दी अंकों में लिखा हुआ लेखा ही आयकर प्राधिकारियों के सामने रखा जा सकेगा। श्रीमान्, बहुत काल से हमें इन्हीं अंकों का अभ्यास रहा है। आख़िर अंकों के प्रश्न का केवल दक्षिण भारत से ही संबंध नहीं है यह सुविधा का प्रश्न है और इससे भारत के और भारत के बाहर के लोगों का संबंध है। आँकड़े बाहर भी भेजे जाते हैं। लेखे और विज्ञान में विशेष अंकों का प्रयोग होता है। यदि आप यह कहते हैं कि हिन्दी अंकों को स्वीकार करना ही होगा तो आप अनेक काम किस प्रकार करेंगे? यदि आप बाहर की बातें सीखना चाहेंगे, चाहे वह विज्ञान हो अथवा महाजनी, आपको बाहर की किताबें पढ़नी होंगी और उनमें अन्तरराष्ट्रीय अंकों में ही विवरण दिया होगा।

आख़िर अन्तरराष्ट्रीय अंकों पर क्या आपत्ति है? यह आपत्ति केवल इस धारणा से की जा रही है कि हमें शत-प्रतिशत हिन्दी स्वीकार करनी चाहिए। कहा जाता है कि चूँकि आप हिन्दी भाषा को स्वीकार करने के लिए सहमत हो गये हैं, इसलिए हिन्दी अंकों को भी स्वीकार कर लीजिए। आपको इसकी चिंता नहीं है कि इसका परिणाम क्या होगा। आख़िर सारा संसार अन्तरराष्ट्रीय अंकों को स्वीकार कर रहा है। आप सारे भारत पर प्रभुत्व स्थापित करना चाहते हैं। फिर आपको क्यों संकोच हो रहा है?

लोग अधिकतर भावनाओं से ही प्रेरित होते हैं और उन भावनाओं को पूरा करना कठिन होता है। जो बातें कही जाती हैं उनका भी कुछ महत्त्व नहीं होता क्योंकि हम अपनी भाषा को त्याग कर हिन्दी को स्वीकार कर चुके हैं। जो बातें की गयी हैं और जो बातें की जाने वाली हैं उनसे कहीं अधिक आपत्तिजनक हिन्दी-भाषी लोगों का हमारे साथ व्यवहार तथा उनका माँग करने का ढंग है। कहा जाता है, ''निस्संदेह आपको स्वीकार करना ही चाहिए।'' इस प्रकार की बातों से ही हमारा धैर्य टूटता है। मैं उत्तर भारत के लोगों से अपील करता हूँ कि वे इस प्रकार का रुख न अपनायें। हमें यह भावना उत्पन्न करनी है कि हमारा एक ही देश है और हमें एक साथ रहना है। हमें एक राष्ट्र का निर्माण करना है। इस समय वह अस्तित्व में नहीं है। यह तभी सम्भव हो सकता है जब

पारस्परिक आदान-प्रदान हो और एक दूसरे के लिए जगह बनाई जाये और प्रत्येक व्यक्ति को किसी के हुक्म के अधीन ही जगह न मिले। तभी भारत उन्नति कर सकता है और सफलता के साथ कार्य कर सकता है तथा एक राष्ट्र का निर्माण कर सकता है।

अन्यथा कहा नहीं जा सकता कि भविष्य में क्या होगा और उसकी कल्पना ही से मैं कंपित हो उठता हूँ। एक दूसरे का ध्यान रखकर कार्य करना चाहिए। मुझे यह बताने की आवश्यकता नहीं है कि इतिहास हमें यह शिक्षा देता है कि यदि देश में संकट उपस्थित होगा तो बाहर के देश हमेशा उससे लाभ उठाने का प्रयास करेंगे। हमारे सामने बर्मा और अन्य देशों के उदाहरण हैं। यदि कल इस देश में कोई संकट उपस्थित हुआ तो क्या स्थिति होगी? जब तक आप एक राष्ट्र का निर्माण नहीं करते और प्रत्येक व्यक्ति में यह भावना उत्पन्न नहीं करते कि देश के मामलों में उसका भी हाथ है और यह देश उसका अपना देश है और इसी भावना को बनाये रखते हैं कि देश के एक भाग का दूसरे भाग पर प्रभुत्व है तब तक मुझे विश्वास है कि देश न तो सुरक्षित रह सकता है और न उसकी उन्नति हो सकती है। श्रीमान्, इन शब्दों के साथ मैं हिन्दी-भाषी लोगों से फिर अपील करता हूँ कि वे प्रभुत्व रखने और हुक्म देने के रुख को त्याग दें और अन्य लोगों के साथ अपने लिए भी जगह बनायें।

सतीश चन्द्र सामन्त (पश्चिमी बंगाल : जनरल)—अध्यक्ष महोदय, मैंने संशोधन संख्या 225 और 278 का प्रस्ताव रखा है। संशोधन संख्या 223 में मैंने यह प्रस्ताव रखा है कि बंगला को भारत की राजभाषा अथवा राष्ट्रभाषा के रूप में स्वीकार किया जाये। भाषा के संबंध में यह कहा जा सकता है कि बच्चे अपनी माता की गोद में ही भाषा सीख जाते हैं और जिस भाषा को वे बोलते हैं वह उनकी मातृभाषा कही जाती है। प्रत्येक व्यक्ति को अपनी मातृभाषा प्यारी होती है। इस समय अपने देश के प्रशासन के लिए हमें एक राजभाषा, एक राष्ट्रभाषा की आवश्यकता है। इसलिए विभिन्न प्रदेशों में प्रचलित भाषाओं तथा मातृ भाषाओं के संबंध में कोई विवाद नहीं होना चाहिए। मुझे किसी भाषा से कोई शिकायत नहीं है। मैं केवल इस आदरणीय सभा के विचारार्थ उसके सामने बंगला का प्रश्न रखना चाहता हूँ।

बंगला एक सुसम्पन्न भाषा है और उसका अपना दीर्घकालीन इतिहास है। उसका साहित्य प्राचीन तथा ओजस्वी है। उसका अपना शब्द विज्ञान आदि भी है। इसलिए यह अप्रासंगिक न होगा कि मैं सभा की स्वीकृति के लिए बंगला के प्रश्न को उसके सामने रखूँ। मैं यह जानता हूँ कि मेरे अधिकांश मित्र एक ऐसी भाषा को स्वीकार करने पर तुले हुए हैं जो अन्य भाषाओं की अपेक्षा भारत के लोगों को अधिक सुबोध होगी। मेरा यह निवेदन है कि किसी भाषा को स्वीकार करने की कसौटी यह नहीं होनी चाहिए कि वह अधिक लोगों को सुबोध है। अन्य बातों पर भी विचार करना चाहिए। जब हम किसी भाषा को अपनी राजभाषा अथवा राष्ट्रभाषा बनायें तो हमें यह आशा करनी चाहिए कि वह इस योग्य है कि हम उसे एक अन्तरराष्ट्रीय भाषा बना सकेंगे। इस दृष्टि से हमें देखना चाहिए कि भारत की किस भाषा ने अन्तरराष्ट्रीय जगत में स्थान प्राप्त किया है, भले ही वह थोड़ा-सा ही क्यों ना हो। मेरा निवेदन है कि ऑक्सफोर्ड और वार्सा के समान विदेश के विश्वविद्यालयों में बंगला की शिक्षा दी जाती है और अमरीका के हार्वर्ड विश्वविद्यालय में रवीन्द्रनाद की शिक्षा दी जाती है। पेरिस, म्यूनिख, मास्को और रोम की भाषा संबंधी संस्थाओं में भी उसे स्वीकृति प्रदान की गयी है। इसलिए मेरा यह निवेदन है कि बंगला के कुछ अन्तरराष्ट्रीय संबंध हैं। अब बंगला की शब्दावली पर विचार कीजिए।

वैज्ञानिक शब्दावली के प्रश्न को लीजिए। सर पी.सी. राय, शान्ति निकेतन के जगदानन्द राय, बंग वासी कॉलेज के स्वर्गीय प्रिंसिपल जी.सी. बोस ने तथा राजेन्द्र सुन्दर त्रिवेदी और अन्य लोगों ने बंगाली की वैज्ञानिक शब्दावली तैयार करने के लिए अथक परिश्रम किया। बंगला की मासिक पत्रिका ज्ञान–विज्ञान वैज्ञानिक शब्दावली के विकास के संबंध में ही निकलती है। बंगला में यह सब चीज़ें हैं।

इन बातों के अतिरिक्त मेरा आपसे निवेदन है कि आप आदरणीय कवि, गुरुदेव, श्री रवीन्द्र नाथ ठाकुर के संबंध में भी विचार करें। उन्होंने विश्व भारती की स्थापना की थी जिसमें उन्होंने बंगला तथा अन्य भारतीय भाषाओं तथा कुछ अन्य देशों की भाषाओं की शिक्षा का प्रबन्ध किया था। भारत में ही नहीं बल्कि सारे संसार में रवीन्द्र नाथ के नाम से हर कोई व्यक्ति परिचित है। इस सभा में भी कोई स्त्री या पुरुष ऐसा नहीं है जो इस नाम को न जानता हो। रवीन्द्र नाथ के गीति काव्य को तथा गीतों को सभी लोग सीखते हैं और गाते हैं। संसार की कई भाषाओं में उनका अनुवाद हो चुका है और अमोल रत्नों के समान उनका संग्रह किया गया है। कलकत्ता विश्वविद्यालय में स्नातक कक्षाओं से ऊपर की कक्षाओं में भी सभी भारतीय भाषाओं की शिक्षा दी जाती है।

एक अन्य बात की ओर मैं आपका ध्यान आकृष्ट करना चाहता हूँ और वह यह है, अब हमारा राष्ट्र स्वतंत्र हो गया है। अपने स्वातंत्र्य–संग्राम में हमें महान गीत वन्दे मातरम् से प्रेरणा मिली है। इस मंत्र के लिए सहस्रों लोगों ने बलिदान किया। वन्दे मातरम् के लिए सहस्रों लोगों ने अपना धन, सम्पत्ति सभी कुछ बलिदान कर दिया। इस गीत से भारत के प्रत्येक व्यक्ति को प्रेरणा मिली थी। इस गीत को बंकिमचन्द्र चटर्जी ने रचा था और यह हमें उनकी पुस्तक 'आनन्द मठ' से प्राप्त हुआ था। आप अपनी राष्ट्रभाषा और राजभाषा को चुनने जा रहे हैं, इस कारण मैं आपके दिल व दिमाग को इस ओर आकृष्ट करना चाहता हूँ।

श्रीमान्, मेरा किसी भाषा से कोई झगड़ा नहीं है। मैं आपका ध्यान इस ओर दिलाना चाहता हूँ कि बंगला में 1200 ई. से ही अरबी, तुर्की और फारसी से शब्द लिए जाते रहे हैं। बाद को उस भाषा में पुर्तगाली, फ्रांसीसी और अंग्रेजी भाषाओं से भी शब्द लिए जाते रहे। यद्यपि आरम्भ में बंगला प्राकृत थी, और इस कारण उसमें बहुत से शब्द संस्कृत के हैं, किन्तु उसमें इन भाषाओं से भी शब्द लिए जाते रहे हैं। जब आप राष्ट्रभाषा तथा राजभाषा को चुनें तो इस पर भी विचार करें।

बंगला में प्राचीन प्रथाएँ, संस्कृत, साहित्य सभी कुछ हैं। इसके अतिरिक्त मेरा यह भी निवेदन है कि बंगला ने अन्य दिशाओं में भी प्रगति की है। बंगला की टाइप की मशीन भी है और मेरे माननीय मित्र तथा इस सभा के सदस्य आनन्द बाजार पत्रिका के श्री सुरेश चन्द्र मजूमदार ने बंगला की लिनोटाइप मशीन बनाई है। 1915 से बंगला की शीघ्र लिपि चलन में है। इस प्रकार इस भाषा में राजकीय कार्य आसानी से किया जा सकता है। भारत में इस कार्य के लिए वह बहुत उपयुक्त प्रमाणित होगी।

श्रीमान्, इस संबंध में बहुत से विवाद चल पड़े हैं और मैं उनमें से किसी में भी नहीं पड़ना चाहता। मैंने आपके समक्ष बंगला के पक्ष में तर्क उपस्थित किये हैं किन्तु जहाँ तक मेरा संबंध है मैं उस भाषा को स्वीकार करने के लिए तैयार हूँ जिसे इस सभा के अधिकांश सदस्य स्वीकार करेंगे। किन्तु उस भाषा को इस सभा के कम से कम तीन चौथाई सदस्य स्वीकार करें क्योंकि यदि इससे कम संख्या हुई तो फिर विवाद होगा और लोग उसे हृदय से स्वीकार नहीं करेंगे। इसमें कोई संदेह नहीं कि जिन लोगों को राष्ट्रभाषा सीखनी होगी उनके लिए कुछ कठिनाई होगी। हम भारतीयों ने

अपने देश को स्वतंत्र करने के लिए बहुत कष्ट सहन किये हैं और बलिदान दिये हैं। क्या आप अपनी राष्ट्रभाषा के लिए कुछ कष्ट सहन नहीं कर सकते हैं? हमें और प्रत्येक व्यक्ति को इतना बलिदान करने के लिए तैयार रहना चाहिए। ज़िम्मेदारी हमारी ही है। हमें उस भाषा को चुनना चाहिए जिसे सभी लोग स्वीकार कर सकते हैं और जिसके लिए थोड़ा बहुत त्याग कर सकते हैं। संस्कृत की चर्चा की गयी है। हिन्दी की चर्चा की गयी है। मैं उनके विरोध में कुछ नहीं कहने जा रहा हूँ क्योंकि प्रत्येक भाषा का आदर करना चाहिए। मैं यहाँ अपने मित्रों से प्रार्थना करता हूँ कि वे विवाद में न पड़ें। वे अपने तर्कों को शान्तिपूर्ण तथा न्यायपूर्ण ढंग से उपस्थित करें ताकि एक ऐसी भाषा चुनी जा सके जिसे हम सभी स्वीकार कर सकें। श्रीमान्, इन शब्दों के साथ मैं सिफ़ारिश करता हूँ कि मेरा प्रस्ताव स्वीकार कर लिया जाये।

अलगू राय शास्त्री (संयुक्त प्रान्त : जनरल)—अध्यक्ष महोदय, मैं तो आपकी आज्ञा से यह निवदेन करना चाहता हूँ कि श्री माननीय गोपालस्वामी आयंगर जी ने जो अपना संशोधन पेश किया है उसके स्थान पर वह छोटा-सा संशोधन स्वीकार किया जाये जो मैं रख रहा हूँ।

That in amendment No. 65 above, for the proposed new part XIV-A, the following be substituted:–

"NEW PART XIV A

301-A. (1) The official language of the union shall be Hindi in Devnagri script.

(2) Notwithstanding anything contained in clause (1) of this article, it shall be open to the government of the union to use english for the purposes for which it has been in use all these years, during a transition period extending over 15 years at the most.

(3) It shall be the duty of the government of the Union to encourage the progressive use of Hindi in Devnagri Script in governmental affairs in such a manner that after the end of the said transition period of 15 years Hindi may replace English completely."

[उपरोक्त संशोधन संख्या 65 में प्रस्तावित नवीन भाग 14-क के स्थान पर निम्नलिखित रखा जाये—

नवीन भाग 14-क

301-क (1) संघ की राजभाषा हिन्दी और लिपि देवनागरी होगी।

(2) इस अनुच्छेद के खंड (1) में किसी बात के होते हुए भी इतने वर्षों तक जिन प्रयोजनों के लिए अंग्रेजी काम में आती रही है, उन प्रयोजनों के लिए अन्तरिम काल में अधिक से अधिक पंद्रह वर्ष तक उसे प्रयोग करने की संघीय सरकार को स्वतंत्रता होगी।

(3) संघ की सरकार का यह कर्त्तव्य होगा कि वह राजकीय कार्यों के लिए देवनागरी लिपि सहित हिन्दी के उत्तरोत्तर प्रयोग को इस प्रकार प्रोत्साहित करे कि पंद्रह वर्ष के पश्चात् हिन्दी अंग्रेजी का पूर्ण स्थान ले ले।]

जो संशोधन गोपालस्वामी आयंगर जी ने उपस्थित किया है, उसको देखा जाये तो वह अपने तरीक़े की एक पुस्तक बन जाता है। हम विधान बना रहे हैं। उसमें मौलिक सिद्धान्तों का उल्लेख होना चाहिए। धारा 99 जो कि ड्राफ्टिंग कमेटी ने पहले तैयार की थी उसमें केवल इतने ही शब्द

आये थे कि पार्लियामेन्ट की भाषा हिन्दी होगी, या अंग्रेजी होगी। थोड़े ही में यह बात समाप्त कर दी गयी थी। किन्तु अब जो संशोधन हमारे सामने आया है उसमें अनेक बातों का समावेश है। बहुत-सी चीज़ें उसमें मिला दी गयी हैं। जब मैंने शुरू में ड्राफ्टिंग कमेटी की धारा पढ़ी थी तो मैं यह समझता था कि हिन्दी या इंग्लिश के ही कह देने से भाषा का पूरा रूप हमारे सामने आ जाता है। अंग्रेजी तो एक अनिवार्य चीज़ इसलिए बन गयी है कि हमारा देश बहुत दिनों से, लगभग दो सौ वर्ष से, अंग्रेजी साम्राज्यशाही के नीचे दबा रहा है और जो हमारे विदेशी शासक थे उनकी भाषा हमारे ऊपर लाद दी गयी थी। उस लादी हुई भाषा से कोने-कोने में हमारे केन्द्रीय शासन में भी, अंग्रेजी का बोलबाला हुआ, और उसका साम्राज्य भी। आज वह बहुत ऊँचे आसन पर प्रतिष्ठित दिखलाई देती है। कल तक तो वह इस देश की स्वामिनी थी। लेकिन जब हमने अपनी स्वतंत्रता का आन्दोलन शुरू किया था तब हमारे सामने आदर्श क्या था। हम क्या समझते थे स्वतंत्रता के आन्दोलन का अर्थ? हम स्वतंत्रता चाहते थे। अंग्रेजी साम्राज्यशाही से स्वतंत्रता चाहते थे तो उसमें हमको अपने स्वराज्य की कल्पना करते हुए यह बात सफाई से दिखलाई पड़ती थी कि हमारा स्वराज्य होगा। ''स्व'' शब्द संस्कृत का शब्द है। यह शब्द हिन्दी में भी जैसे का तैसा ले लिया गया है। तो ''स्व'' शब्द के अर्थ में अपनी जो हमारी इंडिविजुएलिटी है, जो हमारा व्यक्तित्व है, जो कुछ हम हैं, वह सब आता है। उसका राष्ट्रीय अर्थ था कि हम एक राष्ट्र हैं, हम एक जाति हैं, हम एक देश हैं, हमारा एक पुराना इतिहास है। हमारी एक भाषा है और उस भाषा में हमारे पास साहित्य है। उस भाषा का रूप हम बतलाते रहे हैं। उस भाषा में वैदिक संस्कृति का एक रूप हमारे सामने रहा है। जिसका एक काफ़ी अर्से तक प्रभुत्व था। किन्तु भाषा एक जगह टिकती नहीं। जिस अंग्रेजी भाषा का बड़ा भारी महत्त्व रोज बताया जाता है उसका पुराना नमूना क्या था? उसमें किस प्रकार से पहले किंग शब्द लिखा जाता था? और आज कैसा लिखा जाता है? "Kynge" अभी मैं पढ़कर आया हूँ, पुराना स्टाइल। उसका तलफ्फुज, उसके लिखने का तरीक़ा, सब भिन्न था। थोड़े से शब्दों में यह अंग्रेजी भाषा बोली जाती थी। कार्ल मार्क्स ने इण्डस्ट्रीयल रिवोल्यूशन इंग्लिस्तान के बारे में जो लिखा है वह मौजूद है। जब विदेशों में उनके व्यापार को फैलाने के लिए इंग्लिस्तान के खेतिहरों की जमीनें ले ली गयी थीं और उन पर भेड़ों के पालने के लिए फार्म खोले गये जिराके ऊपर ''ऊजड़ गाँव'', ''डेजर्टेड विलेज'' नाम की पुस्तक अंग्रेजी में लिखी गयी, तो उसका चित्रण करते हुए एक हिस्टोरियन ने पुरानी अंग्रेजी में, गाँव में जो दुर्व्यवस्था फैल गयी थी उसका चित्रण किया है। कार्ल मार्क्स ने यह चित्रण अपनी ''कैपिटल'' नामक पुस्तक में दिया है। उस चित्रण की भाषा पुरानी अंग्रेजी का सुन्दर उदाहरण है।

उस अंग्रेजी भाषा से आज की अंग्रेजी भाषा का कोई ताल्लुक नहीं है। रसकिन, डिकेन्स, शेक्सपियर और मिल्टन की अंग्रेजी और पुरानी अंग्रेजी के स्टाइल में अन्तर है, भाषा एक सी नहीं रहती, भाषा रूपान्तरित होती रहती है, उसका विकास होता रहता है। उसी वैदिक संस्कृत के स्रोत से हमारी वह भाषा उत्पन्न हुई जो हमारी राष्ट्रभाषा होने जा रही है तो हम अपने स्वरूप में प्रकट होना चाहते थे। पराधीनता की बरफ के नीचे हमारे जातीय जीवन के गुलाब का पौधा दबा हुआ था, उसकी पत्तियाँ सूख गयी थीं, फूल सूख गये थे, एक सूखा डंठल बाकी था। हम समझते थे कि बसंत आयेगा, हम समझते थे कि बरफ पिघलेगी और हम जागेंगे और हमारा गुलाबी जीवन विकसित होगा। हमारे जातीय जीवन के गुलाब में गुलाब के ही फूल फूलेंगे। हमारे देश को सदियों की गुलामी में दबा रहना पड़ा है। हमारे इस हरे-भरे मैदान में बाहर से बहुत दफा आक्रमण हुए

हैं और उन आक्रमणों का फल यह हुआ है कि हम पर पराधीनता का बोझा हो गया, उस पत्थर के नीचे हमारा जातीय जीवन दब गया और हम उससे अपने को निकालने का उद्योग करते रहे हैं। उस उद्योग का एक रूप था और वह था हमारी राष्ट्रीय स्वतंत्रता का आन्दोलन। उन आन्दोलनों से हम गुजरे हैं। उनका एक लम्बा इतिहास है। उस इतिहास की सबसे आख़िरी कड़ी वह लड़ाई की कड़ी है जिसने हमको ब्रिटिश साम्राज्यशाही से लोहा लेने के लिए विवश किया था। सन् 18 57 का आन्दोलन, जिसे बलवा या विद्रोह कहा जाता है, उसका एक प्रतीक था। उसमें जो चित्र हमको दिखलाई पड़ते हैं। जब ऑब्जेक्टिव रिजोल्यूशन, जब लक्ष्य का प्रस्ताव, यहाँ उपस्थित था उस समय में बोला था और मैंने कहा था कि उस आन्दोलन में जो चित्रपट है उसमें एक तरफ झाँसी की रानी दिखलाई पड़ती है, दूसरी तरफ बहादुर शाह दिखलाई पड़ते हैं। हमको दिखलाई पड़ती है अवध के नवाबों की बेगमें एक तरफ और दूसरी तरफ हमें दिखाई पड़ते हैं टीपू सुल्तान। उसी में हमें ताँतिया टोपे, नाना फड़नवीस दिखाई देते हैं, जिन सबके मिले हुए रक्त से जो धारा बही थी उसी से हमारी स्वतंत्रता की भावना का जो सुन्दर वृक्ष था वह पल्लवित हुआ था और बढ़ा था, और अन्त में महात्मा गाँधी के नेतृत्व में हम लोगों ने वह दिन देखा कि आज इस भवन में उस महापुरुष का अभिनन्दन करते हैं और हम स्वतंत्र हुए हैं। स्वतंत्र हम हुए तो हमारी "स्व" भी विकसित होना चाहिए, हमारा जीवन विकसित होना चाहिए।

हमारे जीवन का भी कोई इतिहास है। कुछ लोग कहते हैं कि हमारी भाषा नहीं है, हमारा कुछ नहीं है, हमें सब कुछ निर्माण करना है। मैं विनयपूर्वक कहूँगा कि हमारी एक राष्ट्रीय भाषा है, एक ऐसी भाषा कि जिसको अधिकांश आदमी इस देश में समझते हैं, यह मेरा अनुभव है। सन् 1942 में मैं बम्बई से आया और भागा हुआ फ्रंटियर गया। आज खान बन्धु यहाँ दिखाई नहीं देते, इससे हृदय को वेदना होती है। मैंने दरयाये सरआब के किनारे उनके कैम्प में फ्रंटियर गाँधी के दर्शन किये थे। वहाँ मैं जिन वालंटियरों से बात करता था तो पश्तों में नहीं करता था और न अंग्रेजी में करता था। मैं सीधी सादी हिन्दी में बोलता था, जैसा कि आज बोल रहा हूँ, और उसको वह सब समझते थे। मैं सन् 1928 में मद्रास गया, लाला लाजपत राय के साथ, और वहाँ भी मैंने लोगों से बात की। अंग्रेजी बोलने का मुझे अभ्यास नहीं है, इसलिए मैं हिन्दी में ही बोलता था और लोग मुझको समझते थे और मुझसे बातचीत करते थे। मैंने काकीनाडा कांग्रेस के अवसर पर जब स्वर्गीय जमनालाल जी बजाज की अध्यक्षता में हिन्दी साहित्य सम्मेलन हुआ था तो कुछ बालिकाओं को कविता पाठ करते सुना था। उन्होंने इतनी अच्छी तरह कविता पाठ किया कि उतनी अच्छी कविता हम उत्तर भारत के लोग, जो कि हिन्दी जानने का नाज़ करते हैं, शायद न पढ़ सकें। हिन्दी एक अन्त:प्रान्तीय भाषा है जिसको हम राष्ट्रभाषा बनाने का संकल्प कर रहे थे और यह महात्मा गाँधी की प्रेरणा है जिससे यह कल्पना हमारे सामने आई। हमको स्वतंत्र होना था, अंग्रेजों को जाना था। अंग्रेज जाते तो अपने साथ अपनी भाषा भी लेकर जाते और हमको अपनी भाषा को बोलने का अवसर मिलता। अंग्रेजों की भाषा हमने स्वेच्छापूर्वक नहीं सीखी थी। यह तो लार्ड मैकाले की स्कीम थी कि उनको सस्ते क्लर्क चाहिए थे जिससे हमको उन्होंने पढ़ाया। जिन लोगों ने उस भाषा को शुरू में सीख लिया, वह उस शासन व्यवस्था के साथ अधिक सम्पर्क में आ गये और उस हुकूमत के साथ उनके मिल जाने के कारण उनको उससे स्वाभाविक रूप से ममता हो गयी है। लेकिन जब स्वतंत्रता आती तो वह अपनी भाषा लेकर आती, अपना वेष लेकर आती, अपनी भावनाओं को लेकर आती, अपनी कामनाओं और आकांक्षाओं को लेकर आती और वह आई है।

"भाषा भेष और भोजन है जिसको अपना प्यारा।
उस पर कभी नहीं चलने को है औरों का चारा।"

इस भावना के कारण हमें अपनी राष्ट्रीय भाषा को लाने की स्वाभाविक प्रेरणा थी। वह क्या भाषा है? इसमें संदेह नहीं कि जितनी भाषाएँ इस देश में बोली जाती हैं उनकी जननी संस्कृत है। संस्कृत ही से जितनी यहाँ की भाषाएँ हैं उनका जन्म हुआ है और संस्कृत के अक्षय भंडार से सब भाषाओं ने अपने शब्द लिए हैं। लेकिन वह जो वृद्धा माता है आज वह इस तख्त पर नहीं बैठ सकती। उसकी इन बेटियों में जो ज्येष्ठा हो और श्रेष्ठ हो और सबसे बड़ी हो, वह बैठ सकती है। इस देश में बहुत से पुरुष हैं, पर श्रीमान् जी, परमात्मा ने आपको इस योग्य बनाया है कि आप इस आसन पर विराजमान हैं और हमारी कामना है कि इंडिया को रिपब्लिक घोषित होने पर आप ही उसके पहले अध्यक्ष बनें। कौन इस पद को नहीं चाहता मगर उस आसन पर बैठने की सबमें योग्यता नहीं है। हम चाहते हैं कि जो हमारी पहली विधान परिषद् का अध्यक्ष है वही रिपब्लिक का अध्यक्ष हो तो इसमें क्या हम कोई बड़ी अतिशयोक्ति करते हैं या कोई लोभ प्रदर्शित करते हैं।

अध्यक्ष—आप यह असंगत बात कहते हैं।

अलगू राय शास्त्री—जब हम इस विषय पर विचार करते हैं कि कौन राष्ट्रभाषा हो तो यह तो सब मान लेते हैं कि अंग्रेजी राष्ट्रभाषा नहीं हो सकती। तो फिर जो भाषाएँ प्रचलित हैं उनमें कौन हो सकती है? हिन्दी को ही अन्तर्प्रान्तीय भाषा होने का गौरव प्राप्त है। इस देश के अधिकांश पुरुष, स्त्रियाँ और बच्चे इसी भाषा को बोलते हैं। कुछ भाइयों ने कहा है कि उनका साहित्य ऊँचा है। हम तसलीम करते हैं कि उनका साहित्य ऊँचा होगा। किन्तु वह यह बताएँ कि क्या उस भाषा में बोलने वालों की संख्या ईमानदारी के साथ उस संख्या से अधिक है जो कि इस भाषा में बोलने वालों की है। अगर नहीं है तो अधिकांश आदमी जिस लिपि को, जिस भाषा को समझते हैं, वही भाषा होनी चाहिए, अंग्रेजी को रिप्लेस करने के लिए या कोई दूसरी भाषा होनी चाहिए। हिन्दी की होड़ है अंग्रेजी के साथ। उसकी बंगाली से होड़ नहीं है, तेलुगू से होड़ नहीं है, तामिल से होड़ नहीं है, कनाड़ी से होड़ नहीं है, पश्तो या किसी दूसरी भाषा से नहीं है। उसकी होड़ तो केवल अंग्रेजी से है। अंग्रेजी हुकूमत गयी, अंग्रेज गवर्नर जनरल और गवर्नर गये। अब भारतीय गवर्नर और गवर्नर-जनरल हैं। अब भारतीय भाषा भी होनी चाहिए। सब बातों को देखने से, उसकी सरलता और सुगमता को देखने से हिन्दी को ही वह महत्त्व प्राप्त हो सकता है। हिन्दी वालों को न किसी से कोई कलह है, न कोई द्वेष है। केवल हिन्दी को ही यह सौभाग्य प्राप्त है कि इस भाषा को सब जानते हैं और यह सर्वप्रिय है। तो इसके लिए किसी के मन में यह रोष क्यों हो कि हिन्दी भाषा वाले चाहते हैं कि अन्य भाषाओं पर वह अपनी भाषा लाद दें। यह प्रश्न नहीं है। लादना तो आप चाहते हैं ड्राफ्टिंग कमेटी लादना चाहती है, जिसने हिन्दी के लिए लिखा है कि वह राज्य की पार्लियामेन्ट की भाषा होगी। दूसरी भाषाओं को यह स्थान प्राप्त नहीं है। और भाषाएँ प्रान्तीय भाषाएँ हैं। हो सकता है कि इक्के-दुक्के आदमी उसको प्रान्त के बाहर बोलते हों, पर किसी भाषा को यह गौरव प्राप्त नहीं है कि वह अन्तर्प्रान्तीय हो। यह भाषा यू.पी. में, बिहार में, सी.पी. में, मध्य भारत में, राजपूताना में और पेशावर में भी बोली जाती हैं और सभी जगह समझी जाती है। इतना बड़ा जिसका व्यापक क्षेत्र है उसी को राष्ट्रभाषा बनाना चाहिए। इसको राष्ट्रभाषा बनाने में कोई गौरव मुझे नहीं है जो कि हिन्दी बोलता हूँ, वरन् यह गौरव उनको है जो हिन्दी उतनी तेजी से नहीं बोल सकते हैं, जिनको इस पर इतना कंट्रोल या अधिकार और अभ्यास नहीं है, परन्तु फिर भी वे स्वीकार करते हैं कि

वह सरल है, सुगम है। इसकी लिपि की विशेषता कुछ मैं कहूँगा। मेरे एक भाई ने तो कहा कि रोमन लिपि होनी चाहिए। वे विद्वान हैं। श्री एन्थनी के विद्वान होने में कौन शक कर सकता है? किन्तु इस संबंध में आप विचार करें। लिपियाँ दो प्रकार की होती हैं—एक शीघ्र लिपि और एक सामान्य लिपि। सामान्य लिपि के लिए यह आवश्यक है कि जो अक्षर और जो शब्द जिस तरह बोला जाता हो वैसे ही लिखा जा सके, जैसे मेरा चित्र मेरे सामने आ जाये। यह तो है लांग हैंड की विशेषता। यह तो हुई सामान्य लिपि की विशेषता। शार्टहैंड में तरह-तरह की योजना बनानी पड़ती है और तरह-तरह के ढंग निकालने होते हैं। जिससे थोड़े से चिह्नों में ज़्यादा बात लिखी जा सके। हम बचपन में बच्चों को जब पढ़ाते हैं तो अ, आ के अक्षर से शुरू करते हैं। अगर हम बोलें 'ए' और काम लें उस ध्वनि से हम ''अ'' और ''आ'' का तो यह उचित नहीं हो सकता है। इस तरह से अगर लड़के की पढ़ाई हो तो वह एक ग़लत ट्रेनिंग होगी। अंग्रेजी या रोमन लिपि से ए.बी.सी.डी. आदि अक्षरों का ताल्लुक है। बोलने को ''ए' 'बी'' और काम लेना है ''अ'' ''आ' ''ब'' का। बोलें ''सी'' और उससे काम लें ''क'' ''का'' और ''स'' का। इस तरह तो यह कोई भाषा नहीं है और यह लिपि के साथ कोई न्याय नहीं है। रोमन लिपि में जब हम अक्षरों को बोलते हैं और जो अक्षर पढ़े जाते हैं तो उनसे मालूम होता है कि वह हमारे साथ एक अन्याय है। शार्टहैंड में पिटमैन ने जो पद्धति तैयार की है और जो यहाँ पर शार्टहैंड के रिपोर्टर बैठे हैं, वे सब जानते हैं कि पिटमैन ने भी हिन्दी को ध्वनि की पद्धति पर अवलम्बित जो स्क्रिप्ट है उसको स्वीकार किया है। उससे ''क'' ''ख'' ''ग'' इस प्रकार के अक्षरों की ध्वनि के अनुकूल माना है।

शार्टहैंड वालों ने भी इस सिस्टम को आसान समझा है और उसको मान लिया है। इसलिए यह विवाद ख़त्म हो जाता है कि लिपि में कौन सुन्दर है। लिपि की दृष्टि से ना रोमन लिपि आ सकती है और ना कोई दूसरी लिपि, देवनागरी के सामने आ सकती है। उर्दू की लिपि में भी वही दोष है जो रोमन लिपि में है। उर्दू लिपि में भी अक्षरों का उच्चारण, उनकी ध्वनिएँ कुछ हैं और काम उनसे कुछ और लिया जाता है। बोलेंगे ''अलिफ'' और काम लेंगे उससे ''अ'' और ''आ'' तथा ''ए'' का। बोलेंगे ''लाम'' काम लेंगे ''ल'' का। लोकाट लिखना होगा तो ''लाम'' ''वाब'' ''काफ'' ''अलिफ'' और ''टे'' अक्षरों का प्रयोग करेंगे। ध्वनि के साथ इसका कोई संबंध नहीं है। यह कैसा अन्याय है? सामान्य लिपि के लिए ऐसा करना उचित नहीं। शार्टहैंड के लिए ही अक्षरों को तोड़ा मरोड़ा जा सकता है। परन्तु उसमें भी मैं कह चुका हूँ कि ध्वनि के आधार पर ही अक्षरों को लेना चाहिए। हिन्दी की जो लिपि है और उसकी जो वर्णमाला है वह बहुत ही सरल है और बहुत ही सुगमता से वह सीखी जा सकती है। उसके स्वरों का उच्चारण भी बहुत सुन्दर और सरल है। बहुत आसानी के साथ उसका उच्चारण किया जा सकता है। इसका उच्चारण साफ है। स्वरों में ''अ'' का उच्चारण आता है। इसके बदले में कोई और स्वर नहीं है। ये सब स्वर वैज्ञानिक तरीक़े पर हैं। उनकी कुछ कैटेगरी हैं जैसे अकुहविजर्सनीयनां कंठः, इचुयशानां तालुः ''अ'' कवर्ग तथा ''ह'' कंठ से और ''इ'' चवर्ग ''ग'' और ''श'' तालु से निकलते हैं। इसी प्रकार दूसरे अक्षरों को अलग-अलग वर्गों में बाँटा गया है। अलग-अलग अक्षरों और वर्गों के अलग-अलग देवता हैं। किसी का इन्द्र, किसी का वरुण इत्यादि। तो हमारी वैज्ञानिक आधार पर जो यह भाषा है उसको समझने में किसी भी विद्यार्थी को कठिनता नहीं होती है, वह कुछ ही सप्ताह में उसकी वर्णमाला को आसानी से सीख सकता है और अच्छी तरह से उसको ज्ञान हो जाता है। मैं समझता हूँ कि ड्राफ्टिंग कमेटी के विद्वानों ने और क़ानून विशारदों ने भी इस बात का अनुभव किया है और उन्होंने

हिन्दी भाषा को ड्राफ्ट में लिखा है और हिन्दी कहते ही उसकी लिपि, देवनागरी लिपि, स्वयं सामने आ जाती है। जब हम अंग्रेजी भाषा कहते हैं तो उसकी लिपि रोमन हमारे सामने आ जाती है। यह अंग्रेजी भाषा, हमारी भाषा इन पंद्रह वर्षों के लिए होगी। हमारे काम चलाने के लिए यह भाषा होगी, इसको हम इंकार नहीं कर सकते हैं और इसको हम हटा भी नहीं सकते हैं। अंग्रेजी भाषा को हम 15 वर्ष तक सरकारी काम चलाने के लिए अवश्य रखेंगे। 15 वर्ष के अन्दर जो हमारे सरकारी नौकर हैं वह इसका काफ़ी ज्ञान प्राप्त कर लेंगे और काफ़ी अच्छी तरह से और आसानी से वे उसे सीख सकते हैं। 15 वर्ष का समय काफ़ी है और हिन्दी भाषा ऐसी कठिन नहीं है कि हमारे सरकारी कर्मचारी उसको नहीं सीख सकें। जब हमारे आई.सी.एस. के आदमियों को दो साल की ट्रेनिंग में कई भाषाओं को सीखना पड़ता है और वे उसका ज्ञान प्राप्त कर लेते हैं तो इसमें कोई शक नहीं है कि वह हिन्दी भाषा को उस 15 वर्ष के अन्दर सीख सकेंगे। जो लोग स्वतंत्र सरकार के कर्मचारी हैं, जिनको काफ़ी ज्ञान है, वह अवश्य इन वर्षों में हिन्दी भाषा का ज्ञान अच्छी तरह से प्राप्त कर सकते हैं, क्योंकि उनमें योग्यता है, और उन्हें पूरी सुविधा है और पर्याप्त अवकाश।

अंग्रेजी भाषा हमारे देश की किसी प्रान्त की भाषा नहीं है, न वह किसी जगह की सरकारी ही भाषा है। यह भाषा तो विदेशी सरकार के जो शासक थे उनकी भाषा है। उनके लाभ के लिए, उनके दफ्तर में कर्मचारियों के काम करने की भाषा है। जब उन्होंने इस भाषा को मेहनत करके सीख लिया है और उस पर अधिकार प्राप्त कर लिया है, जबकि वह भाषा एक विदेशी भाषा थी, इस देश में उसका जन्म नहीं हुआ, वह विदेशियों के जरिये इस देश में लाई गयी थी और जिन्होंने अपनी सुगमता के लिए अपने राज्य का काम चलाने के लिए इसको इस देश में थोपा था, उनकी यह भाषा थी, तो मैं आपसे यह पूछना चाहता हूँ कि क्या आप इतना परिश्रम अपनी भाषा ''हिन्दी'' को सीखने के लिए नहीं कर सकते हैं? अंग्रेजी भाषा को सीखने के लिए जब आपने इतने कष्ट सहे हैं तो हिन्दी भाषा तो उससे भी सरल है और थोड़ी सी मेहनत करने पर वह सरलता से सीखी जा सकती है।

हमारे जो नन्हें से बच्चे हैं उनको इस भाषा के सीखने में कोई कठिनाई नहीं हो सकती है। हमारे जो कर्मचारी हैं वह बहुत तो रिटायर हो जायेंगे और फिर 15 वर्ष का जो अवकाश दिया गया है वह बहुत ज़्यादा है, उसमें वह सरलता से और सुगमता से इस भाषा को सीख सकते हैं। यदि हमें अपनी राष्ट्रभाषा बनानी है, उसका निर्माण करना है, तो हमें उसमें योग्यता हासिल करनी चाहिए। दूसरी भाषाओं से उसकी कोई होड़ नहीं है। अंग्रेजी का तो प्रारम्भ से ही विकास हुआ है और सदियों से वह एक देश की राष्ट्रभाषा रही है और इन्होंने उसको दूसरे देशों में भी अपने लाभ के लिए थोपा। इस भाषा को सीखने से हमारे बच्चों की भी भावनाएँ वैसी ही हो जाती हैं और वह उसी तरह से सब बातों को देखने लगते हैं। अंग्रेजों के साथ हमें डोमिनियन में मिल कर नहीं रहना है। हम लोगों को इस बात का खयाल करना चाहिए कि स्वराज्य के साथ ही साथ हमारी भी एक भाषा हो जिससे जनता यह समझे और गर्व के साथ कह सके कि हमारी राष्ट्रभाषा हिन्दी और लिपि देवनागरी है। हम लोगों को ऊँच नीच बातों में नहीं पड़ना चाहिए। अगर हम इस तरह से अपनी राष्ट्रभाषा के मामले को सुलझायेंगे नहीं तो यह तरक्की भी नहीं कर सकेगी और हम लोग भी डूब जायेंगे।

इस्टोनिया और लिथवानिया जिन्होंने पिछली लड़ाई के बाद स्वतंत्रता की माँग की थी, उन्होंने यह कहा था कि हमारे ऊपर विदेशियों का आक्रमण हुआ और उन्होंने हमारी राष्ट्रभाषा को नष्ट

करना चाहा। हमने अपनी राष्ट्रभाषा की रक्षा की थी और उसकी रक्षा करने के लिए हम हर तरह से तैयार थे। ये नन्हीं-नन्हीं छोटी रियासतें हैं और हमारे ज़िले गोरखपुर के बराबर हैं। उन्होंने अपनी भाषा की रक्षा की थी और जर्मनों के आक्रमणों से अपने को बचाया था। उन्होंने विदेशी आक्रमण से अपने को बचाया था।

आज हमारी जितनी प्रान्तीय भाषाएँ हैं, हम उनका विकास चाहते हैं क्योंकि वे हिन्दी की प्यारी बहिनें हैं। उनमें से कई बहुत सुन्दर हैं और अच्छी हैं। मैं इस चीज़ का दावा नहीं करता कि सभी प्रान्तीय भाषाओं से हिन्दी का साहित्य ऊँचा है। मेरा तो मतलब केवल अन्तर्प्रान्तीय दृष्टि से यह है कि हिन्दी एक प्रान्त की नहीं बल्कि अनेक प्रान्तों की भाषा है। यही उसकी विशेषता है। दूसरे प्रान्तों में बड़े-बड़े कवि हुए हैं। इस चीज़ की तुलना मैं कबीर और तुलसी से नहीं करता। मैं इस चीज़ में नहीं जाना चाहता हूँ। मैं मानता हूँ दक्षिण में त्रिविल्लुवर का तामिल वेद कबीर की रचना के समान है या उससे अच्छा। इससे मेरा विवाद नहीं किन्तु मैं विनय से कहूँगा कि तेलुगू बोलने वाले इस देश में हिन्दी बोलने वालों से बहुत कम संख्या में होंगे। इस चीज़ से मुझे कोई सरोकार नहीं है कि एक प्रान्तीय भाषा का साहित्य दूसरे से बड़ा है या छोटा।

एक भाषा को लेना है, वह भाषा डिमोक्रेसी के सिद्धान्त से, बहुमत के हिसाब से, हमें लेनी होगी। सब दृष्टि से यह मानना पड़ेगा कि हिन्दी बोलने वालों की संख्या बहुत अधिक है और वह बहुत सरल और बहुत ऊँची पहुँची हुई है। सूर के साहित्य की एक दो मिसालें मैं आपके सामने रखता हूँ....

''पिया बिनु नागिनी कालड़ी रात।
कबहुंक यामिनि होति जुन्हैया,
डंसि उलटी ह्वै जात ।।
मंत्र न फुरत यंत्र नहिं लागत, आयु सिरानी जात।
सूर श्याम बिनु विकल विरहिणी, मुरि मुरि लहरी खात॥ 1॥

मैं पूछता हूँ कि आप किसी भाषा के साहित्य से उद्धृत कीजिए, मैं भी उसको सुनूँगा। इसकी तुलना का कोई पद उपस्थित कर दीजिए। एक से बढ़कर एक चीज़ भरी पड़ी है, देखिए तुलसी क्या कहते हैं?

अरुण पराग जलज भरि नीके।
शृशिहिं भूष अहि लोभ अमीके।

यह है तुलसी का पद।

अध्यक्ष—यह कांस्टीट्यूएंट असेम्बली है, कवि सम्मेलन नहीं है।

अलगू राय शास्त्री—मैं एक उदाहरण दे रहा हूँ। कहा जाता है कि हिन्दी भाषा अनडेवेलप्ड है, उसमें कुछ नहीं है। श्रीमान् जी, यह कहा गया है। तो मेरी समझ में आया कि मैं कुछ बताऊँ कि उसमें कुछ है। उसका बहुत बड़ा साहित्य है। लेकिन हम उसके साहित्य की वजह से उसको इस स्थान पर नहीं रख रहे हैं बल्कि इसलिए कि वह जनता की भाषा है। जो और भाषाएँ बोलते हैं उनसे अधिक बोलने वालों की यह भाषा है। उसका बहुत विस्तृत क्षेत्र है। इसलिए हम उसको अपना रहे हैं। और हम उसे नहीं अपना रहे हैं, आपको स्वयं उसे अपनाना पड़ रहा है। इसको हर एक व्यक्ति अपना रहा है। इसको हम स्वीकार कर रहे हैं और उसको स्वीकार करना आवश्यक हो गया क्योंकि हम विदेशी भाषा के स्थान पर स्वदेशी भाषा को रखना चाहते हैं। यह अनिवार्य

है ताकि हम अंग्रेजी को हटा सकें। जब हम इस प्रकार हिन्दी को अपनाते हैं तो मैं कहता हूँ कि उसकी लिपि तो मौजूद है ही जिस लिपि में कि ऋग्वेद लिखा गया है और जिस लिप में हनुमान चालीसा लिखा गया है। जिस लिपि में ऋग्वेद से लेकर तुलसीदास जी का हनुमान चालीसा लिखा गया है उसको देवनागरी लिपि कहते हैं। इसके लिए कोई दूसरी सुन्दर लिपि कहाँ से आवेगी? हमारी राष्ट्रभाषा की देवनागरी लिपि है और उसी के अंक हैं :

तुलसी के शब्दों में जैसे ''घटत न अंक नव (9) नव (9) के लिखत पहाड़'' यह 9 का अंक देवनागरी लिपि के अंतर्गत है। इसी प्रकार :

''जगते रहु छत्तीस है वै (36)
रामचरण छ तीन (63)।
तुलसी देखू विचारि हिय,
है यह मतौ प्रवीन॥ 1॥

तो यह अंक जिस तरह पहले लिखे गये हैं, जिस तरह से संस्कृत में ऋग्वेद में और यजुर्वेद में लिखे गये हैं उसी तरह से आज भी प्रचलित हैं। उस पर विवाद किस बात के लिए हो रहा है? लोग कहते हैं कि जरा-सी चीज़ के लिए आप मानते नहीं, आप आग्रह करते हैं, दुराग्रह करते हैं। मैं आपसे कहता हूँ कि जिस चीज़ को आप नन्हीं-सी चीज़ समझते हैं वह बहुत भारी विष वाली चीज़ हो सकती है। मैं कहता हूँ कि एक आदमी दो सेर दूध पी सकता है मगर एक मक्खी का नन्हा-सा सिर उसके साथ नहीं पी सकता है। वह चीज़ हजम नहीं हो सकती है। हम किस तरह से संख्या के रूप को विकृत कर दें और क्यों कर दें? किसके लिए कर दें? कुछ लोग कहते हैं कि (१) (1) एक तो बिल्कुल मिलता-जुलता है। मैं श्रीमान् जी आपके सामने एक सूबे की बात निवेदन करना चाहता हूँ। हमने अपने सूबे में ग्राम पंचायतों को बनाया है, गाँव सभाएँ बनाई हैं और पाँच-पाँच गाँव सभाओं के बाद अदालत पंचायत बना दी हैं। वह वहाँ पर चल रही हैं। हमारा सूबा छह करोड़ आदमियों का मुल्क है, हमारा सूबा इंग्लिस्तान से छोटा नहीं है, उससे बड़ा है। उस सूबे में हमने अपने गाँवों में पंचायतें बना डाली हैं। उनको टैक्स लगाने का अधिकार दिया गया है। वह आपना एकाउंट रखेंगी, रजिस्टर रखेंगी। अब वह हिसाब कैसे रखेंगे, वह इस तरह रखते हैं कि एक रुपया चार आने तीन पाई को 1)1 इस तरह लिखते हैं। चवन्नी का एक चिह्न है जिसके लिए एक पाई खींच देते हैं, जो अंग्रेजी में एक का चिह्न है, वह इस तरह हिन्दी में चवन्नी।) का चिह्न है। अगर इसको विकारी वक्र रेखा के बाद खींचा जाये तो एक पैसा हो जाता है।

हमने अपनी गिनती को यहाँ डेवेलप किया था, इसका विकास यहाँ किया था। क्या हम इस विकास के बाद इसे ठुकरा सकते हैं? कहा जाता है कि इंडस्ट्री नष्ट हो जायेगी और हमारी फौज़ में गड़बड़ी पड़ जायेगी। मैं कहता हूँ कि इंडस्ट्री में क्या दिक्कत पड़ने वाली है। जो कुछ मशीनरी हमें बाहर से मँगवानी पड़ेगी उसके लिए हम उनको डिजाइन दे देंगे। मामूली व्यापारी डिजाइन भेज देते हैं और बाहर से साड़ियाँ और दूसरी चीज़ें विदेशों से बनकर चली आती हैं और क्या विदेशों से ही हमारी सारी चीज़ें हम मँगवाते रहेंगे? हम उनको यहाँ ढालेंगे और उनको अपने अंक देंगे। हमारे अंक हमारे लिए सौभाग्य वाले हैं। हम लोग बड़ी संस्कृति के लोग हैं, हमारा एक बड़ा इतिहास है, हम दूसरों के साँमने घुटने टेकने नहीं जा रहे हैं कि तभी काम चलेगा। हम सब चीज़ें डेवेलप कर सकते हैं। हमारा देश उनके डेवेलप करने में समर्थ है।

अब जिन भाइयों को हिन्दी के सीखने में कठिनाई होती है तो वह देखेंगे कि हिन्दी अत्यन्त सुगम भाषा है। लेकिन यह सही है कि जितना जाल शासन–चक्र में अंग्रेजी का फैला हुआ है उसके कारण हम चाहें कि कल ही हिन्दी हो जाये तो उसमें कठिनाई होगी। मुझे दूसरे भाइयों के मुकाबले में हिन्दी बोलने में आसानी होती है। इस दृष्टि से अवश्य ही कुछ वर्ष उन भाइयों को देने होंगे जिससे कि वे अच्छी तरह से हिन्दी भाषा में, अच्छी मुहावरेदार भाषा में अपनी बातें कह सकें। वे उसी भाषा में सोच सकें, उसी में रो सकें, और उसी में गा सकें। भाषा वही होती है जिसमें गाया जा सके और रोया जा सके और इसके लिए समय चाहिए। इसको अच्छी तरह से सीखने के लिए समय चाहिए। तो इसके लिए समय देना आवश्यक है और वह समय पंद्रह वर्ष का पर्याप्त समय है। मैं समझता हूँ कि इतने समय में हम अच्छी तरह से अंग्रेजी को हटा सकते हैं और उसके आसन पर हिन्दी को बिठा सकते हैं, यदि हम करना चाहें। हाँ, यदि ऐसा न करना चाहें तो और बात है। लेकिन करना चाहें तो कर सकते हैं। इसलिए मेरे संशोधन का पूरा हिस्सा यह है कि इस परिवर्तन काल में जो बीच का समय आवेगा उसमें अंग्रेजी के स्थान पर हिन्दी का बिठाने का प्रयत्न किया जाये। जिस तरह एक इमारत है तो अगर उसको हटाकर दूसरा मकान खड़ा करना है तो दूसरा प्रासाद बनाना होगा और उसके लिए 15 वर्ष का समय रखा गया है। उसमें आसानी से यह काम किया जा सकता है। अब इस काम को करे कौन? इसे सरकार करे। सरकार ऐसे कदम उठाये, यह उसके दूसरे हिस्से में लिखा है। अब यह कि कमेटी बना दे या कमीशन बिठा दे, इस तरह से सारे डिटेल्स दिये हुए हैं। जब हम इस दफा को पढ़ते हैं तो यह देखते हैं कि ड्राफ्टिंग कमेटी ने यह किया है कि जहाँ एक क्लाज था जो वहाँ एक दूसरा क्लाज और जोड़ दिया जाये। हर चीज़ का वह विस्तार करना चाहते हैं। कोई चीज़ आने वाली पार्लियामेंट के लिए या हुकूमत के लिए नहीं छोड़ना चाहते। हमने मताधिकार, बालिग मताधिकार की योजना बनाई है। उनके प्रतिनिधि बाद में आवेंगे। और अपने तरीक़े पर वे सारे राष्ट्र की व्यवस्था करेंगे। लोगों की तनख्वाहें क्या हों, कितने नौकर रखे जायें और किस तरह की सुविधाएँ उनको दी जायें, इन सब चीज़ों के सोचने का अवसर हम उन लोगों को देने के इच्छुक नहीं हैं। डरते हैं कि कहीं वे पढ़े–लिखे लोग आ जावेंगे, कहीं गड़बड़ ना हो जाये। ज्यूडिशियरी के सारी प्रावीजन्स, उनके मकान कैसे हों, तनख्वाह क्या हो, वह क्या काम करें, यह सब बातें यहाँ रख दी गयी हैं। वही प्रकृति यहाँ मुझे नज़र आती है। कमीशन होगी, कमेटी बनेगी, एक्ट, बिल, रेग्यूलेशन्स सब दूसरे प्रान्तों में भी अंग्रेजी में निकलेंगे। बहुत से सूबों में हिन्दी चल रही है, .बहुत मजे में चल रही है, अच्छी तरह से और सफलता से चल रही है, लेकिन आप इस तरह से उतारू हैं कि उनको भी इसमें रख देना चाहते हैं।

श्री गोपालस्वामी आयंगर जैसे मनीषी विद्वान, पंडित, वयोवृद्ध और अनुभवी व्यक्ति का जो संशोधन है उसमें कोई सुधार करने की चेष्टा करना मेरे जैसे आदमी के लिए दुःसाहस मात्र ही है। लेकिन मैं यह निवेदन करना चाहता हूँ कि क्या यह बात इस तरह से ठीक नहीं हो जाती कि भावी सरकार के लिए यह छोड़ दिया जाये, वह ऐसी व्यवस्था करे कि जिससे हिन्दी पंद्रह वर्ष में, अंग्रेजी का स्थान ले ले और इस देश में अपनी भाषा का राज्य हो जाये। जनता के प्रतिनिधियों का राज्य तो हुआ, किन्तु जनता की भाषा का भी राज्य हो जाना चाहिए। प्रत्येक प्रान्त में देखा जाये तो अधिकतर बोले जाने के कारण जनता की भाषा हिन्दी भाषा है।

कुछ लोग हिन्दी के साथ हिन्दुस्तानी, उर्दू और और चीज़ों को मिलाते हैं। मैं नहीं समझता नजीर जो आगरे के बड़े सुन्दर कवि थे और जिन्होंने लिखा है :

"अब्र था छाया हुआ और फसल थी बरसात की।
थी जमीं पहने हुए वर्दी हरी बानात की।।

हिन्दी से बाहर की चीज़ कैसे कहा जा सकता है? उनकी यह कविता हिन्दी है और हिन्दी का ही एक स्टाइल है, एक ढंग है, एक पद्धति है। "रब का शुक्र अदा कर भाई, जिसने हमारी गाय बनाई" यह कोई मेरठ के एक मौलवी साहब थे जिनकी लिखी किताबों में हमने पढ़ा है। इसको क्या हम हिन्दी क्षेत्र से बाहर निकालने वाले हैं? जो मौलवी साहब हैं, मौलाना साहब हैं उनके मुँह में लामुहाला ऐसे शब्द आवेंगे और आते हैं और वह हजम हो गये हैं। वह सब शब्द बने रहेंगे। वह सब हिन्दी का स्टाइल है और हिन्दी के बाहर की यह भाषा नहीं है।

कुछ लोग उर्दू को एक भाषा कहते हैं। उर्दू कोई रीजनल भाषा नहीं है, किसी एक क्षेत्र की भाषा नहीं है, किसी एक बिरादरी की भाषा नहीं है। कुछ लोग उर्दू के अल्फाज भी बोलते हैं। मेरी शिक्षा मौलवी साहब के यहाँ हुई थी, मौलवी साहब मुझे पढ़ाते थे :

"फकत तफावत है नाम ही का,
दरअसल सब एक ही हैं यारो।
जो आब साफी के मौज में है,
उसी का जलवा हुबाब में है।।
"काबिले कुर्ब नहीं बे अदबों की सुहबत,
दूर रह उनसे दिला जिनको तेरा पास नहीं।"

तो इन शब्दों को आप कहाँ निकाल कर ले जाइयेगा?

अध्यक्ष—अब आप इनका काफ़ी जिक्र कर चुके हैं।

अलगू राय शास्त्री—तो यह सब शब्द हिन्दी में हैं, हम उनको निकाल नहीं देते। मैं यह अर्ज कर रहा हूँ कि दूसरी भाषाओं के जो प्रचलित शब्द हैं, उनको हम हिन्दी में इनक्लूड करते हैं और जो भाषा इन सबको इनक्लूड करती है, वह हिन्दी है। हिन्दी के कनटेंट्स के बारे में कुछ शब्द कह कर समाप्त करता हूँ। हिन्दी है क्या, इसका बड़ा वाद-विवाद है। हिन्दी, हिन्दी है, और क्या कहा जाये। हिन्दी हिन्दी है, और इससे अधिक परिभाषा उसकी नहीं की जा सकती। यह उसी प्रकार है, जैसे मैं कहूँ 'आई एम व्हाट आई एम'। मैं वहीं हूँ, जो हूँ "इदम्यहं एऽस्मि सोऽस्मि" मैं वह हूँ जो हूँ। अब इसको क्या डिफाइन किया जाये। भोजपुरी, मिथिला, खड़ी बोली और ब्रजभाषा, सब हिन्दी है। "सर बिनु सरसिज, सरसिज बिनु सर। की सरसिज बिनु सूरे।" मिथिला की यह भाषा हिन्दी है। और यह भी हिन्दी है जो ब्रजभाषा में "अँखियाँ हरि दर्शन की प्यासी"। यह भी हिन्दी में है जो मेरठ में "रब का शुक्र अदा कर भाई जिसने हमारी गाय बनाई।" कौन मना करता है कि हिफ़ज़ुर रहमान साहब को, जो चाहें वे बोल सकते हैं। उस पर वाद-विवाद नहीं है। देवनागरी लिपि में वह सब लिख लिया जा सकता है, और उसको देश के अधिकांश आदमी समझते हैं। न्यूमरल्स अंक, का झगड़ा बिला वजह है। न्यूमरल्स या अंक तो देवनागरी लिपि में इन्क्लूडेड हैं। उनको हम अलग नहीं कर सकते हैं और उनको हमें स्वीकार कर लेना चाहिए। और सरकार के ऊपर यह सारी बातें छोड़ दी जायें कि जैसा उचित समझे करे, कमीशन बनाये, कमेटी बिठाये, ताकि पंद्रह वर्ष के बाद हिन्दी देवनागरी लिपि में अंग्रेजी का स्थान ले ले। इसके साथ मैं अपने संशोधन को आपकी सेवा में रखता हूँ। इस पंद्रह वर्ष की अवधि में अंग्रेजी चलती रहे। मेरे विचार में विधान में

यह धारा होनी चाहिए कि हमारे राष्ट्र की भाषा, हमारी सरकारी भाषा हिन्दी और लिपि देवनागरी होगी। पंद्रह वर्ष के अन्तरकालीन समय में अंग्रेजी चलती रहे, लेकिन उस अवधि के ख़त्म होने पर हिन्दी अपना पूर्ण स्थान ले सके। इन पंद्रह वर्षों में सरकार का यह कर्त्तव्य होना चाहिए कि ऐसा ढंग निकाले जिसमें हिन्दी अंग्रेजी का पूर्णतया स्थान ले सके। अंग्रेजी भाषा से हमें कोई द्वेष नहीं है। बाद के काल में भी हमारे यहाँ अंग्रेजी भाषा की यूनिवर्सिटियाँ होंगी, हमारे दूत भिन्न-भिन्न भाषाओं का ज्ञान प्राप्त करेंगे। वह राष्ट्रीय भाषा हिन्दी होगी और लिपि देवनागरी होगी, जिसको हमने ऋग्वेद में पाया है और जिसका शब्द समुद्र उस महासमुद्र से निकला है और जिसको लेकर यह पनपी है और जिसने संसार को जीवन दिया है और जिसका साहित्य, दर्शन-शास्त्र दुनिया की किसी भाषा के मुकाबले में कम नहीं है। इन शब्दों के साथ मैं अपना भाषण समाप्त करता हूँ और आपको धन्यवाद देता हूँ जो आपने मुझे इतना समय दिया।

डॉ. श्यामा प्रसाद मुखर्जी (पश्चिमी बंगाल : जनरल) : अध्यक्ष महोदय, हम एक ऐसे विषय पर विचार-विमर्श कर रहे हैं जिसका भारत के किसी एक प्रान्त के लोगों के लिए नहीं बल्कि भारत के करोड़ों निवासियों के लिए बहुत महत्त्व है। श्रीमान्, यदि हम थोड़ी देर के लिए मतभेद की बातों को भुला दें तो हम देखेंगे कि जिस प्रकार का निर्णय हम करने जा रहे हैं वैसा निर्णय करने का प्रयास भारत के कई सहस्त्र वर्षों के इतिहास में कभी भी नहीं किया गया। इसलिए आरम्भ में ही हम यह समझ लें कि हमने एक ऐसी बात हासिल की है जिसे हमारे पूर्वज हासिल नहीं कर सके थे।

इसमें कोई सन्देह नहीं कि कुछ सदस्य आवेश में बोले हैं और उन्होंने मतभेद की बातों पर ही अधिक ज़ोर दिया है। मैं मतभेद की बातों के संबंध में कुछ शब्द बाद को कहूँगा। मैं सभा से अनुरोध करता हूँ कि वह इस अवसर के अनुरूप उच्च निर्णय करे और अपनी मातृभूमि में राष्ट्रीय एकता स्थापित करने में वास्तविक योग दे ताकि हम सभी और आने वाली पीढ़ियाँ उस पर गर्व कर सकें।

भारत बहु भाषा-भाषी देश रहा है। यदि हम प्राचीन इतिहास का अध्ययन करें तो हम देखेंगे कि इस देश में कोई भी व्यक्ति एक ही भाषा को सभी लोगों से कभी भी नहीं मनवा सका। मेरे कुछ मित्रों ने उच्च स्वर में कहा कि एक दिन ऐसा आयेगा जब भारत में एक ही भाषा होगी। सच पूछिए तो मेरी यह धारणा नहीं है। किन्तु, इसका अर्थ यह नहीं है कि मैं भारत में राष्ट्रीय एकता की स्थापना की उपेक्षा कर रहा हूँ क्योंकि राष्ट्रीय एकता की शिला पर ही भविष्य की नींव रखी जा सकती है। देश के राष्ट्रीय जीवन में इन तत्त्वों को स्थान देकर ही एकता स्थापित करनी चाहिए क्योंकि इस समय इनका बहुत महत्त्व है। इन्हें आत्मसम्मान तथा पारस्परिक सामंजस्य के साथ सजीव रखने की आवश्यकता है। यह भारत का वैभव है कि इस देश के उत्तर से दक्षिण तक पश्चिम से पूर्व तक इतनी अधिक भाषाएँ हैं जिनमें से प्रत्येक ने भारतीय जीवन तथा भारतीय सभ्यता को वर्तमान स्वरूप प्रदान करने में योग दिया है।

यदि किसी का यह दावा है कि भारतीय संविधान के एक अनुच्छेद को पारित करने से सभी लोग एक भाषा को स्वीकार करेंगे और उसे स्वीकार करने के लिए बाध्य किए जायेंगे तो श्रीमान्, मेरा यह निवेदन है कि यह सम्भव नहीं है (वाह, वाह)। अनेकता में एकता ही भारतीय जीवन की विशेषता रही है। इसे समझौते तथा सहमति से प्राप्त करना चाहिए। इसके लिए यथोचित वातावरण उत्पन्न करने की आवश्यकता होती है। यदि मैं किसी हिन्दी-भाषी प्रान्त का निवासी होता तो आज मुझे इस पर गर्व होता कि इस सभा के लगभग सभी सदस्य देवनागरी लिपि सहित हिन्दी को भारत

की राजभाषा के रूप में स्वीकार करने के लिए तैयार हो गए हैं। यह एक ठोस बात हासिल की गयी है। और मुझे आशा है कि हिन्दी–भाषी प्रान्तों के मेरे मित्र इसके महत्त्व को समझेंगे।

अन्य भाषाओं के लिए जो दावे किये जा सकते हैं उनकी चर्चा मैं नहीं कर रहा हूँ। यदि मुझे अकेले अपनी इच्छानुसार किसी भाषा को चुनने दिया जाता तो मैं संस्कृत को चुनता। आज लोग संस्कृत पर हँसते हैं, सम्भवत: इस कारण कि वे यह समझते हैं कि किसी आधुनिक राज्य को जो कार्य करने होते हैं उनके लिए वह काम में नहीं लाई जा सकती। मैं संस्कृत के पक्ष में बोल कर आपका अधिक समय नहीं लेना चाहता। मैं इसके लिए पूर्णतया सक्षम नहीं हूँ किन्तु मैं यह कह सकता हूँ कि इस भाषा में अब भी ऐसा वृहत्त ज्ञान भंडार है जिससे भारत की वर्तमान पीढ़ी ने ही नहीं बल्कि पहले की पीढ़ियों ने भी ज्ञानोपार्जन किया और वास्तव में उससे सभ्य संसार में ज्ञान और विद्या के सभी प्रेमियों ने ज्ञान प्राप्त किया। वह हमारी भाषा है, वह भारत की मातृभाषा है। हम उसके प्रति केवल मौखिक सहानुभूति अथवा आदर प्रदर्शित करने के लिए नहीं किन्तु अपने राष्ट्र के हित साधन के लिए तथा अपने आत्म–साक्षात्कार के लिए और यह ज्ञान प्राप्त करने के लिए कि प्राचीन काल में हमने कौनसी विधि संचित की थी और भविष्य में भी कर सकते हैं, वास्तव में चाहते हैं कि भारत की राष्ट्रीय शिक्षा प्रणाली में उसे सम्मानित स्थान प्राप्त हो।

मैं इसी प्रकार अन्य भाषाओं को स्वीकार करने के पक्ष में तर्क नहीं उपस्थित कर रहा हूँ। यदि मैं यह कहूँ कि मुझे अपनी भाषा पर गर्व है तो मुझे आशा है कि आप इसे प्रान्तीयता नहीं कहेंगे। वह एक ऐसी भाषा है जो केवल बंगालियों की भाषा नहीं रही है। पिछली कई शताब्दियों में कई प्रतिष्ठित लेखकों ने उसे धनी बनाया है और वह 'वन्दे मातरम्' की भाषा है। हमारे राष्ट्रीय कवि रवीन्द्र नाथ ठाकुर ने बंगला में अपनी महान रचनाओं तथा अपने विचारों को संसार के सामने रखकर भारत का नाम तथा प्रतिष्ठा बढ़ाई (वाह, वाह)। वह आपकी भाषा है। वह भारत की भाषा है (वाह, वाह)। मुझे विश्वास है कि दक्षिण भारत के तथा पश्चिमी भारत के मेरे मित्रों की भाषाओं में भी, जिनका उन्हें बहुत गर्व है, महान् रचनाएँ हैं और उनकी भी यथेष्ट रक्षा होनी चाहिए। सभी को यह समझना चाहिए कि इस संविधान में कोई ऐसी बात नहीं रखी गयी है जिससे इनमें से कोई भी भाषा नष्ट हो जायेगी अथवा अशक्त हो जायेगी।

हम हिन्दी को क्यों स्वीकार कर रहे हैं? इसलिए नहीं कि वह सबसे उत्कृष्ट भारतीय भाषा है। हम उसे मुख्यत: इस कारण स्वीकार कर रहे हैं कि इस भाषा के बोलने वालों की संख्या अन्य किसी भाषा के बोलने वालों की संख्या से अधिक है। यदि 32 करोड़ लोगों में से 14 करोड़ यदि किसी एक भाषा को समझते हों, और उसका विकास भी हो सकता है, तो हम कहते हैं कि वह भाषा स्वीकार की जाये किन्तु उसे इस प्रकार अपनाया जाये कि अन्तरिम काल में राजकीय कार्य शिथिल न हो जाये और किसी काल में भी भारत की तथा उसकी अन्य महान् भाषाओं की प्रगति शिथिल न हो। हम इस प्रस्ताव को स्वीकार करते हैं। श्री गोपाल स्वामी आयंगर ने आपके सामने जो योजना रखी है उसमें कुछ ऐसे सिद्धान्त सन्निहित हैं जिससे हमारे विचार से हमारे उद्देश्य की पूर्ति हो जाती है और वह केवल दक्षिण भारत के लोगों के लिए ही हितकर प्रमाणित नहीं होगा बल्कि सारे भारत के लिए हितकर प्रमाणित होगा (वाह, वाह)।

आपको अंग्रेजी को हटाने के लिए पंद्रह वर्ष दिये गये हैं। वह किस प्रकार हटाई जाये? उसे उत्तरोत्तर हटाते जाना होगा। हमें वस्तुस्थिति को ध्यान में रखकर इस संबंध में निर्णय करना होगा कि कुछ विशेष कार्यों के लिए अंग्रेजी को भारत में जारी रखा जाये या नहीं रखा जाये। मेरे कुछ

मित्र बता चुके हैं कि हमने कुछ कारणों से भले ही अंग्रेजी शासन से भारत को मुक्त किया हो किन्तु इसका अर्थ यह नहीं है कि हम अंग्रेजी भाषा का भी बहिष्कार करें। हम अंग्रेजी शिक्षा की भलाइयों को तथा बुराइयों को भी अच्छी प्रकार समझते हैं। हम निरपेक्ष होकर तथा अपने देश की आवश्यकताओं को ध्यान में रखकर इस संबंध में निर्णय करें कि भविष्य में अंग्रेजी को कैसे प्रयोग किया जायेगा। आख़िर उसी भाषा के माध्यम से हमने कई बातें हासिल कीं। अंग्रेजी से केवल राजनैतिक एकता ही स्थापित नहीं हुई जिसके फलस्वरूप हम राजनैतिक स्वातंत्र्य प्राप्त कर सके बल्कि उसने हमारे लिए संसार के कई भागों की सभ्यता के द्वार भी खोल दिय। विशेषत: विज्ञान और कला के क्षेत्रों में उसने हमारे लिए उस ज्ञान भंडार के द्वार खोल दिये जिसे हम अन्य किसी प्रकार प्राप्त नहीं कर सकते थे। आज हमारे वैज्ञानिकों ने तथा कला संबंधी विशेषज्ञों ने जो कुछ दिखाया है, उसका हमें गर्व है।

श्रीमान्, मेरा यह निवेदन है कि यदि हम इस देश में अंग्रेजी भाषा के प्रयोग के प्रश्न की संकुचित दृष्टिकोण से परीक्षा करेंगे तो हम आत्म–लाघव का अनुभव करेंगे। यह प्रश्न ही नहीं उठता कि अंग्रेजी भाषा राजनैतिक प्रयोजनों के लिए प्रयोग की जायेगी अथवा राष्ट्रीय शिक्षा प्रणाली में उसकी प्रधानता रहेगी। यह हमारा, अर्थात् स्वतंत्र भारत के लोगों के प्रतिनिधियों का कर्त्तव्य होगा कि हम इस संबंध में निर्णय करें कि हिन्दी तथा अन्य भारतीय भाषाओं को उत्तरोत्तर किस प्रकार प्रयोग में लाया जाये और अंग्रेजी को किस प्रकार त्यागा जाये। यदि हमारी यह धारणा हो कि कुछ प्रयोजनों के लिए हमेशा अंग्रेजी ही प्रयोग में आये और उसी भाषा में शिक्षा दी जाये, तो इसमें लज्जा की कोई बात नहीं है। कुछ ऐसे विषय हैं जिनके संबंध में हम साहस से बोल सकते हैं—व्यक्तिगत अथवा वर्गीय हित के लिए नहीं बल्कि जहाँ हम यह समझते हों कि अमुक–अमुक कदम उठाने से सारे देश का हित साधन होगा।

श्रीमान्, मुझे इसकी प्रसन्नता है कि प्रादेशिक भाषाओं के संबंध में संशोधन में यह प्रस्तावित है कि संविधान में ही भारत की मुख्य–मुख्य प्रादेशिक भाषाओं की सूची का समावेश कर दिया जायेगा। मुझे आशा है कि हम उस सूची में संस्कृत का भी उल्लेख करेंगे। मैं साफ बातें कहना चाहता हूँ। ऐसे प्रान्तों के लोगों को, जहाँ हिन्दी नहीं बोली जाती, हिन्दी के संबंध में घबराहट क्यों है? यदि हिन्दी के समर्थक मुझे क्षमा करें तो मैं कहूँगा कि यदि हिन्दी को प्रयोग में लाने की अपनी माँग को उपस्थित करने में वे इतना ज़ोर न दिखाते तो वे जो कुछ चाहते हैं वह उन्हें मिल जाता और भारत की सारी जनता हृदय से उनके साथ सहयोग करती और वास्तव में वे जिन बातों की आशा भी नहीं करते हैं वे भी उन्हें प्राप्त हो जातीं। किन्तु दुर्भाग्य से भय प्रकट किया जा चुका है और कुछ भागों में उसे कार्य रूप में प्रकट किया गया है, जहाँ उन भाषाओं के बोलने वालों को, जो किसी प्रकार भी हिन्दी से निम्न कोटि की नहीं हैं, वह सुविधाएँ नहीं दी गयी हैं जिनसे उन्हें घृणित वैदेशिक शासन ने भी वंचित नहीं रखा।

जो लोग इस संविधान सभा में हिन्दी–भाषी प्रान्तों का प्रतिनिधित्व करते हैं उनसे मेरा निवेदन है कि वे यह स्मरण रखें कि हमारी हिन्दी को स्वीकार करने पर उन पर बहुत बड़ी ज़िम्मेदारी आ जाती है। मुझे यह देखकर प्रसन्नता हुई कि कुछ सप्ताह पूर्व हिन्दी साहित्य सम्मेलन की एक सभा में इस आशय का एक प्रस्ताव पारित हुआ था कि हिन्दी–भाषी प्रान्तों में एक या एक से अधिक भारतीय भाषाओं की अनिवार्य शिक्षा के लिए प्रबन्ध किया जायेगा। (एक माननीय सदस्य: वह एक पवित्र प्रस्ताव ही है!) वह एक पवित्र प्रस्ताव मात्र न रहे। यह पंडित गोविन्द वल्लभ पंत, बाबू

पुरुषोत्तम दास टंडन, बाबू श्री कृष्ण सिन्हा और पंडित रविशंकर शुक्ल जैसे नेताओं की ज़िम्मेदारी है कि वे भविष्य में कुछ महीनों में ही अपने क्षेत्रों में, विशेषत: जब वहाँ हिन्दी से अन्य भाषाओं के बोलने वाले लोग हैं, महत्त्वपूर्ण प्रादेशिक भाषाओं की स्वीकृति के लिए प्रबन्ध करें और यदि आवश्यकता हो तो विधि द्वारा यह प्रबन्ध करें। मैं यह दिलचस्पी से देखता रहूँगा कि ये सुविधाएँ किस प्रकार दी जाती हैं और बाबू पुरुषोत्तम दास टंडन के नेतृत्व में एकमत से जो प्रस्ताव पारित हुआ है वह बिहार और संयुक्त प्रान्त जैसे प्रान्तों में किस प्रकार प्रयोग में आता है।

श्रीमान्, इसकी बहुत चर्चा की गयी है कि हिन्दी का क्या अर्थ है। किसी भाषा के विकास के संबंध में न तो कोई कृत्रिम राजनैतिक शक्तियाँ उत्पन्न की जा सकती हैं और न कोई विधि के उपबन्ध रखे जा सकते हैं। विवादों के होते हुए भी और प्रतिष्ठित तथा प्रभावशील व्यक्तियों के होते हुए भी, भाषा का विकास प्राकृतिक रूप से होता है। लोगों के संकल्प से परिवर्तन होते हैं और वे प्राकृतिक रूप से तथा अनजाने होते हैं। संविधान सभा के किसी प्रस्ताव से किसी भाषा का प्रभुत्व नहीं स्थापित होता। यदि आप यह चाहते हैं कि हिन्दी सारे भारत में अपनायी जाये और केवल कुछ राजकीय प्रयोजनों के लिए अंग्रेजी का स्थान न ले तो आप हिन्दी को इस योग्य बनाइये और उसमें प्राकृतिक रूप से न केवल संस्कृत से किन्तु उसकी भगिनी रूप अन्य भारतीय भाषाओं से भी शब्द आने दीजिए। हिन्दी के विकास को कुंठित न कीजिए। मैं अपने बंगाली ढंग से हिन्दी बोल सकता हूँ। महात्मा गाँधी अपने ढंग से हिन्दी बोलते थे। सरदार पटेल अपने गुजराती ढंग से हिन्दी बोलते हैं। यदि संयुक्त प्रान्त अथवा बिहार के मेरे मित्र यह कहें कि उनकी हिन्दी ही प्रामाणिक हिन्दी है और कोई जो इस प्रकार की हिन्दी नहीं बोल सकेगा, उसका बहिष्कार किया जायेगा तो यह न केवल हिन्दी के लिए बल्कि सारे देश के लिए एक बुरी बात होगी। इसलिए मुझे इसकी प्रसन्नता है कि इस अनुच्छेद के मसौदे में इस संबंध में उपबंध रखे गये हैं कि इस देश में इस भाषा का विकास किस प्रकार होगा।

मुझे आशा है कि भारत सरकार एक भाषा परिषद् स्थापित करेगी और प्रदेशों में भी इसी प्रकार की परिषदें स्थापित स्थापित की जायेंगी जहाँ हिन्दी तथा अन्य भारतीय भाषाओं का सुचारु रूप से अध्ययन किया जायेगा, साहित्यों का तुलनात्मक अध्ययन किया जायेगा और सभी भाषाओं की चुनी हुई रचनाओं को देवनागरी लिपि में प्रकाशित कराने का प्रबन्ध किया जायेगा और जहाँ वाणिज्यिक, औद्योगिक, वैज्ञानिक और कला संबंधी शब्दों को निरपेक्ष रूप से निश्चित करने का महत्त्वपूर्ण कार्य किया जायेगा। इस संबंध में हम संकुचित दृष्टि से कार्य न करें। मैं अपने विश्वविद्यालय में अपनी मातृभाषा को यथोचित स्थान प्राप्त करने में अपना तुच्छ योग दे चुका हूँ। इस कार्य को साठ वर्ष पूर्व मेरे आदरणीय पिता ने आरम्भ किया था और पंद्रह वर्ष पहले उसे सम्पूर्ण करने का भार मुझे उठाना पड़ा। कलकत्ते के लोगों ने बिना किसी संकोच के सभी भारतीय भाषाओं को स्वीकृति प्रदान कर दी। हमने अपने शब्दों को किसी संकुचित भावना से प्रेरित होकर नहीं चुना बल्कि भविष्य की प्रगति को ध्यान में रखकर चुना। यदि आज यह कहा जाता है कि कला संबंधी सभी शब्द हिन्दी के हों तो आप इस व्यवस्था को उन प्रान्तों में अपनायें जहाँ हिन्दी बोली जाती है। बंगाल, गुजरात, महाराष्ट्र और मद्रास का क्या हाल होगा। क्या वे भी अपने राज्यों की भाषाओं के कला संबंधी शब्द प्रयोग करेंगे? यदि यह हुआ तो विभिन्न राज्यों के विचारों तथा शिक्षा संबंधी सुविधाओं के पारस्परिक आदान-प्रदान का क्या होगा। उन लोगों का क्या हाल होगा जो आगे की शिक्षा के लिए विदेश जाते हैं? मैं आपसे अनुरोध करता हूँ कि आप इन प्रश्नों पर विचार करें। हम भावना के

आवेश में न बहें। कुछ भावनाओं पर मैं अवश्य गर्व करता हूँ। मुझे इसकी चिंता है कि एक ऐसी भाषा अस्तित्व में आ जाये जिसे भारत के सभी लोग न केवल बोलें और लिखें बल्कि जिसमें भारत सरकार का राजकीय कार्य भी किया जाये। हम इसके लिए सहमत हो गये हैं कि वह भाषा हिन्दी होगी। किन्तु उसका पग-पग पर इस प्रकार समायोजन करने की आवश्यकता है कि हमारे राष्ट्रीय हितों की हानि न हो और राज्यों की भाषाओं के हितों की भी हानि न हो। यदि आप इस प्रकार कार्य करेंगे तो मुझे इस संबंध में कुछ भी संदेह नहीं है कि हमें पंद्रह वर्ष तक प्रतीक्षा नहीं करनी पड़ेगी और सभी प्रान्तों के लोग हमारे निर्णय को सहर्ष स्वीकार करेंगे और प्रयोग में लायेंगे।

अन्त में मैं कुछ शब्द अंकों के संबंध में कहूँगा। अंकों के संबंध में बहुत कुछ कहा गया है। अंकों को लेकर हम एक छोटे-मोटे युद्ध में संलग्न हैं। किन्तु जो प्रस्ताव रखा गया है वह केवल दक्षिण भारत के लोगों के हित साधन के लिए नहीं रखा गया है। इसे सभा के प्रत्येक वर्ग को समझना चाहिए। जब तक हम कोई अन्य निर्णय न करें, अन्तरराष्ट्रीय अंकों को जारी रखना, जो थोड़ा बहुत रूप बदलकर अपने जन्म स्थान को लौट आये हैं, कई वर्षों तक हमारे हित-साधन के लिए बहुत आवश्यक है। बाद को आयोग की सिफ़ारिशों के आधार पर यदि राष्ट्रपति की यह धारणा हुई कि परिवर्तन करने की आवश्यकता है तो परिवर्तन किया जा सकता है। आँकड़ों के संबंध में, वैज्ञानिक कार्य के संबंध में, वाणिज्यिक उपक्रमों, बैंकों, लेखों, लेखा परीक्षकों तथा अन्य बातों के संबंध में अन्तरराष्ट्रीय अंकों की आवश्यकता पड़ेगी।

मेरे कुछ मित्र मुझसे पूछते हैं कि जब आप पूरी हिन्दी भाषा को स्वीकार कर रहे हैं और जब कुछ अंक समान ही हैं तो आप कुछ और अंकों को क्यों नहीं स्वीकार कर लेते? प्रश्न तीन या चार अंकों को सीखने का नहीं है। मुझे विश्वास है कि प्रत्येक व्यक्ति हिन्दी अंकों से भी परिचित होगा और वे आरम्भ से ही प्रयोग में लाये जा सकते हैं। किन्तु प्रश्न तो उनको ऐसे प्रयोजनों के लिए प्रयोग में लाने का है जिनके लिए वे यथोचित रूप से प्रयोग में नहीं लाये जा सकते।

मेरे कुछ हिन्दी-भाषी मित्र मुझसे पूछते हैं, आप हमें अन्तरराष्ट्रीय अंकों को प्रयोग में लाने के लिए क्यों बाध्य करते हैं, हम बिहार, मध्य प्रान्त अथवा संयुक्त प्रान्त में, जहाँ की राजभाषा हिन्दी ही होगी, हिन्दी के अंकों को निषिद्ध नहीं कर रहे हैं। यह स्पष्ट है कि कई कार्यों के संबंध में हिन्दी अंक प्रयोग में आयेंगे। यदि आप अन्तरराष्ट्रीय अंकों को भी सीख लेंगे और सारे भारत के राजकीय कार्यों के लिए उन्हें काम में लायेंगे तो क्या हानि होगी? वास्तव में आपको, विशेषत: उच्च शिक्षा के संबंध में, उनसे लाभ होगा। मैं बाबू पुरुषोत्तम दास टंडन से अपील करता हूँ कि वे समयोचित कार्य करें। यह कोई ऐसा विषय नहीं है जो बहुमत से स्वीकार किया जाये। भले ही उनके पक्ष के कुछ लोगों की यह धारणा हो कि अखिल भारतीय प्रयोजनों के लिए अन्तरराष्ट्रीय अंक प्रयोग में न आयें और हिन्दी अंकों के साथ उन्हें भी स्वीकार न किया जाये, और भले ही उनकी स्वयं यह धारणा हो कि यह प्रस्ताव न्यायपूर्ण नहीं है, और भले ही वह उन्हें पसन्द न हो, किन्तु चूँकि उनके प्रान्त की भाषा हिन्दी को भारत के सभी लोग स्वीकार कर रहे हैं, वे राजनीतिज्ञता का परिचय दें और उठ कर यह कहें कि उनकी अपनी भावनाएँ चाहे जो कुछ भी हों किन्तु उन्हें यह समझौता मान्य है और वे इस प्रस्ताव को स्वीकार करते हैं।

हम पिछले वर्षों में इस सभा में कई महत्त्वपूर्ण प्रस्तावों को पारित कर चुके हैं। हमने साथ-साथ कई संकटों का सामना किया है। यदि स्वतंत्र भारत की संविधान सभा में, जिसमें केवल एक ही राजनैतिक दल का बोलबाला है, अंकों जैसे प्रश्न के संबंध में मतभेद हो गया तो यह एक

लड़कपन की बात होगी। हम अपनी तथा सारे भारत की हँसी करायेंगे और अपने शत्रुओं को बल प्रदान करेंगे। हम अपने मतभेदों पर ज़ोर न देकर अपने लक्ष्य प्राप्ति के मार्ग में हमने जो कुछ हासिल किया है उस पर ज़ोर दें। हम संसार को यह बता दें कि हमने यह निर्णय एकमत से और बिना किसी कटुता के किया है। हम इस प्रश्न पर राजनैतिक दृष्टि से विचार न करें।

यह एक दु:ख की बात है कि कुछ क्षेत्रों में अन्तरराष्ट्रीय अंकों को स्वीकार करने से एक कठिन राजनैतिक समस्या उठ खड़ी होगी। इन प्रान्तों के नेताओं को ही साहस करके यहाँ उठ कर यह कहना है कि वे भारत के हित को ध्यान में रखकर इस समझौते को स्वीकार करते हैं और वे सबका साथ देने के लिए तैयार हैं। यदि नेता यह कह देंगे तो मुझे इस संबंध में कुछ भी सन्देह नहीं है कि लोग भी इस प्रस्ताव को स्वीकार कर लेंगे। हमने किसी ऐसे प्रान्त में, जहाँ के विधानमण्डल हिन्दी अंकों को प्रयोग में लाने का निश्चय करें, उनके प्रयोग को, अथवा अखिल भारतीय प्रयोजनों के लिए भी उनके प्रयोग को, निषिद्ध नहीं किया है। हमने केवल यह सिफ़ारिश की है कि एक ऐसा सूत्र स्वीकार किया जाये जो सभी के लिए न्यायपूर्ण हो। मुझे आशा है कि वादानुवाद के समाप्त होने के पूर्व सभी विचारधाराओं के प्रतिनिधि आपस में विचार-विमर्श करके सभा के सामने यह घोषित करेंगे कि श्री एन. गोपालस्वामी आयंगर का प्रस्ताव एक मत से स्वीकार किया जायेगा।

अध्यक्ष—सभा चार बजे तक के लिए स्थगित की जाती है।

इसके पश्चात् सभा दोपहर के भोजन के लिए अपराह्न के चार बजे तक के लिए स्थगित हो गई।

संविधान सभा दोपहर के भोजन के पश्चात् 4 बजे, अध्यक्ष महोदय, माननीय डॉ. राजेन्द्र प्रसाद के सभापतित्व में समवेत हुई।

अध्यक्ष—हम बहस जारी रखेंगे। श्री चाको।

पी.ए. चाको (त्रावणकोर और कोचीन का संयुक्त राज्य) : श्रीमान्, मेरा यह मत है कि अंग्रेजी के लिए जो भी समय निश्चित किया गया था उस समय तक वह रहे और राष्ट्रभाषा के प्रश्न को भावी संसद हल करे। राष्ट्रभाषा का विकास होता है, यह कृत्रिम रूप से नहीं बनाई जा सकती। भारत जैसे महान् देश की राष्ट्रभाषा में कुछ आधारभूत बातें अवश्य होनी चाहिए। वह आधुनिक सभ्यता की सभी आवश्यक बातों को व्यक्त करने में समर्थ होनी चाहिए। आधुनिक युग की आवश्यकताओं को पूरा करने के लिए उस भाषा में पर्याप्त वैज्ञानिक साहित्य होना चाहिए। विचारों का माध्यम होने के कारण भाषा से ही मस्तिष्क का भी विकास होता है। विचारक की भाषा पर ही उसके विचारों की गहनता तथा उसके विचारों का विकास बहुत कुछ निर्भर करता है। प्रत्येक भाषा की अपनी शब्दावली अपनी वाक्य रचना तथा अपनी विचार परम्परा होती है।

कोई व्यक्ति जो केवल आरम्भिक भाषा को ही जानता है उस व्यक्ति के समान विचार नहीं रख सकता जो कि एक सुविकसित भाषा को बोलता है। भारत जैसे महान् देश की राष्ट्रभाषा भी महान् होनी चाहिए। भारत की कुछ भाषाओं में वास्तव में बहुत सुन्दर साहित्य है। किन्तु श्रीमान्, मेरे विचार से किसी भी भारतीय भाषा में अच्छा वैज्ञानिक साहित्य नहीं है। हमारी किसी भी भारतीय भाषा में रसायन, भौतिक विज्ञान तथा अन्य विज्ञानों की शिक्षा देना असम्भव है। तुरन्त ही प्रयोग में लाने के लिए किसी भाषा को कृत्रिम रूप से नहीं गढ़ा जा सका। उसका विकास होना आवश्यक है। किन्तु इसके लिए समय की आवश्यकता होती है। यदि हम भारत की वर्तमान भाषाओं में से किसी भाषा को राष्ट्रभाषा के रूप में स्वीकार करेंगे तो हम राष्ट्रीय प्रगति के मार्ग में बाधा डालेंगे। वह हमारी

उच्च शिक्षा के लिए बाधक सिद्ध हो सकती है। इस समय हमें वैज्ञानिक खोज की आवश्यकता है। किन्तु वह भाषा उसके लिए भी बाधक सिद्ध हो सकती है। इसलिए मेरे विचार से हमें उस समय की प्रतीक्षा करनी चाहिए जब भारत की कोई भाषा विकसित तथा पुष्ट होकर हमारे सामने आयेगी। तब हम उसे अपनी राजभाषा तथा राष्ट्रभाषा के रूप में अपना सकते हैं।

अंग्रेजी बहुत ही व्यंजना-सम्पन्न, शब्द-सम्पन्न तथा सरल और सुबोध भाषा है। उसके लिए यह भी सिफ़ारिश की गयी है कि उसे सहायक अन्तरराष्ट्रीय भाषा के रूप में स्वीकार किया जाये। उसके स्थान पर किसी अन्य भाषा को रखना असम्भव है। सम्भवतः शेक्सपीयर ने इंग्लिस्तान की राष्ट्रभाषा को हमेशा के लिए निश्चित कर दिया और इटली की राष्ट्रभाषा को दान्ते ने निश्चित कर दिया। इसी प्रकार भविष्य में कोई प्रतिभाशाली भारत की राष्ट्रभाषा को भी निश्चित करेगा।

राष्ट्रभाषा केवल पारस्परिक समझौते से ही निश्चित की जा सकती है। मेरा विश्वास है कि वह मत लेकर निश्चित नहीं की जा सकती। कोई भी भाषा लोगों पर थोपी नहीं जा सकती। अभी तक कोई भी राष्ट्र बहुसंख्यकों की भाषा को अल्पसंख्यकों पर थोपने में सफल नहीं हुआ है। जारों के रूस में लिथुआनिया की भाषा को बोलने की बिल्कुल मनाही थी और इस संबंध में जो विधि थी उसे तोड़ने के लिए कठोर दंड दिया जाता था और कभी-कभी मृत्युदण्ड भी दिया जाता था। किन्तु दो शताब्दियों के अनन्तर जब लिथुआनिया ने अपनी स्वतंत्रता की घोषणा की तो यह ज्ञात हुआ कि 93 प्रतिशत लोग फिर भी लिथुआनिया की भाषा बोलते थे। इसी प्रकार स्पेन में 1923 में कटालान भाषा निषिद्ध घोषित कर दी गयी किन्तु 1932 के संग्राम के पश्चात् स्पेन को उस भाषा को स्वीकार करना पड़ा।

हम यह भी जानते हैं कि इसके विपरीत इंग्लिस्तान में क्या हुआ। इस समय भी इंग्लिस्तान में छह बोलियाँ बोली जाती हैं। अंग्रेजी राष्ट्रभाषा के रूप में विकसित हो उठी और सभी लोगों ने खुशी से उसे स्वीकार किया। इसका परिणाम यह हुआ कि वेल्स में लोगों ने वेल्स को तथा स्कॉटलैंड में गेलिक का परित्याग कर दिया। इसी प्रकार हमें भी उस समय तक प्रतीक्षा करनी होगी जब तक इस समय की भारतीय भाषाओं में से कोई भाषा समुन्नत न हो जाये। हमें उस समय तक प्रतीक्षा करनी होगी जब तक वह पुष्ट न हो जाये और उस स्थिति को प्राप्त न हो जाये जो राष्ट्रभाषा के लिए आवश्यक है।

मेरे विचार से राष्ट्रभाषा के संबंध में निर्णय करने के पूर्व एक दो बहुत महत्त्वपूर्ण प्रश्नों को हल करना आवश्यक है। श्रीमान्, पहला प्रश्न यह है कि हम एक भाषा को राजभाषा के रूप में अपनायें अथवा कई भाषाओं को। स्विट्जरलैंड में लोग चार भाषाएँ बोलते हैं। स्कूलों में वही भाषा शिक्षा का माध्यम होती है जिसे उस क्षेत्र के लोग बोलते हैं, जहाँ स्कूल स्थित होता है। उच्च कक्षाओं में एक दूसरी राष्ट्रभाषा को सीखना अनिवार्य होता है और फिर आगे चल कर एक तीसरी भाषा को भी। चारों भाषाओं को राजभाषाओं के रूप में स्वीकार किया गया है।

युद्ध के पूर्व चेकोस्लोवाकिया में यद्यपि कुछ लोग बोलियों के साथ लगभग बारह भाषाओं को बोलते थे किन्तु दो भाषाओं को राजभाषाओं के रूप में स्वीकार किया गया था। सरकारी दफ्तरों में, जो दफ्तर जिस क्षेत्र में होता था वहीं की भाषा वहाँ प्रयोग की जाती थी। अन्य कई देशों में भी एक से अधिक भाषाओं को राजभाषाओं के रूप में स्वीकार किया गया है।

इसलिए इस संबंध में निर्णय करने की आवश्यकता है कि हम एक भाषा को भारत की राजभाषा के रूप में स्वीकार करें। अथवा कई भाषाओं को अर्थात् बंगला, तामिल, हिन्दी और

अंग्रेजी को भी इस रूप में स्वीकार करें। यदि हम एक ही भाषा को राष्ट्रभाषा के रूप में स्वीकार करने का निर्णय करते हैं तो हमें इस संबंध में भी निर्णय करना होगा कि हमें संघीय सरकार को राजभाषा के अतिरिक्त अन्य किसी भाषा को प्रयोग में लाने देना चाहिए या नहीं। रूस में उदाहरणार्थ यूरोपीय रूस में ही असंख्य बोलियों के साथ-साथ 76 भाषाएँ बोली जाती हैं और केवल एक ही भाषा राजभाषा है। किन्तु दफ्तरों में संबंधित प्रदेश की भाषा को भी प्रयोग किया जाता है। जहाँ कई भाषाएँ बोली जाती हैं और कई बोलियाँ भी बोली जाती हैं। वहाँ इस संबंध में निर्णय करना होता है कि क्या संघ केवल एक ही राजभाषा को प्रयोग करे अथवा क्या वह दफ्तरों में संबंधित प्रदेशों की भाषाओं को भी प्रयोग में लाने दे।

मैं यह बताना चाहता हूँ कि आयरलैंड में अब भी सभी सरकारी कामों के लिए अंग्रेजी को ही काम में लाया जाता है। आयरलैंड के स्वातंत्र्य संग्राम के दिनों में वहाँ के लोग अंग्रेजी का विरोध करते थे। 1893 में एक गैलिक लीग स्थापित हुई जिसने आयरलैंड के स्वातंत्र्य संग्राम में प्रमुख भाग लिया। वहाँ के स्कूलों में आयरिश भाषा एक अनिवार्य विषय के रूप में पढ़ाई जाती है। यद्यपि आयरलैंड के लोग चाहते हैं कि केवल आयरिश भाषा ही राजभाषा हो किन्तु आयरिश को अंग्रेजी का स्थान लेने में उन्हें बहुत कठिनाई हो रही है।

हम सभी लोग इस संबंध में बहुत कुछ सहमत ही हैं कि अंग्रेजी पंद्रह वर्ष तक रहे। इसलिए यद्यपि यह एक महत्त्वपूर्ण प्रश्न है किन्तु इसे तुरन्त ही हल करने की आवश्यकता नहीं है। यह जनतंत्र का एक उत्तम सिद्धान्त है कि जब लोक प्रतिनिधियों को अपने निर्णयों के संबंध में स्वयं संदेह हो तो उन्हें लोगों की इच्छाओं का आदर करना चाहिए। यद्यपि यह प्रश्न एक महत्त्वपूर्ण प्रश्न है किन्तु चूँकि इसे तुरन्त ही हल करने की आवश्यकता नहीं है, इसलिए मैं यह प्रार्थना करता हूँ कि हम लोगों के पास जाकर इस संबंध में उनकी आज्ञा प्राप्त करें। इसके लिए हमें इस प्रश्न को भावी संसद के हल करने के लिए छोड़ देना चाहिए।

जब हमें कई अन्य प्रश्न, जिनका देश के करोड़ों लोगों के जीवन से संबंध है, हल करने हैं तो हम इस प्रश्न के पीछे क्यों पड़े रहें? जब देश के स्वातंत्र्य के लिए वीरता से लड़ने वाले लोग खाने तथा मकान के बिना मर रहे हैं और व्यापार तथा वाणिज्य में दिन-प्रतिदिन मंदी आती जा रही है और बेकारी फैली हुई है जिसका शिकार मुख्यतः दक्षिण हुआ है और जब उत्तर भारत में काश्मीर का प्रश्न हल करना है और दक्षिण में साम्यवादी गुंडाशाही को दूर करना है। यह मैं इसलिए कह रहा हूँ कि आज भी मेरे पास इस आशय का एक तार आया है, कि एक ऐसे कांग्रेसकर्मी का लड़का, जो पिछले बीस वर्षों से देश की सेवा करता रहा है, पिछले रविवार को एक साम्यवादी के छुरे का शिकार हो गया और जब खाद्य के प्रश्न के हल पर देश का भविष्य ही निर्भर है तो यह आदरणीय सभा इस प्रश्न को हल करने में अपना समय नष्ट क्यों करे, क्योंकि इस सभा में लगभग सभी के सहमत होने पर यह निर्णय किया गया है कि इस प्रश्न का जो भी हल निकाला जायेगा, उसे पंद्रह वर्ष पश्चात् व्यवहार में लाया जायेगा।

अंकों जैसे छोटे प्रश्न के संबंध में हमें जिस हठधर्मी का परिचय मिला है, और इस सभा के एक वर्ग ने यह प्रमाणित करने के लिए कि जीवन के लिए सबसे उपयोगी वस्तु देवनागरी अंक ही है; जिन विचारों को व्यक्त किया है, उन्हें ध्यान में रखते हुए मेरे विचार से उचित यही होगा कि हम इस प्रश्न को अधिक गम्भीर लोगों के निर्णय के लिए छोड़ दें। हम यह आशा कर सकते हैं कि हमारी आने वाली पीढ़ियाँ अधिक सहिष्णु और बुद्धिमान होंगी और वे एकमत से इस प्रश्न को

हल कर सकेंगी। हमारी असहिष्णुता के कारण भारत का विभाजन हो चुका है। जो कुछ रह गया है उसे अब हम न विभाजित करें। आने वाली पीढ़ियों पर किसी भाषा को न थोपकर हमें इस प्रश्न को उन्हीं के निर्णय के लिए छोड़ देना चाहिए।

बी. दास (उड़ीसा : जनरल) : श्रीमान्, हिन्दी को राष्ट्रभाषा के रूप में स्वीकार करने के प्रश्न के कारण हमें कई प्रकार की आशंकाएँ होने लगी हैं। यदि मैं अपनी भावनाओं को नहीं व्यक्त करूँगा तो मैं अपने प्रति, अपने अन्तःकरण के प्रति और अपने ईश्वर के प्रति सत्यनिष्ठा नहीं रख सकूँगा। पिछले तीन सप्ताहों से मैं कई आशंकाओं से पीड़ित रहा हूँ और वे संयुक्त प्रान्त और मध्य प्रान्त के मेरे मित्रों की उद्दंड प्रवृत्ति के कारण और भी बढ़ गयी है। यदि मैं उन्हें सच्चाई से नहीं व्यक्त करूँगा तो मैं अपने महान् नेता स्वर्गीय महात्मा गाँधी के प्रति भी सत्यनिष्ठा नहीं रख सकूँगा।

चूँकि हमें एक राष्ट्रभाषा की आवश्यकता है, इसलिए मैं हिन्दी को राजभाषा के रूप में स्वीकार करने के लिए तैयार हूँ। किन्तु इसका अर्थ यह नहीं है कि हमें किसी प्रकार की आशंकाएँ, संदेह अथवा भय नहीं है। मेरे मित्र डॉ. श्यामा प्रसाद मुखर्जी आज प्रातः बता चुके हैं कि अहिन्दी प्रान्त, जिनमें दक्षिण भारत भी सम्मिलित है, किन भयों और संदेहों से पीड़ित है। आज प्रातः जब पंडित लक्ष्मीकान्त मैत्र बोल रहे थे तो मेरे हृदय से यह विचार उठा कि अच्छा यही होगा कि संस्कृत को राज्य की सरकारी भाषा के रूप में स्वीकार किया जाये। ताकि उस भाषा पर, जो सभी भाषाओं की जननी है, सभी लोगों का समान अधिकार हो। तब इस सभा में उपस्थित संयुक्त प्रान्त तथा मध्य प्रान्त के नेताओं तथा उड़ीसा अथवा मद्रास के नेताओं की सन्तानों के बीच किसी प्रकार की प्रतिस्पर्धा नहीं होगी। वे सभी संस्कृत सीखेंगे।

हमें आज जो आशंकाएँ और भय हैं वे हमें कुछ वर्ष पूर्व भी थे जब पदाधिकारी अंग्रेज ही होते थे और सिविल सर्विस की परीक्षाएँ लंदन में होती थीं। स्वभावतः अंग्रेज ही अधिकतर पदाधिकारी होते थे। अब चूँकि सिविल सर्विस की तथा अन्य सेवाओं की परीक्षाएँ दिल्ली में होती हैं, इसलिए आगे चलकर (मैं इस समय की नहीं बल्कि पंद्रह वर्ष बाद की बात कह रहा हूँ) संयुक्त प्रान्त और मध्य प्रान्त जैसे हिन्दी-भाषी प्रान्तों के लोगों का देश की सिविल सर्विस तथा अन्य सेवाओं में प्रभुत्व रहेगा।

हिन्दी भाषा में किस कोटि की शिक्षा तथा परीक्षाएँ होंगी और उनका लक्ष्य क्या होगा? मैं अधिक हिन्दी नहीं जानता। मैं थोड़ी बहुत तथाकथित हिन्दुस्तानी जानता हूँ, जिसे साधारण लोग बोलते हैं, अर्थात् वह साधारण हिन्दुस्तानी जिसे पदाधिकारी नौकरों से अथवा साधारण कारिन्दों से बोलते हैं। उतनी हिन्दुस्तानी मैं जानता हूँ। मुझे यह ज्ञात हुआ है कि संसार में हिन्दी भाषा में ही क्रियाएँ लिंगों के अनुरूप होती हैं।

एक माननीय सदस्य—क्या यह जर्मन भाषा में नहीं होता?

बी. दास—मैंने जर्मन भाषा सीखने का प्रयास किया था किन्तु मुझे खेद है कि प्रथम युद्ध के छिड़ने पर मुझे वह प्रयास त्यागना पड़ा। किन्तु अब बुढ़ापे में मैं हिन्दी बोलने के लिए तैयार नहीं हूँ, क्योंकि मुझे हमेशा यह भय रहेगा कि मैं क्रियाओं को ठीक लिंगों के सहित बोल रहा हूँ या नहीं। और कहीं हिन्दी-भाषी स्त्री और पुरुष मेरी त्रुटियों पर हँस तो नहीं रहे हैं।

किन्तु समस्या यह नहीं है। हमारे बच्चों को जर्मन के समान एक ऐसी भाषा सीखनी होगी जिसके वाक्यों को प्रयोग करते समय उन्हें सावधान रहना होगा कि कहीं वे ग़लत क्रियाओं को तो नहीं प्रयोग कर रहे हैं। यह एक भय है। किन्तु मैं उसकी उपेक्षा करने के लिए तैयार हूँ। परन्तु मैं

इस स्थिति को स्वीकार करने के लिए तैयार नहीं हूँ कि आगे पंद्रह, बीस, अथवा तीस वर्ष तक हिन्दी-भाषी लोगों की सन्तानों का ही, चाहे वे संयुक्त प्रान्त के हों अथवा मध्य प्रान्त के, अखिल भारतीय सेवाओं में प्रभुत्व रहेगा।

मैंने देखा है कि पिछले इक्कीस वर्षों में राष्ट्रभाषा हिन्दी का देश में कितना प्रसार हुआ है। मैं यह कहूँगा कि हिन्दी वक़्ताओं को प्रशिक्षा देने में, मेरे मित्र श्री सत्यनारायण तथा श्रीमती दुर्गाबाई के प्रयत्नों के अतिरिक्त बहुत कम काम किया गया है। आज उड़ीसा अथवा मद्रास में पढ़ने वाले वे लोग जो थोड़ी बहुत हिन्दी जानते हैं, क्या हिन्दी-भाषी लोगों के साथ प्रतियोगिता में सम्मिलित होने अथवा मेरे मित्र पंडित बालकृष्ण शर्मा के समान संगीत और काव्य की रचना करने, अथवा मेरी मित्र श्रीमती कमला चौधरी के समान सुन्दर कहानियाँ लिखने की आशा कर सकते हैं? सम्भव है मेरी पीढ़ी पर इसका कोई असर न पड़े किन्तु आने वाली पीढ़ियों पर इसका अवश्य असर पड़ेगा।

हमें यह विदित है कि हमको एक राष्ट्रभाषा स्वीकार करनी होगी। हम हिन्दी को स्वीकार करते हैं। संयुक्त प्रान्त और मध्य प्रान्त के नेता इतने असिहष्णु क्यों हैं? मैंने यह देखा कि उस तरफ की जगहों से एक के बाद दूसरा नेता आया और वे सब हिन्दी में ही बोले, यद्यपि वे यह जानते थे कि वे संयुक्त प्रान्त के अथवा मध्य प्रान्त के, अथवा बिहार के सदस्यों से अपील नहीं कर रहे हैं। वे दक्षिण भारत के लोगों, अथवा उड़ीसा के मुझ जैसे लोगों और बंगाल के लोगों से, जो थोड़ी सी ही हिन्दी जानते हैं, अपील कर रहे हैं। यह सभी जानते हैं कि बंगाली थोड़े बहुत कट्टरपंथी होते हैं। वे किसी भी भारतीय भाषा को अच्छी प्रकार नहीं सीख पाते, यद्यपि वे अंग्रेजी भाषा पर अधिकार प्राप्त कर लेते हैं। श्रीमान्, मुझे आशा है कि अब संयुक्त प्रान्त, मध्य प्रान्त और बिहार के जो सदस्य बोलेंगे तो वे अंग्रेजी में बोलेंगे ताकि दक्षिण भारत के सदस्य और मुझ जैसे सदस्य जो बहुत कम हिन्दी जानते हैं, उन्हें समझ सकें। यदि उन्हें अपनी मातृभाषा से इतना अधिक प्रेम है तो वे उसकी सेवा किसी अन्य अवसर पर करें। उनके तर्कों से इसका परिचय मिलना चाहिए कि वे सहिष्णु हैं और वे कुछ प्रदान करना चाहते हैं और वह यह कह कर अपनी उद्दण्ड मनोवृत्ति का परिचय न दें कि ''आप हिन्दी को राष्ट्रभाषा के रूप में स्वीकार करें। हमें इसकी चिंता नहीं है कि आपका तथा आपके पुत्रों और पौत्रों का क्या होगा।''

हम नहीं चाहते कि संयुक्त प्रान्त के अथवा मध्य प्रान्त के सदस्य इस प्रकार का रुख दिखायें। इस प्रकार आप न तो भविष्य में, और न अब, हमारा सहयोग प्राप्त कर सकेंगे। श्रीमान्, मैं इसके विचार से ही उत्तेजित हो उठता हूँ और यदि मैं अपने हृदय की बात कर रहा हूँ तो अपने अन्तःकरण की प्रेरणा से ही कह रहा हूँ।

एच.जे. खांडेकर (मध्य प्रान्त और बरार : जनरल) : मैं माननीय सदस्य महोदय को बताना चाहता हूँ कि मध्य प्रान्त में केवल हिन्दी ही नहीं बोली जाती है। वहाँ मराठी और हिन्दी बोली जाती है।

बी. दास—अच्छी बात है श्रीमान्। मुझे अपने मित्र का त्रुटिशोधन मान्य है। मेरे मस्तिष्क में जबलपुर का ज़िला है जिसने हिन्दी साहित्य सम्मेलन के सभापति, मेरे मित्र सेठ गोविन्द दास को जन्म दिया है।

श्रीमान्, मैं यह बता चुका हूँ कि हम मनुष्य हैं और हम रोटियों के टुकड़ों की समस्याओं से उतने ही प्रभावित होते हैं जितने उच्च राष्ट्रीय आदर्शों से। अब आगे संयुक्त प्रान्त के जो नेता बोलें वे इस समस्या का कोई ऐसा हल बतायें कि जिससे अन्य प्रान्त जैसे उड़ीसा, आसाम, बंगाल

अथवा मद्रास, बम्बई का एक भाग, मैसूर और त्रावणकोर के समान दक्षिण राज्य, उनके प्रान्त से पिछड़ न जायें। उन्हें इस प्रश्न को हल करना होगा।

उन्हें हमें यह बताना होगा कि वे इस सम्पूर्ण प्रभुत्व सम्पन्न भारत के तीस करोड़ लोगों को किस प्रकार हिन्दी सिखायेंगे। हमें यह किसी ने नहीं बताया है। केवल प्रस्ताव स्वीकार कर लेने से और हिन्दी को राष्ट्रभाषा बना देने से प्रश्न हल नहीं हो जाता। आख़िर पिछले 21 वर्षों में संयुक्त प्रान्त ने अन्य प्रान्तों को कितने अध्यापक भेजे? उसने सौ से अधिक अध्यापक नहीं भेजे हैं। क्या वे यह आशा करते हैं कि संयुक्त प्रान्त के गाँवों के स्कूलों में पढ़ाने वाले अध्यापकों में से प्रत्येक अध्यापक उड़ीसा, बंगाल, आसाम और मद्रास जायेगा और हमारे लड़कों को तथा लड़कियों को इतनी हिन्दी सिखा देगा कि वे प्रतियोगिता में संयुक्त प्रान्त के तथा उत्तर मध्य प्रान्त के लड़कों तथा लड़कियों के साथ भाग ले सकेंगे? यदि संयुक्त प्रान्त के मेरे मित्र सहिष्णु होते तो वे पिछले तीन चार सप्ताह से जिस प्रकार हमारा दिल दुखा रहे हैं, उस प्रकार न दुखाते।

अंकों के प्रश्न को इतना अधिक महत्त्व दिया गया है कि उन्हें यह नहीं दिखाई देता कि सारे भारत ने सहयोग की भावना दिखाकर हिन्दी को भारत की राष्ट्रभाषा के रूप में स्वीकार किया है। वे आख़िर मानते क्यों नहीं हैं? संसार गतिशून्य नहीं है। हम इस संविधान में इस समय जो कुछ रख रहे हैं वह पाँच या दस वर्ष पश्चात् निष्क्रमण हो सकता है। हम, हिन्दू जानते हैं कि संसार में कैसे परिवर्तन हो रहे हैं। हम जानते हैं कि ईश्वर की कल्पना में भी अतीत काल से कितने परिवर्तन हुए हैं। ऋग्वेद के काल से लेकर उपनिषदों, पुराणों और भागवत के काल तक तथा फिर आधुनिक काल तक यह कल्पना बदलती रही है। मेरे संयुक्त प्रान्त के मित्र इस पर इतना अधिक ज़ोर क्यों दे रहे हैं कि देवनागरी के अंक ही काम में लाये जायें और अन्तरराष्ट्रीय रूप में जो भारतीय अंक हैं उन्हें काम में न लाया जाये। यद्यपि हममें से बहुत से लोग उन्हीं को काम में लाना चाहते हैं? मैंने इस प्रस्ताव का समर्थन किया है कि इन अंकों के साथ अन्तरराष्ट्रीय अंक भी काम में लाये जायें। हो सकता है कि हम अकारण भय कर रहे हों। अब से दस या बीस वर्ष पश्चात् यह प्रमाणित हो सकता है कि अन्तरराष्ट्रीय अंकों को स्वीकार करके हमने ग़लत कदम उठाया। किन्तु इस समय हमें कोई भय नहीं है और इसलिए सभा को दोनों अंक स्वीकार कर लेने चाहिए।

हम अंकों के जैसे छोटे प्रश्न पर लड़ना नहीं चाहते। संयुक्त प्रान्त तथा उत्तर मध्य प्रान्त के मेरे मित्र इसके लिए क्यों नहीं सहमत होते कि पन्द्रह वर्ष तक दोनों प्रकार के अंक काम में लाये जायेंगे? तब हममें से कई लोग यहाँ नहीं रहेंगे। पंद्रह वर्ष पश्चात् कम से कम मैं इस संसार में नहीं रहूँगा। इस काल के पश्चात् जो लोग स्वतंत्र भारत के इस संविधान को पंद्रह वर्ष तक व्यवहार में लाने के पश्चात् स्वतंत्रता की नवीन लहर से प्रभावित होकर आयें वे एक जगह बैठ कर इस प्रश्न को हल करें कि देवनागरी अंकों के साथ अन्तरराष्ट्रीय अंक रहें या नहीं।

डॉ. मुखर्जी ने आज प्रातः ठीक ही कहा कि चूँकि विज्ञान प्रगति कर रहा है और अधिकाधिक अन्तरराष्ट्रीय सहयोग दिखाई देने लगा है, और बाह्य जगत से सम्पर्क बढ़ने लगा है, तथा एक विश्व की भावना भी प्रबल होने लगी है, इसलिए कम से कम विज्ञान तथा कला-कौशल के क्षेत्रों में हम अन्तरराष्ट्रीय अंकों को रखें। यह मेरे निर्णय करने की बात नहीं है कि क्या ठीक है और क्या ठीक नहीं है। मैं केवल एक ऐसे सूत्र को निश्चित करने के लिए प्रयत्न कर सकता हूँ जो सभी को मान्य हो ताकि तत्संबंधी अनुच्छेद संविधान में समाविष्ट किये जा सकें। किसी प्रकार की कटुता उत्पन्न नहीं होनी चाहिए। दक्षिण भारत के सदस्यों को उत्तर भारत के सदस्यों के विचार-विमर्श से रुष्ट न

होना चाहिए। साथ ही जब दक्षिण भारत यह चाहता है कि प्राचीन काल के अंकों को प्रशासन में स्थान दिया जाये तो उत्तर भारत को उस पर दबाव नहीं डालना चाहिए। यदि हममें से कुछ लोग उस व्यक्ति की स्मृति के प्रति आदर भाव रखते हैं जिसने हमें स्वतंत्रता प्रदान की और कारागार के कष्ट सहन किये और उस स्मृति के कारण यदि हम सहयोग करते हैं और किसी का दिल दुखाना नहीं चाहते तो साथ ही संयुक्त प्रान्त के नेताओं से, जो भाषा और अंकों के प्रश्न पर ज़ोर दे रहे हैं, आशा रखते हैं कि वे सहिष्णुता की भावना का परिचय देंगे।

डॉ. पी. सुब्बारायन (मद्रास : जनरल) : अध्यक्ष महोदय, मैं इस आदरणीय सभा के समक्ष प्रथम बार बोल रहा हूँ और इस विचार को अपने मस्तिष्क से दूर नहीं कर पा रहा हूँ। मेरा संशोधन एक सीधा-सादा संशोधन है और वास्तव में और सभी संशोधन उसके अनुगामी हैं।

मेरे संशोधन का आशय यह है कि संघ की भाषा रोमन लिपि सहित हिन्दुस्तानी हो। मेरे विचार से हमें संसार के साथ निकट संबंध स्थापित करना चाहिए। संसार के विभिन्न प्रदेश अब एक दूसरे के निकट आते जा रहे हैं। हमें अब केवल अपने प्रान्तों ही की बात न सोचनी चाहिए। हमें अधिकतर "एक विश्व" के बारे में ही सोचना चाहिए। यदि वास्तव में आपका "एक विश्व" और शान्ति के विचारों में विश्वास है, जिनका महात्मा गाँधी ने संसार में प्रचार किया तो मुझे विश्वास है कि आप में से अधिकांश लोग, यदि आप अपने दिलों को टटोलेंगे तो मेरे प्रस्ताव के पक्ष में मत देने के लिए तैयार हो जायेंगे।

आर.के. सिधवा (मध्य प्रान्त और बरार : जनरल) महात्मा गाँधी ने कभी यह नहीं कहा कि हिन्दुस्तानी रोमन लिपि में लिखी जाये।

डॉ. पी. सुब्बारायन—मैंने रोमन लिपि सहित हिन्दुस्तानी का प्रस्ताव इसलिए रखा है कि इस प्रश्न का यह एक ऐसा हल है जिसे स्वीकार किया जा सकता है क्योंकि दो लिपियों के कारण बहुत कठिनाई हो सकती है।

मैं एक अन्य विषय के संबंध में भी बोलना चाहता हूँ। अंग्रेजी के संबंध में आख़िर नाक-भौं क्यों सिकोड़ी जा रही है? अंग्रेजी से आख़िर इतनी नफरत क्यों होने लगी है। स्वातंत्र्य प्राप्ति के पश्चात् मैं यह समझता था कि हमने नफरत का पूर्णतया परित्याग कर दिया है और अब हम अंग्रेजों के मित्र हो गये हैं। मैं अमरीका का उदाहरण देना चाहता हूँ। आज यदि आप अमरीका की जनसंख्या के आँकड़े देखें तो आपको विदित होगा कि वहाँ केवल बीस प्रतिशत लोग ही अंग्रेज हैं। जहाँ तक मैंने देखा है, खेलों में भी वहाँ के जो लोग आते हैं वे कई जातियों के होते हैं और किसी प्रकार भी ऐंग्लो सैक्सन नहीं कहे जा सकते। डेविस कप के लिए आस्ट्रेलिया के विरुद्ध उन्होंने हाल में जो मैच खेली थी उसमें अमरीका की ओर से स्क्रोएडर तथा गोंजेल्स ने बहुत अच्छा खेला और मैच जीती। क्या स्क्रोएडर और गोंजेल्स से भी अजीब नाम आपने सुने हैं? उनमें से एक जर्मन है और दूसरा पुर्तगाली।

अमरीका में बसने वाले विभिन्न राष्ट्रों के इन लोगों ने एकमत होकर अंग्रेजी को अपनी भाषा माना है। मुझे यह कहने का साहस नहीं है कि हम अंग्रेजी भाषा को लोकभाषा के रूप में अपनायें। यद्यपि लगभग डेढ़ शताब्दी तक वह हमारे देश में प्रचलित रही है और अंग्रेजी भाषा से हमने भी वे सब बातें सीखी हैं जो अन्य देशों ने सीखी हैं।

दुर्भाग्य से हमारी वह स्थिति नहीं है। चाहे कितनी ही बातें क्यों न कही गयी हों किन्तु अब भी नफरत की भावना तथा आक्रांता की भाषा से दूर रहने की भावना है, यद्यपि आक्रांता बिना एक

गोली चलाये हुए अपनी खुशी से इस देश से चला गया है और वह इस कारण कि वह समझ गया कि अब वह समय आ गया है जब उसे राष्ट्र के निर्णय को स्वीकार कर लेना चाहिए। किन्तु फिर भी मैं राष्ट्र की भावना का आदर करने के लिए तैयार हूँ।

किन्तु मैं यह चाहता हूँ कि माननीय सदस्य महात्मा गाँधी का स्मरण करें। मुझसे यह कहा गया है कि इस भाषा संबंधी विवाद में हम महात्मा गाँधी का नाम न लें। मैं पूछता हूँ कि आख़िर क्यों नहीं? क्या इस कारण कि प्रतिदिन माननीय सदस्य उनके पवित्र नाम का उच्चारण करते हैं और जो कुछ उन्होंने हमें सिखाया है उसके विपरीत कार्य करते हैं। इस दशा में, अध्यक्ष महोदय, हिन्दुस्तानी को राष्ट्रभाषा के रूप में स्वीकार करने के संबंध में आख़िर मैं उनका नाम क्यों न लूँ?

आर.के. सिधवा—ठीक है। वे जो कुछ कहते थे वही कहना चाहिए। वे रोमन लिपि में हिन्दुस्तानी की बात कभी नहीं कहते थे।

डॉ. पी. सुब्बारायन—श्री सिधवा यदि आप कुछ धैर्य रखें और मुझे अपना तर्क पूर्ण रूप से उपस्थित करने दें तो आप समझ जायेंगे कि मैं क्या कह रहा हूँ। मैंने रोमन लिपि के संबंध में उनकी चर्चा नहीं की। केवल हिन्दुस्तानी के संबंध में ही मैंने उनकी चर्चा की। श्रीमान्, मेरा यह तर्क है कि चूँकि अंग्रेजी का प्रश्न ही नहीं रह जाता इसलिए अच्छा यही है कि हम रोमन लिपि सहित हिन्दुस्तानी को स्वीकार करें क्योंकि उस लिपि के कारण हमारा संसार से संबंध बना रहेगा।

मैं यह कहता हूँ कि अंकों के संबंध में ये सब अनर्गल बातें क्यों कही जा रही हैं। क्या आप बिल्कुल पुरातन होने जा रहे हैं और ऐसी बातें अपनाने जा रहे हैं जो बहुत पहले भुला दी गयी हैं, और जिन्हें आप सब पुनर्जीवित करना चाहते हैं क्योंकि आप यह समझते हैं कि वे आपकी अपनी हैं? श्रीमान्, मेरा यह निवेदन है कि ये अंक उन अंकों से बहुत प्राचीन हैं जिन्हें आप छाती से लगा रहे हैं।

पं. बालकृष्ण शर्मा—पूछिये।

डॉ. पी. सुब्बारायन—इस संबंध में कुछ पूछने का प्रश्न ही नहीं उठता। यह एक तथ्य है।

पं. बालकृष्ण शर्मा—यह तथ्य नहीं है।

डॉ. पी. सुब्बारायन—आप जो चाहें कहें किन्तु इस संबंध में मेरा अपना मत है।

पं. बालकृष्ण शर्मा—आपका मत ही सब कुछ नहीं है।

डॉ. पी. सुब्बारायन—यह मेरा मत नहीं है। यह एक तथ्य है, केवल मत ही नहीं है। आपका अपना मत है जिसके आधार पर आप तथ्य को ही बदल देना चाहते हैं। श्रीमान्, जहाँ तक अंकों का प्रश्न है उसके संबंध में मैं तथ्यों को प्रमाणित करने के लिए श्री शर्मा के लाभार्थ इंसाइक्लोपीडिया ब्रिटेनिका से एक उद्धरण देता हूँ।

पं. बालकृष्ण शर्मा—कहिये आपके सूचनार्थ।

डॉ. पी. सुब्बारायन—मुझे पर्याप्त सूचना प्राप्त है। ''हमारे वर्तमान अंकों के बारे में, जो साधारणतया अरबी अथवा हिन्दू-अरबी अंक कहे जाते हैं, विभिन्न प्रकार के दावे किये गये हैं और प्रत्येक में कुछ न कुछ तथ्य है। यह कहा जाता है कि अरबों ने, अथवा ईरानियों ने, अथवा मिश्र निवासियों ने, अथवा हिन्दुओं ने इन अंकों को लिखना आरम्भ किया। व्यापारियों के बीच समागम होने के कारण ये चिह्न विभिन्न देशों में ले जाये गये। इसलिए यह सम्भव है कि हमारे अंक विभिन्न स्रोतों से आये हों। किन्तु जिस देश में इनमें से अधिकांश अंक, प्रयोग में आते थे वह भारत है...'' एक चार और छह का अंक ईसा के पूर्व तीसरी शताब्दी के अशोक के शिलालेखों में मिलता है। उस समय आपके अंकों के बारे में किसी ने सोचा भी नहीं था। दो, चार, छह, सात और नौ का अंक एक शताब्दी बाद के नाना घाट के शिलालेखों में मिलता है।

पं. बालकृष्ण शर्मा—क्या नाना घाट यूरोप में है?

डॉ. पी. सुब्बारायन—इसीलिए मैं यह कह रहा हूँ कि ये हमारे अंक हैं किन्तु दुर्भाग्य से आप यह स्वीकार नहीं कर रहे हैं। मैं केवल यह सिद्ध कर रहा हूँ कि इन अंकों की उत्पत्ति भारत में हुई और किसी अन्य स्थान में नहीं हुई। दो, तीन, चार, पाँच, छह, सात और नौ के अंक नासिक की गुफाओं में पहली अथवा दूसरी शताब्दी में लिखे गये थे।

पं. बालकृष्ण शर्मा—क्या आपने इन अंकों को नासिक की गुफाओं में लिखा देखा है? क्या आप सभा को इस संबंध में सूचना दे सकते हैं कि क्या ये अंक उन्हीं अंकों के समान हैं जो इस समय प्रयोग में हैं?

डॉ. पी. सुब्बारायन—मैं माननीय सदस्य महोदय से तर्क-वितर्क नहीं करना चाहता। उन्हें भी अपने विचार व्यक्त करने का अवसर मिलेगा। इस समय वे कृपया मेरी बातें धैर्यपूर्वक सुनें। दो, तीन, चार, पाँच, छह, सात और नौ के अंक नासिक की गुफाओं में पहली अथवा दूसरी शताब्दी में लिखे गये थे। वे बहुत कुछ हमारे अंकों के समान ही हैं। यह प्रत्यक्ष दिखाई देता है कि हमारे दो और तीन के अंक उन अंकों के दो और तीन अंकों से ही निकले हैं।

इन प्राचीन भारतीय शिलालेखों में अंकों के स्थानों का अथवा शून्य का कोई प्रमाण नहीं है। सम्भव है अंकों के स्थान हमीं ने निश्चित किये हों। हिन्दुओं के साहित्य में इसका थोड़ा बहुत प्रमाण मिलता है कि शून्य को हम से पहले भी लोग जानते थे। किन्तु नवीं शताब्दी के पूर्व का कोई भी ऐसा शिलालेख नहीं मिलता जिसमें यह चिह्न अंकित हो। हिन्दुओं के अंकों का बाह्य देशों से सबसे पहला प्रमाण मेसोपोटामिया के एक पादड़ी सवरूस सिवोख्त के सन् 650 ई. के एक लेख में मिलता है। चूँकि वे नौ चिह्नों का उल्लेख करते हैं, इसलिए यह प्रतीत होता है कि शून्य के अंक से वे परिचित थे।

अध्यक्ष—क्या आप उनके निर्णय के आधार पर इस प्रश्न को हल करने जा रहे हैं?

डॉ. पी. सुब्बारायन—उस आधार पर नहीं किन्तु इस आधार पर कि उनकी उत्पत्ति भारत में हुई। मैं केवल यह प्रमाणित कर रहा हूँ कि ये हमारे अंक हैं और हमें इनके कारण शर्मिन्दा होने की कोई आवश्यकता नहीं है।

अध्यक्ष—इस ब्यौरे पर अब अधिक विचार करने की आवश्यकता नहीं है। इस प्रश्न को अधिक विस्तृत आधार पर हल करने की आवश्यकता है।

डॉ. पी. सुब्बारायन—श्रीमान्, मैं केवल यह कहना चाहता हूँ कि हमें इन अंकों के कारण शर्मिन्दा होने की आवश्यकता नहीं है। वे हमारे ही अंक हैं और हम उन्हीं अंकों को अपना रहे हैं जो हमारे ही थे और जो संसार भर में समझे जाते हैं। इस प्रकार हम संसार के अन्य देशों से भी निकट संबंध स्थापित कर सकते हैं क्योंकि इस समय संसार के साठ प्रतिशत लोग इन अंकों को काम में लाते हैं। इन्हें अपनाने में कोई हानि नहीं है। इस स्थिति में मेरी समझ में नहीं आता कि हम ऐसे अंकों को क्यों अपनायें जो अप्रचलित हों और उन अंकों को क्यों त्याग दें जिनसे हम सुपरिचित हैं और जिन्हें कई वर्षों से काम में ला रहे हैं।

मैं रोमन लिपि की ओर संकेत कर चुका हूँ (विघ्न)। श्री टी.टी. कृष्णमाचारी एक संविधानिक विशेषज्ञ हैं। मैं विशेषज्ञ होने का दावा नहीं करता। मैं केवल यह निवेदन करना चाहता हूँ कि जब संसार के सभी देश इस लिपि से सुपरिचित हैं और वे उत्तरोत्तर एक दूसरे के निकट आ रहे हैं तो इस लिपि को अपनाने से हम उनके निकट रहेंगे और हमारे वैज्ञानिक संसार के वैज्ञानिक से अपनी

ही भाषा में विचार विनिमय कर सकेंगे। संसार के अन्य देशों के निवासी इस लिपि को आसानी से पढ़ सकेंगे और इसलिए हमारा उनके साथ निकट संबंध रहेगा। मुझे आशा है कि श्री टी.टी. कृष्णमाचारी को इससे संतोष हो गया होगा।

जहाँ तक मेरे अन्य संशोधनों का संबंध है उनके विषय में मैं यह कहना चाहता हूँ कि मेरी इच्छा यह है कि श्री एन. गोपालस्वामी आयंगर के प्रस्ताव के अधीन जो आयोग गठित होने वाला है वह पाँच वर्ष के बाद गठित न हो। उसके लिए पाँच वर्ष का समय बहुत कम है। वह दस वर्ष अथवा इससे अधिक समय बाद गठित किया जाये और इन दस वर्षों में अंग्रेजी भाषा का ही माध्यम बना रहे। संयुक्त प्रान्त के मेरे मित्र इस पर हँस रहे हैं। यदि हिन्दी के विवाद में उनका भी वही अनुभव होता जो मेरा रहा है तो वे समझ जाते कि मैं उनसे यह कदम उठाने के लिए क्यों अपील कर रहा हूँ। हम दाक्षणात्यों ने यह स्वीकार किया कि हमारी एक राष्ट्रभाषा होनी चाहिए और हमें उत्तर भारत के लोगों की ध्वनि में अपनी ध्वनि भी मिलानी चाहिए। इसलिए आप जो कुछ चाहते थे उसका 95 प्रतिशत हम निगलने के लिए तैयार हो गये। किन्तु आप यह चाहते हैं कि हम शेष पाँच प्रतिशत को भी निगल जायें क्योंकि आपका तामिल की इस कहावत में विश्वास है कि ''आपके खरगोश की तीन ही टाँगें हैं।''

मुझे तामिल की एक अन्य कहावत भी स्मरण हो आती है जो इस प्रकार है—यदि कोई व्यक्ति आकर आपसे बरामदे में थोड़ी सी जगह माँगता है और आप उसे जगह दे देते हैं तो फिर वह यह माँग करेगा कि उसे घर में ही घुसने दिया जाये। आज आप सज्जनों में से अधिकांश यही कर रहे हैं।

श्रीमान्, मेरी यह धारणा है कि यह बहुत आवश्यक है कि आप दाक्षणात्यों की स्थिति को समझें। मैं आपको बताऊँगा कि मद्रास में जब मैं शिक्षा मंत्री था तो मेरे कार्यकाल के पहले तीन महीनों में जब हाई स्कूलों की पहली तीन कक्षाओं में हिन्दी अनिवार्य विषय के रूप में जारी की गयी तो क्या हुआ, ताकि आप यह समझ सकें कि मैं इसके लिए इतना चिंतित क्यों हूँ कि मैं यहाँ से कुछ करा कर जाऊँ। तीन महीने तक जब कभी मैं घर से निकलता था तो मुझे इन नारों के अतिरिक्त और कुछ नहीं सुनाई देता था, ''हिन्दी मुर्दाबाद, तामिल जिन्दाबाद। सुब्बारायन मुर्दाबाद, राजगोपालाचारी मुर्दाबाद।'' तीन मास तक यही नारे लगाये जाते रहे। और तो क्या हमें उस दंड-विधि संशोधन अधिनियम को भी प्रयोग में लाना पड़ा जिसके विरुद्ध हमने स्वयं आवाज उठाई थी।

टी.टी. कृष्णमाचारी (म्रदास : जनरल) : वाह, वाह।

डॉ. पी. सुब्बारायन—श्री कृष्णमाचारी वाह, वाह कहते हैं। मुझे स्मरण है कि इस सभा में उन्होंने कैसी आलोचना की थी। यदि उस समय वे पदारूढ़ होते तो वे और भी दूषित हथियारों से काम लेते।

श्रीमान्, संयुक्त प्रान्त के अपने सहकारियों को मैं एक सूचना और दूँगा। कांग्रेस पत्रिका अंग्रेजी और हिन्दी दोनों भाषाओं में प्रकाशित होती है। यदि आप इन दो भाषाओं के प्रकाशनों की ग्राहक संख्या को देखें तो आपको आश्चर्य होगा। हिन्दी के ग्राहकों की संख्या अंग्रेजी के ग्राहकों की संख्या की 1/40वाँ भाग है। इससे यह स्पष्ट हो जाता है कि गाँधीजी के प्रयासों तथा अन्य प्रयासों के होते हुए भी जो लोग हिन्दी भाषा के समर्थक हैं उन्हें भी हम कांग्रेस पत्रिका के हिन्दी संस्करण को खरीदने के लिए तैयार नहीं कर सके हैं। कांग्रेस के मंत्री मेरे माननीय मित्र कलावेंकट राव मुझसे कहते हैं कि मैं संख्या बताऊँ। उन्हें यह अच्छी तरह ज्ञात है कि मैं किन कारणों से संख्या नहीं बताना चाहता।

मैं चाहता हूँ कि सभा एक और संशोधन को भी स्वीकार कर ले। जिसका आशय यह है कि परिशिष्ट में चौदहवीं भाषा अंग्रेजी हो। मेरे विचार से मेरे मित्र श्री एन्थनी यह अच्छी प्रकार बता चुके हैं कि उसे किन कारणों से रखना चाहिए। और उन्होंने जो कारण बताये हैं वे ठीक हैं। आंग्ल भारतीय समुदाय की जनसंख्या हमारी जनसंख्या की तुलना में नगण्य भले ही हो किन्तु उस समुदाय के लोग वैसे ही भारतीय हैं जैसे अन्य लोग। यदि हम उन्हें अपना निकट संबंधी समझते हैं तो हमें अन्य भाषाओं के साथ उनकी भाषा को भी परिशिष्ट में स्थान देना चाहिए। इसलिए मेरी यह धारणा है कि चौदहवीं भाषा अंग्रेजी भाषा होनी चाहिए।

मेरे मित्र श्री लक्ष्मीकान्त मैत्र भी चाहते हैं कि उनका संशोधन स्वीकार कर लिया जाये। मैं यह चाहता हूँ कि संस्कृत को पन्द्रहवीं भाषा के रूप में रखा जाये। संस्कृत हमारी प्राचीन भाषा है और हमें अपने संविधान में उसका उल्लेख करना ही चाहिए। हम उसका इस स्थान पर उल्लेख कर सकते हैं।

सभी बातों पर विचार करने के पश्चात् मेरी यह धारणा है कि हमारे लिए यही उचित है कि हम रोमन लिपि सहित हिन्दुस्तानी को देश की राष्ट्रभाषा के रूप में स्वीकार करें।

कुलधर चालिहा (आसाम : जनरल) : अध्यक्ष महोदय, डॉ. सुब्बारायन ने इस सभा में जो अत्यन्त तर्कपूर्ण भाषण दिया है। उसके पश्चात् यदि मैं संस्कृत का समर्थन करने के लिए आगे बढ़ूँ तो लोग मेरी बातों को पुरानी-धुरानी समझेंगे। मेरी अपनी यह धारणा है कि हमें संस्कृत को राष्ट्रभाषा के रूप में स्वीकार करना चाहिए। संस्कृत सारे भारत में छाई हुई है। चाहे आप कितना ही प्रयास क्यों न करें। आप संस्कृत से छुटकारा नहीं पा सकते। वह हमारी संस्थाओं में व्याप्त है और हमारे जीवन में उसी के दर्शन का संचार है। हमें जो कुछ भी सुन्दर अथवा मूल्यवान वस्तु उपलब्ध है और जिन आदर्शों को हम बहुमूल्य समझते हैं, तथा जिनके लिए संघर्ष करते हैं वे सब हमें संस्कृत साहित्य से ही प्राप्त हुए हैं। आखिर हम श्रीकृष्ण, बुद्ध तथा राष्ट्रपिता जैसे महान् पुरुषों का अनुसरण क्यों करते हैं? यदि हमें संस्कृत की परम्परा प्राप्त नहीं होती तो हम उनका अनुसरण नहीं करते। सबसे सुन्दर साहित्य, सबसे गहन दर्शन तथा सबसे कठिन विज्ञान संस्कृत भाषा ही में उपलब्ध है। क्या कालीदास की शकुन्तला अथवा मेघदूत से अधिक सुन्दर और भी कुछ हो सकता है? संस्कृत भाषा में जिन वस्तुओं का वर्णन है उनसे भी अच्छी वस्तुएँ क्या संसार में कोई और हो सकती है अथवा जिस संस्कृति का वर्णन उस भाषा में है क्या उससे भी अच्छी संस्कृति और कोई हो सकती है? जहाँ तक दर्शन का संबंध है हमें तर्कपूर्ण सांख्यदर्शन प्राप्त है, जिसका स्वामी विवेकानन्द ने शिकागो में प्रचार किया था, जिसका परिणाम यह हुआ था कि वहाँ के लोग यह समझने लगे कि हमारा धर्म सर्वोत्कृष्ट धर्मों में से एक है। यह सब करने में वे इस कारण समर्थ हुए कि उन्हें संस्कृत का गहन ज्ञान प्राप्त था। अपनी अलौकिक शक्ति के कारण ही वे ससार में अपने विचारों का प्रसार कर सके।

मैं अपनी भावनाओं तथा अपने विचारों को उस प्रकार व्यक्त करने में समर्थ नहीं हूँ जैसे मेरे मित्र पंडित लक्ष्मीकान्त मैत्र ने व्यक्त किये हैं। मेरा संस्कृत का ज्ञान उतना विस्तृत नहीं है जितना उनका है अन्यथा मैं आपको बताता कि संस्कृत में विज्ञान, संगीत, गृह-निर्माण विद्या, अर्थशास्त्र, राजनीति विज्ञान और शल्य चिकित्सा का भी ऐसा साहित्य है कि उस पर आश्चर्य होता है। हम उससे कई चीज़ें ले सकते हैं। संस्कृत का ऐसा शब्द भंडार है कि प्रान्तीय भाषा-भाषियों को किसी शब्द की आवश्यकता होती है तो वे उसे संस्कृत ही से लेते हैं। अच्छी हिन्दी भी संस्कृत ही है।

श्रीमान्, जन्म से लेकर मृत्यु पर्यन्त हमारे सभी संस्कार मंत्रों के द्वारा ही होते हैं। हमारे जीवन पर संस्कृत का इतना प्रभाव है कि हम उससे छुटकारा नहीं पा सकते। हो सकता है आज कुछ ही लोग संस्कृत समझते हैं किन्तु अंग्रेजी का भी आख़िर क्या हाल है? केवल एक प्रतिशत अथवा दो प्रतिशत लोग अंग्रेजी बोलते हैं।

जहाँ तक माननीय श्री गोपालस्वामी आयंगर द्वारा प्रस्तुत प्रस्ताव का संबंध है, मैं उसे स्वीकार करता हूँ क्योंकि उसमें मध्यम मार्ग का अनुसरण किया गया है। वह भारत के लिए हितकर सिद्ध होता है और वह इस कारण नहीं कि हिन्दी अन्य भाषाओं की अपेक्षा उत्कृष्ट भाषा है। वास्तव में जब मैंने मौलाना साहब जैसे लोगों को हिन्दुस्तानी बोलते हुए सुना तो मैं उस भाषा की गम्भीरता, सुन्दर शैली, लचीलेपन तथा माधुर्य से प्रभावित हुआ और मैंने यह विचार किया कि हिन्दी की अपेक्षा हिन्दुस्तानी ही अच्छी है। आप मुझसे इसका कारण न पूछियेगा क्योंकि मैं आपको नहीं बता सकूँगा। मैं उस भाषा को पढ़ना अथवा लिखना नहीं जानता। किन्तु हिन्दुस्तानी भाषा की गम्भीरता कुछ ऐसी है कि जब मैंने उस भाषा को सुना तो मैं उसकी ओर आकर्षित हुआ। मैंने कई वक़्ताओं को हिन्दी में तथा हिन्दुस्तानी में बोलते हुए सुना है। मैं हिन्दुस्तानी भाषा की गम्भीरता, उसकी सुन्दर अभिव्यंजना तथा उसके लचीलेपन से प्रभावित हुआ और मैंने यह विचार किया कि वह बहुत चित्ताकर्षक भाषा है।

संस्कृत के प्रश्न को फिर उठाते हुए मैं निवेदन करना चाहता हूँ कि वह हमारी सभी प्रान्तीय भाषाओं की जननी है। हम संस्कृत भाषा को अपनाने से उत्कृष्ट भारतवासी हो सकेंगे क्योंकि संस्कृत सारे भारत में व्याप्त है। यदि हम हिन्दी अथवा हिन्दुस्तानी को भी अपनायें, तब भी हम संस्कृत से छुटकारा नहीं पा सकते क्योंकि उसी भाषा में हमारा दर्शन तथा संसार के सभी सुन्दर पदार्थ वर्णित हैं।

जहाँ तक अंकों का संबंध है यदि हम अन्तरराष्ट्रीय अंकों को अपना लेंगे तो आसमान नहीं गिर जायेगा। जब हम उन्हें डेढ़ सौ वर्ष तक प्रयोग में लाते रहे हैं तो हम उन्हें अब भी काम में ला सकते हैं। इससे हमारी कोई हानि नहीं होगी। अन्तरराष्ट्रीय अंकों को नहीं अपनाने के संबंध में जो कोई तर्क उपस्थित किये गये हैं वह मेरी समझ में नहीं आया क्योंकि आख़िर है तो वे हमारे ही अंक। यदि हम अन्तरराष्ट्रीय अंकों को नहीं अपनायेंगे तो हम संसार की बदलती हुई स्थिति के अनुरूप अपना रहन-सहन नहीं रख सकेंगे। हमें चाहिए कि हम अपने दृष्टिकोण को कुछ अधिक आधुनिक तथा प्रगतिशील बनायें। इन शब्दों के साथ मैं समाप्त करता हूँ।

रेवरेंड जिरोम डिसूजा (मद्रास : जनरल) : अध्यक्ष महोदय, मैं इस सभा का कुछ समय लेना चाहता हूँ। यद्यपि मैं इसे स्वीकार करता हूँ कि मैं जिन बातों को आपके सामने रखना चाहता हूँ उन्हें विभिन्न प्रतिष्ठित वक़्ता कह चुके हैं। इस पर भी यदि मैं सभा के कुछ मिनट लेना चाहता हूँ तो वह केवल इस कारण कि इस सभा के कई सदस्यों के समान मेरी भी यही धारणा है कि हम इस समय जिस विषय पर विचार कर रहे हैं वह अत्यन्त गंभीर तथा महत्त्वपूर्ण है।

श्रीमान्, पिछले दो वर्षों में कई बार हमारे सामने विवादग्रस्त प्रश्न आये हैं और उनके संबंध में उत्तेजना भी उत्पन्न हुई है। ऐसे अवसरों पर हममें से वे लोग, जो हमारे वीर योद्धाओं के समान राजनैतिक संघर्ष में जूझते नहीं रहे हैं किन्तु बहुत कुछ निर्लिप्त होकर उसे देख रहे हैं, यह विचार करते थे कि क्या बहस समाप्त होने के पूर्व कोई ऐसा भी समय आयेगा जब हमारी परम्परागत समझौते की भावना प्रभावी होगी और हम एक ऐसा हल निकाल सकेंगे जो सभी को मान्य होगा। वह समझौते की भावना अवश्य प्रभावी हुई और हम एक ऐसा हल निकाल सके जो सभी को मान्य

हुआ, जिसे देखकर बहस में दिलचस्पी रखने वालों को तथा इस देश के मित्रों को अत्यन्त संतोष हुआ और इस देश से प्रेम न रखने वालों को क्योंकि मैं उन्हें शत्रु नहीं कहता हूँ, अत्यन्त क्रोध हुआ।

हममें से जो लोग यह चाहते थे कि यह प्रश्न भी उसी समझौते की भावना से हल हो, यह देखकर खेद हुआ कि इस प्रश्न के संबंध में कटुता अथवा उत्तेजना उत्पन्न हो गयी है, यद्यपि पहले अन्य किसी प्रश्न के संबंध में ऐसा नहीं हुआ था। मैं यह आलोचना की दृष्टि से नहीं कह रहा हूँ क्योंकि ऐसा होना अवश्यम्भावी था। इसका कारण यह है कि धार्मिक विश्वास के अतिरिक्त मनुष्य के कार्यों में कोई भी ऐसी बात नहीं है जो मनुष्य के जीवन से तथा उसके कार्यस्रोत से इतना निकट संबंध रखती है जितना कि भाषा, और वास्तव में तो कुछ दशाओं में तो वह मनुष्य जीवन को तथा उसके कार्यों को धार्मिक भावना से भी अधिक प्रभावित करती है।

आख़िर यदि हम इस प्रश्न पर विचार करें तो हमें ज्ञात हो जायेगा कि भाषा और वाणी की दैवी शक्ति के अतिरिक्त मनुष्य के पास और कोई ऐसी चीज़ नहीं है जिसके कारण वह सृष्टि में अन्य पदार्थों तथा प्राणियों की तुलना में अपने को श्रेष्ठ कह सके। जब कोई शब्द सुन्दर हो और सच्चाई के साथ बोला गया हो तो उसमें वक़्ता की आत्मा तथा उसका अन्त:करण प्रतिबिम्बित होता है। इसलिए मनुष्य जीवन की तथा मनुष्य हृदय की, सुन्दर शब्दों से अधिक सुन्दर और कोई देन नहीं है। साथ ही झूठे हृदय से निकले हुए कठोर शब्दों से अधिक घृणित भी कोई चीज़ नहीं है। जब शब्द अन्तरतम आत्मा से निकलते हैं और उसकी सच्चाई प्रकट करते हैं तो उनको प्रयोग करने वाला व्यक्ति अपने साथियों पर ऐसा प्रभाव रखता है जो संसार में अद्वितीय होता है।

आख़िर महात्मा गाँधी जैसा अद्वितीय पुरुष सबके हृदय का सम्राट किस प्रकार हुआ? वह अपनी सच्ची, शुद्ध, प्रकम्पित अद्वितीय वाणी के प्रभाव से ही इस पद को प्राप्त हुआ। जब कभी हम यह देखते हैं कि हमें किसी ऐसी भाषा को नहीं प्रयोग करने दिया जा रहा है जिसे हम समझते हैं कि यह हमारी अपनी भाषा है और इसके द्वारा हम अपनी भावनाओं को सच्चाई से व्यक्त कर सकते हैं तो हम बहुत उत्तेजित हो जाते हैं। यही कारण है कि वे लोग उत्तेजित हैं जो एक विशेष प्रकार की हिन्दी चाहते हैं। यही कारण है कि वे लोग उत्तेजित हैं जो मेरे समान चाहते हैं कि भारतीय संस्कृति की सभी धाराओं का, चाहे वह मुस्लिम भारत की धारा हो, अथवा ईसाई भारत की धारा हो, अथवा चाहे वे भारत के विभिन्न भागों की धाराएँ हों, उस भाषा में संगम हो और वह भाषा राजभाषा के रूप में और अन्ततोगत्वा भारत की राष्ट्रभाषा के रूप में स्वीकार की जाये।

श्रीमान्, मनुष्य के शारीरिक स्वास्थ्य के लिए जो महत्त्व भौतिक जलवायु का है वही महत्त्व उसके मानसिक स्वास्थ्य के लिए भाषा की आत्मा तथा शब्दावली का है। शब्द रूपी जलवायु में ही लोगों की आत्मा तथा संस्कृति सजीव रहती है। यदि किसी वर्ग को यह बौद्धिक जलवायु स्वीकार्य न हो, यदि हमारे बहुरूपी तथा असाधारण राष्ट्र के विभिन्न वर्गों को एक विस्तृत शब्दावली के अर्थ ध्वनि, विचारों तथा ऐतिहासिक और सांस्कृतिक परम्परा से संतोष नहीं होता है, क्योंकि उस शब्दावली में विभिन्न संस्कृतियों की अभिव्यंजना होनी चाहिए, तो इस कारण बहुत ही अशान्ति फैल जायेगी। मेरा निवेदन है कि यदि हमें राष्ट्रभाषा के विभिन्न शब्दों, उसकी ध्वनि, प्राण तथा आत्मा में अभिव्यक्त होने वाले सांस्कृतिक जलवायु से संतोष नहीं होगा तो हमें ऐसा ज्ञात होगा कि यह देश हमारा नहीं है और यदि भौतिक रूप से नहीं तो बौद्धिक रूप से हमारा देश निकाला किया गया है और हम यहाँ विदेशी हैं। हमारा जो तर्क है, उसका यही अर्थ है। इसी कारण हम इस पर बहुत ज़ोर देते हैं कि इस भाषा की शब्दावली उदारता से बनाई जाये।

मुझे इसकी प्रसन्नता है कि हमारे मित्रों ने इस तर्क को स्वीकार कर लिया है। इस आधारभूत प्रश्न के संबंध में हिन्दी के समर्थकों ने हमें आश्वासन दिया है कि वे इस व्याख्या को स्वीकार करते हैं और वास्तव में श्री गोपालस्वामी आयंगर के प्रस्तावों में यह निर्धारित कर दिया गया है कि हिन्दी में हिन्दुस्तानी तथा अन्य भारतीय भाषाओं के रूप तथा उनकी शैली और पदावली सम्मिलित रहेगी। इससे हमें यह आश्वासन मिल जाता है कि आगे चलकर जैसे-जैसे यह भाषा विकसित होगी, इसके द्वारा इस राष्ट्र के विभिन्न तत्त्वों को सुन्दर बौद्धिक तथा सांस्कृतिक वातावरण प्राप्त हो सकेगा। मुझे तो इस संबंध में सच्चे हृदय से संतोष है कि साधारणतया हमने भाषा के संबंध में तथा उसके स्वरूप और आत्मीयता के संबंध में और वह जिस लिपि में लिखी जायेगी उसके संबंध में भी समझौता कर लिया है।

जब हम इतनी दूर पहुँच गये हैं तो क्या एक छोटी बात के लिए हम अपनी एकता की भावना को भंग कर देंगे? क्या हमारे मित्र फिर यही कहेंगे कि हमारे इतिहास में यह घटना भी घटित हो सकती थी, किन्तु घटित नहीं हुई? हमारे कुछ ही वर्षों के आधुनिक इतिहास में पिछले दस अथवा पंद्रह वर्षों के घटनाचक्र में एक अवस्था ऐसी भी आई जब अधिकांश लोगों ने यह कहा कि देश का विभाजन आवश्यक है। किन्तु चूँकि अब कुछ समय बीत गया है इसलिए एक ऐतिहासिक के समान निर्लिप्त होकर यह कहा जा सकता है कि यदि अमुक-अमुक समय पर हम कोई दूसरा कदम उठाते, अथवा कोई दल अथवा अमुक-अमुक व्यक्ति थोड़ी सी भिन्न कार्रवाई किये होता, तो हमारे इतिहास का घटनाक्रम बिल्कुल भिन्न होता।

किन्तु जब हम घटनाओं के निकट होते हैं, अथवा यों कहिए कि उनमें खोये हुए रहते हैं, तो यह कठिन है कि हम निर्लिप्त तथा दूरस्थ होकर निर्णय करें और इस पर विचार कर सकें कि किसी कार्य का, अथवा कदम का, अथवा निर्णय का, क्या-क्या प्रभाव होगा। कोई कार्य साधारण प्रतीत हो सकता है, किन्तु उसके गर्भ में ऐसे तत्त्व छिपे रह सकते हैं जिनका आगे चलकर विस्फोट हो अथवा जिनका कोई ऐसा विकास हो जिसकी पहले से कल्पना नहीं की जा सकती थी। श्रीमान्, मेरी यह धारणा है कि यहाँ इस सभा में, चाहे कोई व्यक्ति किसी वर्ग का क्यों न हो किन्तु वह जो कुछ कहता है, और जिस प्रकार के कार्य करता है और इन बहसों में जिस पक्ष का भी समर्थन करता है, उसका अन्त में क्या प्रभाव होगा, हम नहीं कह सकते। यह समय ही बता सकता है।

यद्यपि मुझे इसकी प्रसन्नता है कि इस प्रश्न की आधारभूत बातों के संबंध में समझौता हो गया है किन्तु जो बातें रह गयी हैं उनके संबंध में मैं प्रार्थना करता हूँ कि कदम उठाने में तथा निर्णय करने में ईश्वर हमारा पथ-प्रदर्शन करे जिससे हम इस प्रश्न को इस प्रकार हल करें कि बहुत मूल्य चुका कर तथा अनेक बलिदान करके हमने जो एकता प्राप्त की है वह अखण्ड बनी रहे। इसलिए मेरी यह आशा है, और मैं यह प्रार्थना करता हूँ, कि जिन साधारण बातों के संबंध में हमारा अब भी मतभेद है, उससे भाषा-संबंधी भावनाएँ उमड़ कर हमारी एकता खंडित न हो। मैं इसे कट्टरपंथी नहीं कहता क्योंकि अज्ञान से ही, न कि कट्टरपंथी से, अर्थात् जो निर्णय हम करने जा रहे हैं उसका क्या प्रभाव होगा, इसका ध्यान न होने के कारण ही ये भावनाएँ उमड़ती हैं और उत्तेजना फैलती है।

किन्तु मैं इसके लिए अनुरोध करता हूँ कि श्री गोपालस्वामी आयंगर ने जो प्रस्ताव प्रस्तुत किया है उसे स्वीकार कर लिया जाये, और वह इस कारण नहीं कि उसमें सभी कुछ स्वीकार करने योग्य है, बल्कि इसलिए कि उसमें वे सभी बातें सन्निहित हैं जिनके बारे में समझौता हो सकता है। मैं डॉ. सुब्बारायन के इस कथन से सहमत हूँ कि यद्यपि यह कहा गया है और इसके संबंध

में समझौता भी हो गया है कि पाँच वर्ष के अनन्तर इस प्रश्न को फिर उठाया जायेगा किन्तु यह संतोषजनक व्यवस्था नहीं है। जिस आयोग की कल्पना की गयी है उसे हम पाँच वर्ष के अनन्तर यह नहीं समझा सकेंगे कि अब महत्त्वपूर्ण परिवर्तनों का समय आ गया है। मुझे आशा है कि इस संबंध में भी कोई ऐसा संतोषजनक सूत्र रखा जा सकेगा जो सभी को मान्य होगा।

घटना-चक्र से सभी को विश्वास हो जायेगा कि कई वर्गों के लोग इस काल में इस भाषा पर इतना अधिकार प्राप्त नहीं कर सकते जितना अधिकार राजभाषा पर आवश्यक है विशेषतया जब इस भाषा को न केवल राजभाषा बल्कि राष्ट्रभाषा भी होना है। जिन लोगों का यह विचार है कि हम बहुत ढीली-ढाली तौर पर हिन्दी का समर्थन कर रहे हैं, उन्हें मैं विश्वास दिलाना चाहता हूँ कि हम हिन्दी को न केवल राजभाषा के रूप में प्रतिष्ठित देखना चाहते हैं बल्कि यह भी चाहते हैं कि उसका विकास हो और वह हमारी सभी देशवासियों की दिल की रानी होकर राजभाषा के पद से राष्ट्रभाषा के पद पर प्रतिष्ठित हो। यही नहीं, बल्कि जैसाकि आज प्रातः श्री धुलेकर कह चुके हैं, हम सच्चे हृदय से यह भी चाहते हैं कि वह एक अन्तरराष्ट्रीय भाषा भी हो जाये, हमारी यह इच्छा है। किन्तु यदि उसे एक अन्तरराष्ट्रीय भाषा होना है तो उसकी अन्तरराष्ट्रीय आत्मीयता को सुरक्षित रखना चाहिए। यदि हम शब्दों का, विचारों का, विचारधाराओं का तथा पदावलियों का बहिष्कार करते हैं और उनके ऐतिहासिक संबंधों की उपेक्षा करते हैं तो हमारी भाषा में वह अन्तरराष्ट्रीय आत्मीयता नहीं रह जायेगी जो उसका प्रसार हमारे देश के बाहर अन्यत्र करेगी और उसे विदेशियों की एक प्रिय भाषा बना देगी।

शिष्ट लोग अपनी पसंद से विदेशी भाषाओं को चुनते हैं और उन्हें सीखते हैं। फ्रांसीसियों को अपनी भाषा पर गर्व है। फ्रेंच भाषा में एक बहुत सुन्दर कथन है जिसका आशय यह है कि सभी लोग दो भाषाएँ बोलते हैं—एक अपनी भाषा और दूसरी माधुर्यपूर्ण फ्रेंच भाषा। मैं कह नहीं सकता कि यह वाक्य राष्ट्रीय प्रेम के वश होकर कहा गया है अथवा नहीं, किन्तु इससे यह अवश्य प्रकट होता है कि उन्हें अपनी भाषा पर गर्व है। एक दिन वह भी आ सकता है जब सारा सभ्य संसार यह कहने लगे कि सभी लोग दो भाषाएँ बोलते हैं—एक अपनी भाषा और दूसरी माधुर्यपूर्ण भारतीय भाषा। यदि हमें अपनी भाषा को इस पद पर प्रतिष्ठित करना है तो उसमें लोगों के हृदयों को मोहने तथा उन पर अधिकार करने की शक्ति होनी चाहिए। हमारे देश के कई भागों में जिस प्रकार हमारी भाषा कई युगों, संस्कृतियों, जातियों तथा शासन कालों की परम्परा को लेकर विकसित हुई है उसी प्रकार की अन्तरराष्ट्रीयता की छाप हमारी राष्ट्रभाषा में होनी चाहिए।

इस सार्वभौमत्व की भावना को ध्यान में रखते हुए मैं अपने उन मित्रों से, जो अंकों के प्रश्न को लेकर अब भी अड़े हुए हैं, अनुरोध करता हूँ कि समझौते से जो सूत्र तैयार किया गया है, उसे वे स्वीकार कर लें और प्रश्न के गुण-दोषों पर विचार न करें। मेरा अपना यह विश्वास है कि यदि हम गुण-दोषों पर भी विचार करें तो अन्तरराष्ट्रीय अंक अन्य अंकों से बहुत अच्छे हैं। एक अध्यापक होने के नाते, और विज्ञान तथा साहित्य का एक विद्यार्थी होने के नाते, जिसे इस पर गर्व है कि संसार की संस्कृति को हमने शून्य की कल्पना तथा तत्सम्बद्ध अंकों को प्रदान किया है, मैं यह कह सकता हूँ कि गुण-दोषों की दृष्टि से भी उचित यही है कि हम अन्तरराष्ट्रीय अंकों को स्वीकार करें। यदि इस दृष्टि से उन्हें स्वीकार न भी किया जा सकता तब भी मैं यह कहता कि ये अंक अब हममें से बहुत से लोगों के लिए प्रतीक के समान हो गये हैं। ये हमारे देश के विभिन्न तत्त्वों के समायोजन के प्रतीक हैं और साथ ही सार्वभौमत्व की भावना के भी प्रतीक हैं। इसलिए

हम यह चाहते हैं कि ये हमें प्रदान किये जायें। वास्तव में यह किसी प्रकार की रियायत नहीं होगी। किन्तु एक प्रकार का समझौता होगा और उन लोगों की ओर से सार्वभौमत्व की भावना की पुष्टि होगी, जिन्होंने अभी तक इसका प्रमाण नहीं दिया है कि वे उसे स्वेच्छा से स्वीकार करते हैं।

हमें यह स्मरण रखना चाहिए कि इस भारतीय भाषा को न केवल हमारे पैंतीस करोड़ भाई-बहिनों को सीखना है, किन्तु उन अनेक विदेशियों को भी सीखना है जो हमारी संस्कृति का अध्ययन करने, हमारे वाणिज्य में भाग लेने तथा वैदेशिक राजनयिक प्रतिनिधित्व के संबंध में इस देश में आते हैं। यह बात नहीं है कि केवल भारतीयों को ही इस भाषा को इस कारण सीखना है कि इसकी और उसकी स्वाभाविक प्रवृत्ति है, विदेशियों को भी इस विदेशी भाषा को सीखना है। हम पंद्रह वर्ष की माँग इस कारण भी करते हैं कि भारत के वाणिज्यिक हित इस प्रश्न से सम्बद्ध हैं। जिन बाहर के देशों को इस भारतीय भाषा के ज्ञान की अपेक्षा है उन्हें इसके अध्ययन के लिए पर्याप्त समय की आवश्यकता होगी। इसके अतिरिक्त भारत के हितों की दृष्टि से ही नहीं बल्कि संसार के कल्याण की दृष्टि से भी इस सार्वभौमत्व की भावना की आवश्यकता है।

हम संसार को भारत का संदेश, उसके अध्यात्म, प्रेम तथा अहिंसा का सन्देश सुनाना चाहते हैं, जिसका प्रचार महात्मा गाँधी करते रहे। हम अन्य लोगों को बताना चाहते हैं कि हमें अतीत से साहित्य तथा कला के कौनसे भंडार प्राप्त हुए हैं। जब तक हम अपने द्वार खुले न रखेंगे और जब तक हम उन लोगों को सुविधा प्रदान नहीं करेंगे तो जो हमारी सांस्कृतिक परम्परा के भागी होना चाहते हैं और जब तक हम उनके आने-जाने के लिए मार्ग सुगम नहीं कर देंगे जिससे वे इस देश को परदेश न समझें, तब तक हमें अपने उद्देश्य की पूर्ति में कठिनाई होगी।

मेरा यह निवेदन है कि इन अन्तरराष्ट्रीय अंकों को स्वीकार करने से हम इन्हें भारत की भावना का प्रतीक बना देंगे और यह प्रदर्शित कर देंगे कि भारत संकुचित राष्ट्रीयता का समर्थक नहीं है, किन्तु महात्मा गाँधी तथा रवीन्द्र नाथ ठाकुर और अपने महान् प्रधानमंत्री के सिद्धान्तों का अनुयायी है और 'वसुधैव कुटुम्बकम्' का समर्थक है। इस दृष्टि से हमें ऐसी कोई बात स्वीकार नहीं करनी चाहिए जिससे सर्वत्र सद्भावना जाग्रत होने में तथा अपनी भाषा पर हमारा अधिकार होने में बाधा पड़े।

इसलिए इन बातों को ध्यान में रखते हुए मैं सच्चे हृदय से अपील करता हूँ कि इन मतभेदों को, जिनके कारण इस देश के प्रेमियों को बहुत दुःख हुआ है, अब मिटा दिया जाये और एक महान् राजनैतिक दल ने जिस शक्ति, संगठन तथा एकता से स्वतंत्रता प्राप्त की है उसे हमारी इस महान् सभा के विचार-विमर्श के अवसान काल में विनष्ट तथा क्षीण न किया जाये। उससे हमसे जो द्वेष रखते हैं उन्हें तो अवश्य संतोष होगा किन्तु हमसे जो प्रेम करते हैं उन्हें अत्यन्त दुःख होगा। इसलिए श्रीमान् मैं आपके द्वारा सच्चे हृदय से अपील करता हूँ कि हम अपने मतभेदों को समाप्त करें और इस भाषा के प्रश्न के संबंध में ऐसा निर्णय करें जो सभी को स्वेच्छा से मान्य हो और इस बहस के समाप्त होने पर हम इस सभा से दलों में विभाजित होकर न जायें किन्तु भाइयों तथा एक ही माता अर्थात् भारत माता, की सन्तानों के समान जायें। (तमुल हर्ष ध्वनि)।

बी.एम. गुप्ते (बम्बई : जनरल) : अध्यक्ष महोदय, मैंने संशोधन संख्या 281 की सूचना दी है। इस संशोधन के द्वारा मध्यम मार्ग का अनुसरण करने का प्रयास किया गया है। माननीय फादर डिसूजा ने अभी समझौते के लिए बहुत सबल तर्क उपस्थित किया किन्तु उन्होंने कोई सूत्र प्रस्तुत नहीं किया। मैंने अपने संशोधन द्वारा इसका प्रयास किया है। मैं यह अवश्य जानता हूँ कि जो लोग समझौता कराने का प्रयास करते हैं उनकी क्या गति होती है। वे प्रायः दोनों पक्षों को

प्रसन्न न करके उन्हें रुष्ट कर देते हैं। किन्तु एकता तथा सामंजस्य बनाये रखने के उद्देश्य से मैंने यह खतरा उठाया है।

मेरे विचार से संशोधन संख्या 65 में, अर्थात् मुंशी आयंगर सूत्र में, दोनों विचारधाराओं के मध्य का मार्ग बड़े सुन्दर ढंग से अपनाया गया है। उसमें तराजू के पलड़े बराबर रखे गये हैं। यह स्वीकार किया गया है कि इस भाषा का नाम हिन्दी होगा किन्तु एक निदेशक खण्ड रखकर हिन्दुस्तानी के समर्थकों को सांत्वना भी दी गयी है। उस खण्ड में भी संस्कृतनिष्ठ हिन्दी के समर्थकों को भी प्रसन्न करने का प्रयास किया गया है क्योंकि उसमें यह निर्धारित है कि मुख्यतः संस्कृत से ही शब्द लिए जायेंगे। साथ ही अन्य विचारधाराओं के लोगों को भी यह उपबन्ध रखकर प्रसन्न करने का प्रयास किया गया है कि अन्य भाषाओं के शब्दों का बहिष्कार नहीं किया जायेगा। यह बहुत ही प्रशंसनीय समझौता है और इस संबंध में जो उपबंध है वह बहुत संतुलित भी है। यदि एक अपवाद न होता तो मैं इसे नट की एक बहुत सुन्दर कला कहता। अपवाद यह है कि अंकों के संबंध में संतुलन बिगड़ गया है और मैंने अपने संशोधन द्वारा उसे ठीक करने का प्रयास किया है। यह एक दुर्भाग्य की बात है कि अन्य सभी बातों के संबंध में एकमत होते हुए भी इस छोटी-सी बात पर इतना अधिक मतभेद है।

यदि हम इन दो मसौदों को मिलायें तो हम देखेंगे कि इस विषय के संबंध में भी बहुत अधिक एकरूपता है। दोनों में यह उल्लिखित है कि वही अंक पंद्रह वर्ष तक प्रयोग में रहेंगे। दोनों में यह उल्लिखित है कि पाँच वर्ष के अनन्तर, जब भाषा आयोग और संसदीय समिति स्थिति का सिंहावलोकन करेंगी तो, उस समय उन्हें इसकी पूरी शक्ति प्राप्त रहेगी, कि वे अंकों के प्रश्न के संबंध में निर्णय करें। इस प्रकार यह उपबंध दोनों मसौदों में समान रूप से है। अन्तर केवल यह है कि मुंशी आयंगर मसौदे में राजकीय प्रयोजनों के लिए काम में आने वाले अंकों के संबंध में केवल अन्तरराष्ट्रीय अंकों का ही उल्लेख है। इससे हमारे हिन्दी-भाषी मित्र दुखित हैं। उनका विचार है कि यद्यपि उनकी भाषा को सम्मानित किया गया है किन्तु उसके अंकों को उससे निकाल कर अलग फेंक दिया गया है और एकाएक विदेशी अंकों को उन पर थोप दिया गया है। हमें उनके प्रति सहानुभूति होनी चाहिए।

मैं कह नहीं सकता कि उन अंकों की उत्पत्ति भारत में हुई या नहीं हुई, क्योंकि कुछ लोग कहते हैं कि उनकी उत्पत्ति भारत में नहीं हुई और वास्तव में मैं इस विवाद में भी नहीं पड़ना चाहता। किन्तु इसे स्वीकार करना होगा कि उनका आकार इस समय विदेशी है, कम से कम हिन्दी भाषा के लिए वह विदेशी ही है। इसलिए मेरा यह निवेदन है कि इस संबंध में हमें अपने हिन्दी-भाषी मित्रों की भावनाओं का आदर करना चाहिए। इन अंकों को एकाएक थोपने से कोई लाभ नहीं होगा। हिन्दी भाषा को उन्हें धीरे-धीरे तथा शान्तिपूर्वक अंगीकार करने देना चाहिए। इसलिए अपने संशोधन में मैंने यह प्रस्ताव रखा है कि पहले खंड में इन दोनों अंकों का उल्लेख होना चाहिए। हिन्दी के समर्थकों की विचारधारा के लोगों के लिए मैं यह रियायत करना चाहता हूँ। इसलिए मैं दक्षिण भारत के अपने मित्रों से अपील करता हूँ कि यदि आपका यह मत है ही कि हिन्दी के अंक राजकीय प्रयोजनों के लिए पंद्रह वर्ष तक की लम्बी अवधि तक प्रयोग में रहें तो इसका उल्लेख खण्ड में क्यों नहीं कर दिया जाता? आप इस संबंध में इतना सोच-विचार क्यों कर रहे हैं?

किन्तु साथ ही हमारे मित्र श्री आयंगर इस पर ज़ोर देते हैं, और ठीक ही ज़ोर देते हैं, कि हमारा उद्देश्य यह होना चाहिए कि अन्त में स्थायी रूप से अन्तरराष्ट्रीय अंक ही प्रयोग में रहेंगे। इस

विचारधारा से मैं सहमत हूँ और इसलिए मैंने यह उपबन्ध रखा है कि भाषा आयोग तथा संसदीय समिति के इस प्रश्न के संबंध में निर्णय करने के अधिकार के अधीन रहते हुए केवल अन्तरराष्ट्रीय अंकों का ही प्रयोग किया जायेगा।

मैं अपने हिन्दी-भाषी मित्रों से अपील करता हूँ कि वे इस बात को स्वीकार कर लें। उन्हें कई कारणों से इसे स्वीकार कर लेना चाहिए। उन्होंने यह स्वीकार किया है कि भाषा का प्रश्न 95 प्रतिशत इस प्रकार हल हुआ है कि उससे उनको संतोष है। मेरी समझ में नहीं आता कि पाँच प्रतिशत के संबंध में एकता तथा सद्भावना के हित में वे कुछ उदारता का परिचय क्यों नहीं देते। इसमें कोई संदेह नहीं कि यह तर्क भी उपस्थित किया जा सकता है और यह सभी को विदित है कि समुन्नति तथा उपयोगिता की दृष्टि से जहाँ तक हो सके अन्तरराष्ट्रीय अंकों को ही काम में लाना चाहिए, विशेषतया इसलिए कि उनकी उत्पत्ति भारत में हुई है किन्तु मैं उस पर ज़ोर नहीं दूँगा। मैं इस पर ज़ोर देता हूँ कि जब आपकी माँग 95 प्रतिशत पूरी हो गयी है तो आप केवल पाँच प्रतिशत के लिए यह कलह, कटुता तथा दुर्भाव क्यों उत्पन्न करते हैं?

इसलिए मैं अपने हिन्दी-भाषी मित्रों से प्रार्थना करता हूँ किइस पाँच प्रतिशत के लिए जो हल निकाला गया है उसे वे स्वीकार कर लें। जब हम समझौते से तथा सद्भाव से बड़े-बड़े प्रश्नों को हल कर चुके हैं तो उनकी तुलना में यह एक छोटा-सा मामला है। यदि हम बहुमत के आधार पर इसके संबंध में निर्णय करें तो उससे लोगों के हृदय में कटुता रह ही जायेगी।

हम इस समय जो कुछ कार्य करेंगे उससे हमारा नवीन संविधान पारित होने के पूर्व ही संकट में पड़ सकता है। जो भी दल पराजित होगा वह संविधान के संशोधन के लिए आन्दोलन चला सकता है और दूसरा दल भी हिंसापूर्ण प्रतिक्रिया का प्रदर्शन कर सकता है। इस प्रकार बहुत काल तक विवाद चलता रहेगा। इसलिए मैं इस आदरणीय सभा से यह अपील करता हूँ कि हम कोई ऐसा अकार्य न करें जिससे इतिहास तथा आने वाली पीढ़ियाँ यह कहें कि हम एकता स्थापित करने के उद्देश्य से एक भाषा की खोज में निकले किन्तु अंकों ने हममें फूट डाल दी। मैं इसका बहुत इच्छुक नहीं हूँ कि मेरा सूत्र ही स्वीकार किया जाये किन्तु इसके लिए अवश्य इच्छुक हूँ कि समझौता हो जाये। मैं केवल यह चाहता हूँ कि इस विषय के संबंध में इस सभा में मतभेद न हो, विशेषतया जबकि उसके सारवान अंश के संबंध में समझौता है।

इन शब्दों के साथ मैं इस प्रश्न को छोड़कर एक अन्य प्रश्न के संबंध में कुछ शब्द कहना चाहता हूँ, जिसका इससे कहीं अधिक महत्त्व है और जिसके संबंध में बहुत काल तक दिलचस्पी रह सकती है। वह प्रश्न यह है कि इस भाषा का भविष्य में किस प्रकार का विकास हो। कार्यावली में कुछ संशोधन ऐसे हैं जिनका उद्देश्य यह है कि संस्कृतनिष्ठ हिन्दी राजभाषा हो। इन संशोधनों के अतिरिक्त कुछ प्रभावपूर्ण क्षेत्रों में हिन्दी को संस्कृत निष्ठ बनाने की प्रवृत्ति दिखाई जा रही है। इस प्रवृत्ति के कारण इस भाषा को राजभाषा के रूप में स्वीकार करने में कठिनाई हो रही है। इसमें कोई संदेह नहीं कि इस विचारधारा के लोग संस्कृत से शब्द लेने के संबंध में जो उपबन्ध रखा गया है मुख्यत: उसी से लाभ उठायेंगे। इस उपबन्ध पर मैं कोई आपत्ति नहीं करता हूँ किन्तु मैं यह चाहता हूँ कि कोई भी व्यक्ति उससे अनुचित लाभ न उठाये। यह एक समझौता है और इसे समझौता समझ कर ही व्यवहार में लाना चाहिए। मैं संस्कृत का विरोधी नहीं हूँ। हममें से अधिकांश उसका विरोध कर ही नहीं सकते क्योंकि वह भाषा हमारे रक्त में प्रविष्ट है। वह हमारी मातृभाषाओं की स्रोत है और हमारी संस्कृति का भंडार है। केवल इतनी ही बात नहीं है कि मैं संस्कृत का विरोधी

नहीं हूँ। मैं संस्कृत साहित्य की प्रशंसा करता हूँ। संसार का महानतम दर्शन, गहनतम विचार तथा सुन्दरतम कवित्व संस्कृत भाषा में ही है।

इस महानता के होते हुए भी, तथा इस महानता से मोहित होने पर भी, मैं यह स्वीकार नहीं कर सकता कि संस्कृत जनसाधारण की भाषा हो सकती है और मैं यह भी स्वीकार नहीं कर सकता कि संस्कृतनिष्ठ हिन्दी भी जनसाधारण की भाषा हो सकती है। इस लोकतंत्र तथा वयस्क मताधिकार के युग में जब हम इस प्रकार के प्रश्नों को हल करने बैठें तो हमें सबसे पहले जनसाधारण की ओर ही ध्यान देना चाहिए। हमें जनसाधारण की भाषा बोलने में समर्थ होना चाहिए। अन्यथा जहाँ तक कांग्रेसजनों का सम्बन्ध है, क्योंकि यहाँ हममें से अधिकांश कांग्रेसजन ही हैं, हम उसी पीढ़ी को ठुकरायेंगे जिससे हम ऊपर चढ़े हैं। चूँकि जनसाधारण ने हमारे महान् संगठन, अर्थात् भारतीय कांग्रेस के साथ सहयोग किया, इसी कारण आज हम यहाँ हैं। जनसाधारण के सहयोग से ही उस संगठन को सारे भारत पर शासन करने की शक्ति प्राप्त हो गई। इसलिए मेरा निवेदन है कि हम कृत्रिम संस्कृतनिष्ठ हिन्दी द्वारा अपने और जन साधारण के बीच एक कृत्रिम दीवार न खड़ी करें। हम भविष्य में अपनी भाषा का विकास इस प्रकार करें कि उसे जनसाधारण आसानी से समझ सके। मैं अपने हिन्दी-भाषी मित्रों से अपील करता हूँ कि वे अपने लक्ष्य को नीचा न करें। वे हिन्दी को राजभाषा के पद पर ही प्रतिष्ठित करके संतोष न कर लें। किन्तु उसे सारे राष्ट्र की राष्ट्रभाषा भी बनायें। मैं यह स्वीकार करता हूँ कि साहित्यिक हिन्दी में संस्कृत का प्राधान्य रहे। जनसाधारण की भाषा में भी संस्कृत का एक स्थान है। किन्तु हम जल्दीबाजी न करें। जल्दी में हम उसका कोई स्वरूप निश्चित न करें। उसका स्वाभाविक विकास होने दीजिए। मुझे आशा है कि शीघ्र ही वह दिन भी आयेगा जब हिन्दी न केवल राजभाषा के पद पर बल्कि राष्ट्रभाषा के पद पर भी प्रतिष्ठित होगी जिसे इस महान् देश में सर्वत्र हर कोई आसानी से बोल सकेगा और आसानी से समझ सकेगा।

इन शब्दों के साथ श्रीमान्, मैं सभा से सिफ़ारिश करता हूँ कि मेरा संशोधन स्वीकार कर लिया जाये।

अध्यक्ष—माननीय श्री जवाहरलाल नेहरू।

जवाहरलाल नेहरू—अध्यक्ष महोदय, इस प्रश्न के संबंध में इस सभा में तथा अन्यत्र बहुत वाद-विवाद तथा तर्क-वितर्क हुआ है। इस पर जो समय लगा है अथवा इससे जो भावनाएँ जाग्रत हुई हैं उनके कारण मुझे स्वयं कोई खेद नहीं है। सम्भव है कभी मुझे ये भावनाएँ प्रिय न लगती हों, किन्तु आख़िर हमारे सामने जो प्रश्न है वह बहुत महत्त्वपूर्ण प्रश्न है और यह ठीक ही है कि सजीव लोग उसके संबंध में सजीव ढंग से विचार करें।

हमने विद्वतापूर्ण भाषण सुने हैं और ऐसे भाषण भी सुने हैं जो संभवतः भावनापूर्ण ही थे। मैं कह नहीं सकता कि मैं अपने को किस श्रेणी में रखूँ (हास्य)। मेरे लिए न तो पहली श्रेणी उपयुक्त है न दूसरी। इसलिए सम्भवतः मुझे आपको किसी तीसरी श्रेणी में रखना होगा। इस प्रश्न में मेरी कई दृष्टिकोणों से बहुत दिलचस्पी है। इस सभा में तथा अन्यत्र जो तर्क उपस्थित किये गये हैं उन्हें मैं सुनता रहा हूँ और मुझे इसका खेद है कि कभी इस संबंध में मैं स्वयं उत्तेजित हो उठा हूँ। मैंने इन सैकड़ों संशोधनों को भी पढ़ा है किन्तु मेरी यह धारणा रही है कि यह विषय जहाँ-तहाँ शाब्दिक संशोधन करने का नहीं है। यह उससे कहीं गहन विषय है।

मेरे मित्र तथा सहकारी श्री गोपालस्वामी आयंगर ने सभा के सामने जो संशोधन रखा है उसका समर्थन करने के लिए मैं उठा हूँ (हर्ष ध्वनि)। मैं इस संशोधन का समर्थन करता हूँ, वह इस कारण

नहीं कि मैं यह समझता हूँ कि वह हर प्रकार समुपयुक्त है, क्योंकि यदि मुझे पूरी स्वतंत्रता दी जाये तो मैं उसमें जहाँ-तहाँ परिवर्तन करना चाहूँगा। किन्तु मैं यह जानता हूँ कि बराबर कोशिश करने पर तथा विचार-विमर्श करने पर हम इस नतीजे पर पहुँचे हैं और उसके फलस्वरूप एक सुसम्बद्ध चीज़ पैदा हुई है। किसी ऐसी सुसम्बद्ध चीज़ में परिवर्तन करना, जिसमें एक ही विचारधारा सन्निहित हो, एक कठिन कार्य है। आप जहाँ-तहाँ परिवर्तन कर सकते हैं किन्तु मेरे विचार से इससे न तो मूल संशोधन का उद्देश्य पूरा हो सकेगा और न परिवर्तन करने वालों का ही। यदि पहले संशोधन को पसंद नहीं किया जाता है और उसे स्वीकार नहीं किया जाता है तो अच्छा यह होगा कि कोई अन्य सम्बद्ध संशोधन उपस्थित किया जाये। यदि मुझे मौका दिया जाता तो मैं सम्भवत: उस संशोधन के कुछ अंगों पर जितना ज़ोर दिया गया है उससे अधिक ज़ोर देता किन्तु जो बातें हुई हैं उन सभी को ध्यान में रखते हुए मेरे विचार से यह संशोधन न केवल अधिक से अधिक समझौते का द्योतक है किन्तु इस कठिन समस्या का बहुत सोच-विचार के पश्चात् निकाला हुआ हल भी है।

आपके सामने जो विभिन्न संशोधन हैं उनमें से किसी के संबंध में मैं नहीं बोलने जा रहा हूँ और न उस संशोधन का विश्लेषण ही करने जा रहा हूँ जिसका मैं समर्थन कर रहा हूँ। मैं आपका ध्यान कुछ अन्य बातों की ओर, कुछ अन्य आधारभूत बातों की ओर आकृष्ट करना चाहता हूँ जो इस सभा में तथा देश में इस प्रश्न संबंधी विवाद से उत्पन्न हुई हैं। आख़िर यह शब्दों का संघर्ष नहीं है, यद्यपि यहाँ वह संघर्ष शब्दों से प्रकट किया गया है। यह विभिन्न दृष्टिकोणों का, विभिन्न दिशाओं की ओर लगी हुई दृष्टियों का संघर्ष है।

यह प्राय: कहा जाता है और हम अवश्य ही एक नवयुग के द्वार पर खड़े हैं। प्रत्येक युग का अन्त होता है और वह एक नये युग को जन्म देता है। किन्तु संसार में और विशेषत: भारत में इस समय जो घटनाएँ घटित हो रही हैं, उन्हें देखते हुए यह प्रकट होता है कि हम एक जन्म-मृत्यु के चक्र के साथ संलग्न हैं। जब इन दो घटनाओं का संयोग होता है तो बड़ी-बड़ी समस्याएँ उत्पन्न होती हैं और जिन लोगों को इन्हें हल करना होता है उन्हें ऊपर-ऊपर की बातों से विमोहित न होकर आधारभूत प्रश्नों के बारे में सोचना होता है। मैं कह नहीं सकता कि इस सभा के सभी माननीय सदस्यों ने, इन आधारभूत प्रश्नों पर पर्याप्त विचार किया है या नहीं। बहुत से सदस्यों ने अवश्य ही किया होगा। इन आधारभूत प्रश्नों का अपना अस्तित्व है। हमारा उद्देश्य क्या है? हम क्या करने जा रहे हैं? हम किधर जाना चाहते हैं?

भाषा हमारी बहुत ही निकट संबंधिनी है। समाज में जो बातें विकसित हुई हैं उनमें से इसका सबसे अधिक महत्त्व है और वास्तव में इसी से अन्य बातें विकसित हुई हैं। भाषा एक बहुत बड़ी चीज़ है। इससे हमें अपना ज्ञान होता है। जब भाषा का विकास होता है तो हम उसके द्वारा अपने पड़ोसी को जानने लगते हैं, अपने समाज को जानने लगते हैं, और अन्य समाजों को भी जानने लगते हैं। भाषा से एकता उत्पन्न होती है और फूट भी पड़ती है। यह दो भाषा-भाषियों तथा दो देशों को एक दूसरे के नजदीक भी ले आती है और उन्हें एक-दूसरे से दूर भी कर देती है। इसके ये दो गुण हैं इसलिए जब आप एक भाषा के संबंध में विचार करें तो आप इन दो गुणों पर भी विचार करें।

मुझे इस संबंध में कुछ भी संदेह नहीं है कि यहाँ हम सभी लोग भारत की एकता को सुदृढ़ बनाना चाहते हैं। इस संबंध में कोई मतभेद नहीं है। किन्तु इस भाषा के प्रश्न का तथा इसके संबंध में लोगों के दृष्टिकोणों का, विश्लेषण करते हुए कुछ लोग विचार कर सकते हैं कि इससे एकता उत्पन्न होगी और अन्य लोग यह विचार कर सकते हैं कि यदि इसको ठीक प्रकार हल नहीं किया

गया तो यह विघटनकारी सिद्ध हो सकता है। इसलिए मैं यह चाहता हूँ कि यह सभा इन बड़ी बातों को ध्यान में रखकर इस प्रश्न पर विचार करे और हम अपने-अपने दृष्टिकोणों से विमोहित न हों।

हमारे राष्ट्रपिता बड़े बुद्धिमान थे। उन्होंने हमारे राष्ट्र के भविष्य को प्रभावित करने वाले सभी महत्त्वपूर्ण प्रश्नों पर विचार किया था, और इस प्रश्न पर भी विचार किया था। उन्होंने इस प्रश्न पर बहुत विचार किया और अपने जीवन भर वे अपनी सलाह बराबर देते गये। उससे यह प्रकट होता है कि जैसे अन्य प्रश्नों के संबंध में भी उनकी दृष्टि उन आधार-स्तम्भों पर रहती थी जिन पर हमारा राष्ट्र टिका हुआ है। आपको स्मरण होगा कि वे जिस वस्तु को भी खर्च करते थे वह एक आधारभूत वस्तु होती थी। वे हमारे अस्तित्व की ऊपर की बातों पर अपना समय तथा अपनी शक्ति नष्ट नहीं करते थे। इसलिए उन्होंने अपने निराले ढंग से इस प्रश्न पर विचार किया था। एक महान् साहित्यिक होते हुए भी, यद्यपि उन्हें ज्ञात नहीं था कि वे एक साहित्यिक भी हैं, उन्होंने इस प्रश्न पर कभी किसी साहित्यिक की दृष्टि से विचार नहीं किया था। वे हमेशा भारतीयों के तथा भारतीय राष्ट्र के भविष्य के बारे में सोचते रहते थे और एक-एक ईंट रखकर उसका निर्माण करते रहते थे ताकि हमें अपने दोषों से मुक्ति मिल सके। चाहे वह दोष विदेशियों के प्रभुत्व का हो, अथवा गरीबी का, अथवा हमारे ही बीच की असमता, विभेद, अस्पृश्यता आदि के दोष हों, वे प्रत्येक पर ऊँचे स्तर से विचार करते थे और इस संबंध में सोचते रहते थे कि अमुक-अमुक कदम से हम जाग्रत तथा शक्तिशाली भारत का निर्माण कर सकेंगे अथवा उससे फूट पड़ेगी और हम अशक्त हो जायेंगे।

उन्होंने सबसे पहले हमें यह शिक्षा दी कि यद्यपि अंग्रेजी भाषा एक महान् भाषा है—मेरा भी यही विचार है कि अंग्रेजी से हमारा बहुत हितसाधन हुआ है और उसके द्वारा हमने बहुत कुछ सीखा है तथा उन्नति की है—किन्तु किसी विदेशी भाषा से कोई राष्ट्र महान् नहीं हो सकता। आख़िर क्यों? क्योंकि कोई भी विदेशी भाषा लोगों की भाषा नहीं हो सकती। उससे दो श्रेणियाँ स्थापित हो जाती हैं। एक श्रेणी उन लोगों की जो विदेशी भाषा की शैली के अनुसार विचार करते हैं और कार्य करते हैं और एक श्रेणी उन लोगों की जो दूसरी ही दुनिया में बसते हैं। इसलिए राष्ट्रपिता ने हमें यह शिक्षा दी कि हम अपना अधिक से अधिक काम अपनी ही भाषा में करने का प्रयास करें।

उन्हें कुछ अंश में सफलता भी प्राप्त हुई और वास्तव में कुछ ही अंश में प्राप्त हुई। सम्भवतः इस कारण कि देश की स्थिति के कारण उससे अधिक सफलता प्राप्त करना कठिन था। किन्तु यह एक तथ्य है कि उनके बराबर शिक्षा देने पर भी तथा इस सभा में उपस्थित कई माननीय सदस्यों के हमारी भाषाओं की उन्नति के लिए प्रयास करने पर भी हम अपना बहुत-सा राजनैतिक तथा अन्य प्रकार का कार्य अंग्रेजी भाषा में ही करते रहते हैं। किन्तु यह सच है कि हम स्वयं तथा हमारे करोड़ों लोग एक विदेशी भाषा के सहारे बहुत आगे नहीं जा सकते हैं। इसलिए चाहे अंग्रेजी भाषा कितनी ही महान् क्यों न हो—और वास्तव में वह महान है ही—हमें अपना राष्ट्रीय कार्य, अपना सार्वजनिक अथवा निजी कार्य, जहाँ तक सम्भव हो सके अपनी विभिन्न भाषाओं में तथा विशेषतः उस भाषा में करना है जिसे आप सारे भारत में प्रयोग में लाने के लिए चुनें।

इसके अतिरिक्त राष्ट्रपिता इस पर ज़ोर देते थे कि यह भाषा लोगों की भाषा होनी चाहिए और केवल विद्वान लोगों की भाषा नहीं होनी चाहिए। इसका अर्थ यह नहीं है कि विद्वान लोगों की भाषा मूल्यवान अथवा आदरणीय नहीं है। हमें विद्वता की, कवियों की, महान लेखकों तथा इस प्रकार के अन्य लोगों की आवश्यकता है। किन्तु आधुनिक युग में अतीत काल से भी अधिक सार इस तथ्य में है कि यदि कोई भाषा लोगों की भाषा से दूर हुई तो वह महान् नहीं हो सकती। वास्तव में

जब विद्वानों का जनसाधारण से यथोचित संबंध स्थापित होता है तभी कोई भाषा महान् तथा सशक्त होती है। भारत में हमें दो भाषाओं के उदाहरण मिलते हैं, यद्यपि मैं इन भाषाओं से अनभिज्ञ हूँ। रवीन्द्र नाथ ठाकुर ने यह संबंध बंगला में स्थापित किया और इस प्रकार उस भाषा को पहले से कहीं अधिक महान् बना दिया। गाँधीजी ने गुजराती भाषा पर इससे भी अधिक प्रभाव डाला। अन्य लोगों के भी उदाहरण हैं किन्तु ये महापुरुष थे।

जिस भाषा को हम सारे भारत के लिए स्वीकार करें उसके संबंध में, अथवा किसी भी भाषा के संबंध में, चाहे वह सारे भारत की भाषा हो या न हो, हमें यह ध्यान में रखना चाहिए कि हम शुद्धता तथा स्पष्टता के प्रेमियों के हाथीदाँत के बने हुए महल में निवास न करें। भाषा के संबंध में यद्यपि शुद्धता तथा स्पष्टता के प्रेमियों का अपना स्थान है और उन्हें बने रहना चाहिए। किन्तु भाषा को शुद्धता प्रेमियों अथवा इसी प्रकार के अन्य लोगों की पटरानी बनाना एक खतरनाक बात है क्योंकि तब उसका जनसाधारण से कोई संबंध नहीं रह जाता। इसलिए आपको दोनों बातों की आवश्यकता है। आपको शुद्ध, स्पष्ट, गम्भीर और व्यापक अर्थ वाली भाषा की भी आवश्यकता है और ऐसी भाषा की भी आवश्यकता है जिसका जनसाधारण से निकट संबंध हो और जो जनसाधारण पर ही आश्रित हो।

इस विषय के संबंध में जिस अंतिम बात की ओर राष्ट्रपिता ने हमारा ध्यान आकर्षित किया था वह यह है कि यह भाषा भारत की सम्यक् संस्कृति की प्रतीक होनी चाहिए। जहाँ तक हिन्दी भाषा का संबंध है उसमें उस सम्यक् संस्कृति का प्रतिनिधित्व होना चाहिए जो उत्तर भारत में विकसित हुई, जहाँ मुख्यत: हिन्दी भाषा का ही बोलबाला रहा। उसमें उस सम्यक् संस्कृति का भी प्रतिनिधित्व होना चाहिए तो उसे भारत के अन्य भागों से प्राप्त हुई। इसी कारण राष्ट्रपिता ने हिन्दुस्तानी शब्द प्रयोग किया। उन्होंने यह शब्द किसी विशेष अर्थ में प्रयोग नहीं किया बल्कि इस साधारण अर्थ में प्रयोग किया कि यह वह सम्यक् भाषा है जो लोगों की भाषा है, और उत्तर भारत में विभिन्न वर्गों तथा अन्य लोगों की भाषा भी है। इस भाषा की ओर उन्होंने लोगों का तथा राष्ट्र का ध्यान आकर्षित किया। यह कहना छोटा मुँह बड़ी बात होगी कि मैं उनके विचारों से सहमत हूँ अथवा असहमत हूँ। किन्तु लगभग तीस वर्ष से भाषा के संबंध में मैं अपने तुच्छ ढंग से इसी मत का समर्थन करता रहा जिस मत का मैंने अपने सारे राजनैतिक जीवन में समर्थन किया है, उसका अब परित्याग करने के लिए यदि यह सभा मुझसे कहे तो यह मेरे लिए एक कठोरता होगी।

केवल यही नहीं, मेरा यह विश्वास है कि भारत के हित में, भारत को एक शक्तिशाली राष्ट्र बनाने के हित में, एक पृथक् राष्ट्र नहीं और ऐसा राष्ट्र भी नहीं जो संसार से अलग रहना चाहे, किन्तु ऐसा राष्ट्र बनाने के हित में जो अपनी आत्मा को पहचाने और जिसे आत्मविश्वास हो और जो संसार के साथ सहयोग करके, अपना जीवन व्यतीत करे, महात्मा जी का दृष्टिकोण ही सबसे ठीक दृष्टिकोण था। मेरे विचार से अच्छा यह होता है कि उस प्रस्ताव में इस पर अधिक ज़ोर दिया जाता। किन्तु जो कुछ हुआ है और जिस प्रकार यह प्रस्ताव रचा गया है उसे देखते हुए मैंने इसका स्वागत किया। विशेषतया इसलिए कि इसके एक भाग में उन बातों की ओर ध्यान आकृष्ट किया गया है जिन्हें मैं बता चुका हूँ जैसाकि मैं कह चुका हूँ, मेरे विचार से अच्छा यह होता कि इसकी ओर विशेष रूप से ध्यान आकृष्ट किया जाता। चाहे जो भी हो ध्यान आकृष्ट किया ही गया है, इसलिए मैंने यह प्रस्ताव स्वीकार किया है। यदि दुर्भाग्य से इस ओर ध्यान आकृष्ट नहीं किया जाता तो मेरे लिए इस प्रस्ताव का स्वीकार करना कठिन हो जाता।

इस समय कई बातों के संबंध में यह कहा जा सकता है कि एक नये युग का उदय हो रहा है। और इस प्रस्ताव के संबंध में भी यही कहा जा सकता है कि इससे भारत में भाषा संबंधी क्रान्ति का सूत्रपात हो सकता है। यह एक बहुत ही बड़ी क्रान्ति होगी और इसका बहुत दूर तक प्रभाव पड़ेगा। हमें बड़ी सावधानी से उसे ठीक रूप देना है तथा उसे ठीक साँचे में ढालना है और उसे ठीक दिशा की ओर ले जाना है। भाषा का निर्माण मनुष्य करते हैं किन्तु फिर वह भाषा भी उन मनुष्यों का तथा उनके समाज का निर्माण करती है। यह प्रश्न क्रिया और प्रतिक्रिया का है। यह कहा जा सकता है कि यदि कोई भाषा एक अशक्त भाषा हो, अथवा अस्पष्ट भाषा हो, अथवा केवल अलंकारयुक्त ही हो तो आप इन गुणों को उन लोगों में भी प्रतिबिम्बित पायेंगे जो उस भाषा को बोलते हैं। यदि भाषा अशक्त है तो वे लोग भी बहुत कुछ अशक्त ही होंगे और यदि वह अलंकारयुक्त ही है और कुछ नहीं है, तो वे भी अलंकारयुक्त ही हो जायेंगे। इसलिए इसका महत्त्व है कि आप उसे किस दिशा की ओर ले जायें। यदि कोई भाषा निराली होती है तो उस भाषा को बोलने वाले लोगों के विचार तथा कार्य भी निराले हो जाते हैं।

जब मैंने आरम्भ में कहा था कि इस तर्क और बहस के पीछे विभिन्न दृष्टिकोण हैं तो मेरा आशय यही था। आपकी दृष्टि किस ओर है? इस नवयुग के द्वार पर खड़े होकर क्या आप पीछे की ओर ही मुँह मोड़े रहेंगे और उसी ओर टकटकी लगाये हुए रहेंगे अथवा क्या आप अपने आगे भी देखेंगे? यह एक महत्त्वपूर्ण प्रश्न है और इसका उत्तर हममें से प्रत्येक व्यक्ति को देना है, क्योंकि इस समय देश में स्वभावत: अतीत की ओर ही टकटकी लगाकर देखने की प्रवृत्ति दिखाई दे रही है। प्रश्न यह नहीं है कि हम अतीत से संबंध विच्छेद कर दें। यह एक अनर्गल तथा खतरनाक बात होगी क्योंकि अतीत से ही हमें अपना वर्तमान स्वरूप प्राप्त है। हमारी जड़ अतीत ही में सुस्थिर है। यदि हम अतीत से संबंध विच्छेद करते हैं तो हमारी जड़ ही उखड़ जाती है। हम दूसरों की नकल करके बहुत आगे नहीं बढ़ सकते किन्तु यह भी सच है कि जड़ तो जमीन में हो और विकास आकाश की ओर हो और आप हमेशा जमीन की ओर, जड़ों की ओर ही न देखते रहें। आगे भी बढ़ा जाता है और हमेशा पीछे ही नहीं हटा जाता। चाहे आप यह चाहें या न चाहें किन्तु संसार की शक्तियाँ तथा धाराएँ आपको आगे ढकेलेंगी। यदि आपकी दृष्टि पीछे की ओर होगी तो आप बार-बार ठोकर खाकर गिर पड़ेंगे।

इसलिए इस प्रश्न को हल करने में यह एक आधारभूत बात है कि आपकी दृष्टि किस ओर है—आगे की ओर अथवा पीछे की ओर? लोग संस्कृति आदि की चर्चा करते हैं और ठीक ही कहते हैं क्योंकि किसी भी राष्ट्र का सुदृढ़ सांस्कृतिक आधार होना आवश्यक है और, जैसाकि मैं कह चुका हूँ। उस संस्कृति की जड़ें लोगों की प्रकृति तथा उनके अतीत में सुस्थिर होनी चाहिए। चाहे कोई संस्कृति कितनी ही अच्छी क्यों न हो, उसकी अच्छी से अच्छी नकल करने पर भी कोई व्यक्ति सुसंस्कृत नहीं हो सकता क्योंकि उसकी संस्कृति होगी आख़िर नकली ही। उसे स्वीकार करना ही होगा। आप अवश्य ही अपनी जड़ें उस महान् शक्तिशाली संस्कृति में जमाये रखें जिसका उदय सहस्त्रों वर्ष पूर्व हुआ था और जो इतनी बलशालिनी हो उठी थी कि बाहर से तथा अन्दर से प्रहार पर प्रहार होने पर भी, तथा हमारे गलित-पलित हो जाने पर भी, सजीव रही तथा हमें शक्ति प्रदान करती रही। यह संस्कृति बनी ही रहनी चाहिए। किन्तु साथ ही जब आप एक नव युग के द्वार पर हैं तो हमेशा अतीत की ही चर्चा करके आप उसमें ठीक ढंग से प्रवेश नहीं करेंगे। हमारे सामने कई प्रश्न हैं, उनमें से एक प्रश्न भाषा का भी है।

संस्कृतियाँ भी कई प्रकार की हैं। एक संस्कृति राष्ट्र की तथा लोगों की होती है, जिसका अपना महत्त्व है, और साथ ही युग की भी संस्कृति होती है जिसे युगधर्म कहते हैं। यदि आप युगधर्म के अनुरूप नहीं चलेंगे तो आप अपने युग के साथ कदम नहीं मिला सकेंगे। चाहे आपकी संस्कृति कितनी ही महान् क्यों न हो। यदि आप युगधर्म के अनुरूप न चलेंगे तो आप युग के साथ नहीं चल सकेंगे। हमारे देश के तथा अन्य देशों के बुद्धिमान लोग यही शिक्षा देते रहे हैं। एक संस्कृति होती है राष्ट्रीय संस्कृति और एक संस्कृति होती है अन्तरराष्ट्रीय संस्कृति। इसके अतिरिक्त एक संस्कृति ऐसी होती है जो परम तथा सनातन होती है और उसके कुछ परम आदर्श होते हैं जिनका अनुसरण करना आवश्यक होता है। एक संस्कृति परिवर्तनशील होती है जिसका सामाजिक महत्त्व के अतिरिक्त अन्य कोई महत्त्व नहीं होता। उसका किसी विशेष काल, किसी पीढ़ी अथवा युग के लिए महत्व होता है। किन्तु वह, बदलता अवश्य है। युग में परिवर्तन होने पर भी यदि आप उसी को अपनाये रहते हैं तो आप पिछड़ जाते हैं और आप बदलते हुए मानव समाज के साथ कदम मिलाने में असमर्थ हो जाते हैं। सामाजिक संस्कृति और विभिन्न राष्ट्रों की संस्कृति भी होती है।

पहले चाहे जो भी स्थिति रही हो किन्तु आज इसमें कुछ भी संदेह नहीं है कि एक शक्तिशाली अन्तरराष्ट्रीय संस्कृति आज संसार भर में व्याप्त है। यदि आप चाहें तो आप उसे यांत्रिक युग की अथवा उद्योग धन्धों और वैज्ञानिक विकास पर आधृत संस्कृति कह सकते हैं। क्या यहाँ कोई ऐसा माननीय सदस्य उपस्थित है जो यह कह सकता है कि इस संस्कृति को स्वीकार न करने से अथवा अपने लिए उपयोगी बनाने पर और उसकी आधारभूत बातें मानकर भी स्वीकार न करने से केवल पुरानी विचारधाराओं की बार-बार दुहाई देते रहने से हम अधिक उन्नति कर सकते हैं? यदि मुझे क्षमा किया जाये तो मैं यह कहूँगा कि अपने इतिहास में एक समय चूँकि हमने संसार की संस्कृति से जिसमें मैं युद्ध कौशल तथा अन्य सभी बातों को सम्मिलित करता हूँ, संबंध विच्छेद कर लिया था, इसलिए हम पिछड़ गये और अन्य लोग हमसे उत्कृष्ट न होने पर भी केवल इस कारण हम पर विजयी हुये कि वे सामाजिक संस्कृति के साथ चलते थे। वे आये और उन्होंने हमें पराजित किया तथा बार-बार हम पर अपना प्रभुत्व स्थापित किया। अंग्रेज आये और उन्होंने हम पर अपना प्रभुत्व स्थापित किया। क्यों? वह इसलिए कि उनकी संस्कृति सामाजिक संस्कृति थी और वह हमारी प्राचीन संस्कृति से उत्कृष्ट थी। वह भले ही आधारभूत तथा सनातन बातों के संबंध में हमारी संस्कृति से अधिक उत्कृष्ट न रही हो किन्तु युगधर्म की दृष्टि से वह हमारी संस्कृति से अधिक उत्कृष्ट थी। वे आये और उन्होंने हमें पराजित किया तथा इतने अधिक काल तक हम पर अपना प्रभुत्व जमाये रहे।

वे अब चले गये हैं। क्या हम अपने विचारों को तथा अपने कार्यों को फिर उसी प्रकार की संस्कृति के अनुरूप बनाने जा रहे हैं जिसके कारण हम गुलाम हो गये? इसमें कोई संदेह नहीं कि प्रत्येक माननीय सदस्य कहेगा "नहीं"। किन्तु फिर भी मैं कहूँगा कि जो कुछ मैं कह रहा हूँ उससे इस विचारधारा का निकट संबंध है। यह विचारधारा उसी की ओर ले जाती है। यदि आप पीछे की ओर ही देखते रहें यदि आप उसी प्रकार की चर्चा करते रहें जिस प्रकार की चर्चा माननीय सदस्य कल और आज करते रहे हैं तो वह उसी परिणाम की ओर ले जायेगी। जहाँ तक मेरा संबंध है मुझे उस परिणाम पर पहुँचने में हिचकिचाहट ही नहीं होती है बल्कि मैं उसका विरोध भी करना चाहता हूँ क्योंकि मैं समझता हूँ कि वह भारत के लिए हानिकर है। आपको तथा मुझे भारत के लोगों पर तथा भारतीय राष्ट्र पर अटल विश्वास है। मुझे विश्वास है कि चाहे भारत के सामने इस समय कितनी ही कठिनाइयाँ क्यों न हों किन्तु वह अवश्य ही उन्नति करेगा और तीव्र गति से आगे बढ़ेगा।

किन्तु यदि हम भारत के पैरों को जीर्ण रीति-रिवाजों से जकड़ देते हैं और वह ठोकर खाकर गिर पड़ता है तो इसके लिए दोषी कौन है? हमारे सामने यह आधारभूत प्रश्न है।

इसके अतिरिक्त एक अन्य दृष्टि से भी आप इस भाषा के प्रश्न को देखिए। अभी हाल तक, मैं कहूँगा एक पीढ़ी पहले तक फ्रेंच यूरोप की तथा अन्य बड़े-बड़े भू-भागों की राजनयिक तथा सांस्कृतिक भाषा थी। यूरोप में ही अंग्रेजी, जर्मन, इटालियन तथा स्पेनिश के समान महान् भाषाएँ थीं और इसके अतिरिक्त एशियाई भाषाएँ भी थीं। किन्तु फिर भी यूरोप में राजनयिक तथा सांस्कृतिक प्रयोजनों के लिए फ्रेंच ही प्रयोग की जाती थी। आज उसे यह प्रतिष्ठित पद प्राप्त नहीं है। किन्तु आज भी राजनयिक तथा सार्वजनिक कार्यों में उसका बहुत महत्त्व है। किसी ने भी फ्रेंच पर आपत्ति नहीं की। किसी अंग्रेज, अथवा रूसी, अथवा जर्मन, अथवा पोल ने फ्रेंच भाषा पर आपत्ति नहीं की। इस प्रकार यह सभी भाषाएँ विकसित होती रहीं और आज यह कहा जा सकता है कि सम्भवतः जिस उच्च राजनयिक पद पर फ्रेंच प्रतिष्ठित थी उस पद पर अंग्रेजी आ रही है।

फ्रेंच के पूर्व यूरोप की राजनयिक भाषा लैटिन थी। इसी प्रकार भारत में बहुत काल तक संस्कृति तथा राजनयिक भाषा संस्कृत रही है। यह भाषा जनसाधारण की भाषा नहीं थी किन्तु विद्वान तथा शिष्ट लोगों की भाषा थी और राजनयिक प्रयोजनों आदि के लिए काम में आती थी। यदि हम पिछले एक हज़ार वर्ष के इतिहास को देखें तो हमें ज्ञात हो जायेगा कि केवल भारत में ही नहीं किन्तु सारे दक्षिण-पूर्वी एशिया में, और केन्द्रीय एशिया के कुछ भागों में भी विद्वानों की भाषा संस्कृत ही थी। यद्यपि उस सीमा तक नहीं थी जिस सीमा तक भारत में थी।

संस्कृत के पश्चात् भारत की तथा एशिया के बहुत बड़े भाग की सांस्कृतिक तथा राजनयिक भाषा फारसी हुई। भारत में उसे यह पद इस कारण प्राप्त हुआ कि यहाँ का शासन ही बदल गया। किन्तु साथ ही वह एशिया के एक बहुत बड़े भाग की सांस्कृतिक तथा राजनयिक भाषा हो गई। वह इस कारण ''पूर्व की फ्रेंच'' कही जाती थी और अब भी इसी नाम से कही जाती है। जब ये परिवर्तन हो रहे थे तो अन्य भाषाओं का भी विकास हो रहा था। यूरोप के लिए फ्रेंच और एशिया के लिए फारसी बहुत ही उपयुक्त सिद्ध हुई। अन्य देशों तथा राष्ट्रों ने भी इन भाषाओं को स्वीकार किया। सम्भव है भारत ने उसे मुख्यतः इस कारण स्वीकार किया हो कि नये शासकों का उस पर प्रभुत्व था किन्तु ऐसे देशों ने भी उसे स्वीकार किया जिन पर उनका प्रभुत्व नहीं था और जिनकी वह भाषा भी नहीं थी क्योंकि फारसी इन प्रयोजनों के लिए एक उपयुक्त भाषा समझी जाती थी। इन लोगों की भाषाओं का विकास हुआ।

हमने अंग्रेजी इस कारण स्वीकार की कि वह विजेता की भाषा थी। जब हमने उसे स्वीकार किया तो इस कारण नहीं स्वीकार किया कि वह एक महत्त्वपूर्ण भाषा है। यद्यपि वह उस समय भी एक बहुत ही महत्त्वपूर्ण भाषा थी। हमने उसे केवल इस कारण स्वीकार किया कि हम पर अंग्रेजों का प्रभुत्व था। उसने हमारे लिए विदेशी विचारधारा, विदेशी विज्ञान आदि के द्वार खोल दिये और उसके द्वारा हमने बहुत कुछ सीखा। अंग्रेजी भाषा द्वारा हमने जो कुछ सीखा है उसके लिए हमें उसका कृतज्ञ होना चाहिए। किन्तु साथ ही उसने हम अंग्रेजी जानने वालों और अंग्रेजी न जानने वालों के बीच एक बहुत बड़ी खाई पैदा कर दी जो, किसी भी राष्ट्र के लिए घातक सिद्ध होती। सम्भवतः हम आज इसे सहन नहीं कर सकते हैं। इसी कारण यह समस्या भी है।

अंग्रेजी चाहे कितनी ही अच्छी और महत्त्वपूर्ण भाषा क्यों न हो किन्तु हम इसे सहन नहीं कर सकते कि एक वर्ग अंग्रेजी जानने वाले विद्वानों का हो और एक बहुत बड़ा वर्ग अंग्रेजी न जानने

वाले लोगों का हो। इसलिए हमें अपनी ही भाषा को अपनाना चाहिए। किन्तु अंग्रेजी, चाहे आप उसे राजभाषा कहें अथवा अन्य कोई भाषा, अथवा चाहे आप उसका विधि में उल्लेख करें या न करें किन्तु भारत में अंग्रेजी एक महत्त्वपूर्ण भाषा के रूप में और एक ऐसी भाषा के रूप में रहनी चाहिए जिसे बहुत से लोग सीखें। और हो सके तो अनिवार्य रूप से सीखें। आख़िर क्यों? इस कारण कि अब अंग्रेजी भाषा का उस समय से कहीं अधिक महत्त्व है जब अंग्रेज यहाँ आये थे। इसमें कोई संदेह नहीं कि इस समय कोई भाषा अन्तरराष्ट्रीय भाषा हो सकती है तो वह अंग्रेजी ही है। वह इस समय अन्तरराष्ट्रीय भाषा नहीं है किन्तु इस समय वह संसार में सबसे वृहत् तथा व्यापक भाषा है। यदि हम संसार के अन्य देशों से सम्पर्क रखना चाहते हैं और हमें सम्पर्क रखना ही चाहिए तो बिना विदेशी भाषाओं को सीखे हुए हम उनसे सम्पर्क कैसे रख सकते हैं? मुझे आशा है कि हममें से बहुत से लोग विदेशी भाषाओं को सीखेंगे जैसे कि रूसी भाषा को जो बहुत ही सुन्दर तथा सुसम्पन्न भाषा है, स्पेनिश भाषा को जिसका भले ही आज अधिक महत्त्व न हो किन्तु आगे चलकर दक्षिण अमरीका का विकास होने पर उसका महत्त्व बहुत बढ़ जाने वाला है। फ्रेंच भाषा को जो हमेशा एक महत्त्वपूर्ण भाषा रही है और आज भी है, जर्मन भाषा को इत्यादि। मुझे आशा है कि हम इन सभी भाषाओं को सीखेंगे। किन्तु यह एक तथ्य है कि सुविधा की दृष्टि से तथा कार्य साधन की दृष्टि से भी अंग्रेजी का हमारे लिए सबसे अधिक महत्त्व है और हममें से बहुत से लोग उसे जानते भी हैं। यह एक अनर्गल बात होगी कि हम जो कुछ जानते हैं उसे भूलने का प्रयास करें अथवा हमने जो कुछ सीखा है उससे हम लाभ न उठायें। किन्तु उसका अवश्य ही गौण स्थान होगा और उसे थोड़े से लोग ही सीखेंगे।

श्री एन. गोपालस्वामी आयंगर ने सभा के सामने जो प्रस्ताव रखा है उसे इन सब बातों को ध्यान में रखकर रचा गया है। मैं कह नहीं सकता कि इस भाषा का भविष्य कैसा रहेगा। किन्तु मुझे विश्वास है कि यदि हम हिन्दी भाषा को समझदारी से प्रयोग करें, अर्थात् दो प्रकार उसे समझदारी से प्रयोग करें, और उसे ग्रहण करने वाली न कि बहिष्कार करने वाली भाषा बनायें, और उसमें भारत के सभी भाषा तत्त्वों को सम्मिलित करें, क्योंकि उन्हीं के कारण वह बनी है, और उसमें कुछ पुट उर्दू का अथवा हिन्दुस्तानी का भी रखें—स्मरण रहे विधि द्वारा नहीं बल्कि साधारण विकास द्वारा—और, मैं कहूँगा उसे उन लोगों पर जबरदस्ती नहीं थोपें जो उसे नहीं चाहते हैं तो मुझे इस संबंध में कुछ भी संदेह नहीं है कि उसका विकास होगा और वह एक महान् भाषा हो जायेगी। मैं कह नहीं सकता कि वह अंग्रेजी का स्थान कहाँ तक ले लेगी किन्तु यदि हमारे साधारण कार्य से वह अंग्रेजी को बिल्कुल ही बाहर भी निकाल दे तो फिर भी संसार से सम्पर्क बनाये रखने तथा अन्तरराष्ट्रीय जगत के व्यवहार के लिए हमारे लिए अंग्रेजी का महत्त्व रहेगा।

अब मैं फिर इस प्रश्न के संबंध में जो आधारभूत दृष्टिकोण है उसके बारे में बोलूँगा। क्या आपका दृष्टिकोण जनतंत्रात्मक होने जा रहा है अथवा प्रभुत्वमूलक? मैं यह प्रश्न हिन्दी के प्रेमियों से पूछता हूँ क्योंकि यहाँ तथा अन्यत्र मैंने जो भाषण सुने हैं उनमें से कुछ की यह ध्वनि थी कि हिन्दी-भाषी प्रदेश ही सभी बातों के लिए भारत का केन्द्र रहा है और अन्य प्रदेश तो भारत के सीमावर्ती प्रदेश रहे हैं। यह दृष्टिकोण ग़लत ही नहीं खतरनाक भी है। यदि आप इस प्रश्न पर समझदारी से विचार करें तो आपको स्पष्ट हो जायेगा कि यह दृष्टिकोण जितना हानिकर हो सकता है उतना अन्य कोई दृष्टिकोण नहीं। यदि लोग अथवा लोगों का कोई वर्ग किसी भाषा का विरोध करे तो आप उसे जबरदस्ती उनके गले के नीचे नहीं उतार सकते। आपको इसमें सफलता नहीं

मिल सकती। आप जानते हैं कि सम्भव है कोई विदेशी विजेता तलवार के बल से इस प्रकार का प्रयास करे किन्तु इतिहास इसका प्रमाण है कि उसे फिर भी कभी सफलता नहीं मिली। भारत के जनतंत्रात्मक वातावरण में तो इसकी सम्भावना ही नहीं है। आपको भारत के उन विभिन्न प्रान्तों तथा समूहों का सद्भाव प्राप्त करना है जिनकी मातृभाषा हिन्दी नहीं है। आपको उन लोगों की भी सद्भावना प्राप्त करनी है जो किसी अन्य रूप में हिन्दी को अर्थात् उर्दू या हिन्दुस्तानी को, बोलते हैं। चाहे आप जीतें या न जीतें किन्तु यदि आप कोई ऐसा प्रयास करेंगे जो अन्य लोगों को प्रभुत्व स्थापित करने अथवा जबरदस्ती किसी चीज़ को स्वीकार कराने के लिए किया हुआ प्रयास प्रतीत होगा तो आपका वह प्रयास निष्फल रहेगा।

अब मैं एक दो शब्द हिन्दुस्तानी, उर्दू और हिन्दी के बारे में कहना चाहता हूँ। इस संशोधन में हमने 'हिन्दी' शब्द को स्वीकार किया है। मुझे 'हिन्दी' शब्द पर कोई आपत्ति नहीं है। मुझे वह पसंद है। मुझे इस संबंध में थोड़ा सा भय था कि अन्य लोगों को सम्भव है इसके सीमित अर्थ का ही बोध हो। मुझे इसका भय था। किन्तु मैंने यह विचार किया कि जिस प्रकार ''हिन्दी'' शब्द को मैं पसन्द करता हूँ उसी प्रकार अन्य लोग भी पसन्द करेंगे। मैं जानता हूँ, यहाँ उपस्थित कई माननीय सदस्य जानते हैं, तथा संयुक्त प्रान्त के प्रतिनिधि जानते हैं, कि वे बड़ी आसानी से उस भाषा को बोल सकते हैं जो उर्दू कही जाती है और उतनी ही आसानी से उस भाषा को बोल सकते हैं जो बहुत कुछ शुद्ध हिन्दी कही जा सकती है। वे दोनों भाषाएँ बोल सकते हैं। यह ठीक ही है कि हम दोनों भाषाओं को जानें और उनमें दिलचस्पी रखें। इसका परिणाम यह है कि उनकी शब्दावली बहुत ही सुसम्पन्न तथा सुन्दर है। मैं कह नहीं सकता कि आपका भी यही अनुभव है या नहीं। हम यह देखते हैं कि कुछ विषयों के संबंध में हम अपने विचार हिन्दी में अधिक उपयुक्त ढंग से व्यक्त कर सकते हैं और कुछ विषयों में उर्दू में अधिक उपयुक्त एंग से व्यक्त कर सकते हैं। किन्हीं विषयों के लिए यह अपेक्षाकृत अधिक उपयुक्त है। मैं यह कहना चाहता हूँ कि मैं इन दोनों माध्यमों को चाहता हूँ क्योंकि इनसे हिन्दी, जो देश की राजभाषा तथा राष्ट्रभाषा होने जा रही है, सशक्त होगी। हमें लोगों से सम्पर्क बनाये रखना चाहिए। यह एक अच्छी बात है। यदि आप यह करेंगे तो आप अन्य सभी मार्गों को भी खुला रखेंगे। भाषा का विकास इसी प्रकार होता है। यदि किसी व्यक्ति से दबाव पड़ने का भाव न रहे और यह भी भाव न रहे कि जबरदस्ती की जा रही है तो भाषा करोड़ों लोगों के हृदयों में स्थान पा जाती है। लोग धीरे-धीरे उसे ढालते हैं और एक रूप देते हैं।

अंकों के प्रश्न को ही लीजिए। मैं आपसे साफ बातें कहूँगा। मैंने इस प्रश्न पर पहले कभी विचार नहीं किया। किन्तु जब यह मेरे सामने आया और मैंने इस पर विचार किया तो मुझे तुरन्त विश्वास हो गया कि इन अंकों को अपनाना ही हितकर है। इन अंकों की उत्पत्ति भारत में हुई और इन्होंने एकरूप धारण किया और अब ये अन्तरराष्ट्रीय व्यवहार में प्रयोग में आते हैं। मुझे इसका पूरा विश्वास हो गया कि इन्हीं को अपनाना हितकर है। किन्तु यह स्मरण रखना चाहिए कि हिन्दी अंकों का निषेध नहीं किया गया है। कोई भी व्यक्ति उन्हें जब चाहे तब प्रयोग कर सकता है। किन्तु राजकीय कार्य में, जिसमें बैंक संबंधी, लेखा परीक्षा संबंधी तथा जनगणना संबंधी आँकड़े काम में आते हैं तथा आँकड़ों के खाने बनाने होते हैं, इन अन्तरराष्ट्रीय अंकों को प्रयोग में लाने से लाभ होगा और इससे और लाभ भी होंगे। इन अंकों से आपके तथा अन्य देशों के बीच कम से कम एक दीवार हट जाती है। इसका इस समय बहुत महत्त्व है क्योंकि विज्ञान के विकास में तथा विज्ञान को व्यवहार में लाने में अंकों का बहुत महत्त्व है। मैं यह कह चुका हूँ कि आप हिन्दी अंकों को

भी प्रयोग कर सकते हैं। जो कोई हिन्दी अंकों को सीखेगा वह उन्हें पढ़ भी सकेगा और जब चाहे लिख भी सकेगा। किन्तु यदि आप इन अन्तरराष्ट्रीय अंकों को राजकीय प्रयोजनों तक ही सीमित करने की बात सोचें तो मैं यह बता चुका हूँ कि आप कठिनाई में पड़ जायेंगे।

आपको इस पर आपत्ति ही क्या है? क्या आप यह चाहते हैं कि भारत आधुनिक विज्ञान तथा कला में प्रगति करे। मैं यह विश्वासपूर्वक कह सकता हूँ यदि हम इन प्रयोजनों के लिए अन्तरराष्ट्रीय अंकों को प्रयोग नहीं करेंगे तो हम पिछड़ जायेंगे। हम बच्चों के तथा युवाओं के मस्तिष्कों पर बहुत भार डालेंगे और हमारे दफ्तरों में तथा अन्यत्र हमारा काम बहुत बढ़ जायेगा और उस काम का संसार से कोई संबंध नहीं रह जायेगा। इसलिए व्यावहारिक दृष्टि से तथा भावनाओं की दृष्टि से भी इन्हीं अंकों को स्वीकार करना उचित होगा। इसके अतिरिक्त हम किसी विदेशी चीज़ को नहीं स्वीकार कर रहे हैं, हम अपनी ही चीज़ को स्वीकार कर रहे हैं, भले ही उसमें थोड़ा बहुत परिवर्तन हो गया हो। इसके अतिरिक्त छपाई में भी इनके कारण हमें सुविधा होती है। सम्भवतः यहाँ कई माननीय सदस्यों का पत्रों से तथा मुद्रण से संबंध है। मैं आपसे पूछता हूँ कि क्या इन अंकों को हिन्दी अंकों की अपेक्षा अधिक आसानी से कम्पोज नहीं किया जा सकता है और छापा नहीं जा सकता है?

मेरा निवेदन है कि चूँकि हम अंकों के प्रश्न पर आकर रुक गये हैं, इसलिए इसका इस आधारभूत दृष्टि से महत्त्व है कि आख़िर हम किस ओर देख रहे हैं। जहाँ तक मेरा संबंध है मैं हिन्दी अंकों को जानता हूँ और मैं उन्हें आसानी से लिख भी सकता हूँ और पढ़ भी सकता हूँ, इसलिए मुझे स्वयं कोई कठिनाई नहीं है। किन्तु जिस प्रकार यहाँ तथा अन्यत्र यह विवाद खड़ा किया गया है और इस प्रकार का तर्क-वितर्क किया गया है, उसे देखते हुए मेरे हृदय में यही विचार उठा कि इस विवाद के पीछे एक भिन्न ही विचारधारा है। यह विचारधारा विज्ञान को तथा विज्ञान और आधुनिक संसार जिन बातों के प्रतीक हैं उनको प्राचीन दृष्टि से देखने की है। यह पीछे देखना ही है। यह विचारधारा, मेरे विचार से, भारत के लिए घातक है। जिस महान राष्ट्र का हमने स्वप्न देखा है, और जिसके लिए हमने श्रम किया है, उस लक्ष्य तक यह विचारधारा हमें नहीं पहुँचने देगी।

हम एक नवीन युग के द्वार पर खड़े हैं। इसलिए यह बहुत आवश्यक है कि हमारी दृष्टि के सामने भारत का यह चित्र स्पष्ट हो। हम किस प्रकार का भारत चाहते हैं? क्या हम एक ऐसा आधुनिक भारत चाहते हैं जिसकी जड़ें उस अतीत में सुस्थिर हों जिससे हमें प्रेरणा मिलती है, जिस आधुनिक भारत में आधुनिक विज्ञान तथा आर्थिक संसार की सभी बातों के लिए स्थान हो, अथवा क्या हम किसी ऐसे प्राचीन युग का आविर्भाव चाहते हैं जिसका वर्तमान युग से कोई भी संबंध न हो? आपको इन दो दृष्टिकोणों में से किसी एक को अपनाना है। यह प्रश्न दृष्टिकोण का है। आपको इसका निर्णय करना है कि आप पीछे की ओर देखते रहेंगे अथवा आगे की ओर देखेंगे।

पं. रविशंकर शुक्ल (मध्य प्रान्त और बरार : जनरल) : हम अभी तथा एक बजे विसर्जित होने के पूर्व इस सभा के बहुत प्रतिष्ठित तथा माननीय सदस्यों के भाषण सुन चुके हैं। कभी अपने इतने प्रतिष्ठित देशवासियों का विरोध करने में कष्ट होता है किन्तु राष्ट्रों के इतिहास में कई अवसर ऐसे भी आते हैं जब अपनी बात कहने के अतिरिक्त और कोई चारा नहीं रह जाता। मैं केवल विरोध की लालसा से विरोध नहीं कर रहा हूँ। मैं इस ऐतिहासिक अवसर पर उन विचारों को व्यक्त करने के लिए उठा हूँ जो मेरे अपने विचार हैं।

इस प्रश्न के संबंध में दो दृष्टिकोण हैं। एक दृष्टिकोण उन लोगों का है जो इस देश में अंग्रेजी भाषा को जब तक हो सके, और जहाँ तक हो सके बनाये रखना चाहते हैं, और दूसरा दृष्टिकोण

उन लोगों का है जो यथाशीघ्र अंग्रेजी के स्थान पर किसी भारतीय भाषा को प्रतिष्ठित करना चाहते हैं। माननीय श्री गोपालस्वामी आयंगर ने जो प्रस्ताव उपस्थित किया है उसके संबंध में हमारे यही दो दृष्टिकोण हैं। मैंने जितने भी संशोधनों की सूचना दी है वह दूसरे दृष्टिकोण से दी है। यदि मैं यह देखता कि अध्याय 14-क के सभी अनुच्छेद इसी ढंग के हैं कि उनसे हमारे उद्देश्य की हानि नहीं हो सकती है तो मैं यहाँ बोलने के लिए कभी नहीं आता। यह ठीक है कि हमने हिन्दी भाषा तथा देवनागरी लिपि को एक उच्च पद पर प्रतिष्ठित किया है। अंकों के संबंध में मैं बाद में बोलूँगा।

इस संबंध में इतना कह कर अब मैं इस अध्याय के व्यावहारिक अंश को उठाता हूँ, जिसमें यह निर्धारित किया गया है कि हम अपने लक्ष्य की प्राप्ति किस उपाय से तथा किस प्रकार करेंगे। हिन्दी भाषा इस देश की राष्ट्रभाषा तथा राजभाषा होने जा रही है और देवनवागरी लिपि उस भाषा की लिपि होने जा रही है। इतना स्वीकार करने पर क्या हमारे लिए यह उचित नहीं है कि हम इस उद्देश्य को कार्यान्वित करने के लिए उपाय तथा साधन ढूँढ़ निकालें? यदि हम इस अध्याय के विभिन्न भागों को देखें तो हमें यह ज्ञात हो जायेगा कि उद्देश्य यह कदापि नहीं है कि हिन्दी को यथाशीघ्र न आने दिया जाये। यदि इन बाँधों को पार नहीं किया गया, अथवा इन्हें तोड़ा नहीं गया, और हिन्दी को अपनाने के लिए मार्ग प्रशस्त नहीं किया गया, तो हमें बहुत बड़ी कठिनाइयों का सामना करना पड़ेगा। जब हम इस अध्याय के उस स्थल पर पहुँचते हैं जहाँ आयोग और समिति का वर्णन किया गया है, तो हमें बहुत कुछ इस आशय का एक उपबन्ध मिलता है कि पाँच वर्ष तक केन्द्र में तथा प्रान्तों में आपकी राजभाषा अंग्रेजी ही रहेगी। इसके अतिरिक्त इस अध्याय के अन्य भागों में और रुकावटें भी रखी गयी हैं। आप यह देखेंगे कि प्रान्तों में हिन्दी को यथाशीघ्र व्यवहार में लाना आपके लिए कठिन हो जायेगा।

इस सभा के कई माननीय सदस्यों ने कहा है कि इस प्रश्न को उनके दृष्टिकोण से देखा जाये। प्रान्तों में हम लोगों के लिए कठिनाई है। हम अंग्रेजी का स्थान हिन्दी को कैसे देंगे? हमारे सामने प्रश्न यह है। चाहे केन्द्र में कुछ भी क्यों न किया जाये हमें प्रान्तों में इस कार्य को स पन्न करना ही है। हमारे सामने बहुत बड़ी कठिनाइयाँ हैं; अब हमने शासन की बागडोर सँभाली तो हमने ऐसे विभागों को स्थापित करने का प्रयास किया जो हिन्दी को यथाशीघ्र व्यवहार में ला सकें। अपने प्रान्त में मैंने एक लोकभाषा प्रसार विभाग स्थापित किया है। अर्थात् हमने ऐसे लोगों को नियुक्त किया है जो पुस्तकों का अनुवाद करेंगे। चौबीस हज़ार शब्दों का एक संग्रह तैयार किया गया है। ये शिल्प-संबंधी शब्द हैं और इनकी सभी वैज्ञानिक प्रयोजनों के लिए आवश्यकता पड़ेगी। हमने हिन्दी और मराठी में वैज्ञानिक पुस्तकों का अनुवाद करवाया है। इन दो भाषाओं को हमारे यहाँ इंटरमिडिएट कक्षाओं तक स्वीकार किया गया है और भौतिक विज्ञान तथा रसायन शास्त्र की बी.ए. तक की पुस्तकों का हिन्दी तथा मराठी में अनुवाद कराने के लिए सामग्री एकत्रित की गयी है। सब सामग्री तैयार है किन्तु यहाँ जिस अनुच्छेद का प्रस्ताव रखा गया है उसके कारण उसका उपयोग नहीं किया जा सकेगा।

इसके अतिरिक्त मैं यह निवेदन करना चाहता हूँ कि मेरे प्रान्त में दो विश्वविद्यालय हैं। उनमें से एक ने यह निर्णय किया है कि इस वर्ष से अथवा अगले वर्ष से कॉलेजों में शिक्षा मराठी और हिन्दी में दी जायेगी। दूसरे ने वह निर्णय किया है कि वह हिन्दी को 1952 से शिक्षा का माध्यम बनायेगा। हमारे प्रान्त में अब अंग्रेजी के माध्यम से शिक्षा नहीं दी जाती। 1946 से हमारे यहाँ हाई स्कूलों में हिन्दी और मराठी के माध्यमों से शिक्षा दी जा रही है। ये दोनों भाषाएँ हमारे प्रान्त की

स्वीकृत भाषाएँ हैं। यदि किन्हीं स्कूलों में अथवा हाई स्कूलों में शिक्षा का माध्यम बंगला अथवा उर्दू है, अथवा अन्य कोई भाषा है, तो उन्हें हम अनुदान देते हैं। इसलिए तीन वर्ष पश्चात्, जब हमारे प्रान्त के विश्वविद्यालयों से स्नातक शिक्षा समाप्त करके बाहर आयेंगे तो वे अंग्रेजी भाषा से अनभिज्ञ होंगे और इस कारण राष्ट्र को उनकी आवश्यकता नहीं होगी। इस प्रकार हमारा प्रान्त एक संकटपूर्ण स्थिति में पड़ जायेगा।

मेरे विचार से यह हमारा कर्त्तव्य है कि हम संविधान में इस प्रकार के उपबन्ध रखें कि उनके फलस्वरूप हम अधिक से अधिक उन्नति कर सकें। मेरा निवेदन है कि प्रान्तों को इसकी स्वतंत्रता होनी चाहिए कि वे जैसे भी चाहें अपना विकास करें और इस अनुच्छेद में कल्पित स्तर तक पहुँचें, जिसमें यह उपबंधित है कि देवनागरी लिपि के साथ हिन्दी राष्ट्रभाषा अथवा राजभाषा होगी।

बी.पी. झुनझुनवाला (बिहार : जनरल) : क्या आप यह कह सकते हैं कि प्रान्तों को स्वतंत्रता नहीं है? प्रान्तों को इसकी पूर्ण स्वतंत्रता है कि वे जो भी विधि बनाना चाहें, बनायें (विघ्न)।

पं. रविशंकर शुक्ल—यदि आप उपबंधों को सावधानी से पढ़ेंगे तो आप देखेंगे कि यह बात नहीं है, मूल संशोधन सं या 65 में कहा गया है, ''अनुच्छेद 301-घ तथा 301-ङ के अधीन रहते हुए कोई राज्य किसी भाषा को अंगीकार कर सकेगा......'' यदि आप अनुच्छेद 301-घ तथा अनुच्छेद 301-ङ को देखें तो आपको ज्ञात हो जायेगा कि कौन-से परिसीमन रखे गये हैं। अनुच्छेद 301-घ में कहा गया है—''संघ में राजकीय प्रयोजनों के लिए प्रयुक्त होने के लिए तत्समय प्राधिकृत भाषा, एक राज्य और दूसरे राज्य के बीच में तथा किसी राज्य और संघ के बीच में संचार के लिए राजभाषा होगी।'' आगे यह कहा गया है ''परन्तु यदि दो या अधिक राज्य करार करते हैं कि ऐसे राज्यों के बीच में संचार के लिए राजभाषा हिन्दी भाषा होगी तो ऐसे संचार के लिए वह भाषा प्रयोग की जा सकेगी।'' जहाँ तक इस भाग का संबंध है इसकी शब्दावली मूल मसौदे की शब्दावली से अच्छी है किन्तु जहाँ तक किसी राज्य की राजभाषा से संबंध है वह अनुच्छेद 301-घ से शासित होती है। उस प्रयोजन के लिए राजभाषा एक राज्य और दूसरे राज्य के बीच तथा एक राज्य और संघ के बीच संचार के लिए प्रयुक्त होने वाली भाषा होगी। सभी प्रयोजनों के लिए आपको अंग्रेजी भाषा ही प्रयोग करनी होगी। इस संबंध में उपबन्ध रखा गया है कि जहाँ दोनों राज्य हिन्दी भाषा का प्रयोग करने के लिए सहमत हों वहाँ वह प्रयोग की जा सकती है। किन्तु जहाँ तक अन्य राज्यों का संबंध है, और एक राज्य का दूसरे राज्य से संचार का संबंध है और उस राज्य का संघ से संचार का संबंध है, केवल अंग्रेजी भाषा ही प्रयोग की जा सकेगी। इसलिए मैं यह कह रहा हूँ कि हमारा भाषा-स्वातंत्र्य सीमित हो रहा है। जहाँ तक वह सीमित होता है वहाँ तक मुझे इस उपबन्ध पर आपत्ति है।

इस मसौदे में मैं सबसे खतरनाक उपबन्ध इसे समझता हूँ कि न्यायालयों में तथा उच्च न्यायालयों में, विशेषत: प्रान्तों में अंग्रेजी भाषा प्रयोग की जायेगी। जब तक न्यायालयों की भाषा नहीं बदली जाती है......

एक माननीय सदस्य—उच्च न्यायालयों के संबंध में।

पं. रविशंकर शुक्ल—जी हाँ, उच्च न्यायालयों के संबंध में जो कुछ भी आशा नहीं है। जहाँ तक अधीन न्यायालयों का संबंध है, हिन्दी और मराठी को प्रयोग किया जा सकता है। क्योंकि उनको न्यायालयों की भाषाओं के रूप में स्वीकार किया गया है। किन्तु होता यह है और यह आज भी हो रहा है कि, यद्यपि हम अपने दावे तथा बयान हिन्दी या मराठी में दे सकते हैं किन्तु न्यायाधीश पूरी

गवाही अंग्रेजी में लिखते हैं और अपना निर्णय भी अंग्रेजी में सुनाते हैं। इसलिए लगभग सभी कामों के लिए अंग्रेजी भी प्रयोग की जा रही है। जब तक हमें ऐसे लोग नहीं मिलते, जो इन लोगों की जगह ले सकें, तब तक हमारे लिए अपने प्रान्त में हिन्दी को अंगीकार करना कठिन है।

इसलिए मैं सभी उपबन्धों पर इस दृष्टि से विचार कर रहा हूँ। हमें सभी विभागों में तथा सभी स्तरों में हिन्दी को यथाशीघ्र प्रयोग में लाने में समर्थ होना चाहिए। इस दृष्टि से मेरा यह निवेदन है कि जो निर्बन्धन रखे गये हैं उन्हें हटा देना चाहिए। जहाँ तक केन्द्र का संबंध है, उसके लिए उपबन्ध रख दिये गये हैं और उसके मार्ग में कोई रुकावटें नहीं हैं। एक अनुच्छेद में यह उपबन्ध है कि जहाँ तक राज्यों का संबंध है, उन्हें अपने सभी अधिनियम, विधेयक, नियम तथा उपविधियाँ आदि सभी संघ की भाषा में बनानी होंगी। अर्थात् जब तक अंग्रेजी भाषा है तब तक ये सब चीज़ें अंग्रेजी में ही बनेंगी। मेरा निवेदन है कि इस संबंध में प्रान्तों को स्वतंत्रता होनी चाहिए। संघ के संबंध में संसद निर्णय कर सकती है, किन्तु यदि राज्यों के विधानमंडल यह निर्णय करना चाहें कि ये चीज़ें राज्य की भाषा में बनानी चाहिए तो उन्हें इस प्रकार का निर्णय करने की स्वतंत्रता होनी चाहिए। मैंने अपने संशोधन में यह उपबन्ध रखा है कि विधानमण्डल जिन विधेयकों तथा अन्य चीज़ों को पारित करे, उन्हें राज्य की भाषा में पारित करे। किन्तु उनके साथ पाठ का एक अधिकृत अनुवाद भी होना चाहिए।

जिस प्रश्न पर हम विचार कर रहे हैं उसी के समान एक उदाहरण की ओर मैं सभा का ध्यान दिलाना चाहता हूँ। संसार के इतिहास में इसके समान केवल एक उदाहरण मिलता है। वह उदाहरण आयरलैंड का है। 1921 में ब्रिटिश सरकार के साथ संधि करने के पश्चात् आयरिश लोगों ने अपने संविधान में सबसे पहले यह रखा कि आयरिश भाषा राष्ट्रभाषा होगी और साथ ही उन्होंने यह भी रखा कि उनकी दूसरी भाषा अंग्रेजी होगी। मैं बताऊँगा कि यह किन कारणों से किया गया। आयरलैंड में जब तक अंग्रेज शासन करते रहे तब तक उन्होंने आयरिश भाषा के सीखने तथा प्रयोग करने पर प्रतिषेध रखा, जिसका परिणाम यह हुआ कि प्राथमिक कक्षाओं से लेकर कॉलेज की कक्षाओं तक अंग्रेजी भाषा ही सिखाई जाती थी और एक शताब्दी तक अर्थात् 19वीं शताब्दी के आर भ से लेकर अन्त तक, आयरिश भाषा का उस देश से लोप ही हो गया। इस काल में आयरलैंड का प्रत्येक निवासी केवल अंग्रेजी ही बोलता था। जब 1910 में जनगणना हुई तो यह ज्ञात हुआ कि उस छोटे से द्वीप की तीस-चालीस लाख की जनसं या में से केवल 21,000 लोग आयरिश भाषा जानते थे। 1921 की संधि के पश्चात् उन्होंने अपने संविधान में सबसे पहला उपबन्ध यह रखा कि आयरिश भाषा उस देश की राष्ट्रभाषा होगी और यह उपबन्ध उन आयरलैंड निवासियों ने रखा जो उस समय आयरिश भाषा को नहीं जानते थे। केवल 21,000 लोग आयरिश भाषा जानते थे और अवशिष्ट लोगों में अंग्रेजों से भी अधिक अंग्रेजियत थी। इन लोगों ने तुरंत ही यह निर्णय किया कि आयरलैंड की राष्ट्रभाषा आयरिश होगी।

एक माननीय सदस्य—इसका परिणाम क्या हुआ?

पं. रविशंकर शुक्ल—उन्होंने यह केवल कार्यसाधन की दृष्टि से किया। चूँकि उनके लिए अंग्रेजी का बिल्कुल ही परित्याग करना स भव नहीं था, इसलिए उन्हें उसे दूसरी भाषा के रूप में स्वीकार करना पड़ा, किन्तु विधेयकों के संबंध में यह उपबन्ध रखा गया कि वे उस देश की भाषा, अर्थात् आयरिश, में ही उपस्थित किये जायें। साथ ही उसका अंग्रेजी में अनुवाद अथवा प्रतिरूप भी तैयार किया जाता था। यदि इन दोनों में कहीं भेद होता था तो आयरिश के पाठ को प्रामाणिक

तथा अधिकृत समझा जाता था। इसलिए अपने संशोधन में मैंने इस आशय का एक उपबन्ध रखा है कि हमें राज्य की भाषा में, चाहे वह हिन्दी हो या मराठी, विधि निर्माण की स्वतंत्रता होनी चाहिए और मूल मसौदे के साथ, जिसे हम विधि का रूप देंगे, अंग्रेजी का एक प्रामाणिक पाठ भी होना चाहिए और यदि इन दोनों में विभेद हो तो जहाँ अंग्रेजी की आवश्यकता हो वहाँ अंग्रेजी का पाठ प्रामाणिक समझा जाना चाहिए। परन्तु सभी प्रयोजनों के लिए हिन्दी का अथवा राज्य की भाषा का पाठ ही प्रामाणिक समझा जाना चाहिए। मेरे विचार से इस संबंध में हमें स्वतंत्रता होनी चाहिए। यदि हम हिन्दी चाहते हैं तो हमें उसे अपनाने दीजिए, हमारी स्वतंत्रता को सीमित न करिए।

अंकों के संबंध में सारी सभा में कुछ समय से बहुत उत्तेजना फैली हुई है और पंडित जी जैसे व्यक्ति ने हमसे कहा है कि जहाँ तक इन अन्तरराष्ट्रीय अंकों का संबंध है उनकी कई प्रयोजनों के लिए आवश्यकता है, और उनमें से कुछ को उन्होंने बताया भी है। कुछ सदस्यों ने, जिनमें मैं भी सम्मिलित हूँ, अनुभव किया है कि उनकी भी आवश्यकता है। इस कारण हमने इस आशय का एक संशोधन रखा है कि कुछ प्रयोजनों के लिए अंग्रेजी के अंक ही काम में लाये जायें अर्थात् लेखा परीक्षा, बैंक कार्य के और अन्य प्रकार के कारोबारों के कार्य के संबंध में, अथवा राजकीय कार्य के संबंध में, यदि उनकी आवश्यकता हो तो उन्हें काम में लाया जाये। यदि इस अध्याय, अर्थात् अध्याय 14-क के प्रस्तावक महोदय इसे स्वीकार करते हैं तो हमारी कठिनाइयाँ दूर हो जानी चाहिए। इन्हें भाषा के प्रश्न के साथ मिला कर भ्रम उत्पन्न न किया जाये। हम सभी जानते हैं कि उन्हें समझना कठिन नहीं है। हिन्दी के अंक हिन्दी भाषा के अंग के रूप में प्रयोग किये जायें और जिन प्रयोजनों के लिए अंग्रेजी अंकों की आवश्यकता हो उन्हें स्वतंत्र रूप से प्रयोग किया जाये। इस संबंध में कोई कठिनाई नहीं है और इसी दृष्टि से मैंने अपना संशोधन बनाया है। मैं यह कहता हूँ कि वे उन प्रयोजनों के लिए काम में लाये जायें जिन प्रयोजनों के लिए राष्ट्रपति आदेश द्वारा निदेश करे। इस प्रकार यदि आप अंग्रेजी अंकों को हिन्दी अंकों से पृथक् कर देते हैं तो कोई भ्रम नहीं रह जाता और मेरे विचार से यहाँ प्रत्येक व्यक्ति इसके लिए सहमत होगा। इससे इस समस्या का ही निराकरण हो जायेगा किन्तु सभी यह समझ रहे हैं कि अंग्रेजी अंक राजभाषा हिन्दी के अंग बनाये जा रहे हैं। इस सभा का यह उद्देश्य नहीं है। हम उन प्रयोजनों के लिए अंग्रेजी के अंकों को काम में ला सकते हैं जिनके लिए उनकी आवश्यकता हो—इस पर हमें कोई आपत्ति नहीं है और जो प्रान्त अपनी भाषाओं में अंग्रेजी के अंक लिखते हैं उनसे भी हमारा कोई झगड़ा नहीं है। वे उन्हें बराबर काम में लायें, किन्तु यदि वे इस पर भी ज़ोर दें कि संघ की राजभाषा अर्थात् हिन्दी में भी अंग्रेजी अंक काम में लाये जायें तो उनकी इच्छापूर्ति के लिए मैंने यह उपबन्ध रखा है कि यदि किसी राजकीय संचार और पत्र व्यवहार में अंग्रेजी अंक काम में लाना आवश्यक हो तो अंग्रेजी अंकों को काम में लाकर इन प्रान्तों के साथ व्यवहार किया जाये किन्तु भारत के अन्य भागों पर, जहाँ उनकी आवश्यकता न हो, वे न थोपे जायें। जहाँ तक हिन्दी-भाषी प्रान्तों का संबंध है, उनके साथ जो संचार हो उसमें केवल हिन्दी के अंक ही काम में लाये जायें किन्तु जहाँ तक उन भागों का संबंध है, जहाँ की भाषाओं में अंग्रेजी अंक काम में लाये जाते हैं, उनके साथ जिस हिन्दी में व्यवहार हो उसमें केवल अंग्रेजी के अंक ही काम में लाये जायें। मुझे इस पर कोई आपत्ति नहीं है क्योंकि इसका हमसे कोई संबंध नहीं है।

एक माननीय सदस्य—यदि कोई प्रान्त हिन्दी को नहीं अपनाना चाहे तो क्या आप उसे इसकी स्वतंत्रता देंगे?

पं. रविशंकर शुक्ल—यह अखिल भारतीय संघ कह सकेगा कि आप उसे अपनाना चाहते हैं या नहीं। यदि आप यह कहते हैं कि देवनागरी लिपि के साथ हिन्दी संघ की भाषा होगी और यदि केन्द्र संसद यह निर्णय करे कि आपसे हिन्दी में व्यवहार होगा, तो केन्द्र आपसे इसी भाषा में व्यवहार करेगा। जहाँ तक प्रान्तों के लोगों का संबंध है आपके और हमारे बीच में कोई बात नहीं है। आप केन्द्र से जो चाहें तय करें। हम कहते हैं, यदि आप चाहते हैं तो अंग्रेजी अंकों को अपनाइये, अथवा हिन्दी अंकों को अपनाइये और हममें से वे लोग जो दोनों अंकों को अपनाना चाहते हैं दोनों को अपनायें, किन्तु जहाँ तक हिन्दी भाषा-भाषी प्रान्तों का संबंध है, जहाँ हिन्दी प्रान्तीय भाषा अथवा राजभाषा के रूप में प्रयोग की जाती है, उन्हें अंग्रेजी अंकों को स्वीकार करने के लिए विवश न किया जाये, जब तक कि यह प्रान्त स्वयं यह निर्णय न करें कि अंग्रेजी के अंकों को उनकी भाषा का अंग बना लिया जाये।

इसलिए मैंने अपने संशोधन में दो खंड इस आशय के रखे हैं कि जहाँ तक अंग्रेजी अंकों का संबंध है उन्हें इस प्रकार प्रयोग किया जा सकता है। यदि मूल संशोधन के प्रस्तावक महोदय इस संशोधन को स्वीकार कर लें तो अंकों की समस्या हल हो जायेगी। इस समस्या को हल करने के बारे में सुझाव रखा गया है और इस संबंध में उत्तर भारत तथा दक्षिण भारत के बीच कोई कलह नहीं है। मैं सभा के ध्यान में यह बात लाना चाहता हूँ कि इस भाषा के प्रश्न पर उत्तर भारत और दक्षिण भारत की स्थिति की दृष्टि से विचार नहीं करना चाहिए। जब तक हिन्दी भाषा को केन्द्र अथवा संघ स्वीकार नहीं करेगा तब तक वह एक प्रान्तीय भाषा ही रहेगी। आप किसी भाषा को भी राष्ट्रभाषा अथवा राजभाषा के रूप में स्वीकार कर सकते हैं। यदि आप चाहें तो वह हिन्दी हो सकती है, अथवा हिन्दुस्तानी हो सकती है, अथवा बंगला या मराठी हो सकती है, इन सभी भाषाओं के संबंध में प्रस्ताव रखे गये हैं, किन्तु जब एक बार आप किसी भाषा को राष्ट्रभाषा के रूप में स्वीकार कर लें तो आप फिर उसे प्रान्तीय भाषा न कहें। मैं आपसे निवेदन करता हूँ कि जब आप किसी भाषा को संघ की भाषा के पद पर प्रतिष्ठित कर देंगे तो वह आपकी तथा मेरी भाषा हो जायेगी और प्रान्तीय भाषा नहीं रह जायेगी। वह प्रान्तीय भाषा नहीं रह जायेगी और हमारा यह कर्त्तव्य हो जायेगा कि हम उसे अपनी पूरी शक्ति लगाकर सुस पन्न बनायें।

कई माननीय सदस्यों ने कहा है कि एक ही अर्थ में कई शब्द प्रयोग किये जाते हैं। वे कहते हैं कि पंडित सुन्दर लाल अमुक शब्द प्रयोग करते हैं और हिन्दी साहित्य स मेलन के हमारे मित्र सेठ गोविन्द जी उसी चीज़ के लिए दूसरा शब्द प्रयोग करते हैं, इत्यादि शब्दों का कहीं अन्त नहीं है। यदि आप किसी भाषा के शब्दकोष को देखें तो आपको बहुत से शब्द ऐसे मिलेंगे जो समानार्थक होंगे और आपको इसकी स्वतंत्रता है कि आप जिस शब्द को भी चाहें प्रयोग करें। संस्कृत में भी अमरकोष है, जिसमें अनेक शब्दों के पर्याय हैं। इसी प्रकार एक संस्कृत का शब्द, एक हिन्दी का शब्द, एक फारसी का शब्द और एक बंगला का शब्द समानार्थक हो सकते हैं। ये सभी शब्द एक ही भाषा के भी हो सकते हैं और जब ये कोष में रखे दिये जायेंगे तो इन्हें हर कोई प्रयोग कर सकेगा।

इसलिए मेरी आपसे यह प्रार्थना है कि आप विचार न करें कि हम इस भाषा को किसी पर थोप रहे हैं। सभा को इसकी स्वतंत्रता है कि वह जिस भाषा को भी चाहे स्वीकार करे। जब आप किसी भाषा को स्वीकार कर लें तो यह न समझें कि वह आप पर थोपी गयी है। उस भाषा को आपने अपनी भाषा बनाया है और वह उतनी ही आपकी भाषा है जितनी कि वह मेरी है। इसके पश्चात् कोई प्रश्न ही नहीं उठता और कोई विवाद ही नहीं खड़ा होता। यह बताया जा चुका है,

और मुझे इस संबंध में विश्वास है, कि यह सभा देवनागरी लिपि के साथ हिन्दी को संघ की भाषा के रूप में स्वीकार करेगी। संघ जिन प्रयोजनों के लिए भी आवश्यक समझे अन्तरराष्ट्रीय अंकों को प्रयोग करे, और हिन्दी भाषा से उनका कोई संबंध न रहे, किन्तु यदि कुछ प्रान्तों को संतुष्ट करने की आवश्यकता समझी जाये तो संघ उनके प्रयोजनों के लिए अंग्रेजी अंकों को प्रयोग करे। किन्तु भारत के अन्य भागों में, जहाँ की भाषा हिन्दी ही है और जहाँ इन अंकों की आवश्यकता नहीं है। विशुद्ध हिन्दी ही चलन में रहे और उसका अंग्रेजी अंकों से कोई संबंध न रहे।

हमने पंद्रह वर्ष की काल सीमा निश्चित की है। मैं दक्षिण भारत के अपने मित्रों से कहूँगा कि यदि वे यथाशीघ्र हिन्दी सीख लेंगे तो इससे उनका ही हित साधन होगा, क्योंकि यदि वे शीघ्र हिन्दी नहीं सीखेंगे तो वे पीछे रह जायेंगे। मैं यह साफ कहना चाहता हूँ कि जहाँ तक मेरे दक्षिण भारत के मित्रों का संबंध है, वे बहुत बुद्धिमान हैं। वे बहुत पुरुषार्थी भी हैं और मैंने यह देखा है कि मेरे प्रान्त में कई विभागों में हमारे मद्रासी मित्र कार्य कर रहे हैं और वे उतनी ही योग्यता से कार्य कर रहे हैं जितनी योग्यता से वे लोग कर रहे हैं जिनकी मातृभाषा हिन्दी है और कहीं तो उनसे भी अधिक योग्यता से कार्य कर रहे हैं। स्थिति यह है। बहुत काल तक प्रशासक रहने के कारण मुझे जो अनुभव हुआ है उसके आधार पर मैं यह कह रहा हूँ और मेरे विचार से मैं ज़िमेदारी के साथ बोल सकता हूँ। मेरे प्रान्त में उनमें से बहुत से लोग हैं। यहाँ एक मित्र हैं जो एक समय हमारी प्रान्तीय सेवा में थे। वे हिन्दी तथा संस्कृत भी उतनी ही अच्छी तरह बोल सकते हैं जितनी अच्छी तरह अन्य कोई व्यक्ति। हमारे यहाँ मद्रासी असैनिक अधिकारी हैं, मद्रासी प्रान्तीय अधिकारी हैं और मैं आपको बताना चाहता हूँ कि हमारे यहाँ एक विभाग ऐसा है जिसका काम सभी जगहों में हिन्दी में ही होता है, भले ही वह मराठी भाषा ज़िला हो अथवा हिन्दी भाषी ज़िला। उस विभाग में मराठी भाषी लोग, तेलुगू भाषी लोग, पंजाबी, बंगाली तथा सभी प्रकार के लोग हैं और साधारण कर्मचारियों से लेकर अधिकारियों तक सभी लोग उस विभाग में पिछले पच्चीस वर्षों से कार्य कर रहे हैं। यह विभाग आरक्षी विभाग है। ये विभिन्न प्रदेशों के रहने वाले कर्मचारी तथा अधिकारी योग्यता से कार्य करते हैं और हिन्दी भाषा में ही विभाग का कार्य करते हैं। मेरी समझ में नहीं आता कि यहाँ हमारे मित्रों को हिन्दी सीखने से इतना भय क्यों है।

एक माननीय सदस्य—हमें कोई भय नहीं है।

पं. रविशंकर शुक्ल—उनके संकोच का कारण यह है कि उन्हें यह भय है कि उनके लिए रुकावटें पैदा कर दी जायेंगी। इसीलिए मैं यह कहता हूँ कि आपका, हमारा तथा देश का हितसाधन इसी में है कि आप यथाशीघ्र हिन्दी सीखें क्योंकि तब आपके सामने कोई कठिनाई नहीं रह जायेगी और जिस प्रकार इतने काल तक आप हमारा साथ देते आये हैं उसी प्रकार हमारा साथ देते रहेंगे। आप कभी यह विचार न करें कि हिन्दी को यथाशीघ्र व्यवहार में लाने से हम किसी प्रकार की रुकावट पैदा करना चाहते हैं।

यहाँ मैं एक पुस्तिका लाया हूँ, जिसे मुझे मेरे एक मित्र ने दिया है जो इस सभा के सदस्य हैं और उसमें कहा गया है कि बंगाल के महान् समाज सुधारक केशव चन्द्र सेन ने 1874 में एक लेख लिखा था, जो बंगाल के साप्ताहिक "सुलभ समाचार" में प्रकाशित हुआ था। उसमें यह प्रश्न पूछा गया था कि यदि एक भारतीय भाषा से भारत में एकता स्थापित नहीं की जा सकती तो उसे स्थापित करने का उपाय ही क्या है? एकमात्र उपाय यह है कि सारे भारत में एक ही भाषा प्रयोग की जाये। इस समय भारत में जो भाषाएँ प्रचलित हैं उनमें से बहुत-सी भाषाओं में हिन्दी का

अंश है और हिन्दी लगभग सभी जगह प्रचलित है। यदि हिन्दी को ही सारे भारत की भाषा बनाया जाये तो यह प्रश्न आसानी से हल हो सकता है। मैं यह बताना चाहता हूँ कि यह लेख बंगला में लिखा गया था और मैंने उसका अंग्रेजी भाषा में अनुवाद पढ़ कर सुनाया है। यह लेख 1874 में लिखा गया था। इसमें एक प्रकार की भविष्यवाणी की गयी थी क्योंकि आज हम इसी विषय पर विचार-विमर्श कर रहे हैं।

हिन्दुस्तानी, अथवा संस्कृत, अथवा किसी अन्य भाषा का प्रश्न ही नहीं उठता। हिन्दी के संबंध में मैं केवल यह कहना चाहता हूँ कि इस अध्याय के निर्माताओं ने यह अनुभव किया है कि हिन्दुस्तानी हिन्दी भाषा की एक शैली मात्र है। वास्तव में जो परिशिष्ट दिया गया है उसमें हिन्दुस्तानी का उल्लेख नहीं है। निदेश संबंधी खण्ड में हिन्दुस्तानी का एक रूप और शैली के नाम से उल्लेख किया गया है। इस पर हमें कोई आपत्ति नहीं है। हम उसे बड़ी खुशी से स्वीकार करेंगे तथा प्रयोग करेंगे। यह कहा जा चुका है कि कोई भाषा किसी संविधान को पारित करने से नहीं बनती। किसी भाषा के प्रेमी ही उसका निर्माण करते हैं। उसे हम यहाँ नहीं बना सकेंगे। इस सभा के बाहर जो लोग हैं वे ही उसे बनायेंगे, चाहे हम किसी प्रकार का संविधान क्यों न बनाएँ।

इसलिए मेरा निवेदन है कि इन चार कारणों से मेरे संशोधन स्वीकार कर लिए जायें। पहला कारण यह है कि इनसे भाषा का प्रश्न हल हो जाता है और दूसरा कारण यह है कि इनसे अंकों का प्रश्न भी हल हो जाता है। प्रान्तों को अपने भाग्य का निर्माण स्वयं करने दिया जाये और ''यदि'', ''परन्तु'', ''इसके अथवा उसके अधीन रहते हुए'' शब्दों को रखकर उनके मार्ग में बाधा न डाली जाये। इन ''यदि'', ''परन्तु'' जैसे शब्दों को तथा परन्तुकों को निकाल दिया जाये और हमें अपना विकास करने की स्वतंत्रता दी जाये। हम आपको यह कर दिखायेंगे कि हमारे प्रान्त में दक्षिण भारत के हमारे मित्र पाँच वर्ष में अन्य लोगों के समान ही हिन्दी आसानी से सीख जायेंगे। मेरे पास सामग्री है और अपने प्रान्त में मैंने जो विभाग खोला है उसमें मद्रासी मित्र भी काम कर रहे हैं। इसलिए मेरा निवेदन है कि उच्च न्यायालयों में भी राजभाषा ही प्रयोग की जाये और यदि अन्यत्र अंग्रेजी भी प्रयोग की जाये तो हमें अपने विधानमंडल में अपने विधेयकों को अपनी इच्छानुसार राजभाषा में ही पारित करने दिया जाये। इन चार कारणों से मैंने अपने संशोधन उपस्थित किये हैं और मुझे आशा है कि सभा उन्हें स्वीकार कर लेगी।

जहाँ तक अंकों का संबंध है, लेखों के विषय में समझौते की दृष्टि से मैंने और कोई चारा न देखकर यह स्वीकार किया है कि पंद्रह वर्ष के पश्चात् भी विशेष प्रयोजनों के लिए अंग्रेजी अंक काम में लाये जा सकते हैं। किन्तु मेरे प्रारं भक संशोधन का उद्देश्य यह है कि अनुच्छेद 301-क का खण्ड (3) निकाल दिया जाये।

हममें से वे लोग जो इस सभा के सदस्य हैं, तथा कांग्रेस के भी सदस्य हैं, कांग्रेस का अनुसरण करते आये हैं, कांग्रेस ने पंद्रह वर्ष की अंतिम अवधि निश्चित की है और कहा है कि उसे बढ़ाने की आवश्यकता नहीं है। इसलिए हमें इस पर विचार नहीं करना चाहिए कि पंद्रह वर्ष के पश्चात् क्या होगा। आने वाली पीढ़ियों के लिए उपबन्ध रखकर हमें उन्हें बन्धन में नहीं डालना चाहिए। पंद्रह वर्ष के पश्चात् हमारे जो प्रतिनिधि आयेंगे वे इसका निर्णय कर लेंगे कि उन्हें क्या करना चाहिए। जहाँ तक हमारा संबंध है हम पंद्रह वर्ष की अवधि निश्चित करते हैं। कांग्रेस ने यह आज्ञा दी है कि उत्तरोत्तर हिन्दी प्रयोग की जाये। मैंने जो संशोधन उपस्थित किये हैं उनसे इस उद्देश्य की पूर्ति हो सकती है। पंद्रह वर्ष में ही हम अपने उद्देश्य को पूरा कर सकते हैं। मेरा यह प्रस्ताव है कि दस

वर्ष में हम आयोगों और समितियों का कार्य समाप्त कर दें। संसद इस संबंध में निर्णय करेगी कि किन उपायों तथा साधनों से हिन्दी को अधिक से अधिक पंद्रह वर्ष में स्वीकार किया जा सकता है। कांग्रेस कार्यकारिणी समिति के प्रस्ताव की भाषा के अनुरूप ही मैंने अपने संशोधनों की भाषा भी रखी है और मुझे आशा है कि यह सभा उन्हें स्वीकार करेगी।

एल. कृष्णास्वामी भारती (मद्रास : जनरल) : क्या कांग्रेस ने यह प्रस्ताव स्वीकार नहीं किया है कि हिन्दुस्तानी राजभाषा होगी?

पं. रविशंकर शुक्ल—जहाँ तक कार्यकारिणी समिति के प्रस्ताव का संबंध है मेरे विचार से उसमें हिन्दुस्तानी शब्द प्रयोग नहीं किया गया है। उसमें कहा गया है कि देवनागरी लिपि के साथ हिन्दी राजभाषा होगी। यदि किसी सदस्य महोदय के पास वह प्रस्ताव हो तो वे उसे माननीय सदस्य महोदय को दे दें।

राम सहाय (संयुक्त राज्य, ग्वालियर और इंदौर) : अध्यक्ष महोदय, श्री गोपालस्वामी आयंगर ने जो प्रस्ताव रखा है, उसका मैं समर्थन करते हुए सिर्फ़ इतना निवेदन करूँगा कि इसमें जो तीसरा चैप्टर है, मैं नहीं समझ सका कि उसके रखने की क्या अहमियत है, और उसकी क्यों ज़रूरत महसूस की गई। जब ऑफिशियल लैंग्वेज हिन्दी और देवनागरी स्पष्ट मान ली गयी है। साथ ही उसके जब उसे रिप्लेस करने के लिए 15 बरस की मियाद रखी गयी तो सुप्रीम कोर्ट और हाईकोर्ट्स के लिए किसी दूसरे तरीक़े पर अलहदा चैप्टर रखने और विचार करने की क्या आवश्यकता है। मैंने सिर्फ़ इसी वजह से इस प्रस्ताव में तीन अमेंडमेंट पेश किये हैं, जिसमें पहले का मतलब यह है कि तीसरे चैप्टर को अलग कर दिया जाये, दूसरे का तात्पर्य यह है कि जैसाकि धारा 301 (ए) में 15 साल की मियाद रखी गयी है, उस तरह से इसमें भी 15 साल की मियाद रख दी जाये। तीसरे अमेंडमेंट का मतलब यह है कि धारा 301 (एफ) में उन प्रान्तों के हाईकोर्ट्स को इससे मुस्तसना कर दिया जाये जहाँ हिन्दी को ऑफिशियल लैंग्वेज पहले से ही करार दे दिया गया है। मेरे इन तीनों तरमीमों का एक ही मकसद है, और वह यह है कि जहाँ जिन प्रान्तों में हिन्दी को मान लिया गया है और जिस समय हमारा विधान प्रभावशील होगा उस समय जिस प्रान्त में ऑफिशियल लैंग्वेज बना दी गयी है वहाँ हिन्दी ही ज़रूरत रखनी चाहिए। मेरी समझ में नहीं आता कि जब हमारा अल्टीमेट ऑब्जेक्ट यह है कि हिन्दी ऑफिशियल लैंग्वेज रहे तो उन प्रान्तों को जिसमें हिन्दी डेवेलप हो चुकी है उनको फिर यह कहना कि तुम अंग्रेजी में कार्रवाई करो और बाद को हिन्दी में फिर शुरू करना, तो यह तो एक अजीब सी चीज़ होगी। इसलिए मैं श्री गोपालस्वामी आयंगर से निवेदन करूँगा कि वह हमारी मुश्किलात पर अच्छी तरह से गौर करें और इस बात को देखें कि दरअसल उन प्रान्तों में जहाँ हिन्दी अच्छी तरह से डेवेलप हो चुकी है, उनको अंग्रेजी सीखने को फिर मजबूर न किया जाये।

यह कहा जा सकता है कि सुप्रीम कोर्ट में जो हाईकोर्ट्स के फ़ैसले जायेंगे, सुप्रीम कोर्ट के जजेज के हिन्दी न जानने से उनको कुछ दिक्कत होगी तो उसके लिए मैं निवेदन करूँगा कि उनके लिए ट्रांसलेशन का प्रबन्ध हो सकता है या ज़्यादा से ज़्यादा यह बात हो सकती है कि हाईकोर्ट्स जजेज को कहा जाये कि वह इंग्लिश में जजमेंट लिखें, लेकिन सारी प्रोसीडिंग्स इंग्लिश में हो यह ठीक नहीं है। हमारे यहाँ मध्य भारत में जो धारा सभा का विधान है उसमें धारा सभा की लैंग्वेज हिन्दी रखी गयी है। वहाँ सारी प्रोसीडिंग्स हिन्दी में होती है और तरमीम और प्रस्ताव पेश होते हैं वह सब हिन्दी में ही होते हैं। फिर इस सबको इंग्लिश में पेश करना, शुरू करना व थोड़े समय

बाद फिर हिन्दी में करना कहाँ तक ठीक है और यह एक बेमानी निरर्थक चीज़ होगी। हमारे यहाँ हाईकोर्ट का जो विधान हमने बनाया है उसमें हमने वहाँ हाईकोर्ट की लैंग्वेज हिन्दी रखी है। फिर मैं नहीं समझता कि इस तरह से हमें इस बात के लिए मजबूर किया जाये कि हम हिन्दी को, जिसको हमने डेवेलप किया है, जिसको हमने सीखा है उसको हम भुला कर अंग्रेजी शुरू करें और अंग्रेजी के बाद फिर हिन्दी में शुरू करें। मैं एक बात ख़ासतौर पर निवेदन करना चाहता हूँ कि ग्वालियर में सन् 1901 से हिन्दी की शुरुआत हुई है, उसके बाद सन् 1902 में वहाँ के तमाम नक्शेजात और जितने स्टेट्समेंट्स तैयार होते थे वह सब हिन्दी में तैयार होने लगे। उसके बाद सन् 1919 में वहाँ की सब कारस्पांडेंस, सिवाय फॉरेन और रेजीडेंसी के, हिन्दी में होती थी। अब तो सारी कार्रवाई हिन्दी में ही होने लगी है। इतना ही नहीं इसके बाद जब मध्य भारत यूनियन बनी तो मध्य भारत की बहुत सी रियासतों में अभी तक उर्दू चलती थी, अब वहाँ भी हिन्दी कर दी गयी है। अब फिर उसे अंग्रेजी में शुरू करना कहाँ तक उचित होगा। इन सब बातों पर ख़ासतौर पर गौर करने की ज़रूरत है।

अभी शुक्ल जी ने यह फरमाया था कि उन्होंने अपने प्रान्त में ट्रांसलेशन करने के लिए एक कमेटी बनाई है, लेकिन उन्होंने उसे अभी कुछ समय से ही बनाया है। लेकिन मैं हाउस की वाकफियत के लिए यह बता देना चाहता हूँ कि मध्य भारत में, ग्वालियर स्टेट में, दस साल से कोडिफिकेशन का महकमा मुकर्रर है और उसमें भारत में जितने क़ानून हैं, जैसे एवीडेंस एक्ट, कांट्रेक्ट एक्ट, क्रिमिनल प्रोसीड्योर कोड, ट्रांसफर ऑफ प्रापर्टी एक्ट वगैरह जितने भी क़ानून हैं क़रीब उन सबको ही हिन्दी में ट्रांसलेट कर लिया है और वहाँ की भाषा भी सरल हिन्दी ही है और वह इतनी अच्छी है कि मैं उसके कुछ कोटेशन्स आपको सुनाता तो आप उसे अवश्य पसन्द करते। पर मैं हाउस का समय नहीं लेना चाहता। जहाँ हम 50 साल से प्रयत्न कर रहे हैं और जहाँ हमने दस साल में सब क़ानूनों को अंग्रेजी से हिन्दी में ट्रांसलेट कर लिया है वहाँ सारे काम फिर से अंग्रेजी में शुरू नहीं होने चाहिए। अभी मध्य भारत की धारा सभा की तीन बैठकें हुई हैं। उनमें जो 68 बिल पास हुए हैं वे सब हिन्दी में पास हुए हैं। हम यह जरूर करते हैं कि हिन्दी के साथ उसका अंग्रेजी वर्शन भी लगा देते हैं, लेकिन मान्यता हिन्दी वर्शन को ही दी जाती है ना कि अंग्रेजी को। अगर कोई ज़्यादा से ज़्यादा कैद लगाई जा सकती है तो यह यह है कि हम यूनियन के परपेजेज़ के लिए अंग्रेजी का प्रामाणिक वर्शन भी दें, लेकिन यह कहना कि बिल इत्यादि सब अंग्रेजी में ही पास किये जायें यह कोई अच्छी चीज़ नहीं है।

मुझे कुछ सदस्यों से बात करने से यह पता चला कि उनका यह खयाल है कि अभी हिन्दी इतनी अच्छी तरह डेवेलप नहीं हुई कि उसमें अच्छी तरह खयालात का इजहार किया जा सके। मैं निवेदन करूँगा कि यह खयाल सही नहीं है। ग्वालियर रियासत में इतना ही नहीं कि हिन्दी को ऑफिशियल लैंग्वेज 50 साल से बनाया है बल्कि 25 साल से तो रिसाला क़ानून, यानी लॉ रिपोर्टर, माहवारी निकल रहा है और उसमें हाईकोर्ट के ख़ास-ख़ास फ़ैसले निकलते हैं। इस रिसाले के अलावा अब दस साल से एक दूसरा लॉ रिपोर्टर निकल रहा है जिसमें भी हाईकोर्ट के फ़ैसले मासिक निकलते हैं। मैं यह अर्ज करूँगा कि जहाँ क़रीब 50 साल से हिन्दी शुरू की गयी है और हिन्दी डेवेलप हो गयी है, वहाँ फिर से अंग्रेजी को लाना कोई मुनासिब चीज़ नहीं होगी।

इस वक़्त ज़्यादातर क़ंट्रोवर्सी न्यूमरल्स पर चल रही है। न्यूमरल्स के संबंध में मैं एक बात स्पष्ट कह देना चाहता हूँ कि यह बात कोई अच्छी तो नहीं मालूम देती कि हिन्दी में अंग्रेजी न्यूमरल्स का

इस्तेमाल हो, लेकिन आज जो परिस्थिति उत्पन्न हो गयी है उसको मद्देनज़र रखते हुए मैं यह मानता हूँ कि उनके मान लेने से हमें कोई आपत्ति नहीं करनी चाहिए, और जैसा हमारे साउथ इंडियन मित्र चाहते हैं कि इंटरनेशनल न्यूमरल्स रहें, जो दरअसल में हिन्दुस्तान के ही हैं तो मैं, अध्यक्ष महोदय, हाउस से अपील करूँगा कि उनको मान लेने में कोई आपत्ति करना उचित नहीं, उन्हें स्वीकार ही कर लेना चाहिए। इसलिए मैंने कोई तरमीम न्यूमरल्स के संबंध में नहीं रखी। जहाँ मैं श्री गोपालस्वामी आयंगर के प्रस्ताव का, तीसरे चैप्टर को छोड़ कर पूरा समर्थन करता हूँ वहाँ मैं उनसे यह निवेदन करूँगा कि वह अपने प्रोपोजल में कोई ऐसी व्यवस्था रखें जिससे कि जिन प्रान्तों में हिन्दी चालू है और बहुत कुछ डेवेलप हो चुकी है, उसको न हटाया जाये। मैं उनसे यह निवेदन करूँगा कि हमारे यहाँ की हिन्दी की उन्नति उनको यूनियन की हिन्दी भाषा बनाने में बहुत सहायता करेगी। लेकिन अगर उन्होंने यही चाहा कि नहीं वहाँ सारी कार्रवाई अंग्रेजी में ही होनी चाहिए तो मैं उनसे कहूँगा कि यह हमें बहुत पीछे ले जाना होगा और उसका नतीजा यह होगा कि हिन्दी अच्छी तरह डेवेलप नहीं हो पायेगी। इसलिए मेरा यह नम्र निवेदन है कि इस मसले पर अच्छी तरह विचार करके वह कोई ऐसी व्यवस्था अपने प्रोपोजल में करें, चाहे मेरे अमेंडमेंट को स्वीकार करें या किसी और मित्र के अमेंडमेंट को स्वीकार करें, या कोई नया अमेंडमेंट इस आशय का स्वीकार करें, किन्तु ऐसी परिस्थिति उत्पन्न कर दें कि जिसमें उन प्रान्तों में जहाँ कि हिन्दी अच्छी तरह से प्रचलित है और जहाँ 50 साल से सारी कार्रवाई हिन्दी में हो रही है, सारे क़ानून हिन्दी में बन चुके हैं, जहाँ ऑफिसेज में सारी कार्रवाई हिन्दी में होती है वहाँ से हिन्दी को न हटाया जाये क्योंकि वहाँ उसकी प्रोग्रेस को रोकना किसी तरह मुनासिब नहीं होगा।

इसलिए मैं ज़्यादा वक़्त न लेते हुए अपनी तरमीम के बारे में यह निवेदन करूँगा कि वह उसे किसी न किसी रूप में मान लें ताकि मेरे तरमीमों का मकसद पूरा हो जाये।

इसके पश्चात् सभा बुधवार तारीख़ 14 सित बर, 1949 के नौ बजे तक के लिए स्थगित हो गई।

अन्ततः हिन्दी, राजभाषा और देवनागरी लिपि स्वीकार हो गई
(14 सितम्बर, 1949)

भाषा सम्बन्धी मसौदे पर चर्चा का यह तीसरा दिन था। विगत दो दिनों में भाषा के मुददे पर गहन विचार विमर्श हो चुका था। इन सारे विमर्शों पर देश के सभी भाषाविदों, विद्वानों और राजनेताओं की गहरी नजर थी, क्योंकि इन बैठकों में हुई चर्चा में बहुत से संशोधन प्रस्ताव प्रस्तुत किए गए थे। इसी के साथ कई आशंकाएँ और मतभेद भी थे, लेकिन देश की एकता और विकास के मुद्दे पर बहुत सारे सदस्यों ने समझौता किया, अपनी जिद का त्याग किया और देश के लिए सौहार्दपूर्ण वातावरण निर्माण में अपना बौद्धिक योगदान दिया। देश अलग-अलग भाषा व बोली बोलने वाले जन समुदाय में बंटा हुआ था, इसलिए सम्भव नहीं था कि किसी एक भाषा पर पूरा देश एक मत हो। उत्तर भारतीय राज्य चाहते थे कि हिन्दी को राष्ट्रभाषा बनाया जाए जबकि दक्षिण भारतीय इससे सहमत नहीं थे। इसी मतान्तर के बीच देश के नीति नियंताओं ने संविधान बनाने की प्रक्रिया को आम सहमति से बनाने का प्रयास किया। तीसरे दिन अध्यक्ष राजेंद्र प्रसाद ने सभा आरंभ होतें ही सदस्यों को अवगत कराया कि उन्होंने घोषणा की है कि इस बहस के लिए दो दिन रखे **थे,** आज तीसरा दिन है। इसके लिए 14 घण्टे निर्धारित किए गए थे जिसमें से कि 10 घण्टे की बहस हो चुकी है। यदि सदन चाहे विशेष चार घण्टों में चर्चा समाप्त कर सकता है। उन्होंने बताया कि लगभग 300 संशोधनों पर मत लेने के काम में एक घण्टा लग जाएगा और उसके बाद उसका उत्तर भी दिया जाएगा। इस पर सेठ गोविंद दास ने आग्रह किया कि सदन का समय बढ़ा देना चाहिए और मतदान शाम को होना चाहिए।

अंग्रेजी की जगह देश की कौन सी भाषा को स्वीकार किया जाए जो देश के राजकाज की भाषा बने। भाषा के प्रश्न पर आवेश या भावुकता के दृष्टिकोण से विचार नहीं होना चाहिए। तीसरे दिन किसी निर्णय पर पहुँचने के लिए बहुत प्रयास किए गए। हिन्दी राजभाषा बने अथवा राष्ट्रभाषा बने इसके लिए दक्षिण के राज्यों में बहुत मेहनत किया गया। इसके साथ ही दक्षिण के राज्यों ने अपनी भाषाओं को राजभाषा बनाने के लिए अन्त में अपना हठ त्याग दिया। उन्होंने पूरे देश में सहमति बनाने के लिए अपना समर्थन दिया लेकिन हिन्दी के लिये दक्षिण के लोगों ने त्याग किया है और इसलिए उन्हें हिन्दी सिखाने के लिए केंद्र सरकार ने सभी तरह के उपाय भी किए।

संविधान का प्रारूप अंग्रेजी में बना, संविधान की अधिकतर बहसें भी अंग्रेजी में हुई। हिन्दी के पक्षधर भी अँगरेजी में ही बोले, 12 सितंबर शाम 4:00 बजे शुरू हुई बहस अगले 2 दिन तक चलती रही। आखिरकार 14 सितंबर 1949 के दिन समाप्त हुई। बहुत बहस के बाद भी जब कोई स्पष्ट नतीजा नहीं निकला तब संविधान सभा के अध्यक्ष राजेन्द्र प्रसाद ने अंग्रेजी में ही एक संक्षिप्त भाषण दिया। उन्होंने कहा कि भाषा के विषय में आवेश उत्पन्न करने या भावनाओं को दूषित करने के लिए कोई अपील नहीं होनी चाहिए। भाषा के प्रश्न पर संविधान सभा का

फैसला समूचे देश को मान्य होना चाहिए। 14 सितंबर को भी बहस बहुत गरमा गर्म रही। मद्रास प्रान्त की सदस्य जी दुर्गा बाई में सभा का ध्यान दक्षिण भारत में हिन्दी के विरोध पर दिलाया और ये भी बताया कि महात्मा गाँधी ने दक्षिण भारत की स्थिति को समझा था, इसलिए उन्होंने बहुत पहले से दक्षिण भारत में हिन्दी का प्रचार प्रसार आरंभ किया था। उन्होंने रेखांकित किया कि सेठ जमना लाल बजाज ने सन् 1923 में कोकनाड़ा में महिलाओं को हिन्दी का प्रचार प्रसार करते देखा और वे उनकी आर्थिक सहायता करना चाहते थे। उन महिलाओं ने ये कह कर दान को अस्वीकार कर दिया कि 'हम भी यह अनुभव करते हैं कि हमारी एक राष्ट्रभाषा होनी चाहिए। अत: हम अपने ही प्रयासों से इस पाठशाला को चला रहे हैं'। इस भाषण में उन्होंने स्पष्ट किया कि हिन्दी का विरोध क्यों बड़े स्तर पर होने लगा। उन्होंने स्पष्ट किया कि हिन्दी के लोग 100% में से 5% भी मानने को तैयार नहीं है, मुझे ऐसा कहने में हिचक है पर कहना ही होगा कि ये तो भाषा अत्याचार और असहिष्णुता की हद है। हम तो हिन्दी को देवनागरी लिपि में स्वीकार करने के लिये तैयार हो गए हैं। उन्होंने सरकार से मांग की कि अहिन्दी भाषी प्रांतों के लोगों को हिन्दी सीखनी पड़ेगी जिसके लिए हिन्दी भाषी क्षेत्रों में लोगों को हिन्दी का प्रचार प्रसार के लिये सरकार अनुदान प्रदान करे। सभा के सदस्य शंकर देव ने अपने भाषण में राष्ट्रभाषा और राजभाषा के संदर्भ में बहुत ही महत्त्वपूर्ण बात कही, इसलिए हिन्दी राष्ट्रभाषा ना होकर राजभाषा बनी। उनका तर्क था जब लोग राष्ट्रभाषा शब्द का प्रयोग करते हैं तो मेरा हृदय प्रसन्न नहीं होता। मैं स्वीकार करता हूँ कि भारत एक राष्ट्र है और मैं भारतीय हूँ, पर यदि आप मुझसे पूछें कि आपकी भाषा क्या है? तो मैं कहूंगा मेरी भाषा मराठी है। मैं इस पक्ष में हूँ कि अंग्रेजी का स्थान लेने वाली भाषा को राष्ट्रभाषा नहीं कहना चाहिए। यदि राष्ट्रभाषा से आपका आशय समस्त देश की एक भाषा से है तो मैं इसके विरुद्ध हूँ। मैं यह स्पष्ट करना चाहता हूँ कि भारत एक राष्ट्र है और मैं भारतीय हूँ पर मेरी भाषा मराठी है।

इस प्रकार राष्ट्रभाषा और राजभाषा का मुद्दा चर्चा में रहा, अनेक सदस्यों ने इसका विरोध भी किया। 14 सितंबर को अन्तरराष्ट्रीय अंकों को लेकर भी काफी विमर्श हुआ। शंकर देव ने एक महत्त्वपूर्ण बात और कही कि हमारे पूर्वजों ने अंग्रेजी को इसलिए स्वीकार नहीं किया था कि वह शासकों की भाषा है, अपितु उन्हें विश्वास था, जैसा जवाहर लाल जी ने कहा कि उनके लिए नई सम्भावनाओं का मार्ग खुल जाएगा और इससे बाहरी जगत से और उसकी कार्रवाइयों से निकट संपर्क स्थापित हो सकेगा। बहस बहुत गर्म हो चली थी, शंकर देव ने तल्खी भरे लहजे में कहा कि किसी सदस्य को यह भावना नहीं रखनी चाहिए कि वह कुछ दे रहा है और हम कुछ ले रहे। यह दान नहीं है। हम इस सदन में भिखारी नहीं हैं। प्रत्येक सदस्य को समान अधिकार है सबकी स्थिति समान होनी चाहिए। आप सब मिलकर ऐसी चीज बनाना चाहते हैं जो हम सबके लिए अत्यंत आवश्यक है, अत: हम कहते हैं कि अन्तरराष्ट्रीय अंकों को रहने दीजिए।

अन्तिम चरण की बहसों में सरदार हुकुम सिंह ने अत्यन्त महत्त्वपूर्ण बात कही कि 'समय के साथ मैंने अपना मत बदल लिया है। हिन्दी के कट्टर समर्थकों के कारण मेरी सहानुभूति उनके साथ नहीं रही। मैं उनमें से एक हूँ जिन्होंने देवनागरी लिपि में लिखी हिन्दी का समर्थन करना बन्द इसलिए कर दिया कि उनके समर्थक बहुत कट्टर और असहिष्णु हैं'। इसके बाद अनेक लंबी बहसें हुईं, लेकिन डॉक्टर रघुवीर ने उर्दू को लेकर एक गम्भीर बात कही कि 19वीं शताब्दी में उर्दू के लेखकों ने यह नियम बना लिया था कि भारतीय सोच से कोई भी साहित्यिक शब्द ना लिया जाए। उन्होंने भाषा का व्याकरण तथा रचना तो भारत से ली परन्तु प्रेरणा तथा अन्य बातें

अरब और फारस से लीं थी। इसके आगे व्याख्या करते हुए उन्होंने कहा कि इसकी प्रतिक्रिया हुई और फलस्वरूप हिन्दी साहित्य का विकास हुआ। जिसका आधार और ढांचा उसी भाषा पर आश्रित था जो उर्दू का आधार बनी थी, पर उसकी परम्परा देशीय थी। यह अन्तर बढ़ता ही गया और आज हम देखते हैं कि दो साहित्य भिन्न भिन्न विकसित हो गए हैं यद्यपि उनका आधार एक ही था। उन्होंने हिन्दी की उप-भाषाओं को लेकर भी एक महत्त्वपूर्ण बात कही कि हिन्दी में प्राचीन राजपूताना की भाषा, डिंगल का साहित्य है। अवधी का, ब्रज का, भोजपुरी का तथा अन्य उपभाषाओं का साहित्य समाविष्ट है। यदि आप उर्दू के एम ए का साहित्य पढ़ेंगे तो आप भारत की किसी उपभाषा का साहित्य नहीं पढ़ पाएंगे। क्योंकि उर्दू का भारत की उपभाषाओं से कोई सम्बन्ध नहीं है। इस प्रकार अन्तिम दिन भी बहुत ज्वलंत चर्चा हुई और अनेक संशोधन अस्वीकार और स्वीकार किये गए।

14 सितंबर को बहस समाप्त होने के बाद डॉ राजेंद्र प्रसाद ने अपने भाषण में बधाई देते हुए कहा कि सदन को स्थगित करने से पूर्व मैं कुछ शब्द कहना चाहूंगा। मेरे विचार से हमने संविधान में एक अध्याय स्वीकार किया है जिसका देश के निर्माण में बहुत प्रभाव पड़ेगा। हमारे इतिहास में अभी तक कभी भी एक भाषा को शासन और प्रशासन की भाषा के रूप में मान्यता नहीं मिली थी। हमारा धार्मिक साहित्य और प्रकाश संस्कृत में सन्निहित था, लेकिन वह कभी भी पूरे देश के प्रयोजनों के लिए प्रयुक्त नहीं होती थी। आज हमने अपने संविधान में एक ऐसी भाषा रखी है जो संघ के प्रशासन की भाषा होगी और उस भाषा का विकास समय की परिस्थितियों के अनुसार करना होगा। अपने भाषण के अन्त में उन्होंने कहा हमने यथासम्भव बुद्धिमानी का कार्य किया है और मुझे हर्ष है और आशा है कि भावी पीढ़ियाँ इसके लिए हमारी सराहना करेंगी। इस प्रकार डॉक्टर राजेंद्र प्रसाद ने एक लम्बा भाषण दिया, जिसे इस पुस्तक में आगे पढ़ा जा सकता है।

इस दिन की समस्त बहसों को पाठकों के लिए बिना कांट छांट के प्रस्तुत किया गया है।

प्रिवी परिषद् क्षेत्राधिकार समाप्ति विधेयक

अध्यक्ष—कार्यावली पर पहली मद डॉ. अम्बेडकर के एक प्रस्ताव की सूचना है कि वे सपरिषद् बादशाह महोदय के क्षेत्राधिकार को समाप्त करने का विधेयक पेश करना चाहते हैं।

डॉ. बी.आर. अम्बेडकर (बम्बई : जनरल) : श्रीमान्, मैं भारतीय अपीलों तथा याचिकाओं के संबंध में सपरिषद् बादशाह महोदय के क्षेत्राधिकार को समाप्त करने का एक विधेयक पेश करने की अनुमति चाहता हूँ।

अध्यक्ष—प्रश्न यह है :

"That leave be granted to introduce a Bill to abolish the jurisdiction of His Majesty in Council in respect of Indian appeals and petitions."

[कि भारतीय अपीलों तथा याचिकाओं के संबंध में सपरिषद् बादशाह महोदय के क्षेत्राधिकार को समाप्त करने का विधेयक पेश करने की अनुमति दी जाये।]

प्रस्ताव स्वीकृत हो गया।

डॉ. बी.आर. अम्बेडकर—श्रीमान्, मैं विधेयक को पेश करता हूँ।

....

संविधान का मसौदा—जारी
नया भाग 14-क (भाषा)—जारी

(अनेक सदस्य बोलने खड़े हुए)

अध्यक्ष—श्रीमती जी. दुर्गाबाई।

सरदार हुकम सिंह (पूर्वी पंजाब : सिख) : क्या मैं जान सकता हूँ, श्रीमान्, कि क्या हमें प्रत्येक बार आपकी दृष्टि पड़ने की प्रतीक्षा में खड़ा होना चाहिए या कोई ऐसा अन्य उपाय है जिसमें उन्हें अवसर मिल सके जिन्हें संशोधन पेश करने हैं?

अध्यक्ष—मैं यथासम्भव अधिकाधिक सदस्यों को अवसर देने का प्रयत्न करूँगा, पर मेरे लिए यह वचन देना कठिन है कि प्रत्येक सदस्य को अवसर मिल जायेगा। मैं अभी सारी स्थिति को स्पष्ट कर देता हूँ। कल, मैंने गणित फैलाया था कि कितनी वक़्तृताएँ हुईं और उन पर कितना समय लगा, और औसत 22 मिनट प्रतिवक़्तृता आया। आज मैं नहीं जानता कि सदन कितनी देर बैठना चाहेगा। पहले हमने दो दिन, बल्कि 14 घंटे रखे थे, जिसमें से हम 10 घंटे अब तक व्यय कर चुके हैं। हमारे पास 4 घंटे शेष हैं, अब से 1 बजे तक। यदि सदन एक बजे तक समाप्त करना चाहता है तो यह आवश्यक है.....

जयनारायण व्यास (संयुक्त राज्य राजस्थान) : मैं एक बात जानना चाहता हूँ, उन संशोधनों की क्या स्थिति है जो सदन के समक्ष नहीं आये?

अध्यक्ष—प्रत्येक संशोधन सदन के समक्ष है।

जयनारायण व्यास—किन्तु उन पर विचार नहीं हुआ।

अध्यक्ष—अब, बहस समाप्त होने के पश्चात् 300 संशोधनों पर मत लेने के काम में ही एक घंटा लग जायेगा। यदि हम 1 बजे तक समाप्त करना चाहें तो वह समय भी इन 4 घंटों में से ही निकालना है और शायद इसका उत्तर भी दिया जायेगा।

सेठ गोविन्द दास (मध्य प्रान्त और बरार : जनरल) : मेरी प्रस्थापना है कि हमें वक़्तृताओं के लिए समय बढ़ा देना चाहिए और मतदान सायंकाल 6 और 7 के बीच होना चाहिए।

अध्यक्ष—यदि सदन की यह इच्छा है तो मुझे कोई आपत्ति नहीं है। मैं कोई अड़ंगा नहीं लगाऊँगा। मैं इस मामले में सदन की इच्छा जानना चाहता हूँ।

सरदार हुकम सिंह—अनेक संशोधन ऐसे हैं जो बिल्कुल पेश ही नहीं हुए हैं। क्या उन्हें कोई समय मिलेगा?

अध्यक्ष—जैसा कि मैं कह चुका हूँ, मैं यहाँ प्रत्येक विचार के प्रतिनिधि को अवसर देने का प्रयत्न कर रहा हूँ, किन्तु यदि कोई ऐसे हों जो छूट जायें तो वे मुझे याद दिला सकते हैं और मैं उन्हें अवसर दे दूँगा।

सेठ गोविन्द दास—यह मामला इतना महत्त्वपूर्ण है कि मैं आपसे फिर प्रार्थना करना चाहता हूँ कि आप समय को सायंकाल तक बढ़ा दीजिए।

अध्यक्ष—यदि सदन की ऐसी इच्छा हो तो मुझे कोई वैयक्तिक आपत्ति नहीं होगी। क्या मैं जान सकता हूँ कि क्या सदन समय को सायंकाल तक बढ़वाना चाहता है?

अध्यक्ष—मेरे विचार में 'हाँ' वाले जीत गये। श्रीमती दुर्गाबाई, क्या मैं आप से निवेदन कर सकता हूँ कि आपको जो दृष्टिकोण पेश करना है उसे अन्य वक़्ता पेश कर चुके हैं और शायद और भी हों। अत: मैं आपसे प्रार्थना करूँगा कि आप सबसे महत्त्वपूर्ण बातें ही कहें।

जी. दुर्गाबाई (मद्रास : जनरल) : अध्यक्ष महोदय, भारत की राष्ट्रभाषा का प्रश्न, जो कुछ

समय पहले तक लगभग सहमत प्रस्थापना था, अब अकस्मात् एक अत्यन्त विवादास्पद प्रश्न बन गया है। ठीक कहिए या ग़लत, अहिन्दी भाषी क्षेत्रों के लोगों में ऐसी भावना उत्पन्न कर दी गयी है कि हिन्दी भाषी क्षेत्रों की ओर से यह संघर्ष या दृष्टिकोण इस राष्ट्र की मिश्रित संस्कृति पर भारत की अन्य शक्तिशाली भाषाओं के स्वाभाविक प्रभाव को पड़ने से रोकने का संघर्ष है। मैंने कुछ माननीय सदस्यों को, जो हिन्दी और हिन्दी अंकों के समर्थक हैं, यह कहते सुना है, ''आपने लगभग 90 प्रतिशत हमारी बात मान ली है; अतः शेष 10 प्रतिशत को मानने में क्यों हिचकिचाते हो।'' क्या मैं उनसे पूछ सकती हूँ कि हमने यह बात स्वीकार करने में कितना त्याग किया है? कुछ मित्रों ने कहा, ''आपने कुछ भी त्याग नहीं किया है। आपको स्वीकार करना है। आपको करना होगा।'' अहिन्दी भाषी लोगों से अपनी बात पूर्णतः मनवाने के लिए उनसे ऐसे बात की जाती है।

श्रीमान्, भारत की राष्ट्रभाषा हिन्दुस्तानी के अतिरिक्त, जो हिन्दी तथा उर्दू का योग है, कुछ और नहीं होनी चाहिए और कुछ और हो भी नहीं सकती है। हमारे लिए यह काम त्याग की बात नहीं है कि, हमारे उन मित्रों की भावनाओं को सन्तुष्ट करने के लिए जिन्होंने देवनागरी लिपि में हिन्दी को स्वीकार कर लिया है, हमें उस सिद्धान्त का त्याग करना पड़ रहा है जिसके लिए हम अब तक लड़े हैं और जिये हैं। यह त्याग हमारे लिए बहुत बड़ी असुविधा है और हमें बहुत दुःख है कि हम गाँधीजी के इस सहिष्णुतापूर्ण सिद्धान्त को, गाँधीजी के इस दर्शन को और गाँधीजी की इस बात को छोड़ने के लिए तैयार हो गये हैं कि भारत की राजभाषा वह होनी चाहिए जिसे सब समझते हैं और आसानी से बोल और सीख सकते हैं। श्रीमान्, हमने यह त्याग किया है।

कदाचित् टण्डन जी, सेठ गोविन्द दास जी आदि नहीं जानते और उन्हें पता नहीं है कि दक्षिण में हिन्दी भाषा का कितना प्रबल विरोध हुआ है। विरोधी यह समझते हैं, शायद ठीक ही समझते हैं, कि यह हिन्दी के पक्ष का आन्दोलन प्रान्तीय भाषाओं की जड़ खोदना है और यह प्रान्तीय भाषाओं और प्रान्तीय संस्कृति के विकास के लिए गम्भीर बाधा है। श्रीमान्, दक्षिण में हिन्दी विरोधी आन्दोलन बहुत प्रबल है। मेरे मित्र डॉक्टर सुब्बारायन ने इस विषय में कल विस्तृत बातें बताई थीं। किन्तु, हमने हिन्दी के समर्थकों ने क्या किया? हमने विकट आन्दोलन का सामना किया और दक्षिण में हिन्दी का प्रचार किया। हिन्दी साहित्य सम्मेलन के पण्डितों ने भारत की राष्ट्रभाषा बनाने की आवश्यकता समझी, उससे बहुत पहले, हमने दक्षिणात्यों ने महात्मा गाँधी के आदेश का पालन किया और दक्षिण में हिन्दी प्रसार आरम्भ किया था। हमने पाठशालाएँ चालू कीं और हिन्दी कक्षाएँ आरम्भ कीं। इस प्रकार बहुत असुविधा से हम हिन्दी के प्रचार और शिक्षा में बहुत पहले ही लग गये थे।

श्रीमान्, दक्षिण भारत हिन्दी प्रचारक सभा के प्रयत्नों के अतिरिक्त, मुझे इस संबंध में दक्षिण की स्त्रियों और बच्चों की भूरि-भूरि प्रशंसा करनी चाहिए कि वे हिन्दी सीखने में बहुत लगन से और सच्चे दिल से लगे रहे। श्रीमान्, गाँधीजी के प्रयत्नों और प्रभाव से महाविद्यालयों के विद्यार्थियों में ऐसा जोश था कि दिन भर महाविद्यालयों में कठोर श्रम करने के पश्चात् वे इस भाषा को सीखने के लिए सायंकाल हिन्दी कक्षाओं में आते थे। केवल विद्यार्थी ही नहीं, वकील न्यायालय के समय के पश्चात्, पदाधिकारी अपना कार्यालय का कार्य समाप्त करने के पश्चात्, सायंकाल, मनोरंजन स्थानों पर न जाकर, हिन्दी कक्षाओं में आकर हिन्दी सीखते थे। मैं आपको यह बात इसलिए कह रही हूँ कि मैं यह सिद्ध करना चाहती हूँ कि हमने महात्मा जी के आदेश और अनुरोध पर हिन्दी प्रचार का कार्य कितने सच्चे दिल से और ईमानदारी से आरम्भ किया था।

मेरे मित्रों को इस बात का ध्यान रखना चाहिए कि यह सब कुछ हमने राष्ट्रीय भावनाओं को पूरी करने के लिए स्वेच्छा से किया था। इस संबंध में मैं सेठ जमना लाल बजाज द्वारा 1923 में

वहाँ जाने का निर्देश करना चाहती हूँ। उस वर्ष, जब सेठजी कांग्रेस सत्र के लिए कोकानाडा गये थे तब वे कुछ महिला संस्थाओं को देखने गये थे और उन्होंने वहाँ सैकड़ों महिलाओं को हिन्दी पढ़ते देखा था। याद रखिये, श्रीमान्, यह बात 1923 की है, इसे कोई ढाई दशाब्दियाँ बीत गयी हैं। सेठजी महिलाओं को हिन्दी सीखती देखकर इतने प्रसन्न हुए कि उन्होंने उस संस्था को एक महान् राशि दान देना चाहा। पर संस्था ने उस दान को यह कह कर अस्वीकार कर दिया कि "हम भी यह अनुभव करते हैं कि हमारी एक राष्ट्रभाषा होनी चाहिए। अतः हम अपने ही प्रयत्नों से इस पाठशाला को चला रहे हैं।" हमने इसी भावना से कार्य किया था।

अब इसका परिणाम क्या है? अब मुझे आश्चर्य है कि हमने इस शताब्दी के आरम्भ में जिस जोश के साथ हिन्दी अपनाई थी उसके विरुद्ध इतना आन्दोलन हो रहा है। श्रीमान्, अहिन्दी भाषी लोगों की भावनाओं में कटुता लाने का कारण आपका यह दृष्टिकोण है कि आप शुद्धतः एक प्रान्तीय भाषा को राष्ट्रीय रूप देना चाहते हैं। मुझे भय है कि इससे निश्चय ही उनके भावों और भावनाओं पर बुरा प्रभाव पड़ेगा जिन्होंने पहले ही देवनागरी लिपि में हिन्दी को स्वीकार कर लिया है। संक्षेप में, श्रीमान, उनके इस अत्यधिक और कुप्रयुक्त प्रचार के कारण मेरे समान लोगों का समर्थन भी अब प्राप्त नहीं रहा है जो हिन्दी जानते हैं और हिन्दी के समर्थक हैं और नहीं रहेगा।

मैं पहले ही कह चुकी हूँ कि राष्ट्रीय एकता के हितार्थ हिन्दुस्तानी ही भारत की राष्ट्रभाषा बन सकती है। हम उनसे अनुरोध करते हैं कि वे सावधानी और उदारता से काम लें क्योंकि यहाँ जो अल्पसंख्यक हैं, उन्हें मुस्लिमों के समान, अपने आपको परिस्थितियों के अनुकूल ढालने के लिए समय चाहिए। श्रीमान्, वे बहुव्यापी भावना को अपनाने के लिए उदारता से एकदम राजी हो गये हैं। साहित्य की उच्चता और अन्तरराष्ट्रीय ख्याति की दृष्टि से तो बंगला ही राष्ट्रभाषा बनने के योग्य है। माधुर्य की दृष्टि से तथा इस आधार पर कि वह भारत में बोली जाने वाली भाषाओं में संख्या के हिसाब से दूसरी श्रेणी की भाषा है, तेलुगू भारत की राष्ट्रभाषा बनने के योग्य हो सकती थी। श्रीमान्, हमने अपना तेलुगू का दावा छोड़ दिया है। हमने उसके पक्ष में एक शब्द नहीं कहा है। हमने उसका समर्थन नहीं किया है। हमने यह सुझाव नहीं दिया है कि इनमें से किसी प्रान्तीय भाषा को हमारे देश की राष्ट्रभाषा बनाया जाये।

अब, श्रीमान्, जब हमने यह त्याग कर दिया है तब आप आकर कहते हैं कि एक और त्याग कीजिए और 100 प्रतिशत में से शेष 5 प्रतिशत को भी मानिये और हिन्दी अंकों को स्वीकार करिए। मुझे कहना होगा—मुझे ऐसा कहने में हिचक है पर कहना ही होगा कि यह तो भाषा-अत्याचार और असहिष्णुता की हद है। हम हिन्दी को देवनागरी लिपि में स्वीकार करने के लिए तैयार हो गये हैं, पर मैं सदन को स्मरण कराना चाहती हूँ कि हम कुछ ख़ास शर्तों पर ही देवनागरी में हिन्दी को स्वीकार करने के लिए सहमत हुए हैं। पहली शर्त यह है, भाषा का नाम चाहे कुछ भी हो—मैं हिन्दी और हिन्दुस्तानी विवाद पर कुछ नहीं कहना चाहती—आप उसका नाम कुछ भी रखें पर वह सर्वसमाविष्ट होनी चाहिए और इसलिए श्री गोपालस्वामी आयंगर के मसौदे का सम्बद्ध खण्ड सदन को स्वीकार्य होना चाहिए और सदन को निःसंकोच और एकमत होकर उस खण्ड को स्वीकार कर लेना चाहिए। वह भाषा उन शब्दों को ग्रहण करने में सक्षम होनी चाहिए जो इस समय प्रयोग में हैं चाहे वे उर्दू के हों या किसी अन्य भाषा के हों। तभी हमें यह विश्वास होगा कि आप हमें उसे राष्ट्रभाषा के रूप में स्वीकार करने के लिए कह रहे हैं और मध्य प्रदेशीय या उत्तर प्रदेशीय हिन्दी के विशेष रूप के लिए नहीं कह रहे हैं।

दूसरी शर्त यह है, जो इतनी ही महत्त्वपूर्ण है, कि कम से कम पंद्रह वर्ष के लिए विद्यमान स्थिति को बनाये रखना होगा, जिससे कि हम उसे सीख सकें और बोल सकें और नई परिस्थितियों के अनुकूल अपने आप को ढाल सकें। हिन्दी क्षेत्रों के लोग इस बात को भी मानने के लिए तैयार नहीं हैं। वे कहते हैं ''आप में से कुछ लोग हिन्दी जानते हैं अतः उस पर कल से या यथासम्भव अल्पमत काल में अमल करने लगिये।'' मैंने कुछ लोगों को कहते सुना है: ''हमारी जिन्दगी में हिन्दी कभी नहीं राष्ट्रभाषा बनेगी।'' मैं आपसे पूछती हूँ। श्रीमान्, क्या हम इस संविधान को अपने ही लिए और अपने जीवन के ही लिए बना रहे हैं? हमारी संतान और आने वाले वंशजों का क्या होगा? क्या वे इस पर आचरण नहीं करेंगे? मैं अपने वैयक्तिक अनुभव से बात कर रही हूँ। मैंने हिन्दी सीखी, मैंने दक्षिण में कम से कम सैकड़ों महिलाओं को हिन्दी सिखाई। मेरा अनुभव यह है: जिन्होंने हिन्दी में उच्चतम परीक्षाएँ पार की हैं, वे लिख सकते हैं, पढ़ सकते हैं, पर उनके लिए बोलना असम्भव है, क्योंकि बोलने के लिए ख़ास प्रकार का वातावरण चाहिए, वैसा आवेष्टन चाहिए। दक्षिण में हमें ऐसा वातावरण कहाँ मिलता है? हमने जो कुछ सीखा है उसे बोलने के लिए हमें दक्षिण में कहीं भी अवसर प्राप्त नहीं होते। आप इस कठिनाई को तब समझेंगे जब आप दक्षिण में आयें और वहाँ कोई प्रान्तीय भाषा बोलें। अतः धैर्य धरिये और सहिष्णुता तथा सहनशीलता पैदा करिए। हम आपसे इन्हीं चीज़ों की माँग करते हैं।

तीसरी शर्त जो श्री गोपालस्वामी आयंगर के मसौदे में स्पष्ट नहीं है वह यह है कि अहिन्दी भाषी लोगों के लिए हिन्दी बोलने की बाध्यता की जा रही है। आपके लिए भी एक प्रान्तीय भाषा सीखने की इतनी ही बाध्यता होनी चाहिए। कोई बात नहीं है चाहे वह बंगला हो, तामिल, तेलुगू या कन्नड़ या कोई अन्य भाषा हो। कल इस विषय पर बोलते हुए डॉ. श्यामा प्रसाद मुखर्जी ने काफ़ी कुछ कहा है और उन्होंने उस प्रस्ताव का निर्देश किया है जो साहित्य सम्मेलन ने अभी दिल्ली में अपने अधिवेशन में पारित किया था। हम ध्यान से देखेंगे कि प्रान्तों के मुख्यमंत्री जिन्होंने उसे पारित करवाया था, उस प्रस्ताव को कैसे क्रियान्वित करते हैं।

अंकों के प्रश्न पर, मैं कुछ नहीं कहना चाहती क्योंकि पर्याप्त कहा जा चुका है। आप स्थिति की गम्भीरता को समझ चुके होंगे। इतना ही कहना पर्याप्त है कि इसमें भावना का प्रश्न नहीं होना चाहिए और किसी के लिए यह धर्म का प्रश्न नहीं होना चाहिए। यदि आपके लिए यह धर्म है तो हमारे लिए भी यह धार्मिक मंत्र बन जायेगा कि हम ऐसी भाषा को स्वीकार न करें जो हमारी नहीं है, जो केवल एक प्रान्तीय भाषा है, जो काफ़ी विकसित नहीं है। अतः किसी को यह बात नहीं करनी चाहिए कि यह उसके लिए धर्म है।

श्रीमान्, दूसरा प्रश्न जिसके विषय में मैं बोलना चाहती थी वह यह है कि अहिन्दी भाषी प्रान्तों में हमें हिन्दी सीखनी पड़ेगी, जिसे हमने राजभाषा के पद पर प्रतिष्ठित कर दिया है। हमारी थैली बहुत छोटी है और हम अपने प्रान्तों में निरक्षरता को दूर करने के लिए पहले ही बहुत खर्च कर रहे हैं। अतः केन्द्र का यह कर्त्तव्य तथा उत्तरदायित्व है कि वह अहिन्दी भाषी क्षेत्रों वाले प्रान्तों को इस हिन्दी के विकास तथा प्रचार के लिए काफ़ी अनुदान दे।

श्रीमान्, आपने मुझे बोलने का अवसर दिया है और मुझे सदन का अधिक समय नहीं लेना चाहिए। कृपया याद रखिये कि हम हिन्दी को उन्हीं शर्तों पर स्वीकार कर रहे हैं जिनका मैंने उल्लेख किया है। आपका यह कर्त्तव्य है कि आपको श्री गोपालस्वामी आयंगर का मसौदा स्वीकार करने में कोई संकोच नहीं होना चाहिए। हम भी उसके कुछ उपबन्धों से सहमत नहीं हैं, किन्तु हमने उसे

स्वीकार कर लिया है, और इसलिए आपको उसे स्वीकार करने में और उसका समर्थन करने में कोई संकोच नहीं होना चाहिए। धन्यवाद, श्रीमान्।

शंकरराव देव (बम्बई : जनरल) : अध्यक्ष महोदय, आरम्भ में ही मैं यह स्पष्ट कर देना चाहता हूँ कि मैं अपने मित्र, श्री गोपालस्वामी आयंगर द्वारा प्रस्तावित संशोधन का समर्थन करने खड़ा हुआ हूँ, यह बात नहीं है कि मैं उस संशोधन के प्रत्येक खण्ड से और प्रत्येक बात से सहमत हूँ—यह तो सम्भव ही नहीं है, क्योंकि वस्तुस्थिति ही ऐसी है वह निबटारे का सूत्र है, और जब हम निबटारे पर आते हैं तो हम जो जानते हैं वह बात सौ प्रतिशत पूरी नहीं हो सकती।

पं. रविशंकर शुक्ल (मध्य प्रदेश तथा बरार : जनरल) : यह निबटारे का सूत्र नहीं है। इसे किसी ने नहीं माना है।

शंकरराव देव—हो सकता है कुछ ने न माना हो, तो मुझे पता लगा है कि कइयों ने मान लिया है। मेरा कहना यह है कि इसमें कई बातें ऐसी हैं जो मुझे पसन्द नहीं हैं या जिन्हें मैं अच्छी नहीं समझता। फिर भी, मैं समझता हूँ कि यह विद्यमान वस्तुस्थिति में इस समस्या का सर्वोत्तम हल है। अतएव, जैसा कि मैं कह चुका हूँ, मैं उसका समर्थन करने के लिए खड़ा हुआ हूँ। मैंने स्वयं कुछ संशोधन पेश किये हैं और सदन से उन्हें स्वीकार करने की प्रार्थना करना चाहता हूँ, क्योंकि उनसे इस संशोधन का मूल तत्त्व तो बदलेगा नहीं और इसमें सुधार हो जायेगा जिससे हममें से कुछ लोग इसे अधिक स्वेच्छा से स्वीकार कर सकेंगे।

श्रीमान्, जैसाकि आपने स्वयं कहा है : भाषा के इस प्रश्न से हमारे दिमागों में बहुत उत्तेजना है, जो मेरे विचार में, आज़ादी के ही प्रश्न से अगले दर्जे पर हैं, क्योंकि यह प्रश्न इस राष्ट्र के भावी विकास और उन्नति के लिए अत्यन्त महत्त्वपूर्ण है। मेरे पूर्ववर्ती वक़्ता व्यक्ति या राष्ट्र के निर्माण और विकास में भाषा के महत्त्व पर बहुत कुछ कह चुके हैं। मेरे लिए, मेरी माता के बाद, भाषा ही सबसे अधिक प्रिय है, क्योंकि मेरी माता ने नि:संदेह मुझे जन्म दिया है, पर मैं आज जो कुछ हूँ, वह भाषा के कारण ही हूँ। इसी कारण हममें से बहुत से इस बात को पसन्द नहीं करते, फिर भी इस विवाद से हमारे अन्त:स्थल तक हलचल मच गयी है और भावनाएँ उत्तेजित हो गयी हैं और कई बार हमारा विवेक आवरित हो गया है। मैं अपने दक्षिणात्य भाइयों से तथा उत्तर देशीय भाइयों से भी प्रार्थना करूँगा कि वे इस प्रश्न पर आवेश या भावुकता के दृष्टिकोण से विचार न करें। हमें यथासम्भव उपादेयता के दृष्टिकोण से विचार करना चाहिए; हमें इस प्रश्न पर बुद्धि से काम लेना चाहिए।

हमारा क्या उद्देश्य है? हमें बताया गया है कि हमें अपने देश के लिए एक भाषा चुननी है। अगला प्रश्न यह है, इस भाषा से हमें क्या मिलेगा और उसके क्या कृत्य होंगे? हमें बताया जाता है कि हमारे पास अंग्रेजी का स्थान लेने के लिए एक भाषा होनी चाहिए। सब सहमत हैं कि अंग्रेजी की वही स्थिति नहीं रह सकती जो कि गत एक शताब्दी या उससे अधिक समय से रही है, जबकि इस देश पर अंग्रेजों का शासन था। मुझे इस प्रश्न पर बोलने की आवश्यकता नहीं है कि उस भाषा का क्या महत्त्व है, अथवा, क्या भविष्य में उस भाषा को इस देश के प्रशासन, विज्ञान की विविध शाखाओं, उन्नति आदि में अच्छा और उपयुक्त स्थान मिलना चाहिए। किन्तु सब सहमत हैं कि अंग्रेजी के स्थान पर कोई अन्य भाषा रखनी है, मतभेद इसी बात पर है कि अंग्रेजी के स्थान पर कौन सी भाषा आये और उसके क्या-क्या कृत्य हों।

वे हमसे एकता के नाम में, संस्कृति के नाम में अपील करते हैं कि इस देश की एक भाषा

होनी चाहिए। वे कहते हैं कि जब तक इस देश की एक भाषा नहीं होगी तब तक एकता और एक संस्कृति नहीं हो सकती और यदि इस देश में एकता और एक संस्कृति नहीं होगी तब तक इस देश का भविष्य अंधकारमय रहेगा। एक ही साँस में हमें बताया जाता है कि प्रादेशिक भाषाओं की उन्नति होनी चाहिए। कार्यसमिति के प्रस्ताव में कहा गया है कि यद्यपि अंग्रेजी के स्थान पर कोई अन्य भाषा रख दी जायेगी पर जहाँ तक प्रादेशिक भाषाओं का संबंध है केवल उनकी रक्षा ही नहीं की जाएगी, उनके अस्तित्व को ही नहीं रखा जायेगा, वरन् उनकी उन्नति भी की जायेगी। कार्यसमिति के प्रस्ताव में जो हाल ही में पारित हुआ था लिखा है :-

> ''प्रान्तों या राज्यों में, जहाँ अनेक भाषाएँ बोली जाती हैं, इनमें से कई भाषाएँ उन्नत हैं और उनका मूल्यवान साहित्य है। उनकी केवल रक्षा ही नहीं होनी चाहिए, वरन् उनका और भी विकास तथा उन्नति होनी चाहिए और उनकी वृद्धि को रोकने वाली कोई कार्रवाई नहीं होनी चाहिए।''

मेरी समझ में नहीं आता कि ये दोनों बातें साथ-साथ कैसे हो सकती हैं। मेरे विचार में हम दो मन से बात कर रहे हैं। हम यह आशा नहीं कर सकते कि समूचे देश के लिए एक भाषा भी बना लें और साथ ही प्रादेशिक भाषाओं की उन्नति के लिए कार्य भी करें और यह भी कहें कि उनका अस्तित्व बना रहना चाहिए और राष्ट्रीय ढाँचे अथवा जीवन में उनका स्थायी स्थान होना चाहिए। मैंने यह समझने का यथासम्भव प्रयत्न किया है कि ये दोनों बातें साथ कैसे हो सकती हैं पर मैं समझ नहीं सका। यदि आप सच्चे हृदय से विश्वास करते हैं कि इस देश के लिए एक भाषा की आवश्यकता है तो सब प्रान्तीय भाषाएँ समाप्त हो जानी चाहिएँ चाहे उनका भूत कुछ हो, वर्तमान स्थिति कुछ भी हो। इससे प्रादेशिक भाषाओं वालों को कम से कम पता लग जायेगा कि उनकी विद्यमान स्थिति क्या है और उन्हें स्वतंत्रता प्राप्ति से क्या लाभ हुआ है। यदि आप सचमुच यह चाहते हैं और ईमानदारी से यह कहते हैं कि ये प्रादेशिक भाषाएँ उन्नत होनी चाहिएँ और उन्हें हानि पहुँचाने वाला कोई कार्य नहीं करना चाहिए तो आप एकता या संस्कृति के नाम पर एक भाषा के लिए नहीं कह सकते। यदि भविष्य में स्वभावतः इस देश में एक भाषा हो जानी है और अन्य प्रादेशिक भाषाएँ समाप्त हो जानी हैं, यदि यही भविष्य है, तो उसे रोकने वाला मैं कौन हूँ, आप कौन हैं? किन्तु मैं किसी वर्ग को, किसी प्रदेश या किसी सरकार को, चाहे वह कितनी ही शक्तिशाली क्यों न हो, कोई ऐसा कार्य जानबूझ कर नहीं करने दूँगा, जिसके परिणामस्वरूप ये भाषाएँ भारत से लुप्त हो जायें। यदि उन्हें मरना है तो उन्हें अपनी मौत मरने दीजिए और कोई अश्रु नहीं बहाया जायेगा।

अध्यक्ष—ऐसा सुझाव तो किसी ने नहीं रखा है।

शंकरराव देव—मैं यह जानता हूँ, श्रीमान्, यद्यपि यह सुझाव नहीं रखा गया है, पर कार्य ऐसे हैं कि इस प्रकार का संदेह है या भावनाएँ हैं। आप मुझे क्षमा करें यदि मेरी भी ऐसी भावना हो, क्योंकि आख़िर इस सदन की अपील देश में, लोगों में और विश्व में पहुँचती है कि एकता के लिए, संस्कृति के लिए हमारी भाषा एक होनी चाहिए। यदि ऐसी बात नहीं है तो हमें सुनिश्चित बात कहनी चाहिए। अंग्रेजी का स्थान लेने वाली इस भाषा के क्या कृत्य होंगे? इस मामले में भी कार्य समिति का प्रस्ताव सुस्पष्ट है।

अध्यक्ष—मेरे विचार में वे ही कृत्य होंगे जो अंग्रेजी के थे।

शंकरराव देव—नहीं, यह भी नहीं।

अध्यक्ष—जहाँ तक मैं समझ सकता हूँ प्रस्ताव में तो यही बात है।

शंकरराव देव—अंग्रेजी में बहुत से कृत्य होते थे जो अब मैं उसमें रखना नहीं चाहता। यदि आप कुछ देर सुनेंगे तो श्रीमान्, मैं समझा दूँगा। जो भाषा अंग्रेजी का स्थान लेगी उनके कुछ सुनिश्चित कृत्य होंगे। जैसाकि मैंने कहा है वे कार्यसमिति के प्रस्ताव में उल्लिखित हैं—

> ''अखिल भारतीय प्रयोजनों के लिए एक राज भाषा होगी जिसमें संघ का काम होगा। वही प्रान्तीय और राज्य सरकारों के साथ पत्र-व्यवहार की भाषा होगी। केन्द्र के समस्त अभिलेख उसी भाषा में रखे जायेंगे और वही अन्तर्प्रान्तीय, अन्तर्राज्यिक वाणिज्य और पत्र-व्यवहार की भाषा रहेगी।''

अंग्रेजी का स्थान लेने वाली भाषा के ठीक ये ही कृत्य बताये गये हैं। संस्कृति का कोई उल्लेख नहीं है, एकता का कोई उल्लेख नहीं है; यह बात नहीं है कि मैं इस देश में एक संस्कृति के विकास के विरुद्ध हूँ। मैं यह बताना चाहता हूँ कि 'एक संस्कृति' इस नारे में भयानक आशय सन्निहित है। 'संस्कृति' शब्द का ही भयानक आशय है। किसी को उसका अर्थ ठीक-ठीक पता नहीं है। रा. स्व. संघ के प्रधान संस्कृति के नाम से अपील करते हैं। कुछ कांग्रेसी भी संस्कृति के नाम से अपील करते हैं। कोई हमें नहीं बताता कि इस 'संस्कृति' शब्द का ठीक-ठीक अर्थ क्या है। आज जैसा कि इसका निर्वचन किया जाता है और उसे समझा जाता है, उसका अर्थ केवल कुछ लोगों का अनेकों पर आधिपत्य होता है। अतः कार्यसमिति के प्रस्ताव में, संस्कृति का उल्लेख नहीं है, एकता का उल्लेख नहीं है। यह बात नहीं है कि हम देश के लिए एक संस्कृति नहीं चाहते। पर हमें इसे मिश्रित संस्कृति कहना चाहिए, फिर भारतीय संस्कृति के विविध अंगों को इस मिश्रित संस्कृति के विकास में अंशदान देने का समान अवसर प्राप्त होगा। यदि आप एक संस्कृति के लिए इस देश से अपील करते हैं तथा उस पर हठ करते हैं तो मेरे लिए इसका अर्थ भारत की आत्मा का हनन है।

यदि मैंने भारतीय संस्कृति को, भारतीय धर्म और भारतीय आध्यात्मिक परम्पराओं को समझने का प्रयत्न किया है, तो वह एकरूपता नहीं है, वरन् विविधता में एकता है। भारत विविधता का पोषक है। यही हमारी उच्चता है, यही अंशदान भारत विश्व संस्कृति और विश्व प्रगति में कर सकता है। मैं देश की एकता में बाधा डाले बिना या उसका हनन किये बिना, संस्कृतियों की विविधता, विभिन्न भाषाओं को बनाये रखना चाहता हूँ। अतः जब लोग 'राष्ट्रभाषा' शब्द का प्रयोग करते हैं तो मेरा हृदय प्रसन्न नहीं होता। मैं स्वीकार करता हूँ कि भारत एक राष्ट्र है और मैं भारतीय हूँ, पर यदि आप मुझे पूछें, ''आप की भाषा क्या है'', श्रीमान्, मुझे आप क्षमा करें, मैं कहूँगा ''मेरी भाषा मराठी है।'' मैं तो उनमें से हूँ जो यह बल देते रहे हैं कि अंग्रेजी का स्थान लेने वाली भाषा को 'राष्ट्रभाषा' नहीं कहना चाहिए। यदि राष्ट्रभाषा से आपका आशय समस्त देश के लिए एक भाषा से है तो मैं इसके विरुद्ध हूँ। मैं यह सर्वथा स्पष्ट करना चाहता हूँ। भारत एक राष्ट्र है और मैं भारतीय हूँ पर मेरी भाषा मराठी है।

एक माननीय सदस्य—मेरे मित्र एक काल्पनिक प्रयोजन के विरुद्ध प्रलाप कर रहे हैं।

शंकरराव देव—कुछ लोगों में तो कल्पना का भी अभाव है।

अध्यक्ष—मैं आशा करता हूँ कि माननीय सदस्य सदन को काल्पनिक वाद-विवाद में नहीं घसीटेंगे।

शंकरराव देव—अतएव इस भाषा के कृत्यों को स्पष्ट कर देना चाहिए। यह भाषा या तो राज्य भाषा होगी या संघ भाषा होगी या संघानीय भाषा होगी क्योंकि हमने अपने देश के लिए संघान व्यवस्था स्वीकार की है। हमारे यहाँ स्वायत्तशासी राज्य हैं और इसलिए राज्यों में अपनी-अपनी भाषाएँ होंगी, और जैसाकि मैं कह चुका हूँ कार्यसमिति ने यह स्पष्ट कर दिया है कि राज्य भाषा के क्या कृत्य होंगे।

अब मैं अगली बात पर आता हूँ। यहाँ मेरे कई मित्रों को पता है कि जब इस प्रश्न पर कहीं अन्यत्र प्रथम बार वाद-विवाद हुआ था तो मैं उनमें से था जिन्होंने यह तर्क किया था कि यह राज्य भाषा हिन्दी की बजाय हिन्दुस्तानी कहलानी चाहिए। यह बात नहीं है कि हम हिन्दी के विशेष विरुद्ध हैं, पर कांग्रेसी होने के नाते हमें यह विश्वास हो गया और हमें महात्मा गाँधी ने यही सिखाया था कि यदि जनसाधारण को स्वतंत्रता का उपभोग करना है, तो देश की भाषा ऐसी होनी चाहिए जिसे वे समझ सकें। तभी आज़ादी का उनके दैनिक जीवन पर प्रभाव पड़ सकता है और वे राष्ट्र निर्माण में अंशदान दे सकते हैं। अत: कांग्रेस ने हिन्दुस्तानी को, अपनी भाषा स्वीकार किया और वह चाहती थी कि राज्य भी उसी नाम को, नाम को ही नहीं उसके अर्थ को स्वीकार करें। जैसाकि मैं कह चुका हूँ कि किसी सभा में या समाज में किसी की सारी बात नहीं चल सकती, अत: मैं हिन्दी के लिए सहमत हो गया हूँ जबकि उसके अर्थ को अब परिभाषित कर दिया गया है। मैं हिन्दुस्तानी चाहता था, क्योंकि मैं अनुभव करता था कि उस हालत में नई भाषा के निर्माण में कोई निर्बन्धन नहीं होंगे और कोई विशेष अधिकारी वर्ग नहीं होंगे।

जिन्होंने गत दो दिनों के वाद-विवाद को ध्यान से सुना है, उन्होंने समझ लिया होगा कि अन्तरराष्ट्रीय अंकों को स्वीकार करने में कठिनाई कैसे उपस्थित हो गई। वे उन पर आपत्ति क्यों कर रहे हैं? उनकी एक आपत्ति यह है कि वे हिन्दी के नहीं हैं। वे कहते हैं "क्योंकि आप हिन्दी स्वीकार कर रहे हैं, अत: आपको हिन्दी अंक भी स्वीकार करने होंगे।" उन्होंने केवल यही नहीं मान लिया है कि हमने हिन्दी स्वीकार कर ली है, प्रत्युत यह भी मान लिया है कि हमने उत्तर प्रदेश और बिहार में चलने वाली हिन्दी को स्वीकार कर लिया है, इसलिए वे अपनी इच्छानुसार हमें यह बताएँगे कि हिन्दी क्या है।

मैं अपने आपको इन निर्बन्धनों से स्वतंत्र करना चाहता हूँ और मैं नहीं चाहता कि कोई मुझे यह बताये कि हिन्दी या हिन्दुस्तानी क्या है। यह सभा निश्चित करेगी कि हम किसे पसन्द करेंगे। कोई आकर यह कह नहीं सकता कि आप ऐसा नहीं कर सकते। इस सभा को कोई आदेश नहीं दे सकता। हम अपनी भाषा पसन्द करेंगे और उसका नाम भी पसन्द करेंगे। आप यह नहीं कह सकते "यह हिन्दी नहीं है।" उत्तर प्रदेश, मध्य प्रदेश, बिहार, राजस्थान, मध्य भारत आदि हिन्दी और हिन्दी अंकों को रख सकते हैं। वे अपनी भाषा को अपनी आत्मीयता के अनुसार ढाल सकते हैं। क्योंकि उत्तर प्रदेश और बिहार इन अन्तरराष्ट्रीय अंकों का प्रयोग नहीं करेंगे, उसका यह अर्थ नहीं हो सकता कि केन्द्रीय सरकार उनका प्रयोग नहीं करेगी।

मैं अपने मित्रों को स्मरण कराना चाहता हूँ कि वे धोखे में हैं। यदि वे समझते हैं कि हमने उनकी भाषा को स्वीकार कर लिया है और हम उसे उनके नमूने पर बनाने जा रहे हैं। इसलिए एक विशेष निदेश है कि राज्य द्वारा स्वीकृत हिन्दी भाषा कैसी होगी। मैं जानता हूँ कि मेरे उत्तर भारतीय मित्र इस पर बहुत प्रसन्न नहीं हैं। उन्होंने कहा है "यदि आप ऐसा चाहते हैं तो रख लीजिए।" उन्होंने कहा "यदि आप चाहते हैं तो हम आपको सन्तुष्ट करने के लिए तैयार हैं" किन्तु फिर उन्होंने उसे भाषा के अध्याय में नहीं रखा, वरन् निदेशों के अध्याय में रख दिया।

पं. बालकृष्ण शर्मा (युक्तप्रान्त : जनरल) : क्या आपकी अनुमति से मैं माननीय सदस्य को, जो बोल रहे हैं, यह बता दूँ कि निदेश हमने नहीं दिया है, मसौदा समिति ने दिया है?

शंकरराव देव—मुझे यह कहने में प्रसन्नता है कि मुझे पण्डित नेहरू का कृतज्ञ होना चाहिए कि उन्होंने यह सुझाव दिया था कि यह निदेश या यह परिभाषा संबंधी अध्याय में रखी जानी चाहिए।

पं. बालकृष्ण शर्मा—कदापि नहीं।

शंकरराव देव—वे नहीं कहते तो यह काम इतनी सुगमता से नहीं हो सकता था। मेरी यह राय है। हो सकता है मैं ग़लत होऊँ। किन्तु मैं सदन का ध्यान विशेषत: इस बात की ओर आकृष्ट करना चाहता था, उस निदेश में लिखा है :

> "It shall be the duty of the Union to promote the spread of Hindi and develop the language so as to serve as a medium of expression for all the elements of the composite culture of India."
>
> [हिन्दी की प्रसार वृद्धि करना और उसका विकास करना ताकि वह भारत की सामासिक संस्कृति के सब तत्त्वों की अभिव्यक्ति का माध्यम हो सके, संघ का कर्त्तव्य होगा।]

भारत की ''सामासिक संस्कृति'' बहुत उम्दा शब्द है। किन्तु मुझे भय है—और भय युक्तिसंगत नहीं होते, साधारणत: वे अयुक्तियुक्त होते हैं किन्तु मनुष्य के जीवन में उनका महत्त्वपूर्ण भाग होता है कि इन शब्दों का आशय है कि हमें ऐसी भाषा बनानी चाहिए जिसमें भारत की ये सब विविध संस्कृतियाँ अभिव्यक्त हों। मैं तो यह अनुभव करता हूँ कि अन्ततोगत्वा आप हमसे ऐसी भाषा का विकास करने के लिए कहते हैं जिसमें समस्त संस्कृति, धर्म और हमारा जीवन कार्य अभिव्यक्त होगा। यदि यह होना है तो इतना स्वभावत: होना चाहिए कि हमें कोई कष्ट या दर्द अनुभव न हो।

मेरे उत्तर प्रदेशीय तथा बिहारी मित्रों को समझ लेना चाहिए कि हमें क्या करने के लिए कहा गया है। मैं आपसे घुटने टेक कर अनुरोध नहीं करना चाहता—मुझे ऐसी आदत नहीं है। पर मैं आपकी बुद्धि से अनुरोध करना चाहता हूँ। हम आपसे कुछ नहीं माँग रहे हैं, हमसे राष्ट्र कुछ माँग रहा है। और हम उसे देने के लिए तैयार हैं। आख़िर जब समय आयेगा तब हमें एक भाषा स्वीकार करनी पड़ेगी और अन्य भाषाएँ शायद पृष्ठभूमि में ही चली जायें। यदि और जब यह होगा, मैं तैयार हूँगा। किन्तु यदि आप मेरी आशंकाओं को मिटाना चाहते हैं, यदि आप मेरा हार्दिक सहयोग प्राप्त करना चाहते हैं, तो आपको कोई ऐसी बात नहीं करनी चाहिए, जिससे मेरे सन्देह जाग जायें और मेरी आशंकाएँ दृढ़ हो जायें।

श्रीमान्, मैं सदन का और अधिक समय नहीं लेना चाहता। मैं सदन का ध्यान इस बात की ओर दिलाना चाहता हूँ कि हमें विवेक से काम लेना चाहिए। हमें सन्देह या आशंका का कारण उत्पन्न नहीं करना चाहिए। क्योंकि, यद्यपि सन्देह और आशंकाएँ अयुक्तियुक्त होती हैं, पर फिर भी हमारे कार्यों का निश्चय उन्हीं से होता है। अत: मैं अपने मित्रों से, जो हिन्दी के समर्थक हैं, अपील करना चाहता हूँ कि वे स्थिति को स्पष्ट समझें। हमें स्पष्ट समझ लेना चाहिए कि हम किसी संस्कृति या भाषा विशेष को स्वीकार नहीं कर रहे हैं। हम भाषा का स्वतंत्र चुनाव कर रहे हैं।

आख़िर इस समय क्या दावा किया जा रहा है? दावा यह है कि यह भाषा बहुमत द्वारा बोली जाती है—मुझे उस पर भी विश्वास नहीं है, मैं जानता हूँ कि जब मैं राजेन्द्र बाबू पर जाता हूँ और जब बिहार के लोग उनके पास आते हैं तब वे हिन्दी नहीं बोलते। यदि मैं ग़लती पर नहीं हूँ तो टण्डन जी भी घर पर हिन्दी नहीं बोलते। अत: जब आप कहते हैं कि हिन्दी को देश में अधिकांश लोग बोलते हैं तो मुझे सन्देह होता है। मैं तो यही मान सकता हूँ कि इसे शायद अधिकांश लोग समझते हैं, और वे भी वर्तमान उच्च संस्कृतनिष्ठ हिन्दी को नहीं समझते जिसे केवल पण्डित ही समझते हैं। जैसा गाँधीजी ने कहा था। वह सरल भाषा होनी चाहिए जिसे उत्तर के गाँवों में लोग समझ सकें। जैसे हम मराठी बोलते हैं, दूसरे तमिल या तेलुगू बोलते हैं। हिन्दी को 14 करोड़ व्यक्ति नहीं बोलते।

यदि कल ऐसा हो जाये कि राजधानी यहाँ से मदुरा या त्रिवेन्द्रम ले जाई जाये, मैं कह नहीं सकता कि 50 वर्ष के पश्चात् इस देश के बहुमत की भाषा तमिल या तेलुगू नहीं बन जायेगी। आख़िर दक्षिण से लोग उत्तर को आते हैं, भाषा के लिए नहीं, हिन्दी से प्राप्त होने वाली संस्कृति के लिए नहीं, वरन् अपनी आजीविका के लिए आते हैं। मैं हिन्दी की संस्कृति या उच्चता को कम नहीं करना चाहता, किन्तु जहाँ तक संस्कृति का संबंध है, मैं उसे अपनी भाषा मराठी से, और सब भाषाओं की दादी संस्कृत से भी सीख सकता हूँ। वे इसके लिए पूरी तरह सम्पन्न हैं।

हमारे पूर्वजों ने अंग्रेजी को इसलिए स्वीकार नहीं किया था कि वह शासकों की भाषा है, अपितु उन्हें विश्वास था, जैसा जवाहरलाल जी ने कहा था, कि इससे उनके लिए नयी जगह का मार्ग खुल जायेगा। उन्होंने सोचा कि इससे उनका बाह्य जगत से और उसकी कार्यवाहियों से निकट सम्पर्क स्थापित हो जायेगा। आज भी कोई भारतीय भाषा यह दावा नहीं कर सकती। कदाचित् कल हमारी कुछ भाषाएँ ऐसा दावा कर सकेंगी। अत: ठीक या ग़लत, हमारे पूर्वजों ने अंग्रेजी को उसकी उच्चता के कारण स्वीकार किया था।

लोग दक्षिण से आते हैं और हिन्दी बोलते हैं क्योंकि वे यहाँ रोटी के लिए आते हैं। आख़िर लोग रोटी के लिए ही लड़ते हैं। पंद्रह या दस वर्षों के लिए अंग्रेजी रखने पर इतना विवाद क्यों है? किसी भाषा को सीखने की कठिनाई के अतिरिक्त लोगों को भय है कि सचिवालय में तथा कार्यालयों में उन्हें पीछे धकेल दिया जायेगा, अधिक अच्छे लोगों द्वारा नहीं, वरन् इस कारण कि वे एक भाषा विशेष में पिछड़े हुए हैं। मेरे मित्र पण्डित शुक्ल ने दाक्षिणात्य भाइयों की बहुत प्रशंसा की है अतएव मुझे उनकी ओर से कोई दावा करने की आवश्यकता नहीं है।

एक माननीय सदस्य—कृपया ध्वनियंत्र में बोलिए। हम आपकी आवाज सुन नहीं सकते।

शंकरराव देव—मुझे खेद है; मैं आपकी बात मानूँगा। मुझे ध्वनियंत्र की आदत नहीं है।

श्रीमान्, मैं कह रहा था कि आज यह संस्कृति का या धर्म या परम्परा का प्रश्न नहीं है वरन् रोटी और नौकरियों का प्रश्न है। और यदि आज हिन्दी का इतना मूल्य है और लोग इसे अन्य भाषाओं से अधिक चाहते हैं तो यह बात नहीं है कि यह अन्य भाषाओं से उच्चतर है, वरन् यह नौकरी पाने का एक साधन है। जब मैं यहाँ आता हूँ तो मराठी नहीं बोल सकता, केवल महाराष्ट्र क्लब में बोल सकता हूँ, किन्तु इससे मुझे नौकरी नहीं मिल सकती।

लोग हमसे आकर कहते हैं ''आप ऐसी छोटी-सी बात पर क्यों लड़ रहे हैं? आख़िर, आप 95 प्रतिशत दे चुके हैं। पाँच प्रतिशत और क्यों नहीं दे देते?'' मैं सब स्थिति को पूर्णत: स्पष्ट कर देना चाहता हूँ। मैंने किसी को कुछ नहीं दिया है। लोगों की ग़लत धारणा प्रतीत होती है कि हम 95 प्रतिशत मान गये हैं, अत: हमें 5 प्रतिशत और मान जाना चाहिए। मैंने इस भाषा को स्वीकार कर लिया है क्योंकि मैं अनुभव करता हूँ कि मुझे इस भाषा को ढालने की पूरी स्वतंत्रता और पूरा अवसर मिले, क्योंकि इस भाषा का मुझ पर प्रभाव पड़ेगा। मैं तो उनमें से हूँ जो इस सुझाव का समर्थन करना चाहते हैं कि अंग्रेजी भी उन भाषाओं में होनी चाहिए जिनका उल्लेख अनुसूची में किया जायेगा।

श्रीमान्, प्रादेशिक भाषाओं की सूची में, यदि आप देखेंगे तो, आपको हिन्दी का उल्लेख मिलेगा। अत: आज हिन्दी को प्रादेशिक भाषा स्वीकार किया जाता है। उस पर हमें कोई आपत्ति नहीं है। किन्तु कृपया हमारी कठिनाई को समझिए। आप हिन्दी को प्रादेशिक भाषा रखना चाहते हैं और साथ ही उसे संघ की अथवा राज्यभाषा बनाना चाहते हैं। उससे आपकी स्थिति उच्चतर हो

जाती है। आप मुझे क्षमा करेंगे, क्योंकि मैं जानता हूँ कि आप यह नहीं चाहते; पर फिर **भी ऐसा** होता है और आप इसे रोक नहीं सकते। आपको स्वीकार करना होगा कि चाहे कोई **व्यक्ति हिन्दी** या हिन्दुस्तानी या किसी अन्य भाषा को कितना ही सीख ले, जब तक वह उसकी मातृभाषा नहीं है, जब तक वह उसका 24 घंटे प्रयोग नहीं करता है, वह उसमें पारंगत नहीं हो सकता। और जब तक वह उसमें पारंगत न हो जाये, उसे सचिवालय या किसी अन्य क्षेत्र में अच्छा या उच्च पद प्राप्त नहीं हो सकता। मैं अपने दाक्षिणात्य भाइयों की कठिनाई को जानता हूँ। जब से हमारी राष्ट्रीय संस्था में अंग्रेजी भाषा की प्रतिष्ठा मिट गयी है, तब से वे कार्रवाई को लगभग देखते ही रहते हैं और उन्हें हाथ उठाने के लिए बाध्य होना पड़ेगा। मैंने अंग्रेजी सीखी है पर मैं जानता हूँ कि उस सीखने का क्या अर्थ है। उससे तो मैं उस भाषा के कुछ शब्द केवल बोल लेता हूँ। परन्तु यदि मुझे देश का प्रशासन करना हो, तथा पद बनाये रखना हो, तो सीखने का अर्थ उस भाषा में पारंगतता होनी चाहिए; उसके लिए बहुत वर्ष अपेक्षत हैं।

माननीय सदस्यगण—माननीय सदस्य दाहिनी ओर भी सम्बोधित करें। हम उनकी आवाज सुन नहीं सकते।

अध्यक्ष—अब वे समाप्त कर चुके हैं।

शंकरराव देव—मुझे खेद है। मैं यहाँ पहली बार बोल रहा हूँ। मैं इस पाठ को सीख लूँगा और यहाँ बहुधा आने का प्रयत्न करूँगा।

जहाँ तक अन्तरराष्ट्रीय अंकों का तथा कालावधि का प्रश्न है, मैं केवल इतना ही कहूँगा कि इस सदन के किसी सदस्य को यह भावना नहीं रखनी चाहिए कि वह कुछ दे रहा है और हम कुछ ले रहे हैं। यह दान नहीं है। हम इस सदन में भिखारी नहीं हैं। प्रत्येक सदस्य को समान अधिकार और सबकी समान स्थिति होनी चाहिए। हम सब मिलकर ऐसी चीज़ बनाना चाहते हैं जो हम सबके लिए अत्यन्त आवश्यक है। अत: जब हम कहते हैं, अन्तरराष्ट्रीय अंकों को रहने दीजिए, तो हमारी बात का ग़लत अर्थ मत समझिए। क्या आपको पता है कुछ मित्र नागरी लिपि के साथ कैसा क्या कर रहे हैं और कैसी गड़बड़ कर रहे हैं, जो जानते हैं और कहते हैं कि मुद्रण-सुलभता, यंत्र लेखन आदि के लिए उसमें परिवर्तन होना चाहिए। क्या आपको पता है कि विनोबा भावे देवनागरी को कैसे लिखते हैं? यदि मेरे कुछ हिन्दी मित्र उसे देखेंगे तो वे रोयेंगे; वे उसे अपनी मातृभाषा स्वीकार नहीं करेंगे। मुझे स्वयं उस पर दुःख होता है। जब मैं विनोबा भावे के लेख को पढ़ता हूँ, तो मैं पूछता हूँ—क्या यह देवनागरी है?

इस परित्र्तन के समर्थक कहते हैं कि देवनागरी हट जायेगी और रोमन लिपि आ जायेगी। मुझे पता नहीं है कौनसी अधिक अच्छी है या उच्चतर है। किन्तु आज आप अंकों के लिए लड़ रहे हैं। कल आप लिपि के लिए लड़ेंगे, और आप कहेंगे यह हमारी लिपि है और कोई इसे बदल नहीं सकता। फिर हम क्या करेंगे? क्या हम आपसे अनुरोध करेंगे और भिक्षा माँग कर कहेंगे "क्या आप हमें यह परिवर्तन करने देंगे?" नहीं, श्रीमान्, यदि आप इस ग़लत धारणा पर चलते हैं कि आप हमें कुछ वस्तु दे रहे हैं और हमारा कर्त्तव्य है कि उसे उसी रूप में बनाये रखें जैसे आपने हमें दी है, और उसके ठीक या ग़लत होने के विषय में आपका मत निर्णायक होगा, तो कृपया उस खयाल को छोड़ दीजिए।

पं. बालकृष्ण शर्मा (बलपूर्वक) : यह सब किसने कहा है?

अध्यक्ष—मैं माननीय सदस्य से अनुरोध करता हूँ कि वे आवेश में न आयें। ऐसे मामले पर आवेश में आने से कोई लाभ नहीं है।

पं. बालकृष्ण शर्मा (अधिक बलपूर्वक) : मैं उनके कथन का विरोध करना चाहता हूँ जो सर्वथा काल्पनिक हैं। श्री शंकर राव देव काल्पनिक प्रेतों की रचना करके उनका हनन कर रहे हैं। मैं उनकी रणवीरता की प्रशंसा कर सकता हूँ पर इस प्रकार उनकी युक्तियों के प्रति आदर उत्पन्न नहीं हो सकता।

अध्यक्ष—यह भी कोई कारण नहीं है।

शंकरराव देव—मेरे माननीय मित्र किसी मूर्ख को अपनी कल्पना-क्रीड़ा करने दें। इससे कोई हानि नहीं है। यदि वह इतनी काल्पनिक बात है, और यदि उससे उन पर प्रभाव नहीं पड़ता, तो उन्हें इतना क्रोध क्यों है? उन्हें इतना क्रोध है और उन्हें आवेश आ गया है, उसी से पता लगता है कि मैंने जो कुछ कहा है उससे उनका मर्म स्पर्श हुआ है।

पं. बालकृष्ण शर्मा (बहुत बलपूर्वक) : मैं इस बात का विरोध करता हूँ कि.....

अध्यक्ष—मुझे भय है कि यह बात ठीक नहीं है और माननीय सदस्य को आवेश में नहीं आना चाहिए, यदि वे इस सदन में बैठना चाहते हैं।

पं. बालकृष्ण शर्मा—आप चाहें तो मैं चला जा सकता हूँ।

अध्यक्ष—किसी को आवेश में आने का अधिकार नहीं है।

शंकरराव देव—मुझे खेद है कि मैंने जो कुछ कहा है उस पर एक मित्र को आवेश आ गया है। हमें अपनी कल्पना से भी काम लेने की स्वतंत्रता होनी चाहिए, जब तक कि वह असंसदीय न हो। मैं अधिक नहीं कहना चाहता। मेरे विचार में ये काल्पनिक बातें नहीं हैं। मैं इस विवाद को ध्यानपूर्वक देखता रहा हूँ और मैं उनमें से हूँ जो चाहते हैं कि यह सदन किसी एकमत विनिश्चय पर पहुँच जाये और मैं अनुभव करता हूँ कि जब तक सब बात स्पष्ट न कर दी जाये और लोगों का सब भ्रम न मिटा दिया जाये, तब तक एकता नहीं हो सकती, जो इतनी अपेक्षित है और जिसे सब चाहते हैं। यह बात स्पष्ट कर देनी चाहिए कि यह संविधान सभा एक भाषा निश्चित कर रही है जो राज्य के लिए होगी, संघ के लिए होगी, जो किसी वर्ग या किसी धर्म के लिए नहीं होगी।

अध्यक्ष—आपने यह बात अनेक बार स्पष्ट कर दी है।

शंकरराव देव—अब मैं अपने संशोधनों का निर्देश दूँगा। मुझे आशा है मेरे मित्र समझ जायेंगे कि पंद्रह वर्ष पश्चात् अंग्रेजी के स्थान पर स्वतः हिन्दी या वह भाषा हो जानी चाहिए जिसे हम राज्यभाषा चुनेंगे। किन्तु उसका यह अर्थ नहीं है कि हम कुछ विशिष्ट प्रयोजनों के लिए अंग्रेजी का प्रयोग नहीं कर सकेंगे।

कुछ दाक्षिणात्य मित्र मेरे से सहमत नहीं हैं। मैं यह भी समझ सकता हूँ। पर यह मेरी भावना है और यहाँ मैं अपने मित्रों से कहूँगा कि वे उस आवाज को सुनें जिसे 30 वर्ष से सुनने का हमें अभ्यास है। वह आवाज कहती है : "यदि सरकारें और उनके सचिव सावधानी नहीं बरतेंगे, तो सम्भव है अंग्रेजी भाषा हिन्दुस्तानी का स्थान हड़प ले" (गाँधीजी तो हिन्दुस्तानी ही चाहते थे।) "इससे करोड़ों भारतीयों को, जो कभी अंग्रेजी नहीं समझ सकेंगे बहुत अधिक हानि होगी। निश्चय ही प्रान्तीय सरकारों के लिए यह बिल्कुल आसान बात होनी चाहिए कि वे एक प्रान्तीय भाषा और एक अन्तर्प्रान्तीय भाषा को स्वीकार करें, जो मेरे विचार में नागरी या उर्दू लिपि में लिखी जाने वाली हिन्दुस्तानी ही होनी चाहिए।"

मैं चाहता हूँ सदन इस स्थिति को स्वीकार कर ले।

सतीशचन्द्र (युक्तप्रान्त : जनरल) : कृपया पूरा वाक्य पढ़िये।

शंकरराव देव—मैं कण्डिका के अंत तक पढ़ चुका हूँ। यदि मैंने कोई ग़लती की है तो आप अपनी बारी आने पर मुझे ठीक कर सकते हैं। मेरी बात के लिए जो कुछ संगत था वह मैंने पढ़ दिया है....।

सतीशचन्द्र—आप इसी लेख की अन्य कण्डिका को पढ़ सकते हैं जिसमें गाँधीजी ने इस सम्भावना का सुझाव दिया है कि केवल नागरी लिपि में हिन्दी को ही भारत की राज्यभाषा स्वीकार किया जाये।

शंकरराव देव—मैंने पहली कण्डिका को पूरी तरह पढ़ दिया है क्योंकि पत्र मेरे पास है। मैं इसी के आधार पर बोल रहा हूँ। 15 वर्ष पश्चात् अंग्रेजी राज्य की भाषा स्वत: नहीं रहेगी। उसका यह अर्थ नहीं है कि हमें अंग्रेजी को आगे प्रयोग करने की या किसी सुनिश्चित विशिष्ट प्रयोजन के लिए काम में लेने की मनाही है।

मैं समाप्त कर चुका हूँ, पर एक वाक्य है जिसे मैं यथाशक्य पूर्ण गम्भीरता के साथ कहना चाहता हूँ। जैसा कि मैं कह चुका हूँ। मैं प्रवीण वक़्ता नहीं हूँ। मैं यहाँ पहली बार बोलने आया हूँ। यदि मेरे द्वारा कहे गये शब्द या भाव किसी को पसन्द नहीं आये हैं तो मुझे खेद है और मेरे मित्र इस क्षमा प्रार्थना को स्वीकार करें। मैं समूचे सदन से भी अपील करता हूँ कि जहाँ तक सम्भव हो हमें विभाजन नहीं होने देना चाहिए। हमें इस प्रश्न पर इस सदन को विभाजित नहीं करना चाहिए क्योंकि यह अत्यन्त महत्त्वपूर्ण प्रश्न है, और यदि यहाँ विभाजन हो और हम रोते हुए अथवा दु:खी हृदयों से इस सदन से जाएँ, तो मुझे भय है कि इस संविधान का क्रियान्वित होना और जनसाधारण की आवश्यकताओं का पूरा तथा स्वतंत्रता का सफल होना बहुत कठिन कार्य हो जायेगा। अत: मैं अपने सब मित्रों से अनुरोध करना चाहता हूँ, चाहे वे दक्षिण के हों या उत्तर के या पूर्व या पश्चिम या केन्द्र के हों। मेरा अनुरोध सबसे है। मैं स्वीकार करता हूँ कि माननीय श्री गोपालस्वामी आयंगर का संशोधन आदर्श संशोधन नहीं है; फिर भी यही एक सूत्र है जिस पर मतैक्य सम्भव है।

सरदार हुकम सिंह—श्रीमान्, वातावरण बहुत खिंचावपूर्ण है और तेजी की बातें हो चुकी हैं और मुझे आशा है कि मैं अपनी हल्की आवाज से वातावरण को शान्त बना दूँगा, यद्यपि मुझे भय है कि श्री शंकर राव देव की बात को धैर्यपूर्वक नहीं सुना गया है। अत: मेरी वक़्तृता में भी बाधा डाली जा सकती है। किन्तु मुझे आशा है कि मुझ पर अधिक अनुग्रह किया जायेगा, क्योंकि यदि मैं किसी विवादास्पद बातों में भी पड़ूँगा तो मेरी हल्की आवाज और भी धीमी हो जायेगी। बहुत से संशोधन हैं पर मैं 323 और 330 पर ही बोलूँगा

मेरा संशोधन सं. 323 यह है कि देवनागरी लिपि में हिन्दी के स्थान पर रोमन लिपि में हिन्दुस्तानी होनी चाहिए। इसी को पहले एक सुविख्यात विद्वान तथा प्रसिद्ध सदस्य श्री सुब्बारायन भी पेश कर चुके हैं। जो बातें पहले ही कही जा चुकी हैं उन्हें मैं फिर नहीं दोहराऊँगा पर मुझे उसके विषय में कुछ कहना अवश्य है।

मैं आरम्भ में ही यह स्पष्ट कर देना चाहता हूँ कि जब मैंने प्राथमिक शिक्षा समाप्त की थी और मुझे फारसी तथा संस्कृत दोनों में एक विषय चुनना था तब मैंने संस्कृत चुनी थी और मुझे उसका बहुत शौक हो गया था। मैंने मैट्रिक तक उसे पढ़ा था। इस सदन का सदस्य चुने जाने के पश्चात् भी और जब यह प्रश्न सर्वप्रथम यहाँ उठा था तब कई सदस्यों ने मुझसे परामर्श लिया था और मैंने देवनागरी लिपि में लिखित हिन्दी का पूर्ण समर्थन किया था। यहाँ इस बात पर बल देना चाहता हूँ कि मैं यही समझता था कि इस देश की राष्ट्रभाषा या लिंगुआ फ्रैंका, बनने योग्य कोई अन्य भाषा है ही नहीं।

समय के साथ मैंने अपना मत बदल लिया है। इस हिन्दी के कट्टर समर्थकों के कारण मेरी सहानुभूति उनके साथ नहीं रही है और मुझे कहना होगा कि मैं श्री एन्थनी से सहमत हूँ। मैं उनमें से एक हूँ जिन्होंने देवनागरी लिपि में लिखित हिन्दी का समर्थन करना इसलिए बन्द कर दिया है कि उसके समर्थक बहुत कट्टर हैं और असहिष्णु हैं। जैसा मैं हिन्दी का समर्थन करता था तो मैं समझता था कि वह जनसाधारण की भाषा है जिसे वे बोल सकते हैं और समझ सकते हैं और उनके कानों को मीठी लगती है। नि:संदेह मैं अब भी उस भाषा का समर्थक हूँ।

किन्तु जब मैंने हिन्दी के कट्टर समर्थकों को लोक मंचों पर तथा इस सदन में भाषण देते सुना है, तो मुझे भय है कि वे भाषा को अन्य भाषा से शब्द ग्रहण करके उन्नति नहीं करने देना चाहते और उसे सामान्य भाषा के समान विकसित नहीं होने देना चाहते, वरन् वे उसे संस्कृतनिष्ट भाषा बनाकर अपना एकाधिपत्य रखना चाहते हैं। मैं इसे फिर स्पष्ट करना चाहता हूँ कि मैं संस्कृत के विरुद्ध नहीं हूँ और यदि उसे ही सीधे अपना लिया जाये तो मैं उसका समर्थन करने के लिए तैयार हूँ। किन्तु मैं देखता हूँ कि सदन उसे नहीं रखना चाहता, अत: मैं कहता हूँ कि हमे ईमानदारी से कह देना चाहिए कि क्या हम एक साहित्यिक भाषा को अपनाकर उसका नाम हिन्दी रखना चाहते हैं या हम उस भाषा को रखना चाहते हैं जिसे अधिकांश जनता सामान्यत: समझती है और बोलती है।

विभाजन से पूर्व उर्दू और हिन्दी में राष्ट्रभाषा बनने के लिए बहुत द्वन्द्व था। यदि मैं यह कह दूँ तो ये दो कट्टरताएँ थीं। उर्दू में फारसी और अरबी में से शब्द लिए जाते थे और हिन्दी में संस्कृत से। अत: दोनों में विरोध था। मेरा तो यह विश्वास है कि इसी कारण एक सामान्य भाषा बनाने का प्रयत्न किया गया था और उसका नाम हिन्दुस्तानी रखा गया था। फिर हमारे कुछ सदस्यों तथा बाहर के लोगों के मन में आशंका थी कि हिन्दुस्तानी शायद उर्दू का ही दूसरा नाम होगा। मेरी तुच्छ सम्मति में यह आशंका अब नहीं रही। विभाजन के पश्चात् ऐसी कोई संभावना नहीं है कि हम जो भाषा स्वीकार करेंगे वह इतनी अबाध रूप से फारसी और अरबी से शब्द लेगी। हाँ, उनसे शब्द लेने का वर्जन नहीं होगा, किन्तु अब ऐसी कोई आशंका नहीं है कि वे मुख्य स्रोत रहेंगे। किन्तु वह आशंका हट जाये तो दूसरी आशंका है। उस भाषा के फारसीनिष्ठ या अरबीनिष्ठ बनने का भय नहीं है तो दूसरा भय है कि उस भाषा का नाम हिन्दी रख दिया जाये पर वह संस्कृतनिष्ठ हो। अत: हम उस भय को भी दूर करना चाहते हैं और ऐसा हम तभी कर सकते हैं जब हम अपनी भाषा को हिन्दुस्तानी कहें, जिसे हमारे अधिकांश लोग समझ सकें, और हिन्दी न कहें जिसमें उपर्युक्त भय है। इसी कारण मैंने प्रस्ताव किया है कि वह हिन्दुस्तानी हो।

फिर मैं लिपि पर आता हूँ। मैं उन युक्तियों को नहीं दोहराऊँगा जो पेश हो चुकी हैं, अपितु मैं रोमन लिपि में हिन्दुस्तानी के पक्ष में केवल चार-पाँच युक्तियाँ दूँगा :

(1) रोमन लिपि में हिन्दुस्तानी सब सशस्त्र बलों में अनिवार्य है और सब लोगों के लिए उसे सीखना सुविधाजनक है, चाहे वे उत्तरीय हों चाहे दाक्षिणात्य।

(2) जनता का एक बड़ा अंश है जो रोमन लिपि में अधिक दक्ष है।

(3) जब तक आमूलचूल परिवर्तन न किया जाये, तब तक देवनागरी लिपि मुद्रण के लिए अनुपयुक्त माध्यम होगी।

(4) रोमन लिपि में कुछ बिन्दु आदि जोड़कर हमारे प्रयोजन के उपयुक्त बनाया जा सकता है। स्थानों के नामों, रेलवे टाइम टेबल, तार लिपि आदि में गड़बड़ नहीं होगी।

(5) सबसे महत्त्वपूर्ण कारण यह है कि इससे हमारा बाह्य जगत से संबंध बना रहेगा और इस संबंध में श्री सुभाष चन्द्र बोस का नाम लेना चाहता हूँ जिन्होंने इसका समर्थन किया था।

(6) मेरी अन्तिम इच्छा यह है कि इससे वह विरोध भी समाप्त हो जायेगा जो इस सदन में दिखाई देता है और हमारे दाक्षिणात्य मित्र भी भाषा को आसानी से सीख सकेंगे।

फिर मैं अपने द्वितीय संशोधन सं. 330 को लेता हूँ।

जहाँ तक प्रादेशिक भाषाओं का संबंध है, यह लिखा है कि :

"Subject to the provisions of 301D and 301E, a State may by law adopt any of the languages in use in the State or Hindi as the language or languages to be used for all official purposes of that State."

[301 घ और 301 ङ के अधीन, कोई राज्य विधि द्वारा राज्य में प्रयुक्त भाषाओं में से किसी को या हिन्दी को राज्य के सरकारी प्रयोजनों के लिए प्रयुक्त होने वाली भाषा या भाषाओं के रूप में स्वीकार कर सकता है।]

मेरे संशोधन में यह है कि –

"Subject to the provisions of 301D and 301E, a State shall by law adopt the language spoken, according to the last census figures available for the purpose by the majority of the population as the language to be used for all official purposes of that State."

[301घ और 301ङ के उपबन्धों के अधीन, राज्य विधि द्वारा उस भाषा को उस राज्य के सरकारी प्रयोजनों के लिए प्रयुक्त होने वाली भाषा के रूप में स्वीकार कर सकता है जो भाषा, उस प्रयोजन के लिए उपलब्ध अन्तिम जनगणना अंकों के अनुसार, अधिकांश जनता द्वारा बोली जाती हो।]

हमारे कुछ माननीय सदस्यों को यह बात विचित्र दिखाई दे सकती है पर पंजाब एक विचित्र ही प्रान्त है। पंजाब में यह प्रश्न अन्तर्प्रान्तीय या अन्तर्प्रदेशीय नहीं है, प्रत्युत साम्प्रदायिक प्रश्न है। यह विभाजनपूर्व के समय की देन है। यदि हम 1931 और 1941 की जनगणना रिपोर्टों को देखें तो यह स्पष्ट हो जायेगा कि उन प्रतिवेदनों के जनगणना आयुक्तों से यह स्पष्ट होगा कि बहुत सम्मानित और आदरणीय लोगों ने एक भाषा या दूसरी भाषा को चुनने के आवेश में अशुद्ध उत्तर दिये थे। जो लोग उर्दू को अपनी भाषा बनाना चाहते थे, पर पंजाबी बोलते थे, उन्होंने उत्तर दिया कि उनकी मातृभाषा उर्दू है। इसी प्रकार उसके प्रत्युत्तर में दूसरी ओर का उत्तर यह था कि उनकी भाषा हिन्दी थी, जबकि वे पंजाबी ही बोलते थे और वही जानते थे। इन परिस्थितियों में, जो अंक एकत्र किये गये थे, वे ग़लत थे और जनगणना आयुक्त को वह प्रयत्न छोड़ देना पड़ा और उसे छोड़ देने की सिफ़ारिश की।

यही कारण था कि 1941 में ये अंक बिल्कुल एकत्र नहीं किये गये। मेरा निवेदन यह है कि ग़लत उत्तर देने तथा अपनी मातृभाषा को स्वीकार न करने की यह साम्प्रदायिकता विगत की बपौती है और वह विभाजन के पश्चात् भी शेष है। यदि यह राज्यों पर छोड़ दिया जायेगा—मैं विशेषत: पंजाब की बात कर रहा हूँ—कि वे ऐसी भाषा चुनें जो राज्य विधानमण्डल चाहे, तो भय यह है कि हमारी जनता के अधिकांश लोग, जो पंजाबी को अपनी भाषा मानने से इन्कार करते हैं, ऐसी भाषा को राज्य की राजभाषा स्वीकार कर सकते हैं जो मुख्य भाषा नहीं है। मैं यहाँ यह भी कह सकता हूँ कि यदि हिन्दी को राष्ट्रभाषा स्वीकार कर लिया जाता है तो हिन्दी को पंजाबी से कोई भय नहीं है।

यदि वह राष्ट्रभाषा हो जायेगी तो नि:संदेह प्रत्येक जाति वालों को चाहे वह हिन्दू हो या सिख, चाहे वह बहुसंख्यक जाति का हो या अल्पसंख्यक जाति का हो, उसे पढ़ना होगा और लिखना होगा और उच्चतर अध्ययन में इसे सीखना होगा, क्योंकि उसके बिना उसे इस देश में कहीं कोई नहीं पूछेगा। अत: राज्यों में भी हिन्दी का भविष्य सुरक्षित और प्रत्याभूत होगा, किन्तु मुझे भय यह है कि यदि यह काम राज्य के विधानमण्डल पर ही छोड़ दिया जाये तो पंजाबी की अपनी स्थिति उसे प्राप्त नहीं होगी। साम्प्रदायिकता की कहीं ठीक प्रकार परिभाषा नहीं की गयी है, किन्तु एक सुविधाजनक परिभाषा यह हो सकती है कि लोकतंत्रीय देश में या कम से कम भारत में बहुसंख्यक जो कुछ कहें या करें, वही शुद्ध राष्ट्रीयता है और अल्पसंख्यक सम्प्रदाय जो कुछ कहे वह साम्प्रदायिकता है। हम इसी आधार पर चल रहे हैं। अल्पसंख्यकों के मन में यह आशंका थी कि पंजाबी बिल्कुल मिट जायेगी, अत: उन्होंने बहुसंख्यक जाति के समक्ष अपनी माँग रखी कि उसे अपनाया जाये, किन्तु मुझे भय है कि जैसे हिन्दी के समर्थकों ने अपनी भाषा का अहित किया है, इसी प्रकार सिखों ने पंजाबी का समर्थन करके उसका अहित किया है, क्योंकि उनकी माँग को साम्प्रदायिक माँग कह कर उसको बुरा बता दिया गया है।

किन्तु उनके लिए कोई और उपाय था ही नहीं, क्योंकि अल्पसंख्यक सम्प्रदाय ने उसे अपनी मातृभाषा मानने से इन्कार कर दिया, अत: उसका समर्थन करना अल्पसंख्यकों का ही कर्त्तव्य बन गया और जब उन्होंने ऐसा किया तो उत्तर मिला कि वह साम्प्रदायिक माँग है। नि:संदेह वह अद्‌भुत उत्तर है। पत्रों ने तीव्र प्रचार किया। उन्होंने कहा कि सिख पृथक् राज्य चाहते हैं; वे पार्थक्यवादी हैं; वे विभाजनवादी हैं। इस भय के कारण कि पंजाबी को हटाया जा रहा था, अल्पसंख्यक सम्प्रदाय चाहता था कि सीमाओं का पुनर्निर्धारण हो औरं भाषावार प्रान्त बन जायें। उसे भी साम्प्रदायिक माँग बता दिया गया। देश के अन्य भागों में वह साम्प्रदायिक नहीं थी, किन्तु पंजाब के अल्पसंख्यक जाति की माँग साम्प्रदायिक थी। मैं यहाँ यह भी बता दूँ कि आयोग ने भी कह दिया कि पंजाब के विषय में विचार नहीं हो सकता। ये सीमाएँ अब के समान ही रहेंगी। जब अल्पसंख्यक जाति चाहती थी कि पंजाबी भाषा को राज्य की सरकारी भाषा बना दिया जाये, तो उन्होंने यह कह दिया कि यह तो कोई भाषा ही नहीं है; यह तो हिन्दी भाषा की उपभाषा मात्र है। इससे उन्हें बहुत आश्चर्य हुआ, क्योंकि 1932 में पंजाब विश्वविद्यालय ने एक आयोग नियुक्त किया था और उसने स्पष्ट प्रतिवेदन दिया था कि वह देश की उन्नतम भाषाओं में से एक है।

अब एक और उपाय अपनाया गया है। ''किसी पर कोई दबाव क्यों हो? प्रत्येक को स्वतंत्रता होनी चाहिए कि वह इच्छानुसार अपनी शिक्षा का माध्यम चुने। किसी को बाध्यता नहीं होनी चाहिए कि वह अपने बालक को किसी ऐसी भाषा में शिक्षा दे जिसे वह नहीं जानता।'' जब पंजाब में ऐसी स्थिति है। मैं यहाँ विनम्रतापूर्वक निवेदन करना चाहता हूँ कि हमें साम्प्रदायिक बताया जाता है। मैं अब यह बात स्पष्ट कर देना चाहता हूँ कि विभाजन के पश्चात् कोई अल्पसंख्यक साम्प्रदायिक नहीं हो सकता। यह कहा जा सकता था कि जब तीसरी शक्ति यहाँ थी, तब अल्पसंख्यक जातियाँ साम्प्रदायिकतावादी थीं और समर्थन के लिए तीसरे पक्ष की ओर देखती थीं, किन्तु अब अल्पसंख्यक जो कुछ चाहते हैं उसके लिए उन्हें बहुसंख्यकों का ही मुख ताकना पड़ता है। उसे कृपा के लिए, अधिकारों के लिए या रियायतों के लिए बहुसंख्यकों का मुख ताकना पड़ता है। अब साम्प्रदायिक बनने से किसी अल्पसंख्यक को लाभ नहीं है। अब अल्पसंख्यक जो कुछ कहते या करते हैं, वह साम्प्रदायिकता नहीं है। उनका दृष्टिकोण बिल्कुल बदल गया है। वे शुद्ध लोकतंत्र चाहते हैं, क्योंकि

केवल लोकतंत्र में ही वे उन्नति कर सकते हैं। यदि वे साम्प्रदायिकता पर अड़े रहेंगे तो यह उनके लिए ही हानिकर होगा तथा उन्हें कुछ लाभ नहीं होगा। किन्तु वे तो बहुसंख्यकों के लोकतंत्र से नहीं डरते, प्रत्युत बहुसंख्यकों की साम्प्रदायिकता से डरते हैं। और पंजाब में यही कठिनाई है। मैं आपसे प्रार्थना करता हूँ और इस सदन से अनुरोध करता हूँ कि आप ध्यान दें कि मैं यही चाहता हूँ कि मुझे बहुसंख्यकों की साम्प्रदायिकता से बचाया जाये और इसलिए मैं सदन से निवेदन करता हूँ कि मेरे इस संशोधन को स्वीकार कर लिया जाये।

जयपाल सिंह (बिहार : जनरल) : अध्यक्ष महोदय, मैं अनुभव करता हूँ कि यदि मैं सदन से यह अनुरोध न करूँ कि अनुसूची 7-क में कुछ आदिवासी भाषाओं को भी शामिल कर दिया जाये, जिन्हें थोड़े से व्यक्ति नहीं, शब्दशः दसियों लाख व्यक्ति बोलते हैं, तो मैं अपना कर्त्तव्य समुचित रूप से पूरा नहीं कर रहा होऊँगा। मेरे संशोधन सं. 272 में लिखा है :

''कि चतुर्थ सूची के संशोधन सं. 65 में, प्रस्थापित नई अनुसूची 7-क में, निम्न नई मदें जोड़ दी जायें :-

''14. मुंदरी

15. गोंडी

16. ओराओं।''

श्रीमान्, यदि आप विगत जनगणना में अनुसूचित आदिमजातियों की सूची को देखें तो आपको पता लगेगा कि वहाँ 176 का उल्लेख है। हाँ, 176 भाषाएँ नहीं हैं। वे उप-भाषाएँ हो सकती हैं और एक भाषा विभिन्न क्षेत्रों में जरा-जरा भिन्न हो सकती हैं। आप मुझसे पूछ सकते हैं कि मैंने 176 में से तीन को ही क्यों लिया है। श्रीमान्, मैं नहीं चाहता कि अनुसूची में बहुत-सी भाषाओं का भार हो, और इसलिए मैंने केवल तीन महत्त्वपूर्ण भाषाओं को चुना है। मेरे संशोधन में उल्लिखित पहली भाषा 'मुंदरी' के विषय में मैं कह सकता हूँ कि मैंने संथाली का उल्लेख नहीं किया है, क्योंकि मुंदरी उन भाषाओं का वंशनाम है, जिन्हें कभी आस्ट्रिक भी कहा जाता है और कभी मोन-खमेर भी कहा जाता है। मैं देखता हूँ कि गत जनगणना में यह उल्लेख है कि 40 लाख व्यक्ति मुंदरी भाषा बोलते थे। मैं देखता हूँ कि इस सूची या अनुसूची में इस समय ऐसी भाषाएँ समाविष्ट हैं, जिन्हें बोलने वाले मुंदरी भाषियों से कम हैं।

इसी प्रकार ओराओं को रखने का मेरा यह कारण है कि ओराओं लोगों का हमारे देश में कोई छोटा वर्ग नहीं है। यहाँ लगभग ग्यारह लाख ओराओं हैं। हाँ, यदि भाषा अनुसूची में कन्नरी भाषा के अन्तर्गत आ जाती है; अतः वास्तव में, यदि कन्नरी में ओराओं आ जाती है, और यदि मेरे मित्र श्री बोनीफेस लकरा को, जो वह भाषा बोलते हैं, यह संतोष है कि वह उसमें समाविष्ट है, तो मैं मद 16-ओराओं को वापस ले लूँगा।

मैंने यह भी माँग की है कि गोंडी भी एक भाषा होनी चाहिए, क्योंकि उसके बोलने वाले 32 लाख हैं। इन तीन भाषाओं को स्वीकार करने के लिए सदन से प्रार्थना करने का मेरा मुख्य कारण यह है कि मैं अनुभव करता हूँ कि उन्हें स्वीकार करने से प्राचीन इतिहास को खोज करने के कार्य में प्रोत्साहन मिलेगा।

किसी न किसी प्रकार आज सदन में दो वर्ग हैं—शुद्ध हिन्दीवादी और दूसरे लोग, जो उदारता से यह स्वीकार करते हैं कि भाषा का विकास समय पर छोड़ देना चाहिए। मैं यह कहना चाहता हूँ कि मैं तो वही स्वीकार करने के लिए तैयार हूँ जो सदन विनिश्चय कर दे। किन्तु कई लोगों

में जो शुद्धताई की कट्टरता आ गयी है, उस पर मेरे हृदय में प्रबल विरोध उत्पन्न होता है। भाषा क्या है? भाषा वह है जो बोली जाती है। मेरे विचार में हमारा यह सोचना अवनतिसूचक है कि हम आज बोली जाने वाली भाषा को भावनावश शत-प्रतिशत संस्कृत शब्दों से भरकर उन्नत बना सकते हैं। मैं संस्कृत की बहुत प्रशंसा करता हूँ। मैं हिन्दी ही बोलता हूँ जैसी कि मेरे प्रांत बिहार में बोली जाती है, किन्तु वह ऐसी हिन्दी नहीं है जैसी कि मेरे मित्र यहाँ स्वीकार करना चाहते हैं। वही हिन्दी भाषा रखिये जो सब जगह बोली जाती है। उसे अन्य भाषाओं से शब्द लेकर उन्नति करने दीजिए। हम यह नहीं सोचना चाहिए कि यदि हिन्दी या हिन्दुस्तानी में अन्य शब्द आ जायेंगे तो वह गरीब हो जायेगी। भाषा का विकास और उन्नति तभी होती है, जब उसमें अन्य भाषाओं से शब्द ग्रहण करने का साहस हो, मुझे कोई आपत्ति नहीं है आप उसे हिन्दुस्तानी कहिये या हिन्दी। आप जो निश्चय करेंगे मैं जल्दी सीख लूँगा, आदिवासी इसे सीख लेंगे। वे दुभाषी या त्रिभाषी होते हैं। पश्चिम बंगाल में संथाल बंगाली भी बोलते हैं और अपनी मातृभाषा भी। आप जहाँ जायेंगे यही देखेंगे कि आदिवासी अपनी मातृभाषा के अतिरिक्त उस क्षेत्र की भाषा को अपना लेता है।

बिहार का एक भी सदस्य नहीं है जिसे आदिवासी भाषा सीखनी पड़ी हो। क्या मेरे मित्र पण्डित रविशंकर शुक्ल मुझे बता सकते हैं कि यदि मध्य प्रदेश में 32 लाख गोंड लोग भी हैं, पर क्या उन्होंने गोंडी भाषा सीखने का प्रयत्न किया है? क्या किसी बिहारी ने संथाली सीखने का प्रयत्न किया है यद्यपि आदिवासियों से अन्य भाषाएँ सीखने के लिए कहा जाता है? हमारे लिए यह गर्व की बात है कि हम अन्य भाषाएँ भी बोल सकते हैं।

मेरे विचार में इसका बदला भी होना चाहिए। कुछ सहिष्णुता की भावना होनी चाहिए, और जो प्रान्त हिन्दी बोलते हैं उन्हें एक अन्य भाषा सीखनी चाहिए। हमें ऐसी ही भावना प्रदर्शित करनी चाहिए। हमें यह नहीं कहना चाहिए कि शेष देश को हमारी भाषा सीखनी चाहिए, क्योंकि हम अन्य कोई चीज़ नहीं सीखेंगे।

श्रीमान्, जैसाकि मैंने कहा, हमें अभी भारत के वृद्ध पुरातत्व की खोज करनी है। हमें प्राचीन भारत का हाल बहुत कम पता है और प्राचीन भारत के विषय में जानकारी प्राप्त करने का एकमात्र उपाय यही है कि उन भाषाओं को सीखा जाये, जो इस देश में प्राचीन आर्यों के आने से पहले प्रचलित थीं। केवल तभी हम जान सकेंगे कि प्राचीन काल में भारत किस प्रकार का था। मैं जानता हूँ मेरे मित्र श्री मुंशी का यह ख़याल है कि जब मैं 'आदिवासी' शब्द का प्रयोग करता हूँ, मेरे मन में आदिवासी गणराज्यों का ख़याल होता है। वे शायद समझते हैं कि मैं इस संशोधन द्वारा तीन आदिवासी गणराज्य स्थापित करने का प्रयत्न कर रहा हूँ। श्रीमान्, यह बात नहीं है। संथाली को लीजिए। यदि मेरा संशोधन स्वीकार हो जाता है तो उसका प्रभाव पश्चिमी बंगाल, आसाम, नि:संदेह बिहार तथा उड़ीसा पर पड़ेगा। गोंडी का मामला लीजिए। गोंडी मुख्यत: मध्य प्रदेश में है, किन्तु वह हैदराबाद तक विस्तृत है, थोड़ी सी मद्रास में और जरा-सी बम्बई में भी है। इनमें से कोई भी अलग क्षेत्र नहीं है। वे दूरस्थ प्रान्तों तक फैले हुए हुए हैं। मैं तो केवल यही चाहता हूँ कि इन भाषाओं को प्रोत्साहित और विकसित किया जाये ताकि वे स्वयं उन्नत बन सकें और अपनी उन्नति से वे देश की राष्ट्रभाषा को भी उन्नत बना सकें। मैं नहीं चाहता कि हम भाषाजनित साम्राज्यवाद के वशीभूत हो जायें। मैं जहाँ भी गया, वहाँ की भाषा को सीखना मेरे लिए आनन्द की वस्तु थी।

जहाँ तक लिपि का सबंध है, मेरे बहुत प्रबल विचार हैं और उसके कारण हैं। मैं अनुभव करता हूँ कि हम देवनागरी को स्वीकार करके एक ग़लत काम कर रहे हैं। मैं तीस वर्ष से डॉ.

सुनीति कुमार चटर्जी की विचारधारा को मानता हूँ कि सब भारतीय भाषाओं के लिए अन्तरराष्ट्रीय ध्वनि प्रणाली होनी चाहिए। अन्तरराष्ट्रीय ध्वनि-प्रणाली का अर्थ यह है कि मैं तमिल का ऐसे ही उच्चारण कर सकता हूँ जैसे कि कोई तमिल भाषी करता है। मैं कनेरी भाषा को ऐसे बोल सकता हूँ जैसे कोई कनेरी भाषी बोलता है। किसी भाषा को जाने बिना ही मैं उसे पढ़ सकता हूँ और उसका उच्चारण कर सकता हूँ जैसे उस भाषा वाला उसका उच्चारण करता है, पर मैं जानता हूँ कि सदन उसे स्वीकार नहीं करेगा। जब तक मेरे मित्रों में भय-भाव है तब तक मुझे भय है कि उनसे ऐसी लिपि स्वीकार करने का अनुरोध करना व्यर्थ है, जो दूसरों को पढ़ाने के या स्वयं पढ़ने के प्रयोजन के लिए ही ठीक न हो।

इसका वाणिज्यिक पहलू भी है। यह सुविख्यात बात है कि मुद्रण काल के सब उत्पादकों को देवनागरी लिपि के कारण सरदर्द रहा है। जितने समय में आप अंग्रेजी में लगभग पंद्रह बीस हज़ार प्रतियाँ छाप सकते हैं, उतने समय में देवनागरी में आप इसका दसवाँ भाग भी नहीं छाप सकते। अब यह इस मामले का वाणिज्यिक पहलू है। मैं भावुकता की बात नहीं कर रहा हूँ। मेरे विचार में देश के लिए ऐसी कोई बात करना बुद्धिमानी नहीं है, जिससे इसकी प्रगति कम हो जाये। देवनागरी स्वीकार करके हम अपने मार्ग में बाधा डाल रहे हैं, हम तब तक बहुत तीव्र गति से आगे नहीं बढ़ सकेंगे जब तक कि मेरे मित्र ऐसी कलें न बना सकें जो अन्तरराष्ट्रीय वर्णमाला के समान द्रुतगति से चलेंगी या उससे जरा ही कम गति से चलेंगी।

श्रीमान्, मुझे बहुत अधिक कुछ नहीं कहना है। मुझे तो यही अनुरोध करना है कि इस देश के प्राचीनतम लोगों की भाषाओं को इस अनुसूची में मान्य स्थान मिलना चाहिए। मुझे अधिक कहने की आवश्यकता नहीं है। मैं दोनों ओर के सदस्यों को आश्वासन देना चाहता हूँ कि मैं इस भाषा तथा लिपि संबंधी झगड़े में नहीं पड़ना चाहता। सदन जो कुछ स्वीकार कर लेगा, मैं और मेरे लोग शीघ्र उसे अपना लेंगे, और इसी भावना से मैं सदन से कहता हूँ कि मेरे संशोधन को स्वीकार करके सहिष्णुता प्रदर्शित करें।

पुरुषोत्तम दास टंडन (युक्तप्रान्त : जनरल)—अध्यक्ष महोदय, मैं उन बातों के विषय में पुनः कुछ नहीं कहना चाहता, जो मेरे पूर्ववर्ती वक्ता कह चुके हैं। मैंने श्री गोपालस्वामी आयंगर द्वारा प्रस्थापित संशोधनों पर कुछ संशोधन पेश किये हैं और मुझे जो कुछ कहना है, मैं अपनी प्रस्थापनों के उद्देश्य के यथासंभव निकट रहने का प्रयत्न करूँगा।

श्री गोपालस्वामी आयंगर ने जो वक्तृता दी है, वह उनकी प्रस्थापनाओं की भावना का प्रतिबिम्ब है। उनके अनुसार, अंग्रेजी भाषा के बल पर ही हमें स्वतन्त्रता मिली है, और इसलिए यह अपेक्षित है कि अंग्रेजी को प्रशासनीय प्रयोजनों के लिए—उनके ही शब्दों में—बहुत-बहुत वर्षों तक रखा जाना चाहिए, वास्तव में पंद्रह वर्षों से भी अधिक समय के लिए रखा जाना चाहिए, यद्यपि इस पंद्रह वर्ष के काल में उनकी प्रस्थापनाओं के अन्तर्गत, अंग्रेजी संघ की भाषा रहनी चाहिए। उनकी दूसरी दृढ़ धारणा यह है कि कोई भी प्रान्तीय भाषाएँ, जिनमें हिन्दी भी शामिल है, इतनी उन्नत नहीं है कि उस भाषा की आवश्यकताओं को पूरा कर सके जिसमें सब प्रकार का प्रशासन कार्य, विशेषत: विधि संबंधी उलझनों का भार वहन होना है। उनकी प्रस्थापनाओं की समस्त योजना इन दो दृढ़ धारणाओं पर अवलम्बित है और इन दोनों से प्रभावित है।

उनकी प्रस्थापनाओं में एक तीसरा नवीन भाव भी है कि कालक्रम से भारत में अंग्रेजी भाषा का चाहे कुछ भी हो, पर हमने अंग्रेजी भाषा से जो अंक सीखे हैं और जिन्हें उनके मसौदे में 'भारतीय

अंकों के अन्तरराष्ट्रीय रूप' नाम से पुकारा गया है, वे तो हर हालत में रहने ही चाहिएँ और उन्हें नागरी लिपि का अभिन्न अंग बनना होगा और जब भी तथा जहाँ भी देवनागरी लिपि का संघ के प्रयोजनों के लिए प्रयोग करना हो, उन्हें देवनागरी-संस्कृत अंकों का स्थान ग्रहण करना होगा।

मैं पूर्ण नम्रता से इस सदन के माननीय सदस्यों से निवेदन करना चाहता हूँ कि वे इन तीन बातों पर जरा ध्यान से विचार करें, यह स्मरण रखते हुए कि आज हम जो कुछ कर रहे हैं उसका प्रभाव केवल हम पर या विविध प्रान्तों के उन थोड़े से नर-नारियों पर ही नहीं पड़ेगा जो अंग्रेजी प्रणाली से शिक्षा प्राप्त हैं और जिनका अंग्रेजी भाषा से ही पोषण तथा विकास हुआ है, प्रत्युत हमारे विनिश्चयों का प्रभाव तथा असर उन करोड़ों नर-नारियों के जीवन पर पड़ेगा, जिनका अंग्रेजी भाषा से कोई सम्पर्क नहीं है, जिनके लिए अंग्रेजी भाषा से कोई सम्पर्क होना असम्भव है और जिन्हें उनकी विद्यमान स्थिति से उठाकर लोकतंत्र तथा प्रशासन का प्रशिक्षण देना है। हमें यह भी स्मरण रखना चाहिए, श्रीमान् कि, आज हम यहाँ जो विनिश्चय करेंगे उसका प्रभाव केवल विद्यमान पीढ़ी पर ही नहीं पड़ेगा, अपितु उन संततियों पर भी पड़ेगा, जो अभी उत्पन्न नहीं हुई है।

प्रधानमंत्री ने अपने तरीक़े से हमें चेतावनी दी है कि हमें पीछे की ओर नहीं देखना चाहिए, कोई ऐसा कदम नहीं उठाना चाहिए जो हमें पीछे की ओर ले जाये। मैं सदा उस विचार से सहमत हूँ, और मैंने स्वयं कई वर्षों से यही कहा है कि हमने विगत में जो कुछ प्राप्त किया है, उससे हम संतुष्ट नहीं रह सकते, और अतीत में जो व्यवस्था थी, हम अपने आप को पूर्णत: उसी के अनुसार नहीं बना सकते। मैंने लोगों के समक्ष ये आदर्श रखे हैं—

समय भेदेन धर्म भेद:,
अवस्था भेदेन धर्म भेद:।।

समय और अवस्था के अनुसार हमारा धर्म, हमारे कर्त्तव्य बदल जाते हैं; ये प्राचीन आदर्श हैं। हमें याद रखना है कि हमारी छोटी-छोटी व्यवस्थाओं का भी समय होता है और फिर उनका समय नहीं रहता। संसार आगे बढ़ता है। आज की व्यवस्थाओं के स्थान पर नई व्यवस्थाएँ बन जाती हैं, नये तरीक़े और नई विचारधाराएँ आ जाती हैं। अतीत के पदचिह्नों पर सदा एक नवीनता आती है। हम प्रकृति के उस महान् मूलभूत तथ्य से पीछा नहीं छुटा सकते, चाहे हम ऐसा करना चाहें भी।

साथ ही, श्रीमान्, हमें स्मरण रखना है, जैसे कि प्रधानमंत्री ने कहा था कि हमारी जड़ अतीत में हैं और हम उससे अपना संबंध नहीं तोड़ सकते। एक प्रकार से हम एक दृढ़ किन्तु अदृश्य शृंखला द्वारा अतीत से बँधे हुए हैं, जो आकाशिक शृंखला है, जो सदा समय के साथ बढ़ती रहती है, किन्तु जो अटूट रहती है। अत: हम जो कुछ करने का प्रयत्न करें, उसमें हमें यह ध्यान रखना चाहिए कि हम अपने भाग्य की ओर तो बढ़ें ही, पर हमारा अतीत से संबंध जोड़ने वाली वह लम्बी, दृढ़ शृंखला निर्बल न हो जाये, वरन् प्रत्येक कदम पर प्रबल ही हो। श्रीमान्, मेरा निवेदन है कि यह हमारा मूलभूत राजनैतिक दर्शन होना चाहिए कि हम अतीत में न रहें, पर विद्यमान में रहें जो हमारा अतीत से संबंध जोड़ता है।

मैं उन अच्छाइयों को पूरी तरह से लेने के पक्ष में हूँ जो हमें पश्चिम से प्राप्त होती हैं। किन्तु मैं यहाँ उपस्थित सबसे कहता हूँ कि वे याद रखें कि पश्चिम में चमकने वाली सब वस्तु स्वर्ण नहीं है, पश्चिमीय वस्तु अवश्यमेव अच्छी नहीं है, हमारे देश में ही ऐसी उच्च भावनाएँ और परम्पराएँ स्थापित हुई हैं जिनका प्रभाव, समय बीतने पर, मानव जाति के भाग्य पर अधिकाधिक पड़ेगा।

इन्हीं सिद्धान्तों को सामने रखकर, मैं चाहता हूँ कि माननीय सदस्य उस मसौदे का परीक्षण

करें जो हमारे मित्र श्री गोपालस्वामी आयंगर ने स्वीकृति के हेतु पेश किया है। मैं इसे पढ़ कर नहीं सुनाऊँगा। मैं मान लेता हूँ कि आप इसके प्रत्येक महत्त्वपूर्ण खण्ड से अवगत हैं। उस मसौदे के अनुसार, अंग्रेजी भाषा का अस्तित्व कम से कम पंद्रह वर्ष रहेगा, केवल उसका अस्तित्व ही नहीं रहेगा, वरन् संघ संबंधी समस्त मामलों में उसका साम्राज्य रहेगा। मैंने सोचा था कि यद्यपि आने वाले कुछ समय के लिए अंग्रेजी को सरकारी प्रयोजनों के लिए रखना अपेक्षित होगा, पर वह समय इतना लम्बा नहीं होगा। मैंने सोचा था कि इससे बहुत अल्प समय में हम लोग उस भाषा में कार्य कर सकेंगे, जिसे वे समझते हैं। मैं यह नहीं भूलता कि हमारे मित्रों के लिए, जो दक्षिण से आये हैं, हिन्दी, जिसे राजभाषा बनाने की प्रस्थापना है, सीखना बहुत आसान नहीं होगा। साथ ही मेरा निवेदन है कि दक्षिण के लोग हिन्दी से सर्वथा अपरिचित नहीं हैं। राष्ट्रपिता के निदेश के अन्तर्गत, जिनका नाम हमारे हृदय की भावतंत्री को सदा ध्वनित करता रहेगा, हिन्दी का कार्य दक्षिण भारत में 1918 में आरम्भ हुआ था, और इस कालावधि में लाखों नर नारियों ने हिन्दी सीख ली है और जैसाकि मेरे मित्र श्री मोतुरी सत्यनारायण, जो यहाँ बैठे हैं, आपको अधिक अच्छी तरह बता सकते हैं, प्रतिवर्ष लगभग पचपन साठ सहस्त्र परीक्षार्थी दक्षिण भारत हिन्दी प्रचार सभा की परीक्षाओं में बैठते हैं, जिसका नाम हाल ही में हिन्दुस्तानी प्रचार सभा रख दिया गया है।

एक माननीय सदस्य—वे पढ़ लिख सकते हैं किन्तु वे अपनी बात को अभिव्यक्त नहीं कर सकते।

पुरुषोत्तम दास टंडन—यह हो सकता है। मेरा तो यही कहना है कि इससे पता लगता है कि हिन्दी भाषा दक्षिण भारत में नई चीज़ नहीं होगी। मैं इस ख़याल में था कि मद्रास के नवयुवकों को हिन्दी सिखाने में पंद्रह वर्ष का लम्बा समय अपेक्षित नहीं होगा, किन्तु पन्त जी ने कहा कि यह कहना हमारे दाक्षिणात्य भाइयों का काम है कि उन्हें कितना समय चाहिए और मैं इस बात से सहमत हूँ कि इस मामले में उनको बाध्य करना हमारा काम नहीं है। हम अपनी सेवाएँ अर्पण करेंगे, हम मंत्रणा दे सकते हैं किन्तु हम यह उन पर छोड़ देते हैं कि वे कितना समय चाहते हैं और कितने समय में वे अपने लोगों को संघ के प्रयोजनार्थ हिन्दी प्रयोग करने के योग्य बना लेंगे।

हम इसी भावना से पंद्रह वर्ष के समय के लिए सहमत हो गये। हमने पाँच से आरम्भ किया था, फिर हम दस पर आ गये और फिर हमने देखा कि हमारे दाक्षिणात्य भाई पंद्रह वर्ष चाहते हैं और हम उस पर सहमत हो गये। किन्तु श्री आयंगर के मसौदे में, एक कठोर उपबन्ध है कि पाँच वर्ष तक या अधिक समय तक अंग्रेजी के अतिरिक्त और किसी रूप में हिन्दी का प्रयोग बिल्कुल नहीं होगा, जब तक आयोग सिफ़ारिश न कर दे और वह सिफ़ारिश राष्ट्रपति द्वारा स्वीकार न कर ली जाये। वह मुझे कुछ कठोर उपबन्ध प्रतीत होता है। यह कुछ कोमल बन सकता था। हिन्दी को उन सरकारी प्रयोजनों से बिल्कुल अलग क्यों रखा जाये, जिनके लिए हिन्दी का प्रयोग हमारे दाक्षिणात्य मित्रों को असुविधा हुये बिना हो सकता है? विद्यमान खण्डों के अधीन संघ का कोई मंत्री किसी सरकारी कार्यवश किसी को कोई पत्र हिन्दी में लिख ही नहीं सकता जब तक कि उस पत्र के साथ अंग्रेजी अनुवाद न हो। स्पष्ट है कि ऐसी दशा में हिन्दी का प्रयोग होना कदापि सम्भव नहीं है। अत: इसका यह आशय हुआ कि पाँच वर्ष या अधिक समय तक, जब तक कि आयोग सिफ़ारिश न करे और राष्ट्रपति उसे स्वीकार न करे तब तक कोई कार्य हिन्दी में नहीं हो सकता, सिवाय अंग्रेजी से हिन्दी में अनुवाद के। आप अंग्रेजी में एक पुस्तक प्रकाशित कर सकते हैं और उसका हिन्दी में भी अनुवाद कर सकते हैं। केवल यही कार्य पाँच वर्ष या अधिक समय तक हो

सकता है। यह कुछ कठोर है। किन्तु मैं इस पर भी सहमत हूँ कि पाँच वर्ष तक हिन्दी में कुछ नहीं होगा, केवल अंग्रेजी के अतिरिक्त कुछ हो सकता है।

किन्तु मैं आपसे कहता हूँ कि इस बात पर विचार करो कि पाँच वर्ष के पश्चात् क्या होगा? श्री आयंगर की प्रस्थापना के अधीन, पाँच वर्ष के अंत में, भाषा के प्रश्न पर विचार करने के लिए आयोग नियुक्त किया जायेगा। इसका अवश्य यह प्रभाव होगा कि यह पाँच वर्ष की कालावधि दो वर्ष या अधिक बढ़ जायेगी, क्योंकि आयोग, अपनी नियुक्ति के पश्चात् समवेत होगा और कदाचित् देश भर में घूमेगा तथा प्रतिवेदन देगा। उसके पश्चात् एक संसदीय समिति बैठेगी और आयोग की प्रस्थापनाओं का परीक्षण करेगी तथा फिर अपनी अन्तिम रिपोर्ट देगी। मैं कोई समय निश्चित नहीं करता। मेरे संशोधन में यही लिखा है कि 'at' के स्थान पर 'before' शब्द रख दिया जाये, ताकि प्रतिवेदन पहले ही तैयार हो जाये तथा सरकार यह निर्देश दे सके कि पाँच वर्ष के अन्त में कुछ परिवर्तन, जो हिन्दी के संबंध में अपेक्षित समझे जायें, प्रभावी हो सकें। मैंने यह छोटा-सा संशोधन पेश किया है और मुझे आशा है कि इसे स्वीकार कर लिया जायेगा। इसका यही अर्थ है कि पाँच वर्ष समाप्त होने से पूर्व ही आयोग नियुक्त हो जायेगा। किन्तु मैंने अपने संशोधन में स्पष्ट कर दिया है कि जो भी सिफ़ारिशें स्वीकृत होंगी वे केवल पाँच वर्ष की समाप्ति पर ही प्रभावी होंगी। और मुझे इसी पर संतोष हो जायेगा कि पाँच वर्ष के अन्दर केवल वही काम हिन्दी में हो, जो अंग्रेजी का अनुवाद हो।

इसी प्रकार, अन्य खण्डों में मैंने कुछ परिवर्तनों की प्रस्थापना की है। जैसाकि अध्यक्ष ने निर्देश दिया है, इन संशोधनों के विषय में यह मान लिया गया है कि वे पेश कर दिये गये हैं। अतः मैं उन्हें पढ़ूँगा नहीं। मैं उनके सामान्य प्रयोजन का ही उल्लेख करूँगा। एक संसदीय समिति का सुझाव दिया गया है और यह कहा गया है कि वह आयोग की सिफ़ारिशों पर प्रतिवेदन देगी। मैंने इस आशय का एक छोटा-सा खण्ड जोड़ दिया है कि यह समिति अपनी सिफ़ारिशें भी दे सकती हैं—''जो सिफ़ारिशें वह उपयुक्त समझे।'' यही थोड़े से शब्द मैंने समिति की नियुक्ति और आयोग की सिफ़ारिशों पर उसके प्रतिवेदन संबंधी खण्ड विशेष में जोड़े हैं। मैं तो केवल यही चाहता हूँ कि इस संसदीय समिति को भी, यदि वह उचित समझे तो कुछ सिफ़ारिशें करने दीजिए और सरकार को समिति तथा आयोग की सिफ़ारिशों पर विचार करने दीजिए।

ये ही संशोधन मैंने 301-ख में प्रस्थापित किये हैं।

अब मैं प्रादेशिक भाषाओं संबंधी अध्याय 2 पर आता हूँ। श्री आयंगर के मसौदे के 301-ग में लिखा है :-

> "......a State may by law adopt any of the language in use in the State or Hindi as the language or languages to be used for all or any of the official purpose of that State."
>
> (....राज्य विधि द्वारा उस राज्य के राजकीय प्रयोजनों में से सब या किसी के लिए प्रयोग के अर्थ उस राज्य में प्रयुक्त होने वाली भाषाओं में से किसी को या हिन्दी को अंगीकार कर सकेगा।)

मैं उससे सहमत हूँ। मुझे तो केवल परन्तुक पर आपत्ति है। उसमें लिखा है :

> "Provided that until the Legislature of the State otherwise provides by law, the English language shall continue to be used for those official purposes within the

States for which it was being used at the commencement of the Constitution."

(परन्तु जब तक राज्य का विधानमण्डल विधि द्वारा इससे अन्यथा उपबन्ध न करे, तब तक राज्य के भीतर उन राजकीय प्रयोजनों के लिए अंग्रेजी भाषा प्रयोग की जाती रहेगी जिनके लिए इस संविधान के आरम्भ पर वह प्रयोग की जाती थी।)

मेरी समझ में यह नहीं आता है कि राज्यों में अंग्रेजी के प्रयोग को प्रोत्साहित करना अपेक्षित क्यों होना चाहिए। हो सकता है कि संविधान के आरम्भ में वे अंशतः अंग्रेजी का प्रयोग कर रहे हों, किन्तु वे उसे बदलना चाहते हों। मैं जानता हूँ कि आपने उपबन्ध किया है कि वे उसे विधि द्वारा बदल सकते हैं। किन्तु वे शायद अंग्रेजी का ही नहीं, अन्य भाषाओं का भी प्रयोग करते हों। अतः मैं परन्तुक के स्थान पर यह वाक्य रखना चाहता हूँ—

"Provided that until the Legislature of the State otherwise provides by law, the language or languages which were being used for official purposes within the State at the commencement of the Constitution shall continue to be so used."

(किन्तु जब तक राज्य का विधानमण्डल विधि द्वारा अन्यथा उपबन्ध न करे तब तक राज्य के भीतर वह भाषा या वे भाषाएँ राजकीय प्रयोजनों के लिए प्रयोग की जाती रहेंगी; जो संविधान के आरम्भ पर प्रयोग की जाती थी।)

मेरे अपने प्रान्त में हम इस समय राजकीय प्रयोजनों के लिए हिन्दी का प्रयोग कर रहे हैं। मेरे विचार में बिहार और मध्य प्रदेश में भी उसी का प्रयोग हो रहा है। हमारे लिए नई विधि पारित करके हिन्दी स्वीकार करना अपेक्षित क्यों हो। हम इस समय सरकार के निर्देश से हिन्दी का प्रयोग कर रहे हैं और इसलिए मेरे सुझाए हुए शब्द अधिक उपयुक्त होंगे।

फिर अनुच्छेद 301-ङ में लिखा है कि जब राष्ट्रपति का समाधान हो जाये कि किसी राज्य के जनसमुदाय का पर्याप्त अनुपात किसी अन्य भाषा का प्रयोग चाहता है तो वह निर्देश दे सकेगा कि उस भाषा को भी राजकीय अभिज्ञा दी जाये। मैं उससे सहमत हूँ, परन्तु मुझे ऐसा प्रतीत होता है कि इस मामले में कांग्रेस कार्यसमिति के निर्देश का अनुसरण किया जाये और जनसमुदाय का एक निश्चित अनुपात नियत कर दिया जाये जिसकी माँग पर किसी भाषा को अभिज्ञा दी जाये। मेरे विचार में कार्यसमिति ने 20 प्रतिशत रखा था और हम भी उसे ही मान सकते हैं; अन्यथा केन्द्रीय सरकार के लिए विनिश्चय करना बहुत कठिन हो जायेगा कि कहाँ स्वीकार करें और कहाँ अस्वीकार करें और उससे कुछ गड़बड़ तथा कुछ प्रान्तों में कुछ कटुता भी हो सकती है। जब कोई अनुपात नियत हो जायेगा, तब केन्द्रीय सरकार के लिए मार्ग साफ हो जायेगा।

और फिर अध्याय 3—''उच्चतम न्यायालय तथा उच्च न्यायालय की भाषा''—में जो प्रस्थापनाएँ रखी गयी हैं, वे अवनतिशील हैं, और श्री आयंगर मुझे ऐसा कहने पर क्षमा करेंगे। आपने हिन्दी को राजभाषा स्वीकार किया है। मैं मानता हूँ कि आप चाहते हैं कि हिन्दी शनैः शनैः अंग्रेजी का स्थान ले ले। वह तभी हो सकता है जबकि आप हिन्दी को ऐसा अवसर दें कि वह कम से कम हिन्दी प्रान्तों में तो अंग्रेजी का स्थान ले ले। मैं जानता हूँ कि हिन्दी के प्रयोग में अहिन्दी प्रान्तों को कठिनाइयाँ हैं, किन्तु हिन्दी प्रान्तों को कोई कठिनाई नहीं है। कठिनाइयों की अतिशयोक्ति मत करिये। यह कहा गया है कि उपयुक्त वाग्धाराएँ, उपयुक्त पदावलियाँ या उपयुक्त शब्दावली नहीं मिलती। खैर, यह बात उन पर छोड़ दीजिए जो हिन्दी में कार्य करते हैं। मेरे अपने प्रान्त में, विधेयकों तथा अधिनियमितियों के मूल मसौदे हिन्दी में होते हैं। स्पष्ट है कि हमारे कार्य से दक्षिण के हमारे

भाइयों के लिए कोई कठिनाई नहीं होती। आप हमें अपना समस्त कार्य अंग्रेजी भाषा में करने के लिए क्यों बाध्य करते हैं, जब हम उसे हिन्दी में ही कर रहे हैं? फिर आप कहते हैं कि जहाँ तक उच्चतम न्यायालय तथा उच्च न्यायालयों का संबंध है, उनका कार्य भी पंद्रह वर्ष तक अंग्रेजी में ही होना चाहिए। मैं मानता हूँ कि उच्चतम न्यायालय पंद्रह वर्षों तक अंग्रेजी में कार्य करे, किन्तु मेरा निवेदन है कि यह अपेक्षित नहीं है कि उस काल में सब उच्च न्यायालय भी अंग्रेजी में कार्य करें। ऐसे उच्च न्यायालय हैं—उनमें से कई राज्यों में नये बने हैं, जहाँ कार्य हिन्दी में होता है और परम्परा से होता रहा है। उदाहरण के लिए ग्वालियर या इन्दौर को ही लीजिए। मुझे पता है कि वहाँ अंग्रेजी का भी प्रयोग हुआ है, कुछ बाहर से आयात किये गये न्यायाधीशों ने अंग्रेजी में कार्य किया और उसकी अनुमति दे दी गयी; और फिर भी बहुत सा कार्य साथ-साथ हिन्दी में होता रहा है। क्या आप उसे अब रोक देंगे? इसी प्रकार राजस्थान में एक उच्च न्यायालय है और कुछ अन्य राज्यों में भी हैं। क्या आप इन उच्च न्यायालयों को हिन्दी में कार्य करने से रोक देंगे? विद्यमान प्रस्थापना के अन्तर्गत इन उच्च न्यायालयों में समस्त हिन्दी कार्य असम्भव हो जायेगा। मैं कहता हूँ कि इसे बदलना चाहिए।

फिर एक और प्रकार के उच्च न्यायालय हैं; वे जो अपना कार्य अंग्रेजी में करते रहे हैं किन्तु जो हिन्दी को पंद्रह वर्ष से बहुत कम समय में अपना सकते हैं। मेरे अपने प्रान्त के या बिहार के या मध्य प्रदेश के उच्च न्यायालय को ही लीजिए। मुझे पूरा विश्वास है कि हमारा उच्च न्यायालय पाँच वर्षों के पश्चात् पूर्णत: हिन्दी में कार्य करना आरम्भ कर सकता है। शनै: शनै: आगामी पाँच वर्षों में समस्त प्रक्रिया निश्चित की जा सकती है तथा हिन्दी की आवश्यकताओं के अनुसार बनाई जा सकती है। शब्दावली से कोई कठिनाई नहीं होगी। वह तो पहले ही बन चुकी है। बहुत-सी शब्दावली है ही, और आवश्यक शब्दों का निर्माण करना आख़िर कोई बहुत कठिन कार्य नहीं है। हिन्दी कोई नई भाषा नहीं है। जब आयरलैंड ने अपना संविधान बनाया था तब उसने आयरिश भाषा को अपनाया था, जिसमें अधिक साहित्य नहीं था और जिसमें पर्याप्त शब्दावली भी नहीं थी और फिर भी आयर ने उसे अपनाया। हमारी भाषा हिन्दी तो अत्यन्त शक्तिशाली भाषा है।

श्री आयंगर ने कहा कि हिन्दी में शब्दावली का नितान्त अभाव है जिसकी आवश्यकता होगी। उस बात पर मैं क्या कहूँ। वे स्वयं कहते हैं कि वे उस भाषा से परिचित नहीं हैं और फिर भी वे उसके विषय में निर्णय देते हैं। मेरा निवेदन है कि यह उचित नहीं है। मेरा तो यह निवेदन है कि हिन्दी, संस्कृत के आश्रय से, जिसके विषय में इस सदन में इतना कहा जा चुका है और जिसका मैं सर्वथा अनुमोदन करता हूँ—हिन्दी संस्कृत की सहायता से, शब्दावली की समस्त कठिनाइयों को सुगमता से पार कर सकेगी। मुझे तो ऐसा प्रतीत होता है कि पाँच वर्षों की समाप्ति से पूर्व ही, हम उच्च न्यायालय का कार्य हिन्दी में चला सकते हैं। किन्तु मैं क़हता हूँ कि पाँच वर्ष तो पर्याप्त समय है ही। हमें इसकी आवश्यकता नहीं है कि पंद्रह वर्षों तक हमारा कार्य अंग्रेजी में ही चले। फिर उस लम्बे समय तक अंग्रेजी में कार्य करते रहना हमारे लिए अनिवार्य क्यों बनाया जाये? हमें विकास करने के लिए पर्याप्त स्थान दीजिए और फिर पंद्रह वर्ष पश्चात् समस्त महत्त्वपूर्ण कार्य, उदाहरण के लिए संघ का कार्य करना सरलतर हो जायेगा क्योंकि उस समय तक हिन्दी प्रान्त वह वातावरण उत्पन्न कर देंगे और वह शब्दावली बना देंगे, जो समस्त देश के लिए सहायक होगी।

मौलाना हसरत मोहानी (युक्तप्रान्त : मुस्लिम)—आपका हिन्दी प्रान्तों से क्या आशय है?

पुरुषोत्तम दास टंडन—मैं उन प्रान्तों का निर्देश कर रहा हूँ जिन्होंने हिन्दी को अपनी राजभाषा स्वीकार कर लिया है, उदाहरण के लिए, युक्त प्रान्त ने औपचारिक रूप में हिन्दी को अपनी भाषा मान लिया है; इस प्रकार बिहार ने भी किया है.....

मौलाना हसरत मोहानी—युक्त प्रान्त या तो उर्दू प्रान्त है या हिन्दुस्तानी प्रान्त है। वह हिन्दी भाषी प्रान्त नहीं हो सकता।

पुरुषोत्तम दास टंडन—यह आपका विचार हो सकता है। मैं हिन्दी, हिन्दुस्तानी या उर्दू के उस विवाद में नहीं पड़ना चाहता। मैं तो केवल यही कहता हूँ कि हिन्दी को युक्त प्रान्त की राजभाषा स्वीकार कर लिया गया है और इसी भाषा में सब सरकारी अधिनियमितियाँ और आज्ञाएँ आजकल पारित होती हैं। निःसंदेह बहुत-सा कार्य अंग्रेजी में भी हो रहा है, पर शनैः शनैः वह कार्य भी हिन्दी के माध्यम से ही होने लगेगा। यह ही छोटे-छोटे रूप भेद हैं, जिनका मैंने सुझाव दिया है।

अब मैं 301-क संबंधी अपने मुख्य संशोधन पर आता हूँ, जो अंकों के विषय में है। मैं जानता हूँ, श्रीमान्, कि अंकों के विषय में जो विवाद हुआ है, उससे कुछ कटुता उत्पन्न हो गयी है। मैं उस कटुता को बढ़ाना कदापि नहीं चाहता। मैं यथासम्भव उसे दूर करूँगा। मैं जानता हूँ कि मेरे मद्रास के मित्र हिन्दी अंकों को बदलना चाहते हैं।

माननीय सदस्यगण—बंगाल भी।

पुरुषोत्तम दास टंडन—मैं ग़लत कह रहा हूँ तो आप शुद्ध कर सकते हैं, किन्तु मैंने अपनी बंगाली मित्रों से यह बात कभी नहीं सुनी।

माननीय सदस्यगण—बम्बई में भी। वास्तव में सब अहिन्दी भाषी लोग यही चाहते हैं।

माननीय श्री पुरुषोत्तम दास टंडन—मेरा निवेदन यह है कि यह कहना बिल्कुल शुद्ध नहीं है कि सब अहिन्दी भाषी क्षेत्र यह परिवर्तन चाहते हैं। मैं श्री शंकर राव देव और डॉ. अम्बेडकर से, जो यहाँ बैठे हैं, पूछता हूँ कि क्या महाराष्ट्र के लोग उसे स्वीकार करेंगे।

शंकर राव देव—मैं कहता हूँ कि मैं जो कुछ कहता हूँ, महाराष्ट्रीय भी वही बात कहेंगे।

पुरुषोत्तम दास टंडन—महाराष्ट्र के विषय में मैं अपनी जानकारी से निवेदन कर सकता हूँ कि वहाँ लिपि वही है, अतः यदि वहाँ जनमत लिया जाये तो महाराष्ट्र के लोग तथाकथित अन्तरराष्ट्रीय अंकों को स्वीकार नहीं करेंगे।

माननीय सदस्यगण—यदि जनमत गणना होगी तो हिन्दी नहीं रहेगी।

पुरुषोत्तम दास टंडन—मैं माननीय सदस्यों से प्रार्थना करता हूँ कि वे एक-एक करके बाधा डालें और एक ही समय पर अनेक न बोलें। मुझे श्री शंकर राव देव और डॉ. अम्बेडकर का कथन सुन कर प्रसन्नता होगी।

डॉ. श्यामा प्रसाद मुखर्जी—इस पर जनमत क्यों न ले लिया जाये?

एच. जे. खांडेकर (मध्य प्रदेश तथा बरार : जनरल) : मैं महाराष्ट्री हूँ और मैं कह सकता हूँ कि यदि महाराष्ट्र में जनमत लिया जायेगा तो वे अन्तरराष्ट्रीय अंकों को स्वीकार नहीं करेंगे।

पी.एस. देशमुख—(मध्य प्रदेश तथा बरार : जनरल) : मैं भी महाराष्ट्री हूँ और मैं कह सकता हूँ कि वे अन्तरराष्ट्रीय अंकों को स्वीकार नहीं करेंगे।

अध्यक्ष—यह अपेक्षित नहीं है कि किसी प्रस्थापना विशेष पर सदस्य व्यक्तिगत राय अभिव्यक्त करें।

डॉ. श्यामा प्रसाद मुखर्जी—माननीय सदस्य राय पूछ रहे हैं।

पुरुषोत्तम दास टंडन—मैंने अपना विचार प्रगट कर दिया था। आप उससे सहमत हों या नहीं। मैंने डॉ. श्यामा प्रसाद मुखर्जी से अपनी राय देने के लिए नहीं कहा। मैंने तो यह कहा था और यह बात अब भी कहता हूँ और यही कहता हूँ कि यदि यह प्रस्थापना महाराष्ट्र के लोगों के पास जाये तो वे इसे स्वीकार नहीं करेंगे। मेरा भी उस प्रान्त से सम्पर्क है। और मेरे मित्र श्री मुंशी चाहे कुछ भी कहें, मैं तो यही कहता हूँ कि जब यह उपबंध गुजरातियों के पास जायेगा तो वे भी इसे स्वीकार नहीं करेंगे।

क्या इतने लोगों के लिए एक ही समय पर बोलना आवश्यक है? यदि एक व्यक्ति बाधा डाले तो मैं उसकी बात सुन सकता हूँ, किन्तु जब चार-पाँच व्यक्ति एक ही समय बोल पड़ें तब मैं किसी की भी बात नहीं सुन सकता।

मैंने श्री शंकर राव देव की बात सुनी है। वे कहते हैं कि यदि समस्त संविधान पर जनता की राय ली जाये तो वे इसे स्वीकार नहीं करेंगे।

शंकर राव देव—इसमें से बहुत कुछ को।

पुरुषोत्तम दास टंडन—यदि ऐसी बात है तो इसमें से बहुत कुछ रद्दी की टोकरी में फेंकने लायक है। यदि संविधान के किसी भी भाग को जनता स्वीकार नहीं करेगी तो इसे यहाँ स्वीकार नहीं करना चाहिए। मैं विनम्रता से निवेदन करता हूँ कि मैं समस्त देश में जनमतगणना को प्रसन्नतापूर्वक स्वीकार करूँगा। यदि प्रान्त हिन्दी को स्वीकार नहीं करें, तो मैं उन पर उसे कभी नहीं लादूँगा। फिर मैं तत्काल कहूँगा कि हिन्दी राष्ट्रभाषा नहीं होनी चाहिए। हिन्दी को किसी प्रान्त पर थोपा क्यों जाये? यह तो प्रान्तों को विनिश्चय करना है कि वे हिन्दी को स्वीकार करेंगे या नहीं करेंगे। वे अंग्रेजी को ही जारी रख सकते हैं या उनकी इच्छा हो तो वे ऐसे प्रान्तों को अपना सकते हैं। मैं उस पर पूर्णतः सहमत होऊँगा, यदि उनका यही विचार है। किन्तु लोगों का मत जानने का कोई उपाय खोजना चाहिए। कुछ विद्यार्थियों ने अभी जनता की इच्छा पूछी थी। हमने उसके विषय में पढ़ा है। जनता की राय का पता लगाने के लिए समस्त देश में दूसरा उपाय भी अपनाया जा सकता है। मद्रास में भी वैसा कर लिया जाये। चाहे यहाँ मेरे मित्र कुछ भी कहें मुझे तो आशा है कि मद्रास में जनता की बहुत बड़ी संख्या हिन्दी चाहेगी।

कई माननीय सदस्य—नहीं, नहीं।

पुरुषोत्तम दास टंडन—किन्तु यदि जनता का मत लेना सम्भव नहीं है, तो मैं उन सबसे जो शक्ति-आरूढ़ हैं, कहूँगा कि वे अपने हृदय की छोटी-सी आवाज़ को सुन और कोई छोटी-सी आवाज को भी न सुनें, जिसे वे समझते हैं कि जनता स्वीकार नहीं करेगी.....

मौलाना हसरत मोहानी—मैं युक्त प्रान्त में जनमत लेने की माँग करता हूँ कि वह हिन्दी प्रान्त रहेगा या हिन्दुस्तानी प्रान्त होगा। जहाँ एक भी व्यक्ति संस्कृतनिष्ठ हिन्दी नहीं बोलता।

अध्यक्ष—क्या मैं यह बता दूँ कि इस संविधान सभा पर यह भार है कि वह देश के लिए संविधान बनाये? इस सभा के संविधान में जनमतगणना का कोई उपबन्ध नहीं है, अतः पूरी या आंशिक जनमतगणना का कोई प्रश्न नहीं है। अतः उस पर कोई विवाद नहीं खड़ा होना चाहिए, क्योंकि वह व्यर्थ होगा।

पुरुषोत्तम दास टंडन—मैं उन लोगों से, जो शक्ति-आरूढ़ हैं, अनुरोध करता हूँ कि वे इस मामले पर विचार करें। मैं यह नहीं कहता कि इस मामले पर प्रत्यक्ष जनमत लिया जाये। जनमतगणना क्या है? उसका अर्थ है केवल लोगों की इच्छा। यदि यह लोगों पर छोड़ दिया जायेगा तो वे क्या कहेंगे?...

अध्यक्ष—जहाँ तक इस संविधान सभा का संबंध है, यह लोगों की इच्छा का प्रतिबिम्ब है।

आर.आर. दिवाकर (बम्बई : जनरल)—श्रीमान्, माननीय सदस्य जो कुछ कह रहे हैं वह इस सभा के सदस्यों पर आक्षेप है।

पुरुषोत्तम दास टंडन—यदि प्रत्येक बार जब भी हम जनता की इच्छा का निर्देश करें, उस पर यह आपत्ति कर दी जाये कि यह इस सदन के सदस्यों पर आक्षेप है, तो कुछ भी कहना असम्भव हो जायेगा। कभी-कभी सदन की इच्छा लोगों की इच्छा से भिन्न हो सकती है। जहाँ तक अंकों का संबंध है, मैं आपसे कहता हूँ कि उस पर विचार करिये। शायद आपने पहले ही दृढ़ निश्चय कर लिया है। फिर भी मैं आपसे कहता हूँ कि मैं जो कुछ कहता हूँ, उसे सुनिये। इस अंकों के प्रश्न पर गरम मत होइये...

डॉ. श्यामा प्रसाद मुखर्जी—हमारे लिए यह चेतावनी है।

पुरुषोत्तम दास टंडन—आपने दृढ़ निश्चय कर लिया है और आप अपने विरोधियों पर हँसना चाहते हैं। यह आपको शोभा नहीं देता। मैं इस प्रश्न पर गम्भीर हूँ। मैं जानता हूँ कि श्री आयंगर इस प्रश्न पर गम्भीर हैं। यह लोगों के भविष्य संबंधी मामला है।

हम कई वर्षों से राष्ट्रभाषा की बात करते रहे हैं। सदन के समक्ष यह कोई नया प्रश्न नहीं है। उन्नीसवीं शताब्दी की बात है कि यह राष्ट्रभाषा का विचार बंगाल में उत्पन्न हुआ है, युक्त प्रान्त या बिहार में नहीं। मैं आपको उद्धरण दे सकता हूँ किन्तु मैं सदन का समय नहीं लेना चाहता। बंकिम चन्द्र चटर्जी का मूल लेख मेरे पास है। इस विषय पर मेरे पास केशव चन्द्र सेन का मूल कथन है। 1908 में 'वन्दे मातरम्' में जो कुछ छपा था, उसका मूल मेरे पास है, जिसके सम्पादक श्री अरविन्द घोष थे.....

पं. लक्ष्मीकान्त मैत्र (पश्चिमी बंगाल : जनरल)—उसका हमें पर्याप्त पुरस्कार मिल चुका है।

पुरुषोत्तम दास टंडन—यह विचार वहीं उत्पन्न हुआ था और फिर तिलक ने उसका समर्थन किया और राष्ट्रपिता महात्मा गाँधी ने उसे अपनाया था। मेरा कहना यह है कि आन्दोलन कई वर्षों से चल रहा है और हिन्दी को राष्ट्रभाषा स्वीकार करने के विषय पर कुछ विचारों को लेकर लोगों ने कार्य किया है। यह तो लगभग स्वीकार ही कर लिया गया है कि हिन्दी राष्ट्रभाषा है और विविध प्रान्तों में इसी धारणा पर काम चल रहा है।

कुछ मिनट पूर्व मैंने बताया था कि मद्रास में क्या कार्य हुआ है। मैं यह भी कह सकता हूँ कि बंगाल, आसाम, महाराष्ट्र, गुजरात और उड़ीसा में भी वह कार्य वर्षों से चल रहा है। आज वर्धा से हिन्दी में परीक्षाएँ होती हैं और उनमें प्रतिवर्ष लगभग 1,40,000 नवयुवक और महिलाएँ बैठती हैं—वे नवयुवक और महिलाएँ, जो हिन्दी भाषी प्रान्तों की नहीं हैं वरन् जो अहिन्दी भाषी प्रदेशों की होती हैं। उससे सिद्ध होता है कि यह नया विचार नहीं है, उस विचार के आधार पर देश में कार्य होता रहा है।

क्या मैं पूछ सकता हूँ, यह अंकों संबंधी विचार देश में कब से है? यदि हिन्दी भाषा को लोग वर्षों से लगभग स्वीकार किए हुए न होते तो कोई भी सदस्य उस भाषा की स्वीकृति के विषय में इस सभा के समक्ष कोई प्रस्थापना लाने का साहस नहीं कर सकता था। उसी आधार पर संविधान के मसौदे के भाषा संबंधी खंड की रचना की गयी है। किन्तु लोग इन अंकों के विषय में कितने समय से वाद-विवाद कर रहे हैं? केवल दो-तीन सप्ताहों से?

के. सन्तानम् (मद्रास : जनरल)—मैं माननीय सदस्य को सूचना देना चाहता हूँ कि यह प्रश्न

हमारे समक्ष 15 वर्ष पूर्व दक्षिण की हिन्दी प्रचार सभा के संबंध में उठा था और हमने यह विनिश्चय किया था कि दक्षिण में हिन्दी प्रचार अन्तरराष्ट्रीय अंकों से होना चाहिए था।

पुरुषोत्तम दास टंडन—मैं श्री सन्तानम् के कथन को ठीक मान लेता हूँ। मुझें इसका कभी पता नहीं था। किन्तु कभी श्री सन्तानम् ने या मद्रास की हिन्दी प्रचार सभा ने इस प्रश्न को देश के समक्ष नहीं रखा।

एम. सत्यनारायण (मद्रास : जनरल)—आप स्वयं पंद्रह वर्ष पूर्व हिन्दी प्रचार सभा में थे।

पुरुषोत्तम दास टंडन—जब हिन्दी प्रचार सभा से मेरा सम्पर्क था, उस समय तो हिन्दी अंक ही प्रयुक्त होते थे। मैं यह सूचना माननीय मित्र श्री सत्यनारायण को दे सकता हूँ, जिनका सम्पर्क उस सभा से मेरे बहुत बाद में आरम्भ हुआ था। जब उस सभा से मेरा कुछ संबंध था, जब वह सभा इलाहाबाद के निर्देश से कार्य कर रही थी, तब सब कार्य हिन्दी अंकों द्वारा हो रहा था। बाद में ही शायद वे अंग्रेजी अंकों को लाये होंगे; और आज भी मैं उन्हें स्मरण करा सकता हूँ कि कम से कम कुछ हिन्दी पुस्तकों में, जो उन्होंने प्रकाशित की हैं, नागरी अंक हैं। मैंने कम से कम एक तो अवश्य देखी है।

एम. सत्यनारायण—1927 में थी।

आर.आर. दिवाकर—हिन्दी, पंजाबी, उर्दू की क्या स्थिति होगी, जिनमें आजकल इन अंकों का प्रयोग हो रहा है?

पुरुषोत्तम दास टंडन—जब भाषा के रूप में हिन्दी को स्वीकार किया है तो उसके अंकों को भी स्वीकार करिये। मैं आपसे कहता हूँ इस पर विचार करिये कि क्या हिन्दी पर अंग्रेजी अंक लादने का यह उपयुक्त समय है, जबकि इस विषय पर देश किन्हीं विचारों पर निश्चित नहीं है? मैं कई बार कह चुका हूँ कि मैं किसी प्रान्त पर हिन्दी नहीं थोपूँगा, किन्तु संविधान के द्वारा आप इन अंकों को सरकारी प्रयोजनों के लिए उन सब पर लगभग थोप ही रहे हो जो अपना कार्य नागरी लिपि में करते हैं। मैं आपसे कहता हूँ कि वहाँ आप रुक जाइये। प्रधानमंत्री ने बार-बार कहा है कि भाषाओं का विकास होता है, वे एक दिन में नहीं बनतीं। उन्होंने कई बार ऐसा कहा है।

एक माननीय सदस्य—वे ठीक हैं।

पुरुषोत्तम दास टंडन—वे ठीक हैं। भाषाओं का विकास होता है। किन्तु अंकों का भी विकास होता है (बाधा)। अंकों का भी विकास होता है, उनका विकास हुआ है। (बाधा)। अंकों का विकास लिपि के साथ हुआ है। लिपि भी उस भाषा के समान ही विकसित होती है, जिसमें उनका प्रयोग होता है। लिपि एक दिन में नहीं बनी है। उसके सब भागों का, स्वरों, व्यंजनों और अंकों का विकास हुआ है। यह एक ही कलात्मक पूर्णता है। आप उस पूर्णता के मुख पर कोई चिप्पी नहीं लगा सकते। आज आप कहते हैं "नागरी अंकों को निकाल डालिए।" आप यह भी कह सकते हैं, चाहे आप आज नहीं कह रहे हैं "स्वरों को निकाल दीजिए, अंग्रेजी स्वरों का प्रयोग होने दीजिए और केवल व्यंजनों को ही हिन्दी का रहने दीजिए।" मैं कहता हूँ कि आप तमाशा बना देंगे।

एन. गोपालस्वामी आयंगर (मद्रास : जनरल)—यह तो व्यंग है।

पुरुषोत्तम दास टंडन—मेरे मित्र कहते हैं कि यह व्यंग है। वे स्वरों को हटाना बेहूदा समझते हैं। जहाँ तक हमारा संबंध है, हम अंकों को हटाना भी बेहूदा समझते हैं। इससे किसी को कोई लाभ नहीं होता। आप हमसे ऐसी वस्तु छीन रहे हैं, जिससे आप धनी नहीं बनते किन्तु हम अवश्य निर्धन बन जाते हैं।

हमारे अंक प्राचीन बपौती हैं। कभी यह भी कहा गया है कि अंग्रेजी अंक हमारे ही अंक हैं और यह प्रश्न रखा गया है; हम उन्हें वापस क्यों न ले लें? जैसे कि हमारे अंक खो गये थे और हम उन्हें पुनः प्राप्त करने वाले हैं! ऐसी कोई बात नहीं है। निःसंदेह यह अंक-ज्ञान हमारे देश से अरब होता हुआ यूरोप गया था। उस पर हम सबको गर्व हैं, किन्तु उसका यह अर्थ नहीं है कि हमारे यहाँ जिस वस्तु का विकास हुआ है, उसे छोड़ दिया जाये और हम उन वस्तुओं को, जो पहले हमारे यहाँ से गयी थीं, उनके परिवर्तित रूप में वापस ले लें। उन्होंने अपनी आवश्यकताओं के अनुसार उनके रूप बदल दिये हैं और हमने अपने रूपों में अपनी आत्मीयता के अनुसार भेद कर लिया है। सर्वत्र परिस्थितियों और वातावरण में परिवर्तन होते हैं। हमारे देश में भी परिवर्तन हुए हैं। जैसाकि मैंने कहा है, हमारे अंकों का भी विकास हुआ है। वैदिक काल में वे एक विशेष प्रकार से लिखे जाते थे। फिर परिवर्तन हुए और लगभग सोलह शताब्दियों से वे वर्तमान रूप में लिखे जा रहे हैं। क्या हम उस वस्तु को छोड़ दें, जो इतने लम्बे समय से प्रयुक्त होती रही है? मैं कहता हूँ कि अन्तरराष्ट्रीयतावाद कोई तर्क नहीं है और यह उचित नहीं है कि इस प्रकार हमारे लोगों से अकस्मात् अपने अंकों को छोड़ने के लिए कहा जाये।

आर.आर. दिवाकर—हम आजकल दक्षिण में उनका प्रयोग कर रहे हैं।

पुरुषोत्तम दास टंडन—मैं श्री दिवाकर से प्रार्थना करना चाहता हूँ कि वे धैर्य रखें। उन्हें फिर बाद में मौका मिल सकता है।

देवनागरी लिपि के विषय में, जिसमें अंक भी शामिल हैं, अधिकृत रूप से कहा गया है कि संसार की सब प्रणालियों से हमारी प्रणाली सर्वोत्तम है। मैं आपको एक-दो उद्धरण पढ़कर सुनाऊँगा, यद्यपि मेरे पास बहुत से हैं। सुनिये प्रोफेसर मोनियर विलियम्स (Monier Williams) कहते हैं :

> "And now a few words in explanation of the Deva-Nagari or Hindu system. This, although deficient in two important symbols, 'represented in the Roman by z and f......
>
> (which deficiency as you know, has been made up by means of dots.)
>
> ".....is, on the whole, the most perfect and symmetrical of all known alphabets. The Hindus hold that it came directly from the Gods – whence its name (*i.e. Devanagari*) and truly its wonderful adaptation to the symmetry of the sacred Sanskrit seems almost to raise it above the level of human inventions."
>
> [अब देवनागरी या हिन्दू प्रणाली के विषय में भी कुछ शब्द कहता हूँ। यद्यपि इसमें दो महत्त्वपूर्ण संकेतों की कमी है, जो रोमन लिपि में 'Z' तथा 'F' द्वारा लिखे जाते हैं......
>
> [आप जानते हैं कि इस अभाव को बिन्दु लगा कर पूरा कर लिया गया है।]
>
> .....फिर भी सब ज्ञात वर्णमालाओं में यह सर्वाधिक सम्पूर्ण तथा व्यवस्थावत है। हिन्दू कहते हैं कि यह लिपि ईश्वर से प्राप्त हुई है, इसी कारण उसे 'देवनागरी' कहते हैं और सचमुच पवित्र संस्कृत में इसका आश्चर्यजनक प्रयोग ऐसा है कि इसे मानवीय आविष्कार के स्तर से ऊँचा उठा देता है।]
>
> स्वर्गीय सर इसाक पिटमैन ने, जो ध्वनिकला का आविष्कारक अंग्रेज था, कहा है :
>
> "If in the world we have any alphabets the most perfect, it is those Hindi ones."
>
> [यदि संसार में कोई भी वर्णमाला सर्वाधिक पूर्ण है, तो यह हिन्दी की वर्णमाला ही है।]
>
> मैं अन्य उद्धरणों को नहीं पढ़ूँगा।

कुछ मित्रों ने सुझाव दिया था कि रोमन लिपि को स्वीकार करना चाहिए। उन्हें इन उद्धरणों पर विचार करना चाहिए, जो मैंने पढ़कर सुनाये हैं। मेरे विचार में यह सम्भव है कि जब हमारा देश शक्तिशाली बन जाये, तब यूरोपीय राष्ट्र स्वयं हमारी वर्णमाला की उत्तमता के निकटतर आने लगे। हमारी भाषा को रोमन रूप देने का प्रश्न उन्नीसवीं शताब्दी में भी उठा था। इंगलिस्तान के कुछ विद्वान चाहते थे कि यहाँ के लोगों को रोमन लिपि के माध्यम से शिक्षा दी जानी चाहिए। इस पर लम्बा वाद-विवाद चला था और अंत में ब्रिटिश सरकार ने निश्चय किया कि इस देश में रोमन लिपि के प्रयोग से लाभ नहीं होगा और नागरी लिपि सर्वोपयोगी है। अब हमारी भाषा का रोमन रूप बनाने की बात करने के दिन लद गये। मुझे आशा है कि उस प्रश्न पर बल नहीं दिया जायेगा।

तत्पश्चात् श्रीमान्, संस्कृत को अपनाने के विषय में भी कुछ कहा गया था। संस्कृत प्रेमियों के समक्ष मैं नतमस्तक हूँ। मैं भी उनमें से हूँ। मुझे संस्कृत से प्रेम है। मेरे विचार में, इस देश में उत्पन्न प्रत्येक भारतीय को संस्कृत पढ़नी चाहिए। संस्कृत द्वारा ही हमारी प्राचीन बपौती बनी रहेगी। किन्तु आज मुझे ऐसा प्रतीत होता है—यदि उसे अपनाया जा सके तो मुझे प्रसन्नता होगी, और मैं उसके पक्ष में मत दूँगा—किन्तु मुझे ऐसा प्रतीत होता है कि यह कोई क्रियात्मक प्रस्थापना नहीं है कि संस्कृत को राजभाषा बना दिया जाये।

पं. लक्ष्मीकान्त मैत्र—पंद्रह वर्ष पश्चात् यह बिल्कुल ठीक रहेगी, यद्यपि आज नहीं है।

पुरुषोत्तम दास टंडन—मैं नहीं समझता कि आज हमारे लिए अपने संविधान में यह कहना सम्भव होगा कि हिन्दी के स्थान पर संस्कृत होनी चाहिए। मेरे विचार में सबसे व्यावहारिक उपाय यही है कि राजकीय प्रयोजनों के लिए हिन्दी को स्वीकार कर लिया जाये।

महावीर त्यागी—अंकों के विषय में आपका संशोधन क्या है, श्रीमान्?

पुरुषोत्तम दास टंडन—अतएव मेरा निवेदन यह है कि इस सम्पूर्ण लिपि देवनागरी में, जो अतीत काल से चली आ रही है, हिन्दी को राजभाषा बनाना चाहिए। यह ठीक नहीं है कि अकस्मात्, जबकि जनता को इस विषय में ज्ञान नहीं है, जबकि यह विषय लम्बे समय तक उनके समक्ष नहीं रहा है, संविधान सभा यह विनिश्चय कर दे कि उस लिपि में से नागरी अंकों को निकाल दिया जाये और उनके स्थान पर तथाकथित अन्तरराष्ट्रीय अंक या अंग्रेजी अंक रख दिये जायें। दक्षिण भारत के कुछ सदस्यों के मन में अंग्रेजी अंकों के प्रयोग के विषय में कुछ आकर्षण है, क्योंकि वे उन्हें अपनी भाषाओं में प्रयोग करते रहे हैं। मैं शान्तिप्रिय व्यक्ति हूँ। मैं यथासम्भव कोई झगड़ा नहीं चाहता।

मेरे मित्र डॉ. एस.पी. मुखर्जी ने मुझसे एक प्रकार की व्यक्तिगत अपील की थी। मैं इसके लिए उनका कृतज्ञ हूँ। मैं भी चाहता हूँ कि भाषा संकल्प एकमत से ही पारित होना चाहिए। उस उद्देश्य से, यद्यपि मेरी प्रबल इच्छा है कि देवनागरी अंकों के विषय में किसी प्रकार कोई हस्तक्षेप नहीं होना चाहिए, पर अपने दाक्षिणात्य मित्रों की इच्छाओं को पूरा करने के लिए मैंने एक सूत्र पेश किया है। मुझे आशा है कि उसे स्वीकार करना आपके लिए सम्भव होगा। मैं कहता हूँ : पंद्रह वर्ष तक देवनागरी लिपि के लिए भारतीय और अन्तरराष्ट्रीय दोनों प्रकार के अंकों को मान्यता दे दी जाये और समय-समय पर राष्ट्रपति, अर्थात् सरकार को यह विनिश्चय करने दिया जाये कि एक प्रकार के अंकों का प्रयोग कहाँ होगा और दूसरे प्रकार के अंकों का प्रयोग कहाँ होगा। बहुत वर्षों तक सरकारी कार्य अंग्रेजी में किया जायेगा। कुछ मित्रों, विशेषत: श्री टी.टी. कृष्णामाचारी ने मुझे सुझाव दिया था कि अंक-संग्रह के लिए, हिसाब के लिए तथा बैंक व्यवहार के लिए अंग्रेजी अंकों के प्रयोग की अनुमति होनी चाहिए। मैंने देखा कि वे उसके विषय में बहुत दृढ़ थे। अत:

एक उपखण्ड में मैंने यह भी रख दिया है कि जहाँ तक इन मामलों का संबंध है, इस पंद्रह वर्षों की कालाावधि में, केवल अंग्रेजी भाषा का ही प्रयोग होना चाहिए, ताकि अन्तरराष्ट्रीय अंकों को रखने का मुख्य प्रयोजन अंग्रेजी भाषा से ही सिद्ध हो जायेगा, क्योंकि उसमें तो अंग्रेजी अंकों का प्रयोग होगा ही। मैं नहीं समझता कि किसी की यह इच्छा है कि सामान्य हिन्दी पुस्तकों के प्रकाशन में हिन्दी अंकों का प्रयोग होना चाहिए। किन्तु वह भी मैंने सरकार पर छोड़ दिया है। यदि सरकार चाहती है कि किसी कार्य विशेष के लिए अंग्रेजी अंकों का प्रयोग हो, तो वे ऐसा कर सकते हैं। वे केवल तभी हिन्दी अंकों का प्रयोग कर सकते हैं, जब वे उन्हें अपेक्षित समझें।

मैं आपसे अनुरोध करता हूँ कि मध्यमार्ग को स्वीकार कर लीजिए और यह हठ मत कीजिए कि सदा सर्वदा के लिए देवनागरी अंकों के स्थान पर अन्तरराष्ट्रीय अंकों का ही प्रयोग होना चाहिए (बाधा)। मैं आपसे अनुरोध करता हूँ कि उस प्रस्थापना को यहाँ स्वीकार मत कीजिए, क्योंकि यह उन लोगों के साथ कठोरता होगी जो अब तक हिन्दी का प्रयोग करते रहे हैं। उनके दिमाग इस प्रकार के परिवर्तन के लिए बिल्कुल भी तैयार नहीं है (बाधा)। देवनागरी को राजकीय लिपि और हिन्दी को राष्ट्रभाषा स्वीकार करने के पश्चात् हमें सबको सम्मेलन करने होंगे और यह विनिश्चय करना होगा कि नागरी वर्णों में क्या परिवर्तन किये जायें। हमारी प्रणाली सम्पूर्ण है, किन्तु कुछ अक्षरों के रूपों में परिवर्तन करने की आवश्यकता है। और कुछ नये अक्षर भी जोड़ने होंगे।

मेरा निवेदन है कि वर्तमान रूप में नागरी लिपि को स्वीकार करने के पश्चात्, हमारे सबके लिए यह सम्भव होगा और भारत सरकार के लिए यह विशेषत: अपेक्षित होगा कि सम्मेलन करके उनमें विचार किया जाये कि आधुनिक काल की आवश्यकताओं के लिए लिपि और अंकों में क्या परिवर्तन किये जायें। प्रधानमंत्री ने उल्लेख किया था कि मुद्रणालय के लिए अन्तरराष्ट्रीय अंक अधिक उपयुक्त हैं। उनके प्रति पूर्ण आदर भाव से मैं कहता हूँ कि वे मुद्रण कार्य से परिचित नहीं हैं। जिन मुद्रण कर्मचारियों से मैं सम्पर्क में आया हूँ, उन्होंने मुझे यह सूचना दी है कि हिन्दी या अन्तरराष्ट्रीय अंकों के प्रयोग में उनके लिए तनिक भी अन्तर नहीं पड़ता। सर्वोत्तम मुद्रण कार्य मोनोटाइप या लीनोटाइप यंत्रों पर होता है। वास्तव में मेरा निवेदन है कि हमारे अंक अधिक कलापूर्ण हैं और हमारे अक्षरों के रूपों के अनुरूप हैं। मैं आपसे अनुरोध करता हूँ कि मैंने जिस भावना से इस मध्य मार्ग को प्रस्तुत किया है, उसी भावना से आप इसे स्वीकार कर लीजिए। मैं आपसे कहता हूँ कि अधिक कटुता मत बढ़ने दीजिए। अन्यथा यह बात यहीं समाप्त नहीं हो सकती। क्या आप समझते हैं कि इस मामले पर आन्दोलन नहीं होगा? यह बात उन लोगों के हृदयों में अवश्य खटकेगी जो इन अंकों का प्रयोग करते आये हैं और उनसे प्रेम करते हैं—चाहे वे हिन्दीभाषी हों या मराठीभाषी हों या गुजरातीभाषी हों। हम आपकी तमिल या तेलुगु लिपियों में तनिक भी परिवर्तन नहीं कर रहे हैं, किन्तु आप हमारी नागरी लिपि में परिवर्तन कर रहे हैं।

एल. कृष्णस्वामी भारती (मद्रास : जनरल)—यह तो केवल राजकीय प्रयोजनों के लिए ही है।

पुरुषोत्तम दास टंडन—मुझे पता है कि यह केवल भारत सरकार के राजकीय प्रयोजनों के लिए है। किन्तु एक बार भारत सरकार इस बात को आरम्भ करेगी, तो यह अवश्य नीचे भी आ जायेगी और फैल जायेगी, क्योंकि सरकार सब कार्यवाहियों का केन्द्र है। इसी कारण हमें इस पर आपत्ति है। यदि आप कृपया मेरी बात सुनेंगे तो मैं पूर्ण विनम्रता से आपसे प्रार्थना करूँगा कि मैंने जो मध्य मार्ग रखा है, उसे स्वीकार करके मेरे संशोधनों को स्वीकार कर लीजिए।

मौलाना अबुल कलाम आज़ाद (युक्त प्रान्त : मुस्लिम)—जनाब सद्र, मैं इस वक़्त थोड़ा-सा

वक़्त हाउस का लूँगा। मैं इसलिए खड़ा हुआ हूँ कि आपको बतला दूँ जबान के बारे में मेरी राय क्या है और इस सिलसिले में मैंने कांग्रेस पार्टी को जो मशविरा दिया था और ड्राफ्टिंग कमेटी में जो तरजअमल अख्तियार किया था, उससे मेरा मकसद क्या था। यह सारी बातें मैं आपके सामने रखूँगा और आपके जरिये मुल्क के सामने लाऊँगा।

इस बारे में कई सवाल हमारे सामने आये थे। पहला सवाल यह था कि अगर हम अंग्रेजी जबान को उस जगह से हटाना चाहते हैं, जो उसने हुकूमत और तालीम में पैदा कर ली है, तो उसे किस तरह हटाया जाये। उसे फौरन हटा देना चाहिए या कुछ मुद्दत के अन्दर आहिस्ता-आहिस्ता। आपको याद होगा कि दो वर्ष पहले मैंने यह राय जाहिर की थी कि हमें कम से कम पाँच वर्ष तक इंतजार करना चाहिए यानी पाँच वर्ष तक यूनिवर्सिटी में और सरकारी दफ्तरों में अंग्रेजी जबान अपनी जगह कायम रहे। इसके बाद तब्दीली अमल में आये और उस मुद्दत के अन्दर हम अपनी मुल्की जबान को इस काबिल बनाने की कोशिश करें कि वह अंग्रेजी की जगह बाआसानी ले सके। मेरा यह ख़याल कि अंग्रेजी फौरन न हटाई जाये, आमतौर पर पसंद किया गया था। लेकिन जो मुद्दत मैंने ठहराई थी, उससे बहुत कम दोस्तों ने इत्तफाक किया था। ख़ासतौर पर दकन और बंगाल के दोस्तों का यह ख़याल था कि इससे बहुत ज़्यादा जमाना हमें दरकार होगा। पाँच वर्ष की मुद्दत एक ऐसी बड़ी तब्दीली के लिए काफ़ी नहीं हो सकती। मैं तस्लीम करता हूँ कि काम के तजरबे और सोच विचार के बाद मुझे भी उन दोस्तों की राय से इत्तफाक करना पड़ा। मैं अब महसूस करता हूँ कि मेरा अन्दाजा दुरुस्त न था। पाँच-छह वर्ष के अन्दर हम किसी तरह भी यह रास्ता तय नहीं कर सकते। मुझे श्री आयंगर की तरमीम से पूरा इत्तफाक है कि इसके लिए कम से कम पंद्रह वर्ष की मुद्दत रखनी चाहिए। आपको मालूम है कि मुझसे ज़्यादा इस बात का कोई ख्वायशमन्द नहीं हो सकता कि हम अंग्रेजी भाषा की जगह अपनी मुल्की भाषा को राज करते हुए देखें। शायद यह कहना बेजा न होगा कि मैं पहला शख़्स हूँ जिसने एसेम्बली में इसकी कोशिश की कि सरकारी बेंच से अंग्रेजी की जगह हिन्दुस्तानी की आवाज बुलन्द हो। लेकिन मामले के तमाम पहलुओं पर गौर और फिक्र करने के बाद मुझे इस नतीजे पर पहुँचना पड़ा कि इस मामले को हम महज अपनी ख्वायश और जज्बे के मातहत अन्जाम नहीं दे सकते। हमें सूरते-हाल की मुश्किलों को मानना चाहिए और उसके मुताबिक फ़ैसला करना चाहिए। हमारे रास्ते में दो बड़ी रुकावटें खड़ी हो गयी हैं। पहली रुकावट यह है कि हमारी कोई मुल्की भाषा भी ऐसी नहीं है, जो फौरन अंग्रेजी की जगह ले सके। उसे उभरने, सँवरने और बनने के लिए कुछ समय चाहिए। जहाँ तक हुकूमत के दफ्तरी कामों का लगाव है और जहाँ तक ऊँचे दर्जे की तालीम का ताल्लुक है, हमारी कोई जबान भी आज अचानक अंग्रेजी की जगह नहीं ले सकती। इस बात का मानना हमें बहुत दुःख देता है। लेकिन अफसोस के साथ हमें मान लेना पड़ता है, अगर इस डेढ़ सौ वर्ष के अन्दर, जो अंग्रेजी हुकूमत का जमाना गुजर चुका है हमारी मुल्की जबान को हुकूमत और तालीम की जबान होने का मौका मिला होता तो यकीनन आज हमारी कौमी जबान का भी वही दर्जा होता कि जो दुनिया की इल्मी जबानों का है। मगर बदकिस्मती से ऐसा नहीं हुआ। हुकूमत और तालीम की जबान अंग्रेजी रही और आज हम मजबूर हो गये हैं कि इसी के जरिये अपनी कौमी जिन्दगी के तमाम काम अंजाम दें। दूसरी रुकावट मुल्क में किसी एक आम जबान का न होना है। हम अंग्रेजी जबान की जगह इसी मुल्क की जबान को अचानक लायें तो किस जबान को लायें जो सारे मुल्क में एक तरह पर लिखी और पढ़ी जाती हो। यह हकीकत है कि ऐसी कोई जबान नहीं

है। बिला शुभा उत्तरी हिन्दुस्तान की जबान सबसे ज़्यादा बोली और समझी जाती है लेकिन अव्वल तो हर जगह लिखी और पढ़ी नहीं जाती, दूसरे दकन का हिस्सा उसके दायरे से बिल्कुल बाहर रहा है। वहाँ बहुत कम लोग ऐसे मिलेंगे जो उत्तरी हिन्द की भाषा टूटी-फूटी भी बोल सकें। यह बात मान लेनी पड़ती है कि जबान के एतबार से उत्तर और दक्षण दो बिल्कुल अलग-अलग हिस्से हो गये हैं। सिर्फ़ अंग्रेजी जबान है, जिसमें पढ़े-लिखे उत्तरियों और दक्कनियों को आपस में मिला दिया है। अंग्रेजी को आज छोड़ दें तो फिर हमारे लिए जबान का कोई रिश्ता बाकी नहीं रहता।

अब अगर हम चाहते हैं कि अंग्रेजी की जगह हमारी मुल्क की जबान तमाम मुल्क की कौमी और फिडरल जबान हो जाये, तो इसके सिवा चारा नहीं है कि कुछ मुद्दत तक सबर और इंतजार करें और अंग्रेजी को कायम रखते हुए मुल्की जबान की तालीम को आम करने की कोशिश करें। इस काम में हमें सबसे ज़्यादा अपने दक्कनी भाइयों की गुडविल और कोऑपरेशन की ज़रूरत है। जब तक वह दिली तौर पर इस काम में हमारा साथ न देंगे, हम अपने मकसद में कामयाब नहीं हो सकते। उन्होंने पूरी तैयारी के साथ आमादगी जाहिर की है कि उन्हें पंद्रह वर्ष का मौका दिया जाये और हमें चाहिए कि खुशी के साथ इस मुद्दत को मंजूर कर लें। अगर एक ऐसा अहम मामला जैसा कि कौमी जबान का मामला है, सिर्फ़ पंद्रह वर्ष में तय हो जाता है तो हमें तस्लीम करना चाहिए कि यह सौदा बहुत सस्ते में चुका दिया गया है और कौम की जिन्दगी की एक बड़ी कठिन मंज़िल आसानी के साथ तय हो गई। एक कौम और मुल्क की जिन्दगी में पंद्रह वर्ष की मुद्दत कौनसी बड़ी मुद्दत है? यह पंद्रह दिन से ज़्यादा नहीं।

बाज़ दोस्तों ने इस पर यह एतराज किया है कि इस फ़ैसले का असर सूबों पर ही पड़ेगा। हालाँकि बाज सूबों ने अंग्रेजी को बहुत हद तक उसकी जगह से हटा लिया है और बाज यूनिवर्सिटियों ने फ़ैसला किया है कि यह यूनिवर्सिटी दर्जे की तालीम भी बहुत जल्द अपनी मुल्की जबान के जरिये देना शुरू कर देंगे। इस सिलसिले में सी.पी. की दो यूनिवर्सिटियों का जिक्र किया गया है। मुझे यह कहने में ताअमुल नहीं कि इस तरह जल्दबाजी के फ़ैसले किसी तरह भी कौमी तालीम के मकसद को फायदा नहीं पहुँचा सकते। मुझे अंदेशा है कि इससे तालीम का स्टैण्डर्ड बहुत कुछ गिर जायेगा और तुलवा की तालीमी इस्तेदाद को नुकसान पहुँचेगा। सूबों की गवर्नमेन्टों और यूनिवर्सिटियों को मालूम था कि गवर्नमेंट ऑफ इंडिया इस मामले पर गौर कर रही है और एक यूनिवर्सिटी कमीशन बिठा दिया गया है जो और तालीमी मसलों के साथ इस अहम मसले पर भी गौर करेगा। ज़रूरी था कि वह कमीशन की सिफ़ारिशों का इंतजार करते और सोच समझकर कदम उठाते। हम तालीम के मैदान में इस तरह अलग-अलग कदम उठा कर मुल्क की तालीमी जिन्दगी की कोई खिदमत नहीं करेंगे।

पं. रविशंकर शुक्ल—(सी.पी. तथा बरार : जनरल)—मैं आपको यह इत्तिला दे दूँ कि सी.पी. की यूनिवर्सिटियों ने फ़ैसला 3 वर्ष पहले किया था। यूनिवर्सिटी कमीशन तो इस वर्ष बिठाया गया है।

मौलाना अबुल कलाम आज़ाद—ठीक है। उन्होंने 3 वर्ष पहले फ़ैसला किया था लेकिन हमें गौर करना है कि यह फ़ैसला मसलेहत के मुताबिक था या नहीं। इसमें कोई शक नहीं कि यह फ़ैसला हमारी तालीम की मसलेहतों का साथ नहीं देता और ज़रूरी है कि उस पर नज़रसानी की जाये। यूनिवर्सिटी कमीशन की सिफ़ारिशें गवर्नमेंट को मिल गयी हैं। बहुत जल्द गवर्नमेन्ट को मौका मिलेगा कि इस पर गौर करेगी। मैं समझता हूँ कि आप इससे इत्तेफाक करेंगे कि इस बारे में यूनिवर्सिटियों को अलग-अलग फ़ैसले नहीं करने चाहिए। बल्कि एक फ़ैसला करके तमाम मुल्क को उस पर अमल करना चाहिए।

जहाँ तक तालीम का ताल्लुक है, मैं नहीं समझता कि हमारे लिए पन्द्रह वर्ष तक इंतजार करना ज़रूरी होगा। हम इससे पहले यह तब्दीली अमल में ला सकते हैं, बशर्ते कि ठीक तरीक़े पर उसकी तैयारी का काम शुरू कर दें। लेकिन कोई ऐसी तब्दीली, जो फौरन अमल में लाई जाये यकीनन ग़लत होगी और आला तालीम के सारे मैदान को उलट-पलट कर देंगे।

इस सिलसिले में अदालतों का सवाल भी हमारे सामने आया है। मेरी कतई राय है कि पंद्रह वर्ष तक अंग्रेजी जबान को आला अदालतों में जारी रखना चाहिए। अगर हम जल्दबाजी करके अंग्रेजी को हटायेंगे तो तरह-तरह के क़ानूनी उलझाव पैदा हो जायेंगे। इसके अलावा मुख्तलिफ सूबों की अदालतों में कोई बाहमी रिश्ता जबान की यकसानी का बाकी नहीं रहेगा। यह तब्दीली उसी वक़्त होनी चाहिए जब अंग्रेजी की जगह एक कौमी जबान हर हिस्से में लिखी और पढ़ी जाने लगे और ऊँचे दर्जे के मतालिब बयान करने के लिए उसका एक ठीक साँचा ढल जाये। यकीनन इस काम के लिए पंद्रह वर्ष की मुद्दत कोई बड़ी मुद्दत नहीं है।

जबान के सिलसिले में दूसरा सवाल यह सामने आया था कि जिस जबान को हम कौमी जबान करार दें, वह कौनसी जबान हो। उसे किस नाम से पुकारना चाहिए।

जहाँ तब जबान का ताल्लुक है, यह बात आमतौर पर मान ली गयी है कि मुल्क की कौमी जबान वही जबान हो सकती है जो उत्तरी हिन्द की जबान है। लेकिन उत्तरी हिन्दी की जबान के लिए अब तीन नाम पैदा हो गये हैं—उर्दू, हिन्दी और हिन्दुस्तानी। और सारा झगड़ा इस बारे में है कि उसे किस नाम से ताबीर करना चाहिए। कुदरती तौर पर इन तीनों नामों के पीछे जबान के अलग-अलग रूप आकर खड़े हो गये हैं और झगड़ा नाम का नहीं है, उस रूप का है जो नाम के साथ जुड़ गया है। मैं मुख्तसर लफ्जों में आपको बतला देता हूँ कि उन तीन नामों का असली इखतेलाफ क्या है। उत्तरी हिन्द की जबान अपने ढाँचे और साँचे में एक ही है। लेकिन जब वह अदबी यानी लिटरेरी दर्जे में आती है तो उसके दो नाम हो जाते हैं। जिस स्टाइल में फारसी जबान की झलक ज़्यादा आ जाती है, उसे उर्दू कहते हैं। जिसमें संस्कृत की झलक ज़्यादा उभरती है, उसे हिन्दी कहने लगे हैं। हिन्दुस्तानी के नाम में एक आम और वसीह मफहूम पैदा कर लिया है। यह अपने वसीह दामन में उत्तरी हिन्द की जुबान के सारे रूप ले लेता है। इसमें हिन्दी भी आ जाती है, उर्दू भी आ जाती है और इससे भी ज़्यादा फैलाव की गुंजाइश निकल आती है। यह गोया ठीक-ठीक उस सूरत हाल को नुमायां कर देता है, जो इस वक़्त उत्तरी हिन्द की जबान की है। यह किसी अनसर को खारिज नहीं करता। सबको अपने अन्दर समेट लेता है।

आज से तक़रीबन 25 वर्ष पहले जब यह सवाल ऑल इण्डिया कांग्रेस कमेटी के सामने आया था तो मेरी ही तजवीज से उसने हिन्दुस्तानी का नाम इख्तियार किया था। मकसूद यह था कि हम जबान के बारे में तंग ख़याली से काम न लें, ज़्यादा से ज़्यादा वसीह मैदान पैदा कर दें। हिन्दुस्तानी का लफ्ज इख्तियार करके हमने हिन्दी और उर्दू के इख्तेलाफ को भी दूर कर दिया था। क्योंकि जब आसान उर्दू और आसान हिन्दी बोलने और लिखने की कोशिश की जाती है तो दोनों मिलकर एक जबान हो जाती है और उर्दू और हिन्दी का फर्क बाकी नहीं रहता। इस आसान और सहज बोलचाल के चौखटे में नये-नये लफ्ज़ों और तरकीबों के जितने गुल बूटे बनाना चाहें बना सकते हैं। इसमें किसी तरह की रुकावट हमें पेश नहीं आयेगी। अलावा बरीं हिन्दुस्तानी का नाम इख्तियार करके हम जबान के उस फैलाव को बदस्तूर छोड़ देते हैं, जो आज उत्तरी हिन्द की भाषा बोलने वालों ने पैदा कर दिया। ऊपर से कोई पाबन्दी और रुकावट नहीं लगाते। गौर कीजिए। आज इस

जबान के बोलने वालों का क्या हाल है। आज से 70-80 वर्ष पहले शुमाली हिन्द के लिखने-पढ़ने की जबान आमतौर पर उर्दू थी। फिर हिन्दी की तहरीर शुरू हुई और एक दूसरा लिटरेरी ढंग पैदा हो गया। अब उर्दू और हिन्दी दो अलग-अलग नाम हो गये हैं। लेकिन यू.पी., सी.पी., बिहार और पंजाब में आज भी आमतौर पर जो जबान बोली जाती है, वह अपने रूप में एक ही है। जिन लोगों ने संस्कृत लिटरेचर से जौक पैदा किया है, उनकी जबान पर संस्कृत के लफ्ज और संस्कृत रूट से निकले हुए लफ्ज़ ज़्यादा आ जाते हैं। जिन लोगों ने फारसी की तालीम पाई है, उनकी जबान से फ़ारसी के लफ्ज़ ज़्यादा निकल आते हैं। कांग्रेस का फ़ैसला यह था कि यह दोनों किस्म के स्टायल हिन्दुस्तानी में दाखिल हैं और हर स्टायल का बोलने वाला हिन्दुस्तानी बोलता है। अगर हम चाहते हैं कि एक वसीह ताकतवर और इलमी जबान पैदा हो जाये तो हमें चाहिए कि किसी तरह की बनावटी रोक लोगों पर न लगायें। जो जबान बोलते हैं, बोलने दें। कुछ अर्से के अन्दर खुद-ब-खुद एक ख़ास ढंग उभर आयेगा। जब लफ्ज़ ज़्यादा चलता हुआ और जबान के कुदरती उसूलों के मुताबिक होगा, बाकी रहेगा। जो ऐसा नहीं होगा, छूट जायेगा। इल्मी जबानें इस तरह नहीं बना करती कि बनावटी कायदों और ठहराई हुई पाबन्दियों के जरिये कोई चीज़ बना दी जाये। जबान बनाई नहीं जाती, खुद-ब-खुद बनने लगती है। ढाली नहीं जा सकती, खुद-ब-खुद ढलने लगती है। आप लोगों की जबानों पर बनावटी पाबन्दियों के कुफल नहीं चढ़ा सकते। अगर चढ़ाइयेगा तो वह लगेंगे नहीं, खुद-ब-खुद खुल कर गिर पड़ेंगे। जबानों का क़ानून आपकी पकड़ से बाहर है। आप हर चीज़ के लिए क़ानून बना सकते हैं लेकिन जबानों की कुदरती चाल के लिए कोई क़ानूनसाजी नहीं की जा सकती। वह खुद-ब-खुद एक रास्ता इख्तियार कर लेती है और सिर्फ़ उसी रास्ते के जरिये मंज़िल मकसूद तक पहुँच सकती है।

बहरहाल, हिन्दुस्तानी का नाम इख्तियार करके कांग्रेस ने जबान की कुदरती हालत का एतराफ किया था और उसे बनावटी पाबन्दियों से महफूज कर देना चाहा था। खुद गाँधीजी का और कांग्रेस का इसी पर अमल रहा। उन्होंने सारे मुल्क का एक सिरे से लेकर दूसरे सिरे तक दौरा किया और हर जगह हिन्दुस्तानी में तकरीर की। वह दिल्ली या लखनऊ के रहने वाले न थे। काठियावार में उनकी परवरिश हुई थी। उनकी हिन्दुस्तानी न तो अदबी उर्दू थी, न अदबी हिन्दी। एक मिली-जुली किस्म की जबान थी। बहुत से लफ्ज़ और तरकीबें, जो बम्बई और गुजरात के हिन्दुस्तानी बोलने वाले बोल जाते हैं, उनकी जबान पर भी चढ़ गयी थीं और वह बिला तामुल उन्हें काम में लाते थे। लेकिन फिर भी उनकी यह जबान हिन्दुस्तानी ही जबान थी और करोड़ों हिन्दुस्तानियों के दिलों तक उनका पैगाम इसी जबान के जरिये पहुँचा था। खुद कांग्रेस के प्लेटफार्म को देखिए कि गाँधीजी के असर में आने के बाद उसका क्या हाल हुआ। पहले कांग्रेस की तमाम कार्रवाई अंग्रेजी में होती थी। गाँधीजी के दौर में हिन्दुस्तानी आई और आज तक उसी जबान में तमाम तकरीरें होती हैं। लेकिन यह हिन्दुस्तानी दिल्ली और लखनऊ की टकसाली जबान नहीं होती, न बनारस के पण्डितों की हिन्दी होती है। एक निहायत वसीह किस्म की जबान हो गयी है, जिसमें हर तकरीर करने वाला अपनी-अपनी तालीम और टेस्ट के मुताबिक जबान का एक ढंग इख्तियार कर लेता है और अपना मतलब हज़ारों आदमियों को समझा देता है। उर्दू बोलने वाले उर्दू बोलते हैं। हिन्दी बोलने वाले हिन्दी बोलते हैं। बम्बई का मुकर्रर बम्बई की हिन्दुस्तानी बोलेगा। बंगाल का मुकर्रर बंगाली लबो लहजा की हिन्दुस्तानी काम में लायेगा। हिन्दुस्तानी का आम और फैला हुआ नाम इन सबको अपने दायरे में ले लेता है और सबके लिए जगह रखता है। ज़रूरत है कि हम जबान की

यह वुसअत कायम रखें और इसे फैलने और सँवरने दें। इसे किसी एक तंग दायरा में महदूद न कर दें। हमें अंग्रेजी जैसी वसीह और इल्मी जबान की जगह एक कौमी जबान पैदा करनी है। वह इसी तरह पैदा हो सकती है कि जबान का दामन ज़्यादा वसीह हो। तंग और सिमटा हुआ न हो। अगर आप इसे उर्दू कहेंगे तो यकीनन इसका दायरा वसीह नहीं रहेगा। इसी तरह अगर हिन्दी करार देंगे तो यकीनन एक तंग दायरा में वह सिमट कर रह जायेगी। सिर्फ़ हिन्दुस्तानी ही का लफ्ज़ है, जिसने एक वसीह मफहूम पैदा कर लिया है और जो जबान की हकीकी सूरत हाल को ठीक-ठीक वाजेह कर देता है।

यही वजह है कि जिनकी बिना पर मेरी वर्षों से यह राय रही कि कौमी जबान को हिन्दुस्तानी के नाम से तावीर करना चाहिए और यह याद दिलाना ज़रूरी नहीं कि अपनी जिन्दगी के आख़िरी दिन तक गाँधीजी की भी यही राय रही थी। इस गर्ज से उन्होंने हिन्दुस्तानी प्रचार सभा कायम की। इसलिए वह हिन्दी साहित्य सम्मेलन से अलग हो गये। अब जब कांस्टीट्यूशन के सिलसिले में यह सवाल कांग्रेस पार्टी के सामने आया तो कुदरती तौर पर मैंने इसी राय पर ज़ोर दिया। मुझे तवक्को थी कि कम अज कम कांग्रेस के पुराने साथी अपनी जगह से न हिले होंगे और गाँधीजी के सिद्धान्तों पर जमे होंगे, मगर मैं आपसे अपना यह ख़याल छिपाना नहीं चाहता कि मुझे सख्त मायूसी हुई। मैंने देखा कि चन्द गिन हुए कदमों के सिवा और सारे कदम अपनी जगह से हट गये हैं।

पार्टी में जैसाकि आपको मालूम है कि कई दिन तक बहसें होती रहीं, मगर कोई नतीजा नहीं निकला। बहस का ज़्यादा ज़ोर इस पर खर्च होने लगा था कि कब तक अंग्रेजी रखी जाये और कब से नई तबदीली अमल में आये। जबान के सिलसिले में चन्द नई तज़वीज़ें भी पेश की गईं। एक तज़वीज़ यह थी कि कांस्टीट्यूशन में हिन्दी ही का लफ्ज़ रखा जाये। लेकिन इसके साथ यह तशरीह बढ़ा दी जाये कि हिन्दी में जबान की वह सूरत भी दाखिल है, जिसे उर्दू कहते हैं। मतलब यह था कि जो फैलाव हिन्दुस्तानी के नाम में बतलाया जाता है, वह हिन्दी में पैदा कर दिया जाये। बिल आख़िर ड्राफ्टिंग कमेटी के सुपुर्द यह मामला किया गया और इससे दरख्वास्त की गयी कि कांस्टीट्यूशन के इस हिस्सा का एक नया मसौदा इख्तियार करके पेश करे और इन तमाम तज़वीज़ों को भी पेश नज़र रखे, जो बहस के दौरान में पेश की गयी हैं। कमेटी में चन्द नये मेम्बर भी बढ़ाये गये। उन मेम्बरों में एक मेम्बर मैं भी था।

कमेटी के पहले इजलास में मैं शरीक हुआ। मगर मैंने महसूस किया कि अकसरियत एक ख़ास राय पर पहले से जमी हुई है और वह किसी तरह इस पर राजी नहीं हो सकती कि हिन्दी की जगह हिन्दुस्तानी को इख्तियार किया जाये या हिन्दी की कोई ऐसी तशरीह की जाये कि जिससे उसके मफहूम में कुछ फैलाव पैदा हो सके। चूँकि इस हालत में मेरा कमेटी में रहना बेकार था, इसलिए मैंने इस्तीफा दे दिया और कमेटी से अलग हो गया।

मेरे मुस्तफी होने के बाद फिर नये सिरे से यह मामला कमेटी में उठाया गया और इसकी कोशिश की गयी कि मामला में एक ख़ास हद तक बसअत पैदा की जाये। इसी कोशिश का नतीजा यह तरमीम है जो आयंगर साहब ने पार्टी के इजलास में रखी थी और अब आपके सामने आई है।

इसी तरमीम ने मामला में कई तबदीलियाँ पैदा की हैं, जो काबिले गौर हैं—

(1) जहाँ तक जबान के नाम का ताल्लुक है, हिन्दी ही का नाम रखा गया लेकिन फिर एक दफा बढ़ाकर हिन्दी की नोईयत वाजेह करने की कोशिश की है और इस बात पर ज़ोर दिया गया है कि हिन्दुस्तानी भी इसके मफहूम में दाखिल है।

(2) इस बात पर भी ज़ोर दिया है कि हिन्दुस्तानी कल्चर एक कम्पोजिट कल्चर है और हिन्दुस्तान की कौमी जबान ऐसी होनी चाहिए जो इस कम्पोजिट कल्चर को नुमायां करती हो।

(3) उर्दू जबान के बारे में यह बात साफ कर दी गयी है कि मुल्क की रिकेगनाइज्ड़ जबानों में से एक जबान वह भी है।

जहाँ तक उर्दू जबान का ताल्लुक है, मामले ने अचानक एक ऐसी सूरत इख्तियार कर ली थी जो आगे चल कर लाखों-करोड़ों वाशिन्दों के हकूक पर असर डाल सकती थी। लेकिन इस तरमीम ने बहुत हद तक इसका इलाज कर दिया। उर्दू जबान अगर्चे तमाम शुमाली हिन्दुस्तान में फैल गयी थी, लेकिन इस पैदाइश और तरक्की का असली घर यू.पी. का सूबा था। दिल्ली के बाद लखनऊ उसका मरकजी मकाम बना और अठारहवीं और उन्नीसवीं सदी में तमाम मुल्क को उसने एक बनी बनाई जबान दे दी। अगर कांग्रेस के पिछले फ़ैसले के मुताबिक हिन्दुस्तानी को इसके दोनों खतों के साथ इख्तियार कर लिया जाता तो उर्दू का अलग सवाल पैदा नहीं होता। क्योंकि हिन्दुस्तानी के आम मफहूम में उर्दू भी आ जाती और फिर कुछ अरसे के बाद जबान का रूप मिल-जुलकर एक ही हो जाता। मगर ऐसा नहीं किया गया और हिन्दुस्तानी की जगह हिन्दी को इख्तियार कर लिया गया। ऐसी हालत में हकीकत और इन्साफ का तकाजा यह था कि कम से कम उर्दू को उसी जन्मभूमि यानी यू.पी. में सरकारी जगह दे दी जाती, मगर नहीं दी गयी और हिन्दी सिर्फ़ एक खत के साथ सरकारी जबान तस्लीम कर ली गई। अब कुदरती तौर पर यह सवाल पैदा हो गया था कि उर्दू की कोई जगइ इंडियन यूनियन में बाकी भी रहेगी या नहीं। यह सच है कि अगर एक जबान लाखों करोड़ों आदमी रात-दिन बोल रहे हैं तो इसकी जिन्दगी हुकूमत के मानने या न मानने पर मौकूफ नहीं हो सकती। जब तक लोग खुद अपनी मर्जी से उसे न छोड़ें, कोई भी इन्हें छोड़ने पर मजबूर नहीं कर सकता। ताहम मुल्क के जमहूरी कांस्टीट्यूशन के लिए यह बात बहुत ही नामौजूं होती कि वह मुल्क की एक ऐसी जबान का एतराफ न करे, जिसे लाखों-करोड़ों हिन्दू मुसलमान बोल रहे हैं और जो उनकी मादरी जबान है। अब इस तरमीम ने यह बात बिल्कुल साफ कर दी कि मुल्क की मानी हुई जबानों में एक जबान उर्दू भी है। उसके साथ भी हुकूमत का वही तर्ज अमल रहेगा जो तमाम मानी हुई जबानों के साथ रहना चाहिए।

मैं आपको यह बतला दूँ कि इस दफा में जबान की जो तशरीह की गयी है, पहले उसे कांस्टीट्यूशन की दफात में नहीं रखा गया था, डायरेक्टिव में रखा गया था। लेकिन फिर उसे कांस्टीट्यूशन की एक मुस्तकिल दफा बना दिया गया। इस तब्दीली की वजह से मामला की मजबूती ज़्यादा वाजेह हो गई।

जहाँ तक रसमुलखत यानी लिपि का सवाल है, कांग्रेस का फ़ैसला यही था कि दोनों लिपियाँ हमें इख्तियार कर लेनी चाहियें यानी देवनागरी भी और उर्दू भी। इसके ख़िलाफ़ यह एतराज किया जाता था कि अगर दोनों लिपियों को मान लेने का यह मतलब समझा गया है कि सरकारी दफ्तरों के तमाम कागजात यकसां तौर पर दोनों लिपियों में लिखे जायेंगे तो इस ढंग का निभाना बहुत मुश्किल हो जायेगा और दफ्तरों का काम, खर्च और मेहनत बहुत बढ़ जायेगी। मैंने इस एतराज का वज़न महसूस किया था और इसलिए इससे इत्तफ़ाक किया था कि सरकारी दफ्तर के कागजात के लिए सिर्फ़ देवनागरी ही को इख्तियार कर लिया जाये। लेकिन इस पर ज़ोर दिया था कि हुकूमत के तमाम एलान, रेजोल्यूशन, कम्यूनिके और इसी किस्म की तमाम चीज़ें दोनों लिपियों में

निकलनी चाहिएँ और दफ्तरों और अदालतों में हर तरह की दरख्वास्तें दोनों रसमुलखतों में मंजूर होनी चाहिएँ। मैंने इस पर ज़ोर नहीं दिया था कि यह बात कांस्टीट्यूशन में आ जाये लेकिन इससे भी इत्तफाक नहीं किया गया। अलबत्ता यह बात तस्लीम की गयी है कि इण्डियन यूनियन की जितनी मानी हुई जबानें हैं, इन सबमें लोगों को हक होगा कि दरख्वास्त दें और दरख्वास्त का जवाब हासिल करें।

मैं नहीं चाहता कि आपसे उस असर को जरा भी छुपाऊँ, जो इस तमाम बहस के दौरान में मुझ पर हुआ है। मुझे यह देखकर बड़ी ही मायूसी हुई कि एक तरफ से लेकर दूसरी तरफ तक हर तरफ तंगख़याली छाई हुई है। तंगख़याली, आप समझे नेरोमाइन्डेडनेस दिमाग का छोटा और सिमटा हुआ होना और हर तरह के फैलाव और ऊँचाई से इंकार करना। मैं आपसे कहूँगा कि हम ऐसा तंग दिमाग लेकर दुनिया की बड़ी कौम नहीं बन सकते। हिन्दुस्तान की कदीम बड़ाई और तरक्की को इसी तंगख़याली ने जो बाद को पैदा हुई तारीकी में डाल दिया था। और यह बड़ी ही खतरनाक बात है कि हम फिर इसी तरफ झुक रहे हैं। हिन्दुस्तानी के ख़िलाफ़ जो कुछ कहा गया है इसमें सबसे ज़्यादा ज़ोर इस बात पर दिया जाता है कि हिन्दुस्तानी का नाम इख्तियार करने से उर्दू के लिए भी गुंजाइश निकल आयेगी, लेकिन मैं आपसे कहना चाहता हूँ कि अगर निकल आयेगी तो कौनसी कयामत टूट पड़ेगी। आख़िर उर्दू हिन्दुस्तान ही की जबान है। हिन्दुस्तान ही की मिट्टी से बनी है। हिन्दुस्तान ही में फूली-फली है और हिन्दुस्तान ही के करोड़ों हिन्दू-मुलसमानों की मादरी जबान है। आज भी यही जबान है जिसके जरिए मुख्तलिफ सूबों के बाशिन्दे एक-दूसरे से बातचीत करते हैं और इंटर प्राविन्शियल ताल्लुकात का तन्हा हिन्दुस्तानी जरिया है। क्यों हम अपने देश की एक जबान के ख़िलाफ़ अपने दिमागों को यहाँ तक मुखालिफ होने दें? क्यों हमारी दिमागी तंगदिली हमें इतनी दूर तक बहा ले जाये?

मेरे दोस्त मुझे माफ करेंगे अगर मैं कहूँ कि इसी दिमागी तंगख़याली का एक दूसरा मंजर मैंने आदाद यानी न्यूमरल की बहस में देखा कि मैं समझ सकता हूँ कि एक शख्स की राय इसके ख़िलाफ़ हो कि देवनागरी अददों की जगह इंटरनेशनल अदद इख्तियार किये जायें। लेकिन यह बात मेरी समझ में नहीं आती कि इतने तेज जज्बे इसके ख़िलाफ़ क्यों पैदा हो जायें। और इतनी सख्त मुखालिफत इसकी क्यों की जाये। आख़िर जो कुछ भी हो यह एक मामूली-सी बात है। इस बात पर बार-बार ज़ोर दिया गया है कि हम एक-दूसरे मुल्क की चीज़ क्यों लें, जब कि खुद हमारी चीज़ मौजूद है। हालाँकि यह ख़याल सिरे से बेअसल है। यह अदद जो आज तमाम यूरोप की कौमों में रायज है। दरअसल हम हिन्दुस्तानियों ही का एक अतया है जो आज से सदियों पहले हमने दुनिया को दिया था। आज अगर हम इसे इख्तियार कर लेते हैं तो अपनी ही चीज़ को फिर वापिस लेना चाहते हैं। यह हिन्दुस्तानी अदाद पहले अरब में गये थे फिर अरब से यूरोप में गये। यही वजह है कि इनका नाम यूरोप में अर्बी अदाद मशहूर हो गया। हालाँकि इनकी पैदाइश हिन्दुस्तान में हुई थी। आदाद का यह ढंग हिन्दुस्तान की सबसे बड़ी इल्मी ईजाद है। जिस पर इसे बजा तौर पर फख्र करना चाहिए और आज तमाम दुनिया इसका एतराफ कर रही है। यह आदाद जिस तरह अरब में पहुँचे उसकी दास्तान तारीख़ के सफों तक महफूज कर ली है।

आठवीं सदी मसीह में जब दूसरा आबादी खलीफा अलमंसूर बगदाद में हुक्मरान था तो हिन्दुस्तान के वैद तबीबों की एक जुमाअत बगदाद पहुँची थी और अलमंसूर के दरबार में बारयाब हुई थी। इसी जुमाअत में एक तबीब अस्ट्रानोमी का माहर था। और ब्रह्मगुप्त की किताब सिद्धान्त

इसके साथ थी। अलमंसूर को जब यह मालूम हुआ तो उसने एक अरब हकीम इब्राहिम अलगाजरी को हुक्म दिया कि हिन्दुस्तानी आलम की मदद से सिद्धान्त का तरजमा अरबी में करे। इसी तरजमा के सिलसिले में बयान किया जाता है कि हिन्दुस्तान के आदाद के तरीक़े से अरब वाकिफ हुए और इसका अजीम उलशान फायदा देखकर उन्होंने फौरन इसे अरबी में इख्तियार कर लिया। लैटिन की तरह अरबी में भी आदाद शुमार करने के लिए ख़ास शकलें न थीं। हर नम्बर और अदद को लफ्जों में अदा किया जाता था और अगर इख्तियार की ज़रूरत होती थी तो मुख्तलिफ हर्फों से काम लेते थे, जिनके ख़ास-ख़ास अदद ठहरा लिए गये थे। अब हिन्दुस्तानी आदाद ने इनके आगे हिसाब की एक निहायत आसान सूरत पेश कर दी है और अरबी आदाद के नाम से वह मशहूर हो गये। फिर यूरोप पहुँचकर उन्होंने वह रूप पैदा कर लिया जो आज इंटरनेशनल आदाद का हम देख रहे हैं।

मैंने इस पर ज़ोर दिया कि यह आदाद खुद हिन्दुस्तान ही की चीज़ है, बाहर की नहीं है। लेकिन फर्ज कर लीजिए कि यह तमाम तर यूरोप ही की ईजाद होती लेकिन अगर हिसाब-किताब में वह ज़्यादा साफ, ज़्यादा वाजेह, ज़्यादा कारआमद है तो क्यों हम बिला ताम्मुल उन्हें इख्तियार न कर लें? क्यों महज इस वजह से कि वे किसी दूसरे मुल्क से ताल्लुक रखते हैं, हमारे लिए इनका इस्तेमाल काबिल एतराज हो जाये? आप यकीनन इससे इन्कार नहीं कर सकते कि देवनागरी आदाद की जो शक्ल है, इससे ज़्यादा साफ और वाजेह शक्ल इन आदाद की बन गयी है। यह ज़्यादा आसानी से पहचान लिए जा सकते हैं और अपनी मजमुई शकल में ज़्यादा नुमायां साफ और खुशनुमा मालूम होते हैं। हर शख्स तस्लीम करेगा कि हिसाब में दूसरी शक्लों से ज़्यादा कारआमद यह शक्लें हैं।

जसपतराय कपूर—कब से यह बात तजर्बे में आई?

मौलाना अबुल कलाम आज़ाद—जब से यह आदाद मशहूर हुए हैं, उस वक़्त से इनकी यह खसूसियत भी मशहूर हो गयी है। मैं आपके दूसरे मशरकी मुल्कों का हाल बतलाऊँगा। तक़रीबन तमाम मशरकी मुल्कों में यह आदाद हिसाब-किताब में इख्तियार कर लिए गये हैं। जो लोग यूरपीन जबानें नहीं जानते, उन्होंने भी यह आदाद सीख लिए हैं और लिखने-पढ़ने में इनसे काम लेते हैं।

बहरहाल जहाँ तक आदाद के सवाल का ताल्लुक है, मुझे मिस्टर आयंगर की तरमीम से पूरा इत्तफाक है। मैं खुश हूँ कि यह ज़रूरी इसलाह अमल में लाई जा रही है।

जहाँ तक जबान के मसले का ताल्लुक है मैंने आप पर वाजेह कर दिया कि मेरी राय क्या थी और मेरी राय अब भी क्या है। मुझे अफसोस है कि जबान का मसला उस तरीक़े पर तय नहीं किया गया जिस तरह तय करना था। मैंने कोशिश की। मेरे बाज रुफिका ने भी कोशिश की लेकिन बिल आख़िर हमने महसूस किया कि मौजूदा आबोहवा में इससे ज़्यादा लचक नहीं पैदा की जा सकती, जिस कदर मिस्टर आयंगर की तरमीम में पैदा हो गयी है।

आज आप यह फ़ैसला करेंगे कि इण्डियन यूनियन की सरकारी जबान हिन्दी होगी। यह फ़ैसला कीजिए हिन्दी के नाम में कुछ धरा नहीं है। असली सवाल जबान को नोईयत का है। हम हिन्दुस्तानी कह कर उसे उसकी हकीकी सूरत पर कायम रखना चाहते थे। आपकी अकसरियत ने इससे इत्तेफाक नहीं किया, लेकिन अब भी यह मुल्क के इख्तियार में है कि हिन्दी की नोईयत को बिगड़ने न दें और उसे एक बनावटी जबान बनाने की जगह एक वाकई बोलचाल की आसान और आम फहम जबान रहने दें। हमें उम्मीद करनी चाहिए कि मौजूदा तंगख़याली की आबोहवा, जो पिछली बदकिस्मत सूरत हाल का बकिया है, अब ज़्यादा अरसे तक कायम नहीं रहेगी और बहुत जल्द ऐसी आबो हवा पैदा हो जायेगी, जिसमें लोग हर तरह के वक़्ती जज्बों से आज़ाद होकर

जबान के मसले को उसकी सही और सच्ची सूरत में देखेंगे।

जनाब सद्र, मैंने हाउस का काफ़ी वक़्त लिया। अब मैं और ज़्यादा बोझ दोस्तों की तवज्जह पर नहीं डालूँगा। मैं अपनी तकरीर ख़त्म करता हूँ।

डॉ. रघुवीर (मध्य प्रदेश तथा बरार : जनरल)—अध्यक्ष महोदय, अब तक भाषा के प्रश्न पर उन लोगों ने विचार किया है, जिन पर मुख्यत: राजनैतिक विचारों का प्रभाव था। ऐसी समस्याओं पर गर्मी उत्पन्न हो गयी है जिन पर पूर्ण ठंडक से विचार किया जाना चाहिए था और इन पर मतभेद या समझौते से कोई अन्तर नहीं पड़ता या नहीं पड़ना चाहिए। मेरे पूर्ववक़्ता माननीय मौलाना साहिब ने हमें महत्त्वपूर्ण नामों का ध्यान दिलाया है, वे हैं हिन्दी और हिन्दुस्तानी। साधारणत: इन नामों का अत्यधिक महत्त्व शायद न हो। किन्तु कम से कम डेढ़ शताब्दी के इतिहास में इन दोनों शब्दों, हिन्दी और हिन्दुस्तानी का बहुत भिन्न अर्थ हो गया है। दुर्भाग्य से देश के विरोधी दलों ने इनको लेकर उनका भिन्न-भिन्न अर्थ बना दिया है। उन्होंने हिन्दुस्तानी शब्द के अर्थ को बदलने का प्रयत्न किया है और अब हिन्दी और उर्दू के विषय में भी बहुत मतभेद प्रतीत होता है।

इस अन्तर का ठीक विवेचन एक यूरोपीय शब्द-वैज्ञानिक श्री ग्राउज (Grouse) ने किया था और देखिए उन्होंने बहुत काल पहले उर्दू के विषय में ये शब्द कहे थे और इन पर कोई मतभेद नहीं है, ''उर्दू'' एक तुर्की शब्द है और इस शब्द से हम एक और रूप में परिचित हैं, अंग्रेजी शब्द "horde" (होर्द) है जैसे "military hordes"। उर्दू शब्द का अर्थ स्पष्ट है। मैं इधर-उधर की बातें न बना कर स्पष्ट कहता हूँ कि उर्दू के प्रवर्तकों पर एक उत्तरदायित्व है और मुझे आशा है कि वे इसे अपने सिर से नहीं टालेंगे। यह उत्तरदायित्व यह है कि उन्होंने 19वीं शताब्दी में विभाजन आरम्भ किया था।

आरम्भ में हिन्दी उर्दू का अन्तर बड़ा नहीं था। यदि समय होता तो मैं आपको 19वीं शताब्दी से उद्धरण तथा प्राधिकारयुक्त निर्देश देता। 19वीं शताब्दी में उर्दू के लेखकों ने यह नियम बना लिया था अथवा अपना धर्म समझ लिया था कि भारतीय स्रोत से कोई भी साहित्यिक शब्द न लिया जाये। उन्होंने भाषा का व्याकरण तथा रचना तो भारत से ली, पर साहित्यिक प्रेरणा तथा अन्य बातें अरब और फारस से ली थीं। 19वीं शती में उन्होंने यह अनुभव किया कि फारसी के उड़ जाने से उन्हें जो हानि हुई थी, उसकी कमी को उर्दू का पोषण करके पूरा करना है। 19वीं शताब्दी के यूरोपीय लेखकों के असंख्य उद्धरण हैं, जिनमें यह संदेह से परे स्पष्ट किया गया है कि फारसी की समाप्ति मुस्लिम विजेताओं की हानि थी, सम्राटों की भाषा की हानि थी। अत: उस हानि को पूरा करना था। कहा जाता था कि लखनऊ के बाजारों को फारस के इस्पहान के बाजार बनाना था।

अत: 19वीं शताब्दी में यह परम्परा बन गयी जिससे उर्दू, फारसी और अरबी शब्दों तथा संस्कृति का कोष बन गई। उसी 19वीं शताब्दी में उसकी प्रतिक्रिया हुई और उसके फलस्वरूप हिन्दी साहित्य का विकास हुआ, जिसका आधार और ढाँचा उसी भाषा पर आश्रित था जो उर्दू का आधार बनी थी, पर उसकी साहित्यिक परम्परा देशीय थी। यह अन्तर बढ़ता ही गया और आज हम देखते हैं कि वे दो साहित्य भिन्न-भिन्न विकसित हो गये हैं, यद्यपि उनका आधार एक ही था।

फिर एक तीसरा शब्द है 'हिन्दुस्तानी'। इस शब्द के विभिन्न लेखकों ने विभिन्न निर्वचन किये हैं। भाषाओं का अभ्यासी होने के नाते मैंने स्वयं निर्णय करने का प्रयत्न किया है कि क्या हम हिन्दुस्तानी का एक अर्थ में और केवल एक ही अर्थ में प्रयोग कर सकते हैं या नहीं। मैंने देखा कि यह असम्भव है। यह ऐसा मामला नहीं है जहाँ एक शब्द का, जो विविध अर्थों में प्रयुक्त होता

रहा है, सभा सुनिश्चित अर्थ बना दे। भारतीय सेना में हिन्दुस्तानी शब्द का विस्तृत प्रयोग होता था, इसका प्रयोग उर्दू शब्द से अधिक होता था। सैकड़ों पुस्तकें प्रकाशित हो चुकी हैं। कुछ दिनों पहले मैंने बहुत-सी पुस्तकें एकत्र की थीं, जिनका शीर्षक हिन्दुस्तानी था। मैं दिल्ली के बाजार में गया और जो पुस्तकें मिल सकीं, मैंने चयन कीं और यहाँ मेरे पास एक अत्यन्त महत्त्वपूर्ण पुस्तक है, जो जर्मनी में जर्मनों द्वारा प्रकाशित है। यह 'हिन्दुस्तानी बातचीत व्याकरण' है। आदि से अन्त तक यह उर्दू है, उर्दू के अतिरिक्त कुछ नहीं है। सहस्त्रों सहस्त्रों उद्धरण हैं, जिनमें हिन्दुस्तानी का अर्थ उर्दू के अतिरिक्त कुछ नहीं है। अन्य स्थल हैं जो कम मिलते हैं किन्तु महत्त्वपूर्ण हैं, जहाँ हिन्दुस्तानी शब्द का प्रयोग ऐसा सामान्य हुआ है कि उसमें हिन्दी और उर्दू दोनों समाविष्ट हैं। किन्तु एक बात स्पष्ट है और बिल्कुल स्पष्ट है कि वह भाषा जिसे हम साहित्यिक हिन्दी कहते हैं, हिन्दुस्तानी शब्द में समाविष्ट नहीं हो सकती।

मैं न हिन्दी की हिमायत कर रहा हूँ और न उर्दू की, वरन् मैं तो आपके समक्ष केवल नामकरण की समस्या पेश कर रहा हूँ। यदि हम इस मामले को किसी निष्पक्ष न्यायाधिकरण के पास ले जायें जिसमें उच्च न्यायालयों के न्यायाधीश हों, उनके समक्ष हिन्दुस्तानी शब्द तथा उसके संबंध में सब साक्ष्य पेश करें, तो न्यायाधिकरण केवल एक ही निर्णय पर पहुँच सकता है और कोई दूसरा निर्णय नहीं हो सकता कि हिन्दुस्तानी उर्दू ही है। कोई इस बात से इंकार नहीं कर सकता कि साहित्यिक तथा उच्च उर्दू अरबीनिष्ठ तथा फारसीनिष्ठ होती है। दूसरी ओर हिन्दुस्तानी में वह भाषा समाविष्ट हो सकती है जिसे सादी हिन्दी कहते हैं, ग्रामों की हिन्दी जिसे खड़ी बोली कहते हैं। मेरा निवेदन है कि साहित्यिक हिन्दी को हिन्दुस्तानी में शामिल नहीं किया जा सकता। हमारे समक्ष यह कठिनाई है किन्तु हम जो विनिश्चय करेंगे, वह अलग मामला होगा। जब हिन्दुस्तानी शब्द का निर्वचन भिन्न-भिन्न लोग भिन्न-भिन्न कर सकते हैं तो एक स्पष्ट शब्द का प्रयोग करना सदा अच्छा रहता है। माननीय मौलाना साहिब के प्रति मेरे मन में महान् आदर है और मुझे साहित्य के विनम्र विद्यार्थी के रूप में निवेदन करना है कि यदि आप हिन्दी को संकीर्ण भाषा कहते हैं तो वह उपयुक्त शब्द नहीं है। वह सीमाकारक विशेषण आप, कम से कम, हिन्दी के लिए प्रयोग तो कर ही नहीं सकते। हिन्दी का आधार बहुत विस्तृत है, उर्दू से अधिक। उर्दू तो हद से हद उस लोक भाषा पर आधारित है जो ग्रीयरसन के शब्दों में, दिल्ली और मेरठ के बीच में बोली जाती है। उन्होंने हिन्दुस्तानी लोकभाषा के लिए 52 लाख की संख्या बताई है। साहित्यिक हिन्दी का आधार बंगाल की सीमा से लेकर पंजाब की सीमा तक, नेपाल की सीमा से लेकर गुजरात की सीमा तक की बोलियाँ हैं। जब आप विश्वविद्यालयों की परीक्षाओं को लेते हैं तो आपको पता लगेगा कि साहित्यिक हिन्दी में प्राचीन राजपूताना की भाषा, डिंगल का साहित्य है, अवधी का तथा अन्य उपभाषाओं का, यथा ब्रज और भोजपुरी का साहित्य भी समाविष्ट है। यदि आप उर्दू के एम.ए. का साहित्य पढ़ेंगे तो आपको भारत की किसी उपभाषा का साहित्य नहीं पढ़ना पड़ेगा। क्यों? क्योंकि उर्दू का भारत की उपभाषाओं से कोई संबंध नहीं है।

सर्वप्रथम हिन्दी का आधार बहुत विस्तृत है और राष्ट्रभाषा का आधार सचमुच बहुत विस्तृत होना चाहिए। दूसरी बात यह है कि उर्दू में अरबी और फारसी शब्दों का बाहुल्य है। मेरी प्रथम पाठ्य भाषा उर्दू थी और दूसरी भाषा फारसी थी और मुझे अरबी भी पढ़ने का अवसर मिला था। भाषाओं का अभ्यासी होने के नाते मेरे लिए किसी भाषा विशेष से घृणा करना सम्भव नहीं है और इसलिए घृणा का प्रश्न ही नहीं उठता। आप किसी भाषा के सौंदर्य का प्रेम द्वारा ही आनन्द ले सकते हैं।

मेरे पास भारत सरकार द्वारा प्रकाशित एक उर्दू पत्रिका 'बिसाते आलम' नामक है। अरबी में यह अत्यन्त सुन्दर शीर्षक है और कोई इस शब्द के अर्थ पर आपत्ति नहीं कर सकता। यह एक साहित्यिक शब्द है, जिसमें बहुत अर्थ सन्निहित हैं। किन्तु क्या भारतीय जनता के लिए उसका कोई अर्थ है? यदि आप इस पुस्तक के अन्दर देखें तो प्रथम पंक्ति यही है—

> ''बेनुल अक़्वामी सियासियात व कैफियात के हामिल मुसव्विर माहनामा बिसाते आलम का सालनामा।''

यह इस पत्रिका की शीर्ष रेखा है। यह फारस या अरब में पूर्णतः बोध्यगम्य हो सकता है, पर भारत के किसी भाग में वह बोध्यगम्य नहीं होगा। मैं मौलाना साहिब की सुन्दर वक़्तृता को बहुत ध्यान से सुनता रहा हूँ। मैंने कुछ शब्द लिख लिए हैं, जिनके स्थान पर यदि भारतीय शब्दों को रख दिया जाता तो वे अधिक बोध्यगम्य हो जाते। उदाहरण के लिए उन्होंने 'रियाजी' शब्द का प्रयोग किया था। मेरे समीप बैठे हुए मित्र ने पूछा ''उसका क्या अर्थ है?'' मैंने उन्हें बताया ''इसका अर्थ है 'गणितम'। चाहे तमिल हो, उड़िया हो, असमिया, बंगला या गुजराती हो, हमारी एक सामान्य शब्दावली है, एक सामान्य विचारधारा है और सामान्य जीवन-मूल्य है। विगत में प्रयत्न किया गया था कि उर्दू को सरल बनाया जाये और मुझे आशा है कि भविष्य में इसके लिए और भी प्रयत्न किया जायेगा, किन्तु हम उर्दू को सरल बना कर हिन्दुस्तानी कह दें तब भी हम उसमें उस पदावली का प्रयोग नहीं कर सकते जो अन्य भाषाओं में प्रयुक्त होगी। हिन्दी और उर्दू भाषाओं पर तथा उनके दावों पर विचार करते समय, कई अग्रिम नेताओं ने, जिनका नाम तथा सम्मान बहुत था, कहा था कि कोई बीच की भाषा होनी चाहिए जो दोनों भाषाओं को एक-दूसरे के निकट ला सके। किन्तु आज हिन्दी और उर्दू के बीच का अन्तर मिटाने की समस्या नहीं है, वरन् ऐसी भाषा ढूँढ़ने की समस्या है जो भारत की सब भाषाओं हिन्दी, बंगला, गुजराती, मराठी, तेलुगु, तमिल, असमिया, उड़िया, पंजाबी के बीच का अन्तर मिटा दे। हमें ऐसी भाषा ढूँढ़नी है जो केवल हिन्दी और उर्दू की आवश्यकताओं को ही पूरा न करे, अपितु उत्तर और दक्षिण की समस्त भाषाओं की आवश्यकताओं को भी पूरी करे.....

एक माननीय सदस्य—एक बज चुका है श्रीमान्। वक़्ता महोदय भोजन के पश्चात् अपने भाषण को जारी रख सकते हैं।

अध्यक्ष—मुझे समय का पता है। क्या माननीय सदस्य बहुत समय लेंगे?

डॉ. रघुवीर—कम से कम आधा घंटा।

अध्यक्ष—इतनी अनुमति मैं नहीं दे सकता। मैं मध्यान्तर में आपको कुछ मिनट दे सकता हूँ।

मुझे यह सुझाव दिया गया है कि सदन को 4 बजे की बजाय पाँच बजे समवेत होना चाहिए। अतः हम 5 बजे बैठेंगे।

तत्पश्चात् सभा मध्याह्नांतर के 5 बजे तक के लिए स्थगित हो गई।

सभा सायंकाल पाँच बजे, अध्यक्ष महोदय (माननीय डॉ. राजेन्द्र प्रसाद) के सभापतित्व में समवेत हुई।

पं. बालकृष्ण शर्मा—क्या मैं आपकी अनुमति से प्रस्ताव कर सकता हूँ कि इस भाषा संबंधी प्रश्न पर वाद-विवाद समाप्त कर दिया जाये और यदि डॉ. रघुवीर कुछ शब्द और कह कर अपनी

वक्तृता समाप्त करना चाहते हैं तो समाप्ति-प्रस्ताव को सदन में पेश करने से पूर्व उन्हें ऐसा कर लेने दिया जाये।

अध्यक्ष—यदि डॉक्टर रघुवीर बोलना उपयोगी समझते हैं, तो खैर, वे दो मिनट ले सकते हैं।

डॉ. रघुवीर—अध्यक्ष महोदय, मैं सदन के अन्य सदस्यों के साथ अपना महान् सन्तोष अभिव्यक्त करना चाहता हूँ कि अंकों के विषय पर दोनों विभिन्न दृष्टिकोणों में संतोषजनक समझौता हो गया है। अब वाद-विवाद मैत्री भाव से चल सकता है। इस मामले में मैं सदन को बधाई देना चाहता हूँ। अब क्योंकि कोई विवाद नहीं है, अतः वाद-विवाद को समाप्त कर दिया जाये।

अध्यक्ष—समाप्ति प्रस्ताव पेश हो चुका है। मैं मान लेता हूँ कि सदन इसे स्वीकार करता है।

मौलाना हसरत मोहानी—श्रीमान्, आपने समाप्ति-प्रस्ताव स्वीकार कर लिया है। मैं अपना संशोधन वापस लेना चाहता हूँ, जिसकी मैंने सूचना दी थी, क्योंकि कल हमारे प्रधानमंत्री ने जो रुख अपनाया था, उस पर मुझे अत्यन्त निराशा है तथा मौलाना अबुल कलाम आज़ाद ने आज तो तोषण नीति अपनाई थी, उस पर मुझे अत्यन्त खेद है। मैं इस मामले पर भाषण देने के अपने अधिकार का भी परित्याग करता हूँ। मैं समस्त बात का ही विरोध करूँगा।

अध्यक्ष—मुझे केवल आपके वापस लेने से मतलब है, उसके कारणों से नहीं।

अब मैं जानना चाहता हूँ कि मुझे प्रश्न को सदन के समक्ष किस रूप में रखना चाहिए। लगभग 300 संशोधन हैं।

घनश्याम सिंह गुप्त (मध्य प्रदेश तथा बरार : जनरल)—श्रीमान्, श्री गोपालस्वामी आयंगर कुछ संशोधनों को स्वीकार करने वाले हैं। इन संशोधनों को फिर सदन के समक्ष रखा जाना चाहिए। अन्य सब संशोधनों के विषय में समझ लेना चाहिए कि वे वापस ले लिए गए हैं।

के.एम. मुंशी (बम्बई : जनरल)—अध्यक्ष महोदय, क्या मैं आपसे प्रार्थना कर सकता हूँ कि आप सदन को लगभग आधे घंटे के लिए स्थगित कर दें? मुझे आपको यह बताने में बहुत खुशी है कि भाषा संबंधी इस अतीव कठिन प्रश्न पर हममें से अधिकांश सदस्य एकमत हो गये हैं। एक दो छोटी-छोटी बातें रह गयी हैं, जिनके विषय में संशोधन तैयार किया जा रहा है। उस पर कुछ मिनट लगेंगे। यदि सदन को आपत्ति नहीं है और यदि आप मुझे अनुमति दें तो, श्रीमान्, हम लगभग आधा घंटे के लिए स्थगित हो सकते हैं।

अध्यक्ष—सदन के कुछ समय के लिए स्थगित होने पर मुझे कोई आपत्ति नहीं है।

नज़ीरुद्दीन अहमद (पश्चिम बंगाल : मुस्लिम)—कोई नया संशोधन पेश हो तो मुझे उसकी सूचना मिलनी चाहिए।

अध्यक्ष—इस समय कोई संशोधन पेश नहीं किया जायेगा। मेरे विचार में वे इस बात पर विचार कर रहे हैं कि किन-किन संशोधनों को स्वीकार किया जाये। उसमें कुछ समय लग जायेगा।

महावीर त्यागी (युक्त प्रान्त : जनरल)—तब संशोधन मसौदा-समिति पर ही छोड़ दिये जायें।

पं. हृदयनाथ कुंजरू (युक्त प्रान्त : जनरल)—मेरा विश्वास है दो तीन मिनट पहले ही समाप्ति-प्रस्ताव पेश हुआ था और आपने उसे स्वीकार कर लिया था। यदि सदन की अनुमति से समाप्ति-प्रस्ताव वापस नहीं लिया जाता तो मैं नहीं समझ पाता कि श्री मुंशी या कोई भी नया संशोधन कैसे पेश कर सकते हैं।

अध्यक्ष—डाँ. कुंजरू ने औचित्य प्रश्न उठा दिया है।

घनश्याम सिंह गुप्त—क्या मैं औचित्य प्रश्न के विषय में कुछ शब्द कह सकता हूँ? कार्यावली

में कई संशोधन हैं। मुख्य प्रस्ताव के प्रस्तावक श्री गोपालस्वामी आयंगर उनमें से किसी को चुन सकते हैं या स्वीकार कर सकते हैं या अस्वीकार कर सकते हैं। समाप्ति के पश्चात् उन्हें बोलने का अधिकार है। अतएव वे बोल सकते हैं तथा बोलते समय किसी संशोधन को स्वीकार कर सकते हैं। समाप्ति का यह अर्थ नहीं है कि समस्त संशोधन, जो पेश हुए थे, अस्वीकृत या रद्द हो गये हैं। यदि वे यहाँ-वहाँ कुछ शाब्दिक संशोधन करें तो सदन के मत द्वारा उन्हें अनुमति मिल सकती है?

नज़ीरुद्दीन अहमद—क्या मैं कुछ शब्द कह सकता हूँ, श्रीमान?

अध्यक्ष—हाँ, श्री नज़ीरुद्दीन अहमद बोल सकते हैं। इस बीच में मैं आशा करता हूँ कि श्री गोपालस्वामी आयंगर तथा श्री के.एम. मुंशी उस चीज़ को तैयार कर लें। हम औचित्य प्रश्न पर विचार करते हैं, उतनी देर में वे उसे तैयार कर लें।

नज़ीरुद्दीन अहमद—अध्यक्ष महोदय, श्रीमान्......

पं. रविशंकर शुक्ल—मेरी प्रस्थापना यह है कि पण्डित बालकृष्ण शर्मा अपने समाप्ति-प्रस्ताव को वापस ले लें।

अध्यक्ष—मुझे श्री नज़ीरुद्दीन अहमद की बात सुनने दीजिए।

नज़ीरुद्दीन अहमद—अध्यक्ष महोदय, बहुत परिश्रम के पश्चात् हम लगभग एकमत हो गये हैं। किन्तु हमें एक महत्त्वपूर्ण सांविधानिक प्रश्न का स्मरण रखना है। हम देश के लिए, केवल देश के लिए नहीं, अन्य देशों के लिए भी सांविधानिक सिद्धान्तों का उदाहरण पेश कर रहे हैं। पण्डित हृदयनाथ कुंजरू ने एक औचित्य प्रश्न उठाया है कि समाप्ति-प्रस्ताव के स्वीकार होने के पश्चात्, कोई नये संशोधन प्रस्थापित नहीं किये जा सकते। श्री गुप्त ने इस प्रश्न का उत्तर नहीं दिया, अपितु केवल यही कहा कि समाप्ति प्रस्ताव के पश्चात् मुख्य प्रस्ताव के प्रस्तावक को उत्तर देने का अधिकार होगा और वे कुछ संशोधनों को स्वीकार कर सकते हैं। मुझे उस पर आपत्ति नहीं है। किन्तु पण्डित कुंजरू ने यह प्रश्न उठाया था कि समाप्ति प्रस्ताव की स्वीकृति के पश्चात्, कोई नया संशोधन पेश नहीं किया जा सकता, जब तक कि समाप्ति प्रस्ताव वापस न ले लिया जाये। सदन द्वारा स्वीकृत समाप्ति प्रस्ताव को वापस लेने का कोई नियम या पूर्वोदाहरण या परम्परा नहीं है। ये कठिनाइयाँ हैं।

फिर, मेरा निवेदन है कि चाहे मुझे प्रसन्नता है कि मैत्रीभाव से समझौता तथा निपटारा हो गया है, फिर भी कुछ अमहत्त्वपूर्ण अल्पसंख्यक हैं, जो संख्या में अल्पसंख्यक हैं, और उन्हें भी प्रस्थापित नये संशोधनों पर विचार करके अपनी सम्मति अभिव्यक्त कर सकें। अतएव जो भी संशोधन पेश किया जाये, उसकी उचित सूचना सदस्यों को दी जानी चाहिए जिससे वे उस पर विचार कर सकें। यदि कोई संशोधन पेश किया जाना है तो उस पर निर्णय स्थगित करने से कोई हानि नहीं होगी। हम मामले पर कल विचार करके निर्णय कर सकते हैं।

अध्यक्ष—मेरे विचार में शायद वे लोग, जिन्होंने इस समस्या का कोई समझौता सा कर लिया है, इस चीज़ को ठीक रूप में रखने में कुछ समय लगायेंगे, यह आवश्यक नहीं है कि वे नये संशोधन ही पेश करें, वरन् वे शायद कार्यावली के संशोधनों में से कुछ को स्वीकार कर लें और कुछ को स्वीकार न करें। और यदि वे ऐसा करेंगे तो शायद जो औचित्य प्रश्न उठाया गया है वह उठेगा ही नहीं, किन्तु मुझे पता नहीं है कि परिस्थितियाँ कैसी होंगी। इस समय तो मेरे विचार में उन्हें कुछ समय देना ही ठीक रहेगा जिससे कि वे समूचे प्रश्न पर उन सब संशोधनों के निर्देश से विचार कर सकें जो पेश हो चुके हैं, और यह देख सकें कि उन संशोधनों को कहाँ तक स्वीकार कर सकते हैं और कार्यावली पर जो संशोधन हैं उनको सहमत सूत्र में कहाँ तक जमाया जा सकता

है। यदि सदन को आपत्ति न हो तो मैं चाहता हूँ कि....

घनश्याम सिंह गुप्त—सारी बात को आज समाप्त कर दिया जाये।

एन. गोपालस्वामी आयंगर—क्या मैं एक शब्द कह सकता हूँ?

के. सन्तानम्—इस बीच में, क्या आप औचित्य प्रश्न पर विचार कर रहे हैं?

अध्यक्ष—मैंने औचित्य प्रश्न पर कुछ भी नहीं कहा है और मैंने सदन को स्थगित अभी नहीं किया है। मैं अभी तक विचार-विमर्श ही कर रहा हूँ और मुझे श्री गोपालस्वामी आयंगर की बात सुनने का अधिकार है।

गोपालस्वामी आयंगर—मैं चार-पाँच वाक्यों में समझा देना चाहता हूँ। उस दिन मैंने जो मसौदा पेश किया था, उसमें जो भी परिवर्तन किये जाने चाहिएँ, उनके संबंध में, मेरा ख़याल है कि हम सदन के बाहर बातचीत करके उन परिवर्तनों के सारांश पर सहमत हो गये हैं। वे अधिक नहीं हैं। मुझे विश्वास है कि केवल चार पाँच परिवर्तन ही किये जाने हैं। उनमें से दो तो केवल शाब्दिक हैं। अन्य दो तीन मामले ऐसे हैं जिनमें कुछ सार अन्तर्ग्रस्त है। वास्तव में हमने इसका कच्चा मसौदा बना लिया है, और यदि आप हमें बीस-तीस मिनट दे दें तो हम उस मसौदे को सदन के समक्ष ऐसे रूप में पेश कर सकेंगे, जिसे वह स्वीकार कर सकें। मेरा यह सुझाव है कि हमें लगभग आधा घंटे पश्चात् समवेत होना चाहिए।

माननीय सदस्यगण—हम 6 बजे समवेत हो सकते हैं।

पं. गोविन्द मालवीय (युक्त प्रान्त : जनरल)—हम संविधान सभा हैं। हम अपने नियम स्वयं बनाते हैं और कोई ऐसी वस्तु, जिससे आपके विचार में वह कार्य पूरा होगा, जिसके लिए हम यहाँ हैं और जिस पर समस्त सदन सहमत हो, निःसंदेह सम्भव होनी चाहिए और वह हो सकती है। मेरा निवेदन है कि हमें नियमों के केवल वैधानिक निर्वचनों पर ही नहीं अड़ना चाहिए और हमें सदन को आधा घंटे के लिए स्थगित कर देना चाहिए जिसकी प्रार्थना की गयी है।

के. सन्तानम्—इसी बीच में, वाद-विवाद जारी रहे।

अध्यक्ष—नहीं, नहीं। जो औचित्य प्रश्न उठाया गया है उस पर मैं कोई विनिश्चय या निर्णय नहीं दे रहा हूँ। मेरे विचार में हमें सदन को लगभग पौन घंटे के लिए स्थगित कर देना चाहिए। हम पुनः 6 बजे समवेत होंगे।

तत्पश्चात् सभा छह बजे तक के लिए स्थगित हो गई।

सभा सायंकाल छह बजे, अध्यक्ष महोदय (माननीय डॉ. राजेन्द्र प्रसाद) के सभापतित्व में समवेत हुई।

के.एम. मुंशी—अध्यक्ष महोदय, मैं समझता हूँ कि समाप्ति प्रस्ताव पेश हो चुका है और स्वीकार किया जा चुका है। इसे ध्यान में रखते हुए, श्रीमान्, मेरा निवेदन है कि वाद-विवाद पुनः आरम्भ किया जाये जिससे कि मैं कुछ संशोधन सदन के समक्ष पेश कर सकूँ। अतएव मेरा प्रस्ताव है, श्रीमान्, कि वाद-विवाद पुनः आरम्भ किया जाये।

अध्यक्ष : श्री मुंशी ने सदन के समक्ष जो प्रस्ताव रखा है वह यह है कि जो समाप्ति-प्रस्ताव स्वीकार किया गया था, उसका निरसन कर दिया जाये तथा वाद-विवाद पुनः आरम्भ कर दिया जाये। मैं मानता हूँ कि नियमों के अधीन यदि सदस्यों का कुछ प्रतिशत भाग किसी संकल्प या

विनिश्चय पर पुनः विचार करना चाहे तो उसका वाद-विवाद पुनः आरम्भ हो सकता है। मैं नहीं समझता कि उस आधार पर कोई कठिनाई है। मैं जानना चाहता हूँ कि क्या सदन वाद-विवाद को पुनः आरम्भ करना चाहता है।

माननीय सदस्यगण—हाँ।

नज़ीरुद्दीन अहमद—अध्यक्ष महोदय, कुछ नये संशोधन अभी मुझे दिये गये हैं। मुझे उनको पढ़ने के लिए भी पर्याप्त समय नहीं मिला है। मैं केवल यही चाहता हूँ कि हमें अवसर दिया जाये, जिससे कि नये संशोधनों का परीक्षण हो सके और उनका प्रभाव क्या होगा, इस पर ध्यानपूर्वक विचार हो सके। हमें यह सोचना होगा कि अपने किन संशोधनों पर बल दें और किन्हें हम वापस लें। (बाधा) हमें ऐसा अवसर देने के लिए, मेरे विचार में हमें कुछ थोड़ा-सा समय मिलना चाहिए। नियम 13 (0) है...(बाधा)।

सी. सुब्रमणियम (मद्रास : जनरल)—श्रीमान्, प्रस्ताव यह है कि वाद-विवाद पुनः आरम्भ हो। अब हम किसी संशोधन पर विचार कर रहे हैं। यदि माननीय सदस्य ऐसी कोई चीज़ पेश करना चाहते हैं, तो वे कह सकते हैं। माननीय सदस्य कुछ ऐसे संशोधनों के विषय में निवेदन करना चाहते हैं, जो सदन के समक्ष नहीं हैं।

नज़ीरुद्दीन अहमद—मेरा निवेदन है कि मुझे अभी कुछ संशोधन दिये गये हैं। मुझे समय नहीं मिला है कि.....

अध्यक्ष—हम इस समय वाद-विवाद को पुनः आरम्भ करने के प्रश्न पर हैं।

नज़ीरुद्दीन अहमद—उसके संबंध में, मुझे कुछ भी आपत्ति नहीं है।

अध्यक्ष—इस समय, हमें केवल उसी से संबंध है। जो वाद-विवाद पुनः आरम्भ करने के पक्ष में हैं, वे 'हाँ' कहेंगे।

प्रस्ताव स्वीकार कर लिया गया।

के.एम. मुंशी—श्रीमान्, मैं प्रस्ताव करता हूँ :

''कि अनुच्छेद 301क के खण्ड (1) के स्थान पर निम्न रख दिया जाये :

'(1) The official language of the Union shall be Hindi in Devanagari script. The form of numerals to be used for the official purposes of the Union shall be the International form of Indian numerals.'''

[(1) संघ की राजभाषा देवनागरी लिपि में हिन्दी होगी। संघ के राजकीय प्रयोजनों के लिए प्रयुक्त होने वाले अंकों का रूप भारतीय अंकों का अन्तरराष्ट्रीय रूप होगा।]

महावीर त्यागी—(1) का क्या अर्थ है जबकि (2) है ही नहीं?

के.एम. मुंशी—एक वाक्य के दो भाग कर दिये गये हैं, और 'और' शब्द हटा दिया गया है। यह केवल शाब्दिक परिवर्तन है।

पं. बालकृष्ण शर्मा—श्री त्यागी का कहना यह है कि केवल एक ही उपखण्ड है और उसे 1 (1) क्यों रखा जाये।

के.एम. मुंशी—एक उपखण्ड 1(1) है, क्योंकि मूल अनुच्छेद में अन्य उपखंडिकाएँ (2) तथा (3) हैं। यह (2) नहीं, अपितु दूसरे (2) और (3) हैं।

अध्यक्ष—मैं समस्त संशोधनों को देखना चाहता हूँ।

श्री के.एम. मुंशी—मैं दूसरा संशोधन पेश करता हूँ, श्रीमान्।

''कि अनुच्छेद 301-क के खण्ड (3) के स्थान पर, निम्न रख दिया जाये :

'(3) Notwithstanding anything contained in this article, Parliament may after the said period of fifteen years by law provide for the use of –

(a) the English language or......'''

[(3) इस अनुच्छेद में किसी बात के होते हुए भी संसद उक्त पंद्रह साल की कालावधि के पश्चात् विधि द्वारा-

(क) अंग्रेजी भाषा का, अथवा.....]

कुछ माननीय सदस्यगण—यहाँ 'और' होना चाहिए।

के.एम. मुंशी—'अथवा' शब्द उपयुक्त है; इसका अर्थ 'और' ही है। किन्तु मसौदा समिति उस पर ध्यान से विचार करेगी। हम पैंतालीस मिनट तक जो कुछ कर सके वह हमने किया। हम समझते हैं कि 'अथवा' शुद्ध है। यदि हम देखेंगे कि 'अथवा' अशुद्ध है तो हम उसे बदल देंगे।

एच.वी. कामत (मध्य प्रदेश तथा बरार : जनरल)—क्या मैं सुझाव दे सकता हूँ, श्रीमान्, कि......

अध्यक्ष—वे खड़े हैं। उन्हें समाप्त क्यों नहीं कर लेने देते?

के.एम. मुंशी—

"(b) The Devanagari form of numerals, for such purposes as may be specified in such law."

[(ख) अकों के देवनागरी रूप का, ऐसे प्रयोजनों के लिए प्रयोग उपबंधित कर सकेगी जैसे कि ऐसी विधि में उल्लिखित हों।]

मेरा अगला संशोधन है :

''कि अनुच्छेद 301-च को अनुच्छेद 301-च का खण्ड (1) बना दिया जाये और उसमें निम्न खण्ड जोड़ दिया जाये :

'(2) Nothing in sub-clause (a) of clause (1) of this article shall prevent a state from prescribing, with the consent of the President, the use of the Hindi language or any other language recognised for official purposes in the State for proceedings in the High Court of the State other than judgements, decrees and orders.'''

[(2) खण्ड (1) के उपखण्ड (क) में किसी बात के होते हुए भी किसी राज्य का राज्यपाल या राज्यप्रमुख राष्ट्रपति की पूर्व सम्मति से हिन्दी भाषा का या उस राज्य में राजकीय प्रयोजन के लिए प्रयोग होने वाली किसी अन्य भाषा का प्रयोग उस राज्य में मुख्य स्थान रखने वाले उच्च न्यायालय में निर्णय, आज्ञप्ति अथवा आदेश के अतिरिक्त अन्य कार्यवाहियों के लिए प्राधिकृत कर करेगा।]

इसके पश्चात् दूसरा खण्ड है :

'(3) Notwithstanding anything contained in sub-clause (b) of clause (1) of this article, when the Legislature of a State has prescribed the use of any language other than English for Bills, Acts, Ordinances and orders having the force of law and rules referred to in the said sub-clause, a translation of the same in English certified by the Governor of the State shall be published and the same shall be deemed to be the authoritative text in English under this article."

[(3) खण्ड (1) के उपखण्ड (ख) में किसी बात के होते हुए भी जहाँ किसी राज्य के विधानमण्डल ने, उस विधानमण्डल में पुर:स्थापित विधेयकों या उसके द्वारा पारित अधिनियमों में अथवा उस राज्य के राज्यपाल या राजप्रमुख द्वारा प्रख्यापित अध्यादेशों में अथवा उस उपखण्ड की कण्डिका (उ) में निर्दिष्ट किसी आदेश, नियम, विनियम या उपविधि में प्रयोग के लिए अंग्रेजी भाषा से इतर अन्य किसी भाषा के प्रयोग को विहित किया है, वहाँ उस राज्य के राजकीय सूचना पत्र में उस राज्य के राज्यपाल या राज-प्रमुख के प्राधिकार से प्रकाशित अंग्रेजी भाषा में उसका अनुवाद उस खण्ड के अभिप्रायों के लिए उसका अंग्रेजी भाषा में प्राधिकृत पाठ समझा जायेगा।]

माननीय सदस्यगण—'Or ruler' का क्या हुआ?

के.एम. मुंशी—ये शब्द कई अनुच्छेदों में गायब हैं और इसे ठीक कर दिया जायेगा। यदि आप चाहें तो मैं यहाँ 'Governor or Ruler of the State' ये शब्द रख दूँगा। यह माननीय श्री जी.एस. गुप्त के संशोधन सं. 164 से 167 से संबंधित है।

फिर अगला संशोधन है :

''अनुसूची में 'Kanarese' के स्थान पर 'Kannada' शब्द रख दिया जाये और 'Punjabi' के पश्चात् 'Sanskrit' शब्द रख दिया जाये।''

महावीर त्यागी—क्या राज्य विधानमण्डलों द्वारा पारित होने वाले विधेयकों और अधिनियमों की भाषा के बारे में कोई संशोधन नहीं है?

के.एम. मुंशी—और कोई संशोधन नहीं है।

महावीर त्यागी—तो फिर यह समझौते का सच्चा निर्वचन नहीं है।

एच.वी. कामत—अध्यक्ष महोदय, क्या मैं एक मौखिक परिवर्तन का सुझाव दे सकता हूँ?

नज़ीरुद्दीन अहमद—एक औचित्य प्रश्न है। सारा सवाल यह है कि हमें इन संशोधनों पर विचार करने के लिए कुछ तो समय मिलना ही चाहिए। यह तो किसी सदस्य के प्रति सामान्य न्याय ही है। हो सकता है कि सदस्यों की अत्यधिक बहुसंख्या में कोई समझौता हो गया हो किन्तु उससे मामला समाप्त नहीं होता। प्रत्येक सदस्य को अवसर मिलना चाहिए।

अध्यक्ष—मेरे विचार में समूचे प्रश्न पर विचार होता रहा है और हम इस पर सब दृष्टिकोणों से पूरा-पूरा विचार कर चुके हैं। ये संशोधन नये इसलिए दिखाई देते हैं, क्योंकि हमें जो अनेक संशोधन प्राप्त हुए हैं, उनमें कोई संशोधन बिल्कुल इसी भाषा में नहीं है। मुझे पता नहीं है कि यदि इनमें से किसी संशोधन में वास्तव में अन्य इतने संशोधनों का सार आ जाता है, जो पेश हुए हैं और सदन के समक्ष रखे गये हैं। अतएव, प्रश्न केवल यही है कि क्या हमें इन संशोधनों पर पुन: विचार करने की औपचारिकता को पूरा करना होगा या हम संशोधनों को स्वीकार कर लेंगे जैसे कि वे पेश किये जा रहे हैं क्योंकि वे अन्य संशोधनों के सार हैं, जो कार्यावली में हैं और क्योंकि वे बहुत से सदस्यों की भावना के प्रतीक हैं, जिनमें आपस में समझौता हो गया है। यदि यह कोई नया प्रश्न होता जो बिल्कुल नया उठाया गया होता तो शायद सूचना माँगने का कोई औचित्य होगा। अतएव नियम 38 (ओ) के अधीन, जिसमें लिखा है :

> "If notice of a proposed amendment has not been given two clear days before the day on which the Constitution or the Bill, as the case may be, is to be considered,

any member may object to the moving of the amendment, and such objection shall prevail, unless the President in his discretion allows the amendment to be moved."

[यदि प्रस्थापित संशोधन की सूचना उस दिन से दो दिन पूर्व न दी जाये जिस दिन संविधान या विधेयक पर विचार होना है, तो कोई सदस्य संशोधन के पेश होने पर आपत्ति कर सकता है, और ऐसी आपत्ति ठीक होगी, जब तक कि अध्यक्ष स्वविवेक से उस संशोधन को पेश करने की अनुमति न दे दे।]

मैं समझता हूँ यही ऐसा उपयुक्त मामला है कि इन संशोधनों के पक्ष में अध्यक्ष के स्वविवेक का प्रयोग किया जाना चाहिए।

एच.वी. कामत—मैं इस प्रस्ताव का पूरे दिल से सदन की स्वीकृति के लिए समर्थन करता हूँ, किन्तु क्या मैं शुद्धतः एक शाब्दिक परिवर्तन का सुझाव दे सकता हूँ?

अध्यक्ष—अच्छा हो आप प्रस्तावक को ही वह सुझाव दे दें। मैं एक-दो मिनट ठहर सकता हूँ।

एच.वी. कामत—धन्यवाद, श्रीमान्, मैं ऐसा ही करूँगा।

प्रो. शिब्बन लाल सक्सेना (युक्त प्रान्त : जनरल)—क्या मैं इस संशोधन पर बोल सकता हूँ?

अध्यक्ष—निःसंदेह।

घनश्याम सिंह गुप्त—अध्यक्ष महोदय, इस पर कोई वाद-विवाद नहीं हो सकता क्योंकि आपने कहा है कि श्री मुंशी ने जो संशोधन पेश किये हैं, वे उन संशोधनों में आ जाते हैं जो पहले भेजे गये थे। मैं वे संख्याएँ भी बता सकता हूँ, जिनमें ये संशोधन आ जाते हैं। यदि हम सारे वाद-विवाद को पुनः आरम्भ करें तो मेरा नम्र निवेदन है कि उन्हें इस प्रस्ताव पर वाद-विवाद के रूप में बोलने का अधिकार नहीं है। यदि उन्हें किसी शाब्दिक संशोधन का सुझाव देना है तो वह दूसरी बात है।

एक माननीय सदस्य—हममें से कुछ को तीसरा पत्र नहीं मिला है।

अध्यक्ष—मिल जायेगा। इस बीच श्री सक्सेना इस पर बोलना चाहते हैं। उन्हें बोलने दीजिए।

प्रो. शिब्बन लाल सक्सेना—श्रीमान्, यह प्रश्न....

नज़ीरुद्दीन अहमद—श्रीमान्, हमें अभी तक चौथे संशोधन की प्रति नहीं मिली है।

प्रो. शिब्बन लाल सक्सेना—श्रीमान्, यह राष्ट्रभाषा का प्रश्न दो दिनों से गरमागरम वाद-विवाद का विषय बना हुआ है, और इन संशोधनों का सुझाव श्री मुंशी ने समझौते के रूप में दिया है और उन्होंने यह मान लिया है कि सदन के सदस्य इन संशोधनों पर सहमत हैं। श्रीमान्, मैं बहुत खेद के साथ इनका विरोध करने आया हूँ और यह कहना चाहता हूँ कि मैं उनसे सहमत नहीं हूँ और मैं तथाकथित समझौते के संशोधनों को स्वीकार नहीं करता। मैंने स्वयं अपना संशोधन सं. 70 पेश किया है, किन्तु समझौते के रूप में मैं श्री पुरुषोत्तम दास टंडन के संशोधन का समर्थन कर सकता हूँ। अब जो संशोधन पेश किये गये हैं उन्हें समझौता बताया जाता है किन्तु वे किसी प्रकार सुधार नहीं है और उनसे मेरी या टंडन जी की कोई बात पूरी नहीं होती। वास्तव में हिन्दी के समर्थक इस मूल बात पर ज़ोर दे रहे हैं कि अंग्रेजी अंक हमारी राष्ट्रभाषा का स्थायी अंग नहीं बनेंगे। किन्तु अब जो संशोधन पेश किया गया है उससे ये तथाकथित अन्तरराष्ट्रीय अंक, जो अंग्रेजी अंक ही हैं, इस संविधान द्वारा हमारी भाषा का स्थायी अंग बन जायेंगे और मैं इसे स्वीकार कर ही नहीं

सकता। समझौते में केवल यही स्वीकार किया गया है कि पंद्रह वर्ष पश्चात् देवनागरी अंकों का ऐसे प्रयोजनों के लिए प्रयोग उपबंधित कर सकेगी जैसे कि ऐसी विधि में उल्लिखित हों। उसका अर्थ यह है कि देवनागरी अंकों को कुछ प्रयोजनों के लिए रखा जा सकता है, किन्तु मुख्य अंक अंग्रेजी अंक ही होंगे और इस संविधान को स्वीकार करके हम इस सदन को और हमारे देश की भावी संतति को बाँध रहे हैं कि वे इस संविधान अधिनियम द्वारा अंग्रेजी अंकों को हमारी भाषा का स्थायी अंग स्वीकार करें और मैं इस बात को कभी नहीं मानूँगा। मेरा ऐसा करने का कारण है। मैं श्री गोपालस्वामी के इस मसौदे को हिन्दी के समर्थकों के साथ धोखा और संविधान के साथ भी धोखा समझता हूँ। सचमुच इस मसौदे से अंग्रेजी बहुत वर्षों के लिए स्थिर बन जायेगी, जैसा कि आयंगर ने स्वयं स्वीकार किया है। राष्ट्रपिता ने राष्ट्र को इस खतरे से आगाह कर दिया था, जिसे उन्होंने 21 सितम्बर, 1947 को ही देख लिया था, जब उन्होंने उस तारीख़ के हरिजन में सम्पादकीय लेख लिखा था।

अन्य संशोधन भी हैं, जिन्हें टंडन जी ने समझौते के रूप में पेश किया था और मैंने भी समझौते के रूप में स्वीकार कर लिया था। किन्तु क्योंकि वास्तविक समझौता सम्भव नहीं हो सका है, अत: मैं अपने संशोधन पर बल दूँगा, जो निम्नलिखित है :

''कि उपरोक्त संशोधन 65 में, प्रस्थापित नवीन भाग 14-क के स्थान पर, निम्न रख दिया जाये :

"PART XIV-A

CHAPTER-I–LANGUAGE OF THE UNION

301A. (1) The State language of the Union shall be Hindi in Devanagari script.

(2) Notwithstanding anything contained in clause (1) of this article the English language may continue to be used for official purposes of the Union during the period of transition which shall not exceed 5 years, provided that the State language will be progressively utilized until it replaces English completely at the end of the transitional period of five years.

301B. (1) Within three months of the commencement of this Constitution, there shall be constituted a committee consisting of thirty members, of whom twenty shall be members of the House of the People and ten shall be members of the Council of States chosen respectively by the members of the people and the members of the Council of the States in accordance with the system of proportional representation by means of the single transferable vote.

(2) It shall be the duty of the Committee to make recommendations to the President as to the ways and means which should be adopted as to the progressive use of the Hindi language for all the official purposes of the Union and the replacement of the English language by the Hindi language at the end of the transitional period of five years.

(3) The Committee shall submit its report within a period of six months from the date of its appointment.

(4) Within a period of three months from the date of submission of its report by the committee, the President shall cause every recommendation made by the Committee together with an explanatory memorandum as to the action taken or to be taken thereon to be laid before each House of Parliament.

(5) (a) When any member of the House of the People or the Council of States

cannot adequately express himself in the language in use for the time being in the House of the People or in the Council of States, the House of the People or the Chairman of the Council of States may permit him to address the House in his mother tongue.

(b) The Chairman of the Council of States or the Speaker of the House of the People may, whenever he thinks fit, make arrangments for making available in the Council of States or the House of the People as the case may be summary in Hindi and in the language in use in the House for the time being of the speech delivered by a member in any other language and such summary shall be included in the record of the proceedings of the House in which the speech has been delivered.

CHAPTER II–REGIONAL LANGUAGES

301C. (1) A State may by law adopt Hindi or the language or languages in use in the State as the language or languages to be used for all or any of the official purposes of that State.

(2) (a) When any member of a State Legislature cannot adequately express himself in the language in use for the time being in either House of the State Legislature, the Chairman of the Legislative Council or the Speaker of the Legislative Assembly may permit him to address the House in his mother tongue.

(b) The Chairman of the Legislative Council or the Speaker of the Legislative Assembly may, whenever he thinks fit, make arrangements for making available, in the Legislative Council or the Legislative Assembly as the case may be, a summary in Hindi or in the language in use in either House for the time being of the speech delivered by a member in any other language and such summary shall be included in the record of the proceedings of the House in which the speech has been delivered.

301D. (1) (a) The language for the time being authorised for use in the Union for official purposes shall be the official language for communication between a State and the Union;

(b) if the language authorised for use in the Union is also the official language of any State, the official language of the Union shall be the official language for communication between that State and another State :

Provided that if two or more States agree that the Hindi language shall be the official language for communication between such States, that language may be used for such communication.

(2) The authoritative texts–

(i) of all Bills to be introduced or amendments thereto to be moved in the House or either House of the Legislature of a State.

(ii) of all Acts passed by the Legislature of a State and of all Ordinances promulgated by a Governor or a Ruler, as the case may be,

(iii) of all orders, rules, regulations and byelaws issued under this Constitution or under any law made by the Legislature of a State, shall be in the official language of the State :

Provided that if the State official language is not Hindi, they shall be accompanied by an authoritative text in Hindi :

Provided also that during the transition period of five years from the commencement of the Constitution, if the State official language is not English, they shall also be accompanied by an authoritative text in English.

301E. Where on a demand being made in that behalf the President is satisfied that a substantial proportion of the population of a State, but not less than 20 per cent desires the use of any language spoken by them to be recognised by that State, he may direct that such language shall be recognised throughout that State or any part thereof for such purpose as he may specify.

CHAPTER III–DIRECTIVE PRINCIPLE

301G. Every person shall be entitled to submit a representation for the redress of any grievance to any officer or authority of the Union or a State in any of the languages used in the Union or in the State, as the case may be.

301H. It shall be the duty of the Union to promote the spread of Hindi and to develop the language so as to serve as a medium of expression for all the elements of the composite culture of India and to secure its enrichment by assimilating the forms, style and expressions used in the other languages of India and drawing wherever necessary or desirable for its vocabulary primarily on Sanskrit.

301I. It shall be the duty of the Union to promote the use of the Devanagari script throughout the territory of India.

301 J. It shall also be the duty of the Union to promote the study of Sanskrit throughout the territory of India as it is the source of most of the other languages in India.'''

[भाग 14–क]

अध्याय 1 संघ की भाषा

301 क. (1) संघ की राज्य भाषा देवनागरी लिपि में लिखित हिन्दी होगी।

(2) इस अनुच्छेद के खण्ड (1) में किसी बात के होते हुए भी, संक्रमण काल में, जो 5 वर्ष से अधिक नहीं होगा, संघ के सरकारी प्रयोजनों के लिए अंग्रेजी भाषा का प्रयोग होता रह सकता है, परन्तु राज्य भाषा का प्रयोग प्रगतिपूर्वक होगा जब तक कि वह पाँच वर्ष के संक्रमण काल के अन्त में पूर्णतः अंग्रेजी का स्थान ले ले।

301–ख. (1) संविधान के आरम्भ से तीन मास के भीतर, 30 सदस्यों की एक समिति बनाई जायेगी, जिनमें से 20 लोकसभा के सदस्य होंगे तथा 10 राज्य परिषद् के सदस्य, जो क्रमशः उन सदस्यों द्वारा आनुपातिक प्रतिनिधित्व पद्धति के अनुसार एकल संक्रमणीय मत द्वारा निर्वाचित होंगे।

(2) समिति का यह कर्त्तव्य होगा कि वह राष्ट्रपति को सिफ़ारिश करे कि संघ के सब राजकीय प्रयोजनों के लिए हिन्दी के उत्तरोत्तर अधिक प्रयोग तथा पाँच वर्षों के संक्रमण काल के पश्चात् अंग्रेजी के स्थान पर हिन्दी रखने के लिए क्या उपाय तथा साधन अपनाये जायें।

(3) समिति अपनी नियुक्ति की तारीख़ से 6 मास के भीतर ही अपना प्रतिवेदन पेश कर देगी।

(4) समिति द्वारा प्रतिवेदन पेश करने के पश्चात् तीन मासों में ही राष्ट्रपति समिति की प्रत्येक सिफ़ारिश को, व्याख्यात्मक स्मरण पत्र के साथ कि उस पर क्या कार्रवाई की गयी है अथवा की जानी है, संसद के प्रत्येक सदन के समक्ष रखवायेगा।

(5) (क) जब लोकसभा या राज्य परिषद् का कोई सदस्य उस समय उस सदन में प्रयोग होने वाली भाषा में अपनी पर्याप्त अभिव्यक्ति नहीं कर सकता, तब लोकसभा का अध्यक्ष या राज्य परिषद् का सभापति उसे अपनी मातृभाषा में सदन को सम्बोधित करने की अनुमति दे सकता है।

(ख) राज्य परिषद् का सभापति या लोकसभा का अध्यक्ष, जब भी वह उपयुक्त समझे, यथास्थिति राज्य परिषद् में या लोकसभा में ऐसी वक़्तृता का, जो किसी सदस्य ने अन्य भाषा में दी हो, हिन्दी में अथवा उस समय सदन में प्रयोग होने वाली अन्य भाषा में संक्षेप उपलब्ध कराने की व्यवस्था कर सकता है और वह संक्षेप उस सदन की कार्रवाई के अभिलेख में समाविष्ट होगा, जिसमें वह वक़्तृता दी गयी है।

अध्याय 2

प्रादेशिक भाषाएँ

301-ग. (1) कोई राज्य विधि द्वारा उस राज्य के राजकीय प्रयोजनों में से सब या किसी के लिए प्रयोग के अर्थ हिन्दी को या उस राज्य में प्रयुक्त होने वाली किसी एक या अनेक को अंगीकार कर सकेगा।

(2) (क) जब राज्य के विधानमण्डल का कोई सदस्य उस समय उस सदन में प्रयोग होने वाली भाषा में अपनी पर्याप्त अभिव्यक्ति नहीं कर सकता, तब विधान परिषद् का सभापति या विधानसभा का अध्यक्ष उसे अपनी मातृभाषा में सदन को सम्बोधित करने की अनुमति दे सकता है।

(ख) विधान परिषद् का सभापित या विधानसभा का अध्यक्ष, जब भी वह उपयुक्त समझे, यथास्थिति विधान परिषद् या विधानसभा में ऐसी वक़्तृता का, जो किसी सदस्य ने अन्य भाषा में दी हों, हिन्दी में अथवा उस सदन में प्रयोग होने वाली अन्य भाषा में संक्षेप उपलब्ध कराने की व्यवस्था कर सकता है, और वह संक्षेप उस सदन की कार्रवाई के अभिलेख में समाविष्ट होगा, जिसमें वह वक़्तृता दी गयी है।

301-घ. (1) (क) संघ में राजकीय प्रयोजनों के लिए प्रयुक्त होने के लिए तत्सम प्राधिकृत भाषा, किसी राज्य और संघ के बीच में संचार के लिए राजभाषा होगी।

(ख) यदि संघ में प्रयोगार्थ प्राधिकृत भाषा किसी राज्य की राजभाषा भी है, तो संघ की राजभाषा ही उस राज्य और अन्य किसी राज्य के बीच संचार की राजभाषा होगी :

किन्तु यदि दो या अधिक राज्य करार करते हैं कि ऐसे राज्यों के बीच में संचार के लिए राजभाषा हिन्दी भाषा होगी तो ऐसे संचार के लिए वह भाषा प्रयोग की जा सकेगी।

(2) (क) विधेयक अथवा उन पर प्रस्तावित किये जाने वाले जो संशोधन राज्य के विधानमण्डल के किसी सदन में पुरःस्थापित किये जायें, उन सबके प्राधिकृत पाठ।

(ख) अधिनियम जो राज्य के विधानमण्डल द्वारा पारित किये जायें, तथा जो अध्यादेश राज्यपाल या शासक द्वारा प्रख्यापित किये जायें उन सबके प्राधिकृत पाठ।

(ग) आदेश, नियम, विनियम और उपविधि, जो इस संविधान के अधीन, अथवा राज्य के

विधानमण्डल द्वारा निर्मित किसी विधि के अधीन, निकाले जायें, उन सबके प्राधिकृत पाठ उस राज्य की राजभाषा में होंगे :

किन्तु यदि उस राज्य की राजभाषा हिन्दी नहीं है तो, उनके साथ हिन्दी में उनका प्राधिकृत पाठ प्रकाशित किया जायेगा :

किन्तु यह भी कि इस संविधान के आरम्भ से पाँच वर्ष के संक्रमण काल में, यदि उस राज्य की राजभाषा अंग्रेजी नहीं है तो उनके साथ अंग्रेजी में भी उनका प्राधिकृत पाठ प्रकाशित किया जायेगा।

301-ङ तद्विषयक माँग की जाने पर यदि राष्ट्रपति का समाधान हो जाये कि किसी राज्य के जनसमुदाय का पर्याप्त अनुपात, जो बीस प्रतिशत से कम नहीं हो, चाहता है कि उसके द्वारा बोली जाने वाली कोई भाषा राज्य द्वारा अभिज्ञात की जाये तो वह निदेश दे सकेगा कि ऐसी भाषा को उस राज्य में सर्वत्र अथवा उसके किसी भाग में ऐसे प्रयोजन के लिए जैसा कि वह उल्लिखित करे राजकीय अभिज्ञा दी जाये।

अध्याय 3

निदेशक तत्त्व

301-छ. किसी व्यथा के निवारण के लिए संघ या राज्य के किसी पदाधिकारी या प्राधिकारी को यथास्थिति संघ में या राज्य में प्रयोग होने वाली किसी भाषा में अभिवेदन देने का, प्रत्येक व्यक्ति को हक होगा।

301-ज. हिन्दी भाषा की प्रसार वृद्धि करना उसका विकास करना ताकि वह भारत की सामाजिक संस्कृति के सब तत्त्वों की अभिव्यक्ति का माध्यम हो सके, तथा अन्य भारतीय भाषाओं के रूप, शैली और पदावली को आत्मसात करते हुए तथा जहाँ आवश्यक या वांछनीय हो वहाँ उसके शब्द भंडार के लिए मुख्यतः संस्कृत से शब्द ग्रहण करते हुए उसकी समृद्धि सुनिश्चित करना संघ का कर्त्तव्य होगा।

301-झ. भारत के समस्त राज्य क्षेत्र में देवनागरी लिपि के प्रयोग को प्रोत्साहन देना, संघ का कर्त्तव्य होगा।

301-ञ. भारत के समस्त राज्य क्षेत्र में संस्कृत के अध्ययन को प्रोत्साहन देना संघ का कर्त्तव्य होगा, क्योंकि वह भारत की अन्य भाषाओं में अधिकांश का स्रोत है।]

ब्रजेश्वर प्रसाद (बिहार : जनरल)—श्रीमान्, मैं कुछ शब्द कहना चाहता हूँ।

अध्यक्ष—इसकी अपेक्षा नहीं है।

घनश्याम सिंह गुप्त—श्रीमान्, वाद-विवाद समाप्त हो।

मोहम्मद इस्माइल (मद्रास : मुस्लिम)—अध्यक्ष महोदय, मैं इन संशोधनों पर बोलना चाहता हूँ।

जगत नारायण लाल (बिहार : जनरल)—श्रीमान्, मैं इन संशोधनों पर कुछ शब्द कहना चाहता हूँ जो अभी पेश किये गये हैं और जिनकी रचना में मेरा हाथ था।

अध्यक्ष—क्या यह आवश्यक है? यदि हम अब वाद-विवाद आरम्भ कर देंगे तो पता नहीं वह कब तक चलता रहेगा। यदि कोई सदस्य इन संशोधनों के विरुद्ध है तो मैं उसे अवसर दे दूँगा। मैं नहीं चाहता कि जो सदस्य संशोधनों के पक्ष में हैं वे सदन का समय लें। मैंने श्री सक्सेना को अवसर दे दिया क्योंकि मुझे पता चला था कि वे इन संशोधनों के विरुद्ध थे। यदि आप उनका विरोध करना चाहते हैं तो मैं आपको बोलने की अनुमति दे दूँगा।

जगत नारायण लाल—मैं उसका विरोध नहीं करना चाहता।

अध्यक्ष—तो कृपया इसे रहने दीजिए।

महावीर त्यागी—श्रीमान्.......

अध्यक्ष—आप विरोध करना चाहते हैं?

महावीर त्यागी—मैं इस संशोधन पर संशोधन पेश करना चाहता हूँ।

अध्यक्ष—खण्डों की संख्याओं के विषय में?

महावीर त्यागी—हाँ, श्रीमान् मैं चाहता हूँ कि.....

अध्यक्ष—मेरे विचार में उसकी चिन्ता मसौदा समिति कर लेगी।

महावीर त्यागी—श्रीमान्, अधिक वाद-विवाद नहीं होगा तथा मैं बोलना भी नहीं चाहता। मैं यही निवेदन करना चाहता हूँ कि मौलिक खण्ड में दो वाक्यों के बीच में 'और' शब्द था, और अब यह प्रस्थापना है कि 'देवनागरी लिपि' के पश्चात् 'और' को हटा कर 'पूर्ण विराम' रख दिया जाये और कण्डिका के दो भाग कर दिये गये हैं। मेरा निवेदन है कि प्रथम वाक्य को (क) और दूसरे को (ख) कर दिया जाये।

अध्यक्ष—मेरे समक्ष उसका जो मसौदा है उसमें दो भिन्न कंडिकाएँ हैं।

मोहम्मद इस्माइल—अध्यक्ष, अब वाद-विवाद पुनः आरम्भ कर दिया गया है तथा समाप्ति प्रस्ताव को मिटा दिया गया है, अतः मेरे विचार में मैं उन संशोधनों का निर्देश कर सकता हूँ जो मैंने भेजे थे और अब सदन के समक्ष हैं।

एक माननीय सदस्य—अन्य संशोधन?

मोहम्मद इस्माइल—नहीं, वे ही संशोधन जिनकी मैंने सूचना दी थी; अब समाप्ति प्रस्ताव मिटा दिया गया है और वाद-विवाद पुनः आरम्भ हो गया है, अतः मेरे विचार में मुझे संशोधनों पर बोलने का अधिकार है।

अध्यक्ष—मूलतः वे ठीक हैं।

मोहम्मद इस्माइल—श्रीमान्, मैं सर्वप्रथम यह कहना चाहता हूँ कि मैं उन संशोधनों का विरोध करना चाहता हूँ जो अभी श्री के.एम. मुंशी ने सदन के समक्ष पेश किये हैं। मैंने जो संशोधन भेजे हैं उनका आशय यह है कि सदन संघ भाषा के रूप में हिन्दुस्तानी को, जो देवनागरी तथा उर्दू लिपियों में लिखी जाये, तथा भारतीय अंकों के अन्तरराष्ट्रीय रूप को स्वीकार कर ले। मेरे एक संशोधन में यह भी प्रस्थापना है कि अंग्रेजी भाषा, जो संघ के प्रयोजन के लिए 15 वर्ष तक रहेगी, उसे उस 15 वर्ष के पश्चात् भी जारी रहने दिया जाये जब तक संसद, दोनों सदनों के कुल सदस्यों के बहुमत से, अन्यथा निर्णय न कर दे। मेरे संशोधन का यही आशय है।

अध्यक्ष—संख्या?

मोहम्मद इस्माइल—श्रीमान्, कल माननीय प्रधानमंत्री ने अपनी वक़्तृता में कई बातें कहीं, जिनमें तीन मुख्य बातें ये थीं। सर्वप्रथम उन्होंने महात्मा गाँधी के विचारों का उद्धरण दिया। दूसरी बात, उन्होंने यह कही कि हमें पीछे नहीं हटना चाहिए और बहुत ज़्यादा पीछे की ओर देखना भी नहीं चाहिए, नहीं तो हम अपनी प्रगति में पीछे रह जायेंगे। तीसरी बात वे चाहते थे कि हम इस बात को समझें कि संसार छोटा होता जा रहा है और इसलिए हमें यह समझना चाहिए कि संसार का भार हमारे ऊपर प्रति घंटा बढ़ता जा रहा है। यदि हम इन सब सिद्धान्तों का ध्यान रखें तो मेरे

विचार में हमारे विचाराधीन विषय का बहुत सरल समाधान हो जायेगा।

सब सहमत हैं कि संघ की राजभाषा कोई भारतीय भाषा ही होनी चाहिए और वह भाषा ऐसी होनी चाहिए जिसे संघ के बहुत लोग बोलते हों।

यह भी मान लिया गया है कि वह भाषा ऐसी होनी चाहिए जिससे कि हमारे राष्ट्रीय जीवन की आधुनिक प्रवृत्तियों और आधुनिक स्थितियों को वह आत्मसात कर सके। इन बातों के विषय में, मैं नहीं समझता कि कोई मतभेद है। किन्तु वाद-विवाद का विषय केवल यही है कि इन सब शर्तों को पूरी करने वाली भाषा कौनसी है। इस मामले में मैं महात्मा गाँधी के शब्दों को उद्धृत कर सकता हूँ। महात्मा गाँधी ने 10 अगस्त 1947 के एक लेख में क़हा था :

> ''मेरा प्रतिदिन हिन्दुओं और मुसलमानों से सम्पर्क होता है। हिन्दुओं की संख्या अधिक है। उनमें से अधिकांश ऐसी भाषा बोलते हैं जिसमें बहुत कम संस्कृत शब्द होते हैं और फारसी तथा अरबी के शब्द भी अधिक नहीं होते। वे अथवा अधिकांश देवनागरी लिपि नहीं जानते। वे मुझे अंग्रेजी में लिखते हैं और जब मैं उन्हें अंग्रेजी में लिखने पर डाँटता हूँ तो वे उर्दू लिपि में लिखते हैं। यदि राष्ट्रभाषा हिन्दी हो और लिपि केवल देवनागरी हो तो उन हिन्दुओं की क्या दशा होगी?''

यह प्रश्न गाँधीजी ने पूछा था, बहुत वर्षों पहले नहीं, अभी अगस्त, 1947 में ही। यह कहा जा सकता है कि उन्होंने केवल दिल्ली और निकटवर्ती भागों का ही निर्देश दिया है। किन्तु बाद में उसी लेख में वे कहते हैं—मैं उनके ही शब्दों का ठीक उद्धरण दे रहा हूँ :

> ''भारत के करोड़ों ग्रामीणों को पुस्तकों से कोई मतलब नहीं है। वे हिन्दुस्तानी बोलते हैं जिसे मुस्लिम उर्दू लिपि में लिखते हैं तथा हिन्दू उर्दू लिपि या नागरी लिपि में लिखते हैं। अतएव मेरे और आप जैसे लोगों का कर्त्तव्य है कि दोनों लिपियों को सीखें।''

श्रीमान्, महात्मा गाँधी के ये ही विचार हैं। यहाँ वे स्पष्ट कहते हैं कि लोगों की बहुत बड़ी संख्या हिन्दुस्तानी भाषा ही बोलती है और उनके अनुसार, उर्दू तथा देवनागरी लिपि का ही प्रयोग करती है। अतएव मैं और मेरे कुछ मित्र इस सदन से अनुरोध करते हैं कि आप संघ की राजभाषा की लिपि के रूप में उर्दू तथा देवनागरी दोनों को स्वीकार कर लें।

आप सब जानते हैं कि यह भाषा हिन्दुस्तानी, विदेशी भाषा नहीं है। यह देशी भाषा है। यह इसी देश में उत्पन्न हुई और उन्नत बनी। इस भाषा के विषय में एक और लाभ है कि यह भाषा आधुनिक परिस्थितियों में उत्पन्न हुई थी और इसका आधुनिक परिस्थितियों के अन्तर्गत तथा उनके अनुरूप विकास हुआ है। अत: मैं कहता हूँ कि आधुनिक विचारों, भावनाओं तथा आवश्यकताओं की अभिव्यक्ति के लिए वह सर्वोत्तम भाषा है। जैसा कि मैं पहले ही कह चुका हूँ। यह हिन्दुस्तानी ही ऐसी भाषा है जिसे इस देश के अधिक से अधिक लोग बोलते हैं।

भूत की ओर जाने के प्रश्न पर मुझे कहना है कि यदि हम पीछे लौटना चाहते हैं तो हमें उसके विषय में तर्कसंगत होना चाहिए। हम भूत की ओर क्यों लौटना चाहते हैं? क्योंकि हमारे कुछ मित्र एक प्राचीन भाषा को राजभाषा बनाना चाहते हैं—केवल एक भारतीय भाषा ही नहीं वरन् देश की प्राचीन भाषा को ही संघ की राजभाषा बनाना चाहते हैं। यदि इस बात को स्वीकार किया जाये तो मैं साहसपूर्वक कह सकता हूँ कि तमिल या व्यापक रूप में द्रविड़ भाषाएँ ही इस देश में बोली जाने वाली भाषाओं में प्राचीनतम हैं। कोई ऐतिहासिक या पुरातत्त्वेता मेरी इस बात से इन्कार नहीं कर सकता कि इस देश में प्राचीनतम द्रविड़ भाषा ही है। तमिल भाषा में उच्च कोटि का साहित्य

है। यह अत्यन्त प्राचीन भाषा है। मैं कह सकता हूँ कि यह मेरी मातृभाषा है। मुझे उससे प्रेम है और उस भाषा पर मुझे गर्व है। किन्तु, मैं और अन्य तमिल लोग भी इतने समझदार हैं कि वे इस बात पर ज़ोर नहीं देते कि यह देश की प्राचीनतम भाषा देश की राजभाषा बननी चाहिए, क्योंकि हम जानते हैं कि इसे बोलने वाले इतने अधिक नहीं हैं जितने दूसरी भाषा के बोलने वाले हैं, यदि हम प्राचीन की बात करें तो, जैसाकि मैंने कहा है, यही भाषा देश की राजभाषा बननी चाहिए, किन्तु उस भाषा के वक़्ता यह दावा नहीं करते।

हाँ, हमारा अपने अतीत से संबंध है। हम उस बात को भूल नहीं सकते, जैसा कि टंडन जी ने समझाया है। किन्तु मेरा कहना है कि यदि हमें अतीत की शृंखला से बँधा रहना है तो वह शृंखला कठोर नहीं होनी चाहिए, लचकदार होनी चाहिए। हमें मूल ही बनने का प्रयत्न करना चाहिए, हमें शाखाएँ बनने का प्रयत्न करना चाहिए जिस पर नवपल्लव, फल और फूल लगें। अतएव हमें आधुनिक स्थितियों पर भी विचार करना चाहिए।

रामनाथ गोयनका—(मद्रास : जनरल)—श्रीमान्, मैं पहले ही समाप्त प्रस्ताव कर चुका हूँ, और मैं माननीय सदस्य के भाषण के विषय में भी समाप्ति प्रस्ताव कर सकता हूँ।

अध्यक्ष—मैं माननीय सदस्य को समाप्त करने का अवसर दूँगा।

मोहम्मद इस्माइल—श्रीमान्, मैं स्वीकार करता हूँ कि यदि समाप्ति प्रस्ताव पेश किया जाये और स्वीकृत हो जाये तो यहाँ कुछ भी नहीं कह सकता। किन्तु क्योंकि ऐसा नहीं हुआ है और वाद-विवाद जारी है, अत: मेरे विचार में मुझे बोलने का अधिकार है।

रामनाथ गोयनका—वे तर्क को दोहरा रहे हैं।

अध्यक्ष—माननीय सदस्य अपनी वक़्तृता को समाप्त कर सकते हैं।

मोहम्मद इस्माइल—श्रीमान्, अंकों के विषय में मैं कुछ शब्द कहना चाहता हूँ। मैं अंकों के अन्तरराष्ट्रीय रूप को चाहता हूँ क्योंकि देश की कई भाषाओं ने उन अंकों को अपना लिया है। यह प्रश्न उठाया गया है कि क्या अंकों का प्रश्न देश के समक्ष इतने काल से है जितने काल से राजभाषा का प्रश्न है। मैं प्रश्न पूछता हूँ कि क्या लोग नहीं जानते कि यह अंकों का प्रश्न राजभाषा के प्रश्न से सर्वथा भिन्न है। अब अंग्रेजी संघ की राजभाषा है। वह जनता तक नहीं पहुँची। किन्तु अंकों का प्रश्न दूसरा है। जनसाधारण तथाकथित अंग्रेजी अंकों का, जो वास्तव में भारतीय अंक हैं, प्रतिदिन प्रयोग करते हैं। मैंने ठेले वालों, मजदूरों को इन अंकों का प्रयोग करते देखा है। अब लाखों लोग इन अंकों का प्रयोग करते हैं। अतएव मेरे मित्र चाहते हैं कि इन अंकों को संघ की राजभाषा का स्थायी अंग बना दिया जाये, और वे जनता की भावनाओं को ही व्यक्त कर रहे हैं। वे केवल उसी बात का समर्थन कर रहे हैं जो देश में पहले ही विद्यमान है।

यदि हम अंकों के रूप में परिवर्तन करते हैं तो इससे शक्ति की बरबादी तथा अपव्यय के अतिरिक्त बहुत-सी गड़बड़ पैदा हो जायेगी। जैसा बहुधा बताया जा चुका है वे आख़िर हमारे ही अंक हैं। अतएव मैं सदन से अब भी अनुरोध करता हूँ कि इन अंकों को राजभाषा का स्थायी अंग बना देना चाहिए और कितने ही वर्षों पश्चात् उन्हें नहीं बदलना चाहिए।

संक्षेप में मेरी प्रस्थापना है कि उर्दू और देवनागरी लिपियों में लिखित हिन्दुस्तानी को संघ की राजभाषा स्वीकार करना चाहिए, और भारतीय अंकों के अन्तरराष्ट्रीय रूप को उस राजभाषा का स्थायी अंग बना देना चाहिए।

सत्यनारायण सिन्हा (बिहार : जनरल)—श्रीमान्, प्रश्न पर अब मत लिए जायें।

मौलाना हसरत मोहानी—श्रीमान्, मैं आपसे प्रार्थना करता हूँ कि मुझे अवसर दिया जाये।

अध्यक्ष—समाप्ति प्रस्ताव पेश किया जा चुका है।

नज़ीरुद्दीन अहमद—श्रीमान्, मेरा निवेदन है कि मुझे संशोधन सं. 4 में कुछ ख़ास बातें बतानी हैं।

मौलाना हसरत मोहानी—श्रीमान्, मैं आपसे प्रार्थना करता हूँ....

अध्यक्ष—समाप्ति प्रस्ताव पेश हो चुका है और मैं आपको बोलने की अनुमति नहीं दे सकता। मेरे विचार में आपने पहले वचन दिया था कि आप बोलेंगे नहीं।

नज़ीरुद्दीन अहमद—श्रीमान्, समाप्ति प्रस्ताव की स्वीकृति पूर्णतः अध्यक्ष के हाथ में है। मैं संशोधन सं. 4 के विषय में कुछ शब्द कहना चाहता हूँ।

अध्यक्ष—आप संशोधन का विरोध करना चाहते हैं।

नज़ीरुद्दीन अहमद—हाँ श्रीमान्, समाप्ति प्रस्ताव की स्वीकृति इस बात पर निर्भर है कि राष्ट्रपति को संतोष हो जाये कि काफ़ी बहस हो चुकी है।

माननीय सदस्यगण—समाप्ति, समाप्ति।

अध्यक्ष—मुझे समाप्ति प्रस्ताव पर मत लेने हैं। मेरे विचार में सदन अधिक वाद-विवाद करना नहीं चाहता।

नज़ीरुद्दीन अहमद—क्या आपका यह निर्णय है कि समाप्ति प्रस्ताव स्वीकृत हो जाना चाहिए।

अध्यक्ष—मुझे इस पर सदन का मत लेना है।

नज़ीरुद्दीन अहमद—नहीं, श्रीमान्, यह आवश्यक नहीं है। मेरा निवेदन है कि आप इस पर मत लेने के लिए बाध्य नहीं हैं।

अध्यक्ष—मैं यह नहीं कहता कि मैं बाध्य हूँ, किन्तु मेरा विचार उस पर सदन का मत लेने का है।

नज़ीरुद्दीन अहमद—मैं कुछ शब्द कहना चाहता था। इस संशोधन में गम्भीर त्रुटियाँ हैं।

माननीय सदस्यगण—नहीं, नहीं (शान्ति, शान्ति)।

अध्यक्ष—प्रश्न यह है :

''कि प्रश्न पर मत लिए जायें।''

प्रस्ताव स्वीकृत हो गया।

अध्यक्ष—श्री आयंगर, क्या आप समूचे वाद-विवाद के उत्तर स्वरूप कुछ कहना चाहते हैं?

एन. गोपालस्वामी आयंगर—श्रीमान्, इस समय सब प्रसन्नता की मुद्रा में हैं और मैं लम्बी-सी वक्तृता देकर इस हर्ष मुद्रा को भंग नहीं करना चाहता। मुझे बड़े संशोधन का प्रस्तावक होने के नाते औपचारिक रूप में उन संशोधनों को स्वीकार करना है जो मेरे माननीय मित्र श्री मुंशी ने उस संशोधन पर पेश किये हैं। मैं उन्हें पूरी तरह स्वीकार करता हूँ।

मुझे एक बात और करनी है जिसके विषय में मैंने कुछ मित्रों को वचन दिया था जिन्होंने कल कुछ संशोधन पेश किये थे, विशेषतः वह संशोधन जिसका समर्थन श्री एस.वी. कृष्णमूर्ति राव ने बहुत युक्तियुक्त भाषण द्वारा किया था। उन्होंने यह सुझाव दिया था कि हिन्दी भाषा की अस्थिर अवस्था के कारण, विशेषतः राजनैतिक, सांविधानिक, वैज्ञानिक आदि शब्दों की कमी के कारण, यह वांछनीय है कि एक परिषद् या आयोग संविधान के प्रारम्भ होते ही स्थानीय होना चाहिए और

वह देश के विभिन्न भागों में इस भाषा की समीक्षा करे और शब्दों तथा अभिव्यक्तियों को निश्चित रूप दे। मेरे विचार में, श्रीमान्, देश की वर्तमान दशा में यह बहुत अच्छा सुझाव है। उन्होंने उस आशय का एक प्रस्ताव पेश किया था, किन्तु मैं नहीं समझता कि इस बात को पूरी करने के लिए इस मसौदे में कुछ बढ़ाना ज़रूरी है। उस भाग में एक अनुच्छेद है जिसमें राज्य को यह निदेश दिया गया है कि वह हिन्दी भाषा के विकास के लिए कदम उठाये, उसे उन्नत करने के लिए कदम उठाये, जिससे कि वह हिन्दुस्तानी तथा देश की अन्य भाषाओं की शैलियों, पदावलियों आदि को आत्मसात कर सके और अपनी शब्दावली की उन्नति के लिए मुख्यतः संस्कृत से तथा गौणतः संसार की अन्य सब भाषाओं से शब्द ले सके। यह एक व्यापक निदेश है जो हमने इस भाग 16-क में रखा है और मुझे विश्वास है इस संविधान के प्रवर्तन में आने के पश्चात् चाहे कोई भी सरकार हो वह इस उद्देश्य विशेष को पूरा करने के लिए आवश्यक कदम उठायेगी और श्री कृष्णमूर्ति के सुझाव पर, मुझे संदेह नहीं है, अवश्य अमल किया जायेगा।

जेड.एच. लारी—इससे गड़बड़ी होगी। उचित तरीक़ा यह है कि जो अपने संशोधन वापस लेना चाहें पहले वापस ले लें।

महबूब अली बेग साहिब बहादुर (मद्रास : मुस्लिम)—जब कोई संशोधन पेश हो तब उसके प्रस्तावक खड़े होकर कहें कि वे उसे वापस लेते हैं और सदन उस वापस लेने को स्वीकार करे। हमारे नियमों में तो यही प्रक्रिया लिखी हुई है।

[भाग 14-क

अध्याय 1

संघ की भाषा

301-क. (1) संघ की राज्य भाषा देवनागरी लिपि में लिखित हिन्दी होगी।

(2) इस अनुच्छेद के खण्ड (1) में किसी बात के होते हुए भी संक्रमण काल में जो 5 वर्ष से अधिक नहीं होगा, संघ के सरकारी प्रयोजनों के लिए अंग्रेजी भाषा का प्रयोग होता रह सकता है, परन्तु राज्य भाषा का प्रयोग प्रगतिपूर्वक होगा जब तक कि वह पाँच वर्ष के संक्रमण काल के अन्त में पूर्णतः अंग्रेजी का स्थान ले ले।

301-ख. (1) संविधान के आरम्भ से तीन मास के भीतर, 30 सदस्यों की एक समिति बनाई जायेगी, जिनमें से 20 लोकसभा के सदस्य होंगे तथा 10 राज्य परिषद् के सदस्य जो क्रमशः उन सदनों द्वारा आनुपातिक प्रतिनिधित्व पद्धति के अनुसार एकल संक्रमणीय मत द्वारा निर्वाचित होंगे।

(2) समिति का यह कर्त्तव्य होगा कि वह राष्ट्रपति को सिफ़ारिश करे कि संघ के सब राजकीय प्रयोजनों के लिए हिन्दी के उत्तरोत्तर अधिक प्रयोग तथा पाँच वर्षों के संक्रमण काल के पश्चात् अंग्रेजी के स्थान पर हिन्दी रखने के लिए क्या उपाय तथा साधन अपनाये जायें।

(3) समिति अपनी नियुक्ति की तारीख़ से 6 मास के भीतर ही अपना प्रतिवेदन पेश कर देगी।

(4) समिति द्वारा प्रतिवेदन पेश करने के पश्चात् तीन मासों में ही राष्ट्रपति समिति की प्रत्येक सिफ़ारिश को, व्याख्यात्मक स्मरण-पत्र के साथ कि उस पर क्या कार्रवाई की गयी है अथवा की जानी है, संसद के प्रत्येक सदन के समक्ष रखवायेगा।

(5) (क) जब लोकसभा या राज्य परिषद् का कोई सदस्य उस समय उस सदन में प्रयोग होने वाली भाषा में अपनी पर्याप्त अभिव्यक्ति नहीं कर सकता, तब लोकसभा का अध्यक्ष या राज्य परिषद्

का सभापति उसे अपनी मातृभाषा में सदन को सम्बोधित करने की अनुमति दे सकता है।

(ख) राज्य परिषद् का सभापति या लोकसभा का अध्यक्ष, जब भी वह उपयुक्त समझे, यथास्थिति राज्य परिषद् में या लोकसभा में ऐसी वक़्तृता का जो किसी सदस्य ने अन्य भाषा में दी हो, हिन्दी में अथवा उस समय सदन में प्रयोग होने वाली भाषा में संक्षिप्त उपलब्ध कराने की व्यवस्था कर सकता है। और वह संक्षेप उस सदन की कार्रवाई के अभिलेख में समाविष्ट होगा, जिसमें वह वक़्तृता दी गयी है।

अध्याय 2
प्रादेशिक भाषाएँ

301–ग. (1) कोई राज्य विधि द्वारा उस राज्य के राजकीय प्रयोजनों में से सब या किसी के लिए प्रयोग के अर्थ हिन्दी को या उस राज्य में प्रयुक्त होने वाली किसी एक या अनेक को अंगीकार कर सकेगा।

(2) (क) जब राज्य के विधानमण्डल का कोई सदस्य उस समय उस सदन में प्रयोग होने वाली भाषा में अपनी पर्याप्त अभिव्यक्ति नहीं कर सकता, तब विधान परिषद् का सभापति या विधानसभा का अध्यक्ष उसे अपनी मातृभाषा में सदन को सम्बोधित करने की अनुमति दे सकता है।

(ख) विधान परिषद् का सभापति या विधानसभा का अध्यक्ष, जब भी वह उपयुक्त समझे, यथास्थिति विधान परिषद् या विधानसभा में ऐसी वक़्तृता का, जो किसी सदस्य ने अन्य भाषा में दी हो, हिन्दी में अथवा उस सदन में प्रयोग होने वाली अन्य भाषा में संक्षेप उपलब्ध कराने की व्यवस्था कर सकता है, और वह संक्षेप में उस सदन की कार्रवाई के अभिलेख में समाविष्ट होगा, जिसमें वह वक़्तृता दी गयी है।

301–घ. (1) (क) संघ में राजकीय प्रयोजनों के लिए प्रयुक्त होने के लिए तत्सम प्राधिकृत भाषा, किसी राज्य और संघ के बीच में संचार के लिए राजभाषा होगी।

(ख) यदि संघ में प्रयोगार्थ प्राधिकृत भाषा किसी राज्य की राजभाषा भी है, तो संघ की राजभाषा ही उस राज्य और अन्य किसी राज्य के बीच संचार की राजभाषा होगी :

किन्तु यदि दो या अधिक राज्य करार करते हैं कि ऐसे राज्यों के बीच में संचार के लिए राजभाषा हिन्दी भाषा होगी तो ऐसे संचार के लिए वह भाषा प्रयोग की जा सकेगी।

(2) (क) विधेयक अथवा उन पर प्रस्तावित किये जाने वाले जो संशोधन राज्य के विधानमण्डल के किसी सदन में पुर:स्थापित किये जायें, उन सबके प्राधिकृत पाठ।

(ख) अधिनियम जो राज्य के विधानमण्डल द्वारा पारित किये जायें, तथा जो अध्यादेश राज्यपाल या शासक द्वारा प्रख्यापित किये जायें उन सबके प्राधिकृत पाठ।

(ग)आदेश, नियम, विनियम और उपविधि, जो इस संविधान के अधीन, अथवा राज्य के विधानमण्डल द्वारा निर्मित किसी विधि के अधीन, निकाले जायें, उन सबके प्राधिकृत पाठ, उस राज्य की राजभाषा में होंगे :

किन्तु यदि उस राज्य की राजभाषा हिन्दी नहीं है तो, उनके साथ हिन्दी में उनका प्राधिकृत पाठ प्रकाशित किया जायेगा :

किन्तु यह भी कि इस संविधान के आरम्भ से पाँच वर्ष के संक्रमण काल में, यदि उस राज्य की राजभाषा अंग्रेजी नहीं है तो उनके साथ अंग्रेजी में भी उनका प्राधिकृत पाठ प्रकाशित किया जायेगा।

301-ङ तद्विषयक माँग की जाने पर यदि राष्ट्रपति का समाधान हो जाये कि किसी राज्य के जनसमुदाय का पर्याप्त अनुपात, जो बीस प्रतिशत से कम नहीं हो, चाहता है कि उसके द्वारा बोली जाने वाली कोई भाषा राज्य द्वारा अभिज्ञात की जाये तो वह निदेश दे सकेगा कि ऐसी भाषा को उस राज्य में सर्वत्र अथवा उसके किसी भाग में ऐसे प्रयोजन के लिए जैसा कि वह उल्लिखित करे, राजकीय अभिज्ञा दी जाये।

अध्याय 3
निदेशक तत्त्व

301-छ. किसी व्यथा के निवारण के लिए संघ या राज्य के किसी पदाधिकारी या प्राधिकारी को यथास्थिति संघ में या राज्य में प्रयोग होने वाली किसी भाषा में अभिवेदन देने का, प्रत्येक व्यक्ति को हक होगा।

301-ज. हिन्दी भाषा की प्रसार वृद्धि करना, उसका विकास करना ताकि वह भारत की सामाजिक संस्कृति के सब तत्त्वों की अभिव्यक्ति का माध्यम हो सके, तथा अन्य भारतीय भाषाओं के रूप, शैली और पदावली को आत्मसात् करते हुए तथा जहाँ आवश्यक या वांछनीय हो वहाँ उसके शब्द भंडार के लिए मुख्यतः संस्कृत के शब्द ग्रहण करते हुए उसकी समृद्धि सुनिश्चित करना संघ का कर्त्तव्य होगा।

301-झ. भारत के समस्त राज्य क्षेत्र में देवनागरी लिपि के प्रयोग को प्रोत्साहन देना, संघ का कर्त्तव्य होगा।

30-ञ. भारत के समस्त राज्य क्षेत्र में संस्कृत के अध्ययन को प्रोत्साहन देना संघ का कर्त्तव्य होगा, क्योंकि वह भारत की अन्य भाषाओं में अधिकांश का स्रोत है।]

संशोधन अस्वीकृत हो गये।

अध्यक्ष—प्रश्न यह है :

''कि उपरोक्त संशोधन सं. 65 में, प्रस्थापित नये अनुच्छेद 301-क के खण्ड (1) में, 'हिन्दी' शब्द के स्थान पर 'हिन्दुस्तानी' शब्द रख दिया जाये।''

सभा में मत विभाजन हुआ (हाथ उठा कर)।

हाँ : 14

नहीं : शेष, अत्यधिक बहुमत।

संशोधन अस्वीकृत हो गया।

मोहम्मद ताहिर (बिहार : मुस्लिम)—मैं अपने संशोधन सं. 1 को वापस लेने के लिए अनुमति चाहता हूँ।

(संशोधन, सभा की अनुमति से, वापस ले लिया गया।)

अध्यक्ष—प्रश्न यह है :

''कि उपरोक्त संशोधन सं. 65 में, प्रस्थापित नये अनुच्छेद 301-क के खण्ड (1) में 'देवनागरी' शब्द के पश्चात् 'और उर्दू' ये शब्द प्रविष्ट कर दिये जायें।''

सभा में मत विभाजन हुआ (हाथ उठा कर)

हाँ : 12

नहीं : शेष, अत्यधिक बहुमत।

संशोधन अस्वीकृत हो गया।

टी.ए. रामलिंगम् चेट्टियार—मत ले लिए जायें, श्रीमान्।

सभा में मत विभाजन हुआ (हाथ उठाकर)।

हाँ : 6

डॉ. पी. एस. देशमुख और श्री जसपतराय कपूर के संशोधन, सभा की अनुमति से, वापस ले लिए गये।

अध्यक्ष—प्रश्न यह है :

''कि चतुर्थ सूची के संशोधन सं. 65 में प्रस्थापित नये अनुच्छेद 301-क के खण्ड (1) में, 'देवनागरी लिपि में हिन्दी' इन शब्दों के स्थान पर 'बंगाली' शब्द रख दिया जाये।''

संशोधन अस्वीकृत हो गया।

निम्नलिखित सदस्यों ने अपने नाम के संशोधनों के वापस लेने के लिए सदन की अनुमति माँगी—

श्री हरगोविन्द पन्त

श्री प्रभुदयाल हिम्मतसिंह का

श्री बी.एम. गुप्ते

आचार्य जुगलकिशोर

श्री सुरेशचन्द्र मजूमदार

डॉ. रघुवीर

श्री गोकुलभाई दौलतराम भट्ट

मास्टर नन्दलाल

श्री बी.पी. झुनझुनवाला

(संशोधन, सभा की अनुमति से, वापस ले लिए गये।)

अध्यक्ष—संशोधन संख्या 346।

पुरुषोत्तमदास टंडन—उसे मैं वापस लेता हूँ, श्रीमान्।

अध्यक्ष—संशोधन सं. 348।

पुरुषोत्तम दास टंडन—उसे भी मैं वापस लेता हूँ।

(संशोधन, सभा की अनुमति से, वापस ले लिए गए।)

अध्यक्ष—संशोधन संख्या 349।

पुरुषोत्तम दास टंडन—उस पर मतदान होना चाहिए।

अध्यक्ष—प्रश्न यह है :

''कि चतुर्थ सूची के संशोधन सं. 65 में, प्रस्थापित ये अनुच्छेद 301-च के स्थान पर निम्न रख दिया जाये :

'301F. Notwithstanding anything contained in the foregoing provisions of this Part, until Parliament by law otherwise provides–'''

पुरुषोत्तम दास टंडन—क्या मैं बीच में बाधा डाल सकता हूँ : मुझे बहुत खेद है; मैं इसे वापस लेता हूँ।

(संशोधन, सभा की अनुमति से, वापस ले लिया गया।)

अध्यक्ष—श्री फ्रैंक एन्थनी।

फ्रैंक एन्थनी (मध्य प्रदेश और बरार : जनरल)—मैं सभा से अपने संशोधन को वापस लेने की अनुमति माँगता हूँ।

(संशोधन, सभा की अनुमति से, वापस ले लिया गया।)

अध्यक्ष—मेरे ख़याल से सब संशोधन आ चुके हैं। यदि किसी सदस्य का संशोधन रह गया है तो वे मुझे बता सकते हैं।

महावीर त्यागी—श्री मुंशी के संशोधन।

अध्यक्ष—उस पर मैं आ रहा हूँ : मैं अन्य संशोधनों के विषय में कह रहा हूँ।

मोहम्मद ताहिर—संशोधन सं. 175, श्रीमान्।

अध्यक्ष—प्रश्न यह है :

"कि उपरोक्त संशोधन सं. 65 में, प्रस्थापित नये अनुच्छेद 301-ज में, 'used in the Union or in the State, as the case may be' इन शब्दों के स्थान पर निम्न रख दिया जाये : 'specified in Schedule VII A'"

संशोधन अस्वीकृत हो गया।

मोहम्मद इस्माइल साहिब—मेरे संशोधन सं. 336, 341, 342 और 344।

टी.टी. कृष्णमाचारी (मद्रास : जनरल)—वे अन्य संशोधनों में आ जाते हैं।

अध्यक्ष—मेरे विचार में इतने ही संशोधन हैं। यदि किसी सदस्य का संशोधन रह गया है तो वे बता दें, अन्यथा ऐसा समझा जायेगा कि वे सभा की अनुमति से वापस ले लिए गये हैं।

अब मैं श्री मुंशी के संशोधनों पर मत लेता हूँ। किन्तु श्री त्यागी का एक संशोधन कण्डिकाओं की संख्या के विषय में है।

डॉ. बी.आर. अम्बेडकर—इस मामले पर तो हम बाद में विचार करेंगे।

महावीर त्यागी—वह स्वीकृत हो गया, श्रीमान्।

अध्यक्ष—इसका यह मतलब नहीं है कि उसे स्वीकार कर लिया गया है। वे उस पर विचार करेंगे।

के.एम. मुंशी—मैं उसे स्वीकार नहीं कर रहा हूँ।

अध्यक्ष—क्या आप उस पर ज़ोर दे रहे हैं?

महावीर त्यागी—यदि आप उसे मसौदा समिति को भेज रहे हैं तो मैं उस पर ज़ोर नहीं देता। मैं उसे मसौदा समिति की सद्बुद्धि पर छोड़ देता हूँ।

अध्यक्ष—प्रश्न यह है :

"कि अनुच्छेद 301-क के खण्ड (1) के स्थान पर निम्न रख दिया जाये :

'(1)The official language of the Union shall be Hindi in Devanagari script.

The form of numerals to be used for the official purposes of the Union shall be the international form of Indian numerals.'"

[(1) संघ की राजभाषा हिन्दी और लिपि देवनागरी होगी।

संघ के राजकीय प्रयोजनों के लिए प्रयोग होने वाले अंकों का रूप भारतीय अंकों का अन्तरराष्ट्रीय रूप होगा।]

संशोधन स्वीकृत हो गया।

[भाग 14-क

राज भाषा

अध्याय 1—संघ की भाषा

301-क. संघ की राज्य भाषा—संघ की राजभाषा हिन्दी और लिपि देवनागरी होगी। संघ के राजकीय प्रयोजनों के लिए प्रयोग होने वाले अंकों का रूप भारतीय अंकों का अन्तरराष्ट्रीय रूप होगा।

(2) खंड (1) से किसी बात के होते हुए भी इस संविधान के प्रारम्भ से पन्द्रह वर्ष की कालावधि के लिए संघ के उन सब राजकीय प्रयोजनों के लिए अंग्रेजी भाषा प्रयोग की जाती रहेगी जिनके लिए ऐसे प्रारम्भ के ठीक पहले वह प्रयोग की जाती थी :

परन्तु राष्ट्रपति उक्त कालावधि में, आदेश द्वारा संघ के राजकीय प्रयोजनों में से किसी के लिए अंग्रेजी भाषा के साथ-साथ हिन्दी भाषा का तथा भारतीय अंकों के अन्तरराष्ट्रीय रूप के साथ-साथ देवनागरी रूप का प्रयोग प्राधिकृत कर सकेगा।

(3) इस अनुच्छेद में किसी बात के होते हुए भी संसद उक्त पन्द्रह साल की कालावधि के पश्चात् विधि द्वारा—

(क) अंग्रेजी भाषा का : अथवा

(ख) अंकों के देवनागरी रूप का,

ऐसे प्रयोजनों के लिए प्रयोग उपबंधित कर सकेगी जैसे कि ऐसी विधि में उल्लिखित हों।

301-ख. (1) राजभाषा के लिए संसद् का आयोग और समिति—राष्ट्रपति, इस संविधान के प्रारम्भ से पाँच वर्ष की समाप्ति पर तथा तत्पश्चात् ऐसे प्रारम्भ से दस वर्ष की समाप्ति पर, आदेश द्वारा, एक आयोग गठित करेगा जो एक सभापति और अष्टम अनुसूची में उल्लिखित भिन्न भाषाओं का प्रतिनिधित्व करने वाले ऐसे अन्य सदस्यों से मिलकर बनेगा जैसे कि राष्ट्रपति नियुक्त करे, तथा आयोग द्वारा अनुसरण की जाने वाली प्रक्रिया भी आदेश परिभाषित करेगा।

(2) राष्ट्रपति को -

(क) संघ के राजकीय प्रयोजनों के लिए हिन्दी भाषा के उत्तरोत्तर अधिक प्रयोग के;

(ख) संघ के राजकीय प्रयोजनों में से सब या किसी के लिए अंग्रेजी भाषा के प्रयोग पर निर्बन्धनों के;

(ग) अनुच्छेद 348 में वर्णित प्रयोजनों में से सब या किसी के लिए प्रयोग की जाने वाली भाषा के;

(घ) संघ के किसी एक या अधिक उल्लिखित प्रयोजनों के लिए प्रयोग किये जाने वाले

अंकों के रूप के;

(ङ) संघ की राजभाषा तथा संघ और किसी राज्य के बीच अथवा एक राज्य और दूसरे राज्य के बीच संचार की भाषा तथा उनके प्रयोग के बारे में राष्ट्रपति द्वारा आयोग से पृच्छा किये हुए किसी अन्य विषय के बारे में सिफ़ारिश करने का आयोग का कर्त्तव्य होगा।

(3) खण्ड (2) के अधीन अपनी सिफ़ारिशें करने में आयोग भारत की औद्योगिक, सांस्कृतिक और वैज्ञानिक उन्नति का तथा लोक सेवाओं के बारे में अहिन्दी भाषा भाषी क्षेत्रों के लोगों के न्यायपूर्ण दावों और हितों का सम्यक् ध्यान रखेगा।

(4) तीस सदस्यों की एक समिति गठित की जायेगी जिनमें से बीस लोकसभा के सदस्य होंगे तथा दस राज्य परिषद् के सदस्य होंगे जो कि क्रमशः लोकसभा के सदस्यों तथा राज्य परिषद् के सदस्यों द्वारा अनुपाती प्रतिनिधित्व पद्धति के अनुसार एकल संक्रमणीय मत द्वारा निर्वाचित होंगे।

(5) खण्ड (1) के अधीन गठित आयोग की सिफ़ारिशों की परीक्षा करना तथा उन पर अपनी राय का प्रतिवेदन राष्ट्रपति को करना समिति का कर्त्तव्य होगा।

(6) अनुच्छेद 343 में किसी बात के होते हुए भी राष्ट्रपति खण्ड (5) में निर्दिष्ट प्रतिवेदन पर विचार करने के पश्चात् उस सारे प्रतिवेदन के या उसके किसी भाग के अनुसार निदेश निकाल सकेगा।

अध्याय 2—प्रादेशिक भाषाएँ

301-ग. राज्य की राजभाषा या राजभाषाएँ—अनुच्छेद 346 और 347 के उपबन्धों के अधीन रहते हुए राज्य का विधानमण्डल विधि द्वारा उस राज्य के राजकीय प्रयोजनों में से सब या किसी के लिए प्रयोग के अर्थ उस राज्य में प्रयुक्त होने वाली भाषाओं में से किसी एक या अनेक को या हिन्दी को अंगीकार कर सकेगा :

परन्तु जब तक राज्य का विधानमण्डल विधि द्वारा इससे अन्यथा उपबन्ध न करे तब तक राज्य के भीतर उन राजकीय प्रयोजनों के लिए अंग्रेजी भाषा प्रयोग की जाती रहेगी जिनके लिए इस संविधान के प्रारम्भ से ठीक पहले वह प्रयोग की जाती थी।

301-घ. एक राज्य और दूसरे के बीच में अथवा राज्य और संघ के बीच में संचार के लिए राजभाषा—संघ में राजकीय प्रयोजनों के लिए प्रयुक्त होने के लिए तत्समय प्राधिकृत भाषा, एक राज्य और दूसरे राज्य के बीच में तथा किसी राज्य और संघ के बीच में संचार के लिए राजभाषा होगी—

परन्तु यदि दो या अधिक राज्य करार करते हैं कि ऐसे राज्यों के बीच में संचार के लिए राजभाषा हिन्दी भाषा होगी तो ऐसे संचार के लिए वह भाषा प्रयोग की जा सकेगी।

301-ङ. किसी राज्य के जनसमुदाय के किसी विभाग द्वारा बोली जाने वाली भाषा के संबंध में विशेष उपबंध—तद्विषयक माँग की जाने पर यदि राष्ट्रपति का समाधान हो जाये कि किसी राज्य के जनसमुदाय का पर्याप्त अनुपात चाहता है कि उसके द्वारा बोली जाने वाली कोई भाषा राज्य द्वारा अभिज्ञात की जाये तो वह निदेश दे सकेगा कि ऐसी भाषा को उस राज्य में सर्वत्र अथवा उसके किसी भाग में ऐसे प्रयोजन के लिए जैसा कि वह उल्लिखित करे राजकीय अभिज्ञा दी जाये।

अध्याय 3 - उच्चतम न्यायालय, उच्च न्यायालयों आदि की भाषा

301-च. (1) उच्चतम न्यायालय और उच्च न्यायालयों में तथा अधिनियमों, विधेयकों आदि में प्रयोग की जाने वाली भाषा—इस भाग के पूर्ववर्ती उपबन्धों में किसी बात के होते हुए

भी जब तक संसद् विधि द्वारा अन्यथा उपबन्ध न करे, तब तक –

(क) उच्चतम न्यायालय में तथा प्रत्येक उच्च न्यायालय में सब कार्यवाहियाँ;

(ख) जो—

(1) विधेयक, अथवा उन पर प्रस्तावित किये जाने वाले जो संशोधन संसद के प्रत्येक सदन में पुर:स्थापित किये जायें उन सबके प्राधिकृत पाठ;

(2) अधिनियम संसद् द्वारा या राज्य के विधानमण्डल द्वारा पारित किये जायें, तथा जो अध्यादेश राष्ट्रपति या राज्यपाल या राजप्रमुख द्वारा प्रख्यापित किये जायें, उन सबके प्राधिकृत पाठ; तथा

(3) आदेश नियम, विनियम और उपविधि इस संविधान के अधीन, अथवा संसद् या राज्यों के विधानमण्डल द्वारा निर्मित किसी विधि के अधीन, निकाले जायें उन सबके प्राधिकृत पाठ, अंग्रेजी भाषा में होंगे।

(2) खण्ड (1) के उपखण्ड (क) में किसी बात के होते हुए भी किसी राज्य का राज्यपाल या राजप्रमुख राष्ट्रपति की पूर्व सम्मति से हिन्दी भाषा का या उस राज्य में राजकीय प्रयोजन के लिए प्रयोग होने वाली किसी अन्य भाषा का प्रयोग उस राज्य में मुख्य स्थान रखने वाले उच्च न्यायालय में की कार्यवाहियों के लिए प्राधिकृत कर सकेगा :

परन्तु इस खण्ड की कोई बात वैसे उच्च न्यायालय द्वारा दिये गये निर्णय, आज्ञप्ति अथवा आदेश को लागू न होगी।

(3) खण्ड (1) के उपखण्ड (ख) में किसी बात के होते हुए भी जहाँ किसी राज्य के विधानमण्डल ने, उस विधानमण्डल में पुर:स्थापित विधेयकों या उसके द्वारा पारित अधिनियमों में अथवा उस राज्य के राज्यपाल या राजप्रमुख द्वारा प्रख्यापित अध्यादेशों में अथवा उस उपखण्ड की कण्डिका (घ) में निर्दिष्ट किसी आदेश, नियम, विनियम या उपविधि में प्रयोग के लिए अंग्रेजी भाषा से अन्य किसी भाषा के प्रयोग को विहित किया है वहाँ उस राज्य के राजकीय सूचना पत्र में उस राज्य के राज्यपाल या राजप्रमुख के प्राधिकार से प्रकाशित अंग्रेजी भाषा में उसका अनुवाद उस खण्ड के अभिप्रायों के लिए उसका अंग्रेजी भाषा में प्राधिकृत पाठ समझा जायेगा।

301-छ. भाषा संबंधी कुछ विधियों के अधिनियमित करने के लिए विशेष प्रक्रिया—इस संविधान के प्रारम्भ से पंद्रह वर्षों की कालावधि तक अनुच्छेद 348 के खण्ड (1) में वर्णित प्रयोजनों में से किसी के लिए प्रयोग की जाने वाली भाषा के लिए उपबन्ध करने वाला कोई विधेयक या संशोधन संसद् के किसी सदन में राष्ट्रपति की पूर्व मँजूरी के बिना न तो पुर:स्थापित और न प्रस्तावित किया जायेगा तथा ऐसे किसी विधेयक के पुर:स्थापित अथवा किसी संशोधन के प्रस्तावित किये जाने की मँजूरी अनुच्छेद 344 के खण्ड (1) के अधीन गठित आयोग की सिफ़ारिशों पर, तथा उस अनुच्छेद के खण्ड (4) के अधीन गठित समिति के प्रतिवेदन पर, विचार करने के पश्चात् ही राष्ट्रपति देगा।

अध्याय 4—विशेष निदेश

301-ज. व्यथा के निवारण के लिए अभिवेदन में प्रयोक्तव्य भाषा—किसी व्यथा के निवारण के लिए संघ या राज्य के किसी पदाधिकारी या प्राधिकारी को यथास्थिति संघ में या राज्य में प्रयोग होने वाली किसी भाषा में अभिवेदन देने का, प्रत्येक व्यक्ति को हक होगा।

301-झ. हिन्दी भाषा के विकास के लिए निदेश—हिन्दी भाषा की प्रसार वृद्धि करना उसका विकास करना ताकि वह भारत की सामाजिक संस्कृति के सब तत्त्वों की अभिव्यक्ति का माध्यम हो सके, तथा उसकी आत्मीयता में हस्तक्षेप किये बिना हिन्दुस्तानी और अष्टम अनुसूची में उल्लिखित अन्य भारतीय भाषाओं के रूप, शैली और पदावली को आत्मसात् करते हुए तथा जहाँ आवश्यक या वांछनीय हो वहाँ उसके शब्द भंडार के लिए मुख्यत: संस्कृत से तथा गौणत: वैसी उल्लिखित भाषाओं से शब्द ग्रहण करते हुए उसकी समृद्धि सुनिश्चित करना संघ का कर्त्तव्य होगा।

20-क. -

1. असमिया 2. बंगला
3. कन्नड़ 4. गुजराती
5. हिन्दी 6. कश्मीरी
7. मलयालम 8. मराठी
9. उड़िया 10. पंजाबी
10-कसंस्कृत 11. तामिल
12. तेलुगू 13. उर्दू]

प्रस्ताव स्वीकृत हो गया।

मौलाना हसरत मोहानी—मैं चाहता हूँ कि मेरा विरोधी मत लिखा जाये और उसके साथ यह भी लिखा जाये कि.....

अध्यक्ष—ऐसी कोई प्रक्रिया नहीं है कि किसी व्यक्ति का मत लिखा जाये, विशेषत: उसके किसी कथन के साथ।

प्रश्न यह है :

''कि भाग 14-क संविधान का अंग बने।''

प्रस्ताव स्वीकृत हो गया।

भाग 14-क संविधान में जोड़ दिया गया।

टी.टी. कृष्णमाचारी—क्या मैं सुझाव दे सकता हूँ, श्रीमान्, कि सदन को स्थगित करने से पूर्व आप अनुच्छेद 99 और 184 पर भी मत ले लीजिए, क्योंकि वे इस अध्याय से समाप्त हो जाते हैं।

डॉ. बी.आर. अम्बेडकर—नहीं, नहीं। वे आज की कार्यावली में नहीं हैं।

अध्यक्ष—अब आज की कार्रवाई समाप्त होती है, किन्तु सदन को स्थगित करने से पूर्व मैं बधाई के रूप में कुछ शब्द कहना चाहता हूँ। मेरे विचार में हमने अपने संविधान में एक अध्याय स्वीकार किया है जिसका देश के निर्माण पर बहुत प्रभाव पड़ेगा। हमारे इतिहास में अब तक कभी भी एक भाषा को शासन और प्रशासन की भाषा के रूप में मान्यता नहीं मिली थी। हमारा धार्मिक साहित्य और प्रकाश संस्कृत में सन्निहित था। नि:संदेह उसका समस्त देश में अध्ययन किया जाता था, किन्तु वह भाषा भी कभी समूचे देश के प्रशासनीय प्रयोजनों के लिए प्रयुक्त नहीं होती थी। आज पहली ही बार ऐसा संविधान बना है जबकि हमने अपने संविधान में एक भाषा रखी है जो संघ के प्रशासन की भाषा होगी और उस भाषा का विकास समय की परिस्थितियों के अनुसार ही करना होगा।

मैं हिन्दी का या किसी अन्य भाषा का विद्वान होने का दावा नहीं करता। मेरा यह भी दावा नहीं है कि किसी भाषा में मेरा कुछ अशंदान है किन्तु सामान्य व्यक्ति के समान मैं कह सकता हूँ कि आज यह कहना संभव नहीं है कि भविष्य में हमारी उस भाषा का क्या रूप होगा जिसे हमने आज संघ के प्रशासन की भाषा स्वीकार की है। हिन्दी में विगत में कई-कई बार परिवर्तन हुए हैं और आज उसकी कई शैलियाँ हैं, पहले हमारा बहुत-सा साहित्य ब्रजभाषा में लिखा गया था। अब हिन्दी में खड़ी बोली का प्रचलन है। मेरे विचार में देश की अन्य भाषाओं के सम्पर्क से उसका और भी विकास होगा। मुझे इसमें कोई संदेह नहीं है कि हिन्दी देश की अन्य भाषाओं से अच्छी-अच्छी बातें ग्रहण करेगी तो उससे इसकी उन्नति ही होगी, अवनति नहीं होगी।

हमने अब देश का राजनैतिक एकीकरण कर लिया है। अब हम एक दूसरा जोड़ लगा रहे हैं जिससे हम सब एक सिरे से दूसरे सिरे तक एक हो जायेंगे। मुझे आशा है कि सब सदस्य संतोष की भावना लेकर घर जायेंगे और जो मतदान में हार भी गये हैं वे भी इस पर बुरा नहीं मानेंगे तथा उस कार्य में सहायता देंगे जो संविधान के कारण संघ को भाषा के विकास में अब करना पड़ेगा।

मैं दक्षिण भारत के विषय में एक शब्द कहना चाहता हूँ। 1917 में जब महात्मा गाँधी चम्पारन में थे और मुझे उनके साथ कार्य करने का सौभाग्य प्राप्त हुआ था तब उन्होंने दक्षिण में हिन्दी प्रचार का कार्य आरम्भ करने का विचार किया और उनके कहने पर स्वामी सत्यदेव और गाँधीजी के प्रिय पुत्र देवदास गाँधी ने वहाँ जाकर यह कार्य आरम्भ किया। बाद में 1918 में हिन्दी साहित्य सम्मेलन के इन्दौर अधिवेशन में इस प्रकार के कार्य को सम्मेलन का मुख्य कार्य स्वीकार किया गया और वहाँ कार्य चलता रहा। मेरा सौभाग्य है कि मैं गत 32 वर्षों में इस कार्य से सम्बद्ध रहा हूँ—यद्यपि मैं यह घनिष्ठ संबंध का दावा नहीं कर सकता। मैं दक्षिण में एक सिरे से दूसरे सिरे को गया और मेरे हृदय में बहुत प्रसन्नता हुई कि दक्षिण के लोगों ने भाषा के संबंध में महात्मा गाँधी के अनुरोध के अनुसार कैसा अच्छा कार्य किया है। मैं जानता हूँ कि उन्हें कितनी ही कठिनाइयों का सामना करना पड़ा किन्तु उन्हें इस मामले में जो जोश था वह बहुत सराहनीय था। मैंने कई बार पारितोषिक वितरण भी किया है और सदस्यों को यह सुनकर मनोरंजन होगा कि मैंने एक ही समय पर दो पीढ़ियों को पारितोषिक दिये हैं शायद तीन को भी दिये हों—अर्थात् दादा, पिता और पुत्र हिन्दी पढ़कर, परीक्षा पास करके एक ही वर्ष पारितोषिकों तथा प्रमाण-पत्रों के लिए आये थे। यह कार्य चलता रहा है और दक्षिण के लोगों ने इसे अपनाया है। आज मैं कह नहीं सकता कि वे इस हिन्दी कार्य के लिए कितने लाख व्यय कर रहे हैं, और मुझे याद नहीं है कि प्रति वर्ष कितने परीक्षार्थी परीक्षाओं में बैठते हैं। इसका अर्थ यह है कि इस भाषा को दक्षिण के बहुत से लोगों ने अखिल भारतीय भाषा मान लिया है और इसमें उन्होंने जिस जोश का प्रदर्शन किया है उसके लिए उत्तर भारतीयों को उन्हें बधाई देनी चाहिए, मान्यता देनी चाहिए और धन्यवाद देना चाहिए।

यदि आज उन्होंने किसी विशेष बात पर हठ किया है तो हमें याद रखना चाहिए कि आख़िर यदि हिन्दी को उन्हें स्वीकार करना है तो वे ही करेंगे, उनकी ओर से हम तो नहीं करेंगे; और आख़िर यह क्या बात है जिस पर इतना वाद-विवाद हो गया है? मैं आश्चर्य कर रहा था कि हमें छोटे से मामले पर इतनी बहस करने की, इतना समय बर्बाद करने की क्या आवश्यकता है? आख़िर अंक हैं क्या? दस ही तो हैं। इन दस में, मुझे याद पड़ता है कि तीन तो ऐसे हैं जो अंग्रेजी और हिन्दी में एक से हैं,—२, ३ और ० मेरे खयाल में चार और हैं जो रूप में एक से हैं किन्तु उनमें अलग-अलग अर्थ निकलते हैं। उदाहरण के लिए हिन्दी का ४ अंग्रेजी के ८ (8) से बहुत मिलता-जुलता है, यद्यपि एक ४ के लिए आता है और दूसरा ८ के लिए। अंग्रेजी का ६ हिन्दी के ७ से बहुत

मिलता है, यद्यपि उन दोनों के भिन्न-भिन्न अर्थ हैं। हिन्दी का ९ जिस रूप में वह अब लिखा जाता है, मराठी से लिया गया है और अंग्रेजी के ९ (9) से बहुत मिलता है। अब केवल दो-तीन अंक बच गये जिनके दोनों प्रकार के अंकों में भिन्न-भिन्न रूप हैं और भिन्न-भिन्न अर्थ हैं। अत: यह मुद्रणालय की सुविधा या असुविधा का प्रश्न नहीं है जैसा कि कुछ सदस्यों ने कहा है। मेरे विचार में मुद्रणालय की दृष्टि से हिन्दी और अंग्रेजी अंकों में कोई अन्तर नहीं है।

किन्तु हमें अपने मित्रों की भावनाओं का आदर करना है जो उसे चाहते थे, और मैं अपने सब हिन्दी मित्रों से कहूँगा कि वे इसे उस भावना से स्वीकार करें, इसलिए स्वीकार करें कि हम उनसे हिन्दी भाषा और देवनागरी लिपि स्वीकार करवाना चाहते हैं। और मुझे प्रसन्नता है कि इस सदन ने अत्यधिक बहुमत से इस सुझाव को स्वीकार कर लिया है। मुझे ऐसा प्रतीत होता है कि आख़िर यह बहुत बड़ी रियायत नहीं है। हम उनसे हिन्दी स्वीकार करवाना चाहते थे और उन्होंने उसे स्वीकार कर लिया, और हम उनसे देवनागरी लिपि को स्वीकार करवाना चाहते थे, वह भी उन्होंने स्वीकार कर ली। वे हमसे भिन्न प्रकार के अंक स्वीकार करवाना चाहते थे, उन्हें स्वीकार करने में कठिनाई क्यों होनी चाहिए? इस पर मैं छोटा-सा दृष्टान्त देता हूँ जो मनोरंजक होगा। हम चाहते हैं कि कुछ मित्र हमें निमंत्रण दें। वे निमंत्रण दे देते हैं। वे कहते हैं, ''आप आकर हमारे घर में ठहर सकते हैं उसके लिए आपका स्वागत है। किन्तु जब आप हमारे घर आयें तो कृपया अंग्रेजी चलन के जूते पहनिये, भारतीय चप्पल मत पहनिये जैसी कि आप अपने घर में पहनते हैं।'' उस निमंत्रण को केवल इसी आधार पर ठुकराना मेरे लिए बुद्धिमत्ता नहीं होगी कि मैं चप्पल को नहीं छोड़ना चाहता। मैं अंग्रेजी जूते पहन लूँगा और निमंत्रण को स्वीकार कर लूँगा, और इसी सहिष्णुता की भावना से राष्ट्रीय समस्याएँ हल हो सकती हैं।

हमारे संविधान में बहुत से विवाद उठ खड़े हुए हैं और बहुत से प्रश्न उठे हैं, जिन पर गम्भीर मतभेद थे, किन्तु हमने किसी न किसी प्रकार उनका निबटारा कर लिया। यह सबसे बड़ी खाई थी जिससे हम एक-दूसरे से अलग हो सकते थे। हमें यह कल्पना करनी चाहिए कि यदि दक्षिण हिन्दी भाषा और देवनागरी लिपि को स्वीकार नहीं करता तब क्या होता। स्विट्जरलैंड जैसे छोटे से, नन्हें से देश में तीन भाषाएँ हैं जो संविधान में मान्य हैं और सब कुछ काम उन तीनों भाषाओं में होता है। क्या हम समझते हैं कि हम केन्द्रीय प्रशासनीय प्रयोजनों के लिए उन भाषाओं को रखने की सोचते जो भारत में प्रचलित हैं तो क्या हम सब प्रान्तों को साथ रख सकते थे, सब में एकता करा सकते थे? प्रत्येक पृष्ठ को शायद पंद्रह बीस भाषाओं में मुद्रित करना पड़ता।

और यह केवल व्यय का प्रश्न नहीं है। यह मानसिक दशा का भी प्रश्न है जिसका हमारे समस्त जीवन पर प्रभाव पड़ेगा। हम केन्द्र में जिस भाषा का प्रयोग करेंगे उससे हम एक दूसरे के निकटतर आते जायेंगे। आख़िर अंग्रेजी से हम निकटतर आये हैं क्योंकि वह एक भाषा थी। अंग्रेजी के स्थान पर हमने एक भारतीय भाषा को अपनाया है, इससे अवश्यमेव हमारे संबंध घनिष्टतर होंगे, विशेषत: इसलिए कि हमारी परम्पराएँ एक ही हैं, हमारी संस्कृति एक ही है और हमारी सभ्यता में सब बातें एक ही हैं। अतएव यदि हम इस सूत्र को स्वीकार नहीं करते तो परिणाम यह होता कि या तो इस देश में बहुत-सी भाषाओं का प्रयोग होता, या वे प्रान्त पृथक् हो जाते जो बाध्य होकर किसी भाषा विशेष को स्वीकार करना नहीं चाहते थे। हमने यथासम्भव बुद्धिमानी का कार्य किया है और मुझे हर्ष है, मुझे प्रसन्नता है और मुझे आशा है कि भावी सन्तति इसके लिए हमारी सराहना करेगी।

संविधान के अनुवाद सम्बन्धी प्रस्ताव
(17 सितम्बर, 1949)

के.एम. मुंशी ने अध्यक्ष डॉ. राजेन्द्र प्रसाद को सम्बोधित करते हुए कहा कि, मैं प्रस्ताव को पेश करना चाहता हूँ जो मेरे नाम से है:

"Resolved that the President be authorised and requested to take necessary steps to have a translation of the Constitution prepared in Hindi and to have it published under his authority before January 26, 1950 and also to arrange for the preparation and publication of the translation of the Constitution in such other major languages of India as be deems fit."

[संकल्प किया जाता है कि अध्यक्ष को अधिकृत किया जाये तथा उससे प्रार्थना की जाये कि वह 26 जनवरी 1950 से पहले संविधान का हिन्दी में अनुवाद कराने तथा अपने प्राधिकार से उसे प्रकाशित कराने का अपेक्षित प्रबन्ध करे और संविधान के अनुवाद को भारत की उन अन्य बड़ी भाषाओं में भी जिनमें वह उचित समझे, तैयार और प्रकाशित कराने का भी प्रबन्ध करे।]

श्रीमान, सदन को पूरा ज्ञान है कि संविधान का हिन्दी अनुवाद कराने के लिये आपने क्या-क्या पग उठाये थे। 1947 में एक समिति नियुक्त की गई थी, जिसके सभापति मेरे माननीय मित्र श्री घनश्याम सिंह गुप्त थे। समिति ने हिन्दी में एक मसौदा तैयार किया। बाद में, श्रीमान, स्टीयरिंग समिति की प्रार्थना पर आपने उस संविधान के पुनरीक्षण के लिये 15 मार्च 1949 को एक विशेषज्ञ समिति नियुक्त की। जैसाकि सदन को ज्ञात है, उस समिति के सदस्य बहुत सुविख्यात विद्वान थे जो भारत के विभिन्न भागों में साहित्यिक कार्य से सम्बद्ध हैं। समिति के सदस्य ये थे श्री धनश्याम सिंह जी (सभापति), श्री राहुल सांकृत्यायन, हिन्दी सम्मेलन के भूतपूर्व सभापति, श्री सुनीति कुमार चटर्जी जो भारत में इंडो-आर्य भाषाओं के सबसे बड़े विशेषज्ञों में से हैं, श्री सत्यनारायण, इन महोदय ने दक्षिण में हिन्दी भाषा के प्रचार के लिये जितना प्रयत्न किया है उतना किसी एक व्यक्ति ने नहीं किया, श्री जयचन्द्र विद्यालंकार और श्री दाते, जो मराठी में सुविख्यात विद्वान हैं। इस समिति ने दूसरे अनुवाद का पुनरीक्षण किया है, वह मुद्रणालय में हैं और सदन में बहुत लोगों को आशा थी कि अनुवाद समय पर पूर्ण होकर सदन में पेश किया जा सकेगा। किन्तु मार्ग में बहुत सी कठिनाइयाँ हैं। समय पर्याप्त नहीं है, उसका यह भी अर्थ होगा कि नवम्बर सत्र के पश्चात् भी सभा की बैठक करनी होगी तभी वह अनुवाद सदन में पेश हो सकता है, और व्यय भी अनावश्यक रूप में अधिक होगा। इन बातों को ध्यान में रखते हुए, यह अधिक अच्छा है कि अनुवाद को, आप द्वारा पुनरीक्षण के पश्चात, अथवा विशेषज्ञ समिति द्वारा तैयार किये गये रूप में, या किसी ऐसे अभिकरण द्वारा पुनरीक्षण के पश्चात् जिसे आप उचित समझें, आपके प्राधिकार के अन्तर्गत प्रकाशित कर दिया जाये। यह नितान्त आवश्यक है कि 26 जनवरी को आपके प्राधिकार के अन्तर्गत यह अनुवाद अवश्य प्रकाशित हो जाना चाहिये। कारण यह है कि 26 जनवरी को इस संविधान के प्रकाशित होते ही समस्त भारतीय भाषाओं को विभिन्न भाषाओं में अनुवाद के लिये एक आधारभूत शब्दावली और आधारभूत अनुवाद की आवश्यकता होगी। इस समय तो ऐसी स्थिति है कि प्रत्येक

प्रान्त में समाचार-पत्र संविधान के शब्दों का मनमाने ढंग से अनुवाद कर रहे हैं। कुछ अनुवाद तो असाधारण रूप से हास्यास्पद हैं और कुछ ठीक ठीक हैं, किन्तु यह आवश्यक है कि हमारी समस्त संविधानिक शब्दावली को किसी न किसी प्रकार से प्राधिकृत रूप में प्रकाशित करना चाहिये जिससे कि हमारी भाषाओं में अनुवाद सरल हो जायें। एक बार इस संविधानिक शब्दावली के प्रचलित होते ही, एक बार हिन्दी में अनुवाद के प्रकाशित होते ही समूचे देश भर में एकसम शब्दावली प्रयोग करना आसान हो जायेगा। इतना ही नहीं, किन्तु यदि और भी प्राधिकृत अनुवाद बने तो उनके लिये आधार भी यही बन जायेगा। अतः यह नितान्त अपेक्षित है कि यह अनुवाद तैयार हो।

एक बात और, और मैं समाप्त कर दूँगा। इस समिति में जो विशेषज्ञ हैं वे अपने अपने क्षेत्रों में सर्वोत्तम हैं जैसे भारत में मिल सकते हैं, और निस्संदेह उनके किये हुए अनुवाद का देश भर में बहुत सम्मान होगा। कुछ पत्रों में यह मत अभिव्यक्त किया गया है कि यह अनुवाद शायद बहुत जटिल होगा। अब यह अपने-अपने विचार हैं, किन्तु मैं तो यह बात कदापि नहीं समझ सकता कि हमारे संविधान का अनुवाद किसी भारतीय भाषा में तब तक कैसे हो सकता है जब तक कि हम नये शब्दों को गढ़ करके वैधानिक और सांविधानिक विचारों को प्रकट न करें जो हमने अंग्रेजी के संविधान में अभिव्यक्त किये हैं। संस्कृत के अतिरिक्त हमारी सब भाषाओं में वैधानिक और सांविधानिक शब्दों का कोई पूर्ण कोष नहीं है। संस्कृत शब्दावली भी अपर्याप्त है, और हमें शायद सांविधानिक विधि के कुछ आधुनिक विचारों को प्रकट करने के लिये नये शब्द गढ़ने पड़ें। अतः मेरा निवेदन है कि चाहे कोई भी अनुवाद हो उसे अधिकांश में संस्कृत से ही शब्द लेने होंगे। मैं देखता हूँ कि इस देश के कुछ लोगों में बहुत पक्षपात भावना है और वे समझते हैं कि सांविधानिक और वैधानिक शब्दावली भी ऐसी ही बननी चाहिये कि वह तथाकथित 'जनसाधारण' के लिये भी बोधगम्य हो। विश्व में कहीं भी ऐसा उलझा हुआ संविधान, जिसकी प्रत्येक धारा में विभिन्न सांविधानिक शब्द हों, ऐसी सरल या लोकप्रिय भाषा में नहीं लिखा गया कि जनसाधारण उसे समझ सके। यहाँ तक कि हमारे बहुत से वकीलों के लिये भी, मुझे विश्वास है कि कई पदावलियाँ, जो इस संविधान में प्रयुक्त हुई हैं जो पदावलियाँ अमेरीकी या इंग्लिश संविधान से ली गई हैं— ऐसी हैं जो साधारण वकील नहीं समझ सकें और बहुत पुराने वकील भी कई बार नहीं समझ सकते। जब तक वे सांविधानिक विधि से परिचित न हों जायें तब तक उनके लिये वे विचित्र शब्द हैं, विशेषतः हमारे जैसी भाषाओं में और मेरे विचार में यह आवश्यक है कि हमारी नई शब्दावली अधिकांश में संस्कृत से बननी चाहिये और शब्द संस्कृत धातुओं से बनने चाहियें, ज्यों ही ऐसा किया त्यों ही मुझे विश्वास है कि इससे एक मध्य बिन्दु बन जायेगा जिससे हमारी समस्त भारतीय भाषाओं की शब्दावली बन सकेगी, और नई हिन्दी की भी आधारशिला बन जायेगी जिसके विकास के ढंग पर इस सदन में तीन दिनों पूर्व ही विनिश्चय किया गया है। इन शब्दों के साथ मैं इस प्रस्ताव को सदन की स्वीकृति के लिये पेश करता हूँ।

एच.वी. कामत (मध्य प्रदेश और बरार : जनरल) : अध्यक्ष महोदय, माननीय मित्र श्री के. एम. मुंशी ने जो प्रस्ताव पेश किया है उसका सामान्यतः समर्थन करते हुए, क्या मैं सदन के समक्ष इस प्रस्ताव पर कुछ संशोधनं पेश कर सकता हूँ? मुझे खेद है, श्रीमान, कि यह कार्यावली गत रात्रि को ही मुझे मिली थी अतः मैं समय पर इन संशोधनों की सूचना नहीं भेज सका, जिसका यह परिणाम है कि मेरे माननीय साथियों को संशोधनों की प्रतियाँ नहीं मिली हैं।

अतएव मैं उन्हें एक एक करके पढ़ देता हूँ।

"(1) कि प्रस्ताव में, the President be requested and authorised to 'इन शब्दों के स्थान पर 'the President do' ये शब्द रख दिये जायें।

(2) कि प्रस्ताव में, before January 26, 1950' इन शब्दों तथा अंकों के स्थान पर 'as speedily as possible' ये शब्द रख दिये जायें।

(3) कि प्रस्ताव में, 'the preparation and publication' इन शब्दों के स्थान पर 'early preparation and publication' ये शब्द रख दिये जायें।

(4) कि प्रस्ताव में, 'other major languages' इन शब्दों के स्थान पर 'other languages' ये शब्द रख दिये जायें।

यदि इन संशोधनों को सदन स्वीकार कर ले तो प्रस्ताव निम्न प्रकार बन जायेगा:

"Resolved that the President do take necessary steps to have the translation of the Constitution prepared in Hindi and to have it published under his authority as speedily as possible and also to arrange for the early preparation and publication of the translation of the Constitution in such other languages of India as he deems fit."

[संकल्प किया जाता है कि अध्यक्ष संविधान का हिन्दी में अनुवाद कराने तथा अपने प्राधिकार के अन्तर्गत प्रकाशित कराने के लिए यथासम्भव शीघ्र अपेक्षित प्रबंध करे और संविधान के अनुवाद को भारत की उन अन्य भाषाओं में भी, जिनमें वह उचित समझे, तैयार और प्रकाशित कराने का भी शीघ्र प्रबन्ध करे।]

संशोधन सं. 1 के विषय में, मैं अनुभव करता हूँ, श्रीमान, कि श्री मुंशी के प्रस्ताव में जो अभिव्यक्ति प्रयुक्त हुई है, वह कुछ कुछ असुन्दर सी है। जब सदन कोई प्रस्ताव स्वीकार करेगा तो अध्यक्ष को उस प्रस्ताव के फलस्वरूप प्राधिकार तो मिल ही जायेगा। प्रस्ताव में यह लिखने की आवश्यकता नहीं है कि अध्यक्ष को अमुक-अमुक कार्य करने के लिये प्राधिकृत किया जाता है। हम संकल्प करते हैं कि अध्यक्ष ऐसा करे और वही प्राधिकार भी है और प्रार्थना भी है. अतः मैं अनुभव करता हूँ कि 'authorisation and request' ये शब्द इस संकल्प के प्रयोजन के लिये अनावश्यक है, उनसे सदन द्वारा स्वीकृत होने वाले प्रस्ताव की प्रतिष्ठा कम हो जाती है।

संशोधन सं. (3) के विषय में, जो 'early preparation and publication' इन शब्दों के प्रवेश के विषय में हैं मुझे अधिक कुछ कहने की आवश्यकता नहीं है। मेरा विश्वास है कि श्री मुंशी चाहते हैं, और सदन भी यही चाहता है, कि अन्य भाषाओं में भी अनुवाद शीघ्र ही समाप्त हो जाये। मैं केवल इसे स्पष्ट करना चाहता हूँ कि इस मामले को या अन्य भाषाओं में इस अनुवाद कार्य को अनिश्चित काल के लिये स्थगित नहीं किया जायेगा।

बी. दास: संस्कृत भी।

एच.वी. कामत: मेरा संशोधन है कि 'early' शब्द जोड़ दिया और यह जरा सारवान संशोधन भी है किन्तु मैं इसे मसौदा समिति के सामूहिक विवेक पर छोड़ देता हूँ कि वे इसे जैसा ठीक समझें रख दें।

अन्तिम संशोधन में मैं चाहता हूँ कि 'other major languages' के स्थान पर 'other languages' ये शब्द रख दिये जायें। आखिर हम यह कहने वाले कौन हैं कि कौन सी भाषा बड़ी है और कौन-सी छोटी? हमने विभिन्न भाषाओं पर कोई प्रस्ताव या अनुच्छेद भी स्वीकार नहीं किया है, और न हमने किसी अनुसूची में ही उल्लेख किया है कि कौन सी भाषा बड़ी है औंर कौन सी

छोटी है। यदि हम श्री मुंशी द्वारा प्रस्तावित रूप में प्रस्ताव को स्वीकार कर लें कि अनुवाद उन बड़ी भाषाओं में होगा जो अध्यक्ष, उचित समझे, मान लीजिये कि किसी भाषा विशेष में अनुवाद नहीं किया जाता तो स्वभावत: उस भाषा के लोगों को दु:ख होगा कि उनकी भाषा को छोटा समझा जाता है इसलिये उसे छोड़ दिया गया है। इसका बुरा मनोवैज्ञानिक प्रभाव पड़ेगा। भाषा भाषा में ऐसा अन्तर हटाने के लिये मैं 'major' (बड़ी) शब्द को हटा देना चाहता हूँ, यही रखना चाहता हूँ कि अध्यक्ष ऐसी भाषाओं में अनुवाद का आदेश देगा जिन्हें वह उचित समझे, और मैं यह मामला उस पर छोड़ देना चाहता हूँ। हमें यह करने का अधिकार नहीं है कि कौन सी भाषा बड़ी है और किस बड़ी भाषा या भाषाओं में अध्यक्ष इस संविधान के अनुवाद का आदेश दे सकता है। मेरे मित्र श्री बी. दास और श्री चालिहा की बाधाओं से भी यही पता लगता है कि हवा का रुख किधर है। उन्हें भी 'major' शब्द के रखने पर दु:ख हुआ है। मान लीजिये उदाहरण के लिये, अध्यक्ष 'आसामी' को शामिल नहीं करते—मेरा यह सुझाव नहीं है कि उसे निकाल दिया जाये—या उड़िया को निकाल दिया जाता है, तो वे अनुभव करेंगे कि उनकी भाषा बड़ी भाषा नहीं है। अत: सर्वोत्तम उपाय यही है कि 'बड़ी' शब्द को हटा कर यही कह दिया जाये 'such other languages as the President may deem fit'।

अब संशोधन सं. 2 को लीजिये, जिसमें मैं 'before January 26, 1950' के स्थान पर 'as speedily as possible' ये शब्द रखना चाहता हूँ, इस संशोधन के पक्ष में मैं दो तीन युक्तियाँ पेश करना चाहता हूँ। सर्वप्रथम, सदन को स्मरण होगा कि गत सत्र के अन्तिम दिन, हमने आगामी साधारण निर्वाचन, निर्वाचन सूचियों की तैयारी तथा अन्य सम्बद्ध मामलों के विषय में एक प्रस्ताव स्वीकार किया था। उस समय भी यही युक्ति पेश की गई थी कि सदन को एक तारीख विशेष के लिये वचनबद्ध करना उचित नहीं है, और डॉ. अम्बेडकर को उस वाद-विवाद के उत्तर में यह स्वीकार करना पड़ा था कि यदि किसी न किसी कारण से हम शीघ्र ही निर्वाचन सूचियों को तैयार न कर सके और निर्वाचनों को 1950 के पश्चात् स्थगित करना पड़ा, तो हमें कारण बताने पड़ेंगे, सदन के समक्ष एक और प्रस्ताव लाना पड़ेगा। और इस प्रकार पुराने प्रस्ताव को संशोधित कराना होगा। अत: मेरे विचार में कोई सुनिश्चित तारीख निर्धारित करना बुद्धिमत्ता नहीं है। मुझे आशा है, वरन् मुझे लगभग विश्वास ही है कि अध्यक्ष जो समिति नियुक्त करेंगे वह बहुत परिश्रम करेगी तथा 26 जनवरी से पूर्व ही बहुत पूर्व ही अनुवाद को तैयार कर लेगी। किन्तु कई बार "अधरों पर आते आते ही हाय, फिसल जाता प्याला", वाली बात हो जाती है, और कई ऐसी परिस्थितियाँ आ जाती हैं जिनसे मनुष्य की योजनाओं में गड़बड़ हो जाती है। अतएव मेरे विचार में बुद्धिमानी इसमें है कि कोई विशेष तारीख का उल्लेख न किया जाये और केवल 'यथासम्भव शीघ्र' यही कह दिया जाये। जो सकता है कि वह एक मास में ही तैयार हो जाये। यदि आप दिन निश्चित कर देंगे तो हो सकता है कि वह एक ही दिन पहले, अर्थात् 25 जनवरी को ही प्रकाशित हो। वह इस प्रस्ताव की अवधि में ही होगा, जिस पर हम विचार कर रहे हैं।

मैं यह प्रार्थना करना तथा प्रबल अनुरोध करना चाहता हूँ कि इस संविधान का हिन्दी अनुवाद 26 जनवरी 1950 से बहुत पहले तैयार हो जाना चाहिये, यथासम्भव एक मास या छह सप्ताह में ही तैयार हो जाना चाहिये, जिससे यदि सम्भव हो सके तो संविधान के इस हिन्दी अनुवाद को संविधान के तृतीय पठन के समय सदन के समक्ष रखा जा सके। इस प्रयोजन के लिये, मुझे कोई आपत्ति नहीं है, यदि तीसरा पठन दिसम्बर के आरंभ में या बल्कि जनवरी के ही आरंभ में रख दिया जाये।

एक बार जब हम संविधान के द्वितीय पठन को पारित कर चुकेंगे और देश में निर्वाचन नामावलियाँ बहुत द्रुतगति से तैयार हो रही होंगी तब हिन्दी अनुवाद के तैयार होने से पूर्व ही संविधान के तीसरे पठन को पारित करने की शीघ्रता करने का कोई कारण नहीं है।

हमने दो दिन पहले हिन्दी को राज्य भाषा तथा संघ की राजभाषा स्वीकार किया है। अतः यह बात ठीक ही है और उचित ही है और वस्तुस्थिति के अनुरूप ही है कि हिन्दी अनुवाद को, राज्यभाषा के अनुवाद को संविधान के तीसरे पठन के समय ही सदन में पेश किया जाये। उस प्रयोजन के लिये, मेरा यह सुझाव है कि संविधान के तीसरे पठन को दिसम्बर के आरंभ तक या जनवरी के आरंभ तक के लिये स्थगित कर दिया जाये, और अंग्रेजी तथा हिन्दी में अन्तिम मसौदा 26 जनवरी तक तैयार हो सकता है। यदि दुर्भाग्य से कुछ ऐसी बात हो जाये, कुछ ऐसी परिस्थितियाँ उत्पन्न हो जायें, जिससे हम 26 जनवरी 1950 को संविधान स्वीकार करके अपने गणराज्य को प्रख्यापित या आरंभ न कर सकें, तो मेरे विचार में, हमें उसके कारण क्षुब्ध होने की कोई आवश्यकता नहीं है, क्योंकि मेरे विचार में 26 जनवरी स्वतन्त्रता दिवस होने के कारण पवित्र अवश्य है, जिस दिन 26 वर्ष पूर्व हमने स्वतन्त्रता की प्रतिज्ञा की थी, फिर भी यह सम्भव है कि हमारे राष्ट्रीय पत्र में एक और तिथिवार बढ़ सकता है। 15 अगस्त 1947 के पश्चात्, गत वर्ष भी और इस वर्ष भी 26 जनवरी को स्मृति दिवस के रूप में मनाया गया है, स्वतन्त्रता दिवस के रूप में नहीं। अब यदि यह संविधान सामान्य गति से चलता है तो यह आवश्यक नहीं है कि हम इसे स्वतन्त्रता दिवस 26 जनवरी को ही लागू करने के लिये जल्दबाजी करें। मुझे उस तारीख पर कोई आपत्ति नहीं है। मैं उस तारीख का स्वागत करूंगा किन्तु यदि यह उस दिन तक समाप्त न हो तो हम अपने राष्ट्रीय पत्र में नया तिथिवार रख सकते हैं। उसे गणराज्य दिवस कह दीजिये...........

अध्यक्ष : आप ऐसे विषय पर विवाद कर रहे हैं जो प्रस्ताव के प्रसंगानुकूल नहीं है।

एच.वी. कामत : 26 जनवरी की तारीख का उल्लेख प्रस्ताव में है। मैंने सोचा था कि उसका निर्देश स्वतन्त्रता दिवस से है। मैं इस पर अधिक समय नहीं ले रहा हूँ, मैं केवल यही अनुभव करता हूँ कि हम अपने राष्ट्रीय पत्रे में नई तारीख रख सकते हैं. जिसे गणराज्य दिवस कहा जा सकता है, और हम उसे प्रति वर्ष मना सकते हैं। मैं यह अनुभव करता हूँ कि संविधान का हिन्दी अनुवाद भी संविधान के तीसरे पठन के समय सदन के समक्ष होना चाहिये, विशेषतः क्योंकि हिन्दी को अभी कुछ ही दिन पूर्व राज-भाषा, राजकीय भाषा के रूप में स्वीकार किया गया है, यदि तीसरे पठन को हिन्दी अनुवाद सदन के समक्ष पेश किये बिना ही पारित कर दिया जाये तो मेरे विचार में हम इसी सदन के साथ, जिसने उसे राज्य – भाषा और संघ की राजकीय भाषा के रूप में स्वीकार किया है, अन्याय कर रहे होंगे। मैं अपने विविध संशोधनों को सदन के विचारार्थ तथा स्वीकृति के लिये पेश करता हूँ।

घनश्याम सिंह गुप्त (मध्यप्रदेश तथा बरार : जनरल) : अध्यक्ष महोदय, मैं श्री के. एम. मुंशी के प्रस्ताव का समर्थन करने के लिये खड़ा हुआ हूँ किन्तु मुझे स्वीकार करना होगा कि मुझे इस पर बहुत प्रसन्नता नहीं है। यदि मेरी ही चले तो मैं यही चाहता हूँ कि संविधान के हिन्दी रूप को भी यह सभा स्वीकार करे। आपकी भी यह इच्छा थी कि संघ की राजभाषा का रूप सदन द्वारा पारित हो किन्तु स्पष्ट कठिनाइयाँ भी थीं। राज-भाषा के प्रश्न का निर्णय पहले नहीं किया गया इसलिये अब बहुत कम समय बच गया है। यदि संघ की राजा – भाषा के विषय में पहले ही विनिश्चय हो जाता तो हमारे लिये अपनी ही राष्ट्र-भाषा में संविधान को पारित करना अधिक आसान हो

जाता। किन्तु अब यही स्थिति है कि प्रतीत होता है कि इन परिस्थितियों में शायद यही सर्वोत्तम है।

किन्तु, श्रीमान, मैं एक बात के विषय में सदन से अपील करना चाहता हूँ। निस्संदेह हमने विनिश्चय कर दिया है कि अंग्रेजी को हटा दिया जायेगा। वह पन्द्रह वर्ष में या पहले हट जायेगी। और कई मामलों में अधिक समय भी लग सकता है, किन्तु जब अंग्रेजी हट जायेगी, और केन्द्र में उसके स्थान पर हमारी राज-भाषा हिन्दी आ जायेगी। उस समय हमारे पास संविधान का अंग्रेजी में ही प्राधिकृत रूप रह जायेगा और हिन्दी में अनुवाद मात्र रह जायेगा। मैं बहुत चाहता हूँ कि स्टीयरिंग समिति और डॉ. अम्बेडकर अपनी गम्भीर बुद्धिमत्ता के द्वारा कोई ऐसा उपाय निकालें जिससे हम यह कह सकें कि ऐसा उपबन्ध भी है कि हिन्दी में भी हमारे संविधान का प्राधिकृत रूप है जो लगभग पन्द्रह वर्ष पश्चात् प्रयुक्त हो सकता है। यह प्रस्ताव तो ऐसा है कि बीस या पच्चीस वर्ष पश्चात् भी हमारे पास अनुवाद ही रहेगा। उसमें वह पवित्रता नहीं होगी जो सदन द्वारा स्वीकृत संविधान में होगी। वह हमारी राष्ट्रीय राजा-भाषा हिन्दी के अनुवाद में नहीं होगी।

मैं डॉ. अम्बेडकर और मसौदा समिति से निवेदन करता हूँ कि ऐसे किसी सूत्र को खोजें जिससे कि हम किसी दिन यह कह सकें कि इस हिन्दी के संविधान की भी सदन द्वारा पारित संविधान के समान ही पवित्रता है, अनुवाद के समान नहीं। धारा 304 है किन्तु मैं देखता हूँ कि उस प्रयोजन के लिये वह धारा काफी नहीं है। यदि मसौदा समिति इसी संविधान में कोई ऐसा उपबन्ध बना दे, कि अंग्रेजी जब संघ की राजभाषा नहीं रहेगी तब हमारे हिन्दी संविधान को संघ संसद स्वीकार कर लेगी और फिर उसका वैसा ही सम्मान होगा जैसा कि इस सदन द्वारा पारित होने पर होता, तो मुझे बहुत हर्ष होगा। इस बात की ओर मैं नम्रतापूर्वक किन्तु अत्यन्त बलपूर्वक मसौदा समति का ध्यान आकृष्ट करना चाहता हूँ। मुझे विश्वास है कि मसौदा समिति की प्रतिभा से ऐसा कोई उपाय अवश्य निकल जायेगा, जिससे यह बात सम्भव हो सकेगी, और हमारे पुत्रों तथा पौत्रों के लिये ऐसा कहने की नौबत नहीं आयेगी कि हमारी राष्ट्र भाषा में प्राधिकृत संविधान जैसी कोई वस्तु नहीं है और प्राधिकृत संविधान केवल अंग्रेजी में है। यह हमारे लिये बहुत सम्मान की बात नहीं होगी। आयरलैंड जैसे छोटे से देश ने भी अपने संविधान को दोनों भाषाओं में पारित किया था अपनी भाषा में तथा अंग्रेजी भाषा में। किन्तु उन्होंने बहुत शीघ्र उसके लिये कार्यवाही की थी अतः यह सम्भव हो सका था। मैं कठिनाइयों को समझता हूँ किन्तु मैं अपील करना चाहता हूँ कि ऐसा कोई उपाय ढूंढ़ निकालना चाहिये जिससे कि मैंने जो बात कही है वह सम्भव हो सके।

मेरा सौभाग्य है कि मेरा आरंभ से ही हिन्दी अनुवाद से सम्पर्क रहा है और मैं अनुवाद की कठिनाइयों को जानता हूँ। अतः मैं इस बात को समझता हूँ कि हमारे शब्दों को अभी निश्चित करना है। उनके आशय को स्थिर करना है और उसमें समय लगेगा। मैं यह दिखाने में सदन का समय नहीं लूंगा कि हम किस प्रकार से अनुवाद कर रहे हैं। पारिभाषिक महत्त्व की शब्दावली को चुनते समय हम इस बात का बहुत ध्यान रखते हैं कि शब्दावली ऐसी हो जो केवल हिन्दी क्षेत्र में ही स्वीकार्य न हो वरन् देश की सब भाषाओं को भी स्वीकार्य हो जैसे मराठी, बंगाली, गुजराती और दक्षिण की भाषाएँ हैं। जो शब्द श्री सत्यनारायण जी को या डॉ. चटर्जी को या श्री दाते को स्वीकार्य नहीं होता उसे हम अस्वीकार कर देते हैं। हम ऐसे ही शब्दों को लेते हैं जो एकमत से स्वीकार होते हैं जिससे कि यह शब्दावली भविष्य के लिये पारिभाषिक शब्दावली का (जहाँ तक संविधान का सम्बन्ध है) आधार बन सके, जो केवल हिन्दी के लिये नहीं हो वरन् भारत की सब बड़ी-बड़ी भाषाओं के लिये हो और निस्संदेह हमें बहुत अधिक कठिनाइयों का सामना करना पड़ा। मैं इसको

बता सकता हूँ, जो मैं आपको प्राय: बता चुका कि मैंने इस कार्य के लिये जो आपने कृपा करके मुझे और मेरे साथियों को सौंपा था जितना समय जितनी शक्ति और जितना ध्यान दिया है उतना मैंने किसी कार्य को, विद्यार्थी जीवन में अध्ययन को भी नहीं दिया था। मैं प्रस्ताव का समर्थन करता हूँ।

डॉ. पी. एस. देशमुख (मध्य प्रदेश तथा बरार जनरल): अध्यक्ष महोदय, मुझे यह स्वीकार करना होगा, कि मैं इस प्रस्ताव के प्रयोजन और आवश्यकता को समझने में असमर्थ हूँ। हम प्रेसिडेंट से प्रार्थना करने और उसे अधिकृत करने जा रहे हैं कि वह संविधान का अनुवाद कराने के लिये आवश्यक व्यवस्था करे। मैं नहीं समझता कि इस सभा के प्रेसीडेंट होने के नाते भी आपके प्राधिकार पर कोई सीमा थी कि आप हिन्दी भाषा में ही नहीं, भारत की विविध भाषाओं में भी अनुवाद करवा देते हैं। इसका यह भी अर्थ नहीं है कि प्रेसीडेंट जो अनुवाद करवायेगा वह प्राधिकृत अनुवाद होगा। यदि यह प्रस्ताव आवश्यक था तो यह उपबन्ध कर देना चाहिये था कि प्रेसीडेंट जो अनुवाद प्रख्यापित करेगा वह संविधान का प्राधिकृत तथा मान्य अनुवाद होगा।

मेरी दूसरी कठिनाई यह है कि पता नहीं प्रेसीडेंट कब बनेगा। यदि संविधान 26 जनवरी 1950 को प्रख्यापित होता है जो यह कहने से क्या आशय है कि अनुवाद उस दिन से पूर्व तैयार हो जाना चाहिये? मैं कल्पना नहीं कर सकता कि जब तक यह संविधान बन कर प्रख्यापित न हो जाये तब तक प्रेसीडेंट कैसे बन सकता है। यदि 26 जनवरी 1950 से पूर्व प्रेसीडेंट ही नहीं बन सकता तो उस तारीख से पूर्व किस प्रकार का अनुवाद प्रकाशित होगा यह मैं समझने में असमर्थ हूँ।

आर.के. सिधवा (मध्यप्रदेश तथा बरार : जनरल) : संविधान सभा के प्रेसीडेंट महोदय तो हैं ही।

डॉ. पी.एस. देशमुख : यदि संविधान सभा के प्रेसीडेंट से मतलब है तो मैं क्षमा चाहता हूँ। यदि इसका आशय संविधान सभा के अध्यक्ष से है तो मैं नहीं समझता कि प्रस्ताव आवश्यक है। अनुवाद कार्य तो चल ही रहा है और हम यह उपबंध कर सकते हैं कि अध्यक्ष द्वारा तैयार किया हुआ अनुवाद या उसके द्वारा प्रकाशित अनुवाद सरकारी अनुवाद होगा और सबको मान्य होगा।

फिर, श्रीमान, मेरे विचार से उन परिवर्तनों की कोई आवश्यकता नहीं है जो मेरे मित्र श्री कामत ने सुझाये हैं। इस समय जो भाषा है शायद उससे ही प्रयोजन सिद्ध हो जायेगा। किन्तु चाहे कुछ हो, 'major' शब्द को तो बदल ही देना चाहिये या बिल्कुल उड़ा ही देना चाहिये। इस सम्बन्ध में यह परिभाषित करना विशेषत: कठिन है कि कौन सी भाषा बड़ी है और कौन सी छोटी है। हमने यह शब्दावली कहीं स्वीकार नहीं की है अत: इस शब्द को बिल्कुल ही हटा देना अधिक अच्छा है।

फिर मैं श्री गुप्त के इस सुझाव का समर्थन करता हूँ कि इस अनुवाद को किसी न किसी समय, और यथेष्ट तो यही है कि शीघ्रतम ही, संविधान का अधिकृत रूप स्वीकार कर लिया जाये। यदि हमारी यह इच्छा है कि पन्द्रह वर्ष के पश्चात् केवल हिन्दी को ही एकमात्र राज भाषा स्वीकार किया जाना चाहिये, उसका अधिकाधिक प्रयोग करना चाहिये, तो फिर उसके प्रयोग का सर्वोत्तम स्थान न्यायालय है। मुझे यह देखकर खेद है कि विभिन्न न्यायालयों में और उच्च न्यायालयों में, अंग्रेजी भाषा ही प्रयुक्त होगी। इस पर मेरा प्रबल मतभेद है। न्यायालयों की भाषा का बहुत महत्त्व है क्योंकि उसके बहुत से परिणाम होते हैं। यदि न्यायालय अंग्रेजी का ही प्रयोग करेंगे तो वकीलों को बाध्य होकर अंग्रेजी में पारंगत होना पड़ेगा, और दूसरों को भी अंग्रेजी को ही प्राथमिकता देनी पड़ेगी। अत: संविधान को हिन्दी में तैयार करना और उसे एकमात्र शुद्ध रूप मानना केवल सुविधा के दृष्टिकोण से ही नहीं और भी कई प्रकार से अत्यन्त महत्त्वपूर्ण है और यदि हमारा मंशा यह है

कि हिन्दी को अधिकाधिक मान्यता दी जाये तो संघ के राष्ट्रपति के लिये यह घोषणा करना सम्भव होना चाहिये कि अमुक तारीख से संविधान का अंग्रेजी रूप प्रभावी नहीं रहेगा और न्यायालय केवल हिन्दी संविधान का निर्देश और निर्वचन करेंगे। मेरे विचार में यह सुझाव बहुत अच्छा है और मुझे आशा है कि श्री मुंशी के लिये इसे स्वीकार करना सम्भव हो सकेगा।

सेठ गोविन्द दास (मध्यप्रदेश तथा बरार जनरल) : सभापति जी, जो प्रस्ताव यहाँ पर श्री मुंशी साहब ने रखा है उससे मुझे घोर असन्तोष हुआ है। आपको स्मरण होगा कि मैंने इस विषय में कि हमारा मूल विधान हमारी भाषा में होना चाहिये वर्षों पहले प्रश्न उठाया था। जब जब मुझे अवसर मिला जब जब इस विधान परिषद् का अधिवेशन हुआ तब मैंने बार-बार आपके सामने यह रखा कि हमारा मूल विधान हमारी भाषा में ही होना चाहिये। आपको शायद याद होगा कि जब जब मैंने यह प्रश्न उठाया आपने इस बात का विश्वास दिलाया कि हमारा मूल विधान हमारी भाषा में ही होगा। अब जो प्रस्ताव हमारे सामने आया है। उसका अर्थ यह होता है कि हमारे विधान का जो हिन्दी में अनुवाद होगा वह केवल अनुवाद ही होगा, वह मूल विधान नहीं होगा जबकि अंग्रेजी 15 वर्षों के बाद इस देश से बिल्कुल ही जाने वाली है तब यदि हमारा मूल विधान अंग्रेजी में ही रहा तो हमारा काम कैसे चलेगा, यह मेरी समझ में नहीं आता।

इस प्रस्ताव का यह अर्थ होता है कि हम अंग्रेजी को उसी स्थान पर प्रतिष्ठित रखना चाहते हैं जिस स्थान पर वह हमारी गुलामी के समय प्रतिष्ठित थी। मैं आपसे कहना चाहता हूँ कि चाहे कितनी ही दिक्कतें हमारे सामने क्यों न हों आज भी हमको यह महसूस होता है कि हमारा मूल विधान हमारी भाषा में होना चाहिये।

हम करीब तीन वर्षों से इस विधान परिषद् में बैठते आ रहे हैं। सैकड़ों वर्षों के बाद इस प्रकार का अवसर हमारे सामने आया है और इस विधान परिषद् का संगठन हुआ है। क्या यह सम्भव नहीं है कि हम महीने भर और इस काम के लिये बैठें। अगर अभी हम नहीं बैठ सकते तो कुछ दिन बाद यह हो सकता है। हम अपना विधान 26 जनवरी को घोषित करना चाहते हैं और अभी हमारे लिये पर्याप्त समय है। हम इस समय में बराबर एक महीना निकाल कर अपने विधान को हिन्दी में पास कर सकते हैं।

स्टीयरिंग कमेटी ने पहले जो प्रस्ताव इस विषय पर किया था वह बिल्कुल दूसरा था, वह यह नहीं था जो कि श्री मुंशी जी ने हमारे सामने रखा है।

हम यह जानते हैं कि हमारे विधान परिषद् के बहुत से सदस्य ऐसे हैं जो हिन्दी नहीं समझते पर मैं यह भी कहना चाहता हूँ कि हमारे विधान परिषद् में ऐसे भी कई सदस्य हैं जो अंग्रेजी भी नहीं समझते। जो अंग्रेजी में विधान पास किया जा रहा है उसके भी बहुत से शब्द अनेक सदस्य नहीं समझ सकते। यह सम्भव हो सकता है कि जब हम हिन्दी में विधान लायेंगे उससे भी अनेक शब्दों को हमारे कई सदस्य नहीं समझ सकेंगे। परन्तु इससे यह नहीं कहा जा सकता कि हम अपने विधान को हिन्दी में पास न करें। जब अंग्रेजी के अनेक शब्दों को कई सदस्यों के न समझते हुए भी अंग्रेजी का विधान पास कर रहे हैं तब यही बात हिन्दी के विधान के लिये भी हो सकती है। जब हमने हिन्दी अपनी राष्ट्र भाषा मान ली है, राज्य भाषा मान ली है, तो यह नितान्त आवश्यक है कि हमारा मूल विधान भी इस विधान परिषद् में अंग्रेजी विधान के पास होने के बाद हिन्दी में भी पास हो। वह अनुवाद न हो, वह मूल विधान हो, अंग्रेजी का विधान भी उसके साथ चल सकता है। जैसा कि आयरलैंड में हुआ है मैं इस बात को जोरों के साथ कहना चाहता हूँ कि हमारा मूल

विधान हमारी ही भाषा में होना चाहिये और यदि हमारे मूल विधान में और अंग्रेजी के विधान में कहीं फर्क पड़ता है तो हमारे मूल विधान को ही आधार माना जाये न कि अंग्रेजी विधान को।

यह हमारी इज्जत का सवाल है, यह हमारे राष्ट्रीय सम्मान का प्रश्न है। इस देश का कितना बड़ा क्षेत्रफल है, कितनी आबादी, कितना पुराना इतिहास है और कितनी पुरानी संस्कृति है ऐसे देश की स्वतंत्रता के बाद उसका मूल विधान उस देश की भाषा में न हो तो इससे अधिक लज्जा की बात उस देश के लिये और क्या हो सकती है।

श्री मुंशी जी ने जो प्रस्ताव रखा है उससे मुझे अत्यन्त असन्तोष है, और मैं आपसे कहना चाहता हूँ कि जो वादा आपने आरंभ में किया था उसको आज पूरा करने का अवसर आया है। उस समय यह कहा गया था कि जब तक हमारी राष्ट्र–भाषा का प्रश्न हल नहीं हो जाता तब तक यह बात नहीं हो सकती। मगर अब तो हमारी राष्ट्र–भाषा का हल भी हो गया है! अब उस बात को पूर्ण करने में कोई कठिनाई नहीं हो सकती। यहाँ पर हिन्दी के विषय में आरम्भ से अन्त तक जो कार्यवाही हुई है वह ठीक नहीं हुई है। इसका असर यह हुआ है कि लोगों में असन्तोष पैदा हो गया है और वह हमारे काम में दिलचस्पी नहीं ले रहे हैं। जबकि किसी स्वतंत्र देश के विधान बनाने में उसकी जनता को काफी दिलचस्पी लेनी चाहिये। अगर हम अपने मूल विधान को अपनी राष्ट्र भाषा में पास नहीं करेंगे तो जनता में जरूर असन्तोष होगा और वह इस विधान से कोई दिलचस्पी नहीं रखेंगे।

मैं आपसे अपील करता हूँ कि इस प्रकार की कठिनाइयाँ देश के जीवन में एक नहीं अनेक बार उत्पन्न होती हैं और इन कठिनाइयों को हल करना हमारे नेताओं का प्रधान कर्त्तव्य होना चाहिये। कितनी ही कठिनाइयाँ हमारे सामने क्यों न हों हमें अब भी इस बात पर अड़े रहना चाहिये। स्टीयरिंग कमेटी ने भी यह बात पहले मंजूर कर ली थी कि हमारा विधान हिन्दी में ही होना चाहिये। इस मूल विधान को बनाने के लिये इस हाउस की एक कमेटी नियुक्त की जाये और जितने मसविदे तैयार हो चुके हैं उनको देख कर अन्त में एक महीने बैठकर सारे मूल विधान को अपनी राष्ट्रीय भाषा में पास करें।

आर.के. सिधवा : अध्यक्ष महोदय, मैं श्री मुंशी के प्रस्ताव का पूरे हृदय से समर्थन करता हूँ। मैं इस बात का बहुत महत्त्व समझता हूँ कि संविधान को विविध भाषाओं में विशेषत: हिन्दी में प्रकाशित किया जाये। मैं इससे भी अधिक महत्त्वपूर्ण बात इसे समझता हूँ कि विविध भाषाओं में इस संविधान को प्रकाशित कर दिया जाये. विशेषत: 26 जनवरी 1950 को हमने हिन्दी को राष्ट्र–भाषा स्वीकार किया है इसलिये श्री कामत का यह सुझाव ठीक नहीं होगा। केवल अंग्रेजी रूप को ही 26 जनवरी को प्रकाशित कर दिया जाये और हिन्दी का रूप बाद में प्रकाशित कर दिया जाये। यह अत्यावश्यक है कि दोनों को साथ ही प्रकाशित कर दिया जाये। मैं तो यह भी चाहता हूँ कि विविध अन्य भाषाओं में, मेरा आशय यह है कि हमने अनुसूची में जो चौदह भाषाएँ स्वीकार की हैं, उनमें भी इसका प्रकाशन यथासम्भव शीघ्र हो। किन्तु, मैं जानता हूँ, श्रीमान, कि आपको किन कठिनाइयों का सामना करना पड़ेगा। अत: यही कहा गया है कि अंग्रेजी और हिन्दी रूप 26 जनवरी से पूर्व प्रकाशित हो जायेंगे, और दूसरों के विषय में, यह बात आप पर छोड़ दी गई है कि उन्हें यथासम्भव शीघ्र प्रकाशित किया जाये। बहुत से लोगों को, जो इस संविधान को अपनी भाषा में पढ़कर लाभ उठा सकते हैं, ऐसा करने देना चाहिये। अत: इन भाषाओं में संविधान का अनुवाद यथासम्भव शीघ्र प्रकाशित होना चाहिये। मुझे आशा है कि 'such other major languages of India' इन शब्दों का

यह प्रयोजन नहीं है कि संविधान कुछ थोड़ी-सी भाषाओं तक ही सीमित रहे। बड़ी भाषा का अर्थ है वह भाषा जिससे अधिक संख्या को लाभ हो।

एक बार बहुत पहले हमने इस संविधान सभा में कहा था कि संविधान के मसौदे का अधिकतम प्रसार किया जाये, और मेरे विचार में, आपने भी, श्रीमान, कहा था कि बहुत अधिक प्रतियाँ प्रकाशित की जायेंगी। किन्तु मैं कह सकता हूँ कि इस वर्ष जनवरी में मैं संविधान के विषय में सार्वजनिक सभा में भाषण दे रहा था। कई लोगों ने कहा कि उन्होंने आपके कार्यालय को और पुस्तक विक्रेताओं को भी और बंबई सरकार को लिखा किन्तु उन्हें कोई प्रति नहीं मिल सकी। पूछने पर मुझे पता लगा कि सब प्रतियाँ समाप्त हो गई थीं।

डॉ. पी.एस. देशमुख : आप अंग्रेजी प्रतियों के विषय में कह रहे हैं या अनुवाद के विषय में?

आर.के. सिधवा : मैं अंग्रेजी प्रतियों के विषय में कह रहा हूँ। हमने कहा था कि लोगों को इस मामले में रुचि पैदा करनी चाहिये, उससे अपने आपको परिचित बनाना चाहिये और वास्तव में अपने मतों को समाचारपत्रों द्वारा तथा संविधान सभा के कार्यालय में भेज कर भी व्यक्त करना चाहिये। मुझे पता नहीं है कि कितनी प्रतियाँ प्रकाशित की गई थीं। मैं यह सुझाव देता हूँ कि 26 जनवरी को अंग्रेजी तथा हिन्दी संविधान की प्रतियाँ बहुत बड़ी संख्या में प्रकाशित होनी चाहिये जिससे प्रत्येक व्यक्ति को इच्छानुसार प्रति मिल सके।

मेरा एक और भी सुझाव है कि श्रीमान, आप अपनी ओर से तथा इस सभा की ओर से एक संक्षिप्त विवरण दें कि हमने इन तीन वर्षों में क्या किया है और इस संविधान की विशेषताएँ क्या हैं। वह हिन्दी तथा अंग्रेजी दोनों में उपलब्ध होनी चाहियें। वह रुचिकर होगा और जनता उसे पढ़ना चाहेगी।

मेरे मित्रों, सेठ गोविन्ददास और श्री घनश्याम सिंह गुप्त ने जो सुझाव दिया है उसकी मैं सराहना करता हूँ कि यह हिन्दी संविधान यहाँ आना चाहिये था। किन्तु यदि खंडश: चलना चाहें तो यह सचमुच बहुत कठिन बात है और वह खंडश: ही चलेगा— प्रत्येक सदस्य को हिन्दी संविधान पर ऐसे ही खंडश: विचार करने का अधिकार है जैसे अंग्रेजी संविधान को हमने पारित किया है। हाँ, वे अब कोई विशेष सुझाव नहीं दे सकते। किन्तु अनुवाद के विषय में यहाँ हिन्दी के कई विशेषज्ञ हैं। वे कहेंगे 'यह शब्द ठीक नहीं है, वहाँ यह होना चाहिये' और उन्हें ऐसा कहने का अधिकार है। मैं सेठ गोविन्द दास से सहमत नहीं हूँ कि यह काम एक ही मास में हो सकता है। यदि आप सब स्थितियों में से इसे पारित करना चाहते हैं तो इस पर छह मास लग जायेंगे।

यद्यपि मैं उस युक्ति के बल को स्वीकार करता हूँ, तथापि मैं एक सुझाव देना चाहता हूँ। अन्ततः हिन्दी संविधान ही प्रधान रहेगा क्योंकि पन्द्रह वर्ष में ही या पन्द्रह वर्ष पश्चात् अंग्रेजी हट जायेगी। अतएव हिन्दी में समुचित रूप से प्राधिकृत संविधान होना चाहिये। आप केवल रूपांतर ही प्रकाशित नहीं कर रहे होंगे। मेरे विचार में कुछ न कुछ करना ही होगा और यही उपाय है कि बाद में यह इस प्रयोजन के लिये संसद में जाये। संविधान का हिन्दी अनुवाद उच्चतम न्यायालय में निर्वचन के प्रयोजनार्थ अधिकृत अनुवाद होना चाहिये। जहाँ भी निर्वचन में मतभेद हो वहाँ यह अपेक्षित है। मैं इस दृष्टिकोण को समझता हूँ। अब निर्वचन के लिये केवल अंग्रेजी संविधान ही होगा। किन्तु अंग्रेजी को हटना है। अतएव हिन्दी अनुवाद प्राधिकृत होना चाहिये। यह संविधान सभा विघटित हो जायेगी और इसलिये वह समवेत नहीं हो सकती। अत: मेरा सुझाव है कि इस प्रयोजन के लिये कुछ व्यवस्था होनी चाहिये। यदि इसे संविधान में खंड बनाना अपेक्षित हो तो मुझे उस

पर आपत्ति नहीं है। यह मामला संसद में जाना चाहिये। और संसद को हिन्दी अनुवाद पारित करने की शक्ति होनी चाहिये।

मैं मानता हूँ कि अब हिन्दी को स्वीकार कर लिया गया है अत: हिन्दी अनुवाद को इस संविधान सभा का पूर्ण समर्थन प्राप्त होना चाहिये, अर्थात हिन्दी में संविधान का तीसरा पठन इस संविधान सभा द्वारा पारित किया जाना चाहिये। किन्तु व्यावहारिक कठिनाइयाँ आती हैं तथा इस संविधान को 26 जनवरी 1950 को लाना सम्भव नहीं हो सकता। मैं प्रस्ताव का प्रबल समर्थन करता हूँ और मुझे आशा है कि आप मेरे छोटे से सुझाव का ध्यान रखेंगे तथा यह बात बहुत सराहनीय होगी यदि आप एक छोटा सा विवरण दे दें कि हमने गत तीन वर्षों में क्या किया है, हमें कितना भारी कार्य करना पड़ा है, हमें किस प्रकार खंड पर खंड और अनुच्छेद पर अनुच्छेद को बदलना पड़ा, और संविधान सभा ने कितना प्रयत्न तथा कार्य किया है। जनता को यह न समझने दिया जाये कि हमने इतना समय बरबाद किया है। इसके विपरीत मेरा तो ख्याल यह है कि यदि हमने इस सभा की कालावधि को बढ़ाया है तो यह देश के लाभार्थ ही किया है। हमने 1948 में जो कुछ किया था उसमें से आधा अब हमने रद्द कर दिया है। अनुभव प्राप्त करने के पश्चात् तथा परिपक्व विचार के पश्चात् हमने कई महत्त्वपूर्ण अनुच्छेद जोड़ दिये हैं। मैं उसकी बहुत सराहना करता हूँ। मुझे बिल्कुल खेद नहीं है— मुझे प्रसन्नता है कि यह कालावधि, किसी न किसी प्रकार ईश्वर की कृपा से बढ़ गई। इस सभा के सदस्यों की यह इच्छा नहीं थी कि यह कालावधि इस प्रकार बढ़ाई जाये। हम तो इसे 1948 के आरंभ में ही पारित करना चाहते थे। किन्तु भगवान की यही इच्छा थी कि इसे बढ़ाया जाये। यह बहुत अच्छी बात है कि इस अवधि विस्तार के कारण, पूर्ण विचार-विमर्श के पश्चात् और हमने इस देश में जो अनुभव प्राप्त किया है उसके आधार पर, हम कई अनुच्छेदों को बदलने में सफल हुए हैं।

इन शब्दों के साथ मैं प्रस्ताव का बलपूर्वक समर्थन करता हूँ।

अध्यक्ष: श्री बी. दास।

टी.टी. कृष्णमाचारी : श्रीमान इस प्रश्न पर अब मत लिये जायें।

अध्यक्ष : मैं पहले ही श्री बी. दास का नाम पुकार चुका हूँ।

बी. दास : श्रीमान, मैं अपने माननीय मित्र श्री मुंशी के प्रस्ताव का समर्थन करता हूँ। मुझे आशा है कि मेरे मित्र श्री कामत द्वारा पेश की कई बातों पर ध्यान देंगे तथा उनके तीसरे और चौथे संशोधन को स्वीकार कर लेंगे। मैं अपने मित्र श्री कामत की इस बात को पसन्द नहीं करता कि हम प्रस्ताव पास करें कि "President do take the necessary steps" (अध्यक्ष आवश्यक कदम उठायें)। अध्यक्ष हमारा प्रतिनिधि है, हमारी आत्मा का प्रतीक है, वह इस भावना का— इस प्रभु संविधान के प्रति इस सदन की भावना का प्रतीक है। जब भी बाह्य जगत से कोई सम्पर्क हुआ है तो अध्यक्ष ने ही हमारे प्रभुताधिकारों का हमारी आत्मा का, हमारे हृदयों का प्रतिनिधित्व किया है। अत: मैं यह नहीं कह सकता कि अध्यक्ष 'ऐसा करें।' यदि मैं इस मसौदे को तैयार करता तो मैं इन शब्दों को भी हटा देता कि "The President be authorised" – (अध्यक्ष को प्राधिकृत किया जाये)। मैं तो केवल यही कहता ''अध्यक्ष से आवश्यक कार्यवाही करने की प्रार्थना की जाये।'' और मैं उससे सन्तुष्ट हूँ क्योंकि हमें उन पर भरोसा है तथा वे हमारे निर्वाचित प्रधान तथा प्रतिनिधि प्रवक्ता होने के नाते इस सम्पूर्ण प्रभुत्व सम्पन्न सदन की इच्छा को पूरा करेंगे।

श्री सिधवा तथा डॉ. देशमुख ने जो सुझाव दिया है कि अनुवाद यथासम्भव शीघ्र उन सब

भाषाओं में उपलब्ध हो जाये तो अनुसूची में समाविष्ट की गई हैं, मैं उस विषय में एक मध्य मार्ग का सुझाव दूँगा। हम देखते हैं कि जब भी कोई विधेयक संसद में पेश होता है त्यों ही प्रान्तीय सरकारें उसका प्रांतीय भाषाओं में अनुवाद करवा लेती हैं और उसे प्रसारित करती हैं या अपने सूचना में प्रकाशित कर देती हैं। अतएव यदि माननीय अध्यक्ष विविध प्रांतीय सरकारों की वर्तमान व्यवस्था से लाभ उठा सकें, तो अनुवाद एक मास में ही हो सकते हैं। हाँ, हिन्दी अनुवाद तो राजकीय रूप होगा जो मेरे मित्र माननीय श्रीयुत घनश्याम सिंह गुप्त ही तैयार करेंगे—किन्तु अन्य भाषाओं में भी, अर्थात् उड़िया, असामिया, बंगाली, गुजराती, तेलुगू, तमिल, कन्नड़ और चौदह में से अन्य भाषाओं में भी अनुवाद 26 जनवरी 1950 को उपलब्ध हो सकेंगे। संस्कृत में अनुवाद होगा या नहीं, मैं नहीं कह सकता। हमें विभिन्न पंडितों से पूछना होगा, जिनमें प्रमुख मेरे मित्र पं. लक्ष्मीकान्त मैत्र होंगे, कि क्या वे इसके लिये कार्य कर सकते हैं और उन पंडितों के लिये अनुवाद तैयार कर सकते हैं जो भारत के पवित्र स्थानों में निवास करते हैं। किन्तु मुझे आशा है कि मेरे मित्र श्री मुंशी श्री कामत के सुझाव को स्वीकार कर लेंगे, जो श्री सिधवा द्वारा संशोधित कर दिया गया है कि अन्य भाषाओं में अनुवाद कराया जाये तो इस संविधान की अनुसूची में वर्णित हैं।

श्रीमान, मैं सदन की भावना को व्यक्त करते हुए कह सकता हूँ कि सदन मेरे माननीय मित्र माननीय श्रीयुत घनश्याम सिंह गुप्त का अनुग्रहीत है कि उन्होंने हिन्दी अनुवाद पर इतना परिश्रम तथा प्रयत्न किया है। मैं नहीं कह सकता कि यह दस वर्ष बाद मान्य रूप होगा या नहीं, किन्तु आपके आदेश से प्रकाशित होते ही देश में यह मान्य रूप अवश्य समझा जायेगा। किन्तु मेरे मित्र सेठ गोविन्द दास ने जो सुझाव दिया है कि संविधान सभा को अनिश्चित काल तक बढ़ा कर हिन्दी रूप को पारित किया जाये, श्रीमान, मैं इस भावना से सहमत हूँ किन्तु मैं इस प्रस्थापना से सहमत नहीं हूँ। यद्यपि संविधान सभा तीन वर्ष से चल रही है और हम यह आशा कर रहे हैं कि आगामी 26 जनवरी को हम गणराज्य की घोषणा कर देंगे और यह संविधान प्रख्यापित हो जायेगा, फिर भी श्री कामत के शब्दों में 'अधरों पर आते आते ही, हाय, दुलक जाता प्याला' वाली बात हो सकती है। हमने दो वर्ष पूर्व देखा कि फ्रांस के लोगों ने तीन संविधान सभाएँ बनाईं, उन्होंने तीन संविधान बनाये और अब वे किसी न किसी प्रकार तीसरे मसौदे का आधार लेकर लड़खड़ाते चल रहे हैं।

क्या यह संविधान सदा अमर रहेगा, मैं नहीं कह सकता। मैं अभी से सुनता हूँ कि मेरे मित्र समाजवादी तथा वे जो भूमिगत हो गये हैं, अर्थात् साम्यवादी, इसकी आलोचना करते हैं कि वे इस संविधान को पसन्द नहीं करते। हम सदा ही भारत सरकार नहीं रहेंगे, समाजवादी अवश्यमेव आयेंगे, यद्यपि उन्हें सरकारों के प्रशासन की क्षमता अर्जित करना सीखना होगा। वे अधिकांश में कांग्रेस और उसके तरीकों की आलोचना में व्यस्त रहते हैं उनमें से अधिकांश कभी न कभी कांग्रेस सदस्य ही थे। अत: संविधान शायद स्थायी वस्तु न हो। यदि 26 जनवरी से 15 वर्ष पश्चात् हिन्दी में प्राधिकृत रूप की आवश्यकता हो तो मुझे विश्वास है कि उस समय तक संविधान में ही इतने संशोधन हो चुकेंगे कि हिन्दी में पुन: प्राधिकृत अनुवाद करवाना अभीष्ट होगा। शायद उस समय एक नई संविधान सभा चुननी पड़े, ऐसे मताधिकार पर नहीं जैसे कि यह संविधान सभा चुनी गई थी, अपितु शायद प्रत्येक राज्य दो तीन प्रतिनिधि भेजेगा जो समवेत होकर संविधान का प्राधिकृत हिन्दी रूप स्वीकार करेंगे। किन्तु अभी वह रूप केवल शिक्षात्मक ही होगा, इसका लोगों पर कोई कानूनी बन्धन नहीं होगा। हमारे देश के वकील हिन्दी रूप का शायद ही कभी उद्धरण दें, वे सदा प्राधिकृत अंग्रेजी रूप का ही उद्धरण देंगे जो इस सदन ने पारित किया है।

अतः मुझे इससे बहुत भय नहीं है और मुझे आशा है कि समय और अनुभव से हिन्दी भाषा का समुचित रूप बन जायेगा जिससे कि आगामी दस वर्ष में प्राधिकृत हिन्दी रूप बन ही जायेगा. जब मुझे आशा है कि वह भाषा देश भर में राष्ट्रभाषा के रूप में स्वीकृत हो जायेगी और हिन्दी के उस अनुवाद को प्राधिकृत रूप स्वीकार कर लिया जायेगा। हाँ, मैं उनकी भावनाओं की सराहना करता हूँ जो यह कहते हैं कि हिन्दी रूप प्राधिकृत रूप हो, किन्तु अभी यह सदन अधिक समय लगा कर उसे पारित नहीं करना चाहता।

सेठ गोविन्द दास : किन्तु यह होगा कब?

बी. दास : दस वर्ष बाद होगा, और वहाँ मैं नहीं हूँगा, आप वहाँ होंगे।

श्रीमान, मैं आपसे अनुरोध करता हूँ, और इस मामले में हम आप पर विश्वास और भरोसा करते हैं कि आप देखेंगे कि अंग्रेजी के अतिरिक्त समस्त तेरह भाषाओं में पता नहीं संस्कृत शामिल होगी या नहीं अलग-अलग अनुवाद छप कर 26 जनवरी तक प्रकाशित हो जायेगा ताकि देहातों में भी पता लग जाये कि हमने देर देर तक बैठकर क्या किया है. संविधान द्वारा उन्हें क्या अधिकार और विशेषाधिकार प्रदान किये गये हैं। और हमारी स्वतंत्र गणराज्य सरकार से वे क्या आशायें कर सकते हैं।

अध्यक्ष : समाप्ति प्रस्ताव पेश हो चुका है और मैं उस पर मत लेता हूँ:

प्रश्न यह है:

''कि अब प्रश्न पर मत लिये जायें।''

प्रस्ताव स्वीकृत हो गया।

के.एम. मुंशी : अध्यक्ष महोदय, पहले मैं अपने मित्र श्री कामत के संशोधनों पर कुछ कहूँगा। मुझे बहुत खेद है कि मैं उनके किसी संशोधन को स्वीकार नहीं कर सकता। पहले संशोधन के सम्बन्ध में, 'authorised and requested' शब्दों का ठीक प्रयोग हुआ है, पहली बात तो यह है कि 'do' शब्द आदेशमूलक है और मैं नहीं समझता कि ऐसे शब्द का प्रयोग करना समुचित होगा, और दूसरी बात यह है कि 'authorised' शब्द का प्रयोग काफी विचार करने के पश्चात् किया गया है। मुझे बहुत प्रसन्नता होती यदि इस सदन के समक्ष अनुवाद को रखा जाता तथा उसे संविधान का प्राधिकृत रूप माना जाता। किन्तु स्थिति ऐसी थी कि ऐसा करना सम्भव नहीं था।

सेठ गोविन्द दास : क्या मैं अपने मित्र श्री मुंशी से एक प्रश्न पूछ सकता हूँ? क्या यह सत्य है कि स्टीयरिंग समिति ने पहले यह निश्चय किया था कि इस सदन की एक समिति नियुक्त होनी चाहिये जो उस अनुवाद पर विचार करे और फिर वह अनुवाद यहाँ पेश किया जाये तथा मौलिक रूप में उस पर विचार किया जाये?

के.एम. मुन्शी : इस भेद को तो सभी जानते हैं, मैंने उन प्रस्तावों को पेश किया था। मैं बहुत आतुर था कि हम सभा से अनुवाद को स्वीकार करवायें, किन्तु परिस्थितियाँ ऐसी हैं कि हमारे लिये ऐसा करना सम्भव नहीं है-कम से कम सभा के अधिकांश सदस्यों का यही विचार है। मेरा वैयक्तिक विचार चाहे कुछ हो और मेरे माननीय मित्र सेठ गोविन्द दास का विचार चाहे कुछ भी हो, किन्तु सभा का व्यापक मत यह है कि ऐसा करना सम्भव नहीं है। अतएव हमें सर्वोत्तम विकल्प अपनाना पड़ता है, कि हम अनुवाद प्रकाशित करने का प्राधिकार स्वयं अध्यक्ष को दे रहे हैं। हमारी कठिनाई को देखते हुए यही सर्वथा उचित उपाय है। मेरे मित्र सेठ गोविन्द दास आवेश में यह भूल गये कि श्री सिधवा ने क्या कहा था। मेरे माननीय मित्र श्री सिधवा का ख्याल है कि इस रूप को

सभा के समक्ष पेश करना चाहिये तथा अनुच्छेदशः और खंडशः पारित करना चाहिये, जिस पर इस सभा के सदस्य बहुत से संशोधन भी पेश करना चाहेंगे........

सेठ गोविन्द दास : मैं कहता हूँ कि ऐसा हो सकता है।

के.एम. मुन्शी : खैर, यह 12 मास से कम नहीं हो सकता क्योंकि मैं अपने मित्र सेठ गोविन्द दास को विश्वास दिलाता हूँ कि चाहे वे अपनी अनुवाद करने की योग्यता के विषय में कुछ भी समझें या मैं अपनी योग्यता के विषय में कुछ भी समझूं, फिर भी यहाँ बहुत से सदस्य हैं जो मेरे मित्र श्री सिधवा के विचार से सहमत हैं कि वे बहुत टेक्नीकल विषय का भी अनुवाद करने में महान विशेषज्ञ हैं।

सेठ गोविन्द दास : मैं प्रत्याभूति देता हूँ कि यदि आप इसे रखेंगे वो वह एक मास में ही पारित हो जायेगा।

के.एम. मुन्शी : मैं इस बात को स्वीकार करने के लिये तैयार नहीं हूँ और मेरे विद्वान मित्र को इस पर अपना जोश दिखाने की आवश्यकता नहीं है, किन्तु मैं कह सकता हूँ कि मुझे यहाँ अपने मित्र श्री सिधवा जैसे सदस्य की भी बात माननी पड़ती है। मैंने सर्वोत्तम विकल्प पेश कर दिया है और जहाँ तक मैं पता लगा सका हूँ यही व्यापक रूप से सदस्यों का विचार है। हमें इस लोक प्रिय सभा में भाषा के लालित्य पर विचार करने की अपेक्षा नहीं है। यह अधिक अच्छा है कि यह बात अध्यक्ष पर छोड़ दी जाये कि वह जैसी चाहे विशेषज्ञों की सम्मति ले ले और ऐसा अनुवाद तैयार कराये, जिसे सदन चाहे अनुमोदित न करे पर, उसकी पसन्द के विशेषज्ञ तो अनुमोदित कर ही दें।

सेठ गोविन्द दास : अंग्रेजी के लिये जो कुछ किया गया है। वही हिन्दी के लिये भी कर दिया जाये।

के.एम. मुन्शी : श्रीमान, मैं एक बार कह चुका हूँ और मैं इसे दोहराने के लिये भी तैयार हूँ कि मैं सदन के सदस्यों की इच्छाओं को ही पूरा कर रहा हूँ।

महावीर त्यागी (युक्तप्रान्त : जनरल) : क्या 'अनुवाद' शब्द के स्थान पर 'रूपान्तर' शब्द का प्रयोग नहीं कर सकते?

के.एम. मुन्शी : मुझे इसमें बहुत प्रसन्ता होती यदि यह असत्य न होता। हम अनुवाद ही कर रहे हैं। 'रूपान्तर' का अर्थ वास्तव में यह है कि सारी चीज को स्वतन्त्र रूप में पुनः लिखा जाये। यह अनुवाद है। हमें अनुवाद की स्टेज से गुजरने दीजिये फिर हम संविधान का स्वतन्त्र रूपान्तर करवा सकते हैं, जिसे प्राधिकृत रूप स्वीकार करने का संसद को अधिकार होगा।

सेठ गोविन्द दास : क्या आप कोई प्रस्ताव पेश करने वाले हैं कि संसद मौलिक रूपान्तर को पारित करे?

के.एम. मुन्शी : मुझे भय है कि यदि मैं अपने माननीय मित्र के प्रश्न का उत्तर देने लगूंगा तो सभा का बेकार बहुत समय बरबाद होगा।

अगला संशोधन श्री कामत का है जो 'before January 26, 1950' के स्थान पर 'as speedily as possible' ये शब्द रखना चाहते हैं। मुझे प्रसन्नता होगी यदि हम इसे 26 जनवरी से पहले पूरा कर लें, क्योंकि आखिर यह बहुत कठिन कार्य है और शीघ्रता से सम्पन्न नहीं हो सकता।

श्री कामत के तीसरे संशोधन के विषय में, मुझे ऐसा समझने का कोई कारण दिखाई नहीं देता कि यह काम यथाशक्ति शीघ्रता से नहीं किया जायेगा।

श्री कामत अपने चतुर्थ संशोधन में यह चाहते हैं कि 'other major languages' के स्थान पर

'other languages' ये शब्द रख दिये जायें। स्थिति यह है। भारत में चौदह से कहीं अधिक भाषायें हैं यद्यपि राष्ट्र-भाषा सम्बन्धी अध्याय की अनुसूची में चौदह ही भाषायें उल्लिखित हैं। इन चौदह भाषाओं में हमने कश्मीरी जैसी भाषा को भी समाविष्ट कर लिया है जिसके विषय में मुझे बताया गया है कि उसे 10 लाख से अधिक व्यक्ति नहीं बोलते। अब हो सकता है कि इनमें से कुछ भाषायें न्यायालयों में भी प्रयुक्त नहीं होती। जब ऐसी बात है तो उस भाषा में अनुवाद करवाने का कोई कारण नहीं है। हमारा उद्देश्य तो यही है कि यह संविधान इन सब लोगों को उपलब्ध हो जाये जो न्यायालयों में या पाठशालाओं अथवा महाविद्यालयों में उसका प्रयोग करना चाहते हैं, अथवा जो लोग संविधान में निहित सांविधानिक विचारों से परिचित होना चाहते हैं।

पं. लक्ष्मीकान्त मैत्र (पश्चिमी बंगाल : जनरल) : विविध भाषाओं में अनुवाद करने का कार्य प्रान्तीय सरकारों को सौंपा जा सकता है।

के.एम. मुन्शी : अध्यक्ष को अधिकार दिया गया है कि वह जिन भाषाओं को बड़ी समझे उन्हें स्वेच्छा से चुन सकता है। उदाहरण के लिये 'कच्छी' जैसी भाषा में अनुवाद पर धन व्यय करना बरबादी होगी। 'कच्छी' भी एक प्रकार की भाषा है, यद्यपि सारे कच्छी गुजराती बोलते हैं। 'कच्छी' में अनुवाद अवश्य करने की क्या आवश्यकता है?

कुछ माननीय सदस्यगण : कच्छी भाषा नहीं है।

के.एम. मुन्शी : अतः हमें इस मामले को निबटाने का पूरा स्वविवेक अध्यक्ष को दे देना चाहिये। अतः मैं सदन से प्रार्थना करता हूँ कि इस प्रस्ताव को स्वीकार कर ले।

एच.वी. कामत : क्या मेरे माननीय मित्र को ज्ञात है कि आयर का संविधान 1937 में आयरिश भाषा तथा अंग्रेजी दोनों में स्वीकार किया गया था?

अध्यक्ष : इससे कुछ नहीं होता। यदि उन्हें यह बात विदित भी हो तो इससे समस्या हल नहीं होगी। मैं संशोधन पर मत लेता हूँ।

प्रश्न यह है:

"कि प्रस्ताव में 'the President be authorised and requested to' इन शब्दों के स्थान पर 'the President do' ये शब्द रख दिये जायें।"

संशोधन अस्वीकृत हो गया।

प्रश्न यह है :

"कि प्रस्ताव में before January 26, 1950' इन शब्दों तथा अंकों के स्थान पर as speedily as possible' ये शब्द तथा अंक रख दिये जायें।"

संशोधन अस्वीकृत हो गया।

प्रश्न यह है :

"कि प्रस्ताव में, the preparation and publication' इन शब्दों के स्थान पर 'the early preparation and publications' ये शब्द रख दिये जायें।"

संशोधन अस्वीकृत हो गया।

*अध्यक्षः प्रश्न यह है :

"कि प्रस्ताव में, 'other major languages' इन शब्दों के स्थान पर 'other languages' ये शब्द रख दिये जायें।"

संशोधन अस्वीकृत हो गया।

*अध्यक्ष प्रश्न यह है:

"Resolved that the President be authorised and requested to take necessary steps to have a translation of the Constitution prepared in Hindi and to have it published under his authority before January 26, 1950, and also to arrange for the preparation and publication of the translation of the Constitution in such other major languages of India as he deems fit."

[संकल्प किया जाता है कि अध्यक्ष को प्राधिकृत किया जाये तथा उससे प्रार्थना की जाये कि वह 26 जनवरी 1950 से पहले संविधान का हिन्दी में अनुवाद कराने तथा अपने प्राधिकार से उसे प्रकाशित कराने का अपेक्षित प्रबन्ध करे और संविधान के अनुवाद को भारत की उन अन्य बड़ी भाषाओं में भी, जिन में वह उचित समझे, तैयार और प्रकाशित कराने का भी प्रबन्ध करे।]

प्रस्ताव स्वीकृत हो गया।

अध्यक्ष : अब सभा ने इस प्रस्ताव को स्वीकार कर लिया है तो मैं कुछ शब्द कहना चाहता हूँ। क्योंकि, अब इसे क्रियान्वित करना मुझ पर है, और मैं इस सदन के सदस्यों की सहायता और सहयोग चाहता हूँ, और चाहता हूँ कि दूसरे भी जिन्हें इस विषय में दिलचस्पी हो, इसे क्रियान्वित करने में मेरी सहायता करें। जहाँ तक हिन्दी अनुवाद का सम्बन्ध है, इसमें श्री घनश्याम सिंह गुप्त के सभापतित्व में बहुत प्रगति हो चुकी है। हम देखेंगे कि वह अनुवाद कितना स्वीकार्य है और उस सम्बन्ध में हम यह भी विचार करेंगे कि पारिभाषिक शब्दों के लिये प्रयुक्त शब्दावली देश की अधिकांश भाषाओं को कहाँ तक स्वीकार्य है, उदाहरण के लिये, 'Assembly' शब्द का अनुवाद विभिन्न भाषाओं में भिन्न-भिन्न प्रकार से होता है। समूचे देश के विकास के लिये यह अच्छा रहेगा यदि ऐसे शब्दों के लिये हमारे पास एक ही शब्दावली हो, कम से कम देश के उन भागों के लिये तो एक ही हो जहाँ संस्कृत मूल की भाषाएँ बोली जाती हैं।

इस समय जो समिति हिन्दी अनुवाद का कार्य कर रही है उसे नियुक्त करते समय भी मैंने देश के विभिन्न भागों से प्रतिनिधि लिये थे और ऐसे लोगों को लिया था जो अपने विषय में पारंगत ही समझे जाते हैं। फिर भी मैं आगे यह भी ध्यान रखूंगा कि अन्त में जो शब्द स्वीकार किये जायें वे ऐसे हों कि, यथासम्भव, सब भाषाओं को स्वीकार्य हों।

अत: मैं यहाँ उपस्थित माननीय सदस्यों को, जो लगभग समस्त प्रान्तों तथा समस्त भाषाओं के प्रतिनिधि हैं, सुझाव देता हूँ कि वे मुझे कुछ नाम दें। उन्हें सर्वप्रथम आपस में बातचीत कर लेनी चाहिये। जिससे मैं यह कह सकूं कि वे नाम देश में बोली जाने वाली विविध भाषाओं के प्रतिनिधियों ने, जो सभा के सदस्य हैं, सुझाये हैं। उदाहरण के लिये हमारे तामिल भाषी मित्रों को लीजिये। मैं उनसे एक दो नाम देने की आशा करूंगा, मैं तेलुगु भाषी मित्रों से भी एक दो नाम देने की आशा करूंगा, मैं बंगला भाषी मित्रों से भी एक दो नामों की आशा करूंगा। इसी प्रकार यदि विविध प्रान्तों तथा भाषाओं के प्रतिनिधि मुझे नाम दे दें तो मैं चुनाव कर लूंगा और समिति नियुक्त कर दूँगा जो सांविधानिक तथा पारिभाषिक शब्दों को निश्चित कर देगी। यदि एक बार वह स्वीकृत हो जाये......

सरदार हुकम सिंह (पूर्वी पंजाब : सिख): पंजाबी भाषी क्षेत्रों का क्या होगा?

अध्यक्ष : मैंने केवल दो तीन का उल्लेख, उदाहरण के लिये किया है। आप निस्संदेह नाम दे सकते हैं।

यदि उस शब्दावली को एक बार स्वीकार कर लिया जायेगा तो हमारा कार्य बहुत सरल हो जायेगा। फिर अनुवाद आसान बात हो जायेगी।

मेरा यह भी विचार है कि विविध प्रांतीय सरकारों से कहूँ कि वे मुझे अपने अनुवाद विभागों तथा अन्य विशेषज्ञों के भी, जो उनके पास नियोजित हों, न्याय दें। यदि मुझे वे नाम शीघ्र ही मिल जायेंगे तो मेरे विचार में अनुवाद-कार्य में शीघ्रता हो सकेगी।

मेरे विचार में विविध भाषाओं में कई अनुवाद पहले ही हो चुके हैं। उन अनुवादों से लाभ उठाया जा सकता है कि इन अनुवादों की जानकारी रखने वाले सदस्यों से मैं प्रार्थना करता हूँ। कि वे मुझे उनकी सूचना दे दें।

वी.आई. मुनिस्वामी पिल्ले (मद्रास : जनरल): क्या मैं जान सकता कि अनुवाद कब समाप्त हो जायेगा?

अध्यक्ष : यथासम्भव शीघ्र। किन्तु एक कठिनाई है जिसका सदस्यों को ध्यान रखना चाहिये। हमने अभी संविधान का अन्तिम रूप निश्चित नहीं किया है। अभी तक कई अनुच्छेद हैं जिनका दूसरा पठन अभी होना है। अभी जो भी अनुवाद होगा वह उन्हीं अनुच्छेदों का हो सकता है जो द्वितीय पठन में निश्चित हो चुके हैं। आगे भी कुछ और परिवर्तन हो सकते हैं। किन्तु वे केवल छोटे-छोटे होंगे।

हिन्दी अनुवाद का कार्य प्रतिदिन जो अनुच्छेद पारित होते हैं उनके आधार पर होता है। इस रूप में हमारे अधीन कोई और अनुवाद तैयार नहीं हो रहा है। किन्तु अब आपने कहा है कि अन्य भाषाओं में भी अनुवाद तैयार होने चाहियें, मैं इसी उपाय को अपना सकता हूँ, यही सर्वोत्तम है। आशा है सदन मुझे इसके लिये प्राधिकार देगा और इस योजना का अनुमोदन करेगा।

के.एम. मुन्शी : क्या मैं सादर सुझाव दे सकता हूँ कि यदि सदस्य आज सायंकाल तक नाम दे सकेंगे तो आपके लिये सायंकाल तक नामों की घोषणा करना सम्भव होगा?

अध्यक्ष : मैं नहीं समझता कि उनके लिये आज सायंकाल तक नाम देना सुविधाजनक होगा। मैं आज सायंकाल तक समय की सीमा नहीं रखना चाहता।

वी.आई. मुनिस्वामी पिल्ले : क्या इस सदन के सदस्यों में से ही नाम चुनने हैं?

अध्यक्ष : आवश्यक नहीं है। बाहर के लोग भी हो सकते हैं। वे विशेषज्ञ होने चाहियें जिनके अनुवादों को उनकी भाषा में प्रमाणिक समझा जाये। मुझे उनके लोगों से उन अनुवादों को स्वीकार करवाने में इस बात पर निर्भर रहना होगा कि उन लोगों की कितनी मान्यता है।

एम. अनन्तशयनम् आयंगर : क्या अनुवादों में बहुत विलम्ब की सम्भावना है ?

अध्यक्ष : उन्हें अनुवादों में यथासम्भव शीघ्रता करनी होगी।

"बाबू रामनारायण सिंह (बिहार : जनरल) : आरम्भ में आपने घोषणा की थी कि संविधान हिन्दी में पारित किया जायेगा।

अध्यक्ष : मेरी तो यही इच्छा थी किन्तु मैं देखता हूँ कि वह सफल नहीं हुई और वह सम्भव नहीं है। मैं बस यही कह सकता हूँ। सदस्यों को पता है कि क्या घटनायें हुई हैं तथा किन परिस्थितियों में मुझे वह विचार परित्याग करना पड़ा है।

भारत, हिन्दुस्तान, हिन्द, भरतभूमि, भारतवर्ष और इंडिया नामकरण पर चर्चा
(18 सितम्बर, 1949)

संविधान सभा में देश के नामकरण को लेकर काफी विमर्श हुआ। यह प्रस्ताव भी था कि देश के नामकरण के समय पर भारतीय गणराज्य नामकरण संस्कार का उत्सव भी मनाया जाए, जैसे किसी नवजात शिशु का मनाया जाता है। आज भी भारत बनाम इंडिया नाम का विमर्श चलता रहता है। इस पूरे विमर्श को जानने के लिए संविधान सभा की बहस को जानना बहुत ही ज्ञानवर्धक और रोचक है। इस पूरी बहस को पढ़िए।

अध्यक्ष : अब सभा अनुच्छेद 1 को लेगी। मैं समझता हूँ कि श्री कामत ने संशोधन 220 पेश कर दिया है और अपना भाषण समाप्त कर चुके हैं।

एच.वी. कामत : श्रीमान्, मैंने अपना भाषण समाप्त नहीं किया है।

अध्यक्ष : तो फिर आगे भाषण दीजिये।

एच.वी. कामत : मैं प्रस्ताव पेश करता हूँ:

''कि सूची 4 (अष्टम सप्ताह) के संशोधन संख्या 130 में अनुच्छेद 1 के प्रस्थापित खण्ड (1) के स्थान में यह खण्ड रखा जाये:

'(1) Bharat, or, in the English language, India, shall be a Union of States.'''

[(1) भारत अथवा अंग्रेजी भाषा में इंडिया राज्यों का संघ होगा।]

अथवा विकल्पत:

''कि सूची 4 (अष्टम सप्ताह) के संशोधन संख्या 130 में अनुच्छेद 1 के प्रस्थापित खण्ड (1) के स्थान में यह खण्ड रखा जाये:

'(1) Hind, or, in the English language, India, shall be a Union of States.'''

[हिंद अथवा अंग्रेजी में इण्डिया राज्यों का संघ होगा।]

श्रीमान्, मैं प्रस्ताव पेश करता हूँ:

''कि सूची 4 (अष्टम सप्ताह) के संशोधन संख्या 130 में अनुच्छेद 1 के प्रस्थापित खण्ड (2) के स्थान में यह खण्ड रखा जाये:

'(2) The States shall mean the territories for the time being specified in Parts I, II and III of the First Schedule.'''

[(2) राज्य का अर्थ प्रथम अनुसूची के भाग 1, 2 और 3 में उस समय उल्लिखित राज्य क्षेत्रों से है।]

अपने प्रथम संशोधन सं. 220 को पहले लेते हुए, संसार के अधिकांश व्यक्तियों में यह प्रथा है कि नवजात का नामकरण संस्कार अथवा नाम रखने का उत्सव मनाया जाये। गणराज्य के रूप में भारत का शीघ्र ही जन्म होने वाला है अतः समाज के कई वर्गों में—लगभग सभी वर्गों में यह आन्दोलन हो रहा है कि इस नये गणराज्य के जन्म पर नामकरण संस्कार भी होना चाहिये। इस प्रकार के कई सुझाव दिये गये है कि भारतीय गणराज्य के इस नवजात शिशु का समुचित नाम क्या हो। मुख्य चुनाव ये हैं—भारत, हिन्दुस्तान, हिन्द, भरतभूमि, भारतवर्ष तथा अन्य इसी प्रकार के नाम। इस समय यह वांछनीय होगा, और शायद लाभदायक भी हो, कि इस विषय को ले लिया जाये कि भारतीय गणराज्य के रूप में नवजात शिशु के जन्म पर कौन सा नाम सबसे अधिक उपयुक्त होगा। कुछ लोग कहते हैं शिशु का नाम क्यों रखा जाये? इण्डिया पर्याप्त है। ठीक है। यदि नामकरण संस्कार की आवश्यकता न होती तो इण्डिया को ही बनाये रखते, पर जब हम यह मान चुके हैं कि इस शिशु का कोई नया नाम होना चाहिये तो यह प्रश्न उठता है कि इसका क्या नाम रखा जाये?

जो लोग भारत, भरतभूमि या भारतवर्ष के पक्ष में हैं, उन लोगों का तर्वफ इस तथ्य पर आश्रित है कि इस देश का यह बहुत ही प्राचीन नाम है। इतिहास लेखकों और भाषा वैज्ञानिकों ने इस देश के नाम के विषय में विशेषकर भारत नाम की व्युत्पत्ति पर गहन विचार किया है। परन्तु भारत नाम किस प्रकार पड़ा इस पर सब एकमत नहीं हैं। कुछ लोग इसका सम्बन्ध दुष्यंत और शकुन्तला के पुत्र से जोड़ते हैं जो 'सर्वदमन' अर्थात् सर्वविजयी के नाम से भी प्रसिद्ध था और जिसने इस प्राचीन देश में अपना अधिपत्य तथा राज्य स्थापित किया। उनके नाम पर यह देश भारत नाम से विख्यात हुआ। गवेषणा करने वाले विद्वानों की एक और विचारधारा के अनुसार भारत वैदिक काल से....

माननीय डॉ. बी.आर. अम्बेडकर (बम्बई : जनरल) : क्या इन सब बातों की खोज करना आवश्यक है? मैं यह नहीं समझ पाता हूँ कि इसका क्या प्रयोजन है। किसी अन्य प्रसंग में यह रुचिकर हो सकता है। मेरे मित्र "भारत" शब्द को स्वीकार करते है। बात केवल यह है कि उन्होंने एक विकल्प रखा है। मुझे बहुत खेद है, परन्तु सभा के पास सीमित समय होने के कारण समय का कुछ तो ध्यान रखना चाहिये।

एच.जी. कामत : मैं आशा करता हूँ कि सभा की कार्रवाइयों को विनियमित करना डॉ. अम्बेडकर का कार्य नहीं है?

अध्यक्ष : आप किस संशोधन को पेश कर रहे हैं?

एच.वी. कामत : मैं दो वैकल्पिक संशोधनों को पेश कर रहा हूँ। अध्यक्ष : वैकल्पिक परन्तु विरोधात्मक नहीं।

एच.वी. कामत : विचार यह है कि यदि एक स्वीकार न किया जाये तो दूसरा स्वीकार कर लिया जाये। ऐसा करने में मैंने बहुधा प्रचलित प्रणाली का अनुसरण किया है। मेरे पास पूर्व अवसरों पर दिये गये आपके आदेश हैं।

अध्यक्ष : यहाँ एक दूसरे का अपमार्जन करता है। आप केवल एक नाम पसन्द कर सकते हैं।

एच.वी. कामत : पहला डॉ. अम्बेडकर द्वारा पेश किये गये संशोधन की भाषा के सम्बन्ध का है क्योंकि डॉ. अम्बेडकर ने 'इण्डिया अर्थात् भारत' कहा है। मैंने उसे दूसरे रूप में रखा है। वह भाषा, पद तथा वाक्य रचना के सम्बन्ध का है।

अध्यक्ष : अतः मैं समझता हूँ कि यह एक ऐसा विषय नहीं है जिस पर लम्बे-लम्बे भाषण दिये जायें। मैं समझता हूँ कि लम्बे भाषणों से कोई लाभ नहीं होगा।

एच.वी. कामत : मैं केवल पाँच मिनट चाहता हूँ।

अध्यक्ष : पाँच मिनट तो आप ले चुके हैं।

(शंकर राव देव खड़े हुए।)

एच.वी. कामत : श्री शंकर राव देव आपकी आज्ञा का पालन करने की मुझे आवश्यकता नहीं है। मुझे नियमों का ज्ञान है।

अध्यक्ष : आप एक संशोधन पेश कर सकते हैं। मैंने आपको दोनों संशोधन पेश करने की अनुमति दे दी थी, पर मैं देखता हूँ कि वे परस्पर विरोधी हैं।

एच.वी. कामत : श्रीमान्, क्या वे परस्पर विरोधी हैं? यदि आप उन्हें विरोधी बताते हैं तो मुझे कुछ नहीं कहना है।

अध्यक्ष : जी हाँ, यदि एक को स्वीकार कर लिया जाता है तो दूसरा नियम विरुद्ध हो जाता है।

एच.वी. कामत : मेरा उद्देश्य यह है कि यदि एक स्वीकार न किया जाये तो दूसरा स्वीकार किया जा सकता है।

डॉ. बी.आर. अम्बेडकर : इस विषय पर इतना वाद-विवाद क्यों हो?

शंकरराव देव (बम्बई : जनरल) : अध्यक्ष से तर्क नहीं होना चाहिये।

एच.वी. कामत : श्री शंकर राव देव, मैं नियमों से परिचित हूँ।

अध्यक्ष : आप एक पेश कर सकते हैं।

एच.वी. कामत : मैं 'भारत' पेश करूंगा।

अध्यक्ष : वह तो केवल भाषा का विषय है। वह केवल शाब्दिक परिवर्तन है।

एच.वी. कामत : आपके आदेश को मैं शिरोधार्य करता हूँ, पर मैं समझता हूँ....

एन. गोपालस्वामी आयंगर (मद्रास : जनरल) : 'पर' 'वर' की जरूरत नहीं है।

एच.वी. कामत : यदि श्री आयंगर इतने उतावले हैं....

के.एम. मुन्शी : शान्ति, शान्ति।

एच.वी. कामत : श्री मुन्शी का यह कार्य नहीं है कि मुझसे शान्ति रखने के लिये कहें।

अध्यक्ष : मैं आपसे कह चुका हूँ कि यदि आप 'भारत' नाम पसन्द करते हैं तो वह केवल भाषा का प्रश्न है और उस पर भाषण की आवश्यकता नहीं है।

एच.वी. कामत : आपके आदेश को मैं शिरोधार्य करता हूँ। मैं केवल आयरलैण्ड के संविधान की ओर निर्देश करना चाहता हूँ जिसको बारह वर्ष पूर्व स्वीकार किया गया था। इस अनुच्छेद के खण्ड (1) में वाक्य की जो रचना प्रस्थापित की गई है उससे उसमें भिन्न रचना है। मैं समझता हूँ कि "इंडिया अर्थात् भारत" इस पद का अर्थ "इंडिया जिसको भारत कहा जाता है" है। मैं समझता हूँ कि संविधान में यह कुछ भद्दा सा है। यदि इस पद का एक अधिक सांविधानिक मान्य रूप में—और मैं तो यह कहूँगा कि एक अधिक कलात्मक तथा निश्चय ही अधिक सही रूप में रूपभेद कर दिया जाये तो अधिक अच्छा होगा।

इस सभा में उपस्थित मेरे माननीय मित्र यदि 1937 में पारित किये गये आयरलैण्ड के संविधान को देखने का कष्ट करें तो उनको यह विदित हो जायेगा कि आयरलैण्ड का स्वतन्त्र राज्य आधुनिक संसार के उन कुछ देशों में से है जिन्होंने स्वतन्त्रता प्राप्त करने के पश्चात् अपने नाम बदले और उसके संविधान का चतुर्थ अनुच्छेद उनके देश के नाम परिवर्तन के सम्बन्ध में है। आयरलैण्ड स्वतन्त्र राज्य के संविधान का वह अनुच्छेद इस प्रकार है:

"राज्य का नाम आयर अथवा अंग्रेजी भाषा में आयरलैण्ड है।"

मैं समझता हूँ कि "भारत अथवा अंग्रेजी भाषा में इंडिया इत्यादि, इत्यादि" अधिक सुन्दर पद है। अंग्रेजी भाषा मैंने विशेष कर कहा है। क्यों? इस कारण कि सदस्य शायद मुझसे पूछें कि आप "अंग्रेजी भाषा" क्यों कहते हैं? क्या सब यूरोप की भाषाओं में ऐसा नहीं है? जी नहीं, ऐसा नहीं है। जर्मन शब्द "इण्डियन" है और यूरोप के कई भागों में इस देश का उल्लेख प्राचीन काल के अनुसार "हिन्दुस्तान" के रूप में किया जाता है, और इस देश के सभी निवासियों को, चाहे उनका धर्म कुछ भी हो, हिन्दू कहा जाता है। यूरोप के कई भागों में यह बहुत प्रचलित है। यह शब्द सिन्धु नदी से लिया गया है और प्राचीन नाम हिन्दू के रूप में चला आया है।

संक्षेप में मैं समझता हूँ कि "इंडिया अर्थात् भारत" एक भद्दी पदावली है और मैं नहीं समझ पाता हूँ कि मसौदा समिति ने इस प्रकार की रचना क्यों की है और एक ऐसी भूल की है जो मुझे एक सांविधानिक भूल दिखाई देती है। डॉ. अम्बेडकर पहले अपनी कई भूलें स्वीकार कर चुके हैं और मैं आशा करता हूँ कि इस भूल को भी वे स्वीकार करेंगे और इस खण्ड की रचना का पुनरीक्षण करेंगे।

जिस रूप में डॉ. अम्बेडकर ने खण्ड (2) को पेश किया है वह इस प्रकार है:

"उसके राज्य और राज्य क्षेत्र प्रथम अनुसूची के भाग (1), (2) और (3) में उस समय उल्लिखित राज्य और उनके राज्यक्षेत्र होंगे।"

अध्यक्ष : खण्ड (2) के स्थान में "that the territories thereof shall mean" यह केवल एक शाब्दिक संशोधन है।

एच.वी. कामत : श्रीमान्, मुझे बड़ा खेद है कि आप मेरे संशोधन को समझ नहीं सके। उसमें "shall mean the territories" कहा गया है। मैंने 'territories thereof' शब्दों का अपमार्जन करने का प्रस्ताव पेश किया है क्योंकि डॉ. अम्बेडकर के संशोधन में "and the territories thereof shall be those" कहा गया है।

अध्यक्ष : उन शब्दों का अर्थ केवल राज्यक्षेत्र ही होगा और कुछ नहीं होगा।

एच.वी. कामत : मैं अपनी बात स्वयं अनुसूची के आधार पर कह रहा हूँ। निराधार तर्क मैं नहीं करूंगा। जब तक अनुसूची में परिवर्तन नहीं किया जाता है मुझे उसका आधार ग्रहण करना है—और यह बाद की बात है जिस पर सभा विनिश्चय करेगी। जिस रूप में अनुसूची है वह इस प्रकार है:

"भाग 1

भारत के राज्य और राज्यक्षेत्र

इस संविधान के आरम्भ होने से सद्यपूर्व राज्यपाल के प्रान्तों के नाम से इस प्रकार ज्ञात राज्यक्षेत्र।"

श्रीमान्, डॉ. अम्बेडकर द्वारा पेश किये गये रूप में यदि यह खण्ड इस सभा द्वारा स्वीकार कर लिया जाता है तो वह किस प्रकार पढ़ा जायेगा? "राज्यों और उनके राज्य-क्षेत्रों।" क्या मैं डॉ. अम्बेडकर का ध्यान खण्ड के उस रूप की ओर आकर्षित कर सकता हूँ जो मूल मसौदे में था "राज्य" का अर्थ उस समय उल्लिखित राज्यों से होगा। मैं नहीं जानता हूँ कि इस खण्ड की पदावली तथा रचना अथवा शब्दावली में यह परिवर्तन क्योंकर किया गया है क्योंकि यदि आप अनुसूची 1, भाग 1 में उल्लिखित रूप में राज्य कहते हैं तो वहाँ इन राज्यों की परिभाषा कर दी गई है, और ये हैं भी क्या? वे राज्य जो इस संविधान के आरम्भ के पूर्व राज्यपाल के प्रान्त थे;

इसी प्रकार भाग 2 के राज्य-क्षेत्र मुख्य आयुक्त के प्रान्तों के नाम से ज्ञात थे।

अध्यक्ष : मैं समझता हूँ कि आपका संशोधन इस तथ्य के कारण रखा गया है कि आप यह नहीं जानते कि प्रथम अनुसूची का क्या रूप होगा।

एच.वी. कामत : जिस रूप में अनुसूची है उसी पर मैंने अपना संशोधन रखा है।

अध्यक्ष : हमने प्रथम अनुसूची को नहीं लिया है, अतः आप उस परिवर्तन से अथवा उस रूप से परिचित नहीं हैं जो प्रथम अनुसूची में होगा।

एच.वी. कामत : यह कौन जान सकता है कि क्या पार होगा? यदि इस अनुसूची को पहले पार कर दिया जाये और बातों को बाद में लिया जाये तो बहुत अच्छा हो।

अध्यक्ष : क्या मैं प्रथम अनुसूची में उस रूप को पढ़ कर सुना दूँ जो सभा के समक्ष प्रस्तुत किया जायेगा?

"प्रथम अनुसूची के भाग 1 में यह परिवर्तन कर दिया जाये:

'भाग 1 में राज्यों के नाम दिये हुए हैं। अनुसूची में केवल नाम दिये हुए हैं। इसके पश्चात् प्रत्येक राज्य के राज्य-क्षेत्र में अमुक-अमुक होगा।'"

एच.वी. कामत : मुझे यह मसौदा प्राप्त न था, इस कारण संविधान में अनुसूची का जो रूप था उसी को मैंने आधार ग्रहण किया था और सिवाय, अपने संशोधन पेश करने के मेरे पास और कोई चारा न था। अब आपने मेरा ध्यान इस अनुसूची के उस रूप की ओर आकर्षित किया है जो सभा के समक्ष प्रस्तुत किया जायेगा—और मुझे यह भी आशा है कि वह स्वीकार कर लिया जायेगा—इस कारण इस संशोधन पर और अधिक बोलने की मुझे आवश्यकता नहीं है। श्रीमान्, मैं दोनों संशोधनों को पेश करता हूँ और सभा से उन पर विचार करने और उन्हें स्वीकार करने की सिफारिश करता हूँ।

ब्रजेश्वर प्रसाद (बिहार : जनरल) : अध्यक्ष महोदय, मेरे नाम के छह संशोधन हैं। मैं केवल एक, सूची 5 अष्टम सप्ताह के संशोधन संख्या 192, को पेश करना चाहूँगा। श्रीमान्, मैं प्रस्ताव पेश करता हूँ:

"कि सूची 4 (अष्टम सप्ताह) के संशोधन संख्या 130 में अनुच्छेद 1 के प्रस्थापित खण्ड (1) के स्थान में यह खण्ड रखा जाये :

'(1) India, that is, Bharat is one integral unit.'"

[(1) इंडिया अर्थात् भारत एक सम्पूर्ण एकक है।]

'संघ' और 'राज्यों' शब्दों को अपने संविधान में रखने के मैं विरुद्ध हूँ। संयुक्त राज्य अमरीका में अंगभूत एककों के सांविधानिक अस्तित्व के प्रश्न पर कटु तथा लम्बा वादविवाद हुआ था।

के. सन्तानम् (मद्रास : जनरल) : श्रीमान्, एक औचित्य प्रश्न है। राज्यों के गठन को परिभाषित करते हुए हमने संविधान पार कर ही दिया है। अतः परिभाषा द्वारा हम संविधान में परिवर्तन नहीं कर सकते हैं।

ब्रजेश्वर प्रसाद : श्रीमान्, मैं निवेदन करता हूँ कि यह प्रश्न तो केवल यहीं उठाया जा सकता है। 'राज्यों' शब्द का प्रयोग प्रथम बार संविधान के अनुच्छेद 1 में हुआ है। इस मूल प्रश्न को केवल इसी खण्ड में उठाया जा सकता है।

अध्यक्ष : यह तथ्य का विषय है कि यह समूचा संविधान इस धारणा पर आश्रित है कि पृथक-पृथक राज्य होंगे और वे राज्य संघ बनायेंगे। अब आप इससे पीछे हटना चाहते हैं और यह कहना

चाहते हैं कि पृथक-पृथक राज्य नहीं हैं; मैं समझता हूँ कि इसके लिये अब बहुत देर हो गई है।

ब्रजेश्वर प्रसाद : मैं 'संघ' शब्द के प्रयोग पर आपत्ति करता हूँ। ये दोनों शब्द परस्पर सम्बन्धित तथा मिले जुले हैं।

एस. नागप्पा (मद्रास : जनरल) : किस शब्द पर आपत्ति है?

ब्रजेश्वर प्रसाद : धैर्य रखिये। अध्यक्ष को कृपया इस सभा की कार्रवाइयों को विनियमित रूप से चलाने दीजिये।

संयुक्त राज्य अमरीका में अंगभूत एककों के सांविधानिक अस्तित्व के प्रश्न पर कटु तथा लम्बा वाद-विवाद हुआ था। अन्त में इसी के कारण एक भीषण गृहयुद्ध हुआ।

अध्यक्ष : जिन अनुच्छेदों को हम पार कर चुके हैं उनमें हमने एककों का अस्तित्व नियत कर दिया है। राज्यों का जो कुछ भी अस्तित्व है वह नियत हो चुका है।

ब्रजेश्वर प्रसाद : 'संघ' शब्द के प्रयोग से पीड़ा और अधिक बढ़ जाती है। मैं अपने आपको 'संघ' शब्द के प्रयोग तक ही सीमित रखूंगा। उसका अन्त भयंकर गृहयुद्ध के रूप में हुआ। अमरीका के सांविधानिक इतिहास की शिक्षाओं पर उचित ध्यान देते हुए मैं निवेदन करता हूँ कि भारत के संविधान के मसौदे में से 'संघ' शब्द का अपमार्जन किया जाये। संविधान में कहीं भी हमने 'संघ' शब्द के प्रयोग को स्वीकार नहीं किया है।

अध्यक्ष : मैं समझता हूँ कि आपका अभिप्राय यह है कि 'राज्य' शब्द के प्रयोग को निकाल दिया जाये।

ब्रजेश्वर प्रसाद : जी नहीं, श्रीमान्। 'संघ' शब्द का प्रयोग न हो।

के. सन्तानम् : हमने संघ सूची को रखा है और उसे हम पार कर चुके हैं।

पी.एस. देशमुख (मध्य प्रान्त और बरार: जनरल) : यह मिथ्या कथन है कि हमने 'संघ' शब्द का प्रयोग नहीं किया है।

अध्यक्ष : संविधान में हमने कई स्थलों पर 'संघ' शब्द का प्रयोग किया है। मैं समझता हूँ कि इस प्रश्न पर फिर विचार करने के लिये तो अब वास्तव में बहुत अबेर हो गई है।

आर.के. सिधवा (मध्य प्रान्त और बरार : जनरल) : हमने 'संघ सूची' रखी है।

ब्रजेश्वर प्रसाद : सूची 1 के शीर्षक पर हमने कभी वाद-विवाद नहीं किया। हमने पहली प्रविष्टि से आरम्भ किया था।

अध्यक्ष : अनुच्छेदों में 'संघ' शब्द कई बार आया है। मैं समझता हूँ कि इस बात के लिये अब बहुत देर हो गई है। आप इस संशोधन को पेश नहीं कर सकते हैं।

(संशोधन संख्या 190, 191, 193, 194, 195 और 196 पेश नहीं किये गये।)

अध्यक्ष : संशोधन संख्या 197 पेश हो चुका है। संशोधन संख्या 219: मौलाना हसरत मोहानी!

मौलाना हसरत मोहानी (संयुक्तप्रान्त : मुस्लिम) : श्रीमान्, सर्वप्रथम मैं यह स्पष्ट कर देना चाहूँगा कि विलम्बकारी चालें चलने का या किसी व्यक्ति को कठिनाई में डालने का मेरा स्वभाव नहीं है। कल सायंकाल को मैंने यह निवेदन किया था....

अध्यक्ष : इस बात में पड़ना आवश्यक नहीं है। उसको स्पष्ट करने की आवश्यकता नहीं है। आप अपने संशोधन को लीजिये।

मौलाना हसरत मोहानी : श्रीमान्, अपने दोनों संशोधनों की व्याख्या करने के पूर्व मैं सर्वप्रथम इस संविधान निर्माण कार्य के इतिहास का बहुत संक्षेप में उल्लेख करूंगा।

सेठ गोविन्द दास (मध्य प्रान्त और बरार : जनरल) : इस संविधान निर्माण कार्य के समूचे प्रश्न पर अब किस प्रकार विचार किया जा सकता है?

मौलाना हसरत मोहानी : मेरा समूचा तर्क उसी बात पर निर्भर करता है। मैं दो मिनट से अधिक नहीं लूंगा।

अध्यक्ष : ठीक है, मौलाना।

मौलाना हसरत मोहानी : पहली बात उद्देश्यमूलक संकल्प के बारे में है। मेरे पास उद्देश्यमूलक संकल्प और उसको पारित करते समय पण्डित नेहरू द्वारा दिये गये दो भाषणों की प्रमाणित प्रति है। वह इस प्रकार है:

"संविधान-सभा भारत को एक स्वतन्त्र सम्पूर्ण प्रभुत्व सम्पन्न गणराज्य के रूप में उद्घोषित करने के और उसके भावी शासन के लिये संविधान बनाने के अपने दृढ़ तथा गम्भीर संकल्प की घोषणा करती है।"

यह उद्देश्यमूलक संकल्प है अर्थात् एक स्वतन्त्र सम्पूर्ण प्रभुत्व सम्पन्न गणराज्य। ये तीन शब्द हैं और पण्डित नेहरू ने कई बार यह घोषणा की है और वह इतिहास की बात हो गई है कि इस उद्देश्यमूलक संकल्प में कोई परिवर्तन नहीं किया जायेगा। जब मुझे संविधान के मसौदे की यह प्रति मिली तो मुझे बड़ा आश्चर्य हुआ जब मैंने यह देखा कि भूमिका के रूप में डॉ. अम्बेडकर ने इस सम्बन्ध में बिल्कुल झूठ बात कही है। वे इस उद्देश्यमूलक संकल्प का पालन नहीं करेंगे। देखिये, वे स्वयं क्या कहते हैं। कण्डिका 2 में वे प्रस्तावना के बारे में कहते हैं: "जनवरी 1947 में संविधान-सभा द्वारा स्वीकृत उद्देश्यमूलक संकल्प में यह घोषणा की थी कि भारत एक सम्पूर्ण प्रभुत्व सम्पन्न स्वतन्त्र गणराज्य होगा। मसौदा-समिति ने सम्पूर्ण प्रभुत्व सम्पन्न लोकतन्त्रात्मक गणराज्य पद स्वीकार किया है क्योंकि 'सम्पूर्ण प्रभुत्व सम्पन्न' शब्द में 'स्वतन्त्रता' आ ही जाती है, अत: 'स्वतन्त्र' शब्द रखने से कोई लाभ नहीं। लोकतन्त्रात्मक गणराज्य और ब्रिटिश संयुक्त राष्ट्र संघ में परस्पर सम्बन्ध का प्रश्न अभी बाद में निश्चित होने को है"। इस व्याख्या के इस अन्तिम भाग से सारी कलई खुल गई। क्योंकि उनके मन में यह बात थी कि वह समय आ रहा है जबकि बहुत कुछ सम्भव है कि हमारे प्रधान मन्त्री वहाँ जायें और किसी न किसी तरह से ब्रिटिश संयुक्त राष्ट्र संघ में बने रहने का विनिश्चय करें।

इसके बाद वे कहते हैं "यह देखना होगा कि समिति ने फेडरेशन के स्थान में यूनियन शब्द का प्रयोग किया है। नाम से कोई अन्तर नहीं होता है, परन्तु समिति ने ब्रिटिश उत्तरी अमरीका के अधिनियम 1867 ई. की प्रस्तावना की भाषा का अनुसरण करना अधिक अच्छा समझा और यह सोचा कि भारत को यूनियन कहने से लाभ है यद्यपि उसके संविधान की गठन फेडरल है।" यहाँ भी वे यह कहते हैं कि नाम में क्या रखा है। मैं कहता हूँ कि यदि नाम में कुछ नहीं रखा है तो वे फेडरेशन को बदल कर यूनियन क्यों रखते हैं। वे भारत में फेडरल गणराज्य की व्यवस्था पर दृढ़ क्यों नहीं रहते हैं? गणराज्य शब्द को क्यों छोड़ा जाये? इस आधार पर मैं यह घोषणा करता हूँ कि जब पण्डित नेहरू ने जनवरी, 1947 में उद्देश्यमूलक संकल्प पुर:स्थापित किया था तो वे इस बात से सहमत थे। परन्तु बाद में किसी प्रकार से, मैं देखता हूँ कि उन्होंने अपना विचार बदल दिया और इस विचार परिवर्तन के कारणों से वे ही भली प्रकार परिचित हैं।

अध्यक्ष : इस समय हम प्रस्तावना पर विचार नहीं कर रहे हैं। हम अनुच्छेद 1 पर विचार कर रहे हैं।

मौलाना हसरत मोहानी : एक ही बात है, दोनों एक से ही हैं।

अध्यक्ष : वे एक से नहीं हैं।

मौलाना हसरत मोहानी : डॉ. अम्बेडकर ने कहा था कि यह संशोधन केवल नाम के बारे में है। मैं कहता हूँ ऐसी कोई बात नहीं है क्योंकि यहाँ उन्होंने यह कहा है 'भारत केवल राज्यों का संघ होगा।' केवल राज्यों ही क्यों? गणराज्यों का संघ क्यों नहीं? यदि नाम का ही सवाल होता तो मैं इस वाद-विवाद में कभी भाग नहीं लेता।

महावीर त्यागी : वे सम्पूर्ण प्रभुत्व सम्पन्न राज्य हैं अतः वे गणराज्य हैं।

मौलाना हसरत मोहानी : इस विषय पर मैं बाद में आऊँगा और आप यह समझ जायेंगे कि वह गणराज्य है अथवा अधिराज्य है अथवा साम्राज्य। क्योंकि पण्डित जवाहरलाल नेहरू ने अपने विचार बदल दिये और चूंकि उन्होंने कुछ वचन दिये थे इस कारण उन्होंने यह उचित समझा कि इस काम को डॉक्टर अम्बेडकर को सौंप दिया जाये जिससे कि वे अपनी प्रतिज्ञायें भंग करने के दोष से मुक्त हो जायें और इसीलिये यह काम डॉ. अम्बेडकर को सौंपा गया था। सम्भव है उनके कहने पर ही डॉ. अम्बेडकर ने इस संविधान के मसौदे में इस बात को रखा हो। अनुच्छेद 1 में कहा गया है ''हम, भारत के लोग, भारत को एक सम्पूर्ण प्रभुत्व सम्पन्न लोकतन्त्रात्मक गणराज्य बनाने के लिये तथा उसके समस्त नागरिकों को इत्यादि, इत्यादि।'' उद्देश्यमूलक संकल्प में मूल शब्द सम्पूर्ण प्रभुत्व सम्पन्न स्वतन्त्र गणराज्य थे।

माननीय श्री घनश्याम सिंह गुप्ता (मध्य प्रान्त और बरार : जनरल) : श्रीमान्, क्या मैं यह जान सकता हूँ कि इस समय हम किस बात पर वाद-विवाद कर रहे हैं?

अध्यक्ष : वक्ता महोदय को मैंने यह बता दिया है कि हम अनुच्छेद 1 पर विचार कर रहे हैं न कि प्रस्तावना पर।

मौलाना हसरत मोहानी : मैं चन्द शब्द और कहूँगा और उसके बाद अपना स्थान ग्रहण करूंगा। अब इसमें से 'स्वतन्त्र' शब्द को निकाल दिया गया है क्योंकि दोनों पण्डित नेहरू और डॉ. अम्बेडकर के यह विचार हुए कि अभी तक भारत और ब्रिटिश संयुक्त राष्ट्र का सम्बन्ध निश्चित नहीं हुआ है, और इस बात का विचार करते हुए कि सम्भव है भारत और ब्रिटिश संयुक्त राष्ट्र में समझौता हो जाये, उन्होंने सोचा कि उस दशा में पण्डित नेहरू अपने 'गणराज्य' शब्द से पीछे नहीं हट सकेंगे और इस कारण उन्होंने डॉ. अम्बेडकर को यह परिवर्तन करने दिया और इस संकल्प की शब्दावली में परिवर्तन करने का भार उनको लेने दिया। इस बात पर मैं घोर आपत्ति करता हूँ।

अध्यक्ष : मसौदा समिति अथवा प्रधान मन्त्री के इरादों के बारे में अनुमान नहीं किया जायेगा।

मौलाना हसरत मोहानी : श्रीमान्, जब मैं उस कारण को स्पष्ट करता हूँ जिसके आधार पर मैंने यह संशोधन प्रस्तुत किया है। दो विकल्प हैं, पहला खण्ड (2) के पद के बारे में है जिसमें वे यह कहते हैं 'इंडिया या भारत राज्यों का संघ होगा।' मैं कहता हूँ कि मुझे यह प्रस्थापित करने का अधिकार है कि 'राज्यों के संघ' के स्थान में 'भारत के गणराज्यों का संघ या भारत के समाजवादी गणराज्यों का संघ' होना चाहिये। मेरा विचार यह था। मैंने प्रस्तावना पर यह संशोधन प्रस्थापित किया था पर मैं समझता हूँ कि डॉ. अम्बेडकर की हार्दिक इच्छा इस अवसर से मुझे वंचित करने की थी इसलिये उन्होंने इस बात को प्रथम खण्ड में ले लिया जिससे कि इसे वे यहाँ पारित करा लें और फिर जब प्रस्तावना पर वाद-विवाद हो तो वे आगे बढ़कर यह कहें कि यह तो अब एक निश्चित तथ्य हो गया है और अब हम इस पूर्व विनिश्चय के विरुद्ध प्रस्तावना नहीं बना सकते हैं,

यद्यपि माननीय अध्यक्ष ने मुझे यह आश्वासन दे दिया है कि जब प्रस्तावना का प्रश्न सभा के समक्ष प्रस्तुत होगा और मैं इसी बात को प्रस्थापित करूंगा तो वे मुझे मना तथा नियम विरुद्ध घोषित नहीं करेंगे। मैंने इस कठिनाई पर विचार कर लिया है। कुछ लोग गणराज्य शब्द को निषिद्ध मानते हैं। यदि इस शब्द के प्रयोग करने का साहस उनमें नहीं है और इस शब्द के स्वीकार करने में उन्हें कठिनाई है तो उन्हें भारत के सम्पूर्ण प्रभुत्व सम्पन्न राज्य कहने की मेरे पास एक और प्रस्थापना है। अर्थात् राज्य स्वायत्तशासी होंगे। जब मैं कांग्रेस में था आखिर तक अहमदाबाद अधिवेशन में मैंने पूर्ण स्वतन्त्रता का संकल्प प्रस्थापित किया था। मेरा सदैव यह मत रहा कि भारत उस स्थिति में नहीं रह सकता है जैसा कि वह अंग्रेजी राज्य के अन्तर्गत था। अंग्रेजों ने भारत को कई प्रान्तों में विभाजित किया था और यह केवल प्रशासनीय प्रयोजनों के लिये किया था। मध्य प्रान्त, संयुक्त प्रान्त, बिहार, बंगाल इत्यादि सब प्रशासनीय प्रयोजनों के लिये थे। जहाँ तक शक्ति का सम्बन्ध था किसी प्रान्त को कोई अधिकार नहीं था। राज्यपालों की नियुक्ति बादशाह द्वारा की जाती थी और उसके नियम केन्द्रीय सरकार द्वारा बनाये जाते थे। उसे बदलने का मैंने दृढ़ निश्चय कर लिया था।

घनश्याम सिंह गुप्ता : राज्यों की स्थिति परिभाषित कर दी गई है।

अध्यक्ष : उन्हें भाषण समाप्त कर लेने दीजिये।

ब्रजेश्वर प्रसाद : श्रीमान्, मैं सोचता हूँ कि यही व्यवहार मुझसे किया जाता।

अध्यक्ष : वे किसी ऐसी बात की चर्चा नहीं कर रहे हैं जिस पर पहले विनिश्चय किया जा चुका हो।

मौलाना हसरत मोहानी : वर्तमान संविधान में मेरी धारणा यह थी और मैंने यह सोचा था कि प्रान्त स्वायत्तशासी बनाये जायेंगे और देशी राज्य...

लक्ष्मीनारायण साहू (उड़ीसा : जनरल) : सभापति जी, अभी हम लोग आर्टिकल 1 में विचार कर रहे हैं। जब हम सब आर्टिकल खत्म करते हैं जब उसके बाद आर्टिकल एक विचार आता है। अभी तक और चीजें खत्म नहीं हुई हैं तो आर्टिकल एक कैसे आया यह जरा शुबह की बात है, आर्टिकल एक के बारे में हम बातचीत करते हैं परन्तु देखना यह चाहिये जब आर्टिकल एक का परिवर्तन होगा तो उसी का बराबर दूसरा आर्टिकल सब परिवर्तन करना पड़ेगा। और दूसरे आर्टिकल जब सब तय हो गये हैं तो परिवर्तन नहीं हो सकता है। आर्टिकल एक तब परिवर्तन होगा जब दूसरा आर्टिकल का परिवर्तन करना जरूरी होगा। इसलिये मैं समझता हूँ कि आर्टिकल एक की आलोचना न करें। जब सब आर्टिकल खत्म हो जायें तब आर्टिकल एक की आलोचना हो सकती है।

अध्यक्ष महोदय : कल अगर आप लाते तो मौके से होता, मगर इस वक्त विचार शुरू हो गया है और हम कल से इस पर विचार कर रहे हैं। कल शुरू ही में आप विरोध करते तो उस पर विचार किया जाता।

मौलाना हसरत मोहानी : बहुत अच्छा श्रीमान्, मैं यह कह रहा था कि मेरा और मेरे कई मित्रों का संविधान के प्रति यह विचार था कि यदि हमारा देश राज्यों का संघ होगा तो वह सम्पूर्ण प्रभुत्व सम्पन्न राज्यों का संघ होना चाहिये, कहने का अर्थ यह है कि पूर्ण रूपेण स्वायतशासी प्रान्तों तथा राज्य समूहों का संघ जिसमें वे छोटे-छोटे राज्य भी शामिल होंगे जिनको जिलों व प्रान्तों में विलीन कर लिया गया है। मैंने सोचा था कि इन राज्यों के समूहों को भी हम उसी स्थिति में रखेंगे जिसमें प्रान्त हैं और उसके बाद हम उनको पूर्ण प्रान्तीय स्वायतत्ता देंगे और इस प्रकार अपनी स्थिति को उस स्थिति से बिल्कुल भिन्न बना देंगे जो अंग्रेजी राज्य में थी। हम सब यह जानते हैं कि अंग्रेजी

राज्य में व्यवस्था केवल प्रशासनीय सुविधा के लिये की गई थी न कि किसी राजनैतिक प्रयोजन के लिये अथवा किसी को कोई राजनैतिक शक्ति देने के लिये। अंग्रेजी राज्य में कोई प्रान्तीय स्वायत्तता तो थी ही नहीं। मैं चाहता हूँ कि हमारे गत चालीस वर्ष के संघर्ष के पश्चात् कम से कम हम अपने प्रान्तों को तो स्वतन्त्र कर दें और उसके बाद हमारे यहाँ स्वतन्त्र एककों का संघ हो जायेगा और ये एकक फिर स्वत: ही कुछ विषयों को केन्द्रीय बना देंगे या केन्द्र को विदेश सम्बन्धी, प्रतिरक्षा, संचार जैसे विषयों को दे देंगे। मूल विचार यह था और यह सिद्ध करने के लिये कि पण्डित जवाहरलाल नेहरू और यहाँ तक कि डॉ. अम्बेडकर के यह विचार थे, मैं उनके भाषणों में से उद्धरण प्रस्तुत कर सकता हूँ।

परन्तु अब किसी न किसी प्रकार से इन महानुभावों ने अपनी प्रवृत्ति बदल दी है और भारतीय राज्यों के समूहों को प्रान्तों जैसी स्थिति ग्रहण करने देने के स्थान में उन समूहों के छोटे-छोटे राज्यों को विलीन कर दिया गया है और उनका अस्तित्व मिटा दिया है—कुछ थोड़े से शेष रहे हैं—और इस प्रकार उन्होंने इन पूर्ण स्वायत्तशासी एककों का संघ बनाने की मेरी आशाओं पर पानी फेर दिया। इन राज्य समूहों को प्रान्तों जैसी स्थिति में रखने की उद्घोषणा करने के स्थान में और उनको अपने चुने हुए राज्यपाल रखने देने के स्थान में अब उन्होंने प्रमुख और राजप्रमुख नियुक्त कर दिये हैं और बहुत सी ऐसी बातें की हैं जो मेरी समझ से बाहर है और जो सर्वथा हास्यास्पद है। प्रमुख और राजप्रमुख का क्या अभिप्राय है? वे प्रान्तों को और इन राज्य समूहों को किसी प्रकार की स्वतन्त्रता नहीं देते हैं। विचार-विमर्श के आरम्भ में ही मैंने यह प्रश्न उठाया था। जब पण्डित जवाहरलाल नेहरू ने यहाँ प्रान्तीय गठन को उपबंधित करने के बारे में अपना प्रस्ताव पेश किया था मैंने यह आपत्ति की थी। मैंने प्रश्न किया था "संविधान में सभा के विनिश्चयों की आप क्यों प्रत्याशा करते हैं? आप इस समय यह कैसे जानते हैं कि प्रान्तों की क्या स्थिति होगी? इस बात का ज्ञान होने के पूर्व कि प्रान्तों की क्या स्थिति होगी, आप इस आदर्श प्रान्तीय गठन की योजना क्यों कर रहे हैं और प्रान्तों के लिये इस प्रकार के आदर्श गठन बनाने का आपको क्या अधिकार है?" उन्होंने मुझे चुप करना चाहा और मुझसे प्रश्न करते हुए उत्तर दिया "आप इसकी क्यों चिन्ता करते हैं? हमने यह निश्चय कर लिया है कि हम इस प्रकार का प्रान्तीय गठन रखेंगे" श्रीमान्, हम कह चुके थे कि हम स्वतन्त्र प्रान्त रखेंगे और राज्यपाल निर्वाचित राज्यपाल होंगे। पर अब हम यहाँ क्या देखते हैं? राज्यपाल के स्थान में हमने प्रमुख स्वीकार किया है। और उसके बाद कुछ अज्ञात कारणोंवश अथवा किसी रहस्य के कारण डॉ. अम्बेडकर उस दिन आगे बढ़े और उन्होंने एक नई बात प्रस्थापित की। उन्होंने कहा "नहीं, हम निर्वाचित राज्यपाल नहीं रखेंगे, वरन् राष्ट्रपति द्वारा राज्यपाल मनोनीत किये जायेंगे और यद्यपि वह राष्ट्रपति द्वारा मनोनीत किया जायेगा परन्तु फिर भी राष्ट्रपति आपातकाल में उसका विश्वास नहीं करेगा और वे कहते हैं कि आपातकाल की स्थिति का विनिश्चय केन्द्र या राष्ट्रपति द्वारा किया जायेगा।"

इससे यह स्पष्ट सिद्ध होता है कि वे अपने समस्त वचनों तथा विनिश्चयों से पीछे हटना चाहते हैं—और जैसा कि मैंने उस दिन कहा था डॉ. अम्बेडकर कुछ नई-नई बातें कर रहे हैं और संविधान के प्रकार को ही बदल रहे हैं। पहले हमारा विचार यह था कि भारत एक फेडरल गणराज्य—गणराज्यों का एक संघ होगा और यदि आप गणराज्यों के इस विचार को पसन्द नहीं करते हैं तो कम से कम स्वायत्तशासी एककों का संघ तो होगा ही। पर अब उन्होंने क्या कर दिया है? उन्होंने 'राज्यों का संघ' शब्द रख दिये हैं। 'गणराज्य' शब्द की महिमा घटाने के लिए ही उन्होंने ऐसा किया है। केवल

यही उद्देश्य है। मैं समझता हूँ कि संघ (यूनियन) का वही अर्थ नहीं है जो कि फेडरेशन का है। वे यह कहेंगे "नाम में क्या है?" यदि नाम में कुछ नहीं है तो 'फेडरेशन' के स्थान में वे 'यूनियन' को क्यों अधिमान देते हैं? आप मेरी यह बात मान लीजिये, वे इस संघ को एक ऐसे संघ के रूप में चाहते हैं जिसे जर्मनी में प्रिंस बिस्मार्क ने प्रस्थापित किया था और उनके बाद वैफसर विलियम ने जिसे स्वीकार किया था और उनके पश्चात् अडोल्फ हिटलर ने। वे यह चाहते हैं कि सब राज्य एक शासन के अधीन हो जायें और इसी को हम संविधान का नात्सीकरण कहते हैं। मैं समझता हूँ कि डॉ. अम्बेडकर के भी ऐसे ही विचार हैं और वे इसी प्रकार का संघ चाहते हैं। वे सब एककों को प्रान्तों और राज्य समूहों को, प्रत्येक वस्तु को केन्द्र के अधीन लाना चाहते हैं।

इसी खास बात पर मेरे मित्र प्रो. शाह और अन्य मित्रों ने एक पृथक पक्ष बना लिया है। पर यहाँ तो भारत में एक प्रकार की एकात्मक सरकार बनाने का प्रयत्न है और केवल एकात्मक सरकार ही नहीं वरन् एक प्रकार का एकात्मक साम्राज्य। समस्त राज्यों का संघ में विलयन का यह स्पष्ट अभिप्राय है कि इससे अधिक वे और कुछ नहीं चाहते हैं कि समस्त भारत को एक समझा जाये और वे यहाँ एक प्रकार की भारतीय अधिराज्य या इसी प्रकार का कोई अन्य राज्य ही स्थापित करना नहीं चाहते हैं वरन् वे इसे एक प्रकार का भारतीय साम्राज्य बनाना चाहते हैं। श्रीमान्, मैं निवेदन करता हूँ कि ब्रिटिश साम्राज्य का मैं लगातार विरोधी रहा।

सेठ गोविन्द दास : वे नियम विरुद्ध हैं। वे अपनी बातों को बार-बार दुहराते जा रहे हैं।

मौलाना हसरत मोहानी : उसी प्रकार से भारतीय साम्राज्यवाद की इस प्रस्थापना का मैं सीधा विरोध करूंगा।

अध्यक्ष : क्या आपको अपने संशोधन के सम्बन्ध में भी कुछ कहना है?

मौलाना हसरत मोहानी : जो कुछ मैं कहता हूँ वह यह है: मैं यह जानता हूँ कि डॉ. अम्बेडकर ने निश्चय कर लिया है और पण्डित जवाहरलाल नेहरू ने भी निश्चय कर लिया है। उन्होंने अपनी प्रवृत्ति तथा चाल ढाल बिल्कुल बदल दी है। मैं यह जानता हूँ कि उनको बहुत भारी बहुमत प्राप्त है। कल सायंकाल मैं यह सुझाव देने वाला था कि अध्यक्ष महोदय, आप मेरे संशोधन को उसी प्रकार से ले सकते थे जैसे आपने उस दिन लिये थे। पर आपने कहा "बहुत अच्छा, हम इन सब संशोधनों को पढ़ा हुआ मान लेंगे।" इसके बाद आप एक कदम और आगे बढ़े और कहा "भाषण की कोई आवश्यकता नहीं। इन बातों पर मत ले लो।" और उस प्रश्न पर मत ले लिया गया। यदि डॉ. अम्बेडकर यह कह देते हैं कि इस समय रात है, दिन नहीं तो रात ही मानी जाती है। मैंने कहा था कि आपको यह सोचना चाहिये कि इस प्रकार जनता को धोखा देने पर आपको भारतीय जनता तथा ईश्वर के समक्ष उत्तर देना होगा। आप अपनी एकपक्षी सरकार और एकपक्षी कार्यवाही से लाभ उठाते हैं। यदि आप इन चालाकियों से काम लेंगे तो मेरी यह बात मान लीजिये कि आप बहुत दिनों तक शासन नहीं कर सकेंगे।

आर.के. सिधवा : मैं अपने किसी भी संशोधन को पेश करना नहीं चाहता हूँ।

अध्यक्ष : सब संशोधन पेश हो चुके हैं। अब संशोधनों तथा डॉ. अम्बेडकर द्वारा पेश किये गये रूप में मूल अनुच्छेद पर वाद-विवाद हो सकता है। क्या कोई सदस्य भाषण देना चाहता है?

सेठ गोविन्द दास : सभापति जी, मैं पाँच मिनट से अधिक समय नहीं लूंगा और वह भी इसलिये आज हमारे देश के नामकरण के समय जिस प्रकार के वायुमण्डल की हमारी विधान-परिषद् में आवश्यकता थी, मैं देखता हूँ कि उस प्रकार का वायुमण्डल जो भाषण अभी तक हुए

हैं उनके कारण नहीं रह गया है। नामकरण हमारे देश में एक बंड़े महत्त्व की चीज मानी जाती थी और आज भी मानी जाती है। हम सदा इस बात का प्रयत्न करते हैं कि नामकरण शुभ मुहूर्त में हो और जो नाम हम रखें वह नाम सुन्दर से सुन्दर हो। मुझे यह देख कर बड़ा हर्ष होता है कि हमारे देश का जो प्राचीनतम नाम है, वह हम रख रहे हैं परन्तु वह जिस सुन्दर तरीके से रखा जाना चाहिये था, डाक्टर अम्बेडकर साहिब मुझे क्षमा करेंगे, उस तरह से नहीं रखा जा रहा है। ''इंडिया देट इज भारत'' यह बहुत सुन्दर तरीका नाम रखने का नहीं है। हमें नाम रखना चाहिये था ''भारत जिसे बाहर विदेशों में इण्डिया भी कहा जाता है'' वह नाम ठीक नाम होता। जो कुछ हो कम से कम एक बात से हमें सन्तोष कर लेना चाहिये कि भारत नाम आज हम अपने देश का रख रहे हैं।

मैंने सबसे पहले इस विधान-परिषद् में इन दो प्रश्नों को उठाया था कि हमारे देश की भाषा क्या हो और हमारे देश का क्या नाम हो: भाषा के विषय को हम हल कर चुके और आज हम अपने देश का नाम भी रख रहे हैं इसलिये यह दिन मुझे अत्यन्त महत्त्व का दिन मालूम होता है। इस सम्बन्ध में कुछ बातें हमारे रिकार्ड में भी रहनी चाहिये इसलिये मैं दो एक मिनिट में कुछ और बातें भी निवेदन कर देना चाहता हूँ।

कुछ लोगों को यह भ्रम हो गया है कि इण्डिया इस देश का सबसे पुराना नाम है। हमारे सबसे प्राचीन ग्रन्थ वेद हैं और अब तो यह माना जाने लगा है कि वेद संसार के सबसे पुराने ग्रन्थ हैं, वेदों में इण्डिया नाम का कोई उल्लेख नहीं मिलता। ऋग्वेद में ''ईडयम इडू और ईडेन्य:'' ये शब्द आये हैं। यजुर्वेद में इडा शब्द आया है। परन्तु इनका इण्डिया से कोई सम्बन्ध नहीं है।

अध्यक्ष : यह किसने कहा कि इण्डिया सबसे पुराना नाम है?

सेठ गोविन्द दास : कुछ व्यक्तियों से यह सुना जाता है और इस घोषणा में एक पम्फलेट भी निकला है जिसमें यह सिद्ध करने का प्रयत्न किया गया है कि इण्डिया भारत से भी पुराना नाम है। मैं चाहता हूँ कि यह बात रिकार्ड में रहे कि यह गलत है। ईडयन और ईडे का अर्थ अग्नि है ईडेन्य: का प्रयोग अग्नि के विशेषण के रूप में हुआ है और ईडा वाणी का वाचक है।

महावीर त्यागी : क्या यह समझा जाये कि इण्डिया शब्द जो है वह इन्टरनेशनल फार्म का है?

सेठ गोविन्द दास : इण्डिया शब्द हमारे किसी प्राचीन ग्रन्थ में न होकर उस समय से प्रयोग में आने लगा जब से यूनानी भारत में आये। यूनानियों ने हमारी सिन्ध नदी का नाम इंडस रखा और इंडस कहने के साथ इण्डिया शब्द आया। यह बात एन्साइक्लोपीडिया ब्रिटेनिका में भी लिखी है। उसके विपरीत यदि हम देखें तो हमको मालूम होता है कि वेदों, उपनिषदों तथा ब्राह्मण ग्रंथों के पश्चात् हमारा सबसे प्राचीन और महान् ग्रन्थ जो महाभारत है, उसमें हमको भारत का नाम मिलता है: ''अथते कीर्ति पष्यामि, वर्ष भारत भारत''—भीष्म पर्व। विष्णु पुराण में भी हमें भारत नाम मिलता है। वह इस प्रकार है: ''गायन्ति: देवा किल गीत कानि, धन्यास्तु ते भारत भूमि भागे''। ब्राह्मण पुराण में भी हमें इस देश का नाम भारत ही मिलता है। भरणाच्य प्रजानावै मनुर्भरत उच्यते। निरुक्त वचनाचैव वर्ष तद्भारत स्मृतं। चीनी यात्री इत्सिंग जब भारत आया तो उसने भी अपनी यात्रा के वृतान्त में इस देश का नाम भारत ही लिखा था।

जब मैं इस प्रकार प्राचीन बातों का स्मरण दिलाता हूँ तो यह न समझा जाये कि हमारे प्रधान मन्त्री जी के शब्दों में या हमारे अन्य माननीय सदस्यों के कथनानुसार मैं पीछे की ओर ही देखना चाहता हूँ। मैं आगे देखना चाहता हूँ और मैं चाहता हूँ कि नये से नये वैज्ञानिक आविष्कार इस देश में हों, पर इसका यह मतलब नहीं कि यदि हम अपने देश का नाम भारत रखेंगे तो हम कोई

ऐसी बात करेंगे जो हमें आगे जाने से रोकेगी। जहाँ तक नाम का सम्बन्ध है वहाँ तक हमें अपने इतिहास और संस्कृति के अनुरूप ही अपने देश का नाम रखना चाहिये। यह बड़े हर्ष की बात है कि आज हम अपने देश का नाम भारत रख रहे हैं। मैंने पहले भी अनेक बार कहा था कि इस देश के निवासी स्वराज्य का अर्थ ही नहीं समझेंगे यदि हम इन बातों का ठीक तरह से निर्णय नहीं कर लेंगे। स्वतन्त्रता प्राप्ति के लिये हमने जो युद्ध महात्मा गांधी के नेतृत्व में लड़ा उसे भी हमने भारत माता की जय, इस जय घोष के साथ लड़ा था। हर्ष की बात है कि आज हम एक ऐसी बात करने जा रहे हैं जो ठीक बात है। लेकिन मैं यह कहना चाहता हूँ कि वह हम सुन्दर तरीके से नहीं कर रहे हैं। परन्तु जिस तरीके से भी कर रहे हैं वह हमको भारत नाम किसी न किसी रूप में देने वाली है। मुझे विश्वास है कि जब हमारा विधान हमारी राष्ट्रभाषा में बनेगा उस समय यही भारत नाम यथार्थ स्थान प्राप्त करेगा। मुझे इस बात का बड़ा हर्ष है कि आज भारत नाम किसी न किसी रूप में आ रहा है और उसके लिये मैं इस विधान परिषद् को हृदय से बधाई देना चाहता हूँ।

कल्लूर सुब्बा राव (मद्रास : जनरल) : श्रीमान्, मैं भरत नाम का हार्दिक समर्थन करता हूँ जो प्राचीन नाम है। भरत नाम ऋग्वेद (ऋग 3, 4, 23.4) में है। उसमें यह कहा गया है 'इम इन्द्र भरतस्य पुत्र' ऐ इन्द्र, ये भरत के पुत्र हैं। वायुपुराण में भरत की सीमायें दी हुई हैं:

'इदं तु मध्यमं चित्रां शुभाशुभ फलोदयम्।
उत्तरं यत्समुद्रस्य हिम् वत् दक्षिणं च यत्।''

(वायुपुराण उ. 45-75)

इसका अर्थ यह है कि वह भूमि जो हिमालय के दक्षिण में है और समुद्र के उत्तर में है, भरत नाम से पुकारी जाती है। इस कारण भरत नाम बहुत प्राचीन है। इण्डिया नाम सिन्धु (इण्डस नदी) के नाम पर पड़ा है और हम अब पाकिस्तान को हिन्दुस्तान कह सकते हैं क्यों कि सिन्धु नदी वहाँ पर है। सिन्द हिन्द हो गया क्यों कि संस्कृत के (स) का उच्चरण प्राकृत में (ह) हो जाता है। यूनानी हिन्द को इन्द कहते हैं। एतत्पश्चात् यह ठीक तथा उचित होगा कि हम इण्डिया का भरत के नाम से उल्लेख करें। सेठ गोविन्द दास और अन्य हिन्दी भाषा भाषी मित्रों से मैं निवेदन करूंगा कि भाषा का नाम भी वे भारती रखें। मैं समझता हूँ कि हिन्दी के स्थान में भारती रखा जाये क्योंकि भारती का अर्थ सरस्वती है।

बी.एम. गुप्ते (बम्बई : जनरल) : श्रीमान्, मैं भरत नाम का समर्थन करता हूँ, परन्तु इस संशोधन के स्वीकार करने में पेचीदगियों को और उससे जो वैषम्य उत्पन्न होंगे उनको मैं बताना चाहता हूँ।

इस संविधान के द्वितीय पठन के आरम्भ में अपने प्रारम्भिक भाषण में डॉ. अम्बेडकर ने कहा था कि 'यूनियन' शब्द का प्रयोग यह सोच समझ कर किया गया है कि पृथक होने के अधिकार का निराकरण हो जाये। मेरा निवेदन यह है कि जहाँ तक मैं समझ सकता हूँ न तो इस शब्द 'यूनियन' के कोषार्थ में और न इसके राजनैतिक अर्थ में इस प्रकार की कोई प्रस्थापना है। अत: यदि यह आवश्यक है कि पृथक होने के अधिकार का निराकरण किया जाये तो इस बात का स्पष्ट रूप में उपबन्ध होना चाहिये। मेरा अभिप्राय यह नहीं है कि यदि हम पृथक होने के अधिकार का स्पष्ट निराकरण न करें तो वह अधिकार रहेगा क्योंकि प्रान्तों के सम्बन्ध में पृथक होने का कोई प्रश्न ही नहीं है। वे कभी स्वतन्त्र नहीं थे और करार द्वारा वे नहीं बने हैं। जहाँ तक भारतीय रियासतों का सम्बन्ध है जिन्होंने प्रथम प्रवेश-लिखित पर हस्ताक्षर कर दिये हैं उनके लिये उस लिखत में एक

उपबन्ध है जो उनको संविधान का पूर्ण चित्र देखने के पश्चात् पृथक होने का अधिकार देता है। परन्तु इस संविधान के आरम्भ पर यदि वे एक बार प्रवेश हो जाते हैं तो शायद उनको यह अधिकार न रहे। यह बात विचारणीय है कि प्रवेश-लिखित में इस उपबन्ध के होते हुए क्या यह आवश्यक नहीं है कि इस विषय पर स्पष्ट उपबन्ध किया जाये।

इस बात के कारण हमारे सामने यह विवादास्पद प्रश्न खड़ा हो जाता है कि संघ फेडरेशन है अथवा एकात्मक राज्य। एक और अनुच्छेद पर बोलते हुए कुछ समय पूर्व मैं यह कह चुका हूँ कि यह एक समुचित रूप का फेडरेशन नहीं है वरन् यह एक विकेन्द्रित एकात्मक सरकार है। निस्संदेह, मैं यह मानता हूँ कि इस संविधान में फेडरेशन की एक विशेष बात है और वह यह है कि प्रान्तों के क्षेत्राधिकार में बहुत से विषय हैं। परन्तु यह कोई बड़ी बात नहीं है क्योंकि वह विकेन्द्रित एकात्मक शासन पद्धति से भी संगत है। अत: यद्यपि एक बात ऐसी है जिसे फेडरल रूप की कहा जा सकता है परन्तु अधीनता की और बातें बहुत सी हैं। अभी उस दिन जब मैंने यह कहा कि राज्य केन्द्र के अधीन हैं तो हमारे मित्र श्री टी.टी. कृष्णमाचारी ने इस कथन पर आपत्ति की थी, पर मैं ऐसे बहुत से अनुच्छेद और बहुत सी ऐसी बातें बता सकता हूँ जिनसे यह सिद्ध होता है कि राज्य किस प्रकार केन्द्र के अधीन हैं।

यदि इस संविधान का फेडरल रूप होता तो एककों के गठन का इसमें उपबन्ध नहीं होता। किसी समुचित रूप के फेडरल संविधान में एककों का गठन बिल्कुल नहीं दिया जाता है। यहाँ हम राज्यों के गठन के लिये उपबन्ध रख रहे हैं। राज्यपाल केन्द्र द्वारा नियुक्त किया जाता है। अनुच्छेद 3 भाग 1 और भाग 3 के राज्यों में भेद विभेद करता है। भाग 1 के राज्यों के सम्बन्ध में केन्द्र को हर प्रकार के परिवर्तन करने की शक्ति दी गई है चाहे राज्य की सम्मति कुछ भी हो। राष्ट्रपति पर केवल यह आभार रखा गया है कि वह सम्बद्ध राज्य के विधान-मण्डल से परामर्श करेगा। परन्तु भाग 3 के राज्यों के सम्बन्ध में यह निर्धारित किया गया है कि राष्ट्रपति सम्बद्ध राज्य की अनुमति प्राप्त करेगा। इससे यह प्रकट होता है कि भाग 1 के राज्य के सम्बन्ध में संसद सब कुछ कर सकती है चाहे सम्बद्ध राज्य की ओर से विरोध क्यों न हो। इससे राज्यों की अधीनता प्रकट होती है। इसके पश्चात् अनुच्छेद 226 के अधीन सम्बद्ध राज्यों के बिना किसी निर्देश के राज्य सूची में से किसी भी मद को केन्द्र द्वारा लिया जा सकता है। और मैं ऐसे कई अनुच्छेद बता सकता हूँ। ये अधीनता के चिह्न हैं और इसी कारण में कहता हूँ कि यह एक समुचित रूप का फेडरल संविधान नहीं है।

परन्तु मेरा विरोध इस दिशा में जो कुछ हो चुका है उस पर नहीं है। मेरा विरोध यह है कि एककों को हमने ठीक नाम नहीं दिया है। केन्द्र को दृढ़ बनाने के सम्बन्ध में मुझे चिन्ता नहीं है। मैं जानता हूँ कि समुचित रूप के फेडरल संविधानों में भी आधुनिक परिस्थितियों के दबाव के कारण और संचार के वेगयुक्त साधनों के आश्चर्यजनक विस्तार के कारण केन्द्र में शक्ति संचित करने की प्रवृत्ति हो गई है.....

डॉ. बी.आर. अम्बेडकर : प्रान्तों और राज्यों के पुनर्संगठन सम्बन्धी अनुच्छेद 3 के खण्ड को बदलने का विचार कर लिया है। दोनों भाग 1 और 3 के राज्यों को समस्तर पर लाया जायेगा। उस अनुच्छेद पर एक संशोधन है और उस अन्तर को मिटा दिया जायेगा और वह अन्तर न रहेगा।

बी.एम. गुप्ते : ठीक है, पर मैं तो यह कह रहा था कि केन्द्र को दृढ़ बनाने के विरोध में मैं नहीं हूँ। पर साथ-साथ एककों के हमने महिमायुक्त नाम रखे हैं। हम राज्यों से शक्तियाँ छीन रहे हैं और केन्द्र को दे रहे हैं या समवर्ती सूची में रख रहे हैं और फिर भी हमने एकक के लिये

राज्य शब्द स्वीकार किया है। यदि हम फेडरल या अर्ध-फेडरल संविधानों का अध्ययन करें तो हमें ऐसा कोई उदाहरण नहीं मिलेगा जिसमें एकक को राज्य की संज्ञा दी गई हो, जहाँ उस एकक को अवशिष्ट शक्तियाँ अथवा सम्पूर्ण प्रभुत्व सम्पन्नता के अनुरूप कुछ अधिकार न हों। यहाँ पर तो हम आयुक्त के प्रान्तों तक को राज्य की संज्ञा दे रहे हैं जहाँ कि उत्तरदायित्वपूर्ण सरकार का नाम तक नहीं है और जहाँ विधानमण्डल तक नहीं है। जैसा कि मैं कह चुका हूँ किसी भी फेडरल या अर्ध-फेडरल संविधान में आपको यह नहीं मिलेगा। उनमें अवशिष्ट पंक्तियाँ एककों में नहीं हैं और इसी कारण एककों को 'प्रान्त' कहा जाता है। परन्तु आस्ट्रेलिया में अवशिष्ट शक्तियाँ एककों में हैं। और इसी कारण उनको 'राज्य' कहा जाता हैं यही बात संयुक्त राष्ट्र अमरीका में भी है। वहाँ अवशिष्ट शक्तियाँ एककों में है। और इस कारण उनको 'गणराज्य' कहा जाता है। सम्भवत: दक्षिण अफ्रीका का उदाहरण और भी अधिक स्पष्ट है। वहाँ सर्वप्रथम एककों को 'राज्य' कहा जाता था परन्तु जब उन्होंने एक ऐसी पद्धति विचारी जो न्यूनाधिक रूप से एकात्मक प्रकार की पद्धति थी तो उन्होंने सम्पूर्ण प्रभुत्व सम्पन्नता को छोड़ दिया और जिन राज्यों को 'राज्य' कहा जाता था वे स्वयं 'प्रान्त' कहे जाने के लिये राजी हो गये। अत: मेरा प्रश्न यह है कि इन सब फेडरल और अर्ध-फेडरल संविधानों में 'राज्य' शब्द का प्रयोग एक विशेष अर्थ में किया गया है और हम उससे बिल्कुल दूर हो गये हैं। मैं यह नहीं कहता हूँ कि हमें दूर नहीं होना चाहिये पर उससे लाभ क्या? क्या आपके यहाँ एकरूपता है? नहीं है। बल्कि इसके विपरीत हमारे यहाँ उलझनें हैं क्योंकि बार-बार हमें भाग 1 के राज्य और भाग 3 के राज्य तथा ऐसी ही बातें करनी पड़ती हैं। मैं जानता हूँ कि प्रथम अनुसूची को हमने अभी तक नहीं लिया है परन्तु यह निश्चित है कि भाग 1, भाग 2 और भाग 3 के राज्यों में कुछ अन्तर कुछ समय तक रहेगा। परन्तु और भी अधिक घोर आपत्ति यह है कि हम स्वाधीनता तथा स्थिति का विश्वास करा राज्यों को अनावश्यक रूप से प्रोत्साहित कर रहे हैं और इससे ईर्ष्या तथा विरोध हो सकता है।

डॉ. बी.आर. अम्बेडकर : श्रीमान्, पिछली बार इस विषय पर बहुत देर तक वाद-विवाद हुआ था। जब यह अनुच्छेद सभा के समक्ष प्रस्तुत हुआ था तो एक बहुत लम्बे वाद-विवाद के पश्चात् इसको स्थगित कर दिया गया था क्योंकि उस समय इस बात का विनिश्चय नहीं हो सका था कि 'भारत' शब्द का अथवा किसी अन्य शब्द का इण्डिया के बाद प्रयोग हो या नहीं, पर यदि मुझे ठीक-ठीक याद है तो इस समस्त अनुच्छेद पर मय 'यूनियन' पद के बहुत वाद-विवाद हुआ था इस समय हम केवल यह वाद-विवाद कर रहे हैं कि भारत शब्द इण्डिया के बाद आये या नहीं। इस अनुच्छेद के शेष सारवत् भाग पर बहुत वाद-विवाद हो चुका है।

बी.एम. गुप्ते : मैं यह नहीं कहता हूँ कि जो कुछ हमने किया है उससे पीछे हटें। मैं तो केवल उलझनों को और इस सबका जो परिणाम होगा उसे बता रहा हूँ। मैं यह कहता हूँ कि 'राज्य' तथा 'राज्यों का संघ' शब्द का भाव कुछ ऐसा है जो वास्तव में संविधान में नहीं है और राज्य शायद यह समझें कि वे स्वाधीन हैं और वास्तव में जो उनकी स्थिति है उससे अपनी स्थिति का ऊँचा अनुमान लगायें। अत: मैं निवेदन करता हूँ कि कम से कम जहाँ तक पृथक होने के अधिकार का सम्बन्ध है यदि आवश्यक समझा जाये तो उसका स्पष्ट रूप से निराकरण कर देने के लिए अभी बहुत देर नहीं हो गई है।

रामसहाय (मध्य भारत संघ) : अध्यक्ष महोदय, जब हिन्दी के प्रश्न पर हाउस के सामने चर्चा हो रही थी तब मैंने यह निवेदन किया था कि हमारे यहाँ ग्वालियर राज्य में, जो मध्य भारत यूनियन

का एक हिस्सा है, पचास साल से हिन्दी को राज्य भाषा बना लिया गया है। हाउस के सामने आज मुझे यह कहते हुए भी गर्व अनुभव होता है कि हमारी ग्वालियर, इन्दौर और मालवे की रियासतों में यूनियन की आज से बहुत पहले अप्रैल, 1948 में अपनी यूनियन का नाम मध्यभारत रखा था। आज हम लोगों को इससे ज्यादा खुशी का मौका नहीं हो सकता कि देश के जिस हिस्से का नाम मध्यभारत हमने रखा था उसके पूरे हिस्से का नाम भी आज भारत रखा जा रहा है। उस नामकरण से जो आज हो रहा है जैसाकि हमारे सेठ गोविन्द दास जी ने भी अनुभव किया है हमें बहुत प्रसन्नता मालूम होती है। प्राचीन प्रथा के अनुसार तो नामकरण प्रारम्भिक जीवन में ही किया जाता है लेकिन आज आधुनिक सभ्यता के अनुसार जब हम किसी बिल या किसी कानून का विचार करते हैं तो पहली धारा को जो नाम की होती है उसे आखिर में लेते हैं। उसी प्रथा के अनुसार आज हम पहली धारा पर विधान की करीब-करीब सब धाराओं पर विचार करने के पश्चात् अन्त में विचार करते हुए इस भारतवर्ष का नाम भारत अपने विधान में रख रहे हैं। आज जितनी भी हमारी धार्मिक पुस्तकें हैं और जितना हिन्दी साहित्य है उन सबमें ही करीब करीब इस देश का नाम हमेशा भारत ही के नाम से प्रचलित रहा है। हमारे लीडर्स भी जब वह भाषण देते हैं तब वह इसे प्रायः भारत के ही नाम से पुकारते हैं। लेकिन कुछ अर्से से ऐसा भी महसूस होता था कि शायद उसके नाम पर कुछ दिक्कत पेश आये, उसका नाम भारत रखने में कुछ विरोध भी किया जाये, लेकिन यह खूबी की बात है कि आज हम उसका नाम निरवरोध भारत रखने वाले हैं। सारी रियासतों की जनता जो कि हमेशा से दूसरी भारत की जनता से एक प्रकार से अलग, अछूत जाति की तरह समझी जा रही थी आज बड़ी खुशी की बात है कि वह एक ही भारत यूनियन का एक हिस्सा बनकर, उसमें हिस्सेदार बनकर, उसका Part and Parcel बनकर, बराबर की हिस्सेदार बनकर एक ही विधान के अन्तर्गत शासित होगी। रियायतों की जनता के लिये इससे ज्यादा खुशी की चीज कोई नहीं हो सकती कि उन्होंने एक साझीदार की हैसियत से कांस्टीट्यूशन (विधान) के बनाने में भाग लिया। और जो आज देश का नाम निर्धारित हो रहा है उसके अन्तर्गत वह सब उसी प्रकार शामिल है जैसे बाकी दीगर प्रान्तों के हिस्से, अब उनमें कोई भेदभाव नहीं रहा। हमेशा प्रान्तों और रियासतों में भेद रखा गया था। जब ड्राफ्ट कान्स्टीट्यूशन तैयार किया गया तो उसमें भी हर प्रकार से रियासतों को अलग रखने की चेष्टा की गई थी और उसे रखा जाता रहा है, लेकिन बड़े प्रयत्नों के बाद यह बात अच्छी तरह से ड्राफ्टिंग कमेटी की समझ में आ गई कि अब उस रियासत की जनता को या रियासतों के विधान को इस विधान से अलग नहीं रखा जा सकता। सरदार पटेल की कृपा से रियासतों का एकीकरण हुआ, उनकी व्यवस्था दुरुस्त हुई और उनमें राजाओं का राज्य समाप्त हुआ, तो हमारी ड्राफ्टिंग कमेटी ने भी हर जगह जहाँ-जहाँ रियासतों की व्यवस्था विधान में अलग रखी गई थी वहाँ वहाँ उनको प्रान्तों की बराबरी में ले आने के संशोधन विधान में हमारे संशोधन के अतिरिक्त स्वयं संशोधन किये—इसके लिये मैं ड्राफ्टिंग कमेटी का रियासती प्रतिनिधियों की ओर से बहुत-बहुत शुक्रगुजार हूँ। उन्होंने हमारी रियासती जनता की इच्छा का अनुभव करते हुए जैसे प्रान्तों की जनता थी उसी तरह से हमारी रियासती जनता को एक ही आधार पर विधान में ले आये। आज रियासती व प्रान्तीय जनता इस विधान के मातहत एक ही तरह की मशीनरी से शामिल एवं अपने अधिकारों का उपयोग करेगी। एक समय वह था कि जब यह समझा जाता था कि रियासतें अंग्रेजी राज्य को मजबूत बनाने के लिये कायम की गई हैं—यह, एक प्रकार का कलंक रियासती जनता पर भी था। आज से बहुत पहले हम उस कलंक को मिटा चुके हैं और भारतवर्ष का एक अंग बनकर ही

हमने कांस्टीट्यूशन बनाने में भाग लिया है और सारे विधान का उपभोग हम अब प्रान्तीय जनता के समान उसके साथ करेंगे।

मैं अधिक समय हाउस का न लेकर उस प्रस्ताव का समर्थन करता हूँ।

कमलापति त्रिपाठी (यू.पी. : जनरल) : अध्यक्ष महोदय, मैं आपका कृतज्ञ हूँ कि आपने मुझे एक ऐसे संशोधन पर अपने हृदय के उद्‌गारों को प्रकट करने का अवसर दिया है जिसको मैं बहुत पवित्र मानता हूँ। आज इस देश का नामकरण करने का संशोधन हमारे सामने उपस्थित है। मुझे प्रसन्नता होती यदि ड्राफ्टिंग कमेटी ने जो संशोधन उपस्थित किया है उसका स्वरूप कुछ दूसरा रखा होता। इण्डिया दैट इज भारत के स्थान पर यदि दूसरे प्रकार के शब्दों का प्रयोग किया गया होता तो मैं समझता हूँ कि, अध्यक्ष महोदय, कि वह इस देश की परम्परा और गौरव के अनुकूल ही होता और कदाचित् इस विधान-परिषद् के लिये भी सौभाग्य की बात हुई होती। यदि दैट इज लगाना ही था तो भारत दैट इज इण्डिया यदि स्वीकार किया गया होता और इस प्रकार का प्रस्ताव हमारे सामने आता तो वह अधिक उपयुक्त हुआ होता। मेरे मित्र कामत जी ने आपके सामने अपना संशोधन उपस्थित किया है कि भारत एज इट इज नोन इन इंग्लिस लैंग्वेज इण्डिया को ड्राफ्टिंग कमेटी ने स्वीकार किया होता अथवा इस समय भी स्वीकार कर लेती तो वह भी हमारे हृदय को और हमारे गौरव को अधिक सम्मानित करता और हमें प्रसन्नता प्रदान करता। फिर भी सभापति जी, जो प्रस्ताव हमारे सामने उपस्थित किया गया है उस पर हम प्रसन्न हैं और इसके लिये ड्राफ्टिंग कमेटी को बधाई देते हैं।

जब कोई देश पराधीन होता है तो वह अपना सब कुछ खो देता है। एक हजार वर्षों की अपनी पराधीनता में हमारे इस देश ने भी अपना सब कुछ खो दिया। हमने अपनी संस्कृति खो दी, हमने अपना इतिहास खो दिया, हमने अपना सम्मान खो दिया, हमने अपनी मनुष्यता खो दी हमने अपना गौरव खो दिया, हमने अपनी आत्मा खो दी और कदाचित् हमने अपना स्वरूप खो दिया तथा अपना नाम भी खो दिया। आज सहस्र वर्ष की पराधीनता के बाद स्वाधीन हुआ यह देश अपना नाम प्राप्त करेगा और हम आशा करते हैं कि अपनी संज्ञा, लुप्त हुई संज्ञा प्राप्त करने के बाद वह अपना स्वरूप भी प्राप्त करेगा, अपना आकार भी प्राप्त करेगा और अपनी मूर्छित हुई आत्मा का उद्बोधन भी अनुभव करेगा; कदाचित् वह संसार में अपना गौरवपूर्ण स्थान भी प्राप्त कर सकेगा। हमारे राष्ट्रपिता बापू के चरणों से जो विप्लवात्मक धारा हमारे देश में प्रवाहित हुई है उसने हमें अपने स्वरूप का ज्ञान कराया, उसने देश को उसकी विस्मृत हुई आत्मा प्रदान की। आज उनके चरणों का ही यह प्रताप है, उनकी तपस्या का ही यह फल है, उनकी साधना की ही यह सफलता है कि हम कदाचित् अपना नाम भी प्राप्त करने जा रहे हैं।

सभापति जी, मुझे भारत के इस शब्द से बड़ा प्रेम है। यह एक ऐसा शब्द है जिसका उच्चारण करने मात्र से हमें अपने देश की सहस्राब्दियों की संस्कृति क्षण मात्र में सामने दिखाई पड़ने लगती है। मैं समझता हूँ कि इस धरती पर कोई दूसरा ऐसा राष्ट्र नहीं है जिसके जीवन का इतिहास, जिसका सांस्कृतिक प्रवाह और जिसका नाम सहस्रों वर्षों से इसी प्रकार अब तक चला आता है, जैसा हमारे देश का चला आता है। धरती के अंक में कोई ऐसा देश नहीं है जिसने इतने पद् दलन, इतने अपमान और इतनी लम्बी पराधीनता के बाद भी अपने नाम और अपनी आत्मा को किसी प्रकार सुरक्षित रखने में समर्थ हुआ हो।

आज सहस्रों वर्षों के बीत जाने पर भी हमारा देश भारत कहा जाता रहा है। अब तक हमारे

साहित्य में यह नाम प्रयुक्त होता रहा है। वेदों के युग से लेकर पुराणों में तो इस नाम की कितनी महिमा है। हमारे पुराण भारत के नाम और इस देश की महिमा का गुणगान करते रहे हैं। देवता स्वर्ग में इस देश के नाम का स्मरण करते रहे हैं "गायन्ति देवा किल गीत कानि" पुराण कहते हैं कि इस देश का गुणगान देवता भी स्वर्ग में बैठे हुए करते हैं। देवताओं में यह कामना होती है कि वह भारत की पवित्र भूमि में उत्पन्न हों और जीवन उपभोग करके अपने परम लक्ष्य को प्राप्त कर सकें।

हमारे लिये तो इस नाम में हमारी पवित्र स्मृति भरी हुई है। जिस क्षण हम इस नाम का उच्चारण करते हैं उस क्षण हमें अपने पुराने इतिहास, अपने पुराने वैभव और अपनी पुरानी संस्कृति के सारे दृश्य दृष्टिगोचर हो जाते हैं। हमें स्मरण हो जाता है कि यह वह देश है जिसमें किसी युद्ध में बड़े-बड़े पुरुषों ने, बड़े-बड़े महर्षियों ने एक महान् संस्कृति को जन्म दिया था। जिस संस्कृति ने न केवल इस देश के कण-कण को प्रभावित किया वरन यहाँ की सीमा का उल्लंघन करके सुदूर पूर्व के कोने-कोने में पहुँची। हमें स्मरण होता है कि एक ओर वह संस्कृति भूमध्य-सागर के तट तक पहुँची तो दूसरी ओर उसने प्रशान्त की लहरियों का भी स्पर्श किया। हमें स्मरण होता है कि इस देश के हमारे नायकों ने, हमारे विचारकों ने, सहस्राब्दियों पूर्व एक महान् राष्ट्र को जन्म दिया था जिसने अपनी संस्कृति को सारे संसार में फैलाया और एक गौरवपूर्ण स्थान प्राप्त किया। जब हम इस शब्द का उच्चारण करते हैं तो हमें हमारे महर्षियों के मुंह से निकले हुए ऋग्वेद के उन मन्त्रों की याद आ जाती है जिसमें उन्होंने अपने सत्य और अन्तर्ज्ञान से उत्पन्न अपनी अनुभूतियों को व्यक्त किया। जब हम इस शब्द का उच्चारण करते हैं तो हमें उपनिषद् के वह वाक्य याद आ जाते हैं जिसकी वीर वाणी समस्त मानव जाति को आमन्त्रित करती हुई कहती है कि "उठो, जागो और लक्ष्य को प्राप्त करो।"

जब हम इस शब्द का उच्चारण करते हैं तो हमें भगवान कृष्ण के वह शब्द याद आ जाते हैं जिसके द्वारा उन्होंने इस देश के जन समाज को उस व्यावहारिक दर्शन का उपदेश किया था जिसके द्वारा आज के संसार का मानव भी सतगति को प्राप्त कर सकते हैं। इस शब्द का उच्चारण करने से हमें भगवान तथागत की याद आ जाती है जिन्होंने ललकार कर संसार से कहा था कि "बहुजन हिताय, बहुजन सुखाय लोकानुकंपाय" जीवन का संचालन करो और देवताओं और मनुष्यों के हित के लिये उठो, जागो और संसार को ज्ञान के मार्ग का प्रदर्शन कराओ। जब हम इस शब्द का उच्चारण करते हैं तो हमें शंकराचार्य का स्मरण हो आता है जिन्होंने संसार को एक नई दृष्टि प्रदान की। जब हम इस शब्द का उच्चारण करते हैं तो हमें भगवान राम की उन विशाल भुजाओं का स्मरण हो जाता है जिसमें धनुष की प्रत्यंचा के टंकार से इस देश के आसमुद्र हिमाचल अन्तरिक्ष को गुंजारित कर दिया था। जब हम इस शब्द का उच्चारण करते हैं तो हमें भगवान कृष्ण के उस चक्र का स्मरण हो जाता है, जिसने भारत के भयावने क्षात्र साम्राज्यवाद को नष्ट करके इस देश की धरती का भार हल्का किया था।

डॉ. बी.आर. अम्बेडकर : श्रीमान्, क्या यह सब आवश्यक है?

कमलापति त्रिपाठी : श्रीमान्, मैं केवल संगत बातें सुनाने के लिये कह रहा हूँ।

डॉ. बी.आर. अम्बेडकर : अभी बहुत काम करना है।

कमलापति त्रिपाठी : जब हम इस शब्द का उच्चारण करते हैं तो हमें बापू का स्मरण हो आता है जिन्होंने मानव जाति को एक नया संदेश दिया।

हमें प्रसन्नता है और हम, डाक्टर साहब को इस बात के लिये बधाई देते हैं कि उन्होंने इस

शब्द का प्रयोग किया है। यह बात कितनी अच्छी होती अगर वह श्री कामत के संशोधन को भी स्वीकार कर लेते जिसमें कहा गया है—'Bharat as is known in English language' इससे देश के गौरव की रक्षा होगी।

भारत शब्द को रखने से, इसको ग्रहण करने से हम इस देश को एक स्वरूप प्रदान कर सकेंगे। इस देश को उसकी खोई हुई आत्मा को दे सकेंगे। इस देश की रक्षा कर सकेंगे। भारत एक महान् राष्ट्र हो जायेगा जो संसार के रंगमंच पर मानव जाति की सेवा कर सकेगा।

एस. नागप्पा : अब इस पर मत लिया जाये।

अध्यक्ष : मैं एक वक्ता को बुला चुका हूँ। उनके बाद मैं विवाद बन्द करने के प्रस्ताव पर मत लूंगा।

पी.एस. देशमुख : आज कोई जल्दी नहीं है।

डॉ. बी.आर. अम्बेडकर : यह सुनने के लिये मेरे पास समय नहीं है।

पी.एस. देशमुख : यदि आप नहीं सुनना चाहते हैं तो आप जा सकते हैं।

हरगोविन्द पन्त (यूपी : जनरल) : सभापति जी, इस परिषद् के प्रारम्भिक अवस्था में ही मैंने एक संशोधन भेजा था जिसका अभिप्राय यह था कि इण्डिया शब्द के स्थान में भारत या भारतवर्ष का प्रयोग किया जाये। मुझे हर्ष है कि इस सम्बन्ध में थोड़ी कुछ बदलफेर तो स्वीकार कर ली गई है। परन्तु यह जो भारतवर्ष शब्द है उसका जो गौरवपूर्ण स्थान स्वीकार किया जा रहा है, सीधे क्यों नहीं इस देश के नाम के लिये ग्रहण कर लिया जाता है, यह बात तो मेरी समझ में नहीं आती। मैं उन बातों को दोहराना नहीं चाहता हूँ जो कि अन्य सदस्यों ने इस महान् शब्द के प्रयोग के लिये यहाँ पर कही हैं। मैं सिर्फ दो एक बात इस सम्बन्ध में कहना चाहता हूँ।

भारतवर्ष या भारत यह नाम तो हमारे दैनिक धार्मिक संकल्प में कहा जाता है जो नित्य स्नान में भी काम में आता है: ''जम्बू द्वीपे भरत खण्डे आर्यावर्ते'' यही नहीं, इस नाम को जगत् प्रसिद्ध महाकवि कालीदास ने अपने दो प्रसिद्ध पात्र राजा दुष्यन्त और शकुन्तला के आख्यान में भी प्रयुक्त किया है। राजा दुष्यन्त तथा शकुन्तला के पुत्र का नाम भरत था उनका राज्य भारत कहलाया। इस भारत के विषय में हमारे ग्रंथों में उनकी वीरता का बड़ा रोचक वर्णन आता है। शैशव काल में ही वे सिंह के बच्चों से खेलते थे और उन्हें हरा देते थे। इस आख्यान को सभी लोग अच्छी तरह जानते हैं। तो फिर मेरी समझ में यह बात नहीं आती कि क्यों न इस नाम को खुले दिल से ग्रहण किया जाता है।

रहा इण्डिया नाम, इस शब्द से न जाने क्यों हमारी ममता सी हो गई है, यह नाम इस देश को विदेशियों ने दिया है। यह नामकरण भी विदेशियों ने ही किया है और उनको इस देश के वैभव का हाल सुन लालच हुआ था और अपनी लालसा को पूरी करने के लिये उन्होंने हमारी स्वाधीनता पर आक्रमण किया था। अगर हम इण्डिया शब्द को अब भी अपने हृदय से लगाये रखें तो इसके माने यह होते हैं कि हमको इस नाम से, जो हमारे लिये अपमानजनक है, जिस नाम को विदेशियों ने हमारे ऊपर थोपा है और जिसका नामकरण उन्होंने किया है, उससे हमको कोई दुःख नहीं है। मेरी समझ में यह बातें नहीं आतीं कि क्यों कर हम इस नाम को अपने पास रख रहे हैं।

भारतवर्ष और भारत हमारे नाम हैं और यह नाम हमारे प्राचीन इतिहास और प्राचीन परम्परा से चले आ रहे हैं और हम लोगों को बड़ा उत्साह और बड़ी वीरता देने वाले हैं। इसलिये मैं तो कहूँगा कि इस नाम को अपनाने में हमें बिल्कुल भी संकोच नहीं करना चाहिये। अगर हमने इस

नाम को नहीं रखा और इसकी जगह में किसी दूसरे शब्द को स्थान दिया तो यह हमारे लिये एक लज्जा का विषय होगा।

मैं भारत के उस उत्तर प्रान्त के रहने वाले 18 लाख लोगों का प्रतिनिधित्व यहाँ पर करता हूँ, जिस उत्तर प्रान्त में श्री बद्रीनाथ, श्री केदारनाथ, श्री जागेश्वर, श्री बागेश्वर और मानसरोवर आदि स्थान हैं। वहीं की जनता की अभिलाषा मैं आपके सामने रखना चाहता हूँ और मैं आपसे कहूँगा कि वहाँ की जनता यह चाहती है कि इस देश का नाम भारतवर्ष हो न कि और कुछ। जय हिन्द।

अध्यक्ष : प्रश्न यह है:

''कि इस प्रश्न पर अब मत लिया जाये।''

प्रस्ताव स्वीकार किया गया।

अध्यक्ष : अब मैं विभिन्न संशोधनों पर मत लूंगा। प्रश्न यह है:

''कि सूची 4 (अष्टम सप्ताह) के संशोधन संख्या 130 में अनुच्छेद 1 के प्रस्थापित (1) और (2) खण्डों के स्थान में यह खण्ड रखा जाये:

'India shall be a Union of Socialistic Republics to be U.I.S.R. on the lines of U.S.S.R.'''

[भारत समाजवादी गणराज्यों का संघ होगा और यू.एस.एस.आर. के समान यू.आई.एस.आर. कहा जायेगा।]

संशोधन अस्वीकार किया गया।

अध्यक्ष : प्रश्न यह है:

''कि सूची 4 (अष्टम सप्ताह) के संशोधन संख्या 130 में अनुच्छेद 1 के प्रस्थापित (1) और (2) खण्डों के स्थान में यह खण्ड रखा जाये:

'India or Bharat shall be a Union on Sovereign States of India or Bharat to be called U.S.S.I. or U.S.S.B. on the lines of U.S.S.R.'''

[इण्डिया या भारत इण्डिया या भारत के सम्पूर्ण प्रभुत्व सम्पन्न राज्यों का संघ होगा और यू.एस.एस.आर. के समान यू.एस.एस.आई. या यू.एस.एस.बी. कहा जायेगा।]

संशोधन अस्वीकार किया गया।

अध्यक्ष : प्रश्न यह है:

''कि सूची 4 (अष्टम सप्ताह) के संशोधन संख्या 130 में अनुच्छेद 1 के प्रस्थापित खण्ड (1) के स्थान में यह खण्ड रखा जाये:

'(1) Bharat, or in the English language, India shall be a Union of States.'''

[(1) भारत अथवा अंग्रेजी भाषा में इण्डिया राज्यों का संघ होगा।]

हाथ उठाकर सभा में मत विभाजन हुआ।

पक्ष में : 38

विपक्ष में : 51

संशोधन अस्वीकार किया गया।

अध्यक्ष : संशोधन संख्या 223।

एच.वी. कामत : डॉ. अम्बेडकर द्वारा दिये गये वक्तव्य को ध्यान में रखते हुए कि बाद में अनुसूची में संशोधन होगा, इस संशोधन पर जोर देने का कोई प्रश्न ही नहीं है।

(सभा की अनुमति से संशोधन वापस किया गया।)

अध्यक्ष : सिवाय एक संशोधन के, जिसे स्वयं डॉ. अम्बेडकर ने पेश किया है और जो उनके ही संशोधन संख्या 197 द्वारा संशोधित रूप में है, अन्य कोई संशोधन नहीं है।

बजेश्वर प्रसाद : मेरे संशोधन का क्या हुआ?

अध्यक्ष : उसको नियम विरुद्ध घोषित कर दिया गया था। प्रश्न यह है:

''कि अनुच्छेद 1 के खण्ड (1) और (2) के स्थान में यह खण्ड रखा जाये:

'(1) India, that is, Bharat shall be a Union of States.

(2) The States and the territories thereof shall be the States and their territories for the time being specified in Parts I, II and III of the First Schedule.'''

[(1) इण्डिया अर्थात् भारत राज्यों का संघ होगा।

(2) उसके राज्य और राज्य-क्षेत्र प्रथम अनुसूची के भाग 1, 2 और 3 में उल्लिखित राज्य और उनके राज्य-क्षेत्र होंगे।]

संशोधन स्वीकार किया गया।

अध्यक्ष : प्रश्न यह है:

''कि संशोधित रूप में अनुच्छेद 1 संविधान का अंग बने।''

प्रस्ताव स्वीकार किया गया।

संशोधित रूप में अनुच्छेद 1 संविधान में प्रविष्ट किया गया।

अहिन्दी भाषी लोगों के लिए प्रस्ताव
(15 नवम्बर, 1949)

एच.वी. कामत : मैं यह संशोधन पेश करता हूँ:

"कि अनुच्छेद 344 के खंड (3) persons belonging to non - Hindi speaking areas (अहिन्दी भाषी क्षेत्रों के लोगों के) शब्दों की जगह 'non-Hindi speaking sections of the population' (अहिन्दी भाषी लोगों के) शब्द रखे जायें।"

सदस्यगण देखेंगे कि इस अनुच्छेद 344 में राजभाषा के लिए संसद के आयोग और समिति का उपबंध किया गया है जिसे राष्ट्रपति संविधान के प्रारम्भ से पाँच वर्ष की समाप्ति पर तथा तत्पश्चात ऐसे प्रारम्भ से दस वर्ष की समाप्ति पर गठित करेगा। इस आयोग का कर्त्तव्य होगा कि संघ में तथा राज्यों में राजभाषा की प्रगति से सम्बन्ध रखने वाली विभिन्न बातों के बारे में वह अपना प्रतिवेदन पेश करे। इस अनुच्छेद के खंड (3) को विचार विमर्श की अवस्था में सभा ने जिस रूप में स्वीकार किया था उस में यह कहा गया था:

"In making their recommendations under Clause (2), the Commission shall have due regard to the industrial, cultural and scientific advancement of India and the just claims and the interests of the non-Hindi speaking areas in regard to public services."

[खंड (2) के अधीन अपनी सिफारिशें करने में आयोग, भारत की औद्योगिक, सांस्कृतिक और वैज्ञानिक उन्नति का तथा लोक-सेवाओं के बारे में अहिन्दी भाषी क्षेत्रों के न्याय पूर्ण दावों और हितों का सम्यक ध्यान रखेगा।]

अब जो संशोधन मसौदा समिति ने रखा है उस के अनुसार यहाँ 'अहिन्दी भाषी क्षेत्रों के" की जगह "अहिन्दी भाषी क्षेत्रों के लोगों के" शब्द आ जायेंगे। किन्तु एक नया अनुच्छेद 347 अब मसौदा समिति ने रख लिया है, और इस में किसी राज्य के जन समुदाय के किसी विभाग द्वारा बोली जाने वाली भाषा के सम्बन्ध में, विशेष उपबन्ध का निर्देश है। अनुच्छेद 344 के खंड (3) का सम्बन्ध है अहिन्दी भाषी क्षेत्रों के लोगों के हितों से जहाँ तक कि लोक सेवाओं का सम्बन्ध है। यह बता देना तो आसान है कि कौन क्षेत्र हिन्दी-भाषी हैं और कौन अहिन्दी भाषी हैं। उदाहरण के लिए बिहार संयुक्त प्रान्त और दिल्ली को, सभी हिन्दी भाषी प्रान्त जानते हैं। इसी तरह मध्य प्रान्त का उत्तरी इलाका या महाकोशल का प्रदेश हिन्दी भाषी क्षेत्र है। इस अनुच्छेद को अगर हम इसी रूप में रहने देते हैं अर्थात् जहाँ केवल इन क्षेत्रों के लोगों का उल्लेख करते हैं तो मेरा ख्याल यह है कि उस से अहिन्दी भाषी वर्गों को पर्याप्त परिणाम नहीं मिल पायेगा। क्योंकि हिन्दी भाषी क्षेत्रों में ऐसे लोग भी हो सकते हैं जो हिन्दी न बोलते हों, जिन की भाषा हिन्दी न हो, और भाषा की दृष्टि से वह वहाँ अल्प संख्यक हों। सारे देश में ही हर प्रान्त में, भाषा की दृष्टि से अल्प संख्यक वर्ग है। और सभा को मालूम ही है कि भाषावार प्रान्तों की रचना के विरुद्ध यही दलील पेश की जाती है। भाषावार प्रान्तों की रचना की मांग के विरुद्ध यही कहा जाता है कि भाषावार

प्रान्त बन जाने पर भी हर प्रान्त में भाषा के आधार पर एक न एक अल्प संख्यक वर्ग रहेगा ही। इस लिये मेरा कहना यह है कि यहाँ यह कहना पर्याप्त न होगा कि इस अनुच्छेद के द्वारा अहिन्दी भाषी क्षेत्रों के लोगों के हित सुरक्षित रहेंगे। वस्तुतः इस अनुच्छेद को रखने का उद्देश्य है समस्त देश के अहिन्दी भाषी वर्गों के हितों को सुरक्षित रखना चाहे वह कहीं भी बसे हों। आज दिल्ली में ही बहुत से मद्रासी रहते हैं और इनमें से कुछ लोगों ने अपनी यह आशंका व्यक्त की है कि पाँच साल के अन्दर या इस से भी शीघ्र यदि हिन्दी राज भाषा स्वीकार कर ली जाती है तो जहाँ तक सेवाओं का सम्बन्ध है उन के हितों पर बड़ा आघात पहुँचेगा। वह रहते दिल्ली में जरूर हैं जो हिन्दी भाषी क्षेत्र है पर वह हैं अहिन्दी भाषी वर्ग के आदमी। यह परिवर्तन मैं यहाँ जरूर रख देना चाहता हूँ। इसलिये मेरा कहना यह है कि अगर हमें अपने मन्तव्य को यहाँ रखना है तो हमें यहाँ यह साफ बता देना चाहिये कि हमें इस अनुच्छेद के द्वारा अहिन्दी भाषी वर्गों के हितों को सुरक्षित रखना है। इन शब्दों के साथ मैं अपना संशोधन नं. 401 यहाँ पेश करता हूँ और सभा से सिफारिश करता हूँ कि वह इसे स्वीकार करे।

महावीर त्यागी (संयुक्त प्रान्त : जनरल) : इस मसले पर सभा का अधिक समय मैं नहीं लेना चाहता हूँ पर सभा को यह जरूर याद दिला देना चाहता हूँ कि भाषा विषयक प्रश्न यहाँ गहन विवादास्पद प्रश्नों में एक रहा है और जब जब इस पर यहाँ बहस हुई है बड़ी लम्बी बहस चल पड़ी है और बड़े बड़े विवाद उठ खड़े हुए हैं और बहुत समय देने के बाद कहीं हम इस पर एक समझौते पर पहुँच पाये हैं और सर्व सम्मति से इन अनुच्छेदों को स्वीकार किया है। मेरी राय में श्रीमान अब अगर इस अनुच्छेद में से जिसे कि सभा सर्व-सम्पति से स्वीकार कर चुकी है एक भी शब्द जोड़ा जाता है या निकाला जाता है तो यह बड़ी ही आपत्तिजनक बात होगी। अगर मसौदा समिति को कोई आनुषंगिक परिवर्तन करना हो तो यह बात मेरी समझ में आ सकती है, किन्तु यहाँ सर्वथा एक नया विचार रखना और सर्व सम्मति से स्वीकृत अनुच्छेद के अर्थ में परिवर्तन करना एक ऐसी बात है जिसके लिये आप से मैं यह जरूर आग्रह करूंगा कि इसे अनियमित करार दीजिये। मसौदा समिति ने जो संशोधन रखा है वह सभा के पूर्व स्वीकृत सर्व सम्मति निर्णय से संगत नहीं है। पहले यह बातें अनुच्छेद 301 (ङ) में रखी गई थी। अनुच्छेद 301 (ङ) के अनुसार राष्ट्रपति को यह निदेश देने का अधिकार था कि राज्य के किसी भाग में किसी........

अध्यक्ष : त्यागी जी, जहाँ तक कि अनुच्छेद 301 (ङ) का सम्बन्ध है, एक संशोधन इस बात के लिये आया है कि उस का मूल पाठ ज्यों का त्यों यहाँ रखा जाये।

महावीर त्यागी : मसौदा समिति की ओर से आया है?

अध्यक्ष : हाँ।

महावीर त्यागी : फिर मुझे कुछ भी कहने की जरूरत नहीं है। इस के लिये मैं मसौदा समिति को धन्यवाद देता हूँ। यह बड़ा ही अच्छा हुआ श्रीमान।

विधान के हिन्दी भाषान्तर की माँग
(26 नवम्बर, 1949)

अलगू राय शास्त्री ने सभापति से कहा कि, इससे पहले कि आप आगे की कार्रवाई करें मैं आपसे एक निवेदन करना चाहता हूँ वह यह है कि इस विधान का हिन्दी भाषान्तर कब आयेगा और किस रूप में आयेगा। उस दिन मैंने कहा था कि 26 जनवरी से पहले जब हम लोग मिलें तो 2 या 3 दिन का समय लेकर उस भाषान्तर पर समान रूप से वाद-विवाद यहाँ पर हो जाय और असेम्बली की मोहर उस पर लगा दी जाये। क्या आप मेरी इस विनम्र प्रार्थना पर ध्यान दे रहे हैं? आपको स्मरण होगा कि आपने स्वयं यह कहा था कि हमारे राष्ट्र का विधान हमारी राष्ट्र भाषा में बनाया जायेंगा मगर अब तक आपने कोई निश्चित बात इस सम्बन्ध में घोषित नहीं की है। मैं निवेदन करना चाहता हूँ कि इस सम्बन्ध में कोई घोषणा कर देनी चाहिये। हम यहाँ पर दो तीन रोज बैठकर अपनी राष्ट्रभाषा में विधान को स्वीकार कर सकते हैं। हमको देश की भाषा में उसका विधान पास करना चाहिये। यह भाषा जनता की भाषा नहीं है। कामन-मैन की भाषा नहीं है। इसलिये मैं आपसे यह निवेदन भारत की राष्ट्रीयता के नाम पर और भारत की जनता के नाम पर करना चाहता हूँ कि इस सम्बन्ध में आप कोई निश्चित घोषणा आज करें।

अध्यक्ष : आपको मालूम होगा कि इस विधान के अन्दर कई धारायें इस सम्बन्ध की पास की गई हैं जिनमें यह तय किया गया है कि हमारे देश के सरकारी काम के लिये कौन सी भाषा होगी। इसमें यह भी तय किया गया है कि 15 वर्ष तक हमारा सरकारी काम अखिल भारतीय सरकारी काम सब अंग्रेजी द्वारा किया जायेगा। और अगर जरूरत पड़ेगी और मौका होगा तो हिन्दी को भी स्थान दिया जायेगा। इस वक्त आप हिन्दी में विधान तैयार करके और उसे सारी सभा के सामने रखकर पास करना शायद मुमकिन नहीं होगा। इसके अलावा कान्स्टीटुएन्ट असेम्बली ने खुद एक प्रस्ताव पास किया है जिसमें उसने मुझे आदेश दिया है कि विधान का हिन्दी भाषान्तर मैं 26 जनवरी से पहले प्रकाशित कर दूँ। मैं उसका प्रबन्ध कर रहा हूँ और 26 जनवरी के पहले वह भाषान्तर प्रकाशित हो जायेगा।

दूसरी भाषाओं में जहाँ तक हो सकेगा मैं तर्जुमा करके जल्दी से जल्दी प्रकाशित कराऊँगा। इसलिये अब इस वक्त मौका नहीं है कि हम हिन्दी में विधान तैयार करवायें और उस पर यहाँ बहस करके उसको मंजूर करवायें।

आर.वी. धुलेकर (यू.पी. : जनरल): क्या उस पर हमारे हस्ताक्षर हो सकेंगे जब कि कान्स्टीटुएन्ट असेम्बली उसको यहाँ पर पास कर देगी?

अध्यक्ष : मैं नहीं जानता कि असेम्बली के सब सदस्य इस बात के लिये तैयार होंगे कि इस भाषान्तर को पास कर दें क्योंकि भाषान्तर के हर एक शब्द को और हर एक जुम्ले को पूरी तरह से विचार करके उसको मंजूर किया जा सकता है। ऐसा करने में शायद उतना ही समय लगेगा

जितना कि अंग्रेजी में पास करने में लगा है। इसलिये यह बात मुमकिन नहीं मालूम होती है। मगर भाषान्तर तैयार रहेगा।

आर.वी. धुलेकर : मेरी यह प्रार्थना नहीं है कि 26 जनवरी को सभा द्वारा भाषान्तर पास किया जाये बल्कि यह तय किया जाये कि यह भाषान्तर आज से लागू होगा।

अध्यक्ष : वह भाषान्तर मेरी तरफ से प्रकाशित किया जायेगा। जिसकी जितनी कीमत होगी दुनिया उस पर लगायेगी।

संविधान के हिन्दी संस्करण पर हस्ताक्षर
(24 जनवरी, 1950)

डॉ. राजेन्द्र प्रसाद (अध्यक्ष), अब केवल दो कार्य शेष रह गये हैं। उनमें से एक संविधान के हिन्दी रूपान्तर का प्रमाणीकरण है। माननीय सदस्यों को स्मरण होगा कि इस सभा के एक प्रस्ताव द्वारा मुझे यह अधिकार दिया गया था कि मैं संविधान का अनुवाद हिन्दी में कराऊँ और 26 जनवरी के पूर्व छपा दूँ और प्रकाशित करा दूँ। यह कार्य पूरा हो गया है। सभा ने अन्य भाषाओं में भी अनुवाद तैयार कराने, उन्हें छपाने तथा प्रकाशित कराने का अधिकार मुझे दिया था। वह कार्य आरम्भ तो किया गया है किन्तु अभी पूरा नहीं हुआ है।

मैं श्री घनश्याम सिंह गुप्त से निवेदन करता हूँ कि वे हिन्दी अनुवाद को मुझे दें ताकि मैं उसे रस्मी तौर पर सभा के समक्ष रखूं और उसका प्रमाणीकरण कर दूँ।

(माननीय श्री घनश्याम सिंह गुप्त ने अध्यक्ष महोदय को संविधान के हिन्दी अनुवाद की प्रतियाँ समर्पित कीं। तत्पश्चात् महोदय ने उन पर हस्ताक्षर किये।)

संविधान पर हस्ताक्षर

डॉ. राजेन्द्र प्रसाद (अध्यक्ष) अब सदस्यों को केवल संविधान की प्रतियों पर हस्ताक्षर करने हैं। तीन प्रतियाँ तैयार हैं। एक अंग्रेजी की प्रति है जो हाथ से लिखी गई है और जिस पर कलाकारों ने चित्र अंकित किये हैं। दूसरी प्रति अंग्रेजी की छपी हुई प्रति है। तीसरी प्रति हाथ से लिखी हुई हिन्दी की प्रति है। तीनों प्रतियाँ मेज पर रख दी गई हैं। सदस्यों से प्रार्थना है कि वे एक-एक कर के आयें और प्रतियों पर हस्ताक्षर करें। विचार यह है कि इस सभा में वे इस समय जिस क्रम से बैठे हुए हैं उसी क्रम से उन्हें बुलाया जाये। प्रधान मन्त्री महोदय को सार्वजनिक कार्य के लिये शीघ्र जाना है, इस लिये मैं उनसे प्रार्थना करता हूँ कि वे पहले हस्ताक्षर करें।

प्रतिक्रियाएँ

आशा है कि भावी पीढ़ी भाषा को अधिक सुसंपन्न बनाएगी
—प्रोफेसर एन.जी. रंगा

(11 नवम्बर, 1949)

श्रीमान मुझे इसकी प्रसन्नता है कि केन्द्रीय सरकार को द्विभाषी क्षेत्रों में रहने वाले लोगों को अपने बच्चों को अपनी भाषाओं में ही शिक्षा देने की स्वतन्त्रता प्रदान करने की शक्ति दी गई है। साथ ही वे जिस प्रान्त अथवा राज्य में रहते हों वहाँ की सेवाओं में नियुक्त हो सकते हैं, विधान-मंडलों में तथा वहाँ के राजनैतिक जीवन में भाग ले सकते हैं।

श्रीमान, जैसा कि आपने अपने सुन्दर शब्दों में कहा है यह भी एक अच्छी बात हुई है कि हम सभी लोगों के लिये एक भाषा के सम्बन्ध में निर्णय कर सके हैं, सभी लोगों को एक सशक्त, सुगठित तथा सामंजस्यपूर्ण राष्ट्र में परिणत करने की ओर यह इस देश का सबसे बड़ा रचनात्मक कार्य होगा। मुझे पूरी आशा है कि हमारे बच्चों के लिये तथा उनके बच्चों के लिये इस भाषा को सीखना सम्भव ही नहीं होगा किन्तु वे अपनी तथा अपने पूर्वजों की उस प्रतिभा से, जो इस वृहत् देश की विभिन्न भाषाओं के माध्यमों से विकसित हुई है, उसे अधिक सुसम्पन्न बना सकेंगे।

हमें गर्व है कि हम प्रादेशिक भाषाओं को नहीं भूले
—आर.के. सिधवा

(17 नवम्बर, 1949)

भाषा के सम्बन्ध में, हमें कितना गर्व है ? कुछ लोग कहते हैं कि अंग्रेजी ही रहने दी जाये और किसी अन्य भाषा को नहीं अपनाया जाये। जिस देश की अपनी भाषा न हो वहाँ लोकतन्त्र कभी भी स्थापित नहीं हो सकता। भाषा का प्रश्न बहुत पेचीदा प्रश्न था और इस प्रश्न को ले कर कभी बड़ा संघर्ष भी होता था। सभा ने एकमत से यह निर्णय किया है कि हमारी भाषा हिन्दी होगी और हमें इसका गर्व है। साथ ही हम प्रादेशिक भाषाओं को भी नहीं भूले और हमने उन्हें भी रहने दिया है।

एक दिन आएगा दक्षिण के लोग भी हिन्दी से प्रेम करने लगेंगे
—के. हनुमनथय्या

(17 नवम्बर, 1949)

इसमें कोई सन्देह नहीं कि हम यह चाहते थे कि संविधान हमारी भाषा में बनता किन्तु हम इस विदेशी भाषा को रखने के लिये विवश हुए। ये भी दिलचस्प परस्पर विरोधी बातें हैं। किन्तु ये परस्पर विरोधी बातें कोई गम्भीर बातें नहीं हैं। हमने जिस गणराज्य का चित्र खींचा है उसके शिखर

पर यद्यपि राजा है, और उसके नीचे राजप्रमुख हैं, किन्तु वे उसे हानि नहीं पहुँचा सकेंगे। हम जिस व्यवस्था को स्थापित करने जा रहे हैं उसमें वे बहुत कुछ शक्तिहीन ही रहेंगे।

यद्यपि हमारे संविधान निर्माताओं ने विकेन्द्रीकरण का मार्ग नहीं अपनाया है। किन्तु फिर भी मुझे भारत के लोगों पर विश्वास है। वे भविष्य में आगे बढ़कर लोकतन्त्र को हिमालय से लेकर कन्याकुमारी तक न्यायपूर्ण ढंग से कार्यान्वित कर सकेंगे। चाहे हम जैसे भी नियमों को रखें और जैसे भी अनुच्छेदों को बनायें किन्तु मनुष्य के जीवन में मनुष्य के मस्तिष्क का, तथा मनुष्य की शक्ति का अधिक महत्त्व होता है। मुझे पूरी आशा है कि भविष्य में वे सभी दोषों को दूर कर सकेंगे।

स्वभावत: मेरे कुछ मित्रों को इसका खेद है कि संविधान हिन्दी में नहीं लिखा गया और राष्ट्र भाषा को सीधे-सीधे नहीं स्वीकार किया गया। यह भी स्थितिवश तथा कालवश ही हुआ है। यदि हममें से कुछ लोगों को, बालकाल से ही हिन्दी में शिक्षा नहीं मिली है तो इसके लिये हम दोषी नहीं हैं। यह उस समय की स्थिति का दोष है। हमने अंग्रेजी सीखी और इस लिये अंग्रेजी से प्रेम करने लगे। एक दिन वह आयेगा जब लोग हिन्दी सीखेंगे और हिन्दी से उतना ही प्रेम करने लगेंगे। केवल कुछ धैर्य, उदारता तथा सहिष्णुता की आवश्यकता है और मुझे इस की प्रसन्नता है कि जो लोग हिन्दी के प्रेम में अन्धे हैं वे भी इतनी सहिष्णुता तथा उदारता दिलाने के लिये तैयार हैं।

विदेशी भाषा में पास किया गया संविधान गुलामी का प्रतीक है —सेठ गोविन्द दास

(17 नवम्बर, 1949)

आज मुझे अत्यन्त हर्ष हो रहा है कि हमने जिस विधान को लगभग तीन वर्षों में पूरा किया, उसका अब अन्तिम पारायण होना आरम्भ हुआ है। इस अवसर पर सर्वप्रथम मैं डॉ. अम्बेडकर साहब को बधाई देता हूँ कि उन्होंने इस विधान की तैयारी में इतना परिश्रम किया और आज उन्होंने यह प्रस्ताव भी हमारे सामने उपस्थित किया कि यह विधान, जो भी हमने उस में संशोधन किये हैं उन सबके साथ, स्वीकृत किया जाये। डॉक्टर अम्बेडकर साहब को वर्तमान काल का मनु कहा जाता है। जो कुछ हो, मेरा यह मत है कि उन्हें जो विधान सम्बन्धी यह कार्य दिया गया उसके वे सर्वथा योग्य थे।

हमारी बधाई के दूसरे पात्र हमारे प्रधान मन्त्री पंडित जवाहर लाल नेहरू हैं, जिन्होंने इस विधान परिषद् में सर्वप्रथम उस प्रस्ताव को उपस्थित किया जो इस विधान की आधार शिला कहा जा सकता है।

हमारे तीसरे बधाई के पात्र सरदार वल्लभभाई पटेल हैं, जिन्होंने हमारी विविध रियासतों को, जिनके कारण हमारा देश भिन्न-भिन्न टुकड़ों में बंटा हुआ था, एकीकरण किया।

इस प्रकार आज इस प्रस्ताव का समर्थन करते हुए मैं इन तीनों महानुभावों को बधाई देता हूँ।

हमारा देश संसार के 6 प्राचीनतम देशों में एक है। वे प्राचीनतम देश हैं भारत, चीन, यूनान, बेबीलोनिया और मैसोपोटामिया। जहाँ तक बेबीलोनिया और मैसोपोटामिया का सम्बन्ध है, आज संसार में उनका कोई विशिष्ट स्थान नहीं है। यूनान को यदि हम देखें तो हमें ज्ञात होता है कि आज प्राचीन यूनान केवल उसके खंडहरों में दृष्टिगोचर होता है। प्राचीन यूनान की संस्कृति और सभ्यता हमें वर्तमान यूनान में दिखाई नहीं देती। यहाँ पर ईसाई संस्कृति और सभ्यता का दौर

दौरा है। जहाँ तक कि मिस्र का सम्बन्ध है, मिश्र में भी हमें मिश्र की प्राचीन संस्कृति और सभ्यता केवल वहाँ के पिरामिडों में दृष्टिगोचर होती है। मिस्र में यदि आज कोई जाये तो उसे मिस्र की प्राचीन संस्कृति और सभ्यता के दर्शन नहीं होते। वहाँ पर आज इस्लामी संस्कृति और सभ्यता का दौर दौरा है। जहाँ तक चीन का सम्बन्ध है, चीन में हमें बौद्ध काल के भारत और उसके पश्चात् वहाँ पर जो कुछ हुआ उसकी संस्कृति और सभ्यता का थोड़ा बहुत दर्शन अवश्य होता है, परन्तु चीन में भी हमें अधिकांश में आधुनिकता का ही दौर दौरा दिखाई देता है। इस प्रकार इन 6 प्राचीनतम देशों में से पाँच देशों में हमें उनकी प्राचीन संस्कृति दृष्टिगोचर नहीं होती। केवल भारत ही संसार के प्राचीनतम 6 देशों में से एक ऐसा देश है जिसमें आज भी हमें उस की प्राचीन संस्कृति और सभ्यता की परम्परा हर क्षेत्र में दिखाई देती है।

यदि कोई यह आशा करे कि भारत प्राचीन ऋग्वेद के काल का भारत रह सकता है तो यह आशा कभी पूरी नहीं हो सकती और न यह उचित ही है। हम इस समय के भारत को प्राचीन ऋग्वेद काल का भारत नहीं बनाना चाहते। परन्तु इसी के साथ साथ हम एक बात यह भी चाहते हैं कि जो संस्कृति और सभ्यता हमें सहस्त्रों वर्षों से प्राप्त हुई है जिसकी परम्परा आज भी हमारे देश में दृष्टिगोचर होती है और जिस परम्परा को हमारे राष्ट्रपिता महात्मा गांधी ने इस शताब्दी में भी हमारे यहाँ पर स्थित रखने के लिये नाना प्रकार के प्रयत्न किये, उस प्राचीन संस्कृति और सभ्यता को हम सर्वथा विस्मृत न कर दें। आधुनिक जगत में जिन वस्तुओं की हमें आवश्यकता है, आधुनिक काल में विज्ञान में जो जो आविष्कार किये हैं, उन सबको हमें ग्रहण करना चाहिये। यूरोप या अमरीका में जो जो नई बातें हुई हैं उनसे भी हमें घृणा करने की आवश्यकता नहीं है। उन नई बातों में हमारे देश के लिये जितनी उपयोगी बातें हों सबको हमें ग्रहण करना चाहिये। आधुनिक भारत ऐसा भारत होना चाहिये जिसमें हमें प्राचीन संस्कृति और सभ्यता के भी दर्शन हों और आधुनिक काल की जो आवश्यकतायें हैं उनका भी समावेश हो। इस दृष्टि से यदि हम अपने विधान को देखें तो इसमें हमें कई न्यूनतायें दृष्टिगोचर होती हैं। कई लोग तो यह भी समझते हैं कि वर्तमान विधान 1935 के गवर्नमेंट ऑफ इंडिया ऐक्ट का ही एक वृहद रूप है। चाहे हमको उस दृष्टि से इस विधान में कुछ कमियाँ दृष्टिगोचर हों पर मैं इसको मानने के लिये तैयार नहीं हूँ कि वर्तमान विधान 1935 के गवर्नमेंट ऑफ इंडिया ऐक्ट का ही एक वृहद रूप है। इस बात की आवश्यकता थी कि गवर्नमेंट ऑफ इंडिया ऐक्ट की कुछ धारायें इसमें रखी जायें। अन्य देशों के जो विधान हैं, आयरलैंड का, कनाडा का, अमरीका का, इन विधानों की भी कई धारायें हमें विधान में दृष्टिगोचर होती हैं। फिर इस विधान में कोई भी मौलिकता न हो, यह बात भी नहीं, मौलिकता भी इस विधान में पर्याप्त है। हाँ, इस बात को मानने के लिये मैं तैयार हूँ कि यह विधान पूर्ण रूप से सन्तोषप्रद नहीं है। कुछ लोगों का मत है कि यह विधान इतना बड़ा हो गया, इस विधान में इतनी अधिक धारायें हैं और इसमें इतनी बातें कहीं गई हैं कि जिनकी आवश्यकता नहीं थी पर मेरा इससे मतभेद है। यदि विधान लम्बा भी हो गया और इस में ब्यौरों की भी कुछ बातें कहीं गई तो इससे हमें असन्तोष नहीं होना चाहिये। वरन इन ब्यौरे की बातों के कारण हमारी पार्लियामेंट को इस विधान के द्वारा अनेक निर्देश मिलेंगे। इसलिये इस विधान के बड़े हो जाने के कारण, इस विधान में इतनी अधिक धारायें आ जाने के कारण, इस विधान में ब्योरे की बातें कही जाने के कारण, हमें उलटा सन्तोष होना चाहिये। मुझे एक ही बात खटकती है और वह बात सदा खटकती रहेगी कि इस प्राचीनतम देश का यह विधान देश के स्वतंत्र होने के पश्चात् विदेशी भाषा में बना है। मैं सदा आपके सामने इस

प्रश्न को उठाता रहा हूँ और आपने भी एक बार नहीं अनेकों बार इस बात का विश्वास दिलाया था कि आपकी यह इच्छा है कि हमारा विधान हमारी राष्ट्रीय भाषा में हो। मेरा यह मत है कि यदि हम प्रयत्न करते तो हम अवश्य इस काम में पूर्ण सफलता प्राप्त कर सकते थे। तीन वर्ष तक हम लोग अंग्रेजी विधान को पास करने के लिये यहाँ बैठे। इस विधान को यदि हम एक मास और बैठकर हिन्दी में पास करते तो यह बात न असम्भव थी और न कष्टसाध्य है। मैं आपसे कहना चाहता हूँ कि हमारी गुलामी की समाप्ति के पश्चात् हमारे स्वतन्त्र होने के पश्चात् विधान जो हमने एक विदेशी भाषा में पास किया है, हमारे लिये सदा कलंक की वस्तु रहेगी। यह गुलामी का धब्बा है, यह गुलामी का चिन्ह है। चाहे आप इस विधान का अनुवाद 26 जनवरी तक प्रसारित कर दें तो भी मैं यह कहना चाहता हूँ. स्पष्ट रूप से कहना चाहता हूँ कि अनुवाद, सदा अनुवाद ही रहेगा। अनुवाद मूल का स्थान नहीं ले सकता है और जब कभी कोई भी वैधानिक अड़चन हमारे सामने उपस्थित होगी, जब कोई वैधानिक प्रश्न हमारे सुप्रीम कोर्ट, हमारे हाई कोर्ट या दूसरी कचहरियों के सामने उपस्थित होगा, हमारे सामने एक विदेशी भाषा का विधान रहेगा और इसके कारण विदेशी भाषा का प्रभुत्व। यह बात हमें सदा सताती रहेगी, मैं उस समय की कल्पना करता हूँ, उस समय का स्वप्न देखता हूँ जिस समय हमारा देश एक और विधान परिषद् की सृष्टि करेगा और वह विधान परिषद् हमारे सामने हमारी राष्ट्र भाषा में हमारा मूल विधान उपस्थित करेगी।

अब यदि हम विधान को देखें तो सबसे पहले जो उसका आदि वाक्य है, जिसे अंग्रेजी में प्रिएम्बल कहते हैं, उस तरफ हमारा ध्यान जाता है। जैसा कि मैंने अभी कहा था कि पंडित जवाहर लाल नेहरू का प्रस्ताव इस विधान की आधारशिला है उसी प्रकार जो प्रिएम्बल है, यह जो आदि वाक्य है उस आदि वाक्य में विधान का सारा निचोड़ आ गया है।

इस प्रिएम्बल में हमने स्पष्ट कर दिया है कि हमारे देश में जो शासन-पद्धति रहेगी वह प्रजातंत्रात्मक रहेगी। हमारे सामने दो ही रास्ते थे। या तो हम प्रजातंत्रात्मक विधान की रचना करते या हम तानाशाही की ओर बढ़ते और इस प्रकार का विधान तैयार करते जिसका अन्तिम निचोड़ होता इस देश में तानाशाही की स्थापना। हमने इस प्रिएम्बल में, इस आदि वाक्य में स्पष्ट कर दिया है कि हमारा शासन प्रजातंत्रवादी होगा। इसके पश्चात् इस आदि वाक्य में जिन चार वस्तुओं का वर्णन है उस तरफ भी मैं आपका ध्यान आकृष्ट करना चाहता हूँ। पहली बात न्याय, दूसरी बात स्वतंत्रता, तीसरी बात समानता और चौथी बात भ्रातृभाव। न्याय का प्रथम स्थान रहना सर्वथा उचित है। हमारे देश में सदा न्याय को ही प्रथम स्थान प्राप्त रहा है। यदि हम अपने प्राचीन इतिहास को देखें उस इतिहास की परम्परा को देखें तो हमें ज्ञात होगा कि इस देश में न्याय का प्रथम स्थान था। हमारे यहाँ कहा गया है:

''स्वस्ति प्रजाभ्य: परिपालयन्तां
न्याय्येन मार्गेता महीं महीशा:।।''

अर्थात् शासक न्याय मार्ग से प्रजा का पालन करें। इस लिये प्रजातन्त्र की घोषणा के बाद इस आदि वाक्य में न्याय को स्थान देना सर्वथा उचित बात हुई है। उसके पश्चात् स्वाधीनता का स्थान है। स्वाधीनता बिना सब व्यर्थ है। हमारी स्वाधीनता चली गई थी, सब कुछ चला गया था। स्वाधीनता प्राप्त करके हमने सब कुछ प्राप्त किया है।

गोस्वामी तुलसी दास जी ने अपनी रामायण में लिखा है:

''पराधीन सपनेहु सुख नाही।''

गोस्वामी जी का यह वाक्य चाहे कितना भी प्रचलित क्यों न हो गया हो, उसका महत्त्व सदा रहेगा। इसलिये इस आदि वाक्य में जो दूसरा स्थान स्वाधीनता को दिया गया है वह सर्वथा उचित बात है। इसके पश्चात् तीसरा स्थान है समानता का। एक आदमी बड़ी–बड़ी अट्टालिकाओं में निवास करे अनेकों प्रकार का भोजन करे, जाड़ों में पशमीनों जैसी वस्तुओं को और गर्मियों में हवा की फूंक से उड़ने वाले कपड़े पहने और दूसरी ओर 99 को झौंपड़े भी प्राप्त न हों। कपड़े भी पूरे न मिलें, यहाँ तक कि उनकी स्त्रियों को अपनी लाज ढकने के लिये वस्त्र भी उपलब्ध न हों, यदि किसी देश की ऐसी परिस्थिति है तो वह देश कभी सुखी देश नहीं रह सकता। उस देश में क्रान्ति अवश्यम्भावी है। इस लिये इसमें समानता को स्थान देना सर्वथा उचित है। चौथा स्थान भ्रातृ–भाव को दिया गया है। बिना प्रेम के कौन सामाजिक रचना सुखप्रद हो सकती है? तो यह जो आदि वाक्य इस विधान में है उसके अनुसार हमारा देश शासित होगा इसकी मैं आशा करता हूँ।

अंग्रेजी बोलने से अंग्रेजों की गुलामी स्मरण होती है
—रामनारायण सिंह

(18 नवम्बर, 1949)

हिन्दी भाषा के लिये मैं यह कहना चाहता हूँ कि हमारे दखिनी भाइयों ने हिन्दी भाषा को पास तो कर दिया है। पर वह समझते हैं कि हम अपनी भाषा उनके ऊपर लादना चाहते हैं। मैं तो समझता हूँ कि यह देश मेरा देश है और इसकी सारी भाषायें मेरी भाषायें हैं। अगर मैं तमिल और तेलगू भाषायें नहीं जानता हूँ तो इसके मानी यह हैं कि यह मेरी कमी है और अगर मैं इन भाषाओं को सीखता हूँ तो मैं किसी पर अहसान नहीं करता हूँ, केवल अपनी योग्यता ही बढ़ाता हूँ। तो इस तरह देश की जितनी भाषायें हैं वह हमारी भाषायें हैं ऐसा हमको मानना चाहिये। हाँ नेशनल भाषा के तौर पर एक भाषा को चुनना था। अब जो हिन्दी भाषा को चुना गया है तो इसको अपनी भाषा समझ कर चलाया जाये। हममें से कुछ यह समझते हैं कि वह अंग्रेजी पढ़कर पंडित हो गये हैं पर उनके बार – बार अंग्रेजी बोलने से हमको बार–बार अपनी अंग्रेजी की गुलामी का ही स्मरण होता है। अंग्रेजी तो हमने केवल अंग्रेजों के वास्ते सीखी थी। इसलिये इसको जहाँ तक जल्दी हो हमको इसे छोड़ देना चाहिये। और अपनी राष्ट्रभाषा को उसकी जगह लाना चाहिये। पन्द्रह बरस बाद अपनी भाषा को लाने की बात तो उसको टालने वाली बात है। अपनी भाषा की हमको जहाँ तक हो सके जल्दी उन्नति करनी चाहिये ताकि अंग्रेजी भाषा की आवश्यकता न रह जाये।

प्रांतीय भाषाओं को कोई हानि नहीं होनी चाहिए
—बी.ए. मन्डलोई

(18 नवम्बर, 1949)

एक महत्त्वपूर्ण विषय जिस में संविधान सभा ने सफलता प्राप्त की है, वह एक राजभाषा का उपबन्ध है अर्थात् समस्त संघ के लिये देवनागरी लिपि में हिन्दी। यदि हम अपने देश के पिछले इतिहास को देखें तो हमें विदित होगा कि भारत में किसी समय भी एक ऐसी भाषा नहीं रही जो समस्त देश में बोली और लिखी जाती हो। संविधान सभा ने समस्त देश के लिये एक भाषा और लिपि की नींव रखी है और इस कार्य में उन सब सदस्यों को सर्वसम्मति से सफलता मिली है

जो भिन्न भिन्न प्रान्तों से आये हैं और भिन्न भिन्न भाषा भाषी हैं। हिन्दी को राज भाषा के रूप में पसन्द करने पर कोई मनोमालिन्य नहीं था यद्यपि छोटी–छोटी बातों पर आरम्भ में कुछ झगड़ा था पर अन्त में हम इस सुखद विनिश्चय पर पहुँचे कि भारत जैसे महान देश के लिये हमें एक भाषा रखनी चाहिये और वह एक भाषा देवनागरी लिपि में लिखित हिन्दी हो।

समस्त देश के लिये एक भाषा की व्यवस्था करते हुए हम इस बात के प्रति सावधान रहे कि प्रांतीय भाषाओं को किसी रूप में कोई हानि न हो। प्रान्तीय भाषाओं की उन्नति के लिये पूर्ण क्षेत्र है और उन भाषाओं का अपना उच्च साहित्य है।

कभी न सोचा था कि इतना विवाद होगा
—एम.ए. आयंगर

(18 नवम्बर, 1949)

भाषा के प्रश्न पर हमने यह सोचा कि कभी न कभी इस विषय पर बहुत वाद विवाद होगा। तीन या चार बार इस सभा से बाहर तथा इस सभा में भी हम एकत्रित हुए और अन्त में इस विषय पर भी हमने मिलकर संकल्प कर लिया। राष्ट्रभाषा या भारत की राजभाषा के रूप में हिन्दी स्वीकार कर ली गई है। ये ऐसे विषय हैं जिनमें से प्रत्येक यदि वर्ष नहीं तो कई महीने अवश्य लेता। हमने इन सब को हमारे पास जो अल्प समय था उसी में हल कर लिया।

वास्तविक राष्ट्रभाषा का विकास करने का प्रयत्न किया जाए
—बी.जी. खेर

(18 नवम्बर, 1949)

भाषा के प्रश्न पर भी, जिसका यहाँ निर्देश किया गया है और जिस पर बहुत समय तक चर्चा हुई है, बहुत कटु वाद विवाद उत्पन्न हो गया था। मैं आशा करता हूँ कि एक वास्तविक राष्ट्र–भाषा के विकास करने का प्रयत्न किया जायेगा। नामों पर हमें झगड़ा करने की आवश्यकता नहीं है। मुझे विश्वास है कि हमारी लिपि बहुत ही समृद्ध तथा वैज्ञानिक हैं, और यद्यपि जो लोग इसे जानते नहीं हैं उनको सीखने में सम्भव है कुछ कठिनाई हो पर यदि वे एक बार इसे सीख जायेंगे तो यह अनुभव कर सकेंगे कि राष्ट्रभाषा के लिये इस लिपि को स्वीकार करने का हमारा विनिश्चय बहुत ही बुद्धिमत्तापूर्ण है।

खेद है कि संविधान प्राधिकृत रूप राष्ट्रभाषा में स्वीकृत नहीं हुआ
—प्रो. शिब्बन लाल सक्सेना

(19 नवम्बर, 1949)

संविधान की एक और महान सफलता भाषा की समस्या का समाधान है। जो समझौता हुआ है उस पर मुझे जरा भी खुशी नहीं है और हिन्दी भाषा को देश की राष्ट्रभाषा के रूप में पूरी तरह अपनाने के लिये 15 वर्ष की जो कालावधि नियत की गई है उसे मैं बहुत लम्बी समझता हूँ, किन्तु मुझे यह आशा अवश्य है कि वास्तव में जनता शीघ्रता करेगी और इस समय अंग्रेजी का और समस्त अंग्रेजी वस्तुओं का जो प्रेम है वह शीघ्र ही हट जायेगा।

मुझे यह भी खेद है कि संविधान का प्राधिकृत रूप राष्ट्रभाषा में स्वीकृत नहीं हुआ है। मैं बहुत चाहता था कि आप अपने प्राधिकार से जिस हिन्दी अनुवाद को प्रकाशित करेंगे वह संविधान का प्राधिकृत रूप होकर इस सभा के द्वारा पारित किया जाता। मुझे आशंका है कि जब इस देश से अंग्रेजी की प्रभुता चली जायेगी तब हमारे देशवासियों को हमारे संविधान के इस अंग्रेजी मूलरूप का निर्वचन करने में कठिनाई होगी। मुझे लगभग विश्वास है कि बहुत शीघ्र जनता के नये निर्वाचित प्रतिनिधि संविधान के प्राधिकृत रूप को राष्ट्रभाषा में पारित करने का हठ करेंगे।

लार्ड मैकाले सही सिद्ध हो रहा है
—डॉक्टर रघुवीर

(19 नवम्बर, 1949)

मुझे यह दिखाई देता है कि हम अभी तक अंग्रेजों के चंगुल से बाहर नहीं निकले। हमारी राजनीति में अंग्रेजों का बड़ा भारी हाथ है। अंग्रेजों को हमने अपने देश से बाहर निकाल दिया है किन्तु वह हमारे दिलों में घर किये हुये हैं। जैसा कि लार्ड मेकाले ने, शिक्षा आरम्भ करने के समय, प्रसिद्ध वाक्य कहे थे : ''अंग्रेजी पढ़कर भारतवर्ष के लोग काले तो रहेंगे किन्तु उनके विचार और उनका रहन सहन सारा अंग्रेजी हो जायेगा।'' वही सारा दृश्य हमारे सामने है। इन्हीं विचारों को हमारे संविधान में रखा गया है और उसमें भारतीयता का कोई भी अंश नहीं। मुझे आशा है कि कुछ वर्षों में, यह संविधान जिस रूप में पास किया गया है, यह संविधान उस रूप में नहीं रहेगा. इसका भारतीय स्वरूप बनाना होगा। भारतवर्ष की जो विशेष आवश्यकतायें हैं उनकी पूर्ति संविधान में होनी चाहिये थी।

'पारित' जैसा कठिन शब्द प्रयोग नहीं करना चाहिए
—एच.जे. खांडेकर

(21 नवम्बर, 1949)

मुझे इस बात की बड़ी खुशी है कि हिन्दी देश की राज्य भाषा बना दी गई है। किन्तु ऐसी हिन्दी राज्य भाषा नहीं होनी चाहिये जैसी कि आज के कार्यक्रम-पत्र में मैंने पढ़ी है। यहाँ 'पारित' शब्द रखा गया है जिसे मैं समझ ही नहीं सका। यदि हिन्दी में ऐसे ही शब्दों का प्रयोग किया जायेगा तो यह देश के लिये दुर्भाग्य की ही बात होगी। हमें ऐसी हिन्दी रखनी चाहिये जिसे देश का हर आदमी समझ सकता हो।

दूसरी बात यह है कि हमें अपना एक राष्ट्रीय गान अवश्य रखना चाहिये। मैं सभा का बहुत कृतज्ञ हूँ कि उसने 'मध्यप्रांत और बरार' की जगह मेरे प्रान्त का नाम 'मध्य प्रदेश' स्वीकार किया है।

गांधी जी अंग्रेजी के आधिपत्य को पसन्द नहीं करते थे
—जसपतराय कपूर

(21 नवम्बर, 1949)

मैं यहाँ दो ही और बातों की चर्चा करूंगा। एक तो राष्ट्र भाषा सम्बन्धी प्रश्न की और दूसरा इस मसले की कि अन्तरराष्ट्रीय मामलों में हमारी नीति क्या होगी? जहाँ तक अन्तरराष्ट्रीय मसलों

का सम्बन्ध है हमने अनुच्छेद 51 में यह साफ साफ कह दिया है कि राज्य अन्तरराष्ट्रीय शान्ति और सुरक्षा की उन्नति का राष्ट्रों के बीच न्याय और सम्मानपूर्व सम्बन्धों को बनाये रखने का, संघटित लोगों के एक दूसरे से व्यवहारों में अन्तरराष्ट्रीय विधि और सन्धि बन्धनों के प्रति आदर बढ़ाने का तथा अन्तरराष्ट्रीय विवादों के मध्यस्थता द्वारा निबटारे के लिये प्रोत्साहन देने का प्रयास करेगा। मुझे विश्वास है अन्तरराष्ट्रीय मामलों के सम्बन्ध में गांधी जी भी यही नीति पसन्द करते। अन्तरराष्ट्रीय विषयों के बारे में हमारी जो नीति है वह सत्य एवं अहिंसा के सिद्धान्तों से, जिनकी गांधी जी बड़ी हिमायत करते थे, सर्वथा संगत है।

अब अन्त में मैं आता हूँ राष्ट्रभाषा सम्बन्धी प्रश्न पर। इस सम्बन्ध में हमने जो पथ अपनाया है उसी को गांधी जी भी अपनाने को कहते। भाषा सम्बन्धी प्रश्न पर आज जो मतभेद है उसे अच्छी तरह जानते हुए भी मैं यह राय जाहिर कर रहा हूँ। भाषा सम्बन्धी अनुच्छेद को हमने अब स्वीकार कर लिया है और जिस रूप में इसे स्वीकार किया है वह ऐसा है जिसे, मेरी समझ से, गांधी जी भी पसन्द करते। हाँ विस्तार की दो एक छोटी मोटी बातों के बारे में उनको मतभेद हो सकता था। हमने राष्ट्रभाषा बनाया है हिन्दी को और ऐसी हिन्दी को जो देश की विभिन्न भाषाओं से शब्दों को लेकर निर्मित रहेगी। हाँ यह बात जरूर है कि गांधी जी अंग्रेजी के आधिपत्य को नहीं पसन्द करते थे ओर इस बारे में हमें यह स्वीकार करना होगा श्रीमान कि पूर्णत: उनकी इच्छा को सन्तुष्ट नहीं कर पाये हैं। हमारे मित्र और जिम्मेदार सदस्य गण जो हमेशा गांधी जी की दुहाई दिया करते हैं यह नहीं चाहते थे कि हम अंग्रेजी को एक अल्प अवधि के अन्दर ही यहाँ से दूर कर दें। उन्होंने इस बात पर जोर दिया और आग्रह किया कि अभी पन्द्रह साल तक अंग्रेजी रखी ही जाये। गांधी जी इस बात को कभी न पसन्द करते कि यहाँ पन्द्रह साल तक अंग्रेजी का प्राधान्य बना रहे और न अंग्रेजी संख्या को अपनाना ही वह पसन्द करते। मुझे इसमें रंच मात्र भी शक नहीं है और न कोई मित्र ईमानदारी से शक कर सकता है कि गांधी जी की यही राय होती जो मैंने कही है। किन्तु जो लोग गांधी जी की नीति और सिद्धान्तों पर चलने का दूसरों को उपदेश देते हैं वही गला फाड़कर आज इस बात का आग्रह कर रहे हैं कि अंग्रेजी को अभी पन्द्रह साल तक बना रहने दिया जाये और अंग्रेजी संख्या को अपनाया जाये। हमने अंग्रेजी संख्या को रखना स्वीकार कर लिया है।

एल. कृष्णस्वामी भारती : वह बिलकुल भारतीय संख्याँक हैं।

जसपतराय कपूर : माननीय मित्र का कहना है कि वह भारतीय संख्याँक हैं। मैं जानता हूँ कि श्री भारती जी को आज अकस्मात् यह ज्ञानोदय हुआ है और कुछ अन्य मित्र भी यहाँ यह अनुभव करने लगे हैं कि श्री भारती के इस अनुसंधान को कि ये संख्याँक अंग्रेजी संख्याँक नहीं हैं बल्कि पहले भारत में प्रयुक्त यही होते थे, स्वीकार कर लेना ही उनके लिये बुद्धिमत्ता की बात होगी। और फिर अद्भुत बात यह है कि इन संख्याकों को अन्तरराष्ट्रीय संख्याँक का नाम दिया गया है। इस कहानी के सम्बन्ध में मुझे और कुछ नहीं कहना है। यह कहानी आत्म प्रवंचना की एक दु:खद कहानी है। इसकी चर्चा तो मैंने केवल इस आपत्ति के प्रसंग में कर दी है जो श्री सम्पूर्णानन्द तथा उनकी विचारधारा के लोग संविधान के विरुद्ध करते हैं, कि इस संविधान पर गांधीवाद की छाप नहीं पड़ी है।

जिस भाषा में विधान बना है, वह जनता की भाषा नहीं है —अलगू राय शास्त्री

(21 नवम्बर, 1949)

एक बात कह कर मैं अपना कथन समाप्त करता हूँ जिसके कारण यह विधान भारतीय जनता रूपी हनुमान को प्यारा नहीं है। जनता देखती है कि यह विधान मणियों की माला है या नकली मणियों की। पन्ना की खानों से निकले हुए पन्नों की है, गोलकुण्डा के हीरों की है या यह माला कांच की है। वह इसे कांच की माला समझती है। जिस भाषा में यह विधान बना है वह जनता की भाषा नहीं है, जनता की भाषा वह भाषा है जिसमें उत्तर भारत में आप देखेंगे, कि सूर की कवितायें हैं, तुलसी का महाकाव्य है। आज तो मुझे बहन दुर्गाबाई ने जो तेलगू की कविता सुनाई थी वह मैं कण्ठ नहीं कर सका लेकिन पढ़ देता हूँ, उसके शब्द तेलगू के हैं:

''मन्दार मकरंद-माधर्यमुना देलु मधुपम्बु पोऊने मदन मुलको?
निर्मल मन्दाकिनी वीचिकल दूगु रायंज चुनने कुटज मुलको?
अम्बुजोदर दिव्य पादारविन्द चिन्तनायुत मत्तचित मेरीति।
नितरम्बु चेरनेत्मु विनुत गुण शील माढल वेइनेल।

उसके शब्दों को मैं देखता हूँ जो उसके शब्द हैं उनको आप देखें तो कोई भी शब्द आपकी उत्तर पूर्व की हिन्दी का ऐसा नहीं मिलेगा जो इतना संस्कृत के मूल रूप से सम्बन्धित हो जैसे इस तेलगू की पूर्वता के शब्द हैं। यह सारे ही हिन्दी के शब्द हैं। इन तेलगू के गीतों की तुलना कीजिये तुलसी के इन पदों से:

''मानस साल सुधा प्रतिपाली। जिअई कि लवण पयोधि मराली।।
नव रसाल-वन विहरण शीला सोह कि कोकिल विपिन शीला।।''

आप जरा देखें कि हिमालय से कन्या कुमारी तक यह भाषा बोली जाती है। बन्दे मातरम् का गान सीधा संस्कृत का गान है। यही हमारा राष्ट्रीय गान रहा है। ''वैष्णव जन तो तेणें कहिये जिन पीड़ पराई जाणे रे'' सीधा संस्कृत भाषा का सा गान है। यही गान महात्मा गांधी को प्राणों से प्यारा था। सारे देश की जो व्यापक भाषा है उसमें विधान नहीं है। श्रीमान जी आपकी अध्यक्षता में मुखारबिन्द से यह शब्द निकले थे कि अपने राष्ट्र का विधान अपनी भाषा में होगा। आज जिस विधान को यह विधान परिषद् पास कर रही है वह भाषा हमारी भाषा नहीं है। संथानम जी ने कहा कि इस विधान को व्यापक बनायें, सर्वसाधारण तक पहुँचायें। पहुँचायें कैसे? संस्कृत के द्वारा बुद्ध भगवान् ने अपने धर्म का प्रचार नहीं किया था। उन्होंने पाली भाषा को जो जनता की भाषा थी अपनाया था। महात्मा गांधी ने जब कांग्रेस के रंगमंच को जनता का रंगमंच बनाया तो अंग्रेजी को हटा कर हिन्दुस्तानी में, सरल हिन्दी में भाषण करना प्रारम्भ किया था। इसी तरीक़े से यह चीज तभी बन सकती है जब अपनी भाषा में विधान पास हो। अपनी भाषा का विधान ही सर्वसाधारण तक जा सकता है। ''पापुलर'' हो सकता है। पीपुल की भाषा के बिना वह पापुलर न होगा।

मैं एक और निवेदन करके बैठ जाऊँगा। मैं आशा करता हूँ कि जनवरी में जो आप दो तीन दिन के लिये हाउस को बुलावें, तब तक विधान का हिन्दी में रूपान्तर हो जाये और यदि हम उस की धाराओं के ऊपर विचार न करें तो कम से कम दो तीन दिन का जनरल डिसकशन करके

उसके ऊपर इस हाउस की मुहर लगवा दी जाये। श्रीमान जी, आप इस हाउस के मुकुटमणि हैं। अगर आपके हाथ से वह पास हो जायेगा तो भी उसका वही मूल्य होगा। किन्तु यदि इस हाउस में उस पर विवाद हो जायेगा और उस पर हाउस की मुहर लग जायेगी तो हम जनता के सामने जा कर कह सकेंगे कि सदियों की गुलामी को भंग करने वाले हमारे पुरुषोत्तमों ने, हमारे नेताओं ने हमारे राष्ट्र के संचालकों ने, हमको वह निधि दी है, जो किसी जाति को कभी सौभाग्य से प्राप्त होती है और यह वह निधि है जो पराधीनता की कड़ियों के टूटने के बाद तुम्हें प्राप्त हुई है।

हिन्दी को सभी लोगों और क्षेत्रों का सद्‌भाव प्राप्त हुआ है —अजित प्रसाद जैन

(22 नवम्बर, 1949)

इस संविधान के फलस्वरूप एक बहुत बड़ी बात यह हासिल हुई है कि भाषा के प्रश्न के सम्बन्ध में समझौता हो गया है। युगों से भारत एक बहु-भाषी देश रहा है और यहाँ 13 अथवा 14 मुख्य भाषायें और असंख्य बोलियाँ प्रचलित रही हैं जिनमें से कुछ की अपनी लिपियाँ रही हैं और कुछ की लिपियाँ नहीं रही है। अंग्रेजों के राज में हमारी भाषाओं की उपेक्षा की गई और अंग्रेजी हम पर थोप दी गई। स्वतंत्र भारत में अंग्रेजी को कोई स्थान नहीं दिया जा सकता है। किन्तु एकाएक एक भाषा और लिपि के सम्बन्ध में भी समझौता कर लेना कोई सरल कार्य नहीं था। सौभाग्य से हमने एक बहुत ही सुन्दर समझौता किया है। देवनागरी लिपि में हिन्दी भारत की राज-भाषा होगी किन्तु पन्द्रह वर्ष तक अंग्रेजी को विशेष स्थान प्राप्त रहेगा और संविधान के प्रारम्भ के ठीक पूर्व वह संघ के जिन राजकीय प्रयोजनों के लिये प्रयोग की जाती थी उन प्रयोजनों के लिये वह राज-भाषा के रूप में प्रयोग की जाती रहेगी। किन्तु पन्द्रह वर्ष के पूर्व संघ के किन्हीं राजकीय प्रयोजनों के लिये अंग्रेजी के अतिरिक्त हिन्दी को भी प्रयोग करने की आज्ञा देने की शक्ति राष्ट्रपति को प्रदान की गई है। अनुच्छेद 31 में उपबन्धित है कि "हिन्दी भाषा की प्रसार वृद्धि करना, उसका विकास करना ताकि वह भारत की सामाजिक संस्कृति के सब तत्वों की अभिव्यक्ति का माध्यम हो सके, तथा उसकी आत्मीयता में हस्तक्षेप किये बिना हिन्दुस्तानी और अष्टम अनुसूची में उल्लिखित अन्य भारतीय भाषाओं के रूप, शैली और पदावलि को आत्मसात करते हुए उसकी समृद्धि सुनिश्चित करना संघ का कर्त्तव्य होगा। "भाषा के सम्बन्ध में जो विधि रखी गई है वह एक प्रसरणशील विधि है। यह हमारे प्रयत्नों पर निर्भर है कि इन पन्द्रह वर्षों में कितने शीघ्र, अथवा कितने समय के पश्चात् हिन्दी अंग्रेजी का स्थान ले लेगी। किन्तु अब चूंकि हमने अंग्रेजी का स्थान हिन्दी को देने का निर्णय कर लिया है इसलिये जितने ही शीघ्र हम उसे कार्यान्वित करेंगे उतना ही अच्छा होगा। किन्तु हमें इस सम्बन्ध में सावधान रहना चाहिये कि वे लोग जो संस्कृत-जन्य भाषाओं को नहीं बोलते हैं यह न समझें कि उन पर अत्याचार किया जा रहा है अथवा उन्हें दबाया जा रहा है। यदि यह हुआ तो हिन्दी के हितसाधनों द्वारा ही उसकी हितहानि होगी। हिन्दी को सभी लोगों की, तथा सभी क्षेत्रों की सद्भावना के फलस्वरूप प्रतिष्ठित स्थान प्राप्त हुआ है। हम आशा करते हैं कि हिन्दी शीघ्र ही भारतीय संघ में अभिव्यंजना का ही माध्यम न हो जायेगी बल्कि संघ और राज्यों के बीच में और राज्यों के बीच में लिखा पढ़ी का माध्यम भी हो जायेगी और साथ ही संस्कृति, तथा प्रशिक्षा का भी माध्यम हो जायेगी।

कितनी लज्जा की बात है कि हमारे देश का विधान विदेशी भाषा में लिखा हो
—कमलापति त्रिपाठी

(23 नवम्बर, 1949)

हमने इस देश के लिये एक भाषा स्वीकार की, पर दूसरी ओर उसके पीछे एक के बाद दूसरी ऐसी धारायें लगा दीं, जिनका एक मात्र भाव यह है कि वह भाषा, जिसे हम राष्ट्रभाषा करने वाले हैं, जल्दी से न चली आवे। अध्यक्ष महोदय, मैं आपसे अत्यन्त नम्रतापूर्वक निवेदन करना चाहता हूँ कि 15 वर्ष में ही हिन्दी आ गई, तो सेक्रेटरियेट की नौकरियाँ कैसे ठीक होंगी। सिर्फ इस अवसरवादिता पर तो हमने ध्यान दिया, पर यह नहीं सोचा कि भाषा का सम्बन्ध राष्ट्र के हृदय से, उसकी आत्मा से होता है। भाषा भावों के प्रवाह का आधार होती है, भाषा संस्कृति का आधार होती है और संस्कृति राष्ट्रों के इतिहास और उनके जीवन और उनके उत्थान और विकास का आधार हुआ करती है। भाषा और संस्कृति का कितना सम्बन्ध है। भाषा के बिना हमारी रचना की भित्ति क्या हो सकती है ? हमने इस बात की ओर ध्यान न दिया और विदेशी भाषा को आज भी अपनाये रहे। आपने अपने शासन-विधान की भित्ति के लिये कौन सी भाषा खोजी है ? भारत के पास कुछ और रहा हो या नहीं, परन्तु भाषा और लिपि के क्षेत्र में हमारा यह देश कभी दरिद्र नहीं रहा। इतिहास साक्षी है कि समस्त एशियाई देशों ने हमारी लिपि से सहारा लेकर अपनी लिपियों का निर्माण किया है। हमारी भाषा में ऐसा ऊँचा वांग्मय है. जिसके आगे संसार नतमस्तक है। कितनी लज्जा की बात है कि हमारे देश का विधान जिसे हम प्रामाणिकता प्रदान करने जा रहे हैं, वह भी एक विदेशी भाषा में लिखा हुआ हो। यह ऐसे दोष हैं, जिन की ओर हमारा ध्यान जाना चाहिये। मैंने सोचा कि देश के प्रति यह मेरा कर्त्तव्य है, अपने नेताओं के प्रति मेरा यह कर्त्तव्य है और अपनी विधान परिषद् के प्रति यह मेरा कर्त्तव्य है कि हम अपने हृदय के इन भावों को आपके सामने अर्पित कर दें और यह स्वीकार करें कि जो कुछ हम कर रहे हैं, वह सुन्दर है, पर हम अपने दोषों से अपरिचित नहीं हैं।

आंध्र प्रांत स्वीकार रहने के लिए आभार
—टी.जे.एम. विल्सन

(23 नवम्बर, 1949)

संविधान में अनेक भाषाओं और संस्कृतियों की स्वतंत्रता के लिये उपबन्ध कर दिया है, किन्तु साथ ही साथ एक राष्ट्रभाषा के लिये उपबन्ध कर दिया गया है। इसका तर्कसंगत परिणाम राज्यों के लिये अधिक स्वायत्तता और अधिक स्वाधीनता होना चाहिये, परन्तु साथ ही एक ही शक्तिशाली राष्ट्र भी रहे। वे अनेक भाषाएँ और संस्कृतियाँ प्रत्याभूत हो जातीं और अधिक प्रभावी हो जाती यदि ऐसे स्वतंत्र राज्यों का भी उपबन्ध रख दिया जाता और उनका निर्माण सांस्कृतिक तथा भाषा के आधार पर होता। किन्तु मैं आभारी हूँ कि आंध्र प्रांत को स्वीकार कर लिया गया है और संविधान में उसका उपबन्ध कर दिया जायेगा। परन्तु हमारे संविधान की सबसे बड़ी बात है उनका लौकिक रूप और उसमें से उत्पन्न होने वाला लौकिक राज्य। हमने राज्य के इस लौकिक रूप को स्थापित किया है और संविधान में उसका उपबन्ध किया है। किन्तु बादल आ रहे हैं, और राज्य के इस लौकिक रूप में छिपाने का प्रयत्न कर रहे हैं। मैं केवल यही प्रार्थना करता हूँ और विश्वास करता हूँ कि इस देश

की प्रगतिशील शक्तियाँ हमारे महान और प्यारे प्रधानमन्त्री के नेतृत्व में, उन काले मेघों को हटा सकेंगी और हमारे देश को उस नाश और विपत्ति से बचा लेंगी जो यूरोप तथा एशिया के अधिकांश राष्ट्रों को लौकिक राज्य स्थापित करने से पहले उठानी पड़ी थीं।

अंग्रेजी भाषा भी एक दो वर्षों में भारत से चली जाएगी —आर.वी. धुलेकर

(23 नवम्बर, 1949)

हिन्दी को भारत की राष्ट्रभाषा स्वीकार कर लिया गया है। कुछ लोग कह सकते हैं कि पन्द्रह वर्ष अंग्रेजी भाषा का शासन रहेगा। दूसरे कहते हैं, कि अन्याय हुआ है, क्योंकि हिन्दी भाषा को आज से भी लागू नहीं कर दिया गया। किन्तु मैं कहता हूँ कि हमने जो प्रस्ताव पारित किया है वह एक महान विजय है। अंग्रेज भारत में दो सौ वर्ष से भी अधिक रहे, परन्तु उन्हें भारत से जाना पड़ा। इसी प्रकार, मैं अपने सब मित्रों को हिन्दी के प्रेमियों को आश्वासन देना चाहता हूँ कि अंग्रेजी भाषा भी एक दो वर्ष में ही भारत से चली जायेगी और पाँच वर्ष के पश्चात अंग्रेजी में लिखा कोई पत्र देहातों में पढ़वाना मुशकिल हो जायेगा। मुझे इस पर पूर्ण विश्वास है और इसलिए मैं अनुभव करता हूँ कि चाहे कुछ भी निर्बंधन लगाये गये हों, वे ऐसे नहीं हैं कि हिन्दी को अपना उपयुक्त स्थान लेने से रोक सकें।

अंग्रेजी की 15 वर्ष की अवधि कम करके 5 या 6 वर्ष होनी चाहिए —ज्ञानी गुरमुख सिंह मुसाफिर

(23 नवम्बर, 1949)

आखरी बात जो मैं कहना चाहता हूँ वह लैंगुएज के मुतालिक़ है। लैंगुएज का सवाल बहुत देर तक मुल्तवी रखा गया और मुझे खुशी है कि आखिर में एक बात तय हो गई और जबान के मुतालिक़ हम फैसला करने में कामयाब हो गये। तो अब इस फैसले के बाद मैं समझता हूँ कि 15 साल के अरसे तक अंग्रेजी का जारी रखना ठीक न होगा। मैं समझता हूँ कि यह हमारी गुलामाना जहनियत का इजहार है। हम आजाद हो चुके हैं मगर हमारी हालत उस परिन्दे की तरह है जो ज़्यादा देर तक पिंजरे में बन्द रहने की वजह से आजादी का एहसास खो चुका हो। अब पिंजरा टूट चुका है और हम आजाद हो चुके हैं लेकिन चूंकि हम आजादी का एहसास खो चुके हैं इस लिये हम अपने आपको कैद समझतें हैं। मैं इसलिये अंग्रेजी जबान का मुखालिफ नहीं हूँ कि वह कोई बुरी जबान है बल्कि इसलिये कि हमको यह शोभा नहीं देता कि हम उस गुलामी के निशान को देर तक अपने देश में क़ायम रखें। अगर एक भाषा का फैसला हम कर पाये हैं तो मैं समझता हूँ कि वह भाई जिनकी मिन्नत समाजत करके, दलील से प्यार से, हम एक भाषा को मनवा चुके हैं, तो अब उनकी वजह से इतना लम्बा अरसा अंग्रेजी को जारी रखना उनको राजी करने की बहुत ज्यादा क़ीमत देना है। हिन्दी हमारी राष्ट्र भाषा हो चुकी है हिन्दी में हमारा कारोबार चले। 15 साल की मियाद तो एक ऐसी मियाद है जो पुष्त भर (जनरेशन) की उम्र कही जा सकती है।

अव्वल तो मैं सेठ गोविन्द दास के ख्याल से मुतफिक़ हूँ कि यह हमारा विधान हमारी राष्ट्रभाषा में होना चाहिये और उसी विधान को मुसतनद विधान माना जाये। मुझको इस सिलसिले

में बाबू रामनारायण सिंह जी की बात बहुत ठीक मालूम होती है कि आया हम यह विधान अपने देश में बना रहे हैं या इंग्लैंड में। इसलिये मैं समझता हूँ कि हम अपने विधान को अपनी राष्ट्र भाषा में चलायें और अभी से इस पर अमल करना शुरू करें। अगर यह अभी से शुरू नहीं हो सकता तो मैं समझता हूँ कि यह 15 साल का अरसा कम करके 5 साल या ज़्यादा से ज्यादा 6 साल कर देना चाहिये। और हमको इस तरह तसल्ली हो सकती है और हम जल्दी से जल्दी इस गुलामी की जहनियत को छोड़ सकते हैं और हम अपनी देश की जबान में और राष्ट्र भाषा में सब काम कर सकते हैं।

अब हमें 'राजभाषा' को 'राष्ट्रभाषा' बनाना है
—बलवंत सिंह मेहता

(23 नवम्बर, 1949)

सबसे बड़ा काम, मैं समझता हूँ, हमारी आजादी के बाद हुआ है, वह है हमारा अपनी राज भाषा को स्वीकार करना। हमने हिन्दी को राज भाषा स्वीकार किया है। और यह स्वयं अकेला ही ऐसा कार्य है, जो हमारे सारे राष्ट्र को एक सूत्र में रख सकता है और रखेगा। यह बहुत बड़ा कार्य हुआ, लेकिन अब हमें राजभाषा को राष्ट्र भाषा बनाना है। इस काम की खास कर जिम्मेदारी उन लोगों के ऊपर है, जिनकी भाषा हिन्दी है और अन्य दूसरे सब भाई इसमें इस प्रकार सहयोग दें कि हमारी यह भाषा इतनी सरल और सुगम होकर सारे भारतवर्ष में एक राष्ट्र भाषा के रूप में व्यापक हो जाये।

एक खेद वाली बात यह है कि हमारी प्रादेशिक भाषाओं की जो सूची स्वीकार की गई है, उसमें हमारी 'राजस्थानी' को स्थान नहीं दिया गया। यह डेढ़ करोड़ मनुष्यों की भाषा है और इसमें बड़ा साहित्य है और हिन्दी के प्राचीन और वीर रस के साहित्य में इस भाषा का काफी ऊँचा स्थान रहा है। ऐसी भाषा को उस सूची से अलग रखना हमारे लिये काफी दु:ख की बात है। मैं समझता हूँ कि हमारे महारथी आगे इसको पार्लियामेंट के द्वारा प्रादेशिक भाषाओं की सूची में अपना उचित स्थान दिलायेंगे।

राजस्थानी भाषा को विज्ञान में स्थान मिले
—मानिक लाल वर्मा

(24 नवम्बर, 1949)

मैं थोड़ा राजस्थानी भाषा के बारे में भी कहना चाहता हूँ। जो कि डेढ़ करोड़ की भाषा है। मैं यहाँ पर एक उदाहरण देता हूँ। जिस समय महाराणा प्रताप अकबर के साथ लड़ रहे थे तो उस समय पृथ्वी राज बीकानेर को यह खबर लगी कि प्रताप अब थक कर अकबर से समझौता कर रहा है, पृथ्वीराज ने महाराणा प्रताप को पत्र इस काव्य में लिखा:-

''राखूं मूंछा पाण, कन पटकूं निज तन करद।
दीजे लिख दीवाण, इणदो महली बात इकै॥

इसके जवाब में महाराणा प्रताप ने निम्न प्रकार का उत्तर भेजा:-

''निहचे रखसी अ नम्यो, इ तन सूं इकलिंग।
ऊगे जांही ऊगसी, प्राची बीच पतंग।।''

यह राजस्थानी भाषा का उदाहरण है जो वीरता से भरी हुई है। जिसे सीख कर बंगाल ने

वीरता सीखी और बंगाल ने राष्ट्र प्रेम की भावना को बढ़ाया जो देश में फैली। इस राजस्थानी भाषा को हमारे इस विधान में जरूर जगह मिलनी चाहिये।

गैर हिन्दी प्रांतों में सरकारी प्रशासन हिन्दी में होना चाहिए —ए. थानू पिल्ले

(24 नवम्बर, 1949)

भाषा के आधार पर प्रान्तों के बनाने का जहाँ तक सम्भव है मेरा मत यह है इसको आप इतना ही महत्त्व दें जितना इसे मिलना चाहिये—कि प्रान्तों की रचना के बारे में भाषा को जरूरत से ज्यादा महत्त्व दिया जा रहा है। इसमें शक नहीं कि प्रशासन के काम में भाषा का बड़ा महत्त्वपूर्ण हाथ होता है पर भाषा ही वहाँ सब कुछ नहीं है। भाषा की ही तरह और भी बहुत सी जरूरी बातें हैं जिनका नये प्रान्त बनाते समय हमें पूरा ध्यान रखना चाहिये। उदाहरण के लिये यहाँ कोचीन, ट्रावंकोर और मालाबार को मिलाकर केरल का एक नया प्रान्त बनाने का जो सुझाव रखा गया है उसके बारे में मैं सुझाव रखने वालों से यह कहूँगा कि वह इस बात पर भी विचार करें कि आर्थिक दृष्टि से इस प्रदेश को कहाँ तक एक ठोस घटक बनाया जा सकता है। इस प्रश्न पर आर्थिक दृष्टि से भी विचार कीजिये और यह सोचिये कि क्या ठीक यह होगा कि इन प्रदेशों को मिलाकर एक पर्याप्त साधन शून्य नया प्रान्त बनाया जाये या अगर वर्तमान प्रांतों में हेर फेर करना जरूरी हो तो यह करना ठीक होगा कि इन प्रदेशों को मद्रास प्रान्त के जिलों में मिला दिया जाये ताकि एक ठोस, मजबूत और साधन सम्पन्न राज्य दक्षिण भारत में स्थापित हो जाये। यह सुझाव यहाँ मैं उन सभी लोगों के विचारार्थ रख रहा हूँ जिन्हें इस प्रश्न से दिलचस्पी है। अभी यह कहा जाता है श्रीमान कि तमिल लोग यह नहीं चाहते हैं कि मलयालम वाले उनके प्रान्त में रहें और मलयालम वाले तमिलों को नहीं चाहते हैं। यदि हमारी यही मनोदशा रही तो भारतीय संघ टिकेगा कैसे? भाषा के आधार पर प्रान्त बनाये जायें इस विचारधारा का परिणाम यह हुआ कि देश में ऐसी स्थिति पैदा हो गई है कि लोग यह कहने लग गये हैं कि हम उन लोगों के साथ रह नहीं सकते हैं जो हमसे भिन्न भाषा बोलते हैं। मुझे तो कोई कारण समझ में नहीं आता है कि आखिर भिन्न भाषा भाषियों के साथ क्यों नहीं रह सकते हैं। हमारी अपनी रियासत में तमिल भी हैं और मलयाली भी हैं और दोनों का परस्पर सम्बन्ध अच्छा है। भाषावार प्रान्तों को बनाने की मांग ने अब कई कठिनाइयाँ पैदा कर दी हैं। इस स्थिति के लिये जो लोग जिम्मेदार हैं उनसे मैं यह कहूँगा कि वह इस प्रश्न पर और गम्भीरता से विचार करें और इसके पीछे जो कठिनाइयाँ हैं उनका भी वह ख्याल रखें।

अब श्रीमान, मुझे चन्द सुझाव रख देना है भाषा सम्बन्धी प्रश्न के सम्बन्ध में। मुझे बड़ी खुशी है कि संविधान में एक उपबन्ध इस आशय का रख दिया गया है कि किसी भी राज्य में हिन्दी राजभाषा के रूप में अपनाई जा सकती है। इस सम्बन्ध में मुझे एक बात कहनी है। मैं इस उपबन्ध पर बहुत जोर देना चाहता हूँ और यह सुझाव रखना चाहता हूँ कि कोई प्रान्त भले ही हिन्दी भाषी न हो पर शासन सम्बन्धी प्रयोजनों के लिये प्रशासन के उच्च स्तर पर हिन्दी को ही हमें अपनाना चाहिये। राष्ट्र के राजनीतिक जीवन में अब हिन्दी को वही स्थान मिल जाना चाहिये जो अंग्रेजी को प्राप्त है। मैं जानता हूँ कि मेरी इस राय को अहिन्दी भाषी प्रान्तों में शायद लोग स्वीकार न करें। अपनी इस राय के खिलाफ मैं प्रभावशाली व्यक्तियों को पाता हूँ जिनके हाथ में आज शिक्षा सम्बन्धी कामकाज की बागडोर है और जिनका मत यह है कि प्रान्त या राज्य की भाषा ही वहाँ राजभाषा होनी चाहिये। मैं इन लोगों से सहमत नहीं हूँ। मैं यह चाहता हूँ कि जब अंग्रेजी को हटाना है तो उसकी

जगह हिन्दी को ही हमें स्थान देना चाहिये। अंग्रेजों से हमारा कितना ही मतभेद क्यों न रहा हो तो हमें यह बात न भूलनी चाहिये कि उन्होंने हमारा एक बड़ा भारी उपकार किया है। हम यहाँ आज क्यों कर समवेत हुए हैं? आप यहाँ मेरी बात क्यों कर समझ रहे हैं और आपकी बात को मैं क्यों कर समझने में समर्थ हो रहा हूँ? इसका कारण यह है कि हम सबने यहाँ एक भाषा अपना रखी है, हम सब अंग्रेजी के जरिये ही अपना विचार व्यक्त कर रहे हैं। मैं यह सोच रहा हूँ कि अब हमें अंग्रेजी का स्थान एक भारतीय भाषा को देना चाहिये और वह भाषा एक मात्र हिन्दी ही हो सकती है। अतः अंग्रेजी का स्थान अब हिन्दी को मिलना ही चाहिये। आप खुद विचार कीजिये श्रीमान, कि आगे चलकर हमें कितने ऐसे प्रश्नों पर विचार करना होगा जो हम सबके लिये समान रूप से आवश्यक होंगे। अगर ट्रांवकोर या तामिलनाड से कोई आदमी किसी काम के सिलसिले में आता है तो उसे हिन्दी जाननी ही होगी। चाहे किसी अनुसंधान संस्था से सम्बन्धित किसी सभा के प्रसंग में या किसी भारतीय सम्मेलन के प्रसंग में कोई यहाँ आवे, अगर उसे सभा की कारवाई में भाग लेना है तो उसे हिन्दी जानना ही होगा। इसी तरह हजारों ऐसी और बातें हैं जो समस्त राष्ट्र के लिये समान रूप से आवश्यक हैं और समस्त राष्ट्र को उन पर विचार करना होगा। विधान मण्डल में ऐसे ही सदस्य होने चाहिये जो हिन्दी जानते हों। तामिलनाड के विधान मण्डल का काम आखिर किस जुबान में होगा ? हर आदमी हिन्दी को सीख क्यों न ले? समस्त देश में हिन्दी की पढ़ाई अनिवार्य हो जानी चाहिये। जो भी हो अंग्रेजी के स्थान पर हिन्दी अब प्रतिष्ठित हो ही जानी चाहिये। मैं यह नहीं चाहता हूँ कि अंग्रेजी को बिल्कुल हटा ही दिया जाये। हमारे बच्चे हिन्दी अंग्रेजी और अपनी जुबान इन तीनों को ही सीखने का सामर्थ्य रखते हैं। मेरा अपना मत तो यही है। कुछ लोगों का यह कहना है कि तामिलनाड में अगर प्रशासन का काम तामिल भाषा में नही चलाया जाता है तो वहाँ के ग्रामीण आपकी बात समझेंगे नहीं और प्रान्त का शासन चलाना असम्भव हो जायेगा। मैं इससे सहमत नहीं हूँ। जहाँ तक ग्रामीणों का सवाल है आप उनके लिये उस भाषा में आदेश या अनुदेश निकाल सकते हैं जिसको वह - जानते हैं। किन्तु जहाँ तक कि प्रान्तीय सचिवालय में उच्च स्तर पर होने वाले प्रशासन सम्बन्धी कामों का सम्बन्ध है, वहाँ हमें हिन्दी का ही प्रयोग करना चाहिये। अन्यथा समस्त देश एक असुविधा में पड़ जायेगा और उसके सामने बड़ी कठिनाइयाँ आ जायेंगी जिनके फलस्वरूप शासन का चलना बिल्कुल असम्भव सा हो जायेगा। इस प्रश्न पर मैं और भी बहुत कुछ कह सकता था पर आपके आदेश के विरुद्ध मैं जाना नहीं चाहता हूँ श्रीमान।

यदि शुद्ध हिन्दी के हिमायती मित्रों के दबाव में आकर पास किया गया है तो उन्होंने बड़ी गलती की है

—सारंगधर दास

(24 नवम्बर, 1949)

भाषा सम्बन्धी अनुच्छेद जिस रूप में स्वीकार किया गया है उससे तथा उस पर आज सवेरे श्री थानु पिल्ले ने जो कुछ कहा है उससे मेरा पूर्ण मतैक्य है। पर मैं इतना अवश्य कह देना चाहता हूँ कि इस सम्बन्ध में एक बड़ी महत्त्वपूर्ण बात का जिक्र करना ही वह भूल गये और दुर्भाग्य की बात यह है कि वह बात उनकी समझ में आ भी नहीं सकती। गांधी जी का तथा उन लोगों का भी जो इस बात को जानते हैं कि भाषा के बारे में दुनिया किस तरह चलती है, मूल मत यही था कि हिन्दुस्तानी हमारी राष्ट्रीय भाषा होनी चाहिये। भाषा सम्बन्धी अनुच्छेद जिस रूप में लिपिबद्ध किया गया है उसका अर्थ तो निस्सन्देह यही होता है कि हमारी राष्ट्र भाषा हिन्दुस्तानी होगी पर मेरा विश्वास है

कि इसे हिन्दी कहना गलत होगा क्योंकि हिन्दी की वकालत यहाँ दो तीन प्रान्तों के कुछ सदस्यों ने की है जो हमेशा इसमें मूल संस्कृत शब्दों को रखने की बात कहते हैं और उनके इस मंतव्य का दक्षिण भारत में, बंगाल में और मेरा ख्याल है कि बम्बई के कुछ हिस्सों में भी बड़ा विरोध हुआ है। वह भाषा जिसे कि यहाँ कि लोग बोलते हैं वह वस्तुत: हिन्दुस्तानी ही है और यहाँ के अहिन्दुस्तानी भाषी प्रदेशों के लोग भी हिन्दी में बोलने वाले वक्ता की अपेक्षा हिन्दुस्तानी में बोलने वाले वक्ता की बातों को अधिक अच्छी तरह समझ पाते हैं। हमारे उड़ीसा प्रान्त को ही लीजिये। यद्यपि हम लोग हिन्दुस्तानी बोलते हैं पर हिन्दी की अपेक्षा हिन्दुस्तानी को और अच्छी तरह समझ लेते हैं। यह इस लिये कि शुद्ध हिन्दी में जिसकी संयुक्त प्रान्त और मध्य प्रान्त यहाँ वकालत कर रहे हैं, संस्कृत के अनेक शब्द रहते हैं जो सर्वसाधारण के लिए बोधगम्य नहीं होते क्योंकि वह संस्कृत पढ़े नहीं हैं। अगर संविधान निर्माताओं में शुद्ध हिन्दी के हिमायती मित्रों के दबाव में आकर इस अनुच्छेद को पास किया हैं तो उन्होंने बड़ी गलती की है। भाषा सम्बन्धी अनुच्छेद के स्वीकृत हो जाने पर मुझे दक्षिण भारत में तथा बंगाल में भी यात्रा करने का मौका मिला था और वहाँ सर्वत्र मैंने इस अनुच्छेद का घोर विरोध ही देखा। विरोध का और कोई कारण नहीं है केवल एक कारण यही है कि वहाँ वालों को यह ख्याल है कि उत्तर भारत के लोग जबरदस्ती उनपर यह भाषा लाद रहे हैं। मेरा ख्याल है कि उन का यह आक्रोश ठीक ही है। इसलिए इस अनुच्छेद को कार्यान्वित करने का जब समय हो तो तत्कालीन शासन को इस बात का ध्यान रखना चाहिए कि उसी तरह की हिन्दुस्तानी यहाँ राष्ट्र भाषा के रूप में व्यवहृत हो जिस तरह की हिन्दुस्तानी का प्रसार देश के कई भागों में हिन्दुस्तानी प्रचार सभा कर रही है। जब समस्त देश में लोग हिन्दुस्तानी को अपना लेंगे उस समय मेरा ख्याल है कि भाषा के सम्बन्ध में लोगों की जो मिथ्या आशंकायें हैं वह चन्द दिनों के अन्दर अपने आप खत्म हो जायेंगी।

राजभाषा, मातृभाषा के लिए हानिकारक न हो, ख्याल रखना होगा —एल. कृष्णस्वामी भारती

(24 नवम्बर, 1949)

भाषा के प्रश्न पर मैं कुछ शब्द कहना चाहूँगा। यद्यपि मुझे प्रसन्नता है कि इस सभा ने सर्वसम्मति से उसे स्वीकार कर लिया है, परन्तु यदि शेक्सपीयर के उग्रतम भाव प्रकट करने वाले शब्दों के दुहरे प्रयोग को किया जाये तो राजभाषा के सम्बन्ध का संकल्प ''सब घावों में एक बड़ा ही अधिकतम निर्दयतापूर्ण किया गया घाव'' है। मुझे बड़ा खेद है कि इस सम्बन्ध में हम महात्मा गांधी के पथ पदर्शन को स्वीकार नहीं कर सके। गांधी जी की राजभाषा की परिभाषा यह थी कि वह एक ऐसी भाषा होनी चाहिये जो ''उत्तर भारत की अधिकांश जनता में साधारणतया बोली और सरलता से समझी जाती हो'' जो न तो अधिक संस्कृतनिष्ठ और न अधिक फारसी मिश्रित हो अर्थात् मिली जुली हिन्दी और उर्दू-हिन्दुस्तानी हो। मैं यह नहीं जानता हूँ कि हिन्दी के समर्थकों द्वारा इस आदर्श का कितना परिपालन किया जा रहा है। मेरा निजी विचार यह है कि वे परिपालन नहीं कर रहे हैं बल्कि शायद विपरीत दिशा में जा रहे हैं। मुझे एक बड़ी रोचक पुस्तक पढ़ने को मिली जिसमें बड़ी लाभदायक बातें थीं। भाषाओं के महान् विशेषज्ञ ग्रियर्सन ने अपनी महान कृति 'लिंग्युस्टिक सर्वे ऑफ इण्डिया' में कुछ बड़ी लाभदायक तथा महत्त्वपूर्ण बातें कहीं हैं। उनका विचार यह है कि भाषा की उन्नति जन समुदाय को ध्यान में रखते हुए करनी चाहिये। संस्कृतनिष्ठ भाषा बनाने

के प्रयत्न से विद्वान तथा साधारण लोगों में परस्पर अन्तर उत्पन्न हो जायेगा—और इसी विचार के महात्मा गांधी कट्टर समर्थक थे। वे बनारस के एक अति वृद्ध संस्कृत प्रोफेसर का उदाहरण देते हैं ''जब कभी कोई हिन्दी लेखक अपने हाथ में लेखनी लेता है तो वह गम्भीरता को तिलांजलि दे देता है और संस्कृत के मद में चूर हो जाता है। ''मैं यह नहीं जानता हूँ कि यह बात कहाँ तक ठीक है, पर मेरा व्यक्तिगत अनुभव यह है कि हिन्दी के कुछ समर्थकों में हिन्दी के प्रति इतना अधिक प्रेम है कि कभी कभी वे गम्भीरता की परिधि को भी लांघ जाते हैं। मैं यह नहीं जानता हूँ कि राज भाषा के वर्तमान नाम को स्वीकार कर लेने के लिये हम अपने हिन्दी के समर्थक मित्रों को बधाई दें या न दें चूंकि हिन्दी फारसी शब्द है और इस सूचना के लिये मैं उस महान भाषाविद् ग्रियर्सन का ऋणी हूँ। कदाचित इस नाम के स्वीकार करने से यह प्रकट हो सकता है कि आखिर हिन्दी के समर्थक इतने उर्दू-विरोधी तथा फारसी-विरोधी नहीं हैं जितना उनको कहा जाता है।

भाषा सम्बन्धी अनुच्छेद गम्भीर तथा सावधानीपूर्ण विचार का परिणाम स्वरूप है। हमने उसे स्वीकार कर लिया है और हम दक्षिण वाले आपको यह आश्वासन देते हैं कि हम उसका पालन करेंगे। एक राष्ट्र के रूप में भारत की एक भाषा होनी चाहिये और भारत की भाषाओं में से महात्मा गांधी द्वारा परिभाषित रूप में हिन्दी वह भाषा होनी चाहिये। इस विषय पर न दो राय हो सकती हैं और न होनी चाहिये। परन्तु इससे अधिक महत्त्वपूर्ण बात है इस विषय के प्रति दृष्टिकोण। हम दक्षिण भारत वालों को इससे हानि होगी। हिन्दी को राजभाषा के रूप में ग्रहण करना उत्तर भारत के लोगों के लिये सरल होगा क्योंकि दैवयोग से वह उनकी मातृभाषा है। हिन्दी के पुर:स्थापन के विरोध में दक्षिण में एक आन्दोलन चल रहा है, पर हमें वहाँ जाकर लोगों को यह समझाना चाहिये कि इससे उनकी मातृभाषा नहीं हटाई जायेगी। श्री पत्तम थानू पिल्ले ने आज प्रात: काल इस विषय की ओर निर्देश किया था। मैं यह नहीं जानता हूँ कि त्रिवेन्द्रम में क्या हो रहा है, पर जहाँ तक मेरे प्रान्त का सम्बन्ध है मुझे प्रसन्नता है कि हमने संविधान में यह रख दिया है कि हिन्दी का विचार और उसको पुर: स्थापन करने की आवश्यकता प्रादेशिक भाषा के लिये हानिकर सिद्ध नहीं होगी। प्रादेशिक भाषायें पूर्णरूप में बनी रहेंगी। केवल अखिल भारतीय प्रयोजनों के लिये हमें एक भाषा की आवश्यकता है और केवल हिन्दी ही यह भाषा हो सकती है। पर आज प्रात: काल श्री पत्तम थानू पिल्ले यह कहा था कि हम अपने अपने क्षेत्रों में हिन्दी रख सकते हैं। अवश्य, वे उसे त्रिवेन्द्रम या कोचीन और तिरुवांकुर के संयुक्त राज्य में रख सकते हैं।

पी.टी. चक्को: वहाँ भी ऐसे ही विचार हैं, भ्रम में न पड़िये।

एल. कृष्णस्वामी भारती: यह जान कर मुझे खुशी हुई है। यही बात ठीक है और हम केवल इस बात की मांग कर सकते हैं कि यद्यपि प्रान्त अपनी भाषा रख सकते हैं, पर उन्हें सम्पूर्ण राष्ट्र का ध्यान रखते हुए प्रकार्य करना चाहिये; राष्ट्र-भाषा के हितों के लिये हानिकर रूप में अन्य भाषाओं को नहीं होना चाहिये। भारत के लिये पत्र व्यवहार केवल हिन्दी ही में हो सकता है। वह किसी अन्य भाषा में नहीं हो सकता है। जिन लोगों पर तमिलनाडु और आंध्र प्रदेश इत्यादि के प्रशासन का उत्तरदायित्व है वे केवल हिन्दी में ही भारत से पत्र व्यवहार कर सकते हैं। अत: हम लोगों से जाकर यह कहेंगे कि हिन्दी स्वीकार कर लेने में कोई त्रुटि नहीं हुई है। वे हर प्रकार से अपनी अपनी प्रादेशिक भाषाओं की उन्नति कर सकते हैं और उन भाषाओं में अपना काम कर सकते हैं, पर उनकी एक राष्ट्र भाषा होनी चाहिये। इसमें आरोपण का कोई प्रश्न नहीं है। यह एक बहुत ही महत्त्वपूर्ण बात है जिसे मेरे उत्तर

भारत के मित्रों को समझ लेना और समझा देना चाहिये। यह एक कठिन कार्य है। हम लोगों को यह समझा सकते हैं कि इसमें कोई त्रुटि नहीं है। पर श्री पत्तम थानू पिल्ले जैसे सदस्यों के भाषण बहुत ही भ्रमपूर्ण विचार उत्पन्न करेंगे। हमें लोगों से यह कहना पड़ेगा कि यह उनकी अपनी सम्मति है। तिरुवांकुर के एक और सदस्य ने भी यह कहा है कि तिरुवांकुर में वही विचारधारा है जो मैं ने प्रकट की है। मेरे ये विचार सुस्पष्ट हैं कि हमारा उद्देश्य यह नहीं है कि हम मातृभाषा को हानि पहुँचायें और न यह है कि राजभाषा को ही हानि पहुँचायें।

ए. थानू पिल्ले : मैं अपने मित्र को यह सूचित करना चाहता हूँ कि यदि उन्होंने मेरी बात का यह अर्थ लगाया है कि हिन्दी मातृभाषा के हितों के लिये हानिकर सिद्ध होगी तो उन्होंने गलत समझा है। जो कुछ मैंने कहा था वह यह है कि प्रशासन कार्य के उच्चतर स्तर में हिन्दी को ग्रहण करना चाहिये। इसका अर्थ वह नहीं है जो उन्होंने समझा है।

एल. कृष्णस्वामी भारती : मेरा विचार यह है कि जब कोई भाषा राजभाषा हो जाती है तो चाहे यह अभिप्राय न हो पर फिर भी वह मातृभाषा के लिये हानिकर हो सकती है। जब राजभाषा अंग्रेजी थी तो भारत की अन्य भाषाओं के लिये वह बहुत ही हानिकर सिद्ध हुई तथा अन्य क्षेत्रों में भी वह मातृभाषा के लिये हानिकर हुई। केवल इसी भाव से मैंने यह कहा था कि प्रान्तों के प्रशासन में हिन्दी पुर:स्थापित करने का परिणाम यह होगा कि वह प्रान्तों की मातृभाषाओं के लिये हानिकर होगी। भाषावार प्रान्त बनाने का विचार प्रान्तों की मातृभाषाओं का पोषण करने के लिए है। कुछ लोग समझते हैं कि यह विचार राष्ट्र-विरोधी है। इसके विपरीत मेरा यह विश्वास है कि यह विचार पूर्णतया राष्ट्रीय हितों से संगत है। कांग्रेस के हित के लिये हम भिन्न-भिन्न क्षेत्रों में कार्य करते हैं और केवल प्रादेशिक भाषाओं में ही लोगों से अपील करते हैं। प्रशासन कार्य का संचालन जनता की भाषा में होना चाहिये जिससे कि शासक और शासितों के हित और विचार में एकरूपता हो। इस ख्याल से मैंने यह कहा था कि हमें प्रादेशिक भाषायें रखनी चाहिये। मूलरूप में यही भाषावार प्रान्तों के बनाने का आधार है। इसका अर्थ विघटन या प्रान्त विशेष अथवा प्रदेश विशेष के हितों के लिये कार्य करना नहीं है।

इसके बाद अंकों का प्रश्न आता है। इस प्रश्न को जिस रूप में हल किया गया है उसका हमें गौरव है। मेरे माननीय मित्र श्री जसपतराय कपूर ने कहा था कि अंग्रेजी के अंक हैं और मैंने यह कह कर उनको टोका था कि अब उन्हें अंग्रेजी अंक कहना ग़लत है। वे वास्तव में भारतीय अंक हैं। इन अंकों का मूल रूप भारतीय है। अपने इस विचार के समर्थन में मैं इस तथ्य की ओर निर्देश करूंगा कि 2000 वर्ष पूर्व के अशोक स्तम्भ में, नानाघाट के शिला लेखों में और नासिक की गुफाओं में ये सब अंक मिलते हैं। एक, चार और छ: अंक अशोक स्तम्भ में मिलते हैं, दो, चार और सात नाना घाट के शिलालेखों में मिलते हैं और शेष अंक पहली और दूसरी शताब्दि की नासिक की गुफाओं में मिलते हैं। ये रूप इन अंकों के वर्तमान रूपों से बहुत कुछ मिलते हैं। अत: यह कहना कि ये अंक अंग्रेजी के हैं ठीक नहीं है। श्री कपूर ने यह कहा था कि जिन सदस्यों ने इन अंकों का समर्थन किया था उन्होंने इस तथ्य को इस विषय पर वाद विवाद आरम्भ हो जाने के बाद मालूम किया था। श्रीमान, सदस्यों को यह जान कर कदाचित् प्रसन्नता होगी कि हमारे प्रधानमन्त्री पण्डित जवाहरलाल नेहरू ने कुछ वर्ष पूर्व के लेखों में इस विषय के इस पहलू का निर्देश किया है। वह बड़े ही रोचक ढंग से हैं। उन्होंने इन अंकों को 'अपने भारतीय अंक' कहा है।

अध्यक्ष : क्या मैं माननीय सदस्य को यह याद दिला सकता हूँ कि यदि वे इसी प्रकार से भाषण देते रहेंगे तो अन्य सदस्यों को अपनी बात कहने के लिये समय बड़ी कठिनाई से मिलेगा।

एल. कृष्णस्वामी भारती : श्रीमान, मैं अपना भाषण शीघ्र ही समाप्त करने वाला हूँ। इस सम्बन्ध में पण्डित नेहरू के विचार बड़े रोचक हैं। पंडित जी ने कहा है "गणना शैली और उसके प्रयोग की कठिन प्रणाली और रोमन तथा अन्य इसी प्रकार के अंकों का प्रयोग बहुत समय तक उन्नति में बाधक रहा जब तक कि शून्य सहित दस अंकों ने इन कठिनाइयों से मनुष्य को मुक्त न किया और अंकों के व्यवहार पर पर्याप्त प्रकाश न डाला। ये अंक चिन्ह अन्य देशों में प्रयुक्त सब चिन्हों से पूर्णतया भिन्न तथा विलक्षण हैं। आज भी उनका प्रयोग पर्याप्त रूप में मिलता है और हम उन रूपों को स्वीकार करते हैं।"

भाषा के मुद्दे को सुलझाने में संविधान सभा ने बहुत समय लिया —डॉ. राजेन्द्र प्रसाद

(26 नवम्बर, 1949)

उन समस्याओं में से एक समस्या जिसे सुलझाने में संविधान सभा ने बहुत समय लिया देश के राजकीय प्रयोजनों के लिये भाषा सम्बन्धी समस्या है। यह एक स्वभाविक इच्छा है कि हमारी अपनी भाषा होनी चाहिये और देश में बहुत सी भाषाओं के प्रचलित होने के कारण कठिनाइयों के होते हुए भी हम हिन्दी को अपनी राज भ़ाषा के रूप में स्वीकार कर सके हैं जो एक ऐसी भाषा है जिसे देश में सबसे अधिक लोग समझते हैं। जब हम यह विचार करते हैं कि स्विट्जरलैंड जैसे एक छोटे से देश में तीन राजभाषाओं से कम राज भाषा नहीं हैं और दक्षिणी अफ्रीका में दो राजभाषाएँ हैं तो मैं इस विनिश्चय को एक बड़े ही महत्त्वपूर्ण विनिश्चय के रूप में देखता हूँ। देश को एक राष्ट्र के रूप में संघटित करने के दृढ़ निश्चय की ओर सुविधा-क्षमता की भावना इस बात से प्रकट होती है कि वे लोग जिन की भाषा हिन्दी नहीं है उन्होंने स्वेच्छापूर्वक इसे राष्ट्र भाषा के रूप में स्वीकार किया है (तालियाँ)। अब भाषा के आरोपण करने का प्रश्न ही नहीं है। अंग्रेजी राज्य में अंग्रेजी और मुस्लिम राज्य में फारसी कचहरी और राज की भाषायें थीं। यद्यपि लोगों ने इन भाषाओं का अध्ययन किया और उनमें विशेष योग्यता प्राप्त की, पर कोई यह दावा नहीं कर सकता है कि उनको इस देश के अधिकांश लोगों ने स्वेच्छापूर्वक ग्रहण किया। अपने इतिहास में पहली बार इस समय हमने एक भाषा स्वीकार की है जिसका समस्त राजकीय प्रयोजनों के लिये सारे देश में प्रयोग होगा और मुझे यह आशा करने दीजिये कि यह उन्नत होकर एक ऐसी राष्ट्रीय भाषा का रूप धारण करे जिसमें सबको समान रूप से गौरव मिले, और इसके साथ-साथ प्रत्येक क्षेत्र को अपनी निजी भाषा की उन्नति करने की स्वतन्त्रता ही नहीं होगी वरन् उसको उस भाषा को उन्नत बनाने के लिये प्रोत्साहित भी किया जायेगा जिसमें उसकी संस्कृति और परम्परा पवित्र रूप से स्थापित है। व्यावहारिक कारणों वश इस अन्तर्कालीन समय में अंग्रेजी का प्रयोग अनिवार्य समझा गया और इस विनिश्चय से किसी को निराश नहीं होना चाहिये जिसको विशुद्ध व्यावहारिक विचारों के आधार पर किया गया है। अब यह इस समूचे देश का कर्त्तव्य है और विशेष कर उनका जिनकी भाषा हिन्दी है कि इसको ऐसा रूप दें और इस प्रकार से विकसित करें कि यह एक ऐसी भाषा बन जाये जिसमें भारत की सामाजिक संस्कृति की पर्याप्त तथा सुन्दर रूप में अभिव्यक्ति हो सके।

उपसंहार

संविधान सभा की कार्यवाही पूरी होने के बाद और 26 नवंबर, 1949 के दिन संविधान को अंगीकृत किए जाने के बाद, 26 जनवरी 1950 को संविधान लागू किया गया। हिन्दी राजभाषा के रूप में प्रतिष्ठित हो गई और तत्कालीन प्रधानमंत्री पंडित जवाहरलाल नेहरू ने 14 सितंबर को हिन्दी दिवस के रूप में मनाने की शुरुआत भी कर दी। इंदिरा जी ने 1975 में पहला विश्व हिन्दी सम्मेलन आयोजित कराया, अटल जी ने विदेश मंत्री के रूप में संयुक्त राष्ट्र संघ में हिन्दी में भाषण दे कर हिन्दी का सम्मान बढ़ाया, मनमोहन सिंह जी ने 10 जनवरी को विश्व हिन्दी दिवस मनाने की परंपरा 2006 से आरंभ की और प्रधानमंत्री मोदी जी भी नई शिक्षा नीति लाए हैं, जिसके अंतर्गत मातृभाषाओं के संरक्षण पर बल दिया गया है। सरकारी स्तर पर जो भी निर्णय लिए गए हों किंतु आज भी भारतीय भाषाओं में आपसी मेल-जोल और समन्वय की कमी दिखाई देती है। संविधान सभा में हुए कटु वाद-विवाद के बाद भी हिन्दी राजभाषा ही बन सकी, राष्ट्रभाषा न बन पाई। राजभाषा हिन्दी के लिए भी, दक्षिण भारत में स्वीकार्यता नहीं बन पाई, जिसके परिणामस्वरूप अनेक आंदोलन हुए। देश में हिन्दीतर भाषी प्रांतों की भावना का ख्याल रखते हुए संघ सरकार के काम-काज में अंग्रेजी के प्रयोग को 26 जनवरी, 1950 से 15 साल की अवधि अर्थात् 26 जनवरी, 1965 से बंद करने के स्थान पर लगभग अनिश्चित काल के लिए आगे बढ़ा दिया गया, जिसके परिणामस्वरूप हिन्दी के स्थान पर अंग्रेजी को इस देश में विकसित होने का भरपूर अवसर प्राप्त हुआ।

संविधान सभा में सेठ गोविंददास जैसे प्रबल हिन्दी समर्थकों ने हिन्दी के समर्थन में जो तर्क दिए थे वे आजादी के 77 वर्ष बाद धीरे-धीरे क्षीण होते दिखते हैं। बेहतर शिक्षा का माध्यम अंग्रेजी माना जाने लगा जिसके फलस्वरूप छोटे-छोटे कस्बों से लेकर महानगरों तक अंग्रेजी स्कूलों की बाढ़ आ गई है। माता पिता भी अपने बच्चों के बेहतर भविष्य के लिए अंग्रेजी स्कूलों में ही अपने बच्चों को पढ़ाना चाहते हैं। उत्तर भारत की अनेक राज्य सरकारों ने अंग्रेजी माध्यम के स्कूलों की स्थापना विशेष रूप से की है और वे विज्ञापन के माध्यम से इसका गौरवान्वित होकर प्रचार भी करते हैं। इस स्थिति की कल्पना तो संविधान सभा में भी नहीं की गई थी।

सरकारी स्तर पर हिन्दी को लेकर अनेक प्रयास होते दिखते हैं, लेकिन इन प्रयासों का आम जनता के बीच वह प्रभाव नहीं दिखाई देता जिसकी अपेक्षा की जाती है। देश का आमजन अपनी भाषाओं से जुड़ना चाहता है किंतु संविधान सभा में हुए विचार-विमर्श के दौरान, विदेशी भाषा के प्रभुत्व को लेकर जो मुद्दे उठाए गए थे वे मुददे, संविधान पारित होने के बाद भी जीवंत बने हुए हैं। हिन्दी को संविधान सभा ने राजभाषा के रूप में स्वीकार तो कर लिया किंतु व्यावहारिक रूप से राजभाषा हिन्दी के सामने समस्याएं खड़ी हुई दिखती हैं। देश के हिन्दीतर भाषा-भाषी प्रांतों में हिन्दी विरोध की राजनीति ने भी इस भाषायी विमर्श को खत्म नहीं होने दिया है। हिन्दी की स्वीकार्यता के लिए स्वाधीनता से पहले और बाद में किए गए प्रयासों का वांछित परिणाम प्राप्त नहीं हुआ।

महात्मा गाँधी ने अपने बड़े बेटे देवदास गाँधी को तमिलनाडु भेज कर दक्षिण भारत हिन्दी

प्रचार सभा को स्थापित किया था। यह संस्था वर्तमान में भी कार्यरत है। दक्षिण भारत के तत्कालीन प्रतिष्ठित नेता सी. राजगोपालाचारी का भी गाँधी जी के हिन्दी संबंधी प्रयासों को समर्थन प्राप्त हुआ। अन्य अनेक नेताओं ने भी गाँधीजी हिन्दी के प्रचार प्रसार के प्रयासों का समर्थन किया। वर्ष 1937 में सी. राजगोपालाचारी के नेतृत्व में मद्रास प्रेसीडेंसी में कांग्रेस की सरकार बनी और 1938 में हिन्दी को सरकारी माध्यमिक स्कूलों में अनिवार्य विषय के रूप में पढ़ाने का निर्णय लिया गया। इसका विरोध पेरियार की जस्टिस पार्टी ने किया। बाद में 1939 में राजगोपालाचारी सरकार ने त्यागपत्र दे दिया और 1940 में मद्रास प्रांत के गवर्नर ने हिन्दी को पढ़ाए जाने का फैसला वापस ले लिया। परिणामस्वरूप वह विरोध स्थायी रूप से स्थापित हो गया और संविधान सभा की बहसों में भी वही भाव दिखाई देता है। दक्षिण भारत में हिन्दी का विरोध आज भी बार बार मुखर होकर सामने आता है।

संविधान सभा में पारित प्रस्तावों के अनुसार संविधान लागू होने के 15 वर्ष बाद 26 जनवरी, 1965 से अंग्रेजी को सरकारी कामकाज की भाषा के पद से हटाया जाना था। परंतु उस तारीख के आने से पहले ही तमिलनाडु में हिन्दी विरोधी आंदोलन ने फिर से जोर पकड़ लिया। प्रधानमंत्री नेहरू और लाल बहादुर शास्त्री के आश्वासनों के बावजूद आंदोलन जारी रहा। आश्वासन को पुष्ट करने के लिए 1963 में राजभाषा अधिनियम लाया गया। लेकिन अधिनियम की शब्दावली का बहाना लेकर हंगामा किया जाता रहा। 26 जनवरी, 1965 की 'कट ऑफ' की तारीख को लागू किए जाने के विरोध में तमिलनाडु में 25 जनवरी, 1965 को नए सिरे से दंगे आरम्भ हो गए और कई लोगों की जान भी चली गई। देश में भाषा को लेकर दो ध्रुव बन गए। एक ओर, उत्तर भारत में अंग्रेजी हटाओ की मुहिम चल रही थी वहीं दूसरी ओर, दक्षिण भारत में हिन्दी का प्रबल विरोध किया जा रहा था। ऐसे में तत्कालीन प्रधानमंत्री लाल बहादुर शास्त्री ने दक्षिण भारत के आंदोलनकारियों को आश्वासन दिया कि जब तक सभी राज्य सहमत नहीं होंगे तब तक अंग्रेजी सहायक भाषा के रूप में यथावत लागू रहेगी। इस प्रकार संविधान सभा में अंग्रेजी को हटाकर संघ सरकार के काम-काज में हिन्दी को लागू करने के लिए पारित प्रस्ताव निरर्थक हो गया और अंग्रेजी को सहायक भाषा के रूप में 15 वर्ष की अवधि के बाद भी प्रयोग करने की व्यवस्था राजभाषा अधिनियम 1963 के माध्यम से लागू कर दी गई।

राजभाषा अधिनियम लागू किए जाने और राजभाषा हिन्दी की संवैधानिक स्थिति कमजोर किए जाने से हिन्दी समर्थकों को धक्का लगा। उन्होंने कुछ प्रस्ताव सामने रखे। दूसरी ओर, अन्य भारतीय भाषाओं के विकास और प्रचार-प्रसार के लिए त्रिभाषा सूत्र की परिकल्पना प्रस्तुत की गई। त्रिभाषा सूत्र सहित कुछ अन्य सकारात्मक उपायों को लागू करने के लिए भारत सरकार ने 1967 में संसद् में एक संकल्प पारित कराया। परंतु, त्रिभाषा सूत्र भी ठीक तरह से लागू नहीं किया गया। यदि किया जाता, तो भारतीय भाषाओं के बीच परस्पर समन्वय और सद्भाव बढ़ता।

संविधान सभा में भाषाई मुद्दे पर विमर्श करते समय भारत की अन्य प्रमुख भाषाओं को महत्व देने और उनके विकास के लिए भी व्यवस्था की गई थी और इसके लिए आठवीं अनुसूची में 14 भाषाओं को सम्मिलित किया गया किंतु संविधान लागू होने के बाद भाषायी राजनीति का एक नया दौर आरंभ हो गया जो आज तक थमा नहीं है। अन्य अनेक भाषाओं को आठवीं अनुसूची में सम्मिलित होने की मांग समय-समय पर उठाई जाती रहती है।

संविधान लागू होने के बाद आठ अन्य भाषाओं को आठवीं सूची में सम्मिलित किया जा

चुका है। 1967 में सिंधी भाषा, 1992 में कोंकणी, मणिपुरी, नेपाली और 2003 में बोड़ो, डोगरी, मैथिली और संथाली भाषा को आठवीं सूची में सम्मिलित किया गया। इस प्रकार अब तक कुल 22 भाषाएं आठवीं सूची में सम्मिलित हो चुकी हैं। विडंबना यह है कि अब हिन्दी परिवार की बोलियाँ और भाषाएं भी हिन्दी से अलग होकर इस अनुसूची में सम्मिलित होने के लिए निरंतर सरकार पर दबाव बनाए हुए हैं। संविधान सभा में जिन कारणों से हिन्दी को राजभाषा का दर्जा प्राप्त हुआ था उनमें से प्रमुख कारण उसका संख्या बल था। आज जब हिन्दी परिवार की बोलियाँ या भाषाएं अपना अलग झंडा लेकर खड़ी हो रही हैं तो हिन्दी का संख्या बल भी कम होगा, यह निश्चित है।

संविधान सभा के भाषाई विमर्श पर देश के बंटवारे का भी प्रभाव पड़ा था। देश के बंटवारे से पहले मुस्लिम आबादी को ध्यान रखते हुए हमेशा हिन्दी और उर्दू के समन्वय की बात की जाती थी, जिसके परिणामस्वरूप हिंदुस्तानी भाषा को राष्ट्रभाषा बनाने का पक्ष सामने रखा गया। देश के विभाजन के बाद उर्दू पाकिस्तान की राष्ट्रभाषा बन गई और हिन्दी को भारत की राष्ट्रभाषा बनाने का पुरजोर प्रयास संविधान सभा में किया गया। भारत में भाषाई विविधता को देखते हुए और एक भाषा को सबसे अधिक महत्व दिए जाने के परिणामों से आशंकित लोगों के विरोध के कारण हिन्दी राष्ट्रभाषा तो नहीं बन पाई किंतु राजभाषा अवश्य बन गई।

अब आवश्यकता इस बात की है कि राष्ट्रभाषा नहीं तो राजभाषा के रूप में इसे उचित सम्मान और संविधान की भावना के अनुरूप सभी भारतीय भाषाओं में आपसी समन्वय स्थापित रहे।

सन्दर्भ ग्रन्थ

द इण्डियन कांस्टीट्यूशन -ग्रेनविल ऑस्टिन

काउन्सिल ऑफ़ स्टेट वाद विवाद

भारतीय संविधान सभा के वाद विवाद सरकारी रिपोर्ट (खण्ड I-XII)

गांधी और हिन्दी—राकेश पांडेय

❑❑